Seit Simon Winchester als Kind im Ozeandampfer zum ersten Mal den Atlantik überquert hat, fühlt sich der Bestsellerautor von der riesigen Wassermasse magisch angezogen, die ein Fünftel der Erdoberfläche bedeckt. Immer wieder führten ihn seine Reisen kreuz und quer über den Atlantik: er recherchierte Fakten, sammelte Geschichten und Anekdoten. In seiner »Biographie eines Ozeans« breitet er diese Schätze vor dem Leser aus. Winchesters opulente Kultur- und Naturgeschichte des Atlantiks macht die Faszination für diesen »wildesten aller Ozeane« erlebbar und ermahnt uns zugleich zu einem respektvollen Umgang mit diesem nach wie vor unberechenbaren Riesen.

SIMON WINCHESTER, preisgekrönter britischer Journalist und erfolgreicher Sachbuchautor, hat als Auslandskorrespondent aus fast allen Ländern der Welt berichtet. Sein Buch »Der Mann, der die Wörter liebte« machte ihn berühmt. Er lebte in Asien und Afrika; heute ist er auf einer kleinen Farm in Massachusetts zu Hause.

SIMON WINCHESTER BEI BTB
Der Mann, der China liebte (74254)

# Simon Winchester

# DER ATLANTIK

## Biographie eines Ozeans

*Aus dem Englischen
von Michael Müller*

btb

Die Originalausgabe erschien 2010 unter dem Titel
»Atlantic. Great Sea Battles, Heroic Discoveries, Titanic Storms,
and a Vast Ocean of a Million Stories«
bei Harper Collins, New York.

Verlagsgruppe Random House FSC® N001967

2. Auflage
Genehmigte Taschenbuchausgabe Dezember 2014,
btb Verlag in der Verlagsgruppe Random House GmbH, München
Copyright © 2010 by Simon Winchester
Copyright © 2012 der deutschsprachigen Ausgabe by Albrecht Knaus
Verlag in der Verlagsgruppe Random House GmbH, München
Umschlaggestaltung: semper smile, München,
unter Verwendung einer Idee von bürosüd°, München
Umschlagmotiv: bürosüd°, München
Druck und Einband: GGP Media GmbH, Pößneck
MK · Herstellung: sc
Printed in Germany
ISBN 978-3-442-74468-8

www.btb-verlag.de
www.facebook.com/btbverlag
Besuchen Sie auch unseren LiteraturBlog www.transatlantik.de

Dieses Buch ist Setsuko gewidmet
sowie Angus Campbell Macintyre,
Erster Maat auf dem südafrikanischen
Hochseeschlepper *Sir Charles Elliott*,
der 1942 bei dem Versuch, Schiffbrüchige zu retten,
ums Leben kam, und dessen sterbliche Überreste
irgendwo auf dem Grund des
Atlantischen Ozeans ruhen.

Die Menschheit könnte ebenso gut eine Reise
zum Mond ins Auge fassen wie den Versuch,
den stürmischen Nordatlantik mit
dampfgetriebenen Schiffen zu bezwingen.

Dionysius Lardner,
irischer Physiker und Mathematiker, 1838

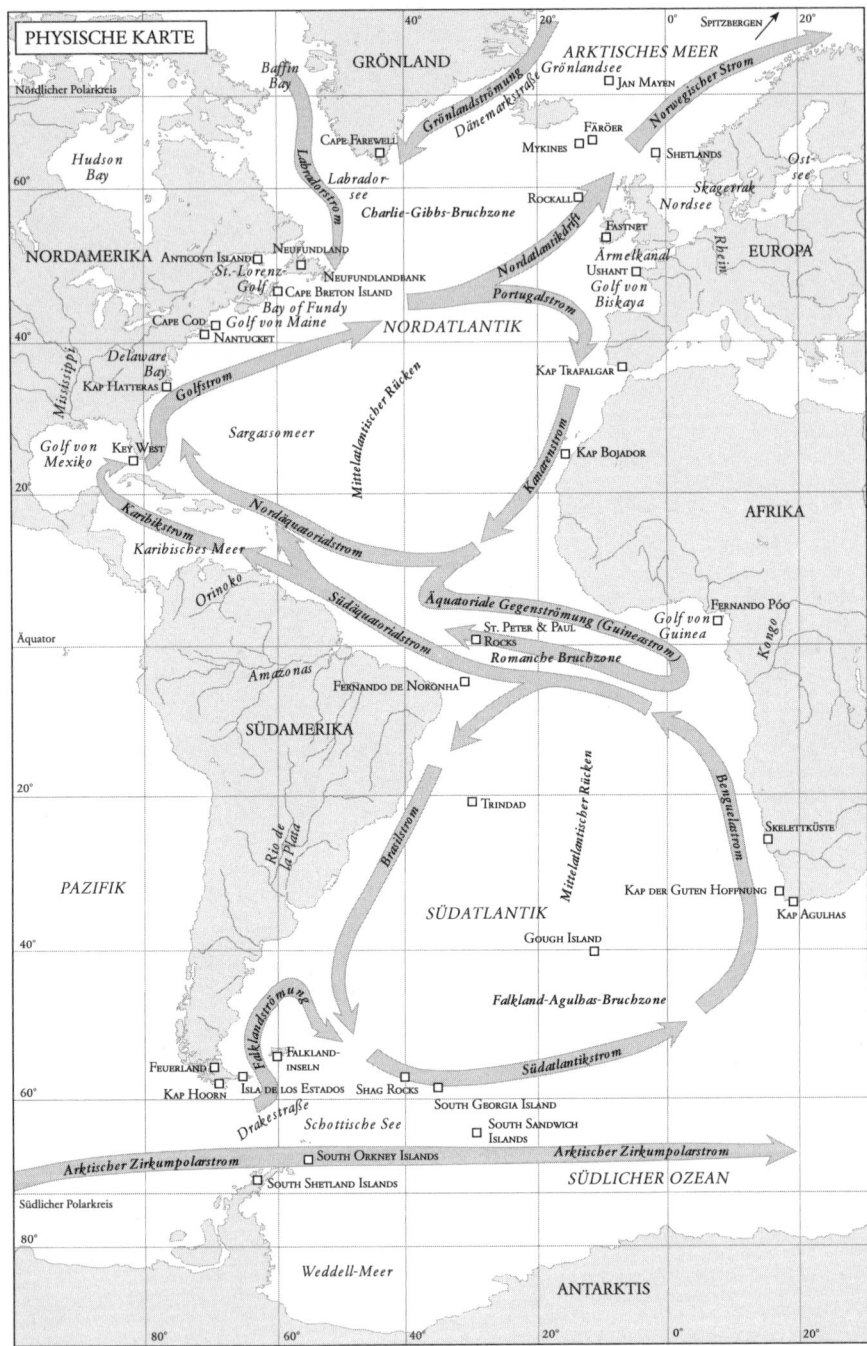

# Inhalt

## ANHANG

## Vorwort

# Ausfahrt aus Liverpool

Ein kleiner Zwischenfall, der sich tief in mein Gedächtnis eingeprägt hat, war dafür verantwortlich, dass mein Gefühl für die Romantik des Meeres erwachte, die auch das vorliegende Buch heraufbeschwört. Es geschah am 5. Mai 1963, einem Sonntag: Der Morgen dämmerte kühl und klar herauf; ich war gerade achtzehn Jahre alt und befand mich ohne Begleitung an Bord eines großen Ozeandampfers, der *Empress of Britain*, auf der Überfahrt nach Nordamerika. An einem entlegenen Fleck des Nordatlantiks östlich der vor Neufundland gelegenen Grand Banks stoppten unsere Maschinen ganz unerwartet, und wir trieben geräuschlos über einem kleinen unterseeischen Plateau, nur wenige Meilen von den ersten Ausläufern des amerikanischen Kontinents entfernt, einem Gebiet, das Ozeanografen und Fischern als Flemish Cap bekannt ist.

Genau dort ereignete sich etwas recht Sonderbares.

Wir waren fünf Tagesreisen von Liverpool entfernt. Unsere Fahrt hatte am vergangenen Dienstag begonnen, einem böigen Tag, an dem jähe Windstöße das Wasser des Mersey peitschten, so dass filigrane Gischtgespinste aufstiegen. Unter solchen Umständen hatte ich zum ersten Mal das Schiff zu Gesicht bekommen, auf dem ich meine persönliche Jungfernfahrt über den Atlantik antreten sollte.

Es waren die Bordwände des großen Dampfers, die bei mir den stärksten Eindruck hinterließen, hoch und blendend weiß – die *Empress of Britain* und ihre beiden ebenfalls im Dienst der Canadian Pacific Line stehenden Schwesternschiffe waren zusammen als die *White Empresses* bekannt –, ragten sie am Ende einer jener Straßen auf, die zu den Kaianlagen von Liverpool führten. Die *Empress of Britain* war sicher am Pier Head, direkt neben dem alten Prince's

Die *Empress of Britain*, ein Ozeandampfer von 26 500 Tonnen,
das dritte auf diesen Namen getaufte Schiff, wurde 1955 in
Anwesenheit von Königin Elizabeth II. auf einer Werft am Clyde
vom Stapel gelassen. Sie war eines der drei »Arbeitspferde« der
Canadian Pacific Line, die kollektiv als *White Empresses* bekannt
waren, und beförderte, bis 1963 die Konkurrenz durch Flugzeuge
ihren Betrieb unrentabel machte, Passagiere von Liverpool nach
Montreal und in umgekehrter Richtung.

Dock, festgemacht; ein Dutzend Hanftaue, dick wie der Arm eines
Mannes, sorgten dafür, dass sie, über das stürmische Wetter erhaben,
vollkommen still dalag. Hektisch vorgenommene letzte Vorbereitungen und der vom Wind weggefetzte Rauch, der aus ihrem Schornstein aufstieg, zeigten aber an, dass sie schon an ihren Leinen zerrte.
Mit ihrem sechsundzwanzigtausendfünfhundert Tonnen verdrän-
genden Rumpf aus fest vernietetem Clydeside-Stahl machte die *Empress* sich bereit für die dreitausend Meilen lange Reise nach Westen,
über den Atlantik hinweg nach Kanada, und ich hielt ein Ticket für
die Fahrt in der Hand.

Ich hatte sechs Monate gebraucht, um so viel zu verdienen, dass ich es bezahlen konnte. Ich muss damals einen Sklavenlohn bekommen haben, denn die Passage kostete nicht mehr als hundert Dollar, vorausgesetzt, dass ich bereit war, mich mit einer von vier Kojen in einer tageslichtlosen Kabine auf einem Deck so weit unterhalb der Wasserlinie zu begnügen, dass man beinahe das Bilgewasser schwappen hören konnte. Doch auch wenn es nur ein Ticket für eine der Billigklassen war – eine Stufe über einer Passage auf dem Zwischendeck –, hatte man in den Geschäftsräumen der Canadian Pacific Line in der Nähe des Trafalgar Square, wo erleuchtete Modelle berühmter Ozeandampfer aus vergangenen Zeiten die Fenster schmückten und man sich, von Teakholz, Marmor und feierlicher Stille umgeben, mehr wie in einer Kathedrale vorkam als in einem Büro, sogar diese bescheidenste aller Transaktionen feierlich und mit Umsicht abgewickelt.

Vielleicht hat die Zeit alles ein wenig verklärt, und die Erinnerung trügt mich, aber ich bilde mir ein, dass der in einen Smoking gekleidete Angestellte mit einem Pincenez auf der Nase und dem Emblem der Gesellschaft, das Fichten, Eisbären und Biber zeigte, auf dem Revers, der mein Erspartes entgegennahm, das Ticket handschriftlich ausstellte und zu diesem Zweck seine Feder in ein Tintenfass tauchte und das Geschriebene mit einer Rolle rosafarbenen Löschpapiers trocknete. *Liverpool to Montreal, Voyage No. 115*, hatte auf dem Papierstreifen gestanden, und ich weiß noch genau, dass ich in der Zeit danach diesen kostbaren Talisman immer wieder in der Hand hin und her gewendet, die Gravuren, den Tiefdruck und die Wasserzeichen studiert hatte. Er war mir in einer rot-weißen Hülle aus dicker und steifer Pappe ausgehändigt worden, in der sich eine Tasche für Gepäckanhänger mit gewachsten Befestigungsschnüren, *Auf-der-Reise-nicht-benötigt*-Aufklebern, Einwanderungsformularen, Zollrichtlinien und Mitteilungen befand, die vage erahnen ließen, wie sich der Tagesablauf auf See gestalten würde – *11 Uhr vormittags: Bouillon auf dem Bootsdeck* war eine von denen, die sich mir am tiefsten eingeprägt haben.

Ich glaube, dass ich eine ziemlich ungesunde emotionale Bindung an das Ticket entwickelte, da es für so viel stand – Freiheit, die Neue Welt, Abenteuer, den Atlantischen Ozean. Und als ich es an jenem Frühlingsnachmittag dem oben an der Gangway stehenden Zahlmeister hinhielt und dieser es mit nur vorgetäuschter Gelassenheit entgegennahm, muss ich ein betrübtes Gesicht gemacht haben, denn er lächelte plötzlich und gab es mir zurück. »Ihr erstes Mal?«, fragte er freundlich. »Na, behalten Sie es. Es ist ein großartiger Ozean – und Sie fahren auf einer *White Empress* über ihn. Nichts könnte fabelhafter sein! Sie sollten dieses Souvenir an ihre erste Überfahrt aufheben.«

Als die Zeit zum Ablegen gekommen war, sank die blasse Sonne, die sich zwischenzeitlich gezeigt hatte, bereits wieder langsam am Horizont nieder. Wie aufs Stichwort erscholl die bekannte Aufforderung: *All ashore who's going ashore!* Alle von Bord, die nicht mitfahren. Aus dem Lautsprecher dröhnte ein *Ease springs!*, was in der Seemannssprache »Leinen los« bedeutet; vom Ufer hörte man Rufe, auf der Brückennock und dem Vorderdeck krächzten Sprechfunkgeräte – und eine nach der anderen platschten die schweren mit Eisendraht ummantelten Schlaufen der Trossen in die Lücke zwischen Pier und Rumpf. Die Fläche öligen Wassers begann breiter zu werden, und die tropfenden Taue wurden langsam mithilfe von Winden, die unter der Last stöhnten, eingeholt. Zwei Hafenschlepper, die schon einige Jahre auf dem Buckel hatten, tauchten auf; prustend und schnaubend bugsierten sie uns in den Gezeitenstrom, wo sie uns dann in Fahrtrichtung drehten, indem sie so lange gegen unseren Rumpf stupsten, bis unser Bug nach Nordwesten wies.

Die berühmte George Clock, eine der beiden Turmuhren auf dem Liver Building, schlug fünf. Von der Höhe des Decks herab konnte ich meinen Vater, der gerade einen Blick auf seine Armbanduhr warf, auf dem Kai sehen. Er und meine Mutter deuteten zu mir hoch – erleichtert, weil sie mich endlich in der Schar der Passagiere, die sich an der Heckreling drängten, ausgemacht hatten. Sie begannen mir zuzuwinken, und genau in diesem Augenblick ertönten zum Abschied drei Stöße aus unserem Signalhorn, die sich an den Kaimauern und den dahinterliegenden Gebäuden brachen und vielfach zurückgeworfen wurden. Die Decks der *Empress* begannen zu vibrieren und zu dröhnen, als die Maschinen anliefen und die Schrauben anfingen, das Wasser am Heck aufzuwühlen. Ich sah auf meine eigene Uhr. Sie zeigte neun Minuten nach der vollen Stunde an: Das war der genaue Zeitpunkt, zu dem die Reise offiziell ihren Anfang nahm. Die Schlepper tuckerten von uns fort. Die *Empress of Britain* lief endlich aus eigener Kraft voran; von den Pollern gelöst und den Schleppern befreit, frei auch von der Küste und von England, begann sie entschieden und unaufhaltsam loszudampfen, auf den weiten und tiefen Ozean zu und in ein verheißungsvolles Morgen hinein. Auf den Gesichtern einiger Passagiere, vermutlich Auswanderer, die sich in Kanada niederlassen wollten, zeichnete sich ein Anflug von Trauer ab, und ihnen standen Tränen in den Augen, während sie zum Land hinüberwinkten. Ich war aufgeregt, besorgt, nervös. Mit dem Blick verfolgte ich meine Eltern, als sie sich mit gesenkten Köpfen auf den Rückmarsch zu unserem winzig aussehenden hellbraunen Ford Prefect machten.

Die Dunkelheit senkte sich rasch herab, und bald verschwammen die Lichter von Liverpool und Birkenhead hinter unserem Heck zu einem orangefarbenen Schimmer wie von einem verglimmenden Feuer. Bei dem berühmten Feuerschiff, dem *Bar Light Vessel*, irgendwo in der Höhe von Crosby am Nordufer der Merseymündung, kam das Lotsenboot längsseits, und ein Mann mittleren Alters in einem braunen Pullover und mit einer fleckigen weißen Mütze auf dem Kopf kletterte gewandt auf dessen Achterdeck hinunter. Er winkte zu uns hoch, und falls er noch etwas wie »Habt acht auf euch! Gute Überfahrt!« rief, wurden seine Worte von der kräftigen Brise fortgerissen. In weniger als einer Stunde, dachte ich, würden er und seine Frau dösend vor dem Fernseher sitzen, während die Katze sich vor dem Kaminfeuer zusammengerollt hatte.

Nachdem das Lotsenboot aus unserem Kielwasser verschwunden war, fuhren wir unsere Maschinen hoch, und bald trieben die Turbinen uns hurtig voran; wir machten zwanzig Knoten, vielleicht sogar mehr, und die wenigen noch aus dem Himmel niederfallenden Regentropfen schmerzten im Gesicht wie Nadelstiche. Bald rauschten wir geradezu über das Meer, unbekümmert um das von dem Sturm, der, wie es im letzten Licht der untergehenden Sonne schien, dabei war, sich zu legen, aufgewühlte Wasser. Ich harrte auf dem Vorderdeck aus, um nach anderen Schiffen Ausschau zu halten. Eine Flotte Fleetwood-Trawler strebte zu ihrem Heimathafen zurück, ein, zwei Frachter liefen uns entgegen, und dann kam etwas in Sicht, das der Silhouette nach ein Kriegsschiff sein konnte; ein Zerstörer vielleicht, der ebenfalls nach Norden fuhr, aber schneller als wir und ganz geräuschlos.

In *Ocean Passages for the World*, dieser Bibel für alle Fahrensleute, die das Meer überqueren wollen, werden oft scheinbar exzentrische Vorschläge in Bezug auf die Planung einer Route gemacht. Jede Seekarte zeigt, dass Montreal sich auf einem Breitengrad acht Grad südlich von Liverpool befindet; man würde daher annehmen, ein Schiff, das von der Merseymündung aus dorthin gelangen wollte, würde am besten einen Kurs Richtung Süden steuern, an der walisischen Küste vorbeilaufen, dann den St. George's Channel, der die Irische See mit dem Atlantik verbindet, passieren und – Cork und den Leuchtturm auf Fastnet Rock* in gebührender Entfernung an Steuerbord liegen lassend – in den Ozean einfahren, um dann direkten Kurs auf die Trichtermündung des Sankt-Lorenz-Stroms zu nehmen. Doch die Bibel mit dem blauen Rücken sagt etwas ganz anderes: Für Schiffe, die – wie damals in meinem Fall die *Empress of Britain* – im Frühjahr von Liverpool aus zu einem kanadischen Hafen aufbrechen, sei es in navigatorischer Hinsicht ratsamer, nicht die südliche Spitze Irlands anzusteuern, sondern die nördliche und, erst nachdem sie die Küste Donegals in der Nähe von Bloody Foreland hinter sich gelassen hätten, den Schwenk nach Süden, Richtung Kanada, einzuleiten.

---

\* Diese felsige kleine Insel mit dem Leuchtturm darauf, die heute vor allem dafür bekannt ist, dass sie den Wendepunkt für eine gefährliche jährlich von Südengland aus veranstaltete Regatta markiert, wird von Menschen mit Hang zur Sentimentalität »Ireland's teardrop« genannt, weil sie das letzte Stück Heimat war, das Emigranten, die auf dem Weg nach Ellis Island im Hafen von New York waren, zu Gesicht bekamen.

Irische Emigranten auf dem Weg zu einem der nordamerikanischen
Häfen warfen melancholische Blicke auf Fastnet Rock mit seinem
Leuchtturm und verfolgten mit, wie diese südwestlichste Spitze ihres
Heimatlandes langsam hinter dem Horizont versank. Aufgrund ihrer
Assoziation mit einem bitter-süßen Abschiednehmen wurde diese
kleine Insel auch »Irlands Träne« genannt.

»Obwohl man dort häufig in schweres Wetter gerät«, heißt es in den
sehr spezifischen und detaillierten Ratschlägen, die *Ocean Passages*
für Segler bereithält, »trifft man dort im Allgemeinen auf günstigere
Winde und wird auf dem letzten Teil der Strecke von den Strömungen aus der Arktis unterstützt.«

Wir waren ein großes, höchst modernes Schiff mit stählernem
Rumpf und genügend Pferdestärken, um solche Bagatellen wie
Winde, Stürme und Strömungen aus der Arktis ignorieren zu kön-
nen. Unser Fahrplan sah aber die Aufnahme weiterer Passagiere und
zusätzlichen Frachtguts bei Greenock am Clyde vor – deswegen be-
fanden wir uns an jenem Abend nicht auf dem Weg nach Süden, son-
dern nach Norden, aus der Mündung des Mersey heraus und in die
Irische See hinein. Gegen Mitternacht sahen wir das Leuchtfeuer bei
Calf of Man aufzucken und noch später auf der Steuerbordseite von
Galloway her Lichter flimmern, während backbord die abweisenden
Basaltklippen von County Antrim aufragten.

Als es – bei wieder einsetzendem Regen und kräftigem Wind – zu dämmern begann, passierten wir Ailsa Craig, ein winziges Inselchen aus feingekörntem, gesprenkeltem Granit, aus dem die besten Curling-Steine gefertigt werden. Wir fuhren an der Ostküste der Insel Arran entlang – auf dem Gipfel von Goat Fell lag noch ein Rest von Schnee –, und um elf, dem Zeitpunkt, zu dem uns die »Bouillon auf dem Bootsdeck« in Aussicht gestellt worden war (an jenem Tag wurde aber keine ausgeschenkt), gingen wir in der Höhe von Greenock vor Anker. Eine Flottille kleiner Boote brachte eine Handvoll neuer Passagiere heran – zwei von ihnen waren an Masern erkrankte Kinder, und es gab eine leichte Verzögerung wegen irgendwelcher Quarantänebestimmungen, bis unser Kapitän, ein offensichtlich gutherziger Mann namens Thorburn, sich entschied, sie mitzunehmen –, und um die Mittagszeit herum waren wir wieder unterwegs und fuhren den Clyde Richtung See hinunter. Als wir erneut Salzwasser unter dem Kiel hatten, fielen wir nach Steuerbord ab und steuerten nach Westen, um die notorisch rauen Gewässer nördlich von Rathlin Island sicher zu umschiffen.

Jetzt endlich hielten wir aufs offene Meer zu, und der Wellengang begann kontinuierlich und merklich stärker zu werden. Große Wogen krachten bald gegen den Bug, Monsterwellenberge, von den Frühlingsstürmen, die in den Regionen um die Britischen Inseln unaufhörlich bliesen, aufgetürmt.

Zum Abendessen erschienen nicht sehr viele Passagiere, was angesichts des Stampfens und Schaukelns der *Empress* nicht verwunderte. Die wenigen von uns, die sich an jenem Abend trotz des peitschenden Regens an Deck trauten, konnten durch die dahinjagenden niedrigen Wolken hindurch die winzige Insel Inishtrahull drei Meilen backbord von uns erkennen, und zwischen ihr und uns die kleine Inselgruppe der Tor Rocks, beides Irlands nördlichste Territorien. Inishtrahull, die »Insel des leeren Strands«, markiert den Ausgangs- oder Endpunkt mancher Nordatlantiküberquerung. Durchs Fernglas konnte man verschwommen ein Häuflein verfallener Häuser und Reihen lückenhafter, alter Steinmauern ausmachen, und dann auch die schmale, an einen Stift erinnernde Silhouette des berühmten Leuchtturms, dessen Lichtstrahl bereits durch die sich verdichtende Finsternis blinzelte und von dem seit fast zwei Jahrhunderten Tausende von Schiffen verabschiedet oder willkommen geheißen worden waren. Von diesem Ort an lag nur noch die offene See vor uns, weit, unendlich und namenlos. Unsere Route sollte uns in einem großen sanften Bogen über fast zweitausend Meilen hinweg zu einem Punkt führen, der schon das noch weiter voraus liegende Territorium der Neuen Welt erahnen ließ – zu den berüchtigten, sich nur wenig unter der Wasseroberfläche entlangziehenden Felsenbänken der Virgin Rocks vor der Küste von Neufundland. Diese Untiefen waren mir noch aus der englischen Literatur bekannt: Kipling hatte in seinem Roman *Captains Courageous (Fischerjungs)* über die Fischer geschrieben, die dort ihrem Gewerbe nachgingen. »Legionen von Kabeljauen strichen da unten feierlich über die lederartigen Tangbüschel hin«, hieß es in seinem Buch, und auch, dass die großen Fischschwärme für gewöhnlich in dem flachen Wasser gut sichtbar waren.

Wenn alles nach Plan lief und wir unsere Reisegeschwindigkeit von zwanzig Knoten beibehielten – die unsere Maschinen problemlos schafften –, würden wir in der Nacht des Montags die Virgin Rocks erreichen, bald danach den Leuchtturm auf Cap Race am südlichen Zipfel Neufundlands zu Gesicht bekommen und dann, nachdem wir uns vorsichtig den Sankt-Lorenz-Strom hinaufgeschlängelt hatten, am Dienstag so zeitig in den Hafen von Montreal einlaufen, dass wir zum Abendessen schon wieder festen Boden unter den Füßen haben würden.

Und so sollte es dann auch ablaufen. Für die Männer auf der Brücke war die »Reise 115« im Grunde nur eine weitere routinemäßige Überfahrt. Für mich, den kleinen Novizen in Sachen Ozeanreise, war sie zunächst einmal aus dem einfachen Grund denkwürdig, dass sie über diese riesige Wasserfläche hinwegführte. Wir erlebten unterwegs einiges Spektakuläre, auch Stürme, das für mich persönlich nervenaufreibend war. Wir hatten fast die gesamte Zeit über die See ganz für uns allein und begegneten nur einem einzigen anderen Schiff, obwohl wir uns auf einem gebräuchlichen Seeweg befanden, und ein beklemmendes Gefühl von Einsamkeit machte mir mehr als nur ein

bisschen zu schaffen. Als wir dann über die Virgin Rocks hinweg-
fuhren, herrschte Dunkelheit, so dass ich die Kabeljauschwärme
nicht zu Gesicht bekam. Doch es ereignete sich nichts wirklich erschütternd Ungewöhnliches – bis zu jener schon erwähnten Unterbrechung unserer Fahrt, jenem kurzen Augenblick, der mir vielleicht
lebhafter in Erinnerung geblieben ist, als er es eigentlich verdiente.
Es geschah, als wir mit gestoppten Maschinen in den flachen atlantischen Gewässern bei Flemish Cap lagen.

Der Morgen hatte gerade eben gedämmert, und es war bitterkalt. Da
wir uns zu Beginn des Frühjahrs in Gewässern befanden, in denen
einst die *Titanic* unterwegs gewesen war und die arktischen Eisflächen gefährlich nahe lagen, hielten die Männer der Besatzung immer
wachsam Ausschau nach Eisbergen oder großen Eisschollen. Bislang
hatten sie nichts Derartiges entdeckt; und was die für die Schiffsführung zuständigen Offiziere betraf, war es eine vollkommen nor-
male Fahrt gewesen. Wir waren auch nicht in einen jener Nebel geraten, für die dieser Teil des Ozeans gefürchtet ist, in dessen Nähe die
Labradorströmung und der Golfstrom sachte und unsichtbar aufeinandertreffen und das Sichvermischen von tropisch-warmen und
arktisch-kalten Wassermassen dazu führen kann, dass sich die Luft
darüber zu einer grauen Suppe verdichtet, die sich erst nach Tagen
wieder auflöst. An jenem besonderen Tag war das aber nicht so, und
mehr als ein Mensch sollte Grund haben, dafür dankbar zu sein.
Ich war aus irgendeinem Anlass in aller Frühe aufgestanden und,
bis zu den Ohren dick eingemummelt, schon vor dem Frühstück ins
Freie gegangen, wo ich auf dem Bootsdeck hin und her schlenderte.
Es schien alles im Lot zu sein: Wir preschten in einem respektablen
Tempo voran, hinter uns war es schon hell, vor uns breitete sich noch
Dunkelheit aus. Plötzlich jedoch begannen Glocken zu läuten, und
Matrosen schwärmten die Niedergänge herauf und eilten über das
Deck. Die Schrauben hörten auf, sich zu drehen; die *Empress* ver-
lor an Fahrt, und binnen kürzester Zeit wurde es ganz still. Erst trie-
ben wir noch ein Stück weiter, dann kamen wir zu einem Halt. An
die Stelle des ruhigen und stetigen Gleitens Richtung Westen trat ein

schwerfälliges, plumpes Rollen. Der Sturm der vergangenen Nacht hatte sich jetzt fast ganz erschöpft, doch eine steife Brise pfiff noch von Westen her durch die Antennen und Kranarme über unseren Köpfen. Es würde nicht lange dauern, dachte ich, bis der Wind uns wieder in die Richtung zurückdrängen würde, aus der wir gekommen waren.

Hier, am äußeren Rand des amerikanischen Kontinentalschelfs, schienen die Wasseroberfläche und der Himmel darüber wie leer gefegt zu sein, kein Vogel und auch kein anderes Lebewesen war zu sehen. Die See war aber recht rau, und während sich eine Art Lähmung über das ganze Schiff gesenkt zu haben schien, ging es um uns herum sehr lebhaft zu; die Wellen peitschten genau wie der Wind heftig gegen den Rumpf.

Nach ein paar Augenblicken wurde direkt voraus ein Geräusch laut, zunächst nur ein niederfrequentiges Surren, dann ein Summen, bis man schließlich erkannte, dass es sich um das Brummen eines Motors handelte – eines Flugzeugmotors. Ich konnte die wachhabenden Offiziere oben auf der Brückennock sehen, die alle wie ein Mann ihre Ferngläser nach Westen richteten, von wo das Geräusch kam, und angespannt in den immer noch halb dunklen Himmel spähten. Bald erklang ein Schrei: Einer von ihnen hatte das Flugzeug ausgemacht. Ein paar Minuten später sahen wir alle es: zunächst nur ein einziges stecknadelkopfgroßes Licht, aus dem dann zwei wurden, bis man schließlich die Silhouette einer Propellermaschine erkannte, deren Nase in der fahlen Sonne matt aufleuchtete. Als sie näher herangekommen war, ließ sie sich schnell herabsinken, eine große Maschine, hinter deren beiden dröhnenden Motoren Rauchfahnen herzogen, als sie über uns eine Schleife flog und mit den Tragflächen wackelte. Die runden Kokarden der Royal Canadian Air Force waren deutlich auf dem Rumpf zu erkennen.

Dann folgten die Ereignisse einander sehr rasch. Vom hinteren Teil des Bootsdecks drang das Kreischen von rostigen Drehzapfen und Hebebäumen herüber, und anschließend hörte man ein lautes Klatschen, als die Motorbarkasse der *Empress* zu Wasser gelassen wurde. Das Boot brauste sofort auf den Ozean hinaus, stoppte dann und blieb ungefähr eine Meile von uns entfernt auf den Wogen dümpelnd liegen. Sobald es diese Position erreicht hatte, schoss das Flugzeug heran, beschrieb einen Bogen, öffnete die Landeklappen und verlangsamte seine Geschwindigkeit, um direkt über der kleinen Barkasse hinwegzugleiten. Dabei warf es etwas ab, das an einem kleinen orangefarbenen Fallschirm befestigt auf die Wasseroberfläche niedersank. Ein Matrose fischte es mit einem Bootshaken aus den Wogen, und nachdem der Bootssteurer mit einem Daumen-nach-oben-Zeichen in Richtung Flugzeug signalisiert hatte, dass alles glattgegangen war, warf er den Motor wieder an und begann zu uns zurückzukehren. Das Flugzeug stieg wieder in den Himmel auf, wackelte zum Abschied erneut mit den Tragflächen und machte sich auf den Rückflug zu seinem weit entfernten Stützpunkt. Es schrumpfte rasch zu einem winzigen Punkt und war nach wenigen Augenblicken ganz verschwunden.

Die Motorbarkasse wurde an Deck gehievt, das Päckchen, das, wie sich herausstellte, lebenswichtige Medikamente für eine Passagierin, die auf der Krankenstation lag, enthielt, übergeben, und nach weniger als einer Stunde waren unsere Maschinen erneut zu pulsierendem Leben erwacht und wir wieder auf unserem ursprünglichen Kurs unterwegs.

Ein trivialer Vorfall mitten auf dem Ozean, der unsere Ankunft im Hafen von Montreal, in den wir, wie geplant, zwei Tage später einliefen, nur unwesentlich verzögerte. Und doch ein Ereignis, an das ich häufig denken muss. An jene plötzliche Stille, die Leere, die enorme Tiefe unter und die grenzenlose Höhe über uns, derer man sich plötzlich bewusst wurde, an das uns umgebende uniforme Grau, an die sehr offenkundige und potenziell bedrohliche Macht der hohen Wogen und des Winds sowie an die Tatsache, dass wir schwachen Menschen es geschafft hatten, mittels unsichtbarer Radiowellen und Morsesignale von irgendeinem fernen Punkt aus Hilfe herbeizuholen. An alledem war etwas Unheimliches gewesen. Später kam ich zu der Überzeugung, dass es eine Art Omen gewesen sein muss, dass dieses kleine Drama sich auf meiner allerersten Ozeanreise abgespielt hatte.

Der Logbucheintrag des Kapitäns zu den letzten Etappen von »Reise 115« lautete ganz lakonisch:»Bei Three Rivers Lotsen ausgetauscht. Anhaltend schönes Wetter den ganzen Sankt-Lorenz-Strom hinauf. Um 18 Uhr 31 Glockenturm passiert. Mithilfe von zwei Schleppern zum Liegeplatz geschwenkt. Bei Gebäude No. 8 um 18 Uhr 53 festgemacht. Maschinen gestoppt.« Wir hatten den Ozean in sieben Tagen, sechs Stunden und sieben Minuten überquert und waren damit trotz unseres Rendezvous mitten auf dem Meer mit einer Verspätung von gerade mal vierundfünfzig Minuten an unserem Ziel angelangt. Die Züge der englischen Eisenbahngesellschaft verkehrten zu jener Zeit in der Regel auch nicht viel pünktlicher.

Aus reinem Zufall waren während jener sieben Tage, die wir damals an Bord verbrachten, ohne dass wir es wussten, unsichtbare Kräfte am Werk – und zwar mit einschneidenden Folgen: Dies waren die finsteren Kräfte der »Rentabilität«. Wie sich herausstellte, würde die *Empress of Britain* in ihrem Leben nur noch weitere acht fahrplanmäßige Atlantiküberquerungen absolvieren. Bloße sechs Monate später, im Oktober, wurde bekanntgegeben, dass das sieben Jahre alte Flaggschiff der Gesellschaft, das erst 1955, von der Queen getauft und von Fanfarenstößen begleitet, vom Stapel gelaufen war, aus dem Atlantikdienst zurückgezogen und verkauft werden würde. Der neue Eigner, eine griechische Reederei mit Sitz in Piräus, würde stattdessen mit ihm Urlauber gemächlich in der Karibik herumschippern; die Tage der rasanten Fahrten über den Atlantik waren für die *Empress* vorbei.

Große Passagierschiffe hatten plötzlich aufgehört, wirtschaftlich zu sein. Die britische BOAC und die amerikanische Pan Am hatten fünf Jahre zuvor, 1958 also, regelmäßige Linienflüge zwischen Heathrow in England und Idlewild in den USA aufgenommen. Zunächst hatten die Maschinen noch in Gander auf Neufundland Zwischenlandungen zum Betanken einlegen müssen, doch dann waren sie immer effizienter geworden, und man hatte mit Flugzeugen beider Gesellschaften den Ozean nonstop überqueren können. Es hatte nicht lange gedauert, bis viele andere Luftfahrtunternehmen den gleichen Service anboten. Eines nach dem anderen waren die großen Passagierschiffe aus dem Transatlantikverkehr abgezogen worden, und diejenigen, die nicht abgewrackt wurden, hatten stattdessen angefangen, als Kreuzfahrtschiffe Dienst zu tun, und mit dazu beigetragen, etwas zu etablieren, das schnell zu einem ganz neuen Erwerbszweig auf dem Gebiet der kommerziellen Schifffahrt werden würde.[*]

Im Rückblick kann man also etwas Symbolisches darin sehen, dass ich sechs Monate später auf dem Luftweg aus Nordamerika in die Heimat zurückkehrte, und zwar genau in der Woche, in der die von dem Communiqué der Gesellschaft wie betäubte Mannschaft ihre letzte Reise mit ihrem vielgeliebten Ocean-Liner absolvierte. Hätte ich von dieser merkwürdigen Koinzidenz gewusst, dann hätte ich vielleicht nach unten geschaut, um einen Blick auf sie zu erhaschen, wie sie zum letzten Mal auf dem Weg nach Osten, in den Heimathafen, eine schäumende weiße Furche durch das Wasser pflügte. Doch war mein Flug so schon reich an aufregenden Erlebnissen. Ich saß nämlich an Bord einer Lockheed Constellation, einer viermotorigen Propellermaschine mit dreifachem Seitenleitwerk, die ursprünglich als Langstreckenbomber entworfen worden war und dann als Truppentransporter fungiert hatte. In meinem Fall wurde das Flugzeug von einem zwielichtigen Charterunternehmen namens Capitol Airways mit Sitz in Nashville, Tennessee, eingesetzt. Wir starteten in New York, landeten vier Stunden später in Gander und flogen von dort nach Shannon im Westen Irlands weiter. Wie der Pilot nach der Landung beichtete, hatten wir es gerade noch bis dorthin geschafft, weil der Treibstoff bedrohlich zur Neige gegangen war. Wir setzten dann den Flug Richtung London fort, wo man uns aber aus

---

[*] Mein erster Ocean-Liner hatte noch eine ganze Weile »eine Handbreit Wasser unter dem Kiel«. Er erlebte mehrere Wiedergeburten unter anderen Namen (als *Queen Anna Maria*, *Carnivale*, *Fiesta Marina*, *Olympic* und *Topaz*) und wurde von unterschiedlichen Eignern zu unterschiedlichen Zwecken eingesetzt. Japanische Eigner setzten die ehemalige *Empress of Britain* als schwimmenden »Friedensbotschafter« ein, bevor sie sie schließlich 2008 zum Abwracken nach Mumbai schleppen ließen – dreiundfünfzig Jahre nachdem sie am Clyde vom Stapel gelassen und von der Queen getauft worden war.

technischen und juristischen Gründen keine Landeerlaubnis erteilen wollte, so dass wir nach Brüssel umgeleitet wurden. Dort rannte ich gereizt herum, bis es mir schließlich gelang, einen Platz auf einer Maschine nach Manchester zu ergattern, von wo aus ich dann mit dem Zug die letzte Etappe bis nach Hause zurücklegte.

Fast ein halbes Jahrhundert ist vergangen, seitdem ich diese beiden Atlantiküberquerungen absolvierte – an die fünfzig Jahre, in denen ich mindestens fünfhundertmal den Sprung über dieses besondere Gewässer gemacht habe. Und ich bin auch von vielen anderen, sowohl am Nord- als auch am Südatlantik gelegenen Häfen zu Überquerungen des Ozeans auf ganz anderen als der Ost-West-Route aufgebrochen und habe überdies Expeditionen zu den verschiedenen Inseln unternommen, die auf seiner gewaltigen Fläche verstreut liegen. Doch kommt es mir so vor, dass die Geschichte dieser Route, welche die wichtigsten britischen Häfen mit ihren Entsprechungen im östlichen Kanada oder in den Vereinigten Staaten verbindet, einen Aspekt, von dem dieses Buch handelt, in seinen wesentlichen Grundzügen hervortreten lässt: die Entwicklung in der Haltung des Menschen zu diesem gewaltigen Gewässer und seinem Verhältnis zu ihm.

Sogar während der Spanne meines eigenen Lebens hat dieses Verhältnis sich geändert – und zwar tiefgehend.

In den frühen Sechzigern war eine Atlantiküberquerung per Schiff noch etwas vergleichsweise Seltenes. Eine kleine Schar von Besitzlosen legte, wie Millionen zuvor, als Auswanderer nur die Strecke in Richtung Westen zurück; größer aber war die Zahl der reichen Müßiggänger, die, ohne einen Gedanken an die Kosten oder die Zeit, die man dafür aufwenden musste, zu verschwenden, hin und zurück fuhren. Eine Handvoll Geschäftsleute, nicht wenige Politiker und Diplomaten reisten ebenfalls nach Nordamerika, doch die Mehrheit von ihnen bevorzugte von Propellern angetriebenen Flugzeuge statt von Schrauben angetriebene Schiffe, denn sie befanden sich in dringenden Angelegenheiten unterwegs – oder meinten dies zumindest. Für die meisten, die die Reise absolvierten, verband sich damit immer noch ein Abenteuer – das oft angsteinflößend, aufregend oder denkwürdig war, vielleicht auch mit einer Prise Romantik gewürzt oder von den Leiden der Seekrankheit geprägt. Eines aber war sie ganz gewiss nicht: Routine.

Das gilt heute kaum noch. Eine Zeit lang war es auch ein Erlebnis, den Ozean auf dem Luftweg zu überqueren – jedoch nicht sehr lange. Es muss zum Beispiel ziemlich aufregend gewesen sein, mit einem der Flugboote von Pan Am vom Solent bis zum Hudson zu fliegen und *en route* in den Hafenbecken längst vergessener Zwischenstationen mit merkwürdigen Namen wie Foynes, Botwood und Shediac zu wassern. Es muss einem wie der Inbegriff stilvollen Reisens vorgekommen sein, sich auf einem Stratocruiser mit seinen zwei übereinanderliegenden Decks auf einer Liege auszustrecken, während die Wellen geräuschlos unter einem entlangglitten. Es war sicher ein denkwürdiges Erlebnis – und angesichts der hohen Absturzrate der Maschine auch ein tollkühnes Wagnis –, sich einer der ersten Maschinen vom Typ Comet der BOAC anzuvertrauen oder auch einer der alten Dreckschleudern vom Typ Boeing 707, als Pan Am und TWA anfingen, Nonstopflüge mit ihnen durchzuführen. Ich erinnere mich noch genau, wie ich bei einem der frühen Testflüge der Concorde dabei sein konnte und von kindlichem Erstaunen darüber gepackt wurde, wie schnell diese Flugzeuge waren, als man uns, nachdem ich das Feuilleton der *New York Times* gerade erst zur Hälfte gelesen hatte, mitteilte, dass wir uns über dem Bristol Channel befänden, unsere Fluggeschwindigkeit reduzieren und binnen kurzem in London landen würden. Für eine kurze Zeitspanne haftete Flügen über den großen Ozean hinweg etwas beinahe ebenso Romantisches und unvergesslich Eindrucksvolles an wie Seereisen. Doch das änderte sich bald.

Für mich wurde das durch einen kleinen semantischen Wandel angezeigt. Von irgendeinem Zeitpunkt in den Achtzigern an ließen die Piloten der Maschinen, die zwischen Heathrow und Kennedy Airport verkehrten, in die Ankündigung, mit der sie ihre Gäste an Bord willkommen hießen, nahezu beiläufig eine Bemerkung der Art einfließen wie: »Unsere Route wird uns heute über Island hinwegführen«, und zwar mit einer leichten Betonung des Wortes »heute«, als

wäre der gestrige Flug mehr oder weniger genauso vonstatten gegangen, abgesehen davon, dass er über Grönland oder die Färöer geführt hatte. Oder sie ließen ihre Passagiere wissen, dass die Route
von Flug 177 – oder welches auch immer die Flugnummer war –
»aufgrund starken Gegenwinds ein wenig weiter nördlich verläuft
als gewöhnlich und wir den nordamerikanischen Kontinent in der
Höhe von Labrador erreichen und dann über den US-Bundesstaat
Maine hinweg Richtung Süden fliegen werden«.

Mir schien das bedauerlich zu sein. Es war so, als würde man uns
aus dem Cockpit mitteilen, dass nichts Spannendes mehr an der
Sache war, sondern der heutige Flug ziemlich genau wie der gestrige
oder der davor ablaufen würde, und dass die Überquerung dessen,
was als »der große Teich«* bekannt geworden war (ein Terminus,
mit dem der Ozean zu einem nahezu bedeutungslosen Gewässer he-
rabgewürdigt wurde), unweigerlich so ablaufen würde, wie man es
zu dieser bestimmten Jahreszeit erwarten könne: routinemäßig, mit
anderen Worten.

Und wir Passagiere bekamen so gut wie nichts von dem Flug mit.
Wenn wir uns mit Büchern und Wolldecken ein behagliches Nest
bereitet, den fremden Reisegenossen an unserer Seite mit den obli-
gatorischen freundlichen Worten oder Lauten bedacht, einen Blick
auf die Speisekarte geworfen und uns flüchtig gefragt hatten, ob es
wohl noch zu früh wäre, einen Drink zu bestellen, ließen wir uns
zurücksinken und bekamen kaum etwas von dem Start mit, der uns
zwanzig Jahre zuvor vielleicht noch fasziniert hätte. Und Ähnliches
galt auch für die Landung sechs oder sieben Stunden später. Vielleicht verspürte man dann etwas mehr Neugier, denn die Heimat war
nahe, und man wollte noch in der Luft eine Ahnung von ihr auf-
schnappen, vielleicht sogar einen Blick auf sie erhaschen. Im Großen
und Ganzen machte es aber keinen Unterschied, ob wir sechs Meilen unter uns die Wälder von Labrador oder die auf Anticosti Island

---

* Obwohl der Ausdruck einem modern vorkommt, wurde er tatsächlich schon
1612 benutzt, und in viktorianischen Zeiten sprachen Seeleute mit bewusstem
Understatement davon, »den Teich überquert« zu haben.

sahen oder ob unser erster Kontakt mit Nordamerika bei Cape Breton Island oder Sandy Hook oder Cape Cod stattfand. Alles, was uns wirklich interessierte, war, ob wir planmäßig ankommen und die Zollformalitäten nicht zu zeitraubend sein würden, so dass wir möglichst schnell wieder festen Boden unter den Füßen haben und anfangen konnten, das zu tun, um dessentwillen wir die Reise angetreten hatten. Die graugrüne, immer gleich aussehende Weite des Ozeans, die wir gezwungenermaßen zu überqueren gehabt hatten, war eigentlich ohne jede Bedeutung.

So verhielt es sich auch für mich jahrelang – bis zu einem noch nicht lange zurückliegenden Sommernachmittag, als ich auf einer Triple Seven von British Airways ohne Reisegefährten, ohne mich mit jemandem unterhalten zu können und zutiefst gelangweilt, unbequem in einen Fenstersitz auf der rechten Seite gequetscht, wieder einmal nach New York unterwegs war. Der Lunch war schon längst serviert worden, ich hatte die Zeitung ausgelesen und auch das einzige Buch, das ich dabeihatte. Das allgemeine Unterhaltungsprogramm war kaum zu ertragen. Wir hatten noch drei Stunden vor uns, und ich flüchtete mich in Tagträume. Ich schaute müßig durch die Plexiglasscheibe. Es war vollkommen wolkenlos, und mehrere Meilen unter uns erstreckte sich die See, von einem genauso tiefen Blau wie der Himmel, nicht ganz glatt, sondern leicht gekräuselt, stumpf glänzend wie matte Aluminiumfolie oder Zinn oder auch gehämmerter Stahl; sie schien unter der Tragfläche hindurch langsam Zentimeter für Zentimeter nach hinten zu rücken.

Ich hatte vielleicht schon fünfzehn Minuten auf die blaue Wasserfläche hinuntergestarrt, als es mir plötzlich so vorkam, als würde sich die Farbe der Oberfläche ganz leicht verändern; zuerst schien sie um einiges blasser zu werden und dann innerhalb von höchstens ein, zwei Augenblicken – das heißt: Meilen – in ein helles Aquamarin umzuschlagen. Etwas Ähnliches hatte ich nur selten aus einer solchen Höhe zu Gesicht bekommen: Ich nahm an, dass dieser Farbwechsel, wenn er wirklich stattgefunden und ich ihn mir nicht nur eingebildet hatte, etwas mit dem Winkel zu tun haben musste, in dem die Strahlen der Sonne auf die Wellen fielen, denn da ich einen Mittagsflug genommen hatte, stand diese höher am Himmel als gewöhnlich.

Ich warf einen Blick auf die Karte mit den Flugrouten, die in der Tasche auf der Rückseite des Sitzes vor mir steckte; sie war in großem Maßstab gehalten und ungenau, doch konnte ich mit ihrer Hilfe unsere Position ermitteln und fand so die offenkundige Erklärung für den Farbwechsel: Wir hatten den Rand des Kontinentalschelfs erreicht. Der abgrundtiefe Ozean, über den wir hinweggeglitten waren, seitdem wir die den Westrand des europäischen Schelfs anzeigende Porcupine Bank hinter uns gelassen hatten – die man für gewöhnlich eine halbe Flugstunde nach Überfliegen der irischen Küste erreicht –, war jetzt wieder flacher geworden; der Meeresboden war angestiegen, um die ersten, noch unterseeischen Ausläufer des amerikanischen Festlands zu bilden.

Doch ein paar Augenblicke später wurde, was mir noch ungewöhnlicher vorkam, das Wasser wieder dunkelblau, allerdings diesmal nur für eine ganz kurze Zeitspanne, bevor es sich erneut aufhellte. Es war, als wäre das Flugzeug über einen tiefen Fluss im Ozean hinweggeglitten, über eine Kluft zwischen zwei im Wasser verborgenen Hochebenen. Ich spähte unter der Tragfläche hindurch so weit in die Ferne, wie es eben ging: Von der Stelle an, an welcher die Ebene wieder begann, schien sie sich ohne Unterbrechung nach Westen fortzusetzen. Und dann erinnerte ich mich an etwas, das ich über die Meeresgeografie dieses Teils des Nordatlantiks in Erfahrung gebracht hatte. Mich hatte schon seit Langem alles interessiert, was mit dem Golfstrom zusammenhing, und ich entsann mich, dass er ganz in der Nähe verlief. Was mir jetzt wieder ins Gedächtnis kam, ließ mich zu dem Schluss gelangen, dass die zusammenhängende Ebene, die sich vor uns unter der Wasseroberfläche abzeichnete, nichts anderes als den Beginn der Grand Banks von Neufundland darstellte. Die dunkelblaue in sie eingeschnittene Rinne war als Flemish Pass bekannt. Und der erste grünlich-blaue Fleck, den ich erspäht hatte, war, wie mir plötzlich bewusst wurde, genau jener Ort, an dem wir viele Jahre zuvor auf das kanadische Rettungsflugzeug

31

gewartet hatten – jene mir noch so lebendig in Erinnerung gebliebenen Untiefen, die Flemish Cap genannt wurden.

Fast ein halbes Jahrhundert war vergangen, seit ich Flemish Cap zum ersten Mal gesehen und gebannt das Herannahen der Maschine der Canadian Air Force mitverfolgt hatte. Es mag auch daran gelegen haben, dass ich noch jung und leichter zu beeindrucken gewesen war, doch ich hatte jede Einzelheit dieses kurzen, für mich so faszinierenden Zwischenfalls gierig in mich aufgesogen. Und später, nachdem unser Schiff weiter Richtung Westen gelaufen war, hatte ich weitere Details erfahren, solche, die das Ganze für mich auch noch mit einem bedeutenden historischen Ereignis verknüpft hatten. Ein freundlicher Deckoffizier der *Empress* erzählte mir, dass die Hilferufe, die wir in der Nacht zuvor abgesetzt hatten, von einem Stützpunkt der US-Küstenwache in einer kleinen Hafenstadt namens Argentia aufgefangen worden waren. In der Schule hatten sie uns beigebracht, dass es genau dort, in den Gewässern vor Argentia, 1941 an Bord des Schlachtschiffs *Prince of Wales* zu dem Treffen zwischen Winston Churchill und Franklin D. Roosevelt gekommen war, bei dem die beiden Staatsoberhäupter die Atlantik-Charta verabschiedet hatten, die das Nachkriegsgeschehen so nachhaltig beeinflusst hatte. Dass wir beigedreht mitten auf dem Ozean gelegen hatten und doch über Funk mit einem Ort verbunden gewesen waren, der in der Ge-

◁ »Ach, wenn wir doch über den Atlantik hinwegfliegen könnten«, lautet die Überschrift über diesem am 27. April 1912, zwei Wochen nach dem Untergang der *Titanic*, erschienenen Schaubild. Die Gefahr einer Kollision mit einem Eisberg würde dann eliminiert werden und die Reisezeit sich drastisch reduzieren. Die Grafik verdeutlicht die Fortschritte in der »Kommunikation« zwischen Europa und Amerika. Während Mitte des 15. Jahrhunderts überhaupt keine Verbindung bestand, brauchte man im 17. Jahrhundert 40 bis 50 Tage, um die gewaltige Entfernung zu überbrücken; mit dem Aufkommen der Dampfschifffahrt schmolz diese Zeit dann schließlich auf zirka vier Tage zusammen. Der Wunsch, auf dem Luftweg in einem einzigen Tag von einem Kontinent auf den anderen gelangen zu können, sollte sich schon in den dreißiger Jahren des 20. Jahrhunderts erfüllen.

schichte eine so große Rolle gespielt hatte, machte den ganzen Zwischenfall noch denkwürdiger für mich und trug mit dazu bei, dass er sich unauslöschlich in mein Gedächtnis einbrannte.

Jetzt aber war derselbe Ort im Ozean, flüchtig von einem in großer Höhe über ihn hinwegfliegenden Flugzeug aus wahrgenommen, zu einer Fläche grünlich-blassen, ungleichmäßig gefärbten Wassers geworden, die eigentlich nur Ungemach bereitete, indem sie nämlich die Reise zum Bestimmungsort verlängerte. Wie traurig, dachte ich, dass ein von mir so lebhaft erinnerter Ort sich so rasch in wenig mehr als einen Abschnitt der Gesamtstrecke verwandelt hatte und man ihn nur unter dem Aspekt der zum Ziel zurückzulegenden Entfernung betrachtete.

Doch halt! Hatte nicht die Welt im Allgemeinen begonnen, den gesamten Ozean unter diesem Aspekt zu sehen? Assoziierten die meisten Menschen mit dem Ozean heutzutage nicht einfach nur eine zu überbrückende große Entfernung? Nahmen wir ihn nicht jetzt alle für etwas ganz Gewöhnliches, Normales, dieses Gewässer, das noch bis in die – relativ gesehen – jüngste Zeit hinein, vor allenfalls fünfhundert Jahren, von Seeleuten, die den Versuch, es zu überqueren, noch nicht gewagt hatten, mit einer Mischung aus Ehrfurcht, Schrecken und Staunen betrachtet worden war? Hatte nicht ein Meer, das einst wie eine scheinbar unüberwindliche Barriere zu anderen Territorien und Ländern – Japan, Ostindien, den Gewürzinseln, dem Orient – erschienen war, sich nicht im Eiltempo in einen praktischen Transportweg zu den Reichtümern und Wundern der Neuen Welt verwandelt? Hatte unsere Einstellung zu diesem Ozean sich nicht radikal geändert? War an die Stelle des Eingeschüchtertseins durch das Unbekannte und Beängstigende nicht die Gleichgültigkeit getreten, die wir gegenüber dem Gewöhnlichen und Vertrauten an den Tag legen?

Und war dieser Wechsel unserer Einstellung zum Atlantik nicht gleichzeitig in irgendeiner Weise an das ständige Anwachsen seiner Bedeutung gekoppelt gewesen, hatte aber gewissermaßen in einem umgekehrt proportionalen Verhältnis dazu gestanden? Denn es stimmte doch, er war über die Jahrhunderte hinweg zu wenig mehr als einer Brücke, einem Verbindungsweg geworden, hatte sich aber auch zu einem Drehpunkt des wichtigen Geschehens in der modernen Welt entwickelt, zu einem Zentrum, um das herum sich Macht und Einfluss lange Zeit verteilt hatten. Wenn das Mittelmeer der Binnensee der klassischen Zivilisation gewesen war, war der Atlantik nach und nach an seine Stelle getreten und der Binnensee der westlichen Zivilisation geworden. Der Geograf und Geografiehistoriker Donald W. Meinig äußerte sich 1986 zu dieser allgemein wahrgenommenen neuen Rolle des Atlantiks; dieser Ozean, meinte er, sei insofern unvergleichlich, als die alten Stätten der Kultur in seinem Osten lägen, er eine lang gestreckte, Expansion zulassende Grenze im Westen besitze und eine lange zusammenhängende afrikanische Küste. Der Atlantik liegt quasi wie zentriert zwischen den Blöcken der Macht und des kulturellen Einflusses, die die moderne Welt geprägt haben. Er ist eine Entität, welche diese Blöcke verbindet und auf eine nicht genau zu benennende und bestimmende Weise auch definiert.

Es war Walter Lippmann, der im Jahr 1917 als Erster die Vorstellung von einer Atlantischen Gemeinschaft in Umlauf brachte. In einem berühmten Essay in der Zeitschrift *The New Republic* definierte er diese Gemeinschaft als den Kern »jenes Geflechts tiefgehender Interessen, das die westliche Welt miteinander verknüpft«. Heute erkennen wir die Existenz dieser Gemeinschaft, und wenn wir auch nicht genau verstehen, was sie ausmacht, oder sicher sind, wer uneingeschränkt, als Vollmitglied gewissermaßen, zu ihr gehört, ist es doch klar, dass es sich – trotz der Ansprüche, die Indien, China und Japan bald geltend machen werden – um eine Gruppe von Ländern und Zivilisationen handelt, der es, zumindest vorläufig noch, gelingt, das wesentliche Geschehen auf unserem Planeten zu steuern.

Diese Gemeinschaft – was auch immer man unter diesem Terminus verstand oder versteht – schloss zunächst einfach nur die nördlichen Länder an den Ufern des Atlantiks ein, das heißt zum einen die westeuropäischen Staaten, zum anderen die USA und Kanada. In jüngerer Zeit sind sowohl Lateinamerika als auch jener Flickenteppich von Ländern an der west- und zentralafrikanischen Atlantikküste in die so immer bunter werdende Mischung einbezogen worden. Die Einwohner von Brasilien und Botswana, Guyana und Liberia, Uruguay und Mauretanien sind heutzutage genauso unbestritten Mitglieder der Atlantischen Gemeinschaft, wie es bereits seit einer langen Reihe von Jahren die Menschen jener Länder gewesen sind, die in viel offenkundigerer oder augenfälligerer Weise in Beziehung zum Atlantik stehen: Länder wie Island und Grönland, Mexiko, Portugal, Irland, Frankreich und Großbritannien. Tatsächlich ist die Gemeinschaft sogar noch sehr viel größer und umfassender, wie mir im Folgenden hoffentlich nachzuweisen gelingt.

Und doch widerfährt dem Meer, das diese Millionen von Menschen und Hunderte von Kulturen und Zivilisationen verbindet, diesem S-förmigen Gewässer mit einer Gesamtfläche von mehr als hundertsechs Millionen Quadratkilometern, das man in der westlichen Hemisphäre gewöhnlich Atlantischer Ozean nennt und das auf der östlichen Halbkugel als Great Western Sea bekannt ist, die Schmach, ignoriert zu werden. Man kann von diesem Ozean mit Fug und Recht sagen, dass viele Menschen ihn sehenden Auges übersehen: Er ist ganz offenkundig da, wird aber in vielfacher Beziehung überhaupt nicht bemerkt.

Dabei ist er unbestreitbar äußerst evident. »Selbst wenn wir eine Satellitenstation im All aufhängen«, schrieb der amerikanische Historiker Leonard Outhwaite 1957, als der erste Sputnik auf seine Bahn gebracht wurde, »oder wenn wir auf dem Mond landen, wird der Atlantische Ozean immer noch das Zentrum unserer Welt bilden.«

Nicht alle Gewässer sind so erkennbar lebendig wie der Atlantik. Einige große Binnenseen, die in topografischer Hinsicht wichtig und in seefahrerischer anspruchsvoll sind oder auch in der Geschichte eine entscheidende Rolle gespielt haben, wirken trotz allem merkwürdig erstarrt und jeder wahrnehmbaren Vitalität beraubt. Vom Schwarzen Meer zum Beispiel geht etwas Moribundes, Lebloses aus; auch das in einen Dunst aus ockerfarbenem Wüstensand gehüllte Rote Meer scheint sich ständig an der Schwelle zwischen Leben und Tod zu befinden; sogar das Korallenmeer und das Japanische Meer erwecken beide, schön und friedvoll, wie sie sind, den Eindruck, jeden wahren ozeanischen Lebens beraubt zu sein, und kommen einem seltsam matt und kraftlos vor.

Doch der Atlantik ist mit Sicherheit eine mit Leben erfüllte Entität – und zwar mit einem ungestümen. Er ist ständig in Bewegung. Er bringt alle erdenklichen Arten von Geräuschen hervor – pausenlos brüllt, donnert, braust, schäumt, plätschert er. Man könnte meinen, er versuche, Atem zu schöpfen – weit draußen drängt sich dieses Gefühl vielleicht nicht so sehr auf, doch dort, wo er auf Land trifft und seine Wellen einen Kiesstrand hinaufspülen und wieder zurückrinnen, dort scheint er das regelmäßige Ein- und Ausatmen eines Lebewesens nachzuahmen. Es wimmelt in ihm auch von symbiotischen Existenzen, von unvorstellbaren Mengen monströser Wesen, winzigen wie riesigen, die wie in einer Art maritimer Harmonie in seinen Tiefen zusammenhausen und das Gefühl erzeugen, dass die gewaltige Wassermasse zu vibrieren, ja zu pulsieren scheint. Und dieser Ozean besitzt auch eine Psyche: Er gibt wechselnde Stimmungen zu erkennen. Manchmal ist er verdrießlich und mürrisch, bisweilen gibt er sich durchtrieben und neckisch, immer aber ist er nachdenklich und sich seiner Kraft bewusst.

Er besitzt auch eine ziemlich genau berechenbare Lebensspanne. Geologen glauben, dass der Atlantische Ozean, wenn es mit ihm vorbei sein wird, insgesamt für zirka 370 Millionen Jahre existiert haben wird. Es ist ungefähr 190 Millionen Jahre her, dass sich sein Bett auftat und nach und nach mit Wasser füllte, bis er wahrhaft ozeanische Dimensionen angenommen hatte. Jetzt ist er gesetzt und genießt ein ziemlich ruhiges mittleres Alter; er befindet sich in einer Phase, in der er jedes Jahr ein wenig breiter wird und in seiner mittleren Region hin und wieder ein paar Vulkane zu speien beginnen, er aber von keinen allzu drastischen geologischen Konvulsionen geschüttelt wird. Diese werden ihn aber in der Zukunft ereilen.

Es wird nicht mehr allzu lange dauern, bis der Atlantik seine Konturen und Abmessungen verändern wird, und zwar dramatisch. Er wird nach und nach schmaler werden, dann nämlich, wenn die ihn umgebenden Kontinente anfangen werden zu beben und in unterschiedliche Richtungen davonzugleiten; seine Küsten werden sich einander annähern und am Ende wieder so zusammengeschweißt sein, wie sie es schon einmal waren. Aus dem Meer wird dabei nach und nach das Wasser hinausgepresst werden, und es wird, Schätzungen von Zukunftsforschern zufolge, nach weiteren 180 Millionen Jahren ganz verschwunden sein.

Alles in allem ist das aber keine kurze Lebensspanne. Nehmen wir einmal an, dass die Gesamtexistenz der Welt, vom Hadaikum, als sich allmählich eine feste Erdkruste zu bilden begann, bis zum heutigen Holozän mit seinen kühlen Wiesen, an die 4,6 Milliarden Jahre umfasst. Bei einer Schlussabrechnung würde also die Existenzzeit des Atlantiks als selbständigem Gewässer mit 370 Millionen Jahren rund acht Prozent der Zeit entsprechen, in der unser Planet bis dahin existiert haben wird. Die meisten anderen Ozeane der Welt, die sich gebildet haben und wieder vergangen sind, haben nur für wesentlich kürzere Zeiträume bestanden. Was Langlebigkeit betrifft, wird der Atlantik vermutlich in einer Art ewiger Bestenliste mit an der Spitze stehen, den Rang eines Oldtimers erreichen oder möglicherweise sogar zu einem verehrungswürdigen Rekordbrecher werden.

Es ist daher sowohl möglich als auch vernünftig, die Geschichte des Atlantischen Ozeans in Form einer Biographie zu erzählen. Er ist ein lebender Organismus, seine geologische Geschichte lässt sich in Phasen wie Geburt, Heranwachsen und Evolution zu seiner gegenwärtigen, »mittelalterlichen« Gestalt und Größe gliedern, und sie wird mit einem ziemlich genau vorherzubestimmenden Finale enden, das sich aus Schrumpfung, Verfall und Tod zusammensetzt. Auf das Wesentliche reduziert, ist es eine relativ einfache Geschichte, die Biographie einer lebendigen Entität, deren Anfang sich erschließen lässt, deren mittlere Lebensphase vor uns liegt und über deren Ende sich relativ zuverlässige Vermutungen anstellen lassen.

Doch würde eine solche Geschichte noch viel mehr einschließen müssen, denn wir dürfen an ihr alles das nicht außer Acht lassen, was die Menschheit betrifft.

Menschen haben seit Urzeiten an den Rändern des Atlantiks und auf seinen Inseln gelebt, sie haben ihn später in allen Richtungen überquert, ihn ausgeplündert, auf ihm gekämpft, sich seiner bemächtigt, ihn kartografiert und ihm Gewalt angetan, und durch das alles haben sie ihm zentrale Bedeutung für die Entwicklung unseres eigenen Lebens verliehen. Auch das ist eine Geschichte – eine, die sich nicht nur stark von jener der Entstehung und des Vergehens des Ozeans unterscheidet, sondern darüber hinaus viel kürzer ist, – für uns als Menschen jedoch ungleich wichtiger.

Es gab keine Menschen, als der Ozean sich bildete. Es wird keine geben, wenn er zu existieren aufhört. Für eine exakt bestimmbare Periode jedoch, die fast genau mit der mittleren Lebensperiode des Atlantiks selbst zusammenfällt, waren wir Menschen zugegen, traten wir auf den Plan, entwickelten uns und – jedenfalls denken wir das gern – griffen sofort verändernd in alles ein. Nur indem man auch diese zweite Geschichte erzählt – die in der ersten wie ein Sandkörnchen in einer großen Muschel eingebettet liegt –, können wir einen wirklich erschöpfenden, vollständigen Bericht über das Leben des Atlantischen Ozeans ablegen. Die Geschichte vom physischen Sichauftun und Wiedervergehen des Ozeans bildet dann den Kontext, den Rahmen für die Geschichte von der intimen Beziehung des Menschen zu ihm, von seiner engen Verstrickung mit ihm.

Diese zweite Geschichte nahm ihren Anfang, als die ersten Menschen sich an den Ufern des Atlantiks niederließen. Der Mensch begann höchstwahrscheinlich erstmals in Südafrika ans Meer zu drängen, und zwar geschah dies wohl – was ein Glücksfall für die vorliegende Darstellung ist – an den dortigen Atlantikküsten. Was sich von jenem Augenblick an ereignete, ist so kompliziert und multidimensional, wie man es sich überhaupt nur vorstellen kann: Die Geschichte vom Menschen und dem Meer wird zu einer Saga von vielen Völkern und Individuen, von unterschiedlichen Sprachen und Bräuchen, von einem komplexen Geflecht aus Handlungen und Ereignissen, Errungenschaften und Entdeckungen, Irrtümern und Streitigkeiten. Es ist eine verwickelte Geschichte und nicht einfach zu erzählen. Ein schlichter chronologischer Aufbau mag sich für die Darstellung des Entstehens des Ozeans selbst eignen – doch für die Darstellung der so vielfältigen und unterschiedlichen menschlichen

Erfahrungen mit und von ihm lässt sich kein so simples Struktur-prinzip finden.

Denn wie sollte man die Eindrücke und Erlebnisse, sagen wir, eines liberianischen Fischers mit denen eines Matrosen auf einem vor Island patrouillierenden Atomunterseeboot verknüpfen? Oder das Leben eines Bergmanns in den Amethystminen an den Küsten Namibias in irgendeine Beziehung zu dem des amerikanischen Regisseurs von *Die Männer von Aran*, einem Dokumentarfilm über die gleichnamige Inselgruppe von 1934, setzen? Wie sollte man über den Kapitän einer Boeing von British Airways und den Kommandanten eines Eispatrouillenschiffs vor der Küste der Insel South Georgia schreiben? Wie sollte man irgendeine Ordnung in diese merkwürdige und so bunte Vielfalt bringen? Wie sollte man das alles auf sinnvolle Weise miteinander verknüpft und überschaubar darstellen?

Das blieb lange Zeit eine unbeantwortete Frage für mich. Ich wollte unbedingt die Geschichte des Ozeans schreiben. Doch welches war die geeignete Struktur für eine solche Darstellung? Was dieses Problem betraf, schwamm ich sozusagen, trieb ich hilflos auf hoher See.

An jenem Tag jedoch, als ich aus dem Flugzeug auf die Wogen hinunterstarrte, kam mir der rettende Einfall: Wenn der Ozean ein eigenes Leben besitzt, könnte dann nicht auch der Beziehung des Menschen zu ihm so etwas wie ein Leben innewohnen? Schließlich zeigen Fossilien und Grabungsfunde, dass auch diese Beziehung auf eine bestimmte Geburtsstunde zurückzuführen ist. Sie wird vermutlich auch eine Todesstunde haben – sogar der eingefleischteste Optimist wird zugeben müssen, dass ein Ende der menschlichen Existenz abzusehen ist, dass es in ein paar tausend, vielleicht auch zehntausend Jahren vorbei sein wird mit uns – und es damit auch diesen Aspekt der Geschichte des Atlantiks nicht mehr geben wird.

Also: Biographie, das heißt die Entwicklung dieser menschlichen Beziehung mit dem Atlantik von ihren Anfängen an zu ermitteln und sie in den Kontext des viel überschaubareren Lebens des Ozeans zu platzieren – das war möglicherweise ein gangbarer Weg. Doch dann waren da die Details, entmutigend viele. Die menschliche Geschichte stellt sich als eine solche Flut von Fakten, Ereignissen und Personen dar, dass es sich als nahezu unmöglich erweisen könnte, gegen sie anzuschwimmen und den Kopf über Wasser zu halten.

Am Ende wurde mir aus heiterem Himmel ein Rettungsring zugeworfen, und zwar von ganz unerwarteter Seite – der Helfer in der Not war nämlich jemand, den man absolut nicht mit dem Meer in Verbindung brachte: William Shakespeare.

Viele Jahre lange hatte ich auf öden Flugreisen immer eine schon recht zerfledderte Ausgabe von *Seven Ages* dabeigehabt, einer Lyrikanthologie, die in den frühen neunziger Jahren von dem ehemaligen britischen Außenminister David Owen zusammengestellt worden war. Er hatte die von ihm ausgewählten Gedichte in sieben separate Abschnitte gegliedert, von denen jeder einen der sieben Lebensabschnitte des Menschen repräsentieren sollte, die Jacques in dem bekannten Monolog »All the world is but a stage ...« (»Die ganze Welt ist eine Bühne ...«) in Shakespeares *As you like it* (*Wie es euch gefällt*) auflistet. Als ich die Sammlung eines Tages wieder in die Hand nahm, wurde mir klar, dass genau diese Struktur sich auch dazu anbot, den »menschlichen Aspekt« der Geschichte des Atlantiks darzustellen. Es war genau der geeignete Aufbau für das Buch, das ich zu schreiben vorhatte. Mit seiner Hilfe könnte ich alle Themen, die ich behandeln wollte, in Akteure verwandeln, die einer nach dem anderen die Gelegenheit erhalten würden, ihre Rollen, von der des kleinen Kindes bis hin zu der des Greises, zu spielen.

Hier sind die einzelnen, jeweils einen Lebensabschnitt repräsentierenden »Rollen«, die Jacques in seiner berühmten Rede aufführt:

Den Anfang macht:

... das Kind,
Das in der Wärtrin Armen greint und sprudelt.

Dann kommen:

Der weinerliche Bube, der mit Ranzen
Und glattem Morgenantlitz wie die Schnecke
Ungern zur Schule kriecht; dann der Verliebte,
Der wie ein Ofen seufzt, mit Jammerlied
Auf seiner Liebsten Brau'n; dann der Soldat
Voller toller Flüch' und wie ein Pardel bärtig,
Auf Ehre eifersüchtig, schnell zu Händeln,
Bis in die Mündung der Kanone suchend
Die Seifenblase Ruhm. Und dann der Richter
Im runden Bauche, mit Kapaun gestopft,
Mit strengem Blick und regelrechtem Bart,
Voll weiser Sprüch' und neuester Exempel
Spielt seine Rolle so. Das sechste Alter
Macht den besockten, hagern Pantalon,
Brill' auf der Nase, Beutel an der Seite;
Die jugendliche Hose, wohl geschont,
'ne Welt zu weit für die verschrumpften Lenden;
Die tiefe Männerstimme, umgewandelt
Zum kindischen Diskante, pfeift und quäkt
In seinem Ton. Der letzte Akt, mit dem
Die seltsam wechselnde Geschichte schließt,
Ist zweite Kindheit, gänzliches Vergessen,
Ohn' Augen, ohne Zahn, Geschmack und alles.

Kleines Kind, Schuljunge, Liebhaber, Soldat, Richter, hagerer Pantalon und schließlich wieder kleines Kind – das sind die Phasen, in denen sich das Leben des Menschen vollzieht. Eine solche Einteilung vorzunehmen kam mir plötzlich als idealer Ansatz für mein Buch vor. Wenn man die einzelnen Stadien unserer Beziehung mit dem Ozean zu den menschlichen Lebensphasen in Relation setzte und den jeweils dominierenden Aspekt behandelte, schien diese Beziehung sich nicht nur umfassend, sondern auch überschaubar darstellen zu lassen.

Im ersten Abschnitt zum Beispiel könnte ich darüber berichten, wie im Menschen erstmals ein, noch nahezu kindliches, Interesse für das Meer erwachte. Im zweiten würde sich dann untersuchen lassen, wie sich aus dieser Anfangsneugier heraus Wissbegierde entwickelte, wie man zur systematischen Erkundung des Ozeans überging und Informationen über ihn zusammentrug und weitergab – und dabei könnte ich gleichzeitig die Geschichte dieser gelehrten oder wissenschaftlichen Beschäftigung mit ihm untersuchen, ein Vorgehen, das sich ähnlich auch in allen anderen Abschnitten anwenden ließ, so dass jeder von ihnen auch in sich chronologisch strukturiert sein würde. Im dritten Abschnitt, der dem Verliebten gehört, würde ich dann den Liebesaffären mit dem Ozean nachgehen können, zu denen der Mensch sich über die Jahrhunderte hinweg hat verführen lassen und die er mithilfe von bildender Kunst oder Lyrik, Architektur oder erzählender Literatur mit ihm unterhalten hat.

Im vierten Abschnitt, der im Zeichen des Soldaten steht, würde ich anschließend über die Streitigkeiten und Konflikte berichten können, die die Wogen des Atlantiks so oft getrübt haben, davon, wie die rohe Gewalt der Waffen über die Zeiten hinweg Menschen zur Migration gezwungen hat, wie Kriminalität auf hoher See um sich griff und die Kriegsmarinen bestimmter Länder darauf reagiert haben, wie Schlachten ausgetragen und wie Seehelden geboren wurden. Im fünften Abschnitt, der dem wohlgenährten Richter gewidmet ist, könnte ich beschreiben, wie Gesetz und Ordnung langsam die Oberhand gewannen, der Handel blühte und kleine Trampschiffe und große Dampfer den Ozean bald in alle Richtungen durchkreuzten, ein dichtes Netz aus Unterseekabeln geknüpft wurde und Düsenflugzeuge über ihn hinwegeilten – alles um des Profits und der größeren Bequemlichkeit willen. Im sechsten Abschnitt, der dem von Erschöpfung und Langeweile dominierten Lebensabschnitt des Pantalons entspricht, könnte ich darüber nachsinnen, wie und warum der Mensch in jüngerer Zeit des großen Meeres überdrüssig geworden ist und angefangen hat, es für selbstverständlich zu nehmen, sich nicht mehr um seine besonderen Bedürfnisse zu kümmern und sorglos mit ihm umzugehen.

Und was den siebten und letzten Abschnitt betrifft – der jener Phase im Leben des Menschen entspricht, an deren Ende dieser, wie es bei Shakespeare heißt, ein Geschöpf *sans teeth, sans eyes, sans taste, sans everything* ist – so könnte ich mir vorzustellen versuchen, wie dieser so vielfach missachtete und vernachlässigte und deswegen möglicherweise rachsüchtig gestimmte Ozean unter Umständen eines Tages zurückschlagen könnte, indem er wieder zu dem wird, was er immer war, wieder seine ursprüngliche Natur annimmt.

Verlockend, wie das alles klingen mochte, war da aber noch etwas anderes zu berücksichtigen und zu tun. Zuerst musste ich den Rahmen schaffen, das sich über Jahrtausende abspielende Drama der Beziehung zwischen Mensch und Ozean innerhalb des Kontextes von dessen viel längerer physischer Existenz einordnen. Erst wenn ich das bewerkstelligt hätte, könnte ich mit dem Versuch beginnen, die menschlichen Geschichten zu erzählen. Erst dann wäre es mir möglich, etwas über das schon so viele Millionen Jahre währende Leben des Ozeans zu berichten und über die Tausende von Jahren in seiner Lebensmitte, in denen die Männer und Frauen, die die Gemeinschaft an seinen Ufern und auf seinen Inseln bildeten, die Bühne betraten und ihre individuellen und spezifisch »atlantischen« Rollen spielten.

Also: Gehen wir zunächst der Frage nach, wie der Ozean entstand. Wie fing alles an?

# Prolog

# Die Bühne wird gerichtet

*Die ganze Welt ist Bühne*
*Und alle Fraun und Männer bloße Spieler.*
*Sie treten auf und gehen wieder ab,*
*Sein Leben lang spielt einer manche Rollen*
*Durch sieben Akte hin.*

Ein großes Meer – und der Atlantik ist wirklich ein sehr großes Meer – erweckt den Eindruck von Beständigkeit, von Permanenz. Wenn man irgendwo an seinem Ufer steht und über seine Wogen hinweg zum Horizont blickt, dann kann sich leicht das Gefühl in einem einstellen, dass es immer da gewesen ist. Alle, die das Meer mögen – und es können nur sehr wenige sein, die das nicht tun –, haben einen Lieblingsplatz, von dem aus sie besonders gerne auf es schauen: Für mich sind das lange die Färöerinseln gewesen, hoch oben im Nordatlantik, wo es kalt und feucht und öde ist. Tatsächlich ist dort alles von einer eigenen herben Schönheit.

Achtzehn Inseln, jede davon ein Splitter von schwarzem Basalt, mit vom Sturm zerzaustem Salzgras bestanden und in alarmierender Weise von Osten nach Westen abfallend, bilden diesen im Atlantik gelegenen Außenposten des Königreichs Dänemark. An die vierzigtausend Fischer und Schafzüchter klammern sich an diesen Felsen fest, in größter Abgeschiedenheit und voller Entschlossenheit, wie es schon die Wikinger taten, von denen sie abstammen und von deren Sprache sie noch vieles bewahrt haben. Regen, Wind und Nebel prägen das Leben der Insulaner – wenn auch gelegentlich, im Hochsommer beinahe an jedem Nachmittag, die Nebelschwaden plötzlich davonwirbeln und ein Himmel von einer Klarheit und einem brillanten Blau an ihre Stelle tritt, wie man ihn nur ganz hoch im Norden kennt.

An genau einem solchen Tag entschied ich mich, über eine kabbelige und kapriziöse See zur westlichsten Insel der Gruppe, nach Mykines, zu fahren. Es ist eine bei Künstlern sehr beliebte Insel; sie suchen sie wegen ihrer rauen Einsamkeit und ihres vollkommenen Einklangs mit der sie umgebenden Natur auf. Und der Abstecher hinterließ auch bei mir einen tiefen Eindruck. Bei all meinen Streifzügen im Atlantik bin ich nie an einen Ort gelangt, der mir ein derart intensives Gefühl vermittelte, mich am »Rand der Welt« zu befinden. Es gibt keinen besseren Fleck, um die furchtbare Majestät dieses riesigen Ozeans in sich aufzunehmen und allmählich zu begreifen.

Auf Mykines an Land zu gehen erwies sich als ausgesprochen schwierig. Das Boot ritt auf dem schäumenden Kamm eines Brechers in den winzigen Hafen hinein; der Skipper machte nur gerade so lange fest, dass ich einen Betonkai erklimmen konnte, den Seegras mit einem lebensgefährlich rutschigen Überzug versehen hatte. Stufen aus roh behauenen Steinen führten an einem Ende des Betonstreifens eine Felswand hinauf, und ich stieg sie hoch, wobei ich mir des tiefen, mit tobender Gischt gefüllten Abgrunds neben mir nur allzu sehr bewusst war. Doch ich schaffte es. Oben angelangt, erblickte ich ein paar verstreut liegende Häuser sowie eine Kirche, einen Laden und ein winziges Inn, das ich sofort ansteuerte.

In der Gaststube hing der Geruch von Pfeifenrauch und nasser Pulloverwolle in der Luft. Ein plötzlicher heftiger Windstoß hatte den Morgennebel vertrieben, und die Sonne offenbarte meinem Blick einen langgezogenen steilen Grashang, der sich nach Westen zum höheren Ende der Insel, wie es schien bis in den wolkenlosen Himmel hinein, emporschwang.

Ein von Gras überwachsener Pfad, den gerade ein Trupp von Insulanern langsam hochmarschierte, einer hinter dem anderen, wie eine Kolonne von Ameisen, führte den Hang hinauf. Ich schloss mich ihnen aus Neugier an. Zu meiner großen Verblüffung waren die meisten in farängischer Festtracht gekleidet: Die Männer trugen dunkelblaue und scharlachrote Jacken mit hohen Kragen und Reihen von Silberknöpfen, Kniebundhosen und Schuhe mit silbernen Spangen; die Frauen hatten lange Röcke mit breiten Streifen angelegt, außerdem blaue Wämser, die vorne mit filigranen Kettengebilden geschlossen waren, und fransenbesetzte Umhängetücher. Einige Männer trugen zwar Anoraks und hatten außerdem Kapuzenschals aus Filz dabei, diese blieben jedoch zusammengerollt, und niemand hatte eine Kopfbedeckung auf; der unablässig blasende Wind hätte sie ohnehin mit sich gerissen. Die Kinder, die genauso festlich wie die Eltern gekleidet waren, schrien und kreischten und schlitterten über das feuchte Gras, obwohl die Erwachsenen sie ermahnten, ihre Stiefel nicht schmutzig zu machen und bloß nicht hinzufallen.

Der Anstieg dauerte dreißig Minuten, aber keiner der Insulaner schien ins Schwitzen zu geraten. Sie versammelten sich alle an einer bestimmten Stelle oben auf der Klippe, wo das Gras platt getreten war. Dort ragte ein Gedenkstein auf, ein Basaltkreuz, in das, wie man mir erzählte, die Namen all der Fischer eingemeißelt waren, die in den Fischereigründen um das im Westen gelegene Island ums Leben gekommen waren. Die ganze Schar, es waren insgesamt vielleicht hundert Menschen, nahm neben den zu einer Pyramide aufgetürmten Basaltbrocken, die die höchste Stelle markierten, Aufstellung und wartete.

Nach ein paar Minuten erschien ein weißhaariger, ungefähr sechzig Jahre alter Mann, der von der Anstrengung ein wenig schnaufte, am oberen Ende des Pfades. Er war in ein langes schwarzes Chorhemd mit hoher Halskrause gekleidet, so dass er beinahe aussah, als wäre er den Seiten eines illustrierten mittelalterlichen Volksbuchs entstiegen. Der Mann war ein lutherischer Pastor aus Tórshavn, der Hauptstadt der Färöer. Er begann, einen Gottesdienst abzuhalten, wobei ihm zwei Küster, die Akkordeon spielten, und ein einheimischer Bursche mit Gitarre assistierten. Zwei hübsche blonde Kinder verteilten einige vor Feuchtigkeit schlaffe Blätter mit Texten und Noten, und mit hohen Stimmen fingen die Dorfbewohner an, altnordische Kirchenlieder zu singen. Der zarte Gesang wurde sofort vom Sturm verweht, ins Meer hinabgeblasen – genauso wie es sein sollte.

Die Insulaner erzählten, dass es sich bei dieser kleinen religiösen Feier um ein absolutes Novum handelte; vorher hatte es so etwas noch nie gegeben, denn bis dahin war immer ein Pastor aus dem
tausend Meilen weiter südlich gelegenen Dänemark gekommen, um
Gottes Segen für die vor langer Zeit ertrunkenen Seeleute von der Insel zu erflehen. Der heutige Tag würde in die Geschichte eingehen,
erklärte man mir, weil der Geistliche ein Färinger war, ein Einheimischer also. Auf eine ganz eigene Weise, behutsam und respektvoll,
machte dieser Gedenkgottesdienst mit den im lokalen Idiom vorge-
tragenen Gebeten deutlich, wie diese abgelegenen Inseln mitten im
Ozean sich kontinuierlich der wohlmeinenden Obhut des europäischen Mutterlands entzogen hatten. Die Menschen waren ihren
eigenen Weg gegangen, hatten eine eigene Lebensweise ausgebildet,
eine »Inselart«, wie einer aus der Gemeinde es formulierte: »Eine atlantische Art und Weise.«

Als der Gottesdienst vorüber war, schlenderte ich hinter der sich
nach und nach auflösenden Schar her – und stand plötzlich ohne
Vorwarnung und ziemlich erschrocken direkt an der Kante der Steil-
klippe. Der schüttere Grasteppich war dort wie mit einer Klinge abgeschnitten, und statt seiner gähnte dort nur eine mit nichts als Wind
gefüllte Leere: steil abfallende Wände aus schwarzem nassem Basalt
und über siebenhundert Meter tiefer an sie heranschlagend die tosenden Brecher und schäumenden Wogen des offenen Meeres. Hunderte von Papageientauchern hockten in Nischen und Spalten in den
Felswänden, einige von ihnen nicht mehr als eine Armeslänge entfernt und ganz unbekümmert ob meiner Anwesenheit. Sie sahen
ein wenig lächerlich aus, pummelig und pausbäckig, mit ihren Ge-
sichtsmasken und ihrem bunten Schnabel, aus dem oft zu beiden Seiten kleine Fische ragten. Doch immer wieder erhob einer von ihnen
sich in die Luft und stieg voller Anmut, leicht und schwerelos in den
Himmel auf – überhaupt nicht mehr lächerlich wirkend.

Ich muss lange an dieser Felskante gesessen und aufs Meer geschaut oder eher wie hypnotisiert darauf gestarrt haben. Das Brausen
des Sturms hatte endlich aufgehört, und die Sonne war herausgekom-
men und zog langsam ihre Bahn über den nachmittäglichen Him-

Mykines, die westlichste der Färöerinseln, steigt abrupt aus dem Atlantischen Ozean auf; sie wird von Wind und Wellen gepeitscht und ist die meiste Zeit des Jahres über in dichten Nebel gehüllt. Die Insel ist für ihre Naturschönheiten und die vielen Brutkolonien von Seevögeln – wie diesen Papageientauchern – bekannt. Auf den Färöern sind weniger als fünfzigtausend Menschen zu Hause. Sie besitzen die dänische Staatsbürgerschaft und leben vorwiegend von der Schafzucht – »Faroe« bedeutet in der Sprache der Wikinger »Schaf«.

mel. Ich saß so, dass meine Beine über dem Abgrund baumelten, und hatte das Gesicht genau nach Westen gewandt; direkt unter mir jagten Seevögel in dichten Wolken dahin, Tölpel und Sturmvögel, Eissturmvögel und Dreizehenmöwen; neben mir schwatzte die Kolonie der Papageientaucher. Vor mir lag einfach nur … *nichts*, nichts als eine sich unablässig kräuselnde See, im warmen Licht der Sonne wie gehämmertes Kupfer glänzend und sich bis zum fernen Horizont erstreckend, fünfzig Meilen weit oder auch hundert. Von dieser Höhe aus hatte ich das Gefühl, fünfhundert und sogar noch mehr Meilen weit sehen zu können. Auf diesem Breitengrad, bei zweiundsechzig Grad Nord, fing eine unendliche Leere an, die, wie ich wusste, erst von den Basaltklippen Grönlands unterbrochen wurde, mehr als tausend Meilen entfernt von hier. Das Meer war nirgendwo von Schiffsschrauben aufgewühlt, von keinem Kielwasser durchzogen;

am Himmel zeichneten sich keine Kondensstreifen von Flugzeugen ab – man nahm nichts wahr als den kühlen steten Wind, die Rufe der Vögel und hatte das Gefühl, dass da irgendwo vor einem, noch weit außerhalb des eigenen Blickfelds, das Ende der bekannten Welt lag. Und so ähnlich fühlt man sich auf jeder Landspitze am Atlantik, an jedem Kap, ob in Afrika oder in Amerika oder auf einer der Dutzenden von anderen Inseln im Ozean. Es sind alles Orte, von denen aus man in eine grenzenlose Weite schaut und der Horizont in so großer Ferne liegt, dass er eine leicht gekrümmte Linie bildet. Der Anblick reicht aus, um den Betrachter innehalten zu lassen: Er ist hypnotisierend, geht einem unter die Haut.

Wie unvergänglich, ja ewig einem der Ozean dann vorkommt – und wie unermesslich weit. Die großen Meere sind so groß, dass man, nach ein wenig Nachsinnen, einsieht, wieso es vollkommen gerechtfertigt war, dass jemand wie Arthur C. Clarke, Verfasser des Romans *Odyssee im Weltraum*, ein Mann also, der ein bisschen was von ausgedehnten Räumen verstand, meinte, es sei »unangebracht, diesen Planeten Erde zu nennen, wo er doch ganz eindeutig Meer ist«.

Die dominierende Farbe des Atlantischen Ozeans ist, mehr noch als bei den anderen Meeren, Grau. Er ist grau, und seine Bewegungen sind langsam und kommen meist einem schweren, gravitätischen Wogen gleich. An den meisten Orten ähnelt der Atlantik überhaupt nicht dem Pazifik oder dem Indischen Ozean – er wird nicht von der Farbe Blau beherrscht und ist auch nicht von Palmen und Korallenriffen gesäumt. Er ist ein graues, wogendes Gewässer, nicht selten von starken Winden aufgewühlt. Wenn man an ihn denkt, sieht man vor seinem inneren Auge Fischtrawler durch ihn stampfen oder Tanker, die mühsam durch die Wellen schlingern. Oft drohen Stürme auszubrechen, und immer bewegen sich seine Wasser, als würden sie einen bestimmten Zweck verfolgen, künden sie von unermesslicher Macht und Kraft und lösen dadurch Bewunderung, Ehrfurcht und Angst zugleich aus.

Der Atlantik ist der klassische Ozean unserer Fantasie, ein Industriegebiet, das Kohle, Eisenerz und Salz liefert, zweckmäßig zu seiner Nutzung ausgestattet, mit Schifffahrtsrouten, Kaianlagen und

Fischereiflotten. Er ist ein lebendiger Ozean, über dessen Oberfläche riesige Scharen von Schiffen ziehen, während es in seinen Tiefen von einer unvorstellbar großen Fülle von mysteriösen Geschöpfen wimmelt. Und er ist eben auch eine Entität, die irgendwie unvergänglich, unendlich wirkt. Jahrein, jahraus, Tag und Nacht, Jahrhundert um Jahrhundert, bei Hitze und bei Kälte ist der Ozean immer da, eine ewige Präsenz im kollektiven Bewusstsein jener, die an seinen Ufern leben. Derek Walcott, der mit dem Nobelpreis ausgezeichnete Lyriker, schildert in seinem berühmten Versepos *Omeros*, wie der Held Achilles, ein Fischer, am Ende erschöpft einen atlantischen Kiesstrand hinaufstapft. Er hat dem Meer den Rücken zugewandt, doch er weiß, dass es da ist, auch wenn er es nicht sieht, es liegt die ganze Zeit hinter ihm und ist, gewaltig, großartig, ominös, weiterhin das Meer. Der Ozean »besteht« ganz einfach »immer noch weiter«: *It is still going on.*

Vor dreitausend Jahren führte Homer die seiner dichterischen Vorstellung entsprungene Gestalt des »Oceanus« ein, des Sohnes von Uranus und Gaia, des Gatten von Thetys und Vaters einer Schar von Flussgöttern. Das Wort selbst bezeichnete einen Fluss, der sich um einen gewaltigen Globus zog, von dem die Menschen des Altertums glaubten, dass er sowohl von den elysischen Feldern als auch vom Hades begrenzt sei. Für Homer war der Ozean demnach ein Fluss, einer, dessen Quelle in einer weit entfernten Region, dort, wo die Sonne unterging, lag. Für die Seeleute aus dem Mittelmeergebiet, die die riesige graue, von Stürmen aufgewühlte und wild bewegte Fläche sich jenseits der Säulen des Herkules bei Gibraltar ausbreiten sahen, hatte der »Ozean« etwas ungemein Einschüchterndes, etwas Angsteinflößendes an sich. Er war auch als Großes Außenmeer bekannt und galt als etwas, das man fürchten musste: eine Welt tobenden Wassers, von schrecklichen Ungeheuern wie Gorgonen und Hekatoncheiren bevölkert oder von bizarren, absonderlichen Menschenwesen wie Kimmeriern, Äthiopiern und Pygmäen. Und unablässig in lebhafter, lebendiger Bewegung.

Diese poetische Vorstellung von der unablässigen Aktivität des Meeres ist zugleich vertraut, tröstlich und leicht beunruhigend. Man hat das Gefühl, dass das Meer, was immer es sonst sein mag, grau oder riesig, übellaunig oder kraftvoll, tosend oder ruhig, in dieser Welt eine permanente Präsenz darstellt. Wir imaginieren es als ein unveränderlich bestehendes, lebendes Wesen, pausenlos mit dem nie abzuschließenden Geschäft des Wellenschlagens und des Wartens befasst.

Doch genau besehen ist das nicht so. Auch Ozeane besitzen einen Anfang und ein Ende. Vielleicht nicht in der menschlichen Vorstellung, aber ganz bestimmt in einem physischen Sinn. Ozeane werden geboren, und Ozeane sterben. Und der Atlantik, das einst so gefürchtete Große Außenmeer, der am sorgfältigsten erforschte und erkundete Ozean von allen, war nicht immer da, und er wird auch nicht für alle Ewigkeit dort bleiben, wo er ist, und nicht das, was er ist.

Damit ein Ozean auf einem Planeten entstehen kann, bedarf es zweier Grundvoraussetzungen. Zum einen muss Wasser da sein, zum anderen Land. Die enorme Wassermenge, die heute auf der Erde vorhanden ist, hat es natürlich nicht immer gegeben – doch neuere Forschungen lassen darauf schließen, dass sie ziemlich bald entstand, nachdem die Erde sich vor fast fünf Milliarden Jahren im All aus Planetesimalen zusammengeballt hatte. Untersuchungen von Zirkonkristallen, die man in Westaustralien in der Nähe einer Eisenerzmine gefunden hat, deuten darauf hin, dass schon ein paar hundert Jahre nach der Entstehung unseres Planeten Wasser auf ihm vorhanden war. Dieses muss unvorstellbar heiß gewesen sein und alle möglichen giftigen und zersetzenden gelösten Gase in sich getragen haben. Aber es war eine flüssige Substanz, es schwappte herum, es konnte feste Materie, über die es floss, erodieren – und tat dies auch – und, am wichtigsten, es war unbestreitbar der Urahn, das Urmaterial aller Meere, die es gegenwärtig gibt.

Der Ozean, auf den ich von den von Papageientauchern besiedelten Klippen der Färöerinsel Mykines hinabblickte, war im Kern dasselbe Gewässer, das sich vor diesen Jahrmillionen gebildet hatte; der Hauptunterschied lag darin begründet, dass das Meerwasser im Hadaikum heiß und ätzend war und allenfalls die primitivsten thermo-

philen, also wärmeliebenden Organismen am Leben zu erhalten vermochte; die See um die Färöer hingegen war kalt und ihr Wasser
sauber; sie war durch Millionen Jahre von Evaporation, Kondensa-
tion und Wiederverflüssigung gereinigt und mit Salz, außerdem mit
chemischen Ionen von überall her angereichert worden und vibrierte
vor Leben – Leben von großer Komplexität und ebensolcher Schönheit. In jeder anderen Hinsicht waren die kühlen Gewässer, die heute
die Inseln des Nordatlantiks umspülen, und die dampfenden, ätzen-
den Gewässer in der so weit zurückreichenden Vergangenheit unseres Planeten, als er noch nicht territorial differenziert war, mehr oder
weniger identisch.

Diese territoriale Differenzierung fand bald statt, und ungefähr
zur selben Zeit entstand durch Abkühlung des glutflüssigen Gesteins
festes, bewohnbares Land.

Zunächst wurde dieses durch wenig mehr als Supervulkane re-
präsentiert, die sich allenthalben auftaten. Da sie alle voneinander
getrennt waren, muss die Erde von oben den Anblick eines gigantischen Industriekomplexes voll unzähliger Schornsteine geboten haben; die riesigen im Meer gelegenen Berge stießen alles verfinsternde
Rauchwolken aus und spien tausend Meilen lange Flüsse von zäher,
schwarzer Lava ins Wasser. Nach und nach spuckten diese isolier-
ten Vulkane so viel neues Gestein aus, dass sie immer mehr zusam-
menzuwachsen begannen, und einige dieser Konglomerate erlangten
eine solche Stabilität, dass sie im Verein mit anderen, benachbarten
schon etwas bildeten, das man als »Landmassen« bezeichnen kann.
Lange Zeit später wuchsen diese Landmassen zu noch größeren Ge-
bilden zusammen, die sich als »Protokontinente« auffassen lassen.
Und so entwickelte sich das, was das ihn definierende Charakteristikum unseres Planeten in seiner heutigen Gestalt ist: Er wird von Kontinenten und von Meeren gebildet, von festem Land und von Wasser. Allerdings lief der Prozess, an dessen Ende er eine Konfiguration
erreichte, die zumindest annähernd wie die heutige aussah, unendlich langsam ab und war von einer fantastischen Komplexität. Erst
in unserer Zeit beginnt man allmählich zu verstehen, wie eine multi-
dimensionale Topografie entstand und auch immer wieder verging.

In ihren frühen Tagen mag die Erde schon aus Wasser und Land bestanden haben, doch sie war ein glühend heißer und elendiger Ort. Sie drehte sich sehr viel schneller um ihre Achse als heute; alle fünf Stunden ging die Sonne auf. Hätte es schon Menschen gegeben, hätten diese sie durch die gewaltigen Wolken aus Asche und Rauch und giftigem Gas hindurch wohl kaum sehen können. Und falls diese Wolken sich einmal verzogen, war die Erde ungefilterter starker UV- und Gammastrahlung ausgesetzt, womit ihre Oberfläche zu einem lebensfeindlichen Ort für nahezu alles wurde. Und der neu entstandene Mond war ihr noch so nahe, dass er auf seiner Bahn immer wieder große Flutwellen aus säurehaltigem Wasser auslöste, die solche Kontinente, die schon existierten, überschwemmten und zersetzten.

Einige Kontinente existierten mit Sicherheit schon. Die modernen Geologen haben die Überreste von einem halben Dutzend ehemals zusammenhängender Landmassen ausmachen können, die die Größe von »Erdteilen« erreichten. Was von ihnen blieb, ist durch Milliarden Jahre geologischer Unruhe verstreut worden: Keiner dieser frühen Kontinente ist mehr intakt. Von ihnen ist nur noch eine Ansammlung von in verschieden tiefen und verschieden beschaffenen Erdschichten eingelagerten Fragmenten und Krustensplittern erhalten, deren Alter sich auf mindestens drei Milliarden Jahre datieren lässt und die sich in ansonsten auf keine Weise verbundenen Regionen wie Australien (wo Teile der allerfrühesten Kontinente entdeckt wurden) und Madagaskar, Sri Lanka, Südafrika, der Antarktis und Indien finden.

Es bedarf einer ungeheuer mühevollen Detektivarbeit, um die einzelnen Teile zusammenzufügen und die ursprünglichen Kontinente zu rekonstruieren. Doch durch eine sorgfältige Untersuchung des Alters und der Struktur der betreffenden Gesteinsfragmente hat man die Sequenz der Ereignisse, die zur Ausbildung des heutigen Atlantiks und der ihn einrahmenden Kontinente führten, zumindest annäherungsweise zu erschließen vermocht.

In dieser Sequenz kommen die Dutzend oder mehr Kontinente vor, die im Lauf der Erdgeschichte entstanden sind und entweder für kurze Zeit oder Äonen lang existiert haben. Sie beginnt mit der Formation der ersten Festlandmasse von kontinentalen Dimensionen: einer gewaltigen zweitausend Meilen langen Fläche, deren Silhouette einem monströsen Albatros ähnelte. Es ist ungefähr drei Milliarden Jahre her, dass sie sich bildete und über die Oberfläche des kochend heißen Meeres erhob. Die Geologen unserer Zeit haben diesem Kontinent einen angemessen klangvollen und leicht zu merkenden Namen gegeben: Er ist – in Erinnerung an den Geburtsort Abrahams in Chaldäa – als Superkontinent Ur bekannt.

Seit der Entdeckung beziehungsweise Rekonstruktion von Ur hat man die Überreste weiterer sehr früher Kontinente gefunden und ihnen Namen gegeben, die entweder den Nationalstolz jener reflektieren, die in der Nähe dieser Fundorte leben, oder die klassische Bildung der Forscher, die sie aufgespürt haben, unter Beweis stellen, manchmal aber auch die Realitäten der modernen Weltpolitik spiegeln. Diese Namen sind zumeist nur den zur großen Bruderschaft der Geologen Gehörenden vertraut: Vaalbara, Kenorland, Arctica, Nena, Baltica, Rodinia, Pannotia, Laurentia. Sie bezeichnen zusammenhängende Landmassen, die so klein wie das heutige Grönland oder so riesig wie das heutige Asien gewesen sein können. Sie waren ständig in Bewegung, änderten unablässig ihre Konturen, Topografie und Lage.

Über unermesslich lange Zeiträume hinweg, im Lauf von Perioden, in denen versengende Hitze und kolossale physische Kräfte immer wieder zur Umgestaltung der Erde führten, glitten sie alle langsam und majestätisch auf der Oberflächenhaut des Planeten hin und her. Manchmal kollidierten sie miteinander, wodurch Gebirgsketten entstanden, die heutzutage aufgrund ihres hohen Alters weitgehend abgetragen, also sehr flach geworden sind. Häufig brachen sie auch in einer Abfolge von sich wie in Zeitlupe aneinanderreihenden Explosionen auseinander – Vorgänge, die Millionen von Jahren brauchten, bis sie ganz abgeschlossen waren. Ihre Trümmer rutschten und schlitterten dann auf der Welt herum, ordneten sich neu, fügten sich auch gelegentlich mit anderen Landmassen zusammen. Es war, als wäre die Oberfläche des Planeten mit den Teilen eines gigantischen Puzzles bedeckt, die ein unsichtbarer und nicht allzu intelligenter

Riese hin und her schob. Und die ganze Zeit über füllten sich die Räume zwischen den kontinentalen Massen mit Meeren, deren Umrisse sich ebenfalls ständig änderten, die geteilt und deren Teile dann erneut geteilt und so zu Gewässern geformt wurden, die, von der Zeit vor ungefähr einer Million Jahren an, alle Charakteristika von dem aufwiesen, was wir heute einen Ozean nennen.

Im Kambrium, vor ungefähr 540 Millionen Jahren, begann einer dieser Ozeane ein uns vertrautes Ansehen anzunehmen. Als er erstmals in Erscheinung trat, war seine Gestalt nicht besonders ausgeprägt – er war ganz einfach nur sehr groß. Während des Ordoviziums jedoch fing er an, sich zu verengen, bis er nicht mehr als tausend Meilen breit war; da er sich auch leicht krümmte, ähnelte er einem gewaltigen Strom, der von Nordosten nach Südwesten über die Welt floss, das heißt: Er unterschied sich von seinem Erscheinungsbild her nicht ganz und gar vom künftigen Nordatlantik.

Und weil seine Wellen an die Ufer von Landmassen schlugen, die im Lauf der Zeit zum Osten Nordamerikas und zum Nordwesten Europas werden würden, gab man diesem hypothetischen ordovizischen Meer den Namen, der ihm gewissermaßen von Rechts wegen zustand: Es wurde »Iapetus« genannt, nach dem Titanen, der in der griechischen Mythologie als der Vater von Atlas gilt. Der Iapetus-Ozean ist seit Langem ausgetrocknet, doch der Sandstein und der graue, aus seinen Tiefen stammende Kalkstein, den man auf Neufundland findet, bezeugt seine ehemalige Existenz. Er war der Vorläufer, der Vater oder die Mutter, des späteren Atlantiks.

Die moderne Welt, die Welt in einer für uns wiedererkennbaren Gestalt, begann sich 250 Millionen Jahre später auszuformen – das heißt auch vor 250 Millionen Jahren –, in der Endphase des Perm- und zu Beginn des Triaszeitalters. Es war ein Prozess, der seinen Anfang nahm, als vier der ursprünglichen protokontinentalen Puzzleteilchen aufeinanderprallten und sich zu einem Superkontinent zusammenfügten, der mittlerweile einen großen Bekanntheitsgrad erreicht hat: der große als Pangäa bekannte Erdteil. Dieses gewaltige Gebilde schloss jedes Partikelchen festen Landes ein, das es im Perm gab, den gesamten Grund und Boden auf dem Globus gewissermaßen. Der Name – er bedeutet so viel wie »Allerde« – besagt schon, dass diese eine Landfläche das gesamte feste Territorium der Welt umfasste, und sie war auch von einem Meer umgeben – Panthalassa –, das damals das einzige existierende Meer darstellte.

Aus dieser Land- und dieser Wassermasse würde der heutige Atlantische Ozean hervorgehen. Sein Entstehungsprozess begann mit einem langen Zeitraum von spektakulärer vulkanischer Aktivität, von vulkanischen Gewaltausbrüchen sozusagen; es war eine der turbulentesten Episoden in der gesamten jüngeren Erdgeschichte. Bald danach kam es zu einem Massensterben organischen Lebens sowohl auf dem Land als auch im Meer, und dann fing Pangäa an auseinanderzubrechen, und im Lauf der Zeit öffnete sich der neue Ozean. Ob und in welchem Ausmaß diese drei Ereignisse zueinander in Verbindung stehen, darüber ist erschöpfend debattiert worden – vor allem darüber, ob die heftige vulkanische Aktivität sowohl das Aussterben von Leben als auch das Auseinanderbrechen des Kontinents verursachte –, ohne dass man zu einem eindeutigen Ergebnis kam; unumstritten ist jedoch die Tatsache an sich, dass es zu diesen Ereignissen kam, und zwar in relativ rascher Folge.

Die vulkanische Aktivität war nicht nur so umfassend und so erschreckend gewaltsam, sie hatte auch so einschneidende Konsequenzen, dass es ausgesehen haben muss, als würde die ganze Welt entzweigerissen. Eine gigantische Reihe von Explosionen brach um den zentralen Kern von Pangäa herum aus. Tausende von riesigen Vulkanen, zuerst Tausende von Heklas, im Anschluss daran Tausende von Krakataus oder Ätnas, von Strombolis oder Popocatepetls stießen durch die Erdkruste und fingen an, Feuer und Magma Tausende von Metern hoch in die Luft zu speien. Eine schier endlose Reihe von gewaltigen Erdbeben begann den Planeten zu erschüttern. Sie pflanzten sich mehr oder weniger entlang einer Linie fort, die sich Hunderte von Meilen nach Norden und nach Süden zog und die Erdkruste bis in eine große Tiefe hinein zerriss und aufbrach.

Wenn auch der riesige Kontinent Pangäa noch nicht zerborsten war, hatte er mit Sicherheit angefangen, unter der Last seiner er-

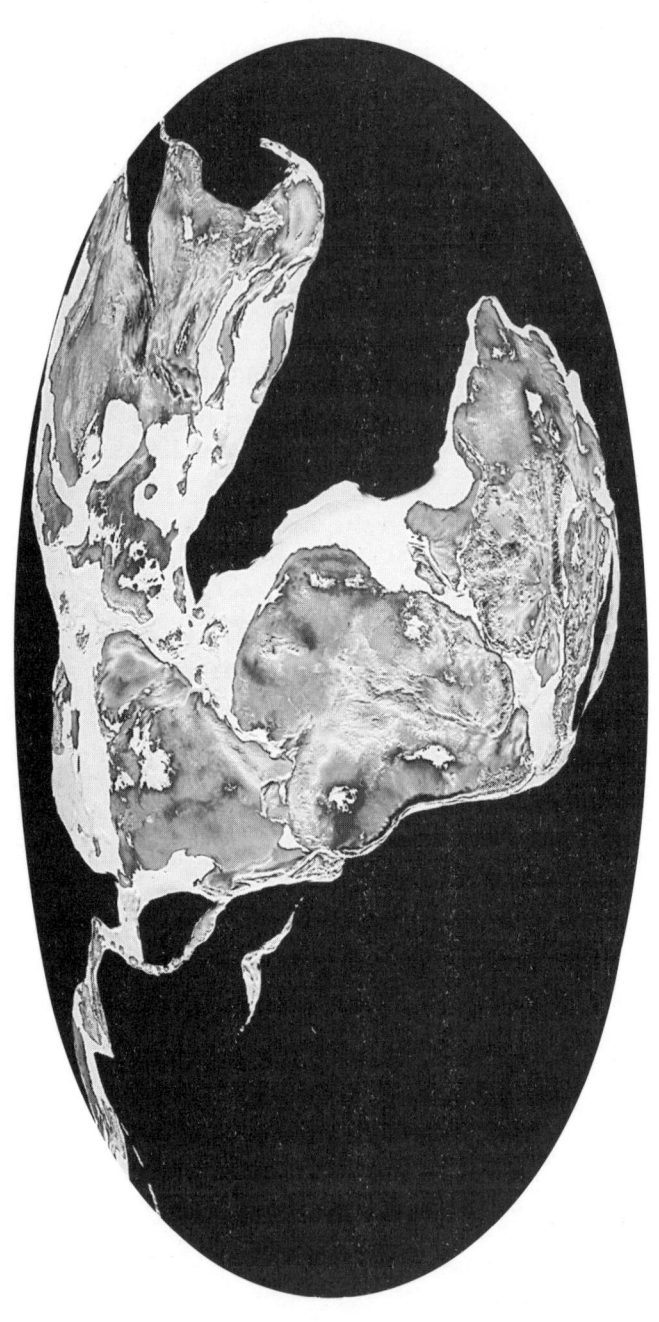

schöpfend langen Existenz mürbe zu werden und zu ächzen. Die Welt erlebte den Beginn einer kurzen, jedoch gnadenlos brutalen Sequenz von Zuckungen, die tektonisches Chaos anrichteten und die einzige Landfläche, die es gab, von einem bis zum anderen Ende in Stücke rissen.

Und Wasser fing an, in den immer breiter werdenden Graben zwischen den sich formierenden zwei Hälften des Superkontinents zu sickern. Das zunächst winzige Rinnsal, welches Sedimente hinterließ, die man im heutigen Griechenland findet, verwandelte sich in einen breiten Zufluss: Unvorstellbare Mengen Seewasser rannen aus dem weltumspannenden Ozean Panthalassa durch ihn hindurch. Und so schuf diese mächtige Kombination aus Vulkanausbrüchen, Erdbeben und Unmengen von Wasser – indem sie den Prozess des Auseinanderstemmens und -hebelns in Gang brachte, gewissermaßen ein tektonisches Brecheisen ansetzte – die Voraussetzung für die Geburt eines brandneuen Ozeans. Sie öffnete nur einen schmalen Spalt, stieß erst die Tür auf, doch der Vorgang würde weitergehen, sich dann beschleunigen und ohne Pause anhalten, Millionen Jahre lang, bis zum heutigen Tag. Der Ozean, der so im Lauf der Zeit entstand, hatte mehr als zwei Millionen Jahre zuvor im Iapetus seinen Urahnen gehabt. Das rasche Anschwellen des anfangs filigranen Rinnsals von Meerwasser zwischen den vulkanischen Klippen der Regionen, die wir heute als Nova Scotia und Marokko bezeichnen, leitete die Geburt des Atlantiks ein.

Die Vulkane waren nicht mehr als einige tausend Jahre aktiv (nach Ansicht einiger Wissenschaftler allerdings ganze zwei Millionen Jahre), die von ihnen ausgelösten Erdstöße aber so heftig und die

◁ Vor ungefähr 195 Millionen Jahren fing der Urkontinent Pangäa an aufzubrechen, und aus Panthalassa, dem weltumspannenden Ozean, begann Wasser in den zunächst schmalen, dann immer breiter werdenden Spalt zu sickern, der sich zuerst zwischen Europa und Amerika und dann zwischen Afrika und Südamerika auftat. Auf diese Weise wurde der Atlantische Ozean geboren.

Menge an Magma, die sie ausspien, so gewaltig, dass die Klippen und Gebirgszüge, die an sie erinnern, immer noch Ehrfurcht gebietend eindrucksvoll sind.

1975 machte ich mit meiner Familie Ferien auf der kanadischen Insel Grand Manan, die zu Neubraunschweig gehört und nicht weit von Campobello entfernt ist, wo Roosevelt sich im Sommer zu erholen pflegte. Wir vergnügten uns ganze Nachmittage lang damit, die Gezeitentümpel bei Southwest Head zu erkunden, einem hohen Kap, von dem aus man nichts als den Atlantik sieht, der sich, nebelverhangen und kalt, weit nach Süden erstreckt. Anschließend wanderten wir heimwärts, um in der Bay of Fundy die spektakulären Flutwellen bei Seal Cove anzuschauen. Auf dem Weg dorthin kamen wir an einer merkwürdigen Ansammlung von reinweißen Felsbrocken vorbei, die wie Fremdkörper auf einer aus Säulen von dunkelbraunem Gestein gebildeten Klippe lagen. Diese Felsbrocken, die ein Gletscher zurückgelassen hatte, wurden »Flock of Sheep« – »Schafherde« – genannt. Es war aber das säulenförmige braune Basaltgestein unter ihnen, das die Geologen seit dem Ende der achtziger Jahre am meisten fasziniert hat. Damals stellte man fest, dass diese Klippe, was Aussehen und wahrscheinliches Alter betraf, einer anderen riesigen Basaltformation ähnelte, die Teil eines marokkanischen Gebirgszugs war.

Ich besuchte diesen Gebirgszug, den nordafrikanischen Atlas nämlich, als ich Recherchen zu einem anderen in diesem Buch behandelten Thema anstellte. Ich wusste damals nicht von seiner Verbindung mit den Felsformationen auf Grand Manan und erfuhr auch nichts darüber, bis ich der Sache nachzugehen begann. Denn wenn Marokko auch für seine Fossilien aus dem Paläozoikum sowie aus dem Jura und der Kreidezeit bekannt ist, gibt es im Atlasgebirge auch einzelne große Felsen aus Basalt, Einsprengsel vulkanischen Ursprungs zwischen Sedimentgestein, die, wie Forscher 1988 ermittelten, von genau demselben Alter waren wie die Felsen auf Grand Manan und an anderen Orten im östlichen Kanada. Diese Entdeckung, von der ich erfuhr, während ich in einer Bar auf dem Dach eines Hauses in der Küstenstadt Essaouira saß und mir die Sonne ins

Gesicht scheinen ließ, veranlasste Geologen zu einer großen Ostereiersuche: Sie durchforschten andere Küstenstriche des Atlantiks nach Basaltgestein vom selben Alter. Bei mehreren Expeditionen in den neunziger Jahren wurden eine gewaltige Fülle solcher Gesteinskörper, sogenannter *Sills* oder *Dykes*, sowie Flutbasaltstränge im umgebenden Sedimentgestein entdeckt; daraus ließ sich mit ziemlicher Sicherheit schließen, was vor ein wenig mehr als zweihundert Millionen Jahren vor sich gegangen war.

Diese Basaltkörper oder -gänge gab es überall – sie addierten sich zu einer Gesamtfläche von über zehn Millionen Quadratkilometern, die Teile von dem bedeckte, was im Lauf der Zeit zu vier Kontinenten geworden war; in Nordamerika erstreckten sie sich an den Appalachians entlang von Alabama bis Maine und von dort aus noch ein ganzes Stück bis nach Kanada hinein und an den Küsten der Bay of Fundy entlang. In Südamerika fand man sie in Guyana, Surinam, Französisch-Guyana und, besonders eindrucksvoll, im brasilianischen Amazonasbecken. In Südeuropa stieß man in Frankreich auf sie, und in Afrika fand man Mengen von *Sills* und *Dykes* nicht nur in Marokko, sondern auch in Algerien, Mauretanien, Guinea und Liberia. Und alle diese Puzzleteilchen waren von einer Ausrichtung und einem Alter sowie in einem solchen Umfeld eingebettet, dass an ihrer geologischen Verwandtschaft kein Zweifel bestand und ihr gemeinsamer Ursprung wahrscheinlich war.

Ihr durchschnittliches Alter, das heißt der Hauptzeitpunkt ihrer Entstehung, ließ sich schließlich auch recht genau bestimmen: Der größte Teil dieses Ergussgesteins war vor 201,27 Millionen Jahren abgelagert, ausgestoßen oder in den Himmel gespien worden – eine Zahl, die allenfalls um dreihunderttausend Jahre nach oben oder unten korrigiert werden muss. Zwischen dem Alter der Basaltgänge auf der späteren Ostseite der Region – vor allem in Nordafrika – und denen im späteren Nordamerika gibt es eine gewisse Diskrepanz: Die amerikanischen scheinen älter zu sein. Diese Tatsache hat zu einer hitzigen Debatte darüber geführt, ob die Vulkanausbrüche wirklich zur Auslöschung eines großen Teils der Fauna und Flora geführt haben, da dieses Massensterben, dem zahlreiche Spezies von Amphibien zum Opfer fielen – was »Nischen« schuf, die das Aufkommen von verschiedenen Dinosaurierarten begünstigte –, sich vor ungefähr 199,6 Millionen Jahren ereignete. War es möglich, dass der einschneidendste biologische Effekt von Vulkanausbrüchen, wie gewaltig diese auch waren, erst nahezu zwei Millionen Jahre später eintrat? Das kommt einem ein wenig unwahrscheinlich vor, doch in einigen Forschungsinstituten versucht man immer noch, die beiden Ereignisse miteinander zu verbinden, nicht zuletzt auch deswegen, weil das die ganze Geschichte dramatischer machen würde.

Der große Kontinent öffnete sich. Diese Öffnung ging aber nicht so glatt, so in einem »Rutsch« vor sich wie bei einem Reißverschluss. Es war vielmehr ein uneleganter, ruckartig verlaufender Prozess, so ähnlich wie das Sicherheben eines Kamels. Erst tat sich ein Teil des Ozeans auf, dann weit weg ein anderer, danach ein Abschnitt in der Mitte, anschließend einer an einem Ende, dann wieder einer in der Mitte. Die ersten Wogen dieses Meeres schlugen an die Küsten des östlichen Kanadas und Nordwestafrikas, die fast genau zu Anfang des Jura-Zeitalters, also vor etwa 195 Millionen Jahren, immer weiter auseinanderzudriften begonnen hatten. Das war der Zeitpunkt, zu dem der Atlantische Ozean wirklich zum Leben erwachte.

Zwanzig Millionen Jahre später kam der Prozess der Meeresbodenspreizung mit Macht in Gang. Er setzte mitten in der See ein; es war ungefähr so, als würden sich zwei Teppiche entrollen oder zwei Förderbänder sich in entgegengesetzten Richtungen von einem annähernd in der Mitte tief unter der Wasseroberfläche gelegenen Punkt aus abwickeln. Der Meeresgrund fing an aufzuplatzen oder aufzubrechen, und seine beiden Hälften strebten kontinuierlich voneinander weg, wobei sich auch die Kontinente auf jeder Seite stetig und ständig weiter voneinander entfernten. Westafrika rückte zirka dreihundert Meilen von South Carolina ab, Mali schob sich ein paar hundert Meilen von Florida weg, und dort, wo später einmal die Windward Islands liegen würden, breitete sich schon eine große Wasserfläche aus; zwischen Liberia und Venezuela tat sich eine fast tausend Meilen breite Kluft auf und füllte sich mit Salzwasser. In diesem mittleren Abschnitt entstand so ein Gewässer, das beinahe so groß wie das heutige Mittelmeer war; anders als das Mittelmeer, dessen Größe relativ stabil ist, nahm es jedoch ständig an Umfang zu.

Als würde ein Countdown weiterlaufen, begann Grönland* sich vor 150 Millionen Jahren immer weiter von Norwegen zu trennen, während Island sich aus der Tiefe der See heraus aufbaute. (Der spektakuläre Ausbruch des Eyjafjallajökull, des isländischen Vulkans, der zuvor zwei Jahrhunderte lang inaktiv gewesen war, durch den im Frühjahr 2010 immense Wolken vulkanischen Staubs in große Höhen geblasen wurden, was den Flugverkehr über Nordeuropa empfindlich beeinträchtigte, ist noch Teil dieses Aufbauprozesses. Surtsey, eine nur ein paar Meilen vom Eyjafjallajökull entfernt gelegene Insel, die 1963 neu geboren wurde, liefert vielleicht einen klareren Beleg dafür, dass Island nach wie vor ständig anschwillt, doch der Eyjafjallajökull spuckte wesentlich mehr Lava aus, wenn auch das meiste davon hoch in den Himmel geschleudert wurde.)

Gleichzeitig waren die seichten Gewässer vor den nördlichen Küstengebieten der Britischen Inseln tiefer geworden, und große offene Wasserflächen mit starkem Wellengang trennten jetzt Irland von Labrador. Zehn Millionen Jahre später hatten Guinea, Gambia, Senegal und Sierra Leone sich gewaltsam von den Küsten der Regionen gelöst, aus denen einmal Guyana, Surinam und Französisch-Guyana werden und die eine ähnliche Randlage in Südamerika einnehmen würden. Bis dahin hatten sie alle zusammengehangen, jetzt trennten sie fünfhundert Meilen Ozean.

Es war ganz offenkundig die Meeresbodenspreizung, die in der frühen Kreidezeit, vor 150 Millionen Jahren, den Prozess der Kontinentalverschiebung vorantrieb – denn es kam zu keiner weiteren

---

* 1965 gehörte ich einer Expedition an, die mithilfe einer Messung des fossilen Magnetismus in Basaltgestein, das von über der ostgrönländischen Eiskappe aufragenden Nunataks eingesammelt worden war, ermitteln sollte, wie weit die Insel seit der Zeit, als diese Felsen entstanden, gedriftet war. Wir fanden heraus, dass Grönland sich um ungefähr fünfzehn Grad nach Westen geschoben hatte, was die Theorie von der Plattenverschiebung, die damals gerade vorgebracht worden war, in hervorragender Weise stützte.

dramatischen vulkanischen Aktivität mehr, die dazu hätte beitragen können. In Gang gesetzt und gehalten wurde die Meeresbodenspreizung durch das Sichformieren des Mittelatlantischen Rückens. Dieser linear verlaufende Gebirgszug auf dem Grund der See, dessen Kamm von Rissen durchzogen und aufgebrochen sowie von aktiven Vulkanen übersät war, würde in der weiteren Geschichte des Ozeans eine entscheidende Rolle spielen. Dort wurde aus dem Erdinneren neues Material für die Erdkrustenbildung ausgestoßen, und von diesem Rücken aus breitete sich der Meeresboden immer weiter nach Osten und Westen aus. Entlang dieser Schwelle stiegen auch hin und wieder Berggipfel als Inseln über die Wasseroberfläche empor; sie ergaben eine lange Kette, zu denen die Azoren, die Kanaren, St. Helena, Fernando do Noronha und Tristan da Cunha gehören, und bildeten zusammen eine gezackte Linie, die von Jan Mayen im hohen Norden bis zur 9200 Seemeilen weiter südlich gelegenen Bouvet Island lief,[*] wurden aber im Lauf der Zeit ebenfalls auseinandergedrängt und endeten schließlich in ferneren Regionen des neuen Ozeans – an Stellen, an denen sie heute noch, abgeschieden und zumeist unbewohnt, liegen.

Und das Sichspreizen und Sichöffnen hielt immer noch an. Nach weiteren fünfzig Millionen Jahren und mehr begannen die nördlichen und mittleren Teile des Rückens die Südküsten Afrikas und Südamerikas zu bilden und voneinander zu trennen. Zuerst kam es zu einem erneuten jähen Einsetzen vulkanischer Aktivität – Basalt floss aus zahllosen Ausbruchkanälen hervor und erstarrte zu Flutebenen. Doch dann setzte auch hier, in der südlichen Hemisphäre, eine Separation ein, wobei allerdings heute nicht ganz klar ist, ob diese mit den vulkanischen Spasmen und Stößen zusammenhing. Und in dieser Region hatte der Prozess in der Tat Ähnlichkeit mit dem Sichöffnen eines Reißverschlusses und ging auch ähnlich

---

[*] Beide Inseln sind norwegische Besitzungen. Auf der zumeist nebelverhüllten und öden Insel Jan Mayen gibt es eine Start- und Landebahn für Flugzeuge und eine bemannte Wetterstation; die Wetterstation auf Bouvet, einer Anhäufung von Klippen und südatlantischem Eis, wurde von einer Lawine zerstört; die Insel ist seitdem unbewohnt.

schnell vonstatten. Die Aufspaltung pflanzte sich in südlicher Richtung fort, ein Küstenstrich nach dem anderen wurde in rascher Folge erfasst. Nigeria löste sich von Brasilien; die Becken, die eines Tages auf der einen Seite den Kongo und auf der anderen den Amazonas aufnehmen würden, trennten sich. Die Flussbasalte am Südende von Pangäa teilten sich in die riesigen, heute in Südafrika liegenden Etendeka Traps, über deren Rand unter anderem die Victoria Falls hinabstürzen, und die Paraná-Basaltflächen Argentiniens, in unserer Zeit Heimat der sich kilometerlang dahinziehenden Gischtvorhänge der Katarakte, die in der Sprache der Guarani »Iguazu« heißen – »Große Wasser«.

Und dann riss sich in einer letzten, länger andauernden Aufwallung ganz Ostpatagonien von Angola los, während die Ebenen, die damals vor Kap Hoorn lagen, sich aus der geologischen Umklammerung der Regionen befreiten, die heute Namibia und das südafrikanische Kapland bilden, und fortglitten, um zum Vorland der südlichen Anden zu werden.

Das alles ging mit einer bemerkenswerten Geschwindigkeit vor sich, denn während sich im Norden die Trennung mit einer gewissen Lässigkeit abgespielt hatte, überschlugen sich die Ereignisse unten im Süden gewissermaßen. Die Regionen am Atlantik, die den »Bauch« Brasiliens und die »Achselhöhle« Afrikas bilden und die ganz offensichtlich so gut ineinander passen, dass im 19. Jahrhundert Männer wie Alfred Wegener es erstmals wagten, die Theorie zu äußern, die Kontinente könnten sich einst auseinanderbewegt haben – Gedanken, mit denen Wegener sich nahezu universeller und anhaltender Verspottung aussetzte –, hatten es, nachdem sie so lange Zeit fest zusammengeschweißt gewesen waren, geschafft, sich in lächerlichen vierzig Millionen Jahren um fünftausend Meilen voneinander zu entfernen. In diesem Teil der Erde muss sich das Meeresbett jährlich um einiges mehr als zehn Zentimeter verbreitert haben – der Prozess lief also unendlich viel schneller ab als im Gebiet des Nordatlantiks mit seinen so regen Wogen und ging mit einer dreimal so hohen Geschwindigkeit vonstatten wie zu unserer Zeit, in der der Ozean sich nach wie vor unablässig ausdehnt.

Die Bewegung ist also nie zum Stillstand gekommen. Die Konturen des Atlantischen Ozeans, wie wir sie heute kennen, wurden vor vielleicht zehn Millionen Jahren fixiert, und obwohl es uns und unseren Kartografen so vorkommt, als hätte der Ozean seit den Tagen von Kolumbus und Vespucci und der Anfertigung der großen Weltkarte durch den Deutschen Martin Waldseemüller, auf der er erstmals genau verzeichnet war, dieselben Umrisse und Küstenlinien, kurz dasselbe »Aussehen« behalten, hat er sich während der ganzen Zeit subtil und sachte verändert. Die Küsten im Osten rücken weiterhin vor, während die im Westen sich nach wie vor zurückziehen. Um eine Zeile aus dem Gedicht »The Second Coming« (»Das zweite Kommen«) von William Butler Yeats zu zitieren: *Die Welt zerfällt, die Mitte hält nicht mehr.* Der Mittelatlantische Rücken spuckt weiterhin unermessliche Mengen neuen Meeresbodens aus, einiges von dem Magma tritt in Form neuer Inseln und Riffe auch über der Wasseroberfläche zutage. Und die bereits existierenden Inseln hören nicht auf, sich unendlich langsam vom Mittelpunkt des Meeres zu entfernen.

Vor zehn Millionen Jahren war die große Aufsplitterung vollzogen und die Geburt des Atlantiks abgeschlossen. Irgendwann in der fernen Zukunft – wie wir sehen werden, nicht zu einem völlig ungewissen Zeitpunkt – werden sich die Felsen, die sich voneinander lösten, wieder zusammenschließen, und das Meerwasser wird dann gezwungen sein, sich einen anderen Platz zu suchen – und es wird auch eine andere Heimstatt finden. Das riesige Weltmeer mit seinem im Wesentlichen jederzeit konstanten Volumen an Seewasser wird sich aufgrund der Kontinentaldrift neu formen müssen und im Lauf von Jahrmillionen immer wieder andere Umrisse annehmen und seine Ausdehnung verändern. Der Atlantik wurde geboren, er wird, wenn seine Zeit gekommen ist, auch wieder sterben.

Aber es wird noch sehr lange dauern, bis es so weit ist. Bis dahin gibt der Atlantische Ozean, *Mare Atlanticus*, das Große Westliche Meer, so etwas wie eine riesige, komplett eingerichtete, mit allem ausgestattete Bühne ab. Er war vor zehn Millionen Jahren schon genauso beschaffen wie heute, ein Ozean wie ein gekrümmter, sich schlängelnder Fluss, der sich über Tausende von Meilen erstreckt, von den stygischen Nebeln des Norden bis zu den Roaring Forties in Süden, mit einem von Gräben durchzogenen Boden in den tiefen Gewässern des Westens und mit gefährlich seichten Stellen in den flacheren Regionen des Ostens, Lebensraum von Dorschen und Fliegenden Fischen, von sich unter wärmender Sonne tummelnden Haien und Blauflossenthunfischen; ein Ort, an dem sich Sargassum-Algen zu großen Wäldern zusammenballen und Winde zu gewaltigen Stürmen, eine riesige Fläche mit Eisbergen und Gezeitenströmen, Strudeln und Sandbänken, mit Schluchten und Schwarzen Rauchern am Tiefseeboden, mit unterseeischen Rücken und Bergen, Kaps, Schwellen und Bruchlinien, mit Strömungen, kalten wie warmen, reißenden ebenso wie trägen, mit Vulkanausbrüchen und Erdbeben in der Tiefe, mit Stromatolithen, Cyanobakterien und Hufeisenkrabben, mit Kolonien von Seevögeln, Pinguinen und Eisbären, Mantarochen, Riesenkraken, Quallen und mit jenen langsam und ruhig dahingleitenden Majestäten des Südens: den prachtvollen großen Wanderalbatrossen.

Mit der Ausstattung dieser Bühne, von der ein solcher Zauber ausgeht und die so reich an Geheimnissen ist, wurde vor sehr langer Zeit begonnen. Die meisten Nebendarsteller, die vielen Tiere und Pflanzen, haben sie mittlerweile betreten. Der Atlantik liegt weit und offen da, er ist physisch vollständig ausgebildet, und alles ist bereit für den Auftritt des Geschöpfes, das die bloße Existenz dieses großen Meers in eine Erfahrung, ein Erlebnis überführen, eine Vorstellung von ihm entwickeln wird.

Denn nun schickt der Hauptdarsteller sich an, ins Rampenlicht zu treten und für einen Zeitraum, der – je nach Standpunkt – droht oder verspricht, relativ gesehen nicht mehr als ein äußerst flüchtiger Moment zu sein, auf dieser Bühne zu agieren. Der Mensch ist endlich bereit, die graue, wogende Realität dieses gewaltigen Gewässers zu konfrontieren – und herauszufinden, was eigentlich auf und in ihm vor sich geht.

# 1

# Von den Purpurinseln Mogador

*Zuerst das Kind,*
*Das in der Wärtrin Armen greint und sprudelt...*

## 1. Verlockungen

Auf der am häufigsten zum Zahlen benutzten Banknote des König-reichs Marokko findet man weder die Darstellung eines Kamels noch die eines Minaretts, und auf ihr ist auch kein Tuareg in seiner typischen dunkelblauen Kleidung zu sehen, sondern das Haus einer sehr großen Schnecke. Diese schützende Hülle eines an den Küsten lebenden, fleischfressenden Meerestiers, das seine raue Zunge be-nutzt, um Löcher in die Gehäuse und Schalen anderer Lebewesen zu raspeln und die Köstlichkeiten, die es in ihrem Inneren entdeckt, herauszuschlürfen, ist rötlich blau, schmal und mit dornenähnlichen Auswüchsen besetzt; sie läuft in einer langgezogenen Spitze aus und besitzt eine an ein menschliches Ohr erinnernde Öffnung. Sie ist in jeder Beziehung schön: die Art von Schneckenhaus, das keiner, der das Glück hat, eines zu finden, gedankenlos wieder fortwirft.

Es waren aber nicht die eleganten geschwungenen Linien des Schneckenhauses, die die Direktoren der marokkanischen Zentral-bank in Rabat vor vielen Jahren bewogen, eine Abbildung davon auf die Rückseite der von der Bank ausgegebenen Zweihundert-Dir-ham-Scheine zu setzen. Man wählte dieses Motiv aus einem anderen Grund, einem, der auch irgendwie logischer erscheint: Die Schnecke stand nämlich für Geld und Gewinn; dieses bizarre Meerestier war es gewesen, das die Grundlage für Marokkos Reichtum gelegt hatte – lange bevor sich überhaupt ein Staat dieses Namens konstituiert hatte.

Die Berber kannten sich als Wüstenbewohner auf dem Meer und an der Küste nicht gut aus, sie waren auch nicht sonderlich interessiert daran, diese Schnecken zu sammeln und irgendeiner sinnvollen Verwendung zuzuführen. Statt ihrer waren es Seefahrer aus fernen Regionen, von der Tausende Meilen weiter östlich gelegenen Mittelmeerküste, die man später Levante nannte, die erkannten, dass dieser Bauchfüßler etwas besaß, mit dem sich ein Vermögen machen ließ. Doch die Tiere in hinreichenden Mengen zu erwerben oder an sich zu bringen stellte eine große Herausforderung dar.

Denn das Meer, in dem diese so elegant gestalteten Schnecken in überaus reicher Zahl vorkamen, unterschied sich von seinem Charakter her vollkommen von den ruhigen Wassern des Mittelmeers. Die Gastropoden fanden sich vor allem im großen und furchterregend unbekannten Atlantik, wo sie sich, aus komplexen biologischen Gründen und dank evolutionärer Magie, hartnäckig an Felsen und Klippen festzuklammern vermochten. Das heißt, ihr Lebensraum lag außerhalb der damals bekannten maritimen Welt, in einem Gebiet, in dem einem die herkömmlichen seemännischen Fertigkeiten, die man im Mittelmeer erworben und vervollkommnet hatte, höchstwahrscheinlich wenig nutzen würden. Zum Einsammeln dieser Geschöpfe war es nötig, dass Seeleute von genügend großer Kühnheit – wenn nicht gar Tollkühnheit – sozusagen im Kollektiv die Zähne zusammenbissen und sich auf die Wogen eines Gewässers wagten, das damaliger Vorstellung nach das größte sein musste, das es überhaupt auf der Welt gab.

Im 7. Jahrhundert v. Chr. fanden sich tatsächlich Männer, die bereit waren, dieses Wagnis einzugehen. Sie segelten forsch an den Säulen des Herkules, die das Ausgangstor aus ihrem beschaulichen Heimatmeer markierten, vorbei und auf die sich dahinter öffnende immense, scheinbar grenzenlose graue Fläche hinaus – mitten ins Unbekannte hinein. Die Seeleute, die diese bemerkenswerte Leistung erbrachten, und dies beinahe wie beiläufig, waren Phönizier. Anfangs hatten sie nur Segelschiffe zur Verfügung, die so gebaut waren, dass sie den Wellen ihres vertrauten, überschaubaren Heimatmeeres standhielten, die sich jetzt aber auf den furchteinflößenderen Wogen eines unerforschten gewaltig großen Gewässers bewähren mussten. Diese Seefahrer müssen sich durch außergewöhnliche Eigenschaften ausgezeichnet haben, aber an jenen nordafrikanischen Schnecken, die es lohnenswert erscheinen ließen, ein solch hohes Risiko einzugehen, muss etwas noch Bemerkenswerteres gewesen sein.

So war es auch. Es scheint jedoch angebracht, die Schnecken erst einmal beiseitezulassen und sich mit der lange währenden und notwendigerweise komplexen Wanderung des Menschen aus dem Inneren der Kontinente an die Küsten des Meeres zu befassen, welche ja die Voraussetzung dafür war, dass die Phönizier viele Jahrtausende später überhaupt die Fahrt nach Marokko antreten konnten.

# 2. Ursprünge

Der Marsch des Frühmenschen in Richtung Ozean nahm schon nach auffallend kurzer Zeit seinen Anfang. Was genau unsere Ahnen dazu drängte, sich in Bewegung zu setzen und so weite Strecken zurückzulegen, bleibt rätselhaft; vielleicht war es Neugier oder Hunger oder aber ein Bedürfnis nach Lebensraum. Tatsache ist aber, dass der Frühmensch, bloß dreißigtausend Jahre nachdem er fossilen Fundstücken zufolge auf der Suche nach Nahrung über die Savannen und Grassteppen Äthiopiens und Kenias geschweift war – auf der Jagd nach Elefanten und Flusspferden, Gazellen und Hyänen und auf diesen Streifzügen zu seinem Schutz Unterstände bauend und vom Blitzschlag entfachte Feuer hütend –, begann nach Süden zu ziehen. Es war eine schwerfällig und etappenweise vorangehende Migration über große Teile des afrikanischen Kontinents hinweg bis zu dessen Rand, bis hin zur Südküste, wo es eine Reihe topografischer Phänomene gab, von deren Existenz er natürlich keine Ahnung gehabt hatte.

Das Klima wurde im Verlauf dieser Zeit zunehmend kühler: Die Welt trat in eine längere Kälteperiode ein, und sogar in dem zu einem großen Teil in der Äquatorialzone gelegenen Afrika war das Klima für kurze Zeit (bevor es wirklich eisig auf der Erde wurde) relativ ausgeglichen. Das Land war größtenteils mit Savannen bedeckt und noch weniger mit wild wucherndem Dschungel. Am Großen Afrikanischen Grabenbruch entlang nach Süden zu ziehen war daher vielleicht eine der am wenigsten komplizierten Wander- und Erkundungszüge des Frühmenschen, zumal ihm auch die Gebirgsketten zu beiden Seiten eine Art Schutz boten. Das wellige mit Gras bewachsene Land war leichter zu passieren, als die einstigen Urwälder es gewesen wären, und auch die Flüsse waren nicht mehr so reißend und ließen sich problemloser überqueren. Und so erreichte der Mensch nach langen Jahrhunderten beharrlichen Weiterziehens in Richtung Süden die Klippen am äußersten Rand des Erdteils – und damit entdeckte er das Meer.

Er war wohl verblüfft darüber, einen Ort erreicht zu haben, der ihm ohne Zweifel wie das Ende seiner ihm bekannten Welt vorgekommen sein muss, verblüfft über den unerwarteten Anblick einer gähnenden Kluft zwischen dem, was er kannte, und dem, von dem er überhaupt nichts wusste. Gleichzeitig sah er von seinem sicheren Standort auf einer hohen, grasbedeckten Klippe aus weit unter sich eine anscheinend grenzenlose Fläche von wogendem Wasser, das donnerte und dröhnte und in einem nicht enden wollenden Angriff gegen die Felsen peitschte, die den Rand seines Lebensraums markierten. Höchstwahrscheinlich war er tief erschüttert, verschreckt durch den Anblick von etwas so Großem, das so ganz anders war als alles, was er jemals zuvor kennengelernt hatte.

Er drehte sich aber keineswegs um und flüchtete, spitze Angstschreie ausstoßend, in die sichere Savanne zurück. Alle in jüngster Zeit entdeckten Beweise deuten darauf hin, dass er und seine ganze Sippschaft blieben, wo sie waren, und sich an der Küste einen Unterschlupf suchten. Zuerst wählten sie dafür eine große Höhle, die vor den Wellen geschützt war, weil sie ein gutes Stück über dem Niveau lag, das das Wasser bei Flut erreichte. Später stieg der Mensch – ob zaudernd und besorgt oder forsch, werden wir nie wissen – von der Höhe hinab und wagte sich auf den Strand vor. Darauf achtend, den donnernden Brechern nicht zu nahe zu kommen, kniete er sich zunächst einmal nieder, um – wie ein Kind es heute tun könnte – die magischen Geheimnisse der Gezeitentümpel zu erforschen.

Die Felsenklippen hinter und das wild tosende Wasser vor sich, wurde er für kurze Zeit von der ihm ganz neuen Welt dieser Tümpel gefangen genommen. Er starrte in ihre Tiefen; sie waren bis zum Grund kristallklar, doch grüne Wedel wiegten sich träge in ihnen, und sie waren von einem verstohlenen, pfeilschnellen Gehusche erfüllt. Er tauchte seine Finger in das Wasser, zog sie zurück und kostete – es schmeckte anders als jedes Wasser, das zuvor seine Lippen benetzt hatte; es war nicht sauer und brackig wie das aus den vielen Brunnen in der Wüste, aber auch nicht frisch und süß: Vermutlich konnte man es nicht trinken.

Und dennoch erhielt dieses Wasser etwas am Leben. Als er genauer hinschaute, sah der Mensch, dass es in dem Tümpel von unzähligen Geschöpfen wimmelte: von Krabben, kleinen Fischen, Muscheln, Seeanemonen und Tang. Und mithilfe der einfachen Methode des Probierens, die er bei der Suche nach Nahrung auf dem Land schon seit Jahrtausenden angewandt hatte, entdeckte er nach und nach, dass diese Tümpel eine Fülle an Essbarem für ihn und seine Familie bereithielten. Das, was er in ihnen fand, war überdies nicht nur wohlschmeckend und nahrhaft, sondern er konnte es auch erjagen, ohne hinter ihm herhetzen zu müssen, erbeuten, ohne sein Leben aufs Spiel zu setzen, und in ungegartem Zustand verzehren. Und mehr noch: Die kleine Welt aus Sand und Wasser, die vor ihm lag, wurde auf irgendeine mysteriöse Weise, ja wie durch Zauber, zweimal täglich wieder mit Nahrung aufgefüllt.

Der Mensch war von diesem neu entdeckten Lebensraum zwischen Land und Meer fasziniert, und es war unvermeidlich, dass er sich hier niederließ. Er war bei Pinnacle Point angelangt.

## 3. An der Küste entlang

Western Cape, wie der offizielle Name der südlichsten Spitze Südafrikas lautet, ist der Ort, wo die Wasser des Indischen Ozeans sich mit denen des kühlen Südatlantiks vermengen. Es ist eine erschreckend gefährliche Küste, an der sich Schiffswracks geradezu türmen:

Öltanker, die zu groß für den Suezkanal sind, umrunden auf ihrem Weg zu den Bohrfeldern oder von diesen zurück Kap Agulhas und fahren dann dicht an der Küste entlang weiter, und sie scheinen mit einer deprimierenden Häufigkeit zu kollidieren, was gewöhnlich im Auslaufen einer großen Menge ihrer unappetitlichen Fracht und dem Tod großer Scharen afrikanischer Pinguine resultiert.

Ich bin selbst in diesen Gewässern gesegelt und weiß, dass sie schwierig zu befahren sind. Fast alle Schiffe halten sich gerne in Küstennähe, um den gewaltigen Wogen weiter draußen, wo das Wasser tiefer ist, auszuweichen. Außerdem gibt es nur wenige Häfen, in denen man beim Heraufziehen von schlechtem Wetter Zuflucht suchen kann. Das Zusammentreffen von stark befahrenen Schifffahrtsrouten (auf denen sich auch Unmengen von kleinen, lokalen Fischerbooten herumtreiben) mit hohen und eisigen Wellen sowie einer abweisenden und schroffen Küste ohne nennenswerte Häfen ist etwas, das nur wenige Seeleute – und gewiss kaum ein unerfahrener und ungeschickter Hobbysegler, wie ich es früher zumindest war – persönlich erleben möchten.

Ich besitze immer noch meinen alten *South African Pilot*, das Segelhandbuch mit blauem Einband, das ich damals auf der Yacht benutzte. Die recht schöne Vlees Bay, die sich zwischen zwei felsigen Landspitzen – Vlees Point im Süden und neun Meilen nördlich von ihm Pinnacle Point – auftut, findet in ihm als Orientierungspunkt Erwähnung. Als sie den *Pilot* verfassten, hielten die Autoren fest, dass es in der Nähe von Pinnacle Point »eine Gruppe weißer Ferienbungalows« gebe, und zwar wiesen sie nicht auf sie hin, weil der Anblick so ästhetisch war, sondern weil die Häuser von in Küstennähe vorbeifahrenden Schiffen aus gut sichtbar gewesen sein müssen.

Diese Ansammlung von Zweithäusern hat sich in den dreißig Jahren seit Erscheinen des Segelhandbuchs zu einem imposanten Feriendorf entwickelt – dem Pinnacle Point Beach and Golf Resort –, dessen ganzer Zweck darin besteht, den Bewohnern oder Gästen die Möglichkeit zu bieten, kostspieligen Vergnügungen am oder auf dem Meer nachzugehen. Die Betreiber der Anlage behaupten gerne, dass die Seeluft, das mediterrane Klima, das weiß schäumende Wasser und die sogenannte *fynbos*, die lokale Flora, die diesen Flecken an der zerklüfteten Küste besonders attraktiv macht, diesen Ort zu einem »neuen Garten Eden« werden lassen. Sie ahnen wohl kaum, wie zutreffend ihr Werbespruch ist. Pinnacle Point mag im Begriff sein, in Kreisen professioneller Golfspieler und pensionierter Geschäftsleute Berühmtheit zu erlangen, den Archäologen, die sich mit der Geschichte des Frühmenschen befassen, ist dieser Ort aber schon viel länger bekannt; denn dies scheint die Stelle gewesen zu sein, an welcher der Mensch zum allerersten Mal am Rand des Meeres siedelte. Es gibt dort nämlich eine in der Fachwelt als PP13B bekannte Höhle, heute an die achtzehn Meter über dem Niveau des Meeres gelegen, in der man Belege dafür gefunden hat, dass die Menschen, die einst in ihr hausten, Dinge taten wie Schalentiere essen, Klingen schärfen und sich selbst oder ihre Umgebung mit ockerfarbenen Strichen schmücken – und das alles vor fast genau 164 000 Jahren.

Curtis Marean, ein amerikanischer Forscher des Fachbereichs Evolution and Social Change an der Arizona State University, war im Jahr 1999 einer der Ersten, der die Bedeutung dieser Höhle erkannten. Er hatte aufgrund dessen, was er über das während der letzten Eiszeit in Afrika herrschende kühle und unwirtliche Klima wusste, schon lange vermutet, dass die wenigen Menschen, die damals bereits existierten, sich wahrscheinlich auf den Weg gemacht hatten, um sich an der Südküste niederzulassen; dorthin gelangt nämlich mit den Meeresströmungen wärmeres Wasser aus der Region um Madagaskar, und man konnte dort Nahrung nicht nur auf dem Land, sondern auch an oder in der See finden. Er kam zu dem Schluss, dass diese Menschen vermutlich in Höhlen Schutz gesucht hatten – daher forschte er an der ganzen Küste nach solchen Stätten, nach Höhlen, die damals so dicht über dem Meeresspiegel* gelegen hatten, dass man von ihnen aus Zugang zum Wasser hatte, aber auch hoch genug,

---

* Der niedriger war als heute, weil so viel Wasser an den Polen in Form von Eis gebunden war.

damit das, was sich in ihnen befand, bei Sturm und Flut nicht davongespült wurde. Schließlich stieß er auf PP13B und ließ sich von einem örtlichen Straußenzüchter eine hölzerne Stiege bauen, damit sich seine Doktoranden nicht zu Tode stürzten, wenn sie versuchten, zum Höhleneingang emporzuklimmen. Dann begann er alles genauestens zu erforschen. In einem acht Jahre später in *Nature* veröffentlichten Artikel berichtete er mit nüchternen Worten über einige ziemlich bemerkenswerten Funde.

Aschereste auf dem Höhlenboden zeigten an, dass die Bewohner Feuer entzündet hatten, um sich warm zu halten. Außerdem fanden sich vierundsechzig kleine Felssplitter, die zu Klingen geschliffen worden waren, sowie siebenundfünfzig Klumpen rötlicher Ockererde, von denen zwölf Spuren aufwiesen, die nur davon herrühren konnten, dass man Streifen oder andere Ornamente mit ihnen gemalt hatte – entweder auf die Höhlenwände oder auch auf menschliche Gesichter oder Körper. Und dann waren da noch die Schalen von fünfzehn verschiedenen Arten von Mollusken, wie sie vermutlich alle in Gezeitentümpeln vorkamen, von Muscheln der Gattung *perna perna*, Wellhörnern, Käferschnecken, Napfschnecken, einer Riesenstrandschnecke und einer einzelnen Wal-Entenmuschel, die nach Meinung des Forscherteams mit einem Stück Walhaut an den Strand geschwemmt worden war.

Darüber, wie die Gruppe der Höhlenbewohner auf den Gedanken kam, sich von diesen Schalentieren zu ernähren, kann man nur Mutmaßungen anstellen. Wahrscheinlich beobachteten sie Seevögel, die die diversen Mollusken aufpickten, an Felsplatten aufknackten und dann das darin sitzende Fleisch hinunterschlangen. Unbeeindruckt von der bisher unbestätigten Behauptung, dass es »ein tapferer Mann war, der die erste Auster aß«,* schwärmten die Höhlenmenschen aus, suchten den Strand nach Mollusken ab und verleibten sich an Ort und Stelle so viele ein, wie sie zu finden vermochten. Danach

---

* Sie wird abwechselnd Jonathan Swift, H. G. Wells und G. K. Chesterton zugeschrieben.

Diese große Höhle in der südafrikanischen Steilküste
scheint einer der ersten Orte gewesen zu sein, an denen
der prähistorische Mensch sich in der Nähe des Meeres
niederließ. Funde belegen, dass diese frühen
Küstenbewohner sich schon von Meerestieren wie
Austern und Muscheln ernährten.

wiederholten sie dieses gastronomische Abenteuer jedes Mal, wenn
die Flut großzügigerweise für Nachschub gesorgt hatte.

Diese Erfahrung hatte eine einschneidende Auswirkung auf
die kleine Kolonie und auf die Menschheit im Allgemeinen – was
es umso kurioser erscheinen lässt, dass die Finanziers des örtlichen Golfplatzes auf die Idee kamen, die Anlage als »zweiten Garten Eden« anzupreisen. Die Auswirkung war viel einschneidender,
als man vermuten könnte, da es sich doch im Wesentlichen um eine
Umstellung der Ernährungsweise handelte: von Ente auf Entenmuscheln, von Nashorn auf Napfschnecken. Doch die unerschöpfliche
Fülle an Nahrung, die das Meer spendete, bedeutete, dass diese frühen Menschen jetzt etwas tun konnten, was ihnen zuvor niemals in
den Sinn gekommen war: Sie konnten sesshaft werden.

Sie konnten endlich damit beginnen, die Grundlagen für eine
neue – nichtnomadische – Existenzweise zu schaffen, wozu das Betreiben von Landwirtschaft wie auch die Haltung und Zucht von

Haustieren gehörten. Und im Lauf einer langen Zeit konnte somit das entstehen, was wir »Zivilisation« nennen.

Überdies legen die gefundenen Ockerklumpen die Vermutung nahe, dass die Kolonisten an diesem Punkt der Küste anfingen, Symbole zu verwenden – vielleicht Zeichen, mit denen sie andere warnten oder willkommen hießen, die Informationen oder Vorschläge vermittelten, die Vergnügen oder Schmerz zum Ausdruck brachten, eine einfache Form der Kommunikation, die weitreichende, nachhaltige Konsequenzen hatte. Wenn einer der ersten Menschen, die am Meer lebten, zu einem Gezeitentümpel, der besonders reich an Krabben war, zog, konnte er nur hoffen, dass andere aus seiner Sippe es ihm gleichtun würden. Doch irgendwann kam jemand auf die Idee, ein Zeichen zu verwenden: Er benutzte den erst kürzlich erfundenen »Farbstift« dazu, den betreffenden Tümpel mit einer gut sichtbaren, dauerhaften Markierung zu versehen – womit er, mit einem einzigen Strich gewissermaßen, sicherstellte, dass alle seine Gefährten diese Nahrungsquelle auf ihren Streifzügen finden würden. Auf diese Weise wurde eine komplexere Art der Kommunikation begründet, und aus solchem Übermitteln von Botschaften mithilfe von Symbolen entstand im Lauf der Zeit Sprache – und die Fähigkeit, sich mittels verbaler Botschaften zu verständigen, zeugt von mentaler Weiterentwicklung; sie ist etwas, das den modernen Menschen auszeichnet.

# 4. Aufbrüche

Zu Beginn war der Atlantik ein ausgesprochen einseitig besiedelter Ozean, in dem Sinn, dass seine Küsten im Osten recht dicht bevölkert waren, während viele Tausend von Jahren keine Menschen – oder keine Humanoiden – auf seiner Westseite lebten. Anfangs wurden die Küstenstriche im Osten von Ankömmlingen aus dem kontinentalen Binnenland in Besitz genommen, die wenig Erfahrung mit allem hatten, was das Meer betraf, und nicht geschickt im Umgang mit ihm waren. Es verwundert daher nicht, dass es lange dauerte, bis Seeleute es wagten, sich weit von der Küste zu entfernen. Es vergingen Millenien, bis man die im Atlantik gelegenen Inseln erforschte, und es dauerte noch viel länger – geradezu übermäßig lange –, bis jemand den Ozean überquerte. Dieser blieb Zehntausende von Jahren lang eine Barriere aus Wasser, erschreckend und offenbar unüberwindbar.

Die heutigen Forschungen, die dies alles zu erkennen geben, haben nichts mehr mit den archäologischen Grabungen und dem Im-Boden-Gestochere aus vorviktorianischen Zeiten gemein. Die Aufschlüsselung des menschlichen Genoms im Jahr 2000 ermöglicht es, präzise zu ermitteln, wer im Altertum an welchem Ort und zu welcher Zeit ansässig war. Man braucht dazu nur die DNA der heutigen Bewohner einer Region genau zu analysieren. Natürlich kann man weiterhin auf die Suche nach Topfscherben und Fragmenten von dekorativen Kunstwerken gehen und aus den Funden Schlüsse ziehen – und das Romantische an dieser Tätigkeit ist nicht verflogen –, doch wenn man binnen kurzer Zeit feststellen will, wie sich die Menschheit auf der Erde verbreitet hat, gibt es keine bessere Methode, als mithilfe des Computers das genetische Material zu untersuchen.

Auf der Ostseite des Atlantiks bildeten sich schon Siedlergemeinschaften, als sich im Westen noch einzelne im Landesinneren lebende Menschenhorden rastlos durch die dichten Wälder hindurch einen Weg Richtung Meer bahnten. An der Levante hatten Menschen der Jungsteinzeit in ihrer Lebenssphäre bereits eine Stadt geschaffen: Jericho. Inzwischen gehörten alle Menschen auf der Welt der Art *Homo sapiens* an, keine andere Spezies hatte das Paläolithikum überlebt – und sie scheinen, von unserem Ende des Zeitteleskops aus gesehen, beinahe rasend schnelle Fortschritte gemacht zu haben. Die Menschen, die zu einer Zeit, als die westliche Atlantikküste noch so gut wie unbewohnt war, Jericho gründeten und sich dort niederließen, behauten Steine und bauten verschiedene Sorten Hirse und Einkornweizen an. Nur ein paar tausend Jahre später, als in Felle gehüllte Ojibwe, Cree und Eskimos ihr Bestes taten, um im Norden Amerikas die ersten primitiven und noch sehr unwirtlichen Siedlungen anzulegen, verstanden die Menschen im Fruchtbaren Halbmond und weit darüber hinaus, auch in so entlegenen Regionen wie Irland, sich schon darauf, Gefäße auf der Töpferscheibe zu formen sowie Hunde zu halten und Schweine und Schafe zu züchten. Sie hatten Steine zu Axt- und Sichelblättern zugehauen, Hünengräber und Steinkreise errichtet, wussten, wie man Nahrungsmittel mit Salz haltbar machte, und würden sehr bald lernen, Erz zu schmelzen.

Überdies war es diesen Ostmenschen bereits gelungen, Boote zu bauen. Ganz zu Anfang, vor nicht weniger als zehntausend Jahren, hatten in Holland und Frankreich ansässige Menschen die Stämme umgestürzter Bäume mit Werkzeugen oder auch mithilfe von Feuer ausgehöhlt und auf diese Weise Einbäume hergestellt, mit denen sie die Flüsse und Sümpfe in ihrer Gegend befahren und die weniger breiten Meeresarme überqueren konnten. Doch diese Fahrzeuge stellten wenig mehr als Nachen dar, ohne Kiel, Segel, Steuerruder und auch nicht mit genügend Freibord, dass man sich mit ihnen auch nur eine kleine Strecke weit aufs Meer hätte hinauswagen können. Zum ersten nennenswerten Fortschritt auf dem Gebiet des Bootsbaus kam es erneut in der Halbmondregion: In Kuwait wurde zweitausend Jahre später ein richtiges Segelboot gebaut, der Rumpf bestand aus Schilfrohren und Binsen und war mit Bitumen überzogen. Mit diesem Boot konnte man zumindest die schwierigen und unberechenbaren Gewässer des Roten Meers befahren und vielleicht sogar noch weiter vordringen.

Auch in Oman gab es solche Boote, und 2005 sponserte ein begeisterter Sultan aus dem Emirat ein Experiment: Eine sechsköpfige Mannschaft sollte einen Nachbau von Muskat nach Gujarat an der indischen Küste steuern. Die zurückzulegende Strecke war dreihundertsechzig Meilen lang, doch die Bitumenschicht muss porös gewesen sein, denn die Schilfrohre des Rumpfes sogen sich mit Wasser voll, als das Boot sich gerade mal drei Meilen von der arabischen Küste entfernt hatte. Das winzige Fahrzeug sank sofort, und die Crew musste von einem Schiff der Royal Oman Navy gerettet werden.

# 5. Segeltörns

Die Phönizier waren die Ersten, die sich auf die Konstruktion seetüchtiger Schiffe verstanden, und mit ihnen trotzten sie den rauen
Wogen des Atlantiks. Es stimmt allerdings, dass die Minoer schon
vor ihnen auf dem Mittelmeer eifrig Handel trieben und ihre Schifffahrtsrouten mit einer Flotte schneller und teuflisch gefährlicher
Kriegsschiffe verteidigten. Ihre Schiffe, für deren Bau sie Werkzeuge
mit scharfen Klingen und Schneiden aus Bronze benutzten, waren
elegant und widerstandsfähig. Die Rümpfe bestanden aus Zypres-
senstämmen, die man der Länge nach durchsägte. Die halbierten
Stämme wurden mit Seilen verbunden, so dass sie leicht überlapp-
ten, und über diese Planken wurde ein weiß gefärbtes und mit einer
harzhaltigen Tinktur getränktes Leinengewebe gespannt. An einem
Mast aus Eichenholz war ein Segel befestigt; um eine höhere Geschwindigkeit zu erreichen, benutzte man aber zusätzlich auch Ru-
der. Doch diese Fahrzeuge wurden nur bei Tag eingesetzt, und sie
verkehrten nur zwischen Kreta und den Inseln, die nicht mehr als
ein, zwei Tagesreisen von der Heimat entfernt waren. Kein einziger
Minoer wagte sich in die Gewässer jenseits der Säulen des Herkules,
in die donnernden Wogen des Meeres der ewigen Finsternis.

Wie die Menschen in den meisten anderen damaligen Thalasso-
kratien nahmen auch die Minoer die vielen Legenden, die sich um
den Atlantik rankten, für wahr. Diese Geschichten und Sagen führten dazu, dass sogar die Kühnsten davor zurückscheuten, den Ozean
zu befahren. Die Gewässer jenseits der Säulen, jenseits der bekannten Welt oder dem, was die Griechen *oikumenè*, die bewohnte Erde,
nannten, waren einfach zu befremdlich und erschreckend, als dass
man es riskiert hätte, sich in sie vorzuwagen. Von einigem Mirakulö-
sen, das es dort geben sollte – wie in relativer Küstennähe den Gärten der Hesperiden und etwas weiter draußen dem größten aller von
griechischen Philosophen entworfenen Wunderländer: Atlantis –,
ging vielleicht eine starke Verlockung aus. Doch ansonsten war der
Ozean voller Schrecken. »Ich vermag keinen Weg aus dieser grauen

Gischt herauszufinden«, so hätte gut die Klage des Odysseus lauten
können, »keinen Weg aus diesem grauen Meer heraus«. Die Winde
wehten dort so heftig, die Stürme kamen so jäh auf, die Wogen waren von einer Höhe und einer Wildheit, wie man es im Mittelmeer
nie erlebte.

Dennoch gab das relativ friedliche Binnenmeer der antiken Welt
ein Übungsgelände, eine Vorschule für jene Seeleute ab, die sich
einige Zeit später als unendlich viel wagemutiger und in kommerzieller Hinsicht ambitionierter erwiesen als die Minoer – wozu es im
Verlauf des menschlichen Fortschritts unweigerlich kommen musste.
Ungefähr zu jener Zeit, als der Santorin ausbrach, was, wie viele Historiker glauben, den Unternehmungen der Minoer den Todesstoß
versetzte, erwachten die levantinischen Völker, die in merkantiler
Hinsicht ehrgeiziger waren als die anderen, zum Leben. Von ihrem
schmalen Küstenstreifen aus – der im Lauf der Jahrhunderte und
Jahrtausende zum Libanon, zu Palästina und Israel werden sollte
und von dessen Bewohnern man sagen kann, dass ihnen ein Hang
zu Kommerz und Handel angeboren ist – wagten sich die Phönizier
mit ihren großen Schiffen aufs Meer hinaus und segelten westwärts,
Handel treibend, kämpfend, andere Völker unterwerfend.

Als sie zu den Säulen des Herkules kamen, um das 7. vorchristli-
che Jahrhundert herum, entschieden sie sich im Unterschied zu allen
Vorgängern nicht, an dieser Stelle haltzumachen. Ihre Kommandanten, zweifelsohne kühne und wackere Männer, entschlossen sich,
einfach durch die Meerenge hindurchzusegeln, mitten in die ihnen
entgegenschlagenden Wogen und die Stürme hinein, um zu erkunden, was unmittelbar jenseits der Meerenge lag.

Männer aus der Hafenstadt Tyros scheinen die Ersten gewesen zu
sein, die das taten. Ihre Schiffe, mit breitem, sichelförmigem Rumpf,
die man wegen ihrer üppigen, ausladenden Formen »Rundschiffe«
oder *galloi* nannte und die oft zwei Masten aufwiesen, einen mittschiffs und den anderen weiter zum Bug hin, an denen Segel hochgezogen werden konnten, wurden aus einheimischen Zedern gefertigt,
die man schon überraschend geschickt zu Planken zu verarbeiten
verstand und die mit Nut und Feder ineinandergefügt sowie mit

Teer kalfatert waren. Die meisten der für längere Strecken gebauten Schiffe aus Tyros, Byblos und Sidon wurden zusätzlich von Ruderern vorangetrieben; bei den kleineren Handelsschiffen waren es in der Regel sieben auf jeder Seite, bei den größeren Schiffen gab es back- wie steuerbords dreizehn Ruderbänke für jeweils zwei Mann, was diesen Fahrzeugen zu einem beeindruckenden Beschleunigungsvermögen verhalf. Sie waren prächtig verziert und oft auf eine Weise bemalt, die Gegner einschüchtern sollte: Auf dem Bug prangten riesige Augenpaare oder auch Drachen mit vielen Zähnen im Maul oder brüllende Tiger, und statt eines vollbusigen weiblichen Wesens als Galionsfigur, wie sie bei europäischen Seefahrern später so beliebt war, trugen sie einen Rammsporn aus Metall vor sich her.

Die Schiffe der Phönizier waren dafür bestimmt, Geschäfte zu machen. Das berühmte Wrack aus der Bronzezeit, das 1982 von einem Schwammtaucher bei Kap Uluburun in der südlichen Türkei entdeckt wurde (und das, wenn auch nicht mit letzter Gewissheit phönizischer Provenienz, so doch mit Sicherheit typisch für die Zeit ist), gibt zu erkennen, was für eine überaus reiche Auswahl an Handelsgütern damals im Mittelmeerraum bereits zur Verfügung stand, und auch, zu wie vielen Bestimmungsorten man schon unterwegs war. Die Seeleute, die es auf seiner letzten Fahrt bemannten, hatten offensichtlich mit diesem Schiff schon Ägypten, Zypern, Kreta, das griechische Festland und möglicherweise sogar das ferne Spanien angelaufen. Als es unterging – vermutlich weil die Fracht in einem plötzlich aufgekommenen Sturm verrutscht war –, barg der Laderaum der fast vierzehn Meter langen *galloi* eine verwirrende – und sich letztlich als zu schwer erweisende – Fülle an Luxusgütern, weit verschiedenartiger, als John Masefield[*] jemals hätte ersinnen können. Da gab es Barren von Kupfer und Zinn, Blauglas und Ebenholz, Bernstein, Straußeneier, ein italisches Schwert und eine bulgarische

---

[*] Die von dem englischen Dichter (1878–1967) in seinem bekannten Gedicht »Cargoes« imaginierte Quinquireme transportiert eine aus Elfenbein, Affen, Pfauen, süßem weißem Wein, Sandel- und Zedernholz bestehende Fracht nach Palästina.

Axt, Feigen, Granatäpfel, einen goldenen mit einem Porträt Nofretetes verzierten Skarabäus, einen ganzen Satz von Bronzewerkzeugen, der höchstwahrscheinlich dem Schiffszimmermann gehörte, eine Tonne Terebinthenharz, Mengen von Krügen und Amphoren sowie den als *pithoi* bekannten griechischen Speichergefäßen, silberne und goldene Ohrringe, zahllose Lampen und eine große Menge Flusspferdhauer.

Die Möglichkeit, dass dieses Schiff bis nach Spanien gefahren war, lässt erahnen, was für große seefahrerische Ambitionen die Händler hegten. Die vierzig Zinnbarren, die zur Ladung gehörten, geben einen Hinweis auf ihre kaufmännischen Motive. Zinn war unerlässlich für die Herstellung von Bronze, und seit der Einführung von Münzen als Zahlungsmittel im 7. Jahrhundert v. Chr. war die Nachfrage nach dieser Legierung gewaltig gestiegen. Den Levantinern war aus Berichten bekannt, dass angeschwemmtes Zinn an den Ufern mehrerer Flüsse zu finden war, die aus den Hügeln des südspanischen Hochlands herabflossen – vor allem an denen des Guadalquivir und des Guadalete, aber auch an den Rändern des Tinto, des Odiel und des Guadiana –, und daher entschieden sich die Phönizier um jene Zeit herum, alle Bedenken in den Wind zu schlagen und dorthin vorzustoßen. Bei dem eingeschränkten Wissen, das sie besaßen, und den Warnungen, die beharrlich von Priestern und Sehern ausgesprochen wurden, muss das so viel Wagemut erfordert haben wie eine Reise ins Weltall.

Im Konvoi, was sicherer und angenehmer war, segelten also die ersten Seefahrer zwischen den die Meerenge bewachenden Felsenmassiven, Gibraltar im Norden und Dschebel Musa im Süden, hindurch, arbeiteten sich langsam, anscheinend ohne dass es zu irgendwelchen Zwischenfällen kam, an der iberischen Küste entlang weiter vor. Da die äußeren Umstände günstiger waren, als sie gedacht hatten – sie konnten immer in Sichtweite des Landes bleiben und mussten sich nicht aufs offene, tiefe Meer hinauswagen –, richteten sie die am Ozean gelegenen Handelsstationen ein, die für die nächsten vier Jahrhunderte in phönizischer Hand bleiben sollten. Die erste war Gades, das heutige Cádiz, die zweite Tartessos, seit Langem von der

Erdoberfläche verschwunden – vielleicht mit dem biblischen Tharsis[*] identisch und von Aristophanes in seinen *Die Frösche* erwähnt. Man glaubt, dass Tartessos ein wenig weiter nördlich lag als Gades, in der Nähe des heutigen Huelva an der spanischen Atlantikküste.

Von diesen beiden Handelsposten aus begannen die Matrosen der phönizischen Handelsmarine ihre Hochseesegeltechniken zu vervollkommnen. Von ihnen aus brachen sie erstmals zu ihren langen und gefahrvollen Reisen auf, die die Vorläufer für alle Erkundungsfahrten in diese Regionen des Ozeans im Verlauf der folgenden zwei Jahrtausende darstellten.

Ursprünglich waren sie um des Zinns willen hierhergekommen. Doch wenn auch der Handel mit dem Metall weiter florierte und die Kaufleute schließlich seinetwegen bis nach Cornwall und in die Bretagne, ja vielleicht sogar in noch fernere Regionen vordrangen, war es ihre Entdeckung der wunderschönen Murexschnecken, die den Hauptimpetus für ihre Erforschung der nordafrikanischen Atlantikküsten lieferte.

Auf das Besondere, das geradezu Zauberhafte an diesen Mollusken waren schon siebenhundert Jahre zuvor die Minoer aufmerksam geworden. Sie hatten herausgefunden, dass man, mit Geduld und einiger Mühe, aus diesen Tieren größere Mengen einer Flüssigkeit von sattem und niemals verblassendem Purpurrot gewinnen konnte: Es war ein so prächtiger Farbton, dass die minoische Aristokratie ihn für ihre Kleidung wählte. Das Färbemittel war kostspielig, und es gab Gesetze, die es den niederen Klassen verboten, es ebenfalls zu verwenden. Purpur wurde für die Minoer, die Phönizier und vor allem für die Römer schnell zur Farbe der Autorität. *Man wurde in Purpurgewänder hineingeboren:* Jemand, der so gekleidet war, konnte nur zur großen römischen Herrscherkaste gehören, zu den, wie das *Oxford English Dictionary* es formuliert, »Kaisern, ranghohen Verwaltungsbeamten, Senatoren oder zur Klasse der Ritter im antiken Rom«.

---

[*] 1. Könige, 10, 22: »Denn der König hatte Tharsisschiffe auf dem Meere bei den Schiffen Hirams. Alle drei Jahre einmal kamen die Tharsisschiffe heim, beladen mit Gold, Silber, Elfenbein, Affen und Pfauen.«

Im 7. Jahrhundert v. Chr. begab das Seefahrervolk der Phönizier sich von seinen zwei Handelsniederlassungen in Spanien aus konsequent auf die Suche nach den Mollusken, die den Farbstoff ausschieden. An der spanischen Küste, weiter im Norden, fanden sie nur wenige Exemplare der Schnecken, doch als sie sich dann nach Süden wandten und dicht an den niedrigen sandbedeckten Klippen des nördlichen Afrika entlangsegelten, wo das Wasser immer wärmer wurde, stießen sie auf eine Fülle von Murexkolonien. Auf diesen Erkundungsfahrten ankerten sie immer in Buchten, in denen ihre Schiffe möglichst gut geschützt waren. Auf diese Weise entstanden neue Häfen und Siedlungen. Die erste Gründung dieser Art war Lixus in der Nähe von Tanger, in den Ausläufern des Rifgebirges. Heute gibt es dort noch ein – schlecht konserviertes – Mosaik vom Meergott Ozeanus, das anscheinend von griechischen Künstlern angefertigt wurde.

Anschließend drangen die Phönizier weiter nach Süden vor und entdeckten in einer Flussmündung nahe dem heutigen Rabat neue Güter, mit denen sich Handel treiben ließ. In heute noch florierenden Küstenorten wie Azemmour legten sie Lager an, in denen Soldaten stationiert wurden. In Schiffen mit übermäßig hochgezogenen Bug- und Heckpartien, deren Steven mit Pferdeköpfen verziert waren und die deswegen *hippoi* hießen, wagten sie sich immer weiter von ihren Heimatgewässern fort, bis sie schließlich auch bei den Inseln anlangten, die man später Mogador nennen würde. Dort kamen die Gastropoden in Hülle und Fülle vor. Dieses der Mündung des Flusses Oued Ksob schützend vorgelagerte Inselpaar markiert wahrscheinlich den südlichen Endpunkt ihrer Fahrten, und von hier aus bauten sie den Handel mit Murex zielstrebig und mit Macht aus.*

---

* Herodot behauptet allerdings, dass ungefähr um 600 v. Chr. eine Gruppe phönizischer Seeleute auf Befehl des ägyptischen Pharaos Necho II. hin zu einer Umsegelung Afrikas aufbrach, die sie in drei Jahren absolvierte. Necho – der einen Vorläufer des Suezkanals anlegen ließ – war ein ehrgeiziger und einfallsreicher Herrscher und kann tatsächlich eine solche Erkundungsfahrt angeordnet haben; in Fachkreisen wird dies aber zumeist bezweifelt.

Les Îles Purpuraires, wie man sie jetzt nennt, liegen von schäumenden Wirbeln und Strudeln umgeben mitten im Hafen des schmucken marokkanischen Orts Essaouira, einem wahren Juwel, heute vor allem für seine gigantischen aus dem 18. Jahrhundert stammenden Befestigungsanlagen bekannt. Mit Brustwehren und Schießscharten, mit Metallspitzen besetzten Bastionen und Reihen schwarzer Kanonen war die Stadt vor Angriffen von Land wie von See geschützt. Die gewaltige Anlage umschließt eine hübsche Altstadt. Die Wehrgänge oben auf den Ringmauern eignen sich ausgezeichnet dazu, den unablässig anbrandenden atlantischen Wogen zuzuschauen, vor allem wenn die Sonne über dem Meer niedersinkt. Die Phönizier entdeckten, dass die begehrten Schnecken dort zu Tausenden vorkamen; sie ballten sich in Felsspalten zusammen, und man konnte sie leicht in mit Gewichten beschwerten und mit Ködern bestückten Korbreusen fangen. Den Farbstoff, den die Tiere zur Verteidigung ausstoßen, zu extrahieren war weniger einfach, und das genaue Verfahren wurde sorgfältig geheim gehalten. Die Drüse, die das Sekret enthält, musste entfernt und in bleiernen Gefäßen gekocht werden. Um eine ausreichende Menge Purpur zum Färben eines einzigen Gewands zu gewinnen, benötigte man viele tausend Schnecken. Der Handel mit der Tinktur wurde streng überwacht, und zwar vom Heimathafen der Seeleute aus, die die Schnecken ernteten: von Tyros. Ein Jahrtausend lang war ein Gramm echten tyrischen Purpurs bis zu zwanzigmal mehr wert als das gleiche Quantum Gold.

Die Phönizier hatten unter Beweis gestellt, dass sie das nötige Geschick besaßen, um an der nordafrikanischen Küste entlangzusegeln, und das war gewissermaßen der Schlüssel zum Atlantik. Die Angst vor dem großen unbekannten Gewässer jenseits der Säulen des Herkules verflüchtigte sich schnell. Bald schon hätte ein Beobachter, der hoch oben auf den Kalkfelsen von Gibraltar oder Dschebel Musa Position bezogen hätte, Schiffe ausmachen können, die von den Angehörigen anderer Völker, europäischer, nordafrikanischer oder levantinischer, bemannt waren und aus der ruhigen blauen Fläche des Mittelmeers in den wogenden grauen Atlantik vorstießen – zunächst vielleicht nur zögerlich, dann aber genau so kühn und unerschrocken wie die Phönizier.

»Multi pertransibunt, et augebitur scientia«, lautet ein Spruch aus dem Buch Daniel, der viele Jahrhunderte später unter einer Abbildung auf der Titelseite eines Werks von Francis Bacon stehen würde: Der fantasievolle Stich zeigte eine Galeone, die zwischen den Säulen des Herkules hindurch aufs offene Meer segelt und die Sicherheiten und Annehmlichkeiten des Alten und Vertrauten hinter sich lässt: »Viele werden hindurchfahren, und ihr Wissen wird immer größer werden«, so lässt der Satz sich wohl am treffendsten übersetzen: Der Erwerb von Wissen setzt das Eingehen von Risiken voraus. Es war den Gastropoden mit ihrem Purpursekret zu verdanken, dass die Phönizier bereit waren, solche Risiken einzugehen, und damit das Wissen der Menschheit im Allgemeinen und das über den Atlantischen Ozean im Besonderen mehrten.

# 6. Im Westen Neues

Die Phönizier verschwanden im 4. Jahrhundert v. Chr. von der Bühne des Weltgeschehens. Sie waren im Krieg besiegt, ihr Territorium von Nachbarvölkern annektiert und von Plünderern verwüstet worden. In dem Maß, in dem ihre Macht und ihre Kräfte nachließen, begannen die Seefahrer anderer Länder sich der Herausforderung durch den neu entdeckten Atlantik mit wachsender Entschiedenheit zu stellen. Einer von ihnen war Himilkon der Karthager (der im Zweiten Punischen Krieg den Römern unterlag, obwohl er über eine Flotte von vierzig Quinquiremen gebot), ein anderer Pytheas von Massalia, der bis nach Britannien vordrang, es umsegelte und ihm auch seinen Namen gab, danach Norwegen ansteuerte, Eisbergen begegnete, den Namen Thule ersann und die Ostsee fand.

Dann kamen die Römer – ein kriegerisches Volk, das aber von seiner ganzen Mentalität her niemals wirklich zur Seefahrt geneigt hatte und vielleicht aus diesem Grund anfangs auch ein wenig bängliche Seeleute hervorbrachte. Dem römischen Historiker Cassius Dio zufolge empfanden die Legionäre, die im Jahr 43 n. Chr. an der Invasion Britanniens durch Claudius beteiligt waren, sogar vor der Überquerung eines doch so ruhigen Ausläufers des Atlantiks wie des Ärmelkanals einen derartigen Schrecken, dass sie rebellierten. Sie hockten sich auf ihre Lanzen, weigerten sich, sich in Marsch zu setzen, und brachten protestierend vor, das Meer zu überqueren sei so, »wie jenseits der bewohnten Welt kämpfen zu müssen«. Am Ende gingen sie doch an Bord der Kriegsschiffe, ließen sich bis zu den Stränden Kents bringen und trugen so zur weiteren Expansion des Imperiums bei – doch sogar zum Zeitpunkt seiner größten Ausdehnung, im Jahr 117, war es ein Reich, für das der Atlantik vom Solway Firth im Norden bis zu der alten phönizischen Siedlung Lixus an der marokkanischen Küste im Süden eine quasi unüberwindbare Grenze bildete. Sie stießen vielleicht hin und wieder in See, um in den flacheren Küstengewässern Handel zu treiben, aber zum richtigen Ozean hielten sie respektvolle Distanz und zeigten sich zu keiner Zeit so kühn wie ihre Vorgänger.

Und auch nicht so kühn wie die Menschen, die schließlich ihre Nachfolger wurden. Denn nach einer längeren Periode, in der rätselhafterweise die Aktivitäten an den Küsten des mittleren Atlantiks weitgehend zum Erliegen gekommen waren, begannen die Araber von ihren neuen Besitzungen in Andalusien aus und einige Zeit später auch die norditalienischen Genuesen in diesen Gebieten Handel zu treiben. Aufzeichnungen belegen, dass sie in südlicher Richtung bis in Höhe des Nun-Vorgebirges – in der Nähe der ehemaligen spanischen Kolonie Ifni – vorstießen. Dort trafen die arabischen und italienischen Kaufleute mit Karawanen, die aus den Wüsten Nigerias und des Senegal herangezogen kamen, zusammen und erstanden alle Arten afrikanischer Exotika, mit denen sie ihre Kunden in Barcelona und den ligurischen Städten belieferten.

Doch sollten Fortschritte auf seemännischem Gebiet und Furchtlosigkeit kein Monopol von Seeleuten aus dem Mittelmeerraum bleiben. Lange vor den Arabern und den Genuesen – allerdings viel später als die Phönizier, deren Unternehmungen die aller anderen Völker in den Schatten stellten – hatten Menschen aus dem Norden ihre Boote den viel kälteren und raueren Wogen des Nordatlantiks anvertraut. Es waren weniger kommerzielle Motive, die sie aufs Meer trieben, als Neugier und in geringerem Maß auch das Verlangen nach einem Reich sowie danach, das Wort Gottes zu verkünden. Zwei Gruppen von Seefahrern dominierten – zumindest im ersten Jahrtausend: die Wikinger, die es zu größter Bekanntheit brachten, zu Beginn aber auch, heute oft im Dunkel der Geschichte versunken, die Iren.

Man kann sich kaum unterschiedlichere Wasserfahrzeuge vorstellen als die, welche im ersten Millennium von skandinavischen beziehungsweise irischen Schiffszimmerern gefertigt wurden. Die Wikinger, die bis heute noch berüchtigt dafür sind, die Tradition der Freibeuterei, das heißt blutiger Plünderungen und Raubzüge, begründet zu haben, hielten sich zumeist in Küstennähe. Sie stachen, auf Beutemachen und Brandschatzen bedacht, in ihren berühmten Langbooten in See; die Nordmänner, wie man heute die friedfertigeren aus Skandinavien stammenden Händler und Exploratoren der Zeit meistens nennt, verwendeten etwas rundlichere, schwerfälligere Boote des Typs, der als *knorr* bekannt war.

Es waren hölzerne Boote in Klinkerbauweise, mit hochgezogenem Bug. Die kriegerischen Langboote maßen vom Bug bis zum Heck mehr als dreißig Meter und waren zumeist aus besonders hartem Eichenholz gefertigt; ihr hoher Vordersteven lief in einer geschnitzten figürlichen Darstellung aus. An einem Mast führten die Boote beider Typen ein gewaltiges, quadratisches Rahsegel, das bis zu zehn Meter breit und hoch sein konnte und tonnenschwer war. Sie benötigten eine mindestens fünfundzwanzig Mann starke Besatzung und konnten bei achterlichem Wind und ruhiger See eine Geschwindigkeit von fünfzehn Knoten erreichen.

Die Iren hingegen befuhren das wilde Meer an der Westseite ihrer Insel in Booten, die sie bis in unsere Zeit mit typisch keltischer Selbstherabsetzung als *canoes* bezeichnen. Der korrekte gälische Name für ein solches Boot, dessen Nachfahren sich immer noch in Gebrauch befinden, lautet *curragh*. Diese Fahrzeuge waren im Unterschied zu den schlanken und schnellen Langbooten klein und hatten einen bauchigen, gedrungenen Rumpf. Ein paar Mann reichten

Die Phönizier gehörten zu den ersten Völkern, die sich auf den Bau seetüchtiger Schiffe verstanden; sie setzten diese nicht nur für Handelsfahrten ein, sondern auch zu militärischen Zwecken. Dieses Relief zeigt eines ihrer Kriegsschiffe, das von in zwei Reihen übereinander untergebrachten Ruderern angetrieben wurde und dessen Bug mit einem gewaltigen Rammsporn bewehrt war.

zur Bedienung des einzelnen Segels und des Ruders zum Steuern aus. Ein *curragh* baute man, indem man erst ein Gerippe aus Eschenholzlatten herstellte, über das man dann Ochsenhäute zog, die in einer mit Eichenrinde angesetzten Lösung gegerbt und mit Lanolin durchtränkt worden waren. Das Ganze wurde mit Flachsfäden und Lederriemen zusammengenäht. Tim Severin, der bekannte irische Segler und Forscher, der 1978 ein solches Gefährt baute und damit in See stach, fragte einmal einen *curragh*-Bauer aus County Cork, ob man es mit einem solch kleinen und zerbrechlich wirkenden Boot bis nach Amerika schaffen könne.

Während die friedfertigeren »Nordmänner«, die vor allem darauf aus waren, Handel zu treiben, mit kleineren, als *knorr* bezeichneten Booten nach Island, Grönland und bis nach Nordamerika fuhren, verwendeten die kriegerischen Wikinger für Raubzüge und ihre der Eroberung fremder Territorien dienenden Expeditionen größere Langschiffe, die man aufgrund der Gestalt ihrer in die Höhe gezogenen Bugspriete auch »Drachenschiffe« nannte.

»Nun«, war die Antwort, »das Boot wird es schon schaffen. Die Mannschaft muss nur tüchtig genug sein.«

Legenden zufolge war der irische Abt Brendan – dem man den Beinamen »der Reisende« gab – der Erste, der eine längere *navigatio* durch die Gewässer des Nordatlantiks absolvierte. Ob er bei dieser Fahrt noch von anderem als blindem Glauben an einen Gott, auf dessen Güte er vertraute, geleitet wurde, ist nicht bekannt. Viele stellen sich vor, dass er die einzige Karte des Atlantiks mit sich führte, die es damals gab – nicht dass sie ihm viel geholfen hätte. Sie ging auf eine im ersten Jahrhundert in Ägypten angefertigte Illustration für das – zu seiner Zeit die Autorität einer Bibel besitzende – Buch *Geographia* von Ptolemäus zurück. In späteren Abschriften dieses Werks war der Atlantik ganz am linken Rand des Blattes als ein schmaler Streifen dargestellt und trug den Namen *Oceanus Occidentalis* beziehungsweise in seinem nördlichen Teil die sich unheilvoller anhörende Bezeichnung *Mare Glaciale* (Eismeer).

Der Beginn der großen irisch-schottischen Missionierungszüge, mit denen das Christentum auch in die entlegensten Winkel Nordeuropas getragen werden sollte, kann mit einiger Genauigkeit auf das Jahr 563 datiert werden: Das war das Jahr, in dem St. Columban die Lehre von der Dreifaltigkeit auf die Insel Iona in Argyll brachte. Dem Seemannsgarn zufolge, das in dem mittelalterlichen Werk *Navigatio Sancti Brendani Abbatis* so ungehemmt gesponnen wird, unternahm Abt Brendan seine Reise eine kleine Weile vor diesem Zeitpunkt. Zusammen mit vielleicht nicht weniger als sechzig Mitbrüdern stach er von einem kleinen Estuar auf der Halbinsel Dingle in Südwestirland in See, fuhr zuerst zu den Hebriden im Norden, steuerte von dort aus die noch weiter entfernten Färöer und Island an, bevor er schließlich Kurs in Richtung Westen nahm und möglicherweise sogar bis nach Neufundland gelangte.

Man weiß nicht, durch wen das Christentum auf die Färöer gelangte, aber seine Botschaft ist bis heute lebendig geblieben, und es erfreut sich robuster Gesundheit. Als Brendan und seine Mitbrüder auf den Inseln landeten, nachdem sie sich von Barra Head, der Nordspitze der Hebriden, zweihundert Meilen weit durch das sturmgepeitschte Meer vorangekämpft hatten, waren sie zunächst einmal vom Anblick der vielen großen Schafe beeindruckt, außerdem von der ungeheuren Zahl und Vielfalt der dort heimischen Seevögel sowie einer fast eben solchen Fülle an Fischen – aber auch vom unablässig fallenden Regen, den steilen Felswänden, von denen es ständig herabtropfte, und dem tiefen Grün der allenthalben wuchernden Grasbuschel.

Im Lauf von nahezu eintausendfünfhundert Jahren hat sich auf den Inseln wenig verändert. Zum ersten Mal segelte ich an einem stürmischen Frühlingstag in den dortigen Gewässern, und zwar genau auf der Route, auf der St. Brendan unterwegs gewesen sein soll, indem ich nämlich die Meerenge zwischen den beiden westlichsten Inseln, Vágar und Mykines, überquerte. Ich saß in einem kleinen Boot, das munter über die hohen Wellen hüpfte, rasch unterhalb von Basaltklippen entlangglitt, die schroff und schwarz und so hoch waren, dass ihre Spitzen in den Wolkenwirbeln über ihnen verschwanden.

Bei näherer Betrachtung entpuppten sich die Felswände aber nicht als vollkommen schwarz. Grüne Flecken hoben sich von ihnen ab, grasbewachsene Vorsprünge, von Kaskaden herabströmenden Wassers umflossen, jedes Mal, wenn ein neuer Sturmschauer vorübergezogen war. Diese schmalen Grasflächen neigten sich in einem Winkel von siebzig, achtzig Grad nach unten, so dass kein Mensch aufrecht auf ihnen hätte stehen können – er wäre in Gefahr gewesen, Hunderte von Fuß tief in ein Meer von purem Indigoblau zu stürzen –, aber ich sah, dass auf jeder von ihnen Schafe weideten.

Sie waren als Lämmer von jungen Insulanern zu Anfang des Frühjahrs dorthin gebracht worden. Diese Schäfer waren die Klippen hinaufgeklettert – man konnte Seile sehen, die zwischen Kletter- und Karabinerhaken, die vor dem dunklen Felshintergrund funkelten, wenn die Sonne auf sie fiel, gespannt waren und ein regelrechtes Netzwerk bildeten. Aus Ruderbooten waren ihnen die Lämmer gereicht worden; eines der blökenden Tiere nach dem anderen hatten sie sich quer über die Schultern gelegt und sich dann mit ihnen mühselig nach oben gehangelt, mit auf dem nassen Felsen abrutschenden Stiefelsohlen, bis zu der winzigen, steil abfallenden Weide.

Mit einer Hand hatten sie sich am Seil festgehalten, mit der anderen das vor Angst zitternde, nasse und warme Tier von ihren Schultern gehoben und möglichst weit vom Rand der Grasfläche entfernt, dort, wo es einen sicheren Stand hatte, niedergesetzt. Das Boot tausend Fuß unter ihnen hatte winzig ausgesehen, die Insassen waren kaum zu erkennen gewesen; man hatte nur ihre Gesichter sehen können, nach oben gewandt, um sich zu überzeugen, dass alles in Ordnung war. Die jungen Schafe waren einen Augenblick verwirrt herumgeschwankt, hatten dann in die Luft geschnuppert, verwundert in die Tiefe gestarrt und schell erkannt, was sie tun mussten, um zu überleben – nach Möglichkeit fest auf allen vieren stehen und sich nur langsam und vorsichtig bewegen. Ruhiger geworden, hatten sie dann ihre Nasen in das üppige Gras gesteckt, das vom Kot der umherschwirrenden Papageientaucher monatelang gedüngt worden war. Und so hatten sie dort den Rest des Sommers verbracht.

Von unten konnte ich sie sehen, Hunderte weißwolliger Punkte, die sich immer hinter ihren Nasen her mit kleinen Schritten durchs Gras schoben und stets im Begriff zu sein schienen abzustürzen, es aber offenbar nie taten, sogar bei Sturm nicht oder wenn Regengüsse die Grasfläche so glatt wie eine Ölhaut und schmierig wie Tran werden ließen.

Wenn St. Brendan wirklich zu den Färöern gefahren ist, dann muss er von den Hebriden aus fast genau nordwärts gesegelt sein. Doch wenn er im Anschluss an seinen Aufenthalt auf den Inseln (bei dem er der *Navigatio* zufolge mit anderen zusammengetroffen sein soll, die ihm ähnelten, woraus man folgern könnte, dass er nicht der erste Ire war, der sie erreichte) weiter einen nördlichen Kurs hätte steuern lassen, wären die Aussichten für ihn und seine Gefährten düster gewesen, sie hätten erst mit Kälte, dann mit ungeheurer Kälte und schließlich mit Eis rechnen müssen. Auch eine Fahrt nach Osten wäre kein Honigschlecken gewesen: Die Expedition hätte dann zu der – damals schon bekannten – gefährlichen Felsenküste Norwegens geführt. Also blieb nur der Kurs Richtung Westen. Doch würde das kleine Boot Wogen und Winden, Stürmen und Strömungen trotzen müssen, die möglicherweise auch der erfahrenste Seemann von diesem Häufchen argloser Mönchlein aus Clonfert im Landesinneren der irischen Insel nicht würde meistern können.

Als Tim Severin einen Nachbau von Brendans *curragh* in den Sommermonaten der Jahre 1976 und 1977 über den Atlantik steuerte (er meinte, da der Heilige nicht weniger als sieben Sommer benötigt habe, um den Ozean zu überqueren, sei er berechtigt, zwei darauf zu verwenden), legte er bei den Färöern und auf Island an und erreichte schließlich, nachdem er in der Dänemarkstraße tobende Stürme überstanden hatte, Neufundland. Mit seiner Expedition bewies er, dass es möglich war, in einem *curragh* mit ledernem Rumpf den Atlantik zu überqueren, vorausgesetzt – genau wie der irische Bootsbauer einschränkend gemeint hatte –, die Crew war gut genug. Doch wenn er auch demonstrierte, dass man im frühen Mittelalter eine solche Fahrt hätte absolvieren können, bewies er nicht, dass irgendjemand sie tatsächlich absolviert hatte, und auch nicht, dass irische Mönche jemals etwas Derartiges getan und eines der drei Länder besucht hatten, von denen in diesem Zusammenhang die Rede war. Auch sind weder eindeutige Beweise anderer Art dafür vorgelegt worden, dass Seefahrer aus Irland den amerikanischen Kontinent erreichten und sich dort vielleicht sogar niederließen, noch dafür, dass ihnen jemals eine Überquerung des Atlantiks gelang. In Nordamerika sind keinerlei irische Artefakte aus früher Zeit gefunden worden.

Daher waren die Iren mit größter Wahrscheinlichkeit nicht die Vorgänger von Christoph Kolumbus. Andererseits: Wenn auch viele Italiener bis heute darauf beharren, dass Kolumbus überhaupt keine Vorgänger hatte und das Jahr 1492 den historischen Wendepunkt in Bezug auf transozeanische Kontakte zwischen Europa und Amerika darstellte, ließ ein Mitte des 20. Jahrhunderts gemachter Fund dies mehr als fragwürdig erscheinen. Eine archäologische Entdeckung in Nordneufundland im Jahr 1961 bewies, dass die erste Überquerung des Ozeans vierhundert Jahre *nach* der potenziellen Fahrt der Iren zur Verbreitung des Evangeliums, aber auch ganze vierhundert Jahre *vor* der aus kommerziellen Gründen unternommenen Expedition des Kolumbus stattgefunden hat. Es war aber weder ein Ire noch ein Genuese, der sich dieser Tat rühmen konnte.

Der erste Europäer, der mit einem Boot den Ozean bezwang und in der Neuen Welt an Land ging, war ein Mann aus dem Norden, ein Wikinger, der vermutlich einer Familie entstammte, die an der von Fjorden durchzogenen Küste südlich der heutigen norwegischen Städte Bergen und Stavanger ansässig war.

# 7. Ankünfte

Vier Jahre bevor die Archäologen die Entdeckung, die sie im Norden Neufundlands gemacht hatten, bekanntgaben, hatten schon einige Antiquare das Interesse der Öffentlichkeit geweckt, indem sie es als durchaus möglich erscheinen ließen, dass Kolumbus, was die Fahrt nach Amerika betraf, metaphorisch gesehen um viele Längen geschlagen worden war.

1957 trat Laurence Witten, ein junger Antiquar aus New Haven, Connecticut, mit einem außergewöhnlichen Angebot an die Yale University heran: Er hatte von einem Kollegen in Italien ein Blatt gekauft, bei dem es sich um eine im 15. Jahrhundert gezeichnete Karte der gesamten damals bekannten Welt zu handeln schien. Auf ihrer linken Seite war aber etwas abgebildet, was auf keiner anderen Karte der Zeit zu sehen war: eine große Insel im Westen Grönlands. Diese Insel wurde auf der Karte als *Vinlandia* bezeichnet, und die auf Latein verfasste Erklärung zu ihr besagte, dass sie im 11. Jahrhundert zuerst von »den Gefährten Bjarni und Leif Eriksson« und später von einem Abgesandten des Heiligen Stuhls besucht worden sei.

Acht Jahre verstrichen, bevor das Auffinden dieser Karte öffentlich bekanntgegeben wurde – vor allem deswegen, weil Paul Mellon, der millionenschwere Bankier, der sie schließlich von Witten erworben hatte, um sie seiner alten Alma Mater zu stiften, sie der Bibliothek von Yale erst dann offiziell übergeben wollte, wenn ihre Echtheit bestätigt worden war. Acht Jahre später, in denen man sie in jeder erdenkbaren Hinsicht überprüft hatte, erklärte ein Expertenteam des British Museum in London sie endlich für authentisch. Mellon gestattete es daraufhin Yale, die Meldung von ihrer Existenz zu verbreiten. Sie löste eine Sensation aus – so als hätte man einen Balken vom Kreuz Christi gefunden, als wäre etwas Neues über das Turiner Grabtuch offenbart oder das Steuerruder von Noahs Arche entdeckt worden. Wie der für Landkarten zuständige Kurator der Universität sagte, war es »die aufregendste Entdeckung des Jahrhunderts auf dem Gebiet der Kartografie«, während der Direktor der

Beinecke Library von »der aufregendsten Erwerbung eines Einzelstücks in der modernen Zeit« sprach und von einem Dokument, das »an Bedeutung sogar die Gutenbergbibel« übertreffe.

Was die Welt in Erregung versetzte – oder zumindest die Mehrzahl der Amerikaner (die meisten Italoamerikaner muss man wohl ausklammern) und alle Norweger –, war die Tatsache, dass die Karte definitiv zu bestätigen schien, dass jenes »Vinland«, welches in zwei der bekanntesten isländischen Sagen des 13. Jahrhunderts erwähnt wird, irgendwo in Nordamerika lag. Die Karte schien ein für alle Mal zu beweisen, dass Leif Eriksson – der peripatetische auf Island geborene Sohn von Erik dem Roten – in der Tat an irgendeiner Stelle des amerikanischen Kontinents gelandet war, und zwar, wie auf dem Blatt angegeben, genau im Jahr 1001.

Hier war der dokumentarische Beleg für etwas, das alle heißblütigen Italiener schon seit Langem befürchtet hatten: dass nicht Kolumbus als Erster den Atlantik überquert hatte, sondern ein »Nordmann« des 11. Jahrhunderts. Nicht nur der Stolz der Genuesen erfuhr eine Kränkung, es kam noch eine Beleidigung hinzu. Man entschied sich in Yale, voll demonstrativer Unverfrorenheit, den Besitz seines Schatzes mit einem üppigen Festessen zu begehen, bei dem ein aus Eis skulptiertes Wikinger-Langboot die Tafel schmückte und der Bibliotheksdirektor, eigentlich ein nüchterner Gelehrtentyp, sich einen vom norwegischen König persönlich überbrachten Eisenhelm auf den Schädel gestülpt hatte. Um allem die Krone aufzusetzen, ließ man die ausgelassene Feier ausgerechnet am 12. Oktober stattfinden, dem »Columbus Day«. Dass man ausgerechnet diesen Termin gewählt hatte, um geltend zu machen, dass ein Norweger als erster Europäer in Amerika gelandet war, war natürlich alles andere als taktvoll, und viele italienischstämmige Bürger der USA fühlten sich vor den Kopf gestoßen.

»Einundzwanzig Millionen Amerikaner werden ihnen diese große Beleidigung nachtragen«, verkündete der damalige Präsident der Italian-American Historical Society mit Bezug auf die Leute von Yale.

Das einzige Problem bestand darin, dass die kleine, nur 29 mal 40,5 Zentimeter große Karte aus vergilbtem und brüchigem Pergament sich in ein Dokument verwandelte, um das sich Ungewissheiten aller Art rankten und ein erbitterter Streit tobte. Witten, der Buchhändler, hatte nicht die Wahrheit darüber gesagt, wo und wie es in seinen Besitz gelangt war. Der Italiener (die Ironie, die darin lag, dass es ein solcher gewesen war, entging keinem), der es ihm für 3500 Dollar überlassen und vorher vergeblich versuchte hatte, es dem British Museum zu verkaufen, entpuppte sich als ehemaliger Faschist und war in der Vergangenheit schon des Diebstahls überführt worden. Eine Analyse der Tinte ergab, dass diese einen hohen Anteil an Chemikalien enthielt, die zur angeblichen Entstehungszeit der Karte noch nicht zur Verfügung gestanden hatten, und obwohl das Pergament selbst nachweislich aus dem 15. Jahrhundert stammte, schien es mit einem Öl behandelt worden zu sein, das in den 1950er Jahren hergestellt worden war. Außerdem zeigte sich, dass der vermeintliche Knick in der Kartenmitte gar keiner war, sondern dass es sich vielmehr um eine Klebestelle handelte und die beiden zusammengefügten Hälften an den Kanten die Spuren merkwürdiger chemischer Substanzen aufwiesen. Darüber hinaus steckten die lateinischen Inschriften voller æ-Ligaturen, einem Schriftzeichen, das zu der Zeit, da die Karte gezeichnet worden sein sollte, nur selten verwendet wurde.

All das wurde schließlich zu viel für Yale, und 1974 erklärte der entnervte Bibliothekar den wertvollen Schatz, den man dort hütete, zu einer Fälschung. Das war aber keineswegs das Ende der Geschichte. Mitte der achtziger Jahre führte man weitere Tests durch, und diese ließen darauf schließen, dass man bei den Überprüfungen im Jahrzehnt davor geschludert hatte. Deswegen änderte man 1987 in Yale erneut seine Meinung und gab bekannt, dass man von der Echtheit des Dokuments überzeugt sei; es wurde, für alle Fälle, für 25 000 000 Dollar versichert. Zu der Zeit, in der das vorliegende Buch entstand, lagen Skeptiker und Gläubige immer noch im Kampf miteinander; weitere chemische Analysen sowie spektroskopische Tests konnten nicht für Klarheit sorgen, im Gegenteil: Die Ergebnisse haben alles nur noch komplizierter werden lassen. Überdies ist der Name eines sonderbaren antinazistischen Fälschers ins Spiel gebracht worden, der ein genügend starkes Motiv dafür gehabt haben könnte, die Karte zu fabrizieren.* Trotz allem hat der Rektor der Konservatorenschule an der dänischen Akademie der schönen Künste 2009 mit Nachdruck versichert, dass die Karte echt sei.

Wie auch immer, es gibt ein weiteres rätselhaftes Problem: Allen in Yale unternommenen konservatorischen Bemühungen zum Trotz wird die Tinte immer blasser, so dass sie schon nahezu unsichtbar geworden ist. Warum dieser Verfallsprozess, neunhundert Jahre nachdem die Karte angeblich gezeichnet wurde, eine solch plötzliche Beschleunigung erfahren sollte, vermag niemand zu erklären. Falls es sich um einen raffinierten Trick handelt, dann bildet dieses Verblassen eine ironische Coda zu der ganzen Geschichte: Die Vinland-Karte könnte einfach ins Nichts übergehen.

Während der Wirbel um dieses einzelne in Yale aufbewahrte Pergamentblatt sich immer noch nicht gelegt hat, haben eine Reihe in skandinavischen Bibliotheken aufgefundener (und zweifelsohne authentischer) Landkarten sowie eine archäologische Entdeckung, die aufgrund dessen zustande kam, was auf diesen Karten zu sehen ist, es unmöglich gemacht, die Behauptung, Kolumbus habe als Erster Amerika entdeckt, weiter aufrechtzuerhalten. Bei diesen Karten handelt es sich durchweg um sauber gezeichnete Kopien eines weniger spektakulären, am Ende aber wesentlich nützlicheren Dokuments als die Vinland-Karte, das heute als Skálholt-Karte bekannt ist. Sie wurde 1570 von einem isländischen Schullehrer namens Sigurd Stefánsson angefertigt, der mit ihr aufzeigen wollte, an welchen

---

* Von einem deutsch-österreichischen Jesuiten namens Josef Fischer, einem Fachmann für mittelalterliche Landkarten, glaubt man, dass er wie kein anderer sowohl die Gelegenheit gehabt als auch über die Kenntnisse, das Motiv und genügend freie Zeit verfügt habe, um die Vinland-Karte zu fälschen, und zwar um die Nazis, die ja von der Überlegenheit der »nordischen« Rasse überzeugt waren, zu foppen. Der Eintrag, in dem von einer Visite des päpstlichen Legaten in Vinland die Rede ist, gibt der Theorie von einer Beteiligung der katholischen Kirche an der transatlantischen Mission neue Nahrung – etwas, das sich mit der Ideologie der Nazis überhaupt nicht vereinbaren ließe. Fischer starb 1944 – also lange bevor die Kontroverse um die Echtheit der Karte entbrannte.

Küsten des Nordatlantiks den verschiedenen von ihm gelesenen isländischen Sagas und Berichten zufolge Entdecker und Händler aus
Nordeuropa gelandet waren.

Das Original ist seit Langem verschollen, doch die erhaltenen Kopien zeigen alle dasselbe: den *Mare Glaciale*, also Eismeer, genannten
Atlantik mit verschiedenen Inseln wie den Färöern, Island, den Shet-
lands und den Orkneys, alle mehr oder weniger in richtiger Relation zueinander und von einer beinahe zusammenhängenden Landmasse gesäumt, von der einzelne Teile namentlich identifiziert sind.
Da ist natürlich Norwegen zu sehen, im Westen schließt sich Grönland an, dem in südlicher Richtung, von oben nach unten, Helleland,
Markland und Skralingeland folgen (was Nordisten mit Steinland,
Waldland und Land der Wilden übersetzen und für Teile Neufundlands halten), und dann schließlich vom Südwesten, also dem linken unteren Rand der Karte, aus in die Darstellung hineinragend
eine schmale, nach Norden verlaufende Halbinsel, die einfach nur als
*Promontorium Vinlandiae* bezeichnet wird.

Das war der Beleg, der eine jahrzehntelange Suche zu ihrem Abschluss brachte. Seitdem sich herumgesprochen hatte, dass in isländischen Sagas von einem »Vinland« erzählt wurde, hatten vor allem im
Nordosten Amerikaner und Kanadier ihre Grundstücke und deren
Umgebungen nach allem durchkämmt, was auf eine ehemalige Wikingersiedlung hätte hinweisen können; denn wer hätte nicht gerne
sagen können, dass europäische Füße den Kontinent dort zum ersten
Mal betreten hatten, wo sich Hunderte von Jahren später der eigene
Vorgarten befand, oder dass Seefahrer aus Skandinavien einmal über
den Strand seines Heimatorts gezogen waren? Steine mit eingemei-
ßelten Runen – alles Fälschungen – kamen in so unwahrscheinlichen
Regionen wie Minnesota und Oklahoma zum Vorschein, eine Wi-
kingerstatue wurde am Ufer von Thoreaus* Merrimack River aus-
gegraben; die für amerikanische Ureinwohner ungewöhnliche Haut-

* Henry David Thoreau (1817–1862), der Verfasser von *Walden oder Leben in
den Wäldern*. (Anm. d. Ü.)

farbe und Körpergröße der Narragansett-Indianer auf Rhode Island wurde als angeblicher Beweis dafür angeführt, dass Nordmänner einst eine Kolonie in der Nähe des heutigen Providence gegründet hatten, und ein wohlhabender Chemieprofessor von der Universität Harvard behauptete, in Cambridge (wo sonst?), und zwar neben einer Verkehrsampel in der Nähe des Mount Auburn Hospital, die Stelle entdeckt zu haben, wo das Wohnhaus von Leif Eriksson gestanden hatte. Zusammen mit einem Geiger namens Ole Bull veranstaltete er eine Sammlung, um auf der Commonwealth Avenue in Boston eine Statue des skandinavischen Siedlers aufstellen zu lassen: Sie steht dort heute noch.

Trotz dieses ganzen Unsinns meinte Mitte der fünfziger Jahre ein norwegischer Fachmann für die Geschichte der Wikinger mit Namen Helge Ingstad, dass die Skálholt-Karte bei einem eingehenden Studium Aufschluss darüber geben könne, wo man Leif Erikssons Vinland zu suchen habe. Er mutmaßte, dass es irgendwo in der kanadischen Provinz Neufundland gelegen habe, und zwar auf einer großen in nördlicher Richtung verlaufenden Halbinsel unterhalb der Long-Range-Gebirgskette, die sich auf der Westseite der Insel entlangzieht. Von dieser – wohlüberlegten und -begründeten – Annahme ausgehend, unternahm er jedes Jahr Erkundungszüge nach Kanada, wo er Dorfbewohnern und Farmern in den entlegenen Ortschaften im Gebiet zwischen dem Städtchen Stephenville Crossing und den kleinen Meeresbuchten fast dreihundert Meilen nördlich davon, an den Ufern der Strait of Belle Isle, immer wieder Fragen stellte.

Eines Tages segelten er und seine Tochter Benedicte mit ihrer kleinen Yacht zu der winzigen Niederlassung L'Anse aux Meadows an der äußersten nördlichen Spitze der Insel. Dort begegnete Ingstad einem ortsansässigen Fischer, George Decker, dem er die gleiche Frage stellte, die er seinem eigenen Gefühl nach schon tausendmal gestellt hatte. Gab es in der Nähe vielleicht irgendwelche Ruinen, die von einer Wikingersiedlung stammen konnten?

Decker antwortete mit betonter Lässigkeit: »Jo! Ich weiß, wo so'n paar alte Trümmer sind. Kommen Sie mit.« Er dirigierte einen ihm wie benommen folgenden Ingstad über eine mit Torfbeeren bewachsene Heidefläche, über mit wilder Iris bestandene Lichtungen und zwischen vom Sturm verkrüppelten Fichten hindurch zu einer Stelle, wo fast ein Dutzend sehr großer grasbewachsener Hügel aufragten. Sie befanden sich alle auf einer leicht abschüssigen Fläche, die zur Epaves Bay hinunterführte. Decker sah voller Befriedigung, dass es dem Besucher bei diesem Anblick den Atem verschlug; er sei über die große Verblüffung des Norwegers erfreut gewesen, erklärte er später, er habe sich oft darüber gewundert, warum es so lange gedauert habe, bis Menschen von außerhalb gekommen seien, um nach diesen Ruinen zu fragen.

Durch Ingstads Entdeckung wurde die Welt – jedenfalls die der Archäologie – in ihren Grundfesten erschüttert. Unmittelbar nachdem man an der Stelle mit Grabungen begonnen hatte, musste die Geschichte vollkommen neu geschrieben werden. L'Anse aux Meadows – bei dem Namen handelt es sich um eine Verballhornung des französischen L'Anse aux Meduses, Quallenbucht – wurde binnen kürzester Zeit zur bekanntesten archäologischen Fundstätte von ganz Nordamerika. Es besteht heute eigentlich nicht mehr der Hauch eines Zweifels daran, dass sich dort die Operationsbasis der Nordmänner befunden hat, die aufgebrochen waren, um sich auf der anderen Seite des Meeres eine neue Heimat zu schaffen und dort ein neues Leben zu beginnen. Möglicherweise – ja sogar höchstwahrscheinlich – befand sich die von ihnen gegründete Siedlung bei L'Anse aux Meadows, und Leif Eriksson, seine Sippe und seine Familie gehörten jetzt, endlich und erwiesenermaßen, zu der kleinen erlesenen Schar von Männern und Frauen, die lange vor Kolumbus den Ozean überquert hatten. Die Grabungen gingen weiter; sie wurden im Lauf der nächsten sieben Jahre von Ingstad und seiner Frau geleitet. Das Paar schüttete die Stätte zu Beginn eines jeden Winters wieder zu, um sie gegen die wütenden Schneestürme und vor der Zerstörung durch große Eisschollen, die an den Strand geworfen wurden, zu schützen.

Offiziell wurde die Entdeckung dieser Wikingersiedlung in der Ausgabe der Zeitschrift *National Geographic* vom November 1964 bekanntgegeben. Dort wurde berichtet, dass die Nordmänner insgesamt drei große mit Grassoden gedeckte Steinhäuser und fünf Werkstätten gebaut hatten, von denen eine ganz eindeutig eine Schmiede gewesen war. Man war auf Eisennägel gestoßen, aber auch auf Spinnwirtel und eine Kupfernadel, die wohl zum Verzieren von Gegenständen gedient hatte. Fachleute, die einen Teilchenbeschleuniger der Universität Toronto benutzten, und Kollegen vom radiologischen Datierungslaboratorium in Trondheim setzten die modernsten Technologien ein, um die verschiedenen Fundstücke zu untersuchen – vor allem Holzkohlestücke aus dem Schmiedeofen –, und kamen übereinstimmend zu dem Ergebnis, dass alle bei l'Anse aux Meadows entdeckten Artefakte zwischen 975 und 1020 hergestellt worden waren. Die Sagas gaben – bei entsprechender Interpretation der Texte – als Gründungsdatum der Vinland-Siedlung das Jahr 1001 an. Es war so, als wäre das letzte Puzzleteilchen wie von selbst an die richtige Stelle gerutscht.

Die Ausgrabungen wurden bis 1976 fortgesetzt, nachdem die kanadische Parkbehörde anstelle der schon an Jahren fortgeschrittenen Ingstads die Leitung der Arbeiten übernommen hatte. Man legte Kochgruben frei, Badestuben und auch eine umzäunte Koppel, in der Vieh gehalten worden war. Unter den Funden waren auch verrottete Überreste von Früchten des Butternussbaums, und da Agrarklimatologen sicher sind, dass im ersten Jahrtausend nördlich von Neubraunschweig keine solchen Bäume wachsen konnten, nimmt man an, dass die Kolonisten in ihre *knorren* gestiegen und weiter nach Süden vorgedrungen sind. Man vermutet auch, dass sie von ihrem Lager aus westwärts segelten, die für ihren hohen Wellengang berüchtigte Trichtermündung des Sankt-Lorenz-Stroms zum nordamerikanischen Kontinent hin überquerten, schließlich auf Gaspé oder Cape Breton Island an Land gingen und dann entweder stromaufwärts fuhren oder sogar auf dem Landweg weiterzogen, um üppigere Weidegründe und nahr- oder schmackhaftere Wildfrüchte ausfindig zu machen. Die Tatsache, dass Neubraunschweig auch die nördlichste Region ist, in der wilder Wein wächst, lässt es noch glaubwürdiger erscheinen, dass die Nordmänner sie als »Vinland«, also »Weinland«, bezeichneten.

In jüngster Zeit hat man möglicherweise eine zweite Wikinger-

An der äußersten nördlichen Spitze Neufundlands wurden 1960 diese
mit Grassoden gedeckten Steinbehausungen entdeckt, die vermutlich zu
Beginn des 11. Jahrhunderts erbaut wurden und den ersten konkreten
Beleg dafür liefern, dass Norweger schon lange vor der »Entdeckung«
des Kontinents in Nordamerika siedelten.

siedlung entdeckt, die flächenmäßig kleiner als die bei L'Anse aux
Meadows ist. Archäologen, die 2000 an der Südspitze von Baffin Island gruben, sind der Meinung, alles an den von ihnen freigelegten
Steinmauern sowie ein Spaten aus Walbein und ein primitives Sys-
tem zur Ableitung häuslicher Abwässer deuteten darauf hin, dass es
sich um das Werk von Nordmännern handelt. Mit ihnen im Wider-
streit liegende Wissenschaftler tun dies als reines Wunschdenken ab
und beharren darauf, dass es lediglich ein Indiz für die Weiterentwicklung der Inuit der Dorset-Kultur ist, von denen man weiß, dass
sie diesen Teil der subarktischen Region bewohnt haben. Diejenigen, welche die These unterstützen, dass es sich um eine Niederlassung von Nordeuropäern handelt, sind der Ansicht, dass die sich an
die Wikingerboote anlehnenden *knorren* dieser Kolonisten für eine
weit längere Zeit, als man gemeinhin annimmt, zwischen Siedlungen von Nordmännern auf Neufundland, Labrador und den Inseln
in der Hudson Bay hin und her fuhren; es sei borniert und irrig an-

zunehmen, alle Europäer seien bald nach Grönland oder Norwegen zurückgehuscht und hätten sich jahrhundertelang nicht mehr in Kanada blicken lassen.

Bleibt noch ein faszinierendes historisches Faktum nachzutragen. 1004 wurde in Vinland ein Junge geboren, das Kind von Gudrid und Thorfin Karlsefni, den man Snurri nannte. Nach isländischem Brauch – dem man heute noch folgt – erhielt der Knabe einen Nachnamen, der sich vom Vornamen des Vaters ableitete: Er hieß also Snurri Thorfinsson und war zweifelsohne der erste jemals auf amerikanischem Boden geborene Europäer. Da er mit seinen Eltern nach Grönland zurückfuhr, falls und als der Vorposten bei L'Anse aux Meadows um 1008 wieder aufgegeben wurde, starb er vermutlich dort oder auf dem europäischen Kontinent – bis zum Ende seiner Tage nicht ahnend, dass man seiner einmal als des ersten gebürtigen Kanadiers europäischer Herkunft gedenken würde.

# 8. Reputationen

Wie soll die Geschichtsschreibung alle diese atlantischen Unternehmungen der Nordmänner einschätzen, wenn man sie mit der viel berühmteren Ozeanüberquerung vergleicht, die fünf Jahrhunderte später Christoph Kolumbus gelang?

Die Erkenntnisse der Archäologen wie auch die gesamte Literatur scheinen in der Tat zu belegen, dass es in der Zeit zwischen den Vorstößen der Erikssons über die Labradorsee im Jahr 1001 und der sechswöchigen Fahrt des selbsternannten Admirals der Meere von Andalusien nach San Salvador im Spätsommer 1492 keinem anderen Seefahrer gelang, den amerikanischen Kontinent zu erreichen.[*] Doch

---

[*] Es sind zahllose Theorien im Umlauf, denen zufolge andere als Erste den Ozean überquert hätten, die sich auf angebliche Funde von beispielsweise den Gebeinen portugiesischer Fischer in Kanada, griechischer Amphoren in Brasilien, römischer Münzen in Indiana, hebräischer Buchstaben an einem indianischen Begräbnishügel in Tennessee sowie das Vorhandensein walisischer Ein-

wenn auch die beiden Fahrten zunächst einmal genau das gleiche Ergebnis zeitigten – dass sich nämlich Europäer an der amerikanischen Küste festsetzten –, gibt es doch viele Unterschiede zwischen ihnen. Von Bergen bis nach Neufundland sind es 4500 Meilen, Leif Eriksson musste aber keine so gewaltige Strecke zurücklegen, weil er von Grönland aus aufbrach, das weniger als tausend Meilen von Neufundland entfernt ist. Was nicht bedeutet, dass diese kurze Fahrt ein Zuckerschlecken war. Die See friert zwar nicht zu, doch das Wetter ist grässlich und das Meer voller Eisschollen und -berge, vor allem auch von jenen besonders gefährlichen halb unter der Wasseroberfläche verborgenen Brocken, die man – nicht sehr fantasievoll – als *bergy bits* bezeichnet. Die Stürme, in die Eriksson geriet, waren außergewöhnlich heftig und bliesen fast immer vom Westen oder Nordwesten her, also den Seefahrern entgegen. Sie waren so wild, dass die kleine *knorr* stundenlang, ja manchmal tagelang beigedreht liegen bleiben musste. Masten brachen, Segel gingen in Fetzen, jedermann an Bord war bis auf die Haut durchnässt und unterkühlt. Sogar im Sommer waren die Bedingungen miserabel: Klamme Nebel und das im hohen Norden scheinbar endlos während Tageslicht – das sich störend auf den Schlaf auswirkte – ließen jede längere Fahrt zu einer Tortur werden.

Als die kleine Schar endlich Land erreichte – wo es an vielen Stellen Siedlungen der Dorset-Inuit gab –, richtete sie Stützpunkte für sich selbst ein, friedlich und unter Wahrung zumindest eines Hauchs von zivilem Benehmen – sie waren schließlich Nordmänner und keine Wikinger. Sie hatten Frauen mit auf die relativ kurze Überfahrt über die Labradorsee genommen, und es gelang ihnen, in dem fremden Land auch eine Art von friedfertigem häuslichem Leben zu begründen. Sie kamen, wie es scheint, ganz gut mit den Ureinwohnern aus, auch wenn der Name, den sie ihnen gaben, *Skrälinger*, so viel wie

---

sprengsel im in Mobile Bay, Alabama, gesprochenen Idiom stützen. Man glaubt auch an die Möglichkeit einer Atlantiküberquerung in umgekehrter Richtung und verweist z. B. auf Spuren von Nikotin und Koka, die angeblich in ägyptischen Mumien entdeckt wurden.

Barbaren bedeutete; das war wohl in erster Linie darauf zurückzuführen, dass die Eingeborenen sich in Felle hüllten, nicht in Kleider aus Wollgewebe wie die Europäer. Die Nordmänner weigerten sich, den Skrälingern Waffen zu überlassen, doch, wie die Sagas berichten, handelten sie mit ihnen, wobei sie als Tauschobjekte nicht irgendwelchen nutzlosen Firlefanz wie Holzperlen verwendeten, sondern ihnen Milch anboten, die den Eskimos anscheinend gut mundete.

Summa summarum scheinen die Nordmänner durch Neugier zum Aufbruch nach Nordamerika motiviert worden zu sein; auf der Überfahrt selbst stellten sie seemännischen Mut unter Beweis, und während ihres kurzen Aufenthalts legten sie offenbar ein relativ gesittetes Verhalten an den Tag. Die wesentlich bekanntere Fahrt des Kolumbus wurde hingegen aus kommerziellen Motiven unternommen, das heißt konkret aufgrund einer wachsenden Verbitterung der Spanier darüber, dass die über Land in den Osten führenden Handelswege durch die Ottomanen blockiert waren, sowie der Annahme, dass man stattdessen in die Länder des Ostens gelangen könne, indem man in Richtung Westen und um den halben Erdball segelte. Hinzu kamen noch die Missionierungsbestrebungen der Kirche. Unter nautischen Gesichtspunkten gestaltete sich die Fahrt vergleichsweise problemlos; die Schiffe erreichten aber nicht wirklich das amerikanische Festland, und Kolumbus glaubte bis zu seinem Tod, tatsächlich den Osten, Indien und aller Wahrscheinlichkeit auch Japan erreicht zu haben.

Mit seinen drei kleinen Schiffen, einer Karacke, der *Santa Maria*, und zwei Karavellen, der *Niña* und der *Pinta*, nahm er klugerweise erst Kurs auf die Kanarischen Inseln. Dann schwenkte er nach Westen ab, denn er nahm an, dass China und Japan, die Städte, die Marco Polo kennengelernt hatte, und die Inseln, wo die Gewürzpflanzen wuchsen, alle auf demselben Breitengrad lagen wie die Kanaren. Er führte seine kleine Schwadron und die rund neunzig Mann Besatzung auf eine recht angenehme Reise über ein sonnenbeschienenes Meer – ohne nennenswerten Zwischenfall. Obwohl sie vom sanften aus dem Osten wehenden Passat schnell in Richtung Westen getrieben wurden, sollte es aber eine längere Fahrt werden als alle bis dahin bekannt gewordenen; und da kein Navigator wusste, wie weit sich das Meer erstreckte, in das sie vorstießen, müssen sie Angst verspürt haben: Angst davor, über den Rand der Welt hinauszufahren und ins Nichts zu stürzen, eine Region zu erreichen, in der Stürme wüteten, denen man nicht standzuhalten vermochte, oder in der Meeresungeheuer, gewaltige Strudel, zürnende Götter auf sie lauerten.

Doch das Glück war ihnen hold, und die drei kleinen Schiffe glitten munter über die Wogen; in den Logbüchern ist festgehalten, dass sie manchmal mehr als hundertfünfzig Meilen am Tag zurücklegten, das heißt mit einer Geschwindigkeit von acht Knoten liefen. Das ging so weiter bis zu dem Zeitpunkt, da ihnen allen vor Freude das Herz fast stehenblieb. Es geschah noch vor Tagesanbruch, an jenem 12. Oktober 1492, an den man bis heute mit Feierlichkeiten erinnert: Der Ausguck der *Pinta*, ein Mann namens Rodrigo de Triana, machte im Schein des Mondes einen direkt vor ihrem Bug liegenden Saum von weißen Klippen aus. Ganz unvermutet bot sich ihren Blicken eine neue Welt dar – oder *die* Neue Welt, wie man bald erkennen würde.

Bei diesem ersten Stück Land, das sie damals zu Gesicht bekamen, handelte es sich ziemlich sicher um eine der äußeren Cays der heutigen Bahamas, höchstwahrscheinlich um das flache und sandige Inselchen, das heute als Watling's Island bekannt ist. Kolumbus ließ sich vom Beiboot seines Flaggschiffs unter dem im Wind flatternden Banner Kastiliens an den Strand rudern. Dort angekommen, küsste er den Boden, vergoss Tränen der Dankbarkeit – und annektierte das Gelände für die spanische Krone, wozu ihm von Königin Isabella das Recht verbrieft worden war. Er nannte den Ort dann nach dem heiligen Erlöser – auf Spanisch San Salvador. Rodrigo de Triana erhielt zur Belohnung dafür, dass er ein so aufmerksamer Ausguck gewesen war, fünftausend Maravedi.*

---

* Das hört sich nach mehr an, als es in Wirklichkeit war. Ein *Maravedi* – nach den berberischen Almoraviden benannt – war nicht mehr als der vierunddreißigste Teil eines *Real* wert, der wiederum den achten Teil eines spanischen *Pesos* darstellte. Maraverdis waren die ersten Münzen, die in der Neuen Welt geprägt wurden: auf Hispaniola vom Beginn des 16. Jahrhunderts an.

Mit drei relativ kleinen Schiffen stach Kolumbus am 3. August 1492
in See, um eine Westpassage nach Indien ausfindig zu machen.
Das Flaggschiff seiner Schwadron war die *Santa Maria*, eine Karacke
von ungefähr 24 Metern Länge und mit einer Besatzung von
39 Matrosen und Offizieren. Das Schiff ging an Weihnachten 1492
vor Haiti verloren.

Wenn es bei dieser einen Reise geblieben wäre, hätte Kolumbus'
Ruf keinen Schaden genommen, und sein Verdienst wäre nicht in
Zweifel gezogen worden. Doch natürlich erwies seine Annahme sich
als falsch: Die Gewürzinseln waren leider nicht in so großer Nähe zu
Spanien zu finden! Es war fatal, dass die ausgedehnte vom Dschungel überwucherte Landmasse – wie der Admiral weiterhin hartnäckig
glaubte, ein Teil Indiens – sich irgendwie in den Weg geschoben hatte
und den direkten Weg zu diesen Inseln blockierte.

Kolumbus gab sich daher nicht mit dieser einen Fahrt zufrieden –
er brach zu drei weiteren auf, jedes Mal mit dem Ziel, neues Land
für Spanien zu erobern; dabei kam es zu langen Perioden der An-
nektierung von süd- und mittelamerikanischen Territorien sowie der
Niederwerfung der Einheimischen und einer Herrschaft über sie, die
von Grausamkeit, Tyrannei, Gier, Rachsucht und Rassismus geprägt
war. Kolumbus war für die Sklaverei. Er ließ sich im Umgang mit
den Eingeborenen viele Grausamkeiten zuschulden kommen, und er
bestrafte seine eigenen Gefolgsleute hart für Verstöße, indem er ihnen die Zunge herausschneiden, die Nasen oder Ohren absäbeln ließ
und die Frauen unter ihnen den allerschändlichsten öffentlichen De-
mütigungen aussetzte. Auf seiner zweiten Reise beförderte er eine
Ladung Schweine nach Amerika, die er dort freiließ. Sie vermehr-
ten sich und versorgten nachfolgende Seefahrer und Entdecker mit
Fleisch, schleppten aber möglicherweise auch einige der Krankheiten
ein, die zur Dezimierung der einheimischen Bevölkerung beitrugen.
Seine dritte Reise, im Jahr 1498, führte ihn bis aufs amerikanische
Festland, nach Venezuela, wo er den Orinoko entdeckte, von dem er
glaubte, dass er einer der in der biblischen Schöpfungsgeschichte erwähnten Ströme sei. Auf seiner vierten Reise, 1502 – er hielt immer
noch hartnäckig an dem Glauben fest, dass es sich bei allen seinen
früheren Entdeckungen um bis dahin unbekannte Teile Ostindiens
handle und er auf dieser Fahrt sehr gut auf die Straße von Malakka
stoßen könne –, gelangte er nach Honduras. Dort hörte er von einem
Isthmus raunen und davon, dass man nur eine kurze Strecke über
Land zurückzulegen brauche, um zu einem mysteriösen anderen
Ozean zu gelangen.

Doch der Groschen – beziehungsweise der Maravedi – wollte nicht fallen: Nie kam ihm der Gedanke, dass Amerika ein eigener Kontinent war und das Gewässer, das seine Heimat von den Territorien, die er eroberte, trennte, ein Ozean, der nichts mit jenem Meer im Osten zu tun hatte. Das Meer, das er überquert hatte, hieß Atlantik, das stimmte, doch in Kolumbus Vorstellung war dieser ein Ozean, der auf irgendeine verborgene Weise mit dem Pazifik verbunden war, nahtlos, als ob beide Meere lange Zeit ein einziges gewesen wären.

Christoph Kolumbus war zwar ein mutiger und höchst fähiger Seemann, aber er war nicht der Erste, der den Ozean bezwang. Während seine Reisen Europa auf die Existenz eines ganz neuen Universums auf der anderen Seite des Atlantiks aufmerksam machten, gelang es ihm selbst nie, Nordamerika zu erreichen. Und bei der Verfolgung seiner Ziele und der Erfüllung seiner Pflichten führte er sich nicht selten als Tyrann und Menschenschinder auf. Er war ein Sklavenhalter, ein eingefleischter Imperialist und ein von Habgier zerfressener Mann, der vor allem sein eigenes Fortkommen im Auge hatte.

Und trotzdem haben die Amerikaner den Namen Kolumbus – in Columbus umgewandelt – als den eines Mannes übernommen, der von zentraler Bedeutung für ihre Geschichte und ihre Identität ist. Voller Stolz haben sie alles Mögliche nach ihm »Columbia« genannt. Es gibt den Distrikt Columbia, den Columbia River, Columbia in South Carolina, die Columbia University, die Stadt Columbia in Ohio – und den Columbus Day. Was die USA betrifft, hat die Reputation des Genuesen keinen Kratzer abbekommen; er bleibt den angestrengtesten Bemühungen aufgeklärter, informierter Menschen zum Trotz immer noch der »Entdecker«. Alle betroffen machenden Einzelheiten seiner Biographie scheinen, wenn sie überhaupt bekannt sind, kaum jemanden zu stören.

Auch dem Kalender hat er sein Zeichen aufgedrückt: Es scheint unauslöschlich zu sein. Seit 1792, als die New Yorker den dreihundertsten Jahrestag seiner Landung begingen, seit 1869, als die italienischstämmigen Einwohner der neu gegründeten Stadt San Francisco

Am 12. Oktober 1492 landete Kolumbus auf einer Insel, der er den Namen »San Salvador« gab. Er war sich dessen nicht bewusst, einen in Europa unbekannten Kontinent erreicht zu haben. Die auf diesem Kupferstich von 1594 dargestellten Ureinwohner hielt er für Angehörige eines asiatischen Volks.

eine ähnliche Feier abhielten, seit 1892, als Präsident Benjamin Harrison alle US-Amerikaner anhielt, den vierhundertsten Jahrestag der »Entdeckung« zu feiern, seit Franklin D. Roosevelt den 12. Oktober zum »Columbus Day« erhob – den Präsident Nixon 1972 auf den zweiten Montag des Monats Oktober verlegte –, hat man in den USA mit einem landesweiten nach ihm benannten Feiertag Kolumbus formell Ehre erwiesen. Und wenn er auch etwas gewalttätiger und habgieriger als notwendig gewesen ist, geht die Geschichtsschreibung im Allgemeinen behutsam mit ihm um. Im Unterschied dazu gedenkt man Leif Erikssons, des Mannes, der mit größter Wahrscheinlichkeit als Erster den Atlantik überquerte und das amerikanische Festland erreichte, anscheinend um des Allgemeinwohls willen handelte und keinen Schaden in den von ihm entdeckten Territorien hinterließ, nur wenig, ja man erinnert sich seiner kaum. Zugegeben: Seit 1964 gibt es einen jährlich vom Präsidenten ausgerufenen Leif Eriksson Day, um den Beitrag der skandinavischen Völker zur Geschichte und Entwicklung der USA zu würdigen. Zuerst wurde dieser Tag in Minnesota und Wisconsin begangen, und zwar durch die Schließung einiger Ämter. Einige lokale Geschäftsleute boten und bieten an diesem Tag auch Sonderrabatte an. Doch in jeder anderen Hinsicht bleibt die amerikanische Nation mehr oder weniger indifferent gegenüber den Nordmännern. Wie jemand es einmal formulierte: Die Amerikaner essen lieber Pizza als Lutefisk.[*]

Es scheint sich um eine seltsame Fehlinterpretation historischer Ereignisse zu handeln, eine, die auch der langen Geschichte des Atlantischen Ozeans irgendwie Unrecht tut, sie verfälscht. Die Dinge sind dabei, sich zu ändern, doch nur langsam. Vielleicht wird ein aufgeklärter Anwalt sich eines Tages dieses Falls annehmen und öffentlich vorschlagen, einen gewissen Grad an Gerechtigkeit herzustellen, indem man die exzessive Verherrlichung des einen Mannes eindämmt und dafür dem anderen, dem unbesungenen Helden, die Ehre erweist, die ihm gebührt. Doch muss man wohl bezweifeln, dass dies einmal geschieht.

Vielleicht liegt das alles weniger im italienischen Chauvinismus und der skandinavischen Bescheidenheit, sondern eher in der nicht zu leugnenden Tatsache begründet, dass Leif Eriksson zwar der erste Europäer war, der nordamerikanischen Boden betrat, dass er aber nie wirklich begriff, wo er sich eigentlich befand. Auch ging er nie davon aus, an einem besonders wichtigen Ort zu sein. Man könnte sagen, dass er einfach nichts *kapierte*. Wie Daniel Boorstin, Historiker und

---

[*] Wörtl.: »Laugenfisch«; ein in Skandinavien beliebtes Gericht aus gewässertem Trockenfisch. (Anm. d. Ü.)

Bibliothekar an der Library of Congress, es einmal formulierte: »Bemerkenswert ist nicht, dass die Wikinger Amerika tatsächlich erreichten, sondern dass sie es erreichten und dort sogar eine Zeit lang siedelten, ohne Amerika zu entdecken.« Ihre Reputation hat seitdem aufgrund des Mangels an Ehrgeiz, der ihre Streifzüge auszeichnete, gelitten, aufgrund ihres Mangels an Weitblick.

Und da ist eine weitere Frage, die Kritiker kolonialer Unternehmungen und weißer Hegemonie nicht loslässt. Ist es vorstellbar, dass die präkolumbianischen Völker, die Ureinwohner Süd- und Nordamerikas, ihrerseits versuchten, über den Ozean in Richtung Osten vorzustoßen, nach Europa also? Wären einige von ihnen – die Kariben beispielsweise oder die Eingeborenen Neufundlands oder die alten Mexikaner – in der Lage gewesen, eine Fahrt, wie sie Eriksson und Kolumbus gelang, jedoch in umgekehrter Richtung, erfolgreich zu absolvieren?

Es gibt eine Reihe Indizien dafür, dass dies durchaus möglich gewesen sein kann: Tabakblätter und Spuren von Koka in ägyptischen Sarkophagen; einen skulptierten Bronzekopf im Louvre, von dem es heißt, er sei römischer Provenienz und stamme aus dem zweiten Jahrhundert, der aber Gesichtszüge aufweist, die denen amerikanischer Eingeborener frappierend ähneln; Mosaiken aus der Nähe von Pompeji, auf denen Früchte zu sehen sind, die an Ananas, Chilischoten und Zitronen erinnern; und die These, die mit unterschiedlichem Nachdruck von rivalisierenden Interpreten der relevanten Textstellen vorgebracht wird, dass Kolumbus 1477 im irischen Galway – ausgerechnet dort – einem aus Amerika stammenden Ehepaar begegnet sein soll. Ob er sie wirklich kennenlernte oder nur ihre Leichname sah oder aber lediglich von ihrer Existenz erfuhr, bleibt unklar.

»Menschen aus Katayo kamen in den Osten«, so entzifferte ein Exeget eine der Notizen, die Kolumbus in seinem Exemplar eines Geschichtswerks, von dem man weiß, dass er es gelesen hat, an den Rand kritzelte. »Wir haben viele denkwürdige Dinge gesehen, insbesondere in Galway, auf Irland, einen Mann und eine Frau auf einem vom Sturm angetriebenen Holze von bewundernswerter Form.«

Doch hätten zwei Menschen in einem Einbaum – das ist die Art Boot, die die meisten Kariben zu der Zeit, als die ersten Europäer sie zu Gesicht bekamen, benutzt zu haben scheinen – wirklich eine Fahrt über den Ozean in seiner ganzen Ausdehnung, von Amerika bis nach Irland, überleben können? Der Golfstrom könnte sie vorwärtsgetragen haben – er führt Treibgut jeder erdenklichen Art mit sich. Doch wären sie dann mit einer Geschwindigkeit von lediglich drei Knoten unterwegs gewesen, was bedeutet hätte, dass sie insgesamt fünfzig Tage auf See gewesen wären, bis sie die irische Küste erreichten – und das ohne Proviant und Trinkwasser. Es scheint demzufolge höchst unwahrscheinlich, dass sie durch Zufall bis nach Galway gelangten, dorthin abgetrieben wurden. Wenn sie aber die Fahrt geplant und vorbereitet hatten – und nur unter dieser Voraussetzung könnten sie wohl eine solche Strecke bewältigt haben –, dann, so vermutet man, hätte es wohl andere gegeben, die ebenfalls eine solche Reise angetreten hätten, und es wären Artefakte gefunden worden, die belegten, dass Überfahrten dieser Art stattfanden.

Doch tatsächlich ist kein einziges solches Artefakt jemals aufgetaucht. Die Verfechter der Theorie, dass amerikanische Eingeborene über See bis nach Europa gelangten, bringen ihre Überzeugungen ebenso stimmgewaltig wie leidenschaftlich vor, doch bislang sind ihre Argumente reichlich schwach. Alles deutet darauf hin, dass es Nord- wie Südeuropäer waren, die als Erste den Atlantik bezwangen.

# 9. Erkenntnisse

Binnen weniger Monate nach dem Tod von Christoph Kolumbus im Jahr 1506 zählten drei Männer – ein Toskaner aus Chianti, der zu verschiedenen Zeiten seines Lebens Seemann und Entdecker, Zuhälter und Hexenmeister war, sowie zwei biedere Deutsche, Kartografen aus Freiburg – zwei und zwei zusammen und hoben ganz formell sowohl einen Kontinent aus der Taufe, der fortan den Namen Amerika trug, als auch einen in sich geschlossenen, eigenständigen Ozean, der von da an Atlantik genannt werden würde. Kolumbus hatte nur vage Anzeichen für die Existenz einer Landmasse von der Größe eines Erdteils gefunden. Er hatte Hunderte von tropischen Inseln entdeckt, kartografisch erfasst und kolonisiert wie auch einen Küstenstrich unterhalb des Äquators erforscht, der von Flüssen durchzogen wurde, die groß genug waren, um erahnen zu lassen, dass sich durch sie ein noch größeres Gewässer ins Meer ergoss. Doch bei allen seinen Reisen war er auf keinen wirklichen Beweis dafür gestoßen, dass vor ihm festes Land von einer solchen Ausdehnung lag, dass es die Weiterfahrt nach Westen über alle überhaupt dafür infrage kommenden Breitengrade hinweg blockierte.

Um die Jahrhundertwende herum begannen jedoch Berichte von anderen Entdeckern nach Europa zu sickern, die auf die mögliche Existenz einer solchen Landmasse zu verweisen schienen. John Cabot zum Beispiel war 1497 in Neufundland gelandet und hatte seinen Geldgebern in Bristol das Vorhandensein einer gewaltigen Landmasse gemeldet. Dann kamen zwei Brüder aus Portugal, Miguel und Gaspar Corte-Real, ebenfalls hoch im Norden an verschiedenen Punkten mit der Küste in Berührung und äußerten bei ihrer Rückkehr nach Lissabon im Jahr 1501 die Ansicht – sie waren die Ersten, die dies taten –, dass das Territorium, auf das sie gerade gestoßen waren, mit den bereits früher entdeckten weiter im Süden – den Gebieten, die wir heute als Honduras und Venezuela kennen – zusammenhängen könne.

Eine recht plump ausgeführte kleine Karte hatte ebenfalls dazu beigetragen, den bei den gebildeten Ständen in Europa zunehmenden Verdacht, dass es dort im Westen einen eigenen Kontinent geben könne, zu erhärten. Diese Karte war 1500 an der kolumbianischen Atlantikküste in der Nähe von Cartagena von Juan de la Cosa gezeichnet worden, einem Seefahrer aus Kantabrien, der Kolumbus als Kapitän auf zwei seiner Reisen begleitet hatte und danach noch fünf weitere Fahrten in die Neue Welt unternahm – wo er 1509 von Eingeborenen mit Giftpfeilen umgebracht wurde. Seine Karte jedoch, die heute im Madrider Marinemuseum liegt, lebt weiter; es handelt sich um die erste, auf der die Neue Welt dargestellt war – eine sich von einem Rand des Blattes bis zum anderen erstreckende Bordüre von festem Land weit westlich von Europa. Dieses Territorium war von einer riesigen Einbuchtung gekennzeichnet; die von Cabot gesichteten Gebiete waren im Norden verzeichnet, die von Kolumbus und seinen Gefährten entdeckten im Süden (wie auch das gesamte Territorium, das Spanien aufgrund des Vertrages von Tordesillas[*] für sich beanspruchen zu können glaubte). Doch hatte de la Cosa weder die Festlandgebiete noch die Gewässer mit Namen versehen.

Das sollte jedoch sieben Jahre später geschehen, 1507. Der deutsche Kartograf Martin Waldseemüller taufte die Landmassen im Westen, die, wie sich jetzt immer klarer abzeichnete, einen Erdteil für sich bildeten, *America*. Waldseemüller und sein Kollege Matthias Ringmann, der offenbar eine dichterische Ader besaß, prägten und wählten diesen Namen aufgrund eines Büchleins, das ihnen kurz zuvor in die Hände gefallen war – eines Werks, das sich großer Beliebtheit erfreute, und zwar vielen in ihm enthaltenen Irrtümern, Lügen und Fälschungen zum Trotz, die Gelehrte jahrhundertelang gefesselt und eine ganze Schar von Schriftstellern beschäftigt haben. Dieses schmale Buch, eigentlich eher eine Flugschrift, trug den Titel *Mundus Novus* und rührte – wie auch ein später entstandenes kurzes, als Soderini-Brief bekanntes Dokument – angeblich von der Hand Amerigo Vespuccis her, dem schillernden italienischen Entdecker und Hexenmeister (und im späteren Leben, wie schon erwähnt, auch Zuhälter), der allem Anschein nach aufgrund seiner eigenen vor Ort gesammelten Erfahrungen als Erster geltend machte, dass die großen Landmassen im Westen in der Tat einen eigenen Kontinent bildeten, *den vierten Erdteil.*

---

[*] Dieses 1494 geschlossene Abkommen gestand Spanien die Oberhoheit über alle neu entdeckten Gebiete zu, die sich im Westen einer 370 Leguas westlich der Kapverdischen Inseln in Nord-Süd-Richtung durch den Atlantik gezogenen Grenzlinie befanden. Die östlich davon gelegenen Gebiete wurden Portugal zugestanden. Da Brasilien östlich dieser Linie lag, war es das einzige Territorium auf dem amerikanischen Kontinent, das an Portugal fiel.

Der Reisebericht *Mundus Novus* präsentiert sich als ein weitschweifiges, von der Sprache her flamboyantes und, was Einzelheiten betrifft, ganz und gar unzuverlässiges Werk. Er ist zweiunddreißig Seiten stark, auf Latein verfasst und veröffentlicht; ursprünglich war der Bericht an einen Mäzen Vespuccis aus der Familie Medici gerichtet; er wurde aber 1503 auch in mehreren europäischen Städten gleichzeitig verbreitet. Drucker in Paris, Venedig und Antwerpen sorgten dafür, dass Vespuccis anschauliche, um nicht zu sagen drastische Schilderung seiner Segelabenteuer an den Küsten des heutigen Guyana, Brasiliens und vielleicht sogar Patagoniens eine hohe Auflage erreichte.

Das Buch war tatsächlich ungeheuer populär – wozu ohne Zweifel beitrug, dass Vespucci sich liebevoll der kosmetischen Selbstverstümmelung, der analen Reinlichkeit und den sexuellen Praktiken der Völker widmete, denen er auf seinen Reisen begegnet war. Dieses Buch machte nicht nur ihn persönlich unsterblich, sondern ließ auch das Interesse der Europäer für die Neue Welt geradezu explosionsartig aufflammen, regte so zu zahlreichen Entdeckungsfahrten an und löste eine Einwanderungswelle aus, die im Grunde bis heute anhält.

Der entscheidende Satz in Vespuccis Bericht lautet ganz einfach: »Auf dieser meiner letzten Reise [...] habe ich einen Kontinent in jenen südlichen Regionen entdeckt, welcher von mehr Menschen bewohnt ist als unser Europa, Asien oder Afrika, und dazu habe ich ein angenehmeres und gemäßigteres Klima gefunden als in jedem anderen uns bekannten Gebiet.« Er hatte einen neuen Kontinent entdeckt – oder genauer: Er hatte das von ihm entdeckte Land als Kontinent identifiziert, etwas, das Kolumbus einige Jahre zuvor einfach nicht hatte tun wollen. Der Genuese hatte es fälschlicherweise für einen schon bekannten Erdteil gehalten, für Asien, Vespucci erkannte jedoch, dass es ein eigener Kontinent war, doch ganz zu Anfang hatte dieser noch keinen Namen.

Es blieb den Kartografen aus Freiburg überlassen, ihm einen zu geben. Damals arbeiteten die beiden in einer akademischen Gemeinde in den Vogesen zusammen – und dort tauften sie das riesige neu entdeckte Territorium und verliehen ihm eine Identität, die es

AMERIC VESPVCE.

Vom Vornamen des Seefahrers und Entdeckers Amerigo Vespucci
leitet sich der Name ab, den deutsche Kartografen dem neuen
Kontinent verliehen. Der Florentiner war der Erste, der erkannte,
dass die Landmasse im Westen einen eigenen Erdteil bildete.
Demzufolge stellte auch der Atlantik einen eigenständigen Ozean
dar und war nicht »Anhängsel« irgendeines anderen Meeres.

danach für alle Zeiten haben würde. Sowohl Waldseemüller als auch
Ringmann hatten *Mundus Novus* gelesen und schenkten auch dem
Glauben, was in dem ziemlich offenkundig gefälschten Soderini-
Brief stand. Beide kamen überein, bei der Anfertigung der großen
neuen Weltkarte, mit der sie beauftragt worden waren, zumindest
dem leicht kurvig verlaufenden südlichen Teil des neuen Kontinents
einen Namen zu geben. Sie wählten die Femininform der latinisier-
ten Fassung von Vespuccis Vornamen. Zu den anderen Erdteilen, deren Bezeichnungen der grammatischen Form nach ebenfalls weiblich
waren, »Africa«, »Asia« und »Europa«, würde jetzt der Name einer
brandneuen Entität hinzukommen: *America*.

Als die neue Weltkarte 1507 publiziert wurde – auf ihr waren im Halbprofil auch die beiden Giganten der Geografie, Ptolemäus und Vespucci, abgebildet, während weder Leif Eriksson noch Kolumbus irgendwo zu sehen waren –, stand quer über die südliche Hälfte des südlichen Teils der Neuentdeckung, dort, wo heute der Staat Uruguay liegt, in etwas wackeligen sowie unproportionierten Majuskeln dieses eine Wort geschrieben: AMERICA. Wenn es auch wie eine ein wenig zaghafte Hinzufügung in letzter Minute wirkte, war es dennoch unumstößlich *da*.

Der Name schlug ein. Auf einem 1515 in Paris angefertigten Globus findet er sich auf beiden Segmenten des Kontinents, dem nördlichen wie dem südlichen. Auch in einem 1520 in Spanien publizierten Buch begegnet er; in einem anderen, das fünf Jahre später in Straßburg erschien, ist »America« als eine der Regionen der Welt aufgeführt, und 1538 schließlich prägte Mercator, der neue *Arbiter*, die unbestrittene Koryphäe, was die Geografie des Planeten betraf, die Ausdrücke »Nordamerika« und »Südamerika« für die beiden Hälften des vierten Erdteils. Damit war der Name etabliert und würde nie wieder geändert werden.

Und da jetzt ein neuer Kontinent in jeder Beziehung des Wortes *da* war, wurde auch das Meer, das zwischen ihm und den Altwelterdteilen Europa und Afrika lag, dieses Meer, das wechselnd als Äthiopischer Ozean, Oceanus, die Große Westliche See, der Westliche Ozean, Mare Glaciale und – von Herodot im fünften Jahrhundert v. Chr. in seinen *Historien* – als Atlantik bezeichnet wurde, endlich zu einem eigenen, ringsum von Küsten umgebenen Ozean.

Es galt nicht länger als Anhängsel irgendeines anderen Meeres. Es war nicht länger Teil irgendeines größeren amorphen, weltumspannenden Gewässers. Es war eine eigenständige Entität, unvorstellbar groß zwar, aber dennoch fest umrissen, mit Grenzen, Kanten, Küsten, einem Saum, einer Einfassung, einer Umrandung und einem »Ende« im Norden, im Süden, im Westen und im Osten.

Aus einer einfach nur unerklärlichen grün-grauen immensen Wasserfläche, die sich von den Gezeitentümpeln bei Pinnacle Point in scheinbar endlose Ferne erstreckte, war dieses Meer erst zu einer tosenden Masse sturmgepeitschter Wogen jenseits der Säulen des Herakles, danach zu einem warmen purpurfleckigen oder einem mit Eis bedeckten Gewässer geworden und anschließend zu einer See, von der man glaubte, dass sie nur Teil von anderen Meeren sei, ein bloßes Anhängsel. Doch nun, im frühen 16. Jahrhundert, von dem Moment an, da Mercator sein Imprimatur erteilt hatte, hatte der Atlantische Ozean endlich eine eigene Identität erhalten.

Jetzt musste nur noch herausgefunden werden, welcher Art diese Identität war, damit diesem neu entdeckten Ozean der ihm gebührende Platz auf der Weltbühne zugewiesen werden konnte.

Der Atlantik war gefunden worden. Jetzt verlangte er danach, erforscht zu werden.

# 2

# Alle Tiefen und Untiefen in ihm

*Der weinerliche Bube, der mit Ranzen*
*Und glattem Morgenantlitz wie die Schnecke*
*Ungern zur Schule kriecht.*

## 1. Die definierende Autorität

Das Fürstentum Monaco, dieser sonnige Hafen für Reiche, deren Geld aus eher trüben Quellen stammt, an der französischen Riviera, kann auf keine so stolze Geschichte zurückblicken, dass seine öffentlichen Plätze und Anlagen mit imposanten Statuen übersät wären. Natürlich trifft man auf viele aus Marmor gehauene Darstellungen von Angehörigen des ursprünglich aus Genua stammenden Adelsgeschlechts Grimaldi, das im Fürstentum seit dem 13. Jahrhundert das Sagen gehabt hat. Es gibt auch eine gefällige Büste von Hector Berlioz, dessen man gedenkt, weil er einmal in der Nähe des Opernhauses umfiel, und eine langweilige Bronzestatue, die den argentinischen Rennfahrer Juan Manuel Fangio neben dem Formel-1-Mercedes zeigt, in dem er in Monaco einen seiner vielen Siege errungen hat.

Doch von diesen Denkmälern abgesehen, findet man wenig andere interessante Statuen – außer im Eingangsbereich eines recht gesichtslosen modernen Bürogebäudes am Quai Antoine 1er, der am Hafen entlangführt. Dort steht eine auffallende und recht aufwendige Statue aus poliertem Teakholz, die den großen griechischen Meergott Poseidon darstellt. Er steht dort, trotz seiner Nacktheit züchtig anmutend, mit einem Vollbart und seinem Dreizack bewaffnet in der Art eines Wächters vor dem wenig bekannten Amt, das seit 1921 die offiziellen Namen der vielen Ozeane und Meere, Golfe und Buchten unseres Planeten erdacht, festgelegt und gebilligt hat.

Sitz der International Hydrographic Organization ist seit deren Gründung Monaco; und zwar wählte man diesen auf den ersten Blick nicht unbedingt passenden Standort[*] auf Einladung des damaligen Staatsoberhaupts Albert I. hin, eines Mannes, der Seekarten und Portolane sammelte, eine Flotte von Forschungsschiffen unterhielt, sich für Tiefseefische und Meeressäugetiere begeisterte und sich überhaupt mit der Meeresfauna gut auskannte und wissenschaftlich beschäftigte. Die Organisation, die er zu erschaffen half, zählt nahezu alle Staaten der Welt, die eine Ozeanküste besitzen, zu ihren Mitgliedern.

Eine ihrer Hauptaufgaben ist es – weniger *de jure* als *de facto* –, die Grenzen der Ozeane und Meere festzulegen. Wie sich zeigt, ist das keine einfache Aufgabe, und von allem Anfang an gab es Streit: »Die vorgeschlagene westliche Begrenzungslinie des Mittelmeers«, knurrte der marokkanische Delegierte in den zwanziger Jahren verärgert, als Kommentare zu den Grenzfestsetzungen abgegeben werden sollten, »lässt Tanger zu einem Mittelmeerhafen werden, was es ganz gewiss nicht ist.«

Die ursprünglich für die Festlegung der Meeresgrenzen Zuständigen hatten es für angemessen erachtet, die Grenze des Nordatlantiks vor dem Eingang zur Straße von Gibraltar verlaufen zu lassen; das war aber eine Entscheidung, die sonst niemandem behagt zu haben scheint. Auf Anweisung von oben radierte daher der Kartenzeichner die von ihm gezogene erste Linie wieder aus und zeichnete eine

---

[*] Hydrografen – in nautischen Kreisen »Droggies« genannt – gehören eigentlich eher dem hemdsärmeligeren Typ von Wissenschaftlern an; sie gerieren sich nur selten als Patrizier. In Monaco arbeiten sie aber aufgrund der Großzügigkeit von Fürst Albert gewissermaßen Tür an Tür mit Wissenschaftlern, die Patrizier sind oder gerne welche wären. Ihre Kollegen an der Universität von Monaco unterrichten beispielsweise Fächer wie Vermögensmanagement, Hedgefonds, Financial Engineering und etwas, das sich »Wissenschaft von Luxusgütern und -dienstleistungen« nennt, während die »Droggies« sich mit Leuchttürmen, Bojen und dem Ausbaggern von Fahrrinnen befassen.

zweite, die eine Meile östlich von Tanger verlief; womit diese Stadt, mit einem einzigen Federstrich gewissermaßen, von einem bloßen Mittelmeerhafen zu einer Stadt am Atlantischen Ozean befördert wurde – was, wie es heißt, alle zufriedenstellte.

Die andere wichtige Aufgabe, mit der die IHO betraut ist, besteht darin, dafür zu sorgen, dass die Seekarten aller Länder dieser Welt mehr oder weniger das gleiche Bild zeigen. Das ist kein ganz so langweiliger Auftrag, wie es sich anhört. Er ist auf eine Konferenz zurückzuführen, die 1889 in Washington, D.C., abgehalten wurde und bei der von Kapitänen, die gezwungen gewesen waren, nach in Ländern, in denen man wenig Ahnung vom Kartenzeichnen hatte, angefertigten Karten zu navigieren, haarsträubende Geschichten erzählt wurden. Ihre Schiffe, hörte man, seien unvermutet auf nicht vermerkte Untiefen aufgelaufen oder bei der Einfahrt in schlecht gezeichnete Häfen zu Schaden gekommen. Solche Unfälle ließen sich nur verhindern, meinten die Konferenzteilnehmer, wenn alle Seekarten und Navigationshandbücher das Gleiche zeigten oder sagten und, ob sie nun in Großbritannien oder Goa, den USA oder Uruguay hergestellt worden waren, den gleichen hohen Standards genügten.

Bei einer Seefahrtkonferenz, die kurz vor dem Ersten Weltkrieg in Sankt Petersburg abgehalten wurde, forderten die Vertreter der Kriegs- und Handelsmarinen aller Länder die Einsetzung einer internationalen Kommission, die sich mit diesem Problem befassen sollte. 1921, nachdem sich der vom Krieg in Europa aufgewirbelte Staub wieder gelegt hatte, stellte der in Marinekreisen wohlangesehene Fürst von Monaco Unterkünfte und Verpflegung sowie einen Schwarm monegassischer Typistinnen zur Verfügung, um das Seine zur Schaffung der IHO beizutragen, die dann auch formell begründet wurde und seitdem ihren Sitz dort hat, wo sie noch heute, von ihrem persönlichen Schutzgott Poseidon bewacht, zufrieden, wenn auch in relativer Obskurität residiert.

Ihre wichtigste Publikation legte die Organisation 1928 vor. Es war eine hübsch aufgemachte, grün eingebundene Broschüre, im Hochdruckverfahren von der Imprimerie Monégasque in Monte

Carlo hergestellt, die fünfunddreißig US-Cent kostete. Ihr vollständiger Titel lautete:»IHO Special Publication No. S. 23, ›Limits of Oceans and Seas‹«. Auf den vierundzwanzig Seiten dieses bezaubernden Büchleins konnte man eine Reihe offizieller Verlautbarungen finden, wie zum Beispiel folgende formelle Definition einer der Grenzen des Ärmelkanals:

»Im Westen: Von der Küste der Bretagne westwärts, parallel zum äußeren östlichen Rand von Ushant (Lédènes), durch diese Insel hindurch bis zu ihrem westlichen Ende (Le Kainec), von dort zum Bishop Rock, dem äußersten südwestlichen Punkt der Scilly Islands, und dann im Westen dieser Inseln in direkter Linie bis zu ihrem äußersten nördlichen Punkt (Lion Rock), von dort aus in östlicher Richtung bis zu den Longships und weiter bis Land's End.«

Die Welt ist in den darauffolgenden Jahren vielleicht nicht größer geworden, doch die Definitionen und Benennungen ihrer Meere nahmen an Zahl zu, und die Kontroversen zwischen den Ländern, die an sie grenzen, taten dies auch. Entsprechend wuchs der Umfang dieser Broschüre, zunächst nur in einem bescheidenen Maß, dann gewaltig. Aus den vierundzwanzig Seiten der ersten Ausgabe wurden in der zweiten sechsundzwanzig und in der dritten achtunddreißig; als aber 2002 die vierte Ausgabe herauskam, war sie auf zweihundertvierundvierzig angeschwollen. Meere, die so obskur waren, dass nur die Menschen, die an ihren Ufern lebten, jemals von ihnen gehört hatten, existierten danach offiziell. So gibt es zum Beispiel eine Ceramsee, eine Kosmonautensee, ein Alborán Meer, eine Lincolnsee, ein Gewässer mit der etwas tautologischen Bezeichnung »Sound Sea« (Sundsee) und Aberdutzende andere.[*]

Drei ranghohe Marineoffiziere aus Mitgliedsstaaten werden als

---

[*] Es gibt in diesen obskuren Meeren auch einige höchst obskure Kaps und Landzungen, von denen der Name des nordrussischen Kap Vagina Seeleute aufhorchen lassen dürfte.

Leiter des IHO gewählt, und zwar gewöhnlich für eine Zeitspanne von fünf Jahren. Bevor ich nach Monaco fuhr, um mich mit ihnen zu treffen, sah ich das Trio vor meinem inneren Auge. In schmucke blaue Uniformen mit Goldkordeln und -fransen gekleidet, entschieden sie mit letzter Autorität über erhabene Dinge, die mit der weltweiten Seefahrt zu tun hatten – darüber, wie man die neuen Grenzen des Kattegat am besten festlegen könnte, ob man eine kartografische Erfassung der Region, wo die Arafurasee an den Golf von Carpentaria stößt, verlangen solle, oder auch darüber, ob es die Labradorsee oder der Sankt-Lorenz-Golf ist, der bei L'Anse aux Meadows ans Ufer schlägt. Sie lösten diese Fragen, während sie Pink Gins schlürften, groben Shag in ihren Pfeifen rauchten und an einem Walrosszahn herumschnitzten.

Wie es sich dann fügte, waren zwei der Offiziere – einer von der griechischen, der andere von der chilenischen Marine – nicht zugegen, als ich an einem schönen Wintermorgen vorsprach, und der Einzige »an Bord«, wie es in Büros tätige Fahrensleute gerne nennen, war der Vertreter Australiens. Er entpuppte sich als vollbärtiger Brite mittleren Alters in Zivilkleidern, ein Mann, der schon vor Jahren aus der Royal Navy ausgeschieden war, um in ihr australisches Äquivalent einzutreten, und für gewöhnlich in Melbourne Dienst tat. Seine Leidenschaft galt nicht so sehr Schiffen und dem Meer – sich damit zu befassen, war sein *Beruf* –, sondern einer Modelleisenbahn im Maßstab HO, die er in seinem Apartment in Villefranche aufgebaut hatte.

In ihrer offiziellen Funktion jedoch verwendeten er und seine Kollegen jeden Tag viele Stunden darauf, sich über die Unkenntnis der Menschheit bezüglich der Ozeane zu wundern, darüber zu wettern und sich zu fragen, wie man Abhilfe schaffen könne. Die Meere der Welt haben jetzt vielleicht mehr Namen, als der Durchschnittsmensch kennen möchte – doch ist das die Schuld der Politiker und eine Folge von Nationalstolz. Was der IHO Sorge bereitet, deren Aufgabe, wie schon ausgeführt, auch darin besteht, Karten herzustellen, mit deren Hilfe Schiffe alle Meere der Welt sicher befahren können, ist, in welch ihrer Ansicht nach gefährlichen Unkenntnis sich die meisten Landratten darüber befinden, wie es unter der Oberfläche dieser Gewässer aussieht. Um das deutlich zu machen, weisen sie gern auf ein verblüffendes statistisches Faktum hin: Während der Mensch die genaue Höhe von Erhebungen auf dem Mond und dem Mars an Punkten, die nur wenige Meter auseinanderliegen, kennt, weiß er nur an vereinzelten Stellen – die manchmal bis zu acht Kilometer voneinander entfernt sein können – über die Höhe des Meeresbodens Bescheid.

Die Admiräle beklagen sich darüber, dass die gegenwärtigen Erdbewohner trotz aller hydrografischen Vermessungen, die im Lauf der Jahre vorgenommen worden sind, trotz aller Sondierungen, der Erfassung von Riffen und Verzeichnung von Landzungen viel zu wenig über ihre Meere wissen, obwohl diese sieben Zehntel der Oberfläche ihres Planeten bedecken. Das ist aber keinesfalls auf Gleichgültigkeit zurückzuführen. Vor allem Europäer haben im Lauf der letzten fünfhundert Jahre versucht, ihre Ozeane in allen Einzelheiten zu »ergründen«. Seit Kolumbus und Vespucci von ihren Fahrten zurückgekehrt waren und klar wurde, dass man von Europa aus über den Atlantik und die anderen Meere hinweg Handel treiben und auch Kriege auf See führen könnte, haben einzelne Länder – Großbritannien, Portugal, Spanien, später auch Amerika und Kanada, Brasilien und Südafrika – große Anstrengungen unternommen, diese Gewässer zu vermessen und zu kartografieren, die Tiefen und die Untiefen der Ozeane auszuloten, den Verlauf ihrer Ströme und Strömungen zu verzeichnen, ihre Strudel und Wirbel sowie die genauen Konturen ihrer Küsten, ihre Inseln und Riffe und alle anderen ihnen ganz eigenen Merkmale zu erkunden und festzuhalten. Der Welt alles Wesentliche über die Ozeane – und hauptsächlich über den Atlantik – beizubringen, das war eine Bemühung, die schon in 15. Jahrhundert begann und seitdem nie zum Erliegen gekommen ist.

Ein ganzes Weltmeer zu erforschen setzte voraus, dass man auch zu seinen entlegensten Regionen Zugang hatte, und das war etwas, das im Fall des Atlantiks durch eine Reihe von Hindernissen topografischer oder anderer Art vereitelt oder zumindest erschwert wurde. Das größte Problem in dieser Beziehung stellte die Existenz einer äußerst unzugänglichen Landspitze aus Sandstein dar, die als Cape Bojador bekannt war, ein Kap in Westafrika, das die Araber seit Jahrhunderten gefürchtet hatten und das bei ihnen als *Abu khater* (Vater der Gefahr) bekannt war.

## 2. Straßensperre im Wasser

Die von der befestigten alten marokkanischen Küstenstadt Essaouira nach Süden in die Sahara führende Straße ist auch die am besten ausgebaute Strecke nach Westafrika – sie setzt sich, immer am Atlantik entlang, nach Mauretanien fort, von dort in den Senegal, nach Gambia, Guinea-Bissau. Bei sorgfältiger Planung, mit Glück, einem Wagen mit stabiler Radaufhängung und genügend Zeit könnte ein entschlossener Fahrer es auf ihr bis Kapstadt schaffen und dort unter den Jakarandabäumen beim Mount Nelson Hotel den Tee einnehmen.

Auf dem größten Teil der ersten Etappe ist die Fahrt von einer gewissen Eintönigkeit. Nach dem grandiosen Anblick, den das in den nach ihm benannten Ozean eintauchende Atlasgebirge liefert, und nachdem man die winzige spanische Enklave Ifni hinter sich gelassen und die Reihe der großen von Franzosen erbauten Leuchttürme sowie die Surfer, die unbeschwert auf den vom Meer herandonnernden Brechern an den Strand reiten, gesehen hat, fährt man ein paar Meilen Richtung Landesinnere, und die Gegend um einen herum wird flach. Die Haine von Arganbäumen und die Sträucher, an denen Ziegen knabbern, werden spärlicher, bis man durch eine steinübersäte Ebene rollt und schließlich zu einer tristen kleinen, an einer Kreuzung gelegenen Stadt namens Goûlmime gelangt, wo die richtige Wüste beginnt.

Jenseits der staubigen und chaotischen Medina der Stadt – in der man noch auf in blaue Burnusse gekleidete Tuareg und von der Wüstendurchquerung erschöpfte Kameltreiber, die Waren für ihren Suk herangeschafft haben, trifft – windet sich die zweispurige Überlandstraße, die sich wie ein Rinnsal von schwarzem Öl gegen den Sand der Hammada abzeichnet, zum Horizont hin. Sie ist zumeist leer; nur hin und wieder sieht man einen Tanklaster vorbeirasen oder eines jener klapprigen Mercedes-Taxis, die immer viel zu schnell unterwegs sind. Die See erstreckt sich ohne erkennbares Ende schäumend nach Westen, und ganz weit im Osten schimmern die hohen Dünenmeere der Sahara. Der Ostwind pfeift unablässig und bläst einem Grus in die Haare und zwischen die Zähne. Bis in die jüngste Zeit hinein war dies der Zugang zu spanischem Territorium, was man der Landschaft und der ganzen Atmosphäre dieses Gebiets noch anmerkt. Der Norden Marokkos ist von einer Art samtener Opulenz gekennzeichnet, während die südlichere Region des Landes von ausgeprägter Herbheit ist: trocken, staubig und ölbefleckt.

Die Städte liegen weit auseinander, und im Allgemeinen lohnt es sich, nur zu stoppen, um den Tank aufzufüllen – obwohl es in einer von ihnen ein Denkmal für Antoine de Saint-Exupéry gibt, das an die Zeit erinnert, als er in den dreißiger Jahren als Kurier zwischen Toulouse und Dakar hin und her flog. Es gibt Fischerhütten, in denen man Zackenbarsch, Schwertfisch und Sardinen kaufen kann, alle frisch gefangen und über Treibholzfeuern gegrillt. Die Küste selbst wird interessanter. Kurz vor Tarfaya macht sie einen abrupten Schwenk, verläuft für fünfzig Meilen nach Westen und bildet einen ins Meer ragenden Ausläufer, Kap Juby, gegen das im Lauf der Jahrhunderte unzählige Schiffe, deren Kapitäne schliefen, sturzbetrunken oder einfach unfähig waren, geprallt sind. Man sieht dort die Wracks von Fischdampfern majestätisch hoch oben auf dem felsigen Strand thronen; alle werden sie nach und nach von der alles zersetzenden Brandung aufgezehrt.

Dieser Abschnitt der afrikanischen Küste war seit alters her für die Gefahren berüchtigt, die an ihm lauerten. Bei siebenundzwanzig Grad nördlicher Breite, an die hundertfünfzig Meilen südlich von Kap Juby mit seinen vielen Wracks, erhebt sich ein niedriges Kap vor einem, das von größter Bedeutung für die Geschichte der Schifffahrt auf dem Atlantik war, obwohl es bei Weitem keinen so spektakulären Anblick bietet wie eines der anderen berühmten atlantischen Kaps, Finisterre, Hoorn, Gute Hoffnung, Farewell, St. Vincent oder Race beispielsweise, die in die Literatur eingegangen sind und um die sich Legenden ranken. Das Kap, von dem hier die Rede ist, trägt den Namen Bojador.

Obwohl das portugiesische Wort auf einen »Vorsprung« verweist, bildet diese Ansammlung von niedrigen Klippen gar keinen solchen, das Kap selbst stellt auch nicht das geringste Hindernis für Schiffe dar, die an der Küste entlang mit südlichem Kurs unterwegs sind. Viele Jahrhunderte lang wagte es dennoch kein Segelschiff, es zu umrunden, es wäre auch gar nicht in der Lage dazu gewesen. »*Quem quer passar além do Bojador, Tem que passar além da dor*«, schrieb der portugiesische Lyriker Fernando Pessoa: »Wer Bojador überwinden will, muss auch den Schmerz überwinden.«

Jenseits dieses Kaps lag ein völlig unbekanntes Gewässer – eine furchteinflößende, von Monstern wimmelnde Wasserwüste, die in allen Häfen als »Grünes Meer der Finsternis« bekannt war.

Bis zum 15. Jahrhundert war es keinem Seemann, keinem Spanier, Portugiesen oder Venezianer, Dänen oder Phönizier – und allen Berichten nach auch keinem Afrikaner – jemals gelungen, Cabo Bojador auf dem Seeweg zu überwinden; und in allen frühen nautischen Schulen Europas galt das Meer hinter diesem Kap als unbefahrbar. Seine Existenz ist einer der Gründe dafür, dass der mittlere Atlantik, obwohl seine Ufer die am stärksten besiedelten aller Weltmeere sind, das letzte Meer war, das routinemäßig von Schiffen befahren wurde. Polynesier waren schon lange zuvor kreuz und quer über den Pazifik gerudert und gesegelt. Seeleute aus Persien und den Ländern am Golf von Arabien hatten ihre aus Binsen und Teer gefertigten Boote über den nördlichen Teil des Indischen Ozeans gesteuert. Chinesische Seefahrer kannten sich im östlichen Teil dieses Ozeans und in seinen Küstengewässern bestens aus; und die Wikinger wussten über die seemännisch anspruchsvollen Gewässer des hohen Nordens genau Bescheid. Doch die traditionelle Seemannskunst schien sich im Atlantik nicht so zu bewähren wie anderswo oder jedenfalls nicht so schnell Ergebnisse zu bringen, und Aufzeichnungen zufolge war Cabo Bojador einer der Gründe dafür.

Das Problem dort war auf das einzigartige Zusammentreffen mehrerer Faktoren – solcher topografischer, klimatischer und maritimer Natur – zurückzuführen. Der Seemann, der vielleicht von einem spanischen Hafen aus mit Kurs Richtung Süden unterwegs war, von leichtem Wind getrieben an der Straße von Gibraltar vorbeigesegelt und dann mit fünf, sechs Knoten gemächlich an der afrikanischen Küste entlanggeglitten war, ahnte nichts von den Schwierigkeiten, die direkt vor ihm lagen. Jeden Tag konnte er an der Position seines Schiffs in Relation zu den drei gut sichtbaren marokkanischen Kaps, Rhir, Draa und Juby, ablesen, wie groß die Strecke war, die er zurückgelegt hatte. Er sah die Feuer in den Siedlungen Casablanca, Essaouira und El Ayoun blinken, und ihre Nähe tröstete ihn – denn wie die meisten Seefahrer jener frühen Zeit war er vermutlich von Unruhe erfüllt, und es widerstrebte ihm, sich zu weit von der Küste zu entfernen. Dicht an den Ufern »entlangzukriechen« vermittelte ihm ein Gefühl von verhältnismäßiger Sicherheit.

Dieses Gefühl verflüchtigte sich aber jäh, wenn er Bojador erreichte. Eine Sandbank ragte unter der Wasseroberfläche, also unsichtbar, zwanzig Meilen weit von dem niedrigen Kap ins Meer hinein, so dass er nur zwei Faden tief Wasser unter dem Kiel hatte. Daher war er gezwungen, nach Steuerbord abzudrehen und, obwohl ihm das überhaupt nicht ratsam erschien, aufs offene Meer hinauszufahren. Gleichzeitig verrieten ihm die Anzeiger an seinem Mast, dass sich die sanfte, träge Brise, die vor der marokkanischen Küste geweht hatte, urplötzlich in einen stetigen kräftigen Ostwind verwandelte hatte, der ohne Weiteres auf nahezu Sturmstärke anwachsen konnte. (Während der meisten Zeit des Jahres schlagen die Winde an genau dieser Stelle um, und auf modernen Satellitenaufnahmen ist zu erkennen, wie langgezogene Wolken von Wüstensand jeden Sommer auf den Ozean hinausgeweht werden.[*]) Und dann, sobald die unter der Oberfläche verborgene Sandbank umschifft war, ergriff

---

[*] Sand aus der Hammada um Bojador wird bis nach Brasilien getragen, wo er sich ablagert und dazu beiträgt, den alluvialen Boden im Amazonasbecken fruchtbar zu machen. Die dortigen Sojabohnenproduzenten wissen gar nicht, was sie den Sanddünen Marokkos verdanken.

eine kräftige Strömung – die Nordäquatorialströmung – das Boot des Seefahrers und begann es nach Westen mitzureißen, unter Umständen bis zu sechshundert Meilen weit.

An diesem Kap lauerten aber sogar noch tückischere Gefahren. Während des größten Teils der Fahrt an der Küste entlang half eine Strömung Richtung Süden – die die Portugiesen die Guineaströmung nannten, die heute aber als Kanarenstrom bezeichnet wird – den Seeleuten früherer Zeiten, geschwind an der Küste entlangzufahren, vorausgesetzt, sie hielten sich dicht an Land. Das zu tun war wichtig, weil ein Charakteristikum dieser Strömung darin bestand, dass sie mit zunehmender Entfernung vom Land immer schwächer wurde. Damit blieben aber dem Kommandanten eines Schiffes nur zwei gleichermaßen unangenehme Möglichkeiten: sich entweder in Küstenähe zu halten und es zu riskieren, in die Umarmung durch den nach Westen fließenden Äquatorialstrom zu geraten, oder sich ein gutes Stück von Land zu entfernen und dort draußen nur noch von einer trägen Strömung und schwachen Winden vorangetrieben oder vielleicht sogar ganz bekalmt zu werden, das heißt bewegungslos liegen zu bleiben, mit immer knapper werdendem Proviant und zur Neige gehendem Trinkwasser.

Es verwundert nicht, dass es niemandem gelang, dieses Kap zu umrunden, bis zu einem entscheidenden Zeitpunkt im Jahr 1434 – siebzig Jahre vor Vespucci. Es waren die wachsende Vertrautheit, der zunehmende Einblick in die komplexen maritimen Verhältnisse, die es schließlich ermöglichten, Cabo Bojador zu bezwingen. Die frühe Phase der Erkundung des Atlantiks ging allmählich in eine seiner konsequenten, ja rigorosen Untersuchung über. »Die See kennenlernen«, lautete jetzt die Parole, denn nur wenn man sie wirklich kannte, im wahrsten Sinn des Wortes »von Grund auf«, konnte man ihren Gefahren aus dem Weg gehen und ihre Schätze bergen. Die Geschichte von Cabo Bojador illustriert diesen Wandel der Einstellung.

Es war ein junger portugiesischer Seefahrer namens Gil Eannes, dem man allgemein das Verdienst zuschreibt, genügend navigatorische Kenntnisse und auch das nötige »Gefühl für die See« besessen zu haben, um die Route nach Süden zu öffnen. Zwar gingen die meisten schriftlichen Unterlagen, die seine Fahrt betrafen, bei dem großen Erdbeben von Lissabon im Jahr 1755 verloren, es bleiben aber genügend Zeugnisse in Form von Erzählungen und Berichten, die darauf verweisen, wie genau er dies bewerkstelligte. Es war ganz und gar eine Sache der Intelligenz, das heißt, er brachte solche intellektuellen Techniken zum Einsatz wie Beobachten, Vorausdenken, Wahl der richtigen Zeit, kluges Planen und sorgfältiges Berechnen.

Vor Eannes setzten Seeleute sich einfach ein Ziel (beziehungsweise es wurde ihnen von ihren Geldgebern gesetzt), verproviantierten ihr Schiff und fuhren los – und im Fall der westafrikanischen Unternehmungen sahen sie sich allesamt gezwungen, nach wenig mehr als tausend Meilen umzukehren. Diese Seeleute folgten den uralten, schon fast rituellen Prozeduren – sie ließen sich von den Strömungen vorantreiben, segelten vor dem Wind, fuhren den Seevögeln hinterher. Doch was Gil Eannes tat, verlangte eine umfassende Planung und bezog die in der Entwicklung begriffene Wissenschaft der Navigation nach Himmelskörpern mit ein, die den arabischen Händlern schon bekannt war, nachdem sie sich langsam vom Fernen Osten, vor allem von China aus verbreitet hatte.

Eannes war überzeugt, dass man den gesamten Atlantik befahren und auch Orte erreichen konnte, zu denen man nicht von Strömungen oder Winden getragen oder von Vögeln geleitet wurde. Man musste nur die Instrumente benutzen, die schnell in immer reicherer Zahl verfügbar wurden, sich mit ihrer Hilfe an Gestirnen orientieren und die genaue Zeit ermitteln. Die Kenntnis des Wetters, der für eine Region und eine Jahreszeit typischen klimatischen Verhältnisse und der Geografie des Ozeans musste hinzukommen. Um das Cabo Bojador zu passieren, war es unter anderem nötig, die Strömungsgeschwindigkeit und -richtung des Wassers genau zu eruieren sowie die gewöhnliche Richtung und durchschnittliche Stärke der Winde zu bestimmen. Es bedurfte der Entwicklung einer Technik, die heute als *current sailing* (Strömungssegeln) bekannt ist. Eannes trug auch Strömungsdreiecke in seine kruden, aber ständig genauer werdenden Karten ein, arbeitete mit Vektoren, führte intelligente Kreuzmanöver gegen den Wind aus und achtete auf sorgfältige Zeitnahme. Nachdem er die Strömungen und die Winde genau erkundet hatte und über ihre Richtung und Geschwindigkeit Bescheid wusste, war es nur noch eine einfache trigonometrische Aufgabe, einen Kurs zu berechnen, auf dem man von ihnen profitieren würde. Doch musste in die Planung auch die Wahl der Jahreszeit einbezogen werden, da bezüglich Windrichtung und -stärke saisonale Unterschiede bestanden.

Erst nachdem er alle relevanten Informationen verarbeitet und berücksichtigt sowie Berechnungen mit ihnen angestellt hatte, konnte Eannes den Befehl geben, Segel zu setzen, dem Steuermann Anweisungen erteilen, den Bugspriet in eine Richtung zu drehen und einen Kurs einzuschlagen, der seinen erfolglosen Vorgängern exzentrisch, sozusagen »abwegig« vorgekommen sein muss.

Die genauen Einzelheiten seiner berühmten Fahrt sind nicht bekannt – es ist kein Schiffstagebuch oder Logbuch erhalten, noch nicht einmal der Name seines Schiffes ist überliefert. Alles, was wir wissen, ist, dass Eannes auf den ausdrücklichen Befehl von Heinrich dem Seefahrer, dem dem königlichen Hause entstammenden Architekten des portugiesischen Imperiums, seine Expedition nach Süden unternahm. Heinrich hatte nur den trockenen Kommentar abgegeben, wo schon vierzehn Versuche, das Kap zu passieren, gescheitert seien, könne es nicht schaden, wenn Eannes, der eigentlich nur einer der Leibdiener des Infanten war, es auch einmal probiere.

Eannes tat wie ihm geheißen. Er segelte südwestlich nach Madeira und zu den Kanarischen Inseln und nahm dann all seine komplizierten arithmetischen Berechnungen vor. Er begann eine Fahrt über die Tiefen des offenen Meeres mit oftmaligen Kurswechseln, Schwenks und Wendungen, wie sie seitdem als portugiesische *volta* bekannt ist, und auf diese Weise gelang es ihm schließlich, das gefürchtete Kap zu passieren. Dann wurde er von den heftigen Stößen eines Harmattan Windes ungefähr dreißig Meilen südlich von Bojador an die sandige und trockene Küste getrieben, wo er ein Exemplar der verholzten Wüstenpflanze, die als Rose von Jericho bekannt ist, aufsammelte, die er zum Beweis dafür, wie weit er vorgedrungen war, mit in die Heimat zurückbrachte. Das hatte jedoch nicht den erhofften Erfolg. Es vermochte den skeptischen Infanten weder zu überzeugen noch zu befriedigen, der Gil Eannes deswegen umgehend den Befehl erteilte, erneut in See zu stechen.

Also begab er sich im Jahr darauf, 1435, wieder auf große Fahrt, diesmal mit einem Gefährten, einem Mann, der ebenfalls als Diener dem Hof angehörte, aber zugleich ein Freizeitsegler war. Sie führten ihre winzige *barca*, kaum größer als ein Fischerboot, auf fast genau derselben vorher abgesteckten Route in Richtung Südatlantik, wobei sie wiederum südlich der Kanarischen Inseln einen weiten Schwenk nach Westen machten. Die Männer landeten an beinahe genau demselben Fleck der afrikanischen Küste, an den es Eannes beim ersten Mal verschlagen hatte. Sie gaben einem Fluss seinen Namen, stießen auf die Fußspuren von Menschen und die Hufabdrücke von Kamelen, aus denen sie schlossen, dass die Äquatorialzone, die lange als zu trocken und heiß dafür gegolten hatte, bewohnt war. Dann kehrten sie zu ihrem Auftraggeber zurück, der ihnen endlich Glauben schenkte. Sie erlebten eine kurze Periode des Ruhms, wonach sie aber der Vergessenheit anheimfielen.

Die beiden Fahrten des Gil Eannes brachten den Durchbruch. Innerhalb weniger Monate brachen andere Expeditionen aus portugiesischen Häfen auf und steuerten verschiedene Punkte an der endlich zugänglichen Küste Afrikas an, um sie zu erkunden, später auch die Südspitze des Kontinents zu umrunden und dann Kurs Richtung Osten, nach Indien mit seinen reichen Schätzen, zu nehmen.

Die Schiffe wurden immer größer – von den kleinen *barcas*, die Eannes benutzt hatte, bis hin zu den drei- oder viermastigen Karavellen und den gigantischen Naus, die man im 16. Jahrhundert für den Gewürztransport verwendete. Und die Instrumente auf den Brücken und Kommandoständen wurden immer ausgefeilter. Astrolabium und Kompass kamen zum Einsatz. Lote wurden erfunden, die an so langen Leinen befestigt waren, dass man damit auch in extrem tiefen Gewässern Sondierungen vornehmen konnte; Gezeitentabellen und Angaben über eingeschränkte Sichtverhältnisse wurden veröffentlicht.

Die Seefahrer wurden immer abenteuerlustiger, und die Geschichtsschreiber berichteten von ihren Taten. Bartolomeu Diaz umfuhr als Erster das Cabo das Tormentas, das Kap der Stürme, das später in Kap der Guten Hoffnung umbenannt wurde; Vasco da Gama gelang es, auf dem Seeweg Indien zu erreichen. Pedro Cabral landete als Erster in Brasilien, Alfonso d'Albuquerque in Malabar, Ceylon und Malakka. Die Namen vieler anderer Seefahrer – die von Fernando Póo, Tristan da Cunha, Luis Váez de Torres zum Beispiel – sind unsterblich geworden, weil man Inseln oder Meerengen oder, was die drei Angeführten betrifft, eine Sklavenkolonie auf einer Insel im Golf von Guinea, einen gefährlichen Vulkan im fernen Südatlantik und eine enge Durchfahrt zwischen Neuguinea und der Nordspitze Australiens nach ihnen benannt hat. Der Größte von allen – allerdings machen andere ihm diesen Rang streitig – war vielleicht Fernao de Magalhães, der Möchtegern-Weltumsegler, der in Portugal geboren wurde, aber in spanische Dienste trat und 1521 als Fernando de Magallanes auf den Philippinen starb. Alle diese rastlosen Seefahrer und eine ganze Schar weiterer – von denen die meisten aus Portugal stammten, was den Spruch aufkommen ließ, die Portugiesen hätten *ein kleines Land, um darin zu leben, aber die ganze Welt, um darin zu sterben* – profitierten von den Segeltechniken, die Eannes praktisch erprobt hatte; sie waren seine Erben, sie folgten in seinem Kielwasser, sowohl im wörtlichen als auch im übertragenen Sinn, und begannen mit der planmäßigen Erkundung des Atlantiks wie auch der anderen Weltmeere, mit dem systematischen Erwerb von Wissen über sie.

## 3. Die Wasser werden aufgewühlt

Man muss sich in Erinnerung rufen, dass bis zu der Zeit von Amerigo Vespucci unbekannt war, dass es sich beim Atlantik um ein eigenständiges Gewässer handelt, dass es noch nicht einmal den geringsten Hinweis darauf gab, niemand auch nur einen entsprechenden Verdacht hegte. Bis zum Ende des 15. Jahrhunderts existierte der Atlantik zwar als großes Gewässer im Bewusstsein der Menschen, nicht aber als Weltmeer. Erst nach Vespuccis Fahrt wurde der Atlantische Ozean – über Nacht gewissermaßen – geboren.

Nachdem die Existenz dieses neuen Ozeans ins Bewusstsein der Menschen gedrungen war, wurden Anker gelichtet und Segel gehisst, Messinguhren wurden aufgezogen und Leinen mit Bleiloten versehen. Wissenschaftler wurden beauftragt und Kartografen berufen, und Legionen von furchtlosen Skippern verließen mit ihren kleinen Schiffen die sicheren Häfen und machten sich auf, um dieses Gewässer zu vermessen, zu erfassen und seine einzelnen Teile zu benennen.

Was die Ränder eines Meeres betrifft, ist der tägliche Wechsel von Ebbe und Flut das Phänomen, dessen Erforschung sich am offenkundigsten lohnt. Draußen auf dem offenen Ozean, wo die Gezeiten sich nicht mehr auswirken, muss der Seemann auf andere Dinge achten: auf die Größe der Wogen und die Richtung von Böen, den Verlauf von Stürmen, die Wege, die Vögel und Fische nehmen, die Tiefe des Wassers unterm Kiel und – was am wichtigsten ist – auf die unerwartete und mysteriöse Weise, in der das Wasser strömt.

Da diese Strömungen zu den Faktoren gehören, die sich am deutlichsten auf das Vorankommen eines Schiffs auswirken, wurde man in einem sehr frühen Stadium der Erforschung des Atlantiks auf sie aufmerksam. Sie schienen großen Unterwasserflüssen oder -strömen zu ähneln. Strömungen gehörten zu den ersten der vielen geheimnisvollen Charakteristika des Ozeans, über die man gut Bescheid wusste. Und keine war wohl berühmter als jener gewaltige, schnell fließende Ausläufer der Äquatorialströmung, die von ihrem Beginn bei Florida an als Golfstrom bekannt ist.

Wie viele andere Seefahrer auf der ganzen Welt wurde Kolumbus auf die Strömungen aufmerksam – in seinem Fall auf die außerordentlich starken, die in den Gewässern der Karibik herrschten. »Ich stellte fest, dass das Meer sich so merkwürdig gen Westen bewegte«, trug er auf seiner dritten Reise ins Logbuch ein, als er die Fahrt durch die berühmten Bocas del Dragón (Drachenschlünde) zwischen Trinidad und dem venezolanischen Festland beschrieb, »dass ich zwischen der Stunde der Messe, da ich den Anker lichtete, und der Stunde des Komplets fünfundsechzig Leguas zu je vier Meilen zurücklegte, und dies bei sanftem Wind.« Es gibt auch Berichte von Peter Martyr, dem

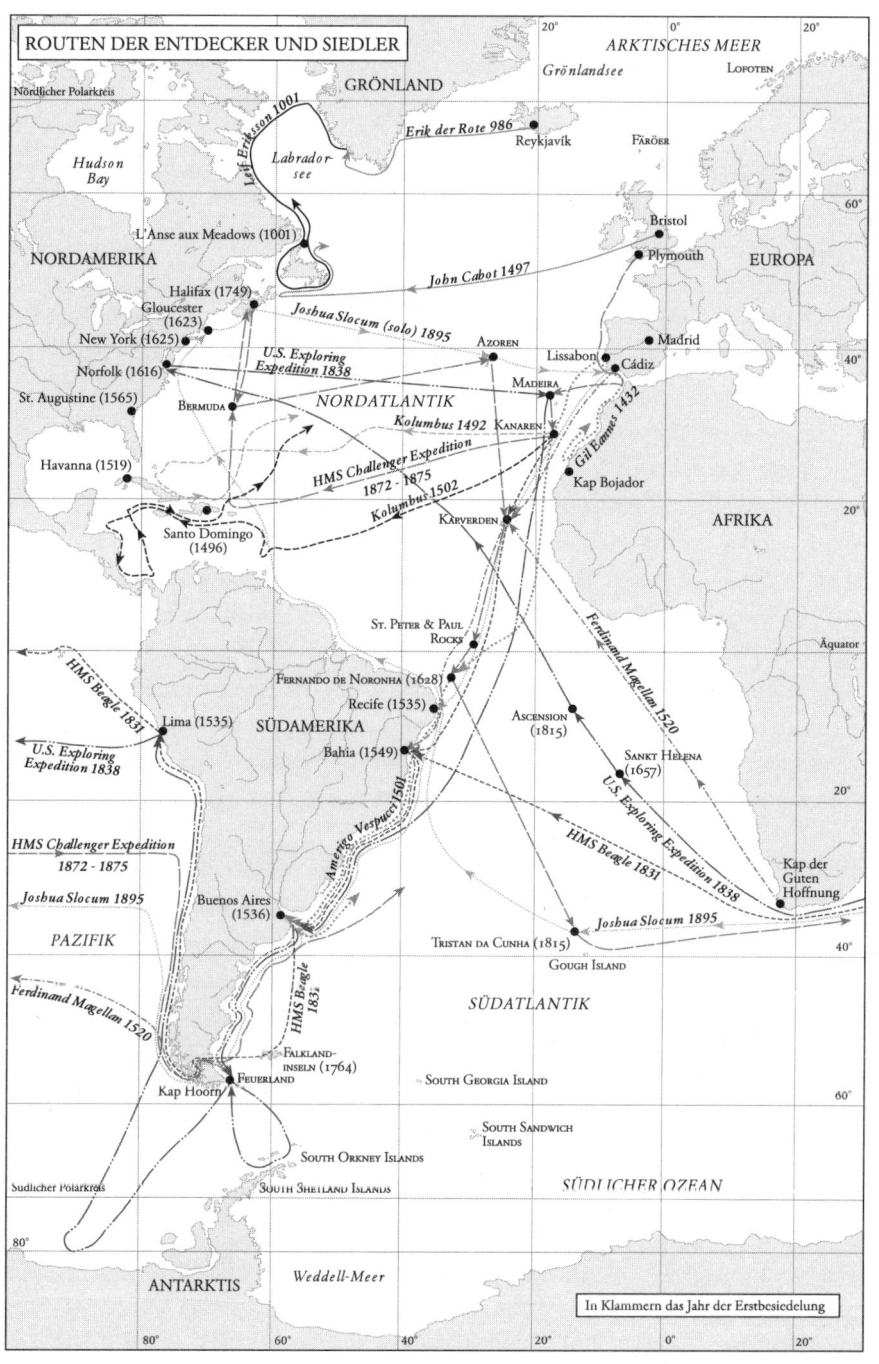

# ROUTEN DER ENTDECKER UND SIEDLER

ARKTISCHES MEER

Grönlandsee

LOFOTEN

GRÖNLAND

Nördlicher Polarkreis

Erik der Rote 986

Reykjavík

FÄRÖER

Hudson Bay

Labrador-see

Bristol

Plymouth

EUROPA

L'Anse aux Meadows (1001)

John Cabot 1497

NORDAMERIKA

Halifax (1749)

Joshua Slocum (solo) 1895

AZOREN

Lissabon

Madrid

Gloucester (1623)

New York (1625)

U.S. Exploring Expedition 1838

Cádiz

Norfolk (1616)

MADEIRA

St. Augustine (1565)

BERMUDA

NORDATLANTIK

Kolumbus 1492

KANAREN

Gil Eannes 1432

Havanna (1519)

HMS Challenger Expedition 1872 - 1875

Kap Bojador

Kolumbus 1502

Santo Domingo (1496)

KAPVERDEN

AFRIKA

20°

ST. PETER & PAUL ROCKS

Äquator

HMS Beagle 1831

Fernando de Noronha (1628)

Recife (1535)

Ferdinand Magellan 1520

Lima (1535)

SÜDAMERIKA

ASCENSION (1815)

U.S. Exploring Expedition 1838

Bahia (1549)

SANKT HELENA (1657)

HMS Challenger Expedition 1872 - 1875

Amerigo Vespucci 1501

HMS Beagle 1831

Kap der Guten Hoffnung

Joshua Slocum 1895

Buenos Aires (1536)

Joshua Slocum 1895

TRISTAN DA CUNHA (1815)

PAZIFIK

GOUGH ISLAND

Ferdinand Magellan 1520

SÜDATLANTIK

HMS Beagle 1831

FALKLAND-INSELN (1764)

SOUTH GEORGIA ISLAND

Kap Hoorn

FEUERLAND

SOUTH SANDWICH ISLANDS

SOUTH ORKNEY ISLANDS

Südlicher Polarkreis

SOUTH SHETLAND ISLANDS

SÜDLICHER OZEAN

ANTARKTIS

Weddell-Meer

In Klammern das Jahr der Erstbesiedelung

spanischen Hofhistoriker, einem der Ersten, die den gewaltigen potenziellen Nutzen des Golfstroms erkannten, über einen gescheiterten Versuch des Genuesen, vor der Küste von Honduras mit dem Kordellot Messungen vorzunehmen: Die »entgegenwirkende Gewalt der Wasser« trieb das Bleigewicht nach oben, so dass es kein einziges Mal auf dem Meeresboden aufkam.

Kolumbus befand sich aber zu weit südlich, um die gewaltige Kraft des Golfstroms zu erleben. Deren Entdeckung blieb seinem Nachfolger Ponce de Léon[*] vorbehalten, der 1513 auf seiner Suche nach der Quelle der ewigen Jugend auf den Golfstrom stieß. Zwar war seine Suche nach dem legendären Jungbrunnen nicht von Erfolg gekrönt, dafür erreichte er als erster Europäer Florida. Er kartografierte die Topografie dieser neuen Küste, die er für die einer Insel hielt, welche von ihm »La Florida« (Die Blühende) getauft wurde.

Ponce schloss sich mit zwei weiteren Schiffen zusammen, die von Puerto Rico her nach Norden gefahren waren, und im Dreierverband segelte man weiter Richtung Süden, wobei man darauf achtete, dass Florida an Steuerbord immer in Sichtweite blieb. Eines Nachmittags, als sie vielleicht dreißig Meilen von der Küste entfernt waren, fühlten Ponce und seine Gefährten sich jäh in eine Strömung gezogen und in dieser gefangen, »so dass sie, obwohl sie einen kräftigen Wind [von achtern] hatten, nicht vorwärtszukommen vermochten, sondern zurücktrieben, wie es schien schnell, und so stellte sich am Ende heraus, dass die Strömung stärker war als der Wind«. Dieser breite Strom mitten im Meer, der, wie Ponce bald herausfand, erst nach Norden floss und dann nach Osten schwenkte, besaß eine gewaltige Kraft, gegen die nicht anzukommen war. Der Spanier begriff rasch, dass der Handel davon profitieren könnte: Wie schwierig es für Schiffe auch sein mochte, sich über die mittleren Regionen des

---

[*] Es gibt einige vage Anhaltspunkte dafür, dass John Cabots wackeres kleines Schiff, die *Matthew*, zwischen Irland und Neufundland vom Golfstrom vorangetrieben wurde, doch Cabot scheint die Strömung nicht als solche erkannt zu haben. Er führte es auf die Güte Gottes zurück, dass das Schiff so energisch nach Norden geschoben wurde.

Atlantiks hinweg nach Westen zu kämpfen, die Kraft dieses Flusses unter der Wasseroberfläche würde dafür sorgen, dass jeder, der sich einfach von ihm treiben ließ, sicher und in relativ kurzer Zeit wieder in die Heimat gelangte. Für Galeonen, die ohne Fracht von Spanien aus aufbrachen, konnte die Fahrt in die Ferne mühsam und gefährlich sein, doch mit Schätzen beladen, würden sie majestätisch von der Meerenge von Panama aus nach Hause gleiten können, von dieser neu entdeckten Strömung mitgezogen.

Sich vom Golfstrom treiben zu lassen, auf ihm zu »reiten«, wurde bald zu einer Art seemännischem Sport. Bei der traditionellen Methode der Rückfahrt nach Spanien bediente man sich allein der Winde, das heißt, man machte sich die Westwinde zunutze, die während der meisten Zeit des Jahres in den mittleren Breiten des Atlantiks bliesen. Doch bestand auf einer Fahrt von der *Spanish Main* zurück nach Europa immer das Risiko, dass man in Versuchung geriet, zu früh den Kurs in Richtung Osten, zur Heimat hin, zu ändern. Damit lief man Gefahr, in der unbeständigen Brise, die heute als Bermuda High bekannt ist, bekalmt zu werden. Mit der Entdeckung des Golfstroms hatte man jedoch eine einfache Lösung gefunden – obwohl, ähnlich wie im Fall des Gil Eannes bei der Umrundung von Bojador, der Kurs, den man einschlagen musste, zunächst der Vernunft zu widersprechen schien: Eannes war Richtung Westen aufgebrochen, um in den Süden zu gelangen, die Kapitäne von Atlantikseglern, die nach Europa zurückkehren wollten, mussten den Norden ansteuern, um die im Osten liegenden Heimathäfen zu erreichen.

Auf ihrem Weg von Panama suchten sie zuerst die Anfänge des Golfstroms in der Karibik aufzuspüren und ihn anschließend in den flachen Gewässern vor dem heutigen Kap Hatteras ausfindig zu machen. Nachdem ihm das gelungen war, versuchte ein Kapitän, sein Schiff in dieses sechzig Meilen breite Band warmen, schnell fließenden Wassers zu steuern, um es von der Strömung mit einer Geschwindigkeit von fast sechs Meilen in der Stunde nach Norden tragen zu lassen und, wenn der blaue Strom seinen Schwenk nach Osten machte, diesen mitzuvollziehen und sich ihm für den größten

Teil der zweitausend Meilen, die seine Gesamtlänge bis nach Europa betrug, anzuvertrauen.

Nachdem dieses Wunder der Natur entdeckt, sein Verlauf kartografisch erfasst und seine Geschwindigkeit gemessen worden waren, zeigten sich viele Leute von diesem Phänomen fasziniert. Zu denen, die sein Loblied am lautesten sangen, gehörte ein Mann, von dem man dies wohl kaum erwartet hätte: der Universalgelehrte, amerikanische Politiker und Gründungsvater Benjamin Franklin. In einem höchst bemerkenswerten Brief, den er im Sommer 1785 an Bord eines Postschiffs, das nach Falmouth in England unterwegs war, zu Papier brachte, äußerte er einige sehr präzise und kluge Gedanken über *Diverse Umstände den Gulph Stream betreffend*. Das Dokument kündet von einem solchen Weitblick, dass es einem gar nicht verwunderlich erscheint, dass dieser bemerkenswerte Mensch solch wunderbare Dinge wie den Blitzableiter, die Bifokalbrille, Leihbibliotheken und einen technisch fortschrittlichen Herd* erfand und überdies auch noch das Prinzip, nach dem die Glasharmonika funktioniert, zu erklären vermochte.

Jede einzelne Zeile dieses Briefs, der an ein mit Franklin befreundetes Mitglied mehrerer Pariser Akademien namens Alphonsus le Roy gerichtet ist, verblüfft und fasziniert. Der Golfstrom findet erst in der zweiten Hälfte Erwähnung, und bevor er sich ihm widmet, hat Franklin seinem Freund schon in mäandrierender, assoziativer Manier seine Gedanken zur Gestaltung von Schiffsrümpfen, zum möglichen Einsatz von Propellern in Lenkballons, über die verbreitetsten Ursachen von Unfällen auf See und über die Art von Lebensmitteln, die man am besten als Proviant auf einer langen Reise über den

---

* Beim Franklin-Herd, der in nachkolonialer Zeit in vielen amerikanischen Heimen stand und sich großer Beliebtheit erfreute, nahm ein mit Belüftungslöchern versehener eiserner Kasten das Feuer auf. Mit ihm konkurrierte der Rumford-Herd, von einem deutsch-amerikanischen Grafen (eigentlich Benjamin Thompson) erfunden, der unter anderem auch einen nahrhaften Eintopf als Speise für die Armen erfand, München seinen größten Biergarten schenkte und das Kaltes mit Heißem kombinierende Dessert erfand, das als *Omelette surprise* bekannt ist.

Ozean mitführt (vor allem Mandeln, Zwieback, Zitronen und »Jamaika-Schnaps«), zur Kenntnis gebracht.

Doch dann kam er auf den Golfstrom zu sprechen. Franklin erinnerte le Roy daran, dass er ein Jahrzehnt zuvor als Amerikas erster Generalpostmeister und davor als Generalpostmeister der englischen Kolonien gedient hatte. Dies sei die Zeit gewesen, in der er die merkwürdige Erscheinung mitten im Nordatlantik erstmals voll und ganz begriffen habe:

»Um das Jahr 1769 oder 1770 herum wurde die Bostoner Zollbehörde bei den Lords des Schatzkanzleramts in London vorstellig mit der Beschwerde, dass die Paketschiffe zwischen Falmouth und New York generell zwei Wochen länger unterwegs waren als Kauffahrer von London nach Rhode Island. […] Zufällig hielt sich in London gerade ein mir bekannter Kapitän aus Nantucket auf, den ich von dieser Angelegenheit in Kenntnis setzte. Er meinte zu mir, der Unterschied sei darauf zurückzuführen, dass die Kapitäne aus Rhode Island mit dem Golfstrom vertraut seien, die der englischen Paketschiffe hingegen nicht. Wir sind mit jenem Strome wohl vertraut, sagte er, da wir Walen nachstellen, die sich an seinen Rändern aufhalten, jedoch nicht in seiner Mitte anzutreffen sind. […] Ich merkte daraufhin an, es sei zu bedauern, dass diese Strömung nicht auf den Karten verzeichnet sei, und bat ihn, sie für mich einzutragen, was er bereitwillig tat, wobei er noch Angaben hinzufügte, wie man den Strom umgehen könne, wenn man von Europa nach Nordamerika segelt. Ich nahm das Blatt an mich, um eine entsprechende Karte stechen zu lassen.

Dieser Strom entsteht wahrscheinlich durch die große Zusammenballung von Wasser an der amerikanischen Ostküste […] durch die Passatwinde, die dort beständig wehen. Man weiß, dass bei einem großen, zehn Meilen breiten, aber normalerweise nur drei Fuß tiefen Gewässer von einem starken Wind das Wasser zu einer Seite gedrückt und dort gehalten wird, bis es eine Tiefe von sechs Fuß erreicht, während es auf der zum

Winde hin gelegenen Seite trocken wird. Da ich diesen Strom seitdem auf der Fahrt zwischen Amerika und Europa überquert habe, habe ich auf verschiedene ihn betreffende Umstände geachtet, an denen man erkennt, dass man sich in ihm befindet, und abgesehen davon, dass er immer mit Seegras [aus dem Golf] durchsetzt ist, habe ich jedes Mal bemerkt, dass er wärmer ist als das Meer zu beiden seiner Seiten und dass sein Wasser bei Nacht nicht funkelt.«

Franklin zeichnete dann als Verständnishilfe noch eine Karte, eine, die zwar an Genauigkeit und Eleganz ein wenig zu wünschen übrig ließ, doch ein neues Untergebiet der Meereskartografie eröffnete und dazu beitrug, die Wissenschaft der Ozeanografie zu begründen.

# 4. Schreiben über die See

Wie der merkwürdige Name »Ozeanografie«, Ozeanbeschreibung, schon suggeriert, war diese Wissenschaft zumindest anfangs von einer gewissen Vagheit gekennzeichnet, da ihr Gegenstand nicht fest umrissen, ja »im Fluss« war. Wie sollte es möglich sein, über ein großes Gewässer zu schreiben oder es zu beschreiben, vor allem über ein tiefes, sich weit in die Ferne erstreckendes, eine Entität ohne sichtbare Grenzen, die feste Bezugspunkte lieferten, und ohne einen erkennbaren Boden? Das war so, als wollte man die unsichtbare Masse von Luft in einem Zimmer beschreiben – eine Aufgabe, die die Vorstellungskraft und die deskriptiven Fähigkeiten der Menschen der damaligen Zeit überstieg.

Es überrascht nicht, dass die Ozeanografie als eine der letzten von allen »grafischen«, im Sinne von »beschreibenden«, Wissenschaften geboren wurde. Geografie und Hydrografie, die deskriptive Analyse des festen Landes und von Gewässern wie Seen und Flüssen, waren beides Disziplinen, die im 16. Jahrhundert begründet wurden. Erst um die Mitte des 18. Jahrhunderts herum hatte sich jedoch in akademischen Kreisen genügend Selbstvertrauen ausgebildet, um ein ver-

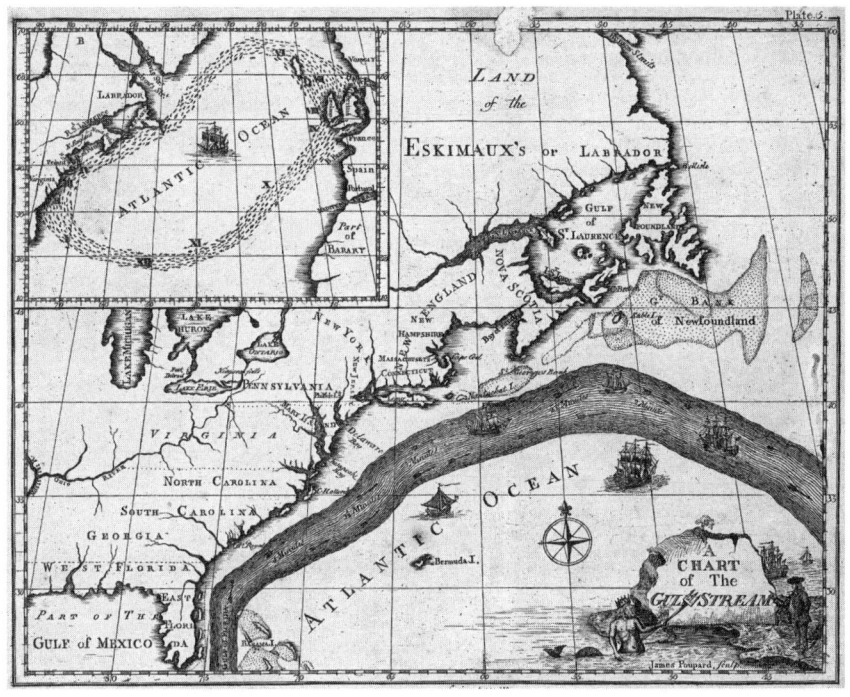

In diese Karte des Atlantiks zeichnete Benjamin Franklin,
der als *postmaster general* auch für den Paketbootdienst zwischen
England und Nordamerika verantwortlich war, von Hand
den Verlauf des Golfstroms ein.

wandtes Fach namens Ozeanografie zu begründen. Vielleicht wäre
das schneller geschehen, wenn man das neue Gebiet »Ozeanologie«
genannt hätte, das geschah aber nicht, und heute benutzen nur die
Russen diesen Terminus.

Das Meer wies auf verschiedenen Ebenen Merkmale auf, die
es ganz offenkundig wert waren, studiert zu werden. Da war die
Fauna: Fische, Meeressäuger, Seevögel und andere Tiere, sowohl bi-
zarr große als auch so winzige, dass man sie kaum fangen, untersuchen und klassifizieren konnte. Es gab botanische Phänomene:
schwimmende und in der Tiefe wachsende Meerespflanzen – Sar-

gasso-Algen in gewaltigen Mengen im Wirbelschatten des nordatlantischen Antillenstroms, Seetangbänke um die Inseln im Süden des Ozeans herum und noch Tausende andere pelagische und benthonische Pflanzen. Dann gab es auch ein einzigartiges maritimes Wetter: Vor allem Meereswinde waren zu erforschen, die häufig wechselnde Stärke und Richtung von einigen zu verzeichnen, ebenso wie das gleichbleibende, anhaltende Wehen von anderen, Passatwinde, die stetig aus dem Nordosten bliesen, Weststürme, die im Norden Wetterkoller auslösten, und dann die launenhaften, in ihrer Unbeständigkeit verblüffenden Winde um den Äquator herum, die das Gegenteil bewirkten, nämlich Flauten entstehen ließen. Dann waren da auch noch die gefährlichen Wirbelwinde: Hurrikans, Wasserhosen, Taifune, Zyklone. Es gab Eis und Schnee, Eisschollen und tafelförmige Eisberge. Und schließlich noch maritime Kuriositäten der verschiedensten Art: Phänomene wie das Elmsfeuer, das Bermudadreieck, absonderliche Geschöpfe wie Meerjungfrauen, Seeschlangen und Riesenkraken.

Alle diese Erscheinungen gab es zu erforschen, doch stellten sich die Erkenntnisse, die man über jede von ihnen gewann, als peripher in Bezug auf das Wissen um den Ozean selbst heraus. Ozeane besitzen ihre ganz eigenen physischen Attribute; es gibt eine Liste von sie prägenden Merkmalen und Erscheinungen, welche solche Dinge wie die Topografie des in der Tiefe verborgenen Meeresbodens, die Temperatur und die chemische Zusammensetzung des Wassers wie auch die Strömungen und das Pulsieren von Ebbe und Flut einschließt. Und das waren Dinge, auf die die Wissenschaftler schon früh aufmerksam wurden und die sie früh untersuchten: Allein im 17. Jahrhundert waren es Männer wie Robert Boyle, der über den Salzgehalt des Meerwassers schrieb, Isaac Newton, der seine Ansichten über die Ursachen des Gezeitenwechsels darlegte, und Robert Hooke, der für seine Übellaunigkeit berühmte Universalgelehrte und Philosoph, der zwar bekannter dafür ist, dass er die Prinzipien der Elastizität formulierte, Schiebefenster erfand, ein Pionier von mikroskopischen Untersuchungen war, als Erster den Großen Roten Fleck des Jupiter sah und die Federunruh für Uhren erfand, der aber auch eine Menge Gerätschaften und Methoden zur Erforschung der Tiefsee entwickelte.

So begannen Wissenschaftler nach einiger Zeit, ihren Blick auf den Ozean und in seine Tiefen zu richten, das Unauslotbare auszuloten, und nach und nach zeigten sie sich der immensen Herausforderung, die die Erforschung einer so gewaltigen Entität wie des Atlantiks darstellte, immer besser gewachsen. Sie widmeten sich ihr vor allem in viktorianischer und edwardianischer Zeit, einer Periode der britischen wie auch der amerikanischen Geschichte, in der das überwältigend Schwierige oft in ungewöhnlicher Weise »machbar« zu sein schien; es war eine Phase, in der das Aufschlüsseln der Geheimnisse eines riesigen Ozeans auch nicht wesentlich schwieriger zu sein schien als etwa die Auflistung aller Lebewesen der Erde oder das Einpferchen aller Wörter der englischen Sprache zwischen Buchdeckeln, der Bau einer transkontinentalen Eisenbahnstrecke oder eines den Pazifik und den Atlantik verbindenden Kanals.

In der Frühzeit heimsten die Forschungsreisenden und Entdecker den Ruhm ein, Männer, die auf der Jagd nach Land, neuen Territorien und materiellen Schätzen der verschiedensten Art waren, und weniger jene, die den Ozean studierten. Die Erinnerung an wagemutige Abenteurer wie James Cook, Sir John Ross, den Conte de la Pérouse, Robert Fitzroy und den Chevalier de Bougainville wird dadurch am Leben erhalten, dass Kaps, Meerengen und Inseln überall auf der Welt ihre Namen tragen – wohingegen die der ersten wirklichen Ozeanografen im Lauf der Zeit in Vergessenheit geraten sind. Wem ist heute zum Beispiel noch James Rennell ein Begriff, der ein junger Seemann aus Devon war und mit dem Atlantik zum ersten Mal auf der monatelangen Heimfahrt von Bengalen, wo er beim Militär gedient hatte, intensiv in Berührung kam? An ihn erinnern außer seinem Grabmal ein paar Bücher, die aber seit Langem kaum noch gelesen werden, und ein nach ihm benannter Hörsaal im National Oceanography Centre in Southampton. Dabei war er eine wirklich heldenhafte Erscheinung, aus demselben Holz geschnitzt wie Cook und la Pérouse, immer bereit dazu, alles zu tun, was sein Beruf von ihm verlangte. Als er mit einer Gruppe von Mitarbeitern die Besitzungen der Ostindien-Kompanie in Bengalen vermaß, wurde ihm bei einem Überfall von Säbel schwingenden Eingeborenen beinahe ein Arm abgetrennt. Später wurden ihm die Karten, die er von Indien angefertigt hatte, von Piraten geraubt. Allen Rückschlägen zum Trotz, verzagte er aber nicht, sondern sammelte unermüdlich neue Kenntnisse über den Ozean.

Rennell erzielte seine ersten großen Leistungen auf dem Gebiet der Ozeanografie im Jahr 1777, als er per Schiff von Bengalen nach England zurückkehrte. Er begann sich *en route* für die Strömungen zu interessieren, die sein Schiff kreuzen musste, und dann generell für alle solche Strömungen im Atlantik. Er wirkte dann an der Kartierung von Tiefseegebieten mit und verfasste Abhandlungen über den Golfstrom, die Nordatlantikdrift sowie den damals noch mysteriösen Meeresstrom, der Schiffe, die über den Atlantik in Richtung Ärmelkanal unterwegs waren, vor Cornwall nach Norden abdrängte und zwang, stattdessen in den Bristol Channel einzufahren. Und während der ganzen Zeit ging er akribisch einer Reihe kurioser Fragen nach; so bemühte er sich, die durchschnittliche Fortbewegungsgeschwindigkeit von Kamelen in der Sahara zu ermitteln, den Ort ausfindig zu machen, an dem Julius Cäsar vermutlich in Britannien gelandet war, und die Stelle vor der maltesischen Küste, an welcher der heilige Paulus wahrscheinlich Schiffbruch erlitten hatte. Er war bis ins hohe Alter – er wurde fast neunzig – aktiv, und obwohl er als verdienstvoll genug angesehen wurde, um in Westminster Abbey zusammen mit anderen Nationalhelden beigesetzt zu werden, wurden seine Leistungen in der Folgezeit weitgehend übersehen.

# 5. Das Ausloten der Tiefe

Wenn man das spezifische Interesse, das James Rennell für den Ozean bekundete, mit jenem vergleicht, das Benjamin Franklin einige Jahre zuvor an den Tag gelegt hatte, erhält man bis zu einem gewissen Grad Aufschluss darüber, was Engländer auf der einen und Amerikaner auf der anderen Seite dazu bewog, den Versuch zu unternehmen, die dunkle, finstere Welt der Tiefe auf wissenschaftlicher Basis zu erkunden. Rennells Ansatz war eher ein akademischer, er war um das Begreifen von Phänomenen bemüht, ohne einen konkreten, praktischen Zweck damit zu verbinden, während Franklin, dessen Beschäftigung mit dem Golfstrom auf Meldungen zurückging, dass Postschiffe auf ihrer Fahrt nach Amerika auf geheimnisvolle Weise aufgehalten wurden, sich mehr aus kommerziellen Gründen mit diesem Thema befasste. Und dieser Unterschied blieb jahrelang bestehen: In Großbritannien bestand großes theoretisches Interesse für das Meer, man sah in ihm keineswegs nur etwas, das Zugang zu den verschiedenen Regionen des unablässig expandierenden Empire bot. In Amerika sah man im Ozean ein Hindernis, einen Opponenten quasi, den man nur mit praktischen Mitteln bezwingen konnte: indem man die Schiffe immer effizienter machte und den Schiffsverkehr ausbaute, Unterseekabel für die Kommunikation legte und immer konsequenter nutzte – und auch indem man alles Essbare oder anderweitig Verwertbare geschickt aus ihm herausholte.

Einflussreiche Kaufleute in den Hafenstädten an der amerikanischen Ostküste konnten über ihre Lobbyisten schließlich den US-Kongress dazu bewegen, die Küsten des Landes genau kartieren zu lassen. Zur selben Zeit befassten sich Wissenschaftler in Großbritannien, Frankreich, Deutschland und Skandinavien mit dem Ozean, nicht weil sie in ihm eine ultimative Quelle für kommerziellen Gewinn, sondern ein Füllhorn sahen, aus dem ein nicht enden wollender Strom von unbekannten Tieren und Pflanzen hervorsprudelte. Für die Europäer – vielleicht eine unzulässige Verallgemeinerung wie jede andere, doch liegt genügend Wahrheit in ihr, dass man sie nicht zurücknehmen muss – war Kenntnis über den Atlantischen Ozean zu erlangen gleichbedeutend damit, Kenntnis über den Planeten zu erlangen; für die Menschen auf der anderen Seite dieses Ozeans war dies im 19. Jahrhundert gleichbedeutend damit, besser dafür gerüstet zu sein, ein Vermögen zu machen.

Charles Darwin war einer jener Briten, die sich im frühen

19. Jahrhundert allein aus der Freude daran, Wissen zu erwerben, auf Atlantikfahrt begaben. Er war gerade erst zweiundzwanzig Jahre alt geworden, hatte eben in Cambridge sein Studium abgeschlossen, als er 1831 eingeladen wurde, mit »nach Tierra del Fuego und dann über Ostindien zurück in die Heimat zu segeln«. Die Reise auf der etwas über siebenundzwanzig Meter langen, mit zehn Kanonen bewaffneten Marinebrigg HMS *Beagle* sollte unerwartete fünf Jahre dauern und diente in erster Linie Messungen und Vermessungen der verschiedensten Art. Es befanden sich alle möglichen neuen Geräte und Instrumente an Bord, darunter präzise gehende Chronometer, Blitzableiter und Anemometer, die entsprechend der neu eingeführten Beaufort-Windskala kalibriert waren. Auf dem Weg nach Süden beobachtete und sammelte Darwin Exemplare der Tier- und Pflanzenwelt auf den Kapverdischen Inseln, den Peter and Paul Rocks, in Brasilien, Montevideo und Buenos Aires und auf den Falklandinseln. Auf der Rückfahrt drei Jahre später besuchte er St. Helena und Ascension, doch galt sein Hauptinteresse auf der ganze Reise immer der Geologie oder der Fauna an den Orten, an denen die *Beagle* anlegte – sich um die maritimen Phänomene zu kümmern, blieb in der Hauptsache ihrem Kapitän, Robert Fitzroy, überlassen.

Zu dem vielleicht denkwürdigsten Ereignis – für Darwin zumindest – kam es, als das Schiff im Begriff war, den heimatlichen Ozean zu verlassen und um Kap Hoorn herum in den Pazifik einzufahren. Fitzroy hatte drei sehr groß gewachsene Feuerländer an Bord genommen, die zwei Jahre zuvor als typische Vertreter ihrer Rasse zu »Forschungszwecken« eingefangen worden waren[*] und die man

---

[*] Diese Feuerländer ähnelten in gewisser Hinsicht Omai, dem jungen Tahitianer, der sechzig Jahre zuvor an Bord der HMS *Adventure* nach London gebracht worden war. Der höfliche und umgängliche Jüngling, der als Musterbeispiel für einen »edlen Wilden« galt, stieg zum Liebling der Londoner High Society auf und wurde von Joshua Reynolds porträtiert. Nach seiner Rückkehr in die Heimat fiel es ihm schwer, sich wieder in die dortige Gesellschaft zu integrieren. Möglicherweise starb er eines gewaltsamen Todes.

nach London verschleppt hatte, damit sie dort die englische Sprache erlernten, eingekleidet, in den Grundlagen des christlichen Glaubens unterwiesen sowie anderweitig »zivilisiert« würden. Diese Eingeborenen sollten jetzt in ihre Heimat zurückgebracht werden. Trotz ihrer eleganten Londoner Kleidung, ihrer geschliffenen Manieren und ihrer guten Englischkenntnisse sah Darwin sie als Geschöpfe an, die auf einer nur unwesentlich höheren Stufe als Tiere standen, und war daher kaum überrascht, als einer von ihnen, Jeremy Button (die beiden anderen waren eine Frau, die man Fuegia Basket getauft hatte, und ein Mann, den man York Minster nannte; ein vierter namens Boat Memory war an Blattern gestorben), in seine alte Lebensweise zurückfiel, nur wenige Tage nachdem man ihn in der Nähe von Kap Hoorn an Land gesetzt hatte. Kurze Zeit nachdem man ihn zurückgelassen hatte, begegnete man ihm, weil die vom Sturm zerzauste *Beagle* erneut ihren Anlegeplatz aufsuchen musste, wieder. Zur Verblüffung der Besatzung stand er in einem Zustand vor ihnen – mit zottigen Haaren und nahezu unbekleidet – wie zwei Jahre zuvor vor den Männern, die ihn gefunden hatten. Sosehr Darwin sich auch bemühte, konnte er den Eingeborenen nicht dazu überreden, wieder an Bord zu gehen und mit ihnen nach London zurückzukehren. Obwohl ihm die Galapagosfinken viel mehr verraten würden, lieferten auch diese bedauernswerten Patagonier ihm Anschauungsmaterial für seine später ausformulierten Gedanken zur Evolution: Jeremy Button hatte ihm gezeigt, dass das, was in der Bibel über die Erschaffung des Menschen stand, zumindest fragwürdig war, denn bekleidete Menschen konnten in den Zustand der Nacktheit zurückfallen, ganz gleich, was der Schöpfungsgeschichte zufolge im Garten Eden passiert war.

Zwei Expeditionen wurden zu Meilensteinen in der Geschichte der Erforschung des Atlantiks: Die erste wurde von einer Flottille amerikanischer Schiffe unternommen, die im Sommer 1838 von Norfolk in Virginia aus aufbrachen, die zweite von einem einzelnen Schiff der Royal Navy, das im Winter 1872 aus dem Hafen von Portsmouth in der Grafschaft Hampshire auslief. Die erste Unternehmung wurde unter der etwas großspurigen Bezeichnung »United States Exploring

Expedition« bekannt, und hinsichtlich der Geschichte des Atlantiks erlangte sie vor allem durch die Nichtteilnahme eines bestimmten Mannes Bedeutung, der kurz vor ihrem Beginn die Einladung zur Mitfahrt ausschlug. Die zweite Expedition ist, wesentlich knapper, als Reise der HMS *Challenger* in die Geschichtsbücher eingegangen. Der wirre Verlauf der ersten ist heute noch Gegenstand von Diskussionen. Was die zweite betrifft, so zeugt schon die Tatsache, dass in jüngerer Vergangenheit eine der fünf amerikanischen Raumfähren nach dem britischen Dampfschiff benannt wurde,[*] vom Erfolg der fast genau ein Jahrhundert zuvor unternommenen, in mehr als einer Beziehung bahnbrechenden Fahrt.

Die amerikanische Unternehmung – zu ihrer Zeit zumeist salopp als Ex-Ex bezeichnet – war ein zu einem schlecht gewählten Zeitpunkt unternommener, schlecht organisierter und schlecht ausgeführter Versuch des Kongresses, den Geheimnissen der beiden an das Land angrenzenden Ozeane auf den Grund zu gehen, vor allem denen des Pazifiks. Unternommen wurde er vor allem aus kommerziellen Beweggründen: Die schnell expandierende Walfangbranche und die Robbenfelle verarbeitende Industrie benötigten dringend neue Jagdgründe, die man ausplündern konnte, und die Händler benötigten neue Territorien, mit denen man Geschäfte machen konnte. Der Kongress stellte finanzielle Mittel bereit und geriet dann in eine schreckliche Bredouille, als er zwischen den Wissenschaftlern und den Marineoffizieren zu vermitteln versuchte, auf deren Mitwirkung man angewiesen war, die aber ganz gegensätzliche und kaum miteinander zu vereinbarende Forderungen stellten. Der Mann, der sich

---

[*] Alle fünf amerikanischen Raumfähren wurden nach Schiffen benannt, die irgendwelche Pionierleistungen vollbracht hatten, zwei amerikanischen und drei britischen. Mit dem Namen *Columbia* gedachte man des ersten amerikanischen Schiffs, dem die Umrundung der Welt gelungen war; die *Atlantis* hieß so nach einem Forschungsschiff des Woods Hole Oceanographic Institute (das heute unter anderem Namen in Diensten der argentinischen Küstenwache steht). Die *Discovery* und die *Endeavour* – für den zweiten Namen wählte man bewusst die englische Schreibweise – waren Schiffe, auf denen James Cook im 18. Jahrhundert seine Reisen unternahm.

aufgrund der endlosen Reibereien entschloss, lieber daheim zu bleiben – aber dennoch zum gefeiertsten amerikanischen Ozeanografen des 19. Jahrhunderts aufsteigen würde –, war ein junger Marineleutnant namens Matthew Fontaine Maury. Seine Entscheidung, auf die Mitfahrt zu verzichten (er war eingeladen worden, als offizieller Astronom mit auf die Reise zu gehen, war aber zu dem Schluss gekommen, dass der mit der Organisation beauftragte Regierungsangestellte ein »Schwachkopf« sei), stellte sich als vorteilhaft für seinen eigenen Ruf heraus. Von denen, die teilnahmen, erwarben sich nur wenige solche Lorbeeren wie er.

Denn als die aus sechs Schiffen holterdiepolter zusammengewürfelte Flottille im Spätsommer 1838 in Richtung Madeira lossegelte, stellte sich heraus, dass in wissenschaftlicher Hinsicht vollkommen unbedarfte Seeoffiziere mit den wichtigsten Forschungsaufgaben beauftragt worden waren. Was aber nicht bedeutet, dass es besser gewesen wäre, wenn man diese Männer sich ihren traditionellen Aufgaben hätte widmen lassen, denn auf die Schiffsführung verstanden sie sich auch nicht besonders gut. Eines der Schiffe sank in einer Flussmündung, und die Besatzung wurde von einem afroamerikanischen Matrosen von einem der anderen Schiffe gerettet, der einen Mann nach dem anderen mithilfe eines Eingeborenenkanus aus dem Wasser fischte. Einem Matrosen von der *Vincennes* legte sich ein über Deck schleifendes Tau um den Hals, und der Mann wurde bis zum Hauptbramsegel hochgerissen, wo er dreißig Meter über dem Meer hängen blieb und langsam stranguliert wurde. Er überlebte, sein Genick war nicht gebrochen, aber sein Gesicht wegen des Sauerstoffmangels ganz blauschwarz angelaufen. Als er die Augen wieder aufschlug, verlangte er als Erstes ein Glas Grog.

Auf Fidschi kam es zu einem Riesenaufruhr, weil die Expeditionsteilnehmer einen der Eingeborenen beleidigten: Zwei Besatzungsmitglieder wurden von erbosten Insulanern umgebracht, und die Amerikaner übten – in einem Vorgriff auf spätere für die USA typische politische Maßnahmen – Vergeltung, indem sie ein, zwei Dörfer niederbrannten und achtzig Eingeborene töteten. Um allem die Krone aufzusetzen, ging ein zweites Schiff verloren, dieses Mal sank es mit Mann und Maus, und zwar in einem wütenden Sturm vor dem anderen Staten Island, dem zerklüfteten und unbewohnten Eiland in der Nähe der südöstlichen Spitze von Tierra del Fuego, dem letzten Ausläufer der Andenkette, bevor diese ins Meer abfällt.

Alles in allem war die Ex-Ex eine zutiefst unerfreuliche Unternehmung. Als die übrig gebliebenen Schiffe beinahe vier Jahre nach ihrer Abfahrt aus Norfolk in den New Yorker Hafen zurückgekrochen kamen, wurde der Offizier, der das Oberkommando innegehabt hatte, ein Charles Wilkes, der immer in Kapitänsuniform herumstolziert war, obwohl er nur im Rang eines Leutnants stand, einkassiert und vor ein Kriegsgericht gestellt, weil er seine Leute zu hart bestraft hatte. Einige Übeltäter waren auf seinen Befehl hin »durch die Flotte gepeitscht« worden, eine besonders grausame Art der Züchtigung, bei der die Bootsmänner von jedem Schiff auf den Unglücklichen einschlugen, bis er halb tot war. Später wurden Versuche zur Rehabilitierung von Wilkes unternommen, doch bleibt er als pedantischer und arroganter Kapitän in Erinnerung, der überdies die Publikation der Expeditionsberichte in äußerst nachlässiger Weise betrieb – der letzte Band erschien erst zweiunddreißig Jahre nachdem die Schiffe wieder in einem amerikanischen Hafen eingelaufen waren –, und das alles wirft einen Schatten über das, was ein spektakulärer Einstieg Amerikas in das Gebiet der Ozeanografie hätte sein können.

Doch der Nichtteilnehmer an der Expedition, Matthew Fontaine Maury, sollte für Ausgleich sorgen und Amerikas Ruf auf dem Gebiet wiederherstellen – und das alles binnen kurzer Zeit.

Als Maury die Position des Expeditionsastronomen angeboten wurde, war er von der Navy beurlaubt, bezog nur den halben Sold und arbeitete in Virginia in der Nähe seiner Heimatstadt als Verwalter einer Goldmine, die kaum Gewinne abwarf. Und kurz nachdem er das Angebot abgelehnt hatte – als die Schiffe der Ex-Ex sich bereits ihren Weg über den Atlantik bahnten, von Debakel zu Debakel –, war er in einen Postkutschenunfall verwickelt, bei dem er sich das Becken und beide Beine brach. Der Unfall setzte der Karriere des Dreiunddreißigjährigen als aktiver Seeoffizier ein Ende. Diese Wende in seinem Leben hätte ihn sehr gut davon abbringen können,

Charles Wilkes von der US-Navy, der seemännische Leiter der
Ex-Ex, wurde nach Abschluss des Unternehmens vor ein
Kriegsgericht gestellt, weil er gegenüber seinen Leuten übergroße
Härte an den Tag gelegt hatte. Man sah in ihm auch den
Hauptverantwortlichen dafür, dass es bei der Expedition zu einem
Debakel nach dem anderen gekommen war.

jemals wieder an die See oder an eine Seefahrt zu denken. Doch tatsächlich war das Gegenteil der Fall.

Neun Jahre zuvor hatte Maury als junger Offizier auf dem ersten Schiff der US-Marine gedient, das jemals die Welt umsegelt hatte, der *Vincennes*, einer Schaluppe von siebenhundert Tonnen. Er hatte New York auf einem brandneuen und viel größeren Schiff, der *Brandywine*, verlassen, dann aber, nachdem er schon die Umsegelung von Kap Hoorn über sich hatte ergehen lassen und ausführliche Notizen darüber zu Papier gebracht hatte, wie man eine solche am besten absolvierte, Befehl erhalten, sich an Bord der in einem chilenischen Hafen liegenden *Vincennes* zu begeben. Die Heimreise hinterließ bleibenden Eindruck bei dem Farmerssohn aus Virginia, der auf einer armseligen, kaum Erträge einbringenden Besitzung in Tennessee aufgewachsen war. Die Route führte zunächst über Tahiti, Hawaii, Macao, die Philippinen, Borneo und Holländisch-Ostindien, dann quer über den Indischen Ozean nach Somalia, um Kap Agulhas herum und anschließend um das Kap der Guten Hoffnung zur Table Bay, wo man neue Vorräte an Bord nahm, bevor man dann schließlich über den Atlantik nach St. Helena fuhr und sich von dort aus von den konstant wehenden Südwinden – »einem Golfstrom in der Luft«, wie der faszinierte Maury es nannte – zurück nach Sandy Hook befördern ließ. Volle vier Jahre nachdem die *Brandywine* Maury fortgetragen hatte, ließ die *Vincennes* im Hafen von Brooklyn den Anker fallen.

Er war nach dieser Reise ein anderer Mensch, jemand mit einer Mission – eine Mission, von deren Erfüllung ihn anscheinend nichts abzuhalten vermochte, weder Ablehnung noch Injurien. Auf jenem langen Segeltörn um einen großen Teil der Welt war er mit kompliziertesten Aspekten der Mathematik vertraut geworden und hatte eine Leidenschaft für See- und Landkarten, Strömungen, Gezeiten und Winde entwickelt, die ihn sein Leben lang nicht mehr loslassen würde. Er war so besessen von der See und ihren physischen Geheimnissen, dass er, als seine Karriere als Deckoffizier neun Jahre später durch seinen Unfall beendet wurde, seine Vorgesetzten dazu bewegte, ihm einen Schreibtischjob zu übertragen, durch den er mit ihr in Berührung bleiben konnte. Zuerst wurde er zum Vorsteher des Depot of Charts and Instruments ernannt und 1844 zum Leiter des neu begründeten National Observatory. Als Inhaber dieser Stelle würde er für die folgenden dreißig Jahre für die von den USA in Angriff genommene Kartierung der Meere und die Erfassung aller in ihnen entdeckten bemerkenswerten Phänomene verantwortlich sein.

Maurys größte Triumphe betrafen aber den Ozean, der gewissermaßen an seine Türschwelle schwappte, den Atlantik. 1854 legte er eine epochemachende Seekarte vor. *A Bathymetrical Chart of the North Atlantic Basin with Contour Lines drawn in at 1.000, 2.000, 3.000 and 4.000 fathoms* stützte sich auf die Sondierungen mit dem

Senkblei, zu denen er so vielen Marineschiffen den Befehl erteilt hatte, wie er aufzutreiben vermochte – es waren nicht sehr viele, was die Karte weniger genau und umfassend werden ließ, als der lange Titel suggeriert –, und lieferte eine überaus wichtige Erkenntnis.

Sie bewies, basierend auf den unanfechtbaren Daten, die seine Vermessungsschiffe nach Hause gebracht hatten, dass der Ozean entlang einer Linie, die auf halber Strecke zwischen der europäischen und der amerikanischen Küste mehr oder weniger von Norden nach Süden zu verlaufen schien, beträchtlich flacher wurde. Er nannte diese Erhebung im Meeresboden nach einem seiner Schiffe »Dolphin Rise«. Es war der erste Hinweis auf die Existenz dessen, was heute als die längste und spektakulärste Gebirgskette in der Tiefe der Meere bekannt ist, des Mittelatlantischen Rückens, auch Mittelatlantische Schwelle genannt.

Diese durch Maurys Karte dokumentierte Tatsache machte einem millionenschweren Industriellen aus Massachusetts namens Cyrus W. Field, der sein Vermögen in der Papierbranche erworben hatte, Appetit auf ein bestimmtes Projekt. Field hatte seit Langem darüber nachgedacht, ob es nicht möglich sei, mithilfe des elektrischen Telegrafen auch über den Atlantik hinweg Nachrichten zu übertragen. Und als er auf Maurys Karte die Ausdehnung des unterseeischen Gebirgsrückens mitten im Ozean sah, wandte er sich mit Fragen an ihn. Die Antwort fiel so aus, wie er gehofft hatte. Maury schrieb:

»Von Neufundland bis Irland beträgt die Entfernung zwischen den einander nächstgelegenen Punkten an die sechzehnhundert Meilen, und der Boden des Meeres zwischen den beiden Stellen ist ein Plateau, das eigens zu dem Zweck dort platziert worden zu sein scheint, die Kabel eines unterseeischen Telegrafen aufzunehmen und vor Beschädigungen zu bewahren. Es ist weder zu tief noch zu flach, aber so tief, dass Kabel, wenn sie dort einmal niedergelegt worden sind, weit außerhalb der Reichweite von Schiffsankern, Eisbergen und treibenden Gegenständen jeder Art bleiben werden, und so flach, dass die Kabel problemlos auf es niedergelassen werden können.«

Weder Maury noch Field konnten ahnen, wie das »Plateau« in Wirklichkeit beschaffen war – es war ein wildes Durcheinander von Bergen und Tälern, gewaltigen Schluchten und Basaltspitzen, so dass jedes Kabel, das man auf es herablassen würde, zwangsläufig gedehnt werden und zerreißen oder brechen würde. Es herrschte immer noch tiefste Unkenntnis darüber, wie es am Meeresboden aussah. Man kann den Modus Operandi der Kabelverleger jener frühen Zeit – das waren in erster Linie die Matrosen auf der USS *Niagara* und der HMS *Agamemnon*, die vom Eifer ihrer ebenso wenig informierten Geldgeber mitgerissen wurden – mit dem Vorgehen von Blinden vergleichen, die von einem über die Berge des Himalaja oder die Alpen hinwegdonnernden Jet Drähte abwerfen. Sie nahmen an, dass sich ihre Kabel, wie die Fäden von Spinnen im Altweibersommer, in der Tiefe sachte über endlose glatte Flächen legen würden, und hatten keinerlei Vorstellung davon, was für scharfe Grate, spitze Hügel und mit kantigen Felsbrocken übersäte Senken es dort unten in Wirklichkeit gab. Die ersten Kabel, die man hinabließ und von denen einige zwischen Berggipfeln gehangen haben müssen, die mehr als dreitausend Meter hoch aus dem eigentlichen Meeresboden aufragten, wurden überdehnt, scheuerten durch oder zerrissen – und das alles mit entmutigender Häufigkeit. 1866 schaffte man es endlich, die telegrafische Verbindung zwischen Amerika und Europa herzustellen und aufrechtzuerhalten, doch noch Jahrzehnte danach mussten ständig Reparaturschiffe herumfahren, um die immer wieder brechenden Kabel zu flicken.

In viktorianischer Zeit befand man sich nicht nur immer noch in vielfacher Hinsicht in Unkenntnis über den Ozean, sondern es existierte wirklich eine Menge wunderlicher Vorstellungen über ihn. Eine, der viele Menschen viel zu lange anhingen, war die, dass es, da die Dichte des Wassers mit wachsendem Druck zunehme (was sie kaum tut, da Wasser so gut wie nicht verdichtbar ist), in der Tiefsee Schichten gebe, über die hinaus Objekte nicht weiter zum Grund hin sinken konnten – das Wrack eines metallenen Schiffs beispielsweise würde in die Tiefe gleiten, bis es die Region erreicht hatte, in der das Wasser einfach zu dicht wurde, als dass es dieses noch hätte durchdringen können; es würde also ewig über dieser Schicht schweben bleiben.

Unterschiedliche »Dichtestufen« des Wassers, so die Theorie, hatten zur Folge, dass bestimmten Dingen bestimmte Niveaus zugeordnet waren. Ein Eimer voller Nägel sank weiter nach unten als ein Ruderboot mit einem Loch im Rumpf. Pferde kamen in größerer Tiefe zu liegen als Frösche. Wie tief nach unten menschliche Leichname sanken, wurde vom Leibesumfang der betreffenden Person oder der Dicke ihrer Kleidung determiniert – einige besonders fromme Christen meinten auch, dass die drückende Last von Sünden oder eines schlechten Gewissens die nicht so Tugendhaften weiter nach unten befördere. Am Ende ordnete man die diversen Gegenstände je nach Gewicht und Volumen verschiedenen Schichten zu: Es gab Schichten für ins Wasser gestürztes Vieh, für ertrunkene Kinder, unerwünschte Möbel, untergegangene Hochseeschlepper, hingerichtete Banditen, hastig fortgeworfene sechsschüssige Revolver, entgleiste Eisenbahnzüge, unerwünschte Haustiere – ihrer aller Schicksal würde es sein, auf ewig in bestimmten unteren Bereichen des Meeres herumzudümpeln, für immer in der kalten und salzigen Finsternis gefangen, ein bizzares Abbild der Welt oben.

Es dauerte eine Weile, bis diese Annahmen als irrig entlarvt wurden. Diejenigen, die trotz allem an ihnen festhielten, waren noch skeptischer als andere gegenüber der Ermittlung von Meerestiefen mithilfe von Loten eingestellt. Denn wie, so argumentierten sie, sollten die Gewichte aus Blei oder die Messingkugeln an den Enden der häufig verwendeten galvanisierten Birmingham-Klaviersaiten denn in das dickflüssige Wasser ganz tief unten eindringen? Sie prallten doch mit Sicherheit am oberen Rand dieser Schicht ab, anstatt auf dem Meeresboden aufzukommen.

Doch dann ersannen Maury und seine Männer eine Reihe von Loten und anderen Geräten, die, wenn man sie wieder einholte, Proben des Bodens mit an die Oberfläche brachten, gleichgültig, wie viele Meilen tief er unter einem lag; und als im Lauf der Zeit Mengen von Sand und Geröll sowie zerbrochenen Muschelschalen oder kleinen Splittern von Korallen nach oben befördert wurden und die Skeptiker diese Bodenproben mit eigenen Augen sahen, da verflüchtigte sich der merkwürdige Glaube an die »Dichteschichten« endgültig, und die Vernunft gewann wieder die Oberhand.

Auch andere Fantasievorstellungen kamen und gingen. Eine stand ebenfalls mit der Frage nach der Viskosität des Wassers in jener unbelebten Region in Zusammenhang, in der gewaltiger Druck, niedrige Temperaturen und ewiges Dunkel herrschten: Dort unten konnte es mit Sicherheit kein Leben geben, meinten einige. Es war, um einen damals geprägten Ausdruck zu verwenden, ein *azooisches* Reich. Doch bald nachdem die ersten Kabel verlegt worden waren, mussten Teile davon, die gebrochen waren, mithilfe eines Suchankers aus einer Tiefe von Tausenden von Fuß an die Oberfläche gezogen werden, und wenn man die Kabelenden an Deck auslegte, stellte man fest, dass Entenmuscheln und Würmer und anderes Getier an ihnen hingen, was bewies, dass es sogar ganz weit unten in der ewigen Finsternis ein munteres und üppiges Leben gab.

Es existierten noch andere, ausgesprochen langlebige Hirngespinste, die die Ozeanografen des 19. Jahrhunderts endlich aus der Welt zu schaffen vermochten: Vor allem was den Atlantik betraf, existierte eine große Zahl von Phantominseln; schon auf einer auf das Jahr 1570 datierten Karte des großen flämischen Geografen Abraham Ortelius sind viele von ihnen eingezeichnet: die in der Mündung des Sankt-Lorenz-Stroms gelegene *Insel der Dämonen*, *St. Brandan* südlich und *Frisland* nördlich von Island, *Santana* eine kurze Strecke nordöstlich der Bermudas und *Antillia* (oder die *Insel der Sieben Städte*) südöstlich von ihnen – ein Eiland, das, wie man zu der Zeit, als die Karte entstand, glaubte, immer noch spanische Bischöfe beherbergte, die acht Jahrhunderte zuvor vor den in ihr Land einfallenden Mauren geflüchtet waren. Dagegen verzeichnete Ortelius aber weder die *Isle of Buss*, die Martin Frobisher in einem Sturm entdeckt zu haben behauptete und die fast sechshundert Meilen westlich von Rockall liegen sollte, noch das angeblich vor der südirischen Küste gelegene *Mayda*. Auf seiner Karte sucht man auch vergebens den Umriss von *Hy-Brasil*, die mit außergewöhnlicher Ausdauer auf Dutzenden früherer wie auch späterer

Nachdem er sich bei einem Postkutschenunfall schwere Knochen-
brüche zugezogen hatte, widmete der Offizier der US-Navy
Matthew Fontaine Maury seine ganze Energie der Kartografie und
Ozeanografie. Sein Buch *The Physical Geography of the Sea* gilt als
Standardwerk, was dieses Gebiet betrifft. Alle amerikanischen
Seekarten verdanken ihre Genauigkeit seinen bahnbrechenden
Erfassungs- und Vermessungsmethoden.

Karten ihre Position fünfzig Meilen vor der Küste von Connemara
behauptete.

Keine dieser Inseln existierte, sie waren genauso ephemere Fan-
tasiegebilde wie Atlantis. Und das traf auch auf ein weiteres ozea-
nisches Kuriosum zu, welches das Denken der Viktorianer für eine
kurze Zeit gefangen nahm: Es sollte im Meer angeblich eine proto-
plasmatische Form frühen Lebens geben, einen Urschleim. Ein
Quantum davon wurde von der Forschungsfregatte HMS *Cyclops*
an die Oberfläche geschöpft und einem anfangs nicht sonderlich interessierten T. H. Huxley zur Untersuchung übergeben – dem Paläon-
tologen, dem wir die Begriffe »agnostisch« und »Darwinismus« zu

verdanken haben, was schon auf die ausgeprägt rationalistische Einstellung dieses Wissenschaftlers hinweist. Doch sein Rationalismus ließ ihn im Stich, als er zehn Jahre nachdem man ihm die Proben ausgehändigt hatte, durch das Okular seines Mikroskops die gallertähnliche Substanz in Augenschein nahm. Er geriet in eine absolut irrationale Erregung, verlieh ihr sofort einen Namen – *Bathybius haeckelii*, zu Ehren des deutschen Evolutionsforschers, der das Wort »Ökologie« geprägt hat – und erklärte die Masse zu einer Form von Urleben, die sicher den Meeresgrund überall wie ein Teppich bedecken würde.

Man war allgemein peinlich berührt, als ein anderer Biologe sechs Jahre später mithilfe von ein paar sehr einfachen chemischen Untersuchungen ermittelte, dass es sich bei *Bathybius* überhaupt nicht um eine Form von Leben handle, sondern im Reagenzglas eine simple chemische Reaktion zwischen Seewasser und dem zum Konservieren der Substanz benutzten Alkohol stattgefunden habe. Vielleicht, blökten ein paar Anhänger Huxleys, könne diese Reaktion auch von einer Verunreinigung durch eine saisonal bedingte Planktonblüte ausgelöst worden sein. Doch die meisten blickten den Tatsachen ins Auge, und so wurde nach sehr kurzer Zeit das *Bathybius*, das niemals gelebt hatte, offiziell zu Grabe getragen. Mit beißender Selbstironie und voller Würde taufte Huxley es in *Blunderibus**  um, gab zu, dass er ein Tor gewesen sei, und gewann so seinen Ruf umgehend zurück. Er ging sofort daran, weitere Geschöpfe zu benennen, worin er besonders gut war. So taufte er eine Art Krokodil aus dem Mesozoikum auf den wohlklingenden Namen *Hyperodapedon* und wandte sich dann einer Familie von fischähnlichen Tieren aus dem Devon zu, die er *Crossopterygii* nannte.

Die Lösung des *Bathybius*-Rätsels bedeutete, dass die Mission der HMS *Challenger*, als sie kurz vor Weihnachten 1872 in Portsmouth die Anker lichtete, weniger darin bestand, das Unentdeckbare zu entdecken und jahrhundertealte irrige Ansichten aus der Welt zu

---

* Das englische *blunder* bedeutet so viel wie »dummes Versehen«, »grober Schnitzer«. (Anm. d. Ü.)

schaffen, sondern dass sie zu einer Art wissenschaftlicher Vergnü-
gungsfahrt losdampfte, wie man sie vorher nicht gekannt hatte und
wie es sie später nur selten wieder gegeben hat.

## 6. Maß nehmen

Die HMS *Challenger* war eigentlich ein Kriegsschiff, eine große
Dampfkorvette von 2600 Tonnen mit drei Masten und einem hohen
Schornstein für die Abgase, die ihre 1200 PS starke Maschine pro-
duzierte. Um Platz für Laboratorien und die ganze wissenschaftliche Ausrüstung zu schaffen, entfernte man alle Geschütze bis auf
zwei. Ihr Kommandant, zumindest auf der langen Atlantiketappe
der Expedition, die um den ganzen Globus führen sollte, war George
Nares, ein unerschütterlich-korrekter Seemann,[*] der für seine For-
schungsfahrten in die Arktis berühmt werden sollte. Der wissenschaftliche Leiter war C. Wyville Thomson, ein Professor für Zoo-
logie an der Universität Edinburgh, ein Mann, der seit zwei früheren
Erkundungsfahrten von der Frage gefesselt war, ob in den gewaltigen Tiefen des Ozeans Leben möglich sei. Er beschäftigte sich sogar
schon in der frühen Phase der Fahrt, als alle sich noch eingewöhnen
und »Seebeine« bekommen mussten, unermüdlich damit, mit verschiedenen Geräten dem Meeresboden Proben zu entnehmen und
Tiefenmessungen anzustellen. Diese Geräte wurden immer an Hanf-
schnüren nach unten gelassen und nicht an dem Klaviersaitendraht,
den die meisten Ozeanografen bevorzugten, weil er meinte, die vie-

---

[*] Nares' typisch viktorianische Rechtschaffenheit veranlasste ihn auch dazu, auf
einer seiner Fahrten in die Arktis einen seiner Offiziere zurechtzuweisen, weil
er eine Robbe geschossen hatte, ein hervorragender Lieferant von Vitamin C,
während der sonntägliche Gottesdienst abgehalten wurde, und so die Kommunikation des Menschen mit Gott unterbrochen habe. Nares' Name lebt weiter:
Nach ihm sind ein Hafen auf den Admiralitätsinseln nördlich von Neuguinea
benannt, zwei Kaps in Kanada, eine Gebirgskette auf Grönland, ein Gipfel in
der Antarktis, der Seeweg zwischen Grönland und Kanada und eine Meerestiefe
im Nordatlantik.

len Meilen von solchem Draht, die nötig wären, um die enormen Tiefen zu erforschen, würden für die Kräne des Schiffes zu schwer sein. Zuerst fanden seine Männer recht wenig in dem roten Lehm, den sie vor der afrikanischen Küste nach oben holten, doch dann, vor den Westindischen Inseln, holten die Schöpfvorrichtungen aus einer Tiefe von fast sechstausend Metern ein Paar unscheinbarer Ringelwürmer an Deck, was einige Aufregung auslöste, weil es zeigte, dass es keine Tiefengrenzen gab, unterhalb derer kein Leben mehr möglich war, und »Tiere auf dem gesamten Meeresboden existieren«.

Das große Schiff dampfte auf dem Atlantik hin und her, von den Kanarischen Inseln zu den Bermudas, von Halifax nach Kap Verde, von Madeira nach Fernando do Noronha, von Fernando Póo zu den Falklandinseln, und während der ganzen Zeit nahm man Tiefensondierungen vor, hielt Temperaturen fest, ließ Baggervorrichtungen und epibenthische Schlitten zum Meeresgrund hinab und von starken Dampfwinden mitsamt ihres tropfenden Inhalts wieder hochziehen.

Gelegentlich war das, was da nach oben kam, von einer aufregenden Vielfalt: Als man die Schlitten über das sechshundert Faden unter dem Meeresspiegel liegende Schelf vor Argentinien gleiten ließ, gerieten Seegurken und Seeigel in die Maschen der Fangnetze, außerdem Seesterne in allen Farben des Regenbogens, Entenmuscheln, Korallen, Tintenfische, Schnecken, Amphipoden und Isopoden sowie Scharen der sehr primitiven hermaphroditischen Chordatiere, deren korrekte zoologische Bezeichnung *Tunicaten*, Manteltiere, lautet, die aber eher unter anderen Namen – als Seescheiden oder Feuerwalzen beispielsweise – bekannt sind. Nach einiger Zeit stellte sich aber eine gewisse Routine ein, und vor allem das Erforschen der tiefen Regionen wurde zu einer recht eintönigen Beschäftigung, sogar für die Wissenschaftler, die bald das Eintreffen einer weiteren Ladung widerwärtig aussehenden Schlicks an Deck zu fürchten begannen, vor allem wenn dieser kurz vor der Essenszeit oben ankam. Einundsechzig Matrosen desertierten vor dem Ende der Reise, und eine Handvoll starb – zwei drehten durch, zwei ertranken, einer wurde vergiftet, ein anderer musste, kurz bevor er tot umfiel, noch

die Schmach über sich ergehen lassen, dass sein Gesicht sich feuer-
rot färbte, und ein unglücklicher Mann namens Stokes wurde von
einem durch die Luft sausenden Takelblock am Kopf getroffen und
musste auf hoher See beigesetzt werden. Natürlich fühlten sich seine
Kameraden dazu veranlasst, Kapitän Nares zu fragen, ob sein Leichnam für alle Ewigkeit in der Zone des dickflüssigen Wassers herumtreiben würde.

Weihnachten beging man mit Tanz, mit Whisky und Plumpud-
ding; Lesungen, Rezitationen und Fiedelwettbewerbe schlossen sich
an, und stets war ein immer wieder mit Punsch aufgefülltes Bowlen-
glas in Reichweite. Bei Geburtstagsfeiern der Wissenschaftler und
derjenigen Besatzungsmitglieder, die in blauen Uniformen steckten,
ging es ziemlich ausgelassen und laut zu. In England war es inzwischen Sitte geworden, einen *afternoon tea* einzunehmen, und auch an
Bord wurde er jeden Tag serviert, zum einen, damit die zermürbende
Routine des Sammelns von Bodenproben unterbrochen wurde, zum
anderen, damit die an Land üblichen Umgangsformen nicht in Vergessenheit gerieten – auch wenn der Darjeeling oft in die Tassen aus
erlesenem Porzellan gegossen werden musste, während ein Hurrikan
tobte oder man in einer tropischen Meeresregion unter einer sengenden Sonne in einer Flaute festsaß. Irgendjemand hatte ein Melo-
deon, ein harmoniumähnliches Instrument, mit an Bord gebracht,
dessen Klänge oft in ruhigen Nächten vom Zwischendeck aufstiegen, was einigen der heimwehkranken Männer Tränen in die Augen
trieb.

Immer wenn die *Challenger* einen fremden Hafen anlief, führte
man neugierige Besucher, vor allem Damen, an Bord herum. Ihre
Offiziere vergaßen nie, dass sie auch Botschafter sein sollten, und
die Expedition, auf der sie sich befanden, wurde immer als Beweis
für britische Tatkraft und Entschiedenheit herausgestellt. Die Damen
wollten aber auch tanzen und sich anderweitig amüsieren, daher waren die Fiedler der *Challenger* und der Melodeonspieler immer stark
beschäftigt, solange sie in einem Hafen lag.

Man widmete sich an Bord auch dem aristokratischen Sport der
Jagd. Einige der eher der Mittelschicht angehörenden Wissenschaft-

ler hatten ihre Flinten mitgenommen und stellten den gewöhnliche-ren Seevögeln voller Leidenschaft nach. Die meist abergläubischen Seeleute waren anfangs entsetzt, als diese »Sportsleute« im Gebiet der »Roaring Forties« im Südatlantik auch Wanderalbatrosse vom Himmel holten, denn diese Vögel galten bei ihnen seit alters her als tabu. Doch wurde das Schiff von keinem größeren Unheil heimge-sucht, es kam nur zu trivialen Unfällen, und die Zahl der Todesfälle lag innerhalb der statistischen Grenzwerte für eine so lange Reise.

Das Schiff war insgesamt dreieinhalb Jahre unterwegs – wäh-rend dieser Zeit kollidierte man einmal leicht mit einem Eisberg, er-hielt zwei Galapagos-Schildkröten zum Geschenk, die den ganzen Ananasvorrat verschlangen, machte am Äquator vor der brasiliani-schen Küste am Meeresgrund Wasser ausfindig, dessen Temperatur ganz knapp über dem Gefrierpunkt lag, was auf die Existenz eines Tiefenstroms schließen ließ, der von der Antarktis nach Norden floss, und entdeckte – zum Entzücken der Zoologen – einen win-zigen und überaus hübschen, *Spirula spirula* getauften Tintenfisch, der von einigen als *missing link* innerhalb des kürzlich von Darwin vorgestellten Schemas zum Ursprung und zur Entwicklung der Ar-ten angesehen wurde. Das Schiff nahm schließlich wieder Kurs auf Portsmouth. Auf der letzten Etappe der Heimfahrt, vor Portugal, begegnete man einer großen Flotte von dort patrouillierenden briti-schen Kriegsschiffen, von denen eines die Bordkapelle auf dem Ach-terdeck »Home Sweet Home« anstimmen ließ. Als die *Challenger* endlich in Portsmouth am Kai festmachte, hatte sie an die siebzigtau-send Meilen zurückgelegt.

Und was für eine ungeheure Ausbeute sie mit in die Heimat ge-bracht hatte. Hunderte von Kisten voller Exemplare von Tieren und Pflanzen, Flaschen mit Seewasser aus verschiedenen Tiefen und von verschiedenen Orten, Eprouvetten, Kilnergefäße und Petrischalen, gefüllt mit Schlick und Schleim, gallertartigen Tieren und Pflanzen. Es dauerte vier Jahre, bis man den ersten Band des offiziellen Expe-ditionsberichts im Druck vorlegen konnte, weitere fünfzehn – bei-nahe bis zum Ende des Jahrhunderts –, bis der letzte erschien. Der unglückliche Wyville Thomson wurde von dem starken Druck, den die Verleger unaufhörlich auf ihn ausübten, in den Wahnsinn getrieben und brach schließlich zusammen.

Alles in allem umfasste der Bericht achtzig Bände. Ihre Veröffentlichung war eine bewundernswerte intellektuelle Leistung; es handelte sich wohl um die umfassendste wissenschaftliche Untersuchung des Ozeans, die bis dahin unternommen worden war, und stellt bis zum heutigen Tag einen Meilenstein in der Geschichte der Ozeanografie dar. Die Informationen, die man zusammengetragen und anschließend in gedruckter Form weitergegeben hatte, waren zur damaligen Zeit mit der Gesamtsumme der menschlichen Kenntnisse über das Meer und vor allem über den Atlantischen Ozean identisch. Und basierend auf dieser Pionierleistung sollte die Ozeanografie sich kontinuierlich weiterentwickeln und zu dem werden, was sie heute ist: eine professionell betriebene wissenschaftliche Disziplin. Es sollte nicht mehr lange dauern, bis sich die Seeoffiziere auf die Brücke zurückzogen und die Fachleute alles andere in die Hand nahmen – die Chemiker und Zoologen, die Physiker und Tiefseeforscher, die Paläoklimatologen sowie die Spezialisten für mathematische Modelle und für Bakterien, die bei extrem hohen Temperaturen existieren, sie alle haben aus der Wissenschaft vom Ozean etwas ganz anderes gemacht, als sie es in ihrer Anfangszeit gewesen war.


# 7. Kartierung

Es war unvermeidlich, dass dabei etwas von der Romantik verloren ging. Als die Ozeanografie im 20. Jahrhundert immer größere Fortschritte machte und dann anschließend einen regelrechten Boom erlebte, der sich auch in der Gründung von bedeutenden Institutionen wie 1892 von Scripps in Kalifornien, 1930 von Woods Hole in Massachusetts, 1949 von Lamont-Doherty in New York und dem National Oceanographic Centre in Southampton sowie der Einrichtung von kleineren europäischen Forschungsstationen und -instituten unter anderem in Roscoff und Kiel sowie auf Helgoland niederschlug, begann die Vision, das Bild vom Meer, das die Pioniere beflügelt hatte, etwas zu verblassen. Die tägliche Routine im Labor und vor dem Computer trat immer stärker an die Stelle der mitreißenden Dynamik der frühen Zeit: Die ständig schwankenden Horizonte, die wie Messer schneidenden Winde, der Geruch nach Fisch und Teer, die Knäuel von Tauen, das Schlagen der Segel, das Schreien der Möwen und das Stampfen von Schiffsmaschinen, das alles wich dem Summen von Geräten und Klimaanlagen und dem leisen Surren von Laserdruckern.

Fürst Albert I. von Monaco war einer der letzten begabten Amateure, die sich voller Leidenschaft auf dem Gebiet der Ozeanografie betätigten, bevor auch diese Disziplin der Technokratie anheimfiel. Er manifestierte dieses Interesse für alles Maritime in einer Periode des 19. Jahrhunderts, in der sich in Frankreich ganz generell eine – allerdings recht kurzlebige – Leidenschaft für das Meer ausbildete; und da es eine Passion war, von der vor allem auch die Aristokraten des Landes ergriffen wurden, die seit der Revolution von 1789 an einer gewissen Unterbeschäftigung litten, ging man ihr nicht nur mit *élan*, sondern auch stilvoll nach. Der märchenhaft reiche Marquis Léopold de Folin war einer der Ersten. Nachdem er einige Jahre lang den Meeresboden vor der Küste von einem umgebauten und mit allen Annehmlichkeiten ausgestatteten Fischkutter aus erforscht hatte, gelang es ihm, die französische Marine dazu zu bewegen, ihm einen ausgewachsenen Raddampfer, die *Travailleur*, zu überlassen. Mit ihm führte er ähnliche Untersuchungen in der Biskaya und an anderen Orten durch; sie bleiben klassische Beispiele für durch Gelehrtheit ergänzten Enthusiasmus.

Fürst Albert tat es dem Marquis wenig später nach und erwarb eine schnittige und elegante Jacht, die er *Hirondelle* taufte. Seine Erkundungen des Nordatlantiks – vor allem des Golfstroms – brachten ihm Ruhm und großen Respekt ein: Er war ganz offenkundig nicht der seidenbestrumpfte Dilettant, den man anfangs in ihm gesehen hatte. Seine Untersuchungen des Golfstroms nahmen drei Jahre in Anspruch, während derer er mit der *Hirondelle* mehrfach zwischen den Azoren und den Neufundlandbänken hin- und hersegelte und nahezu siebzehnhundert schwimmfähige Objekte – Bierfässer, Glasflaschen und Kugeln aus Kupferblech – in verschiedene Abschnitte der großen Strömung warf, um festzustellen, wohin sie getrieben wurden. Strandläufer setzten sich auf die mit ausgesuchter Höflichkeit formulierten Aufforderungen hin, die sie in diesen Gegenständen entdeckten, mit ihm in Verbindung; mehr als zweihundert Funde wurden gemeldet, was es dem jungen Fürsten (er bestieg den monegassischen Thron genau zu dem Zeitpunkt, als sich seine Forschungsarbeit ihrem Ende näherte, im Jahr 1889) ermöglichte, Karten zu zeichnen, auf denen der Verlauf des Golfstroms, die von ihm abzweigende Nordatlantische Drift und der sich im Uhrzeigersinn bewegende Nordatlantische Wirbel im Allgemeinen äußerst genau eingetragen waren und auch zuverlässige Angaben über die Stärke der Strömungen gemacht wurden.

Auch während seiner Jahre als Staatsoberhaupt setzte er seine Arbeit noch lange fort. Er ließ einen hundertdreiundsiebzig Fuß langen Schoner zu einem Forschungsschiff, der *Princess Alice*, umbauen – es war das erste in einer langen Reihe von Schiffen, die einzig zur Erkundung der Ozeane bestimmt waren. Sein besonderes Interesse galt dem Fang und der wissenschaftlichen Katalogisierung von Fischen und anderen Tieren, die in den Zonen von mittlerer Tiefe zwischen den Kontinenten und den Tiefseeebenen vorkamen. Aufgrund seines Reichtums konnte er sich voll und ganz seinen Interessen widmen, und er war anders als die meisten Wissenschaftler, die von Stipendien leben mussten oder auch ein bescheidenes Gehalt bezogen, in der Lage, mit seinen Schiffen – von ganzen Bataillonen von Stewards, Köchen und Dienern umhegt – wochenlang vor Ort zu bleiben und sich bei den Enthüllungen der Geheimnisse der ozeanischen Fauna und Flora so viel Zeit zu lassen wie nötig.

An die dreiunddreißig Jahre der im Allgemeinen friedlich verlaufenden Herrschaft von Fürst Albert, der 1922 starb, erinnern drei Stätten, die alle in Beziehung zum Ozean stehen. Albert führte ganz bewusst die akademischen Bemühungen zur Erforschung der Meere mit dem wachsenden Interesse der Öffentlichkeit für die Ozeane zusammen und ließ in Paris ein großes, stilvolles Gebäude als Sitz für ein ozeanografisches Institut errichten. Ein zweites, ähnliches, aber

Fürst Albert I. von Monaco. Der ebenso begeisterte wie kenntnisreiche Hobbymeereskundler gab den entscheidenden Anstoß zur Gründung der International Hydrographic Organization, deren Sitz sich bis heute in Monte Carlo befindet.

noch größeres, gab er in Monte Carlo in Auftrag; das Gebäude beherbergt Aquarien, Exponate zur Schifffahrt, Ausrüstungsgegenstände von Expeditionen und Verwandtes. Beide Projekte wurden zu einem großen Teil mit Einnahmen aus den Kasinos finanziert, für die Monaco zu Recht berühmt war und ist. Das dritte »Denkmal« war das zu Beginn des Kapitels erwähnte. Fürst Albert sorgte für die Finanzierung und die Unterbringung eines ganz neuen internationalen Gremiums, welches zunächst den Namen International Hydrographic Bureau trug und zum einen versuchen sollte, die Seekarten und Navigationshilfen der ganzen Welt aufeinander abzustimmen und zu standardisieren, und zum anderen, die Grenzen aller Ozeane und Meere auf unserem Planeten zu bestimmen.

Die berühmte Special Publication No. S. 23 dieser Institution, deren vierte Auflage von der International Hydrographic Organization, wie der Name heute lautet, vorbereitet wurde,[*] ist vielleicht die gefeiertste und gleichzeitig die umstrittenste von allen Hinterlassenschaften des Fürsten. Auf ihren Seiten versteckt, findet man die formelle Definition des Atlantischen Ozeans, das heißt die Angabe seiner genauen Lage und der von ihm eingenommenen Fläche. In der achtunddreißig Seiten umfassenden Ausgabe von 1928 fiel der entsprechende Eintrag noch sofort ins Auge, in der modernen aber muss man nach ihm suchen, da der Name »Atlantik« inmitten der enormen Sammlung von brandneuen maritimen Namen (der schon genannten Ceramsee und anderen) beinahe untergeht.

Es zeigt sich, dass der Atlantik in den achtzig Jahren, in denen die Admiräle in Monaco über ihn gewacht haben, beträchtlich größer geworden ist. Tatsächlich ist er rein physisch um ungefähr einen Meter achtzig breiter geworden, wofür die erbarmungslos weiter voranschreitende Meeresbodenspreizung verantwortlich ist, dieses unaufhörliche Abrücken von der Mittelatlantischen Schwelle um einige Zentimeter im Jahr. Doch das ist es nicht, worauf sich die IHO in ihrer Publikation bezieht: Die in der vierten Ausgabe bekanntgegebene Vergrößerung ist eher metaphorischer als konkreter Natur; sie hat damit zu tun, wo man die Grenzen dieses Ozeans ziehen zu müssen glaubt. Damals, 1928, wurden dafür noch relativ – *relativ* – einfache Gesichtspunkte herangezogen.

Der Atlantik von 1928 wurde – auf dem Papier – in zwei Hälften geteilt, eine nördliche und eine südliche, und die Grenzen der beiden Subozeane wurden den Kardinalpunkten des Kompasses entsprechend festgesetzt. Nach der in Monaco ersonnenen Formel hatte der Nordatlantik also folgende Ausdehnung: Im Westen zog er sich bis zum östlichen Saum des Karibischen Meeres und dem südlichen Rand des Golfes von Mexiko, dann von der Nordküste Kubas bis

---

[*] Zur Zeit, da dies geschrieben wurde, acht Jahre nach Abschluss des Textes, war sie noch nicht veröffentlicht. Ein Disput zwischen Japan und Korea darüber, ob man das Meer, das die Länder trennt, Japanisches Meer oder Ostmeer nennen soll, konnte nicht beigelegt werden.

nach Key West und an der amerikanischen und kanadischen Küste entlang bis zu den südöstlichen und nordöstlichen Grenzen des Golfes von Sankt Lorenz; im Norden reichte er bis zu den Anfängen des Arktischen Meeres, dann bis zu einer imaginären Linie, die von Labrador bis zur Spitze Grönlands verlief und von dort bis zu den Shetlandinseln; im Osten endete er am nordwestlichen Rand der Nordsee, an den nördlichen und westlichen Grenzen der Schottischen See, den südlichen der Irischen See, den westlichen sowohl des Bristol Channel als auch des English Channel (des Ärmelkanals), der Bucht von Biskaya und dem Mittelmeer. Im Süden schließlich reichte er bis zu einer Linie, die in einer Höhe von 4°25' N zwischen Kap Palmas in Liberia und Kap Orange in Brasilien verläuft.

Die räumliche Ausdehnung des Südatlantiks festzusetzen war 1928 sogar noch weniger kompliziert gewesen. Seine nördliche Grenze wurde durch die oben erwähnte Breitengradlinie zwischen Liberia und Brasilien gebildet, die westliche von der gesamten Küste Südamerikas mit Ausnahme des Mündungsgebiets des Rio de la Plata; im Osten wurde der Ozean formell von der afrikanischen Küste unterhalb von Liberia begrenzt. Ausgespart blieb der Golf von Guinea in der »Achselhöhle« des Kontinents; er wurde mit einer zwischen Liberia und Angola gezogenen geraden Linie vom Atlantik abgetrennt, die südliche Grenze des Ozeans ließ die IHO von ihren Zeichnern relativ arbiträr durch eine von Kap Agulhas nach Kap Hoorn gezogene Linie angeben.

Heutzutage ist das alles viel komplizierter, und den neuen Richtlinien nach bedeckt der Atlantik einen viel größeren Teil der Oberfläche unseres Planeten als zuvor. Ein paar Zeilen aus der Publikation der IHO von 2002, die einem Teilabschnitt der nördlichen Grenze des Nordatlantiks gelten, reichen schon aus, um einen Eindruck von der heutigen Komplexität zu vermitteln:

»[…] von dort aus [verläuft die Grenze] entlang einer Linie, welche in südöstlicher Richtung Kap Edward Holm mit Bjartangar, dem äußersten westlichen Punkt von Island, verbindet, und von dort aus dann entlang der westlichen und der südlichen Küste Islands bis Stokksnes an der Ostküste Islands, anschließend in südöstlicher Richtung bis zum äußersten nördlichen Punkt der Färöerinsel Fuglöy; von dort aus entlang einer Linie, die diesen Punkt mit Muckle Flugga, dem nördlichsten Punkt der Shetlandinseln verbindet [...]«

Das flächenmäßige »Anschwellen« des Ozeans ist vor allem auf die Entscheidung der IHO zurückzuführen, viele ehemalige Rand- und Nebenmeere und große Buchten oder Golfe, die früher als eigenständige Gewässer angesehen wurden, in ihn einzuschließen. Der Golf von Mexiko beispielsweise wird heute als Teil des Atlantiks angesehen (was auch bedeutet, dass die Umweltkatastrophe, welche durch die Explosion der Ölbohrplattform von BP vor der Küste von New Orleans ausgelöst wurde, als »den Atlantik betreffendes Problem« eingestuft wird), das Karibische Meer ist heute ebenfalls Teil des Atlantiks, und das trifft auch auf die Nordsee zu, weiter auf den Ärmelkanal, auf die Bay of Fundy, auf den Golf von Sankt Lorenz bis zur Westspitze der riesigen und nur von wenigen Menschen bewohnten Anticosti Island,[*] auf die Keltische See, auf den Skagerrak (aber nicht das Kattegat) und die Bucht von Biskaya. Und auch die Vorstellung vom Golf von Guinea als einer separaten Entität ist längst aufgegeben worden. Die Trennlinie zwischen dem Nord- und dem Südatlantik verläuft heute zwischen der Stelle, an der der Äquator die brasilianische Küste schneidet, und der von der Küste der Republik Gabun aus ins Meer ragenden Landspitze namens Kap Lopez.

In dieser ansonsten absolut geraden südlichen Grenzlinie gibt es jedoch einen ziemlich exzentrisch wirkenden »Haken«; die Linie macht einen ganz leichten Knick, um über ein winziges, mit Palmen bewachsenes Eiland namens Ilhéu das Rólas hinwegzuführen, das nur ein paar Meter von der Südspitze der gleichermaßen unbekannten Insel São Tomé entfernt liegt. Es gibt einen kartografischen

---

[*] Die einst einem französischen Chocolatier gehörte, beinahe von Hitler gekauft worden wäre und heute eine Handvoll Leuchtturmwärter beherbergt.

Grund dafür: Rólas ist die einzige Atlantikinsel, die auf – oder mit einer Abweichung von ein paar Metern fast auf – dem Äquator liegt. Sie als »Marker« heranzuziehen, also zu einem *sichtbaren* Orientierungspunkt zu machen, ist in der Tat sinnvoll – man muss allerdings anmerken, dass sich die Fachleute, die 1928 die Grenzen zogen, anders als ihre Kollegen von heute generell nicht den Kopf über solche Dinge zerbrachen

Die Ausdehnung des Atlantiks beträgt also volle 106,6 Millionen Quadratkilometer, was einem Viertel der gesamten von Wasser bedeckten Fläche auf unserem Planeten entspricht. Seine maximale Tiefe beläuft sich auf 8605 Meter – an einer Stelle vor der Küste von Puerto Rico – und sein Gesamtvolumen auf 307 923 430 Kubikkilometer Salzwasser.

# 8. Immer breiter und weiter

Wenn man diese Geschichte um eine menschliche Dimension erweitert, stößt man auf eine letzte, aber letztlich auch bereichernde Komplikation. Errechnet man die Gesamtzahl der riesigen Scharen von Menschen, die in irgendeiner Art von kommunaler Beziehung zu diesem Meer leben, das heißt die Zahl derer, die als Vollmitglieder der *Atlantic Community* gelten können oder deren Existenz in irgendeiner Hinsicht vom Ozean geprägt wird, gesegnet oder beeinträchtigt ist, wird man dieser Komplikation gewahr.

Sie entsteht durch die großen Flüsse, die in den Atlantik münden. Es sind sehr viele. In den Atlantik – vor allem den Atlantik in den Grenzen, wie sie in der vierten Ausgabe der IHO-Publikation festgesetzt sind – ergießen sich weit mehr Flüsse als in den Pazifik oder den Indischen Ozean. Da sind zum einen die europäischen: die Seine und die Loire, der Severn und der Shannon und sogar, da die Nordsee jetzt auch »richtig« zum Atlantik gehört, die Themse und der Rhein. Hinzu kommen der Niger, der Kunene, der Orange und das unglaublich weite Netz der vielen Ausläufer des Kongos, der von seinen in einem großen Gebiet Zentralafrikas verteilt liegenden Quellen ins Meer strömt. Dann gibt es da noch den in Peru entspringenden Amazonas, der dem Atlantik mehr Wasser zuführt und mehr Schlamm aus dem Regenwald, durch den er strömt, in ihn spült als die acht nächstgrößeren Flüsse der Welt zusammengenommen in die Meere, in die sie münden. Der Sankt-Lorenz-Strom, der seinen Ursprung in den Großen Seen hat, darf nicht unerwähnt bleiben, ebenso wenig das Mississippi-Missouri-Flusssystem, das jeden Tag unendlich viele Liter Wasser aus den Prärien und den Rocky Mountains in die jetzt offiziell zum Atlantik gehörende Bucht an seinem äußeren westlichen Rand befördert: in den Golf von Mexiko.

Diejenigen, die das Netz des Einflusses dieses Ozeans so weit und so breit auswerfen wollen, wie es technisch überhaupt nur möglich ist, sollten also bedenken, dass dieser Einfluss nicht einfach bei Cape Race oder Heart's Content, bei Montauk oder den Outer Banks endet, und auch nicht an den Stränden von Bahia Blanca in Argentinien oder bei der Isla de los Estados oder bei Kap Hoorn. Und er beginnt auch nicht erst bei den Klippen der Färöer oder auf den Aran Islands, auf Ushant, bei Land's End, Cabo Bojador oder Robben Island, den Felsen von Kap Agulhas oder in der Nähe der Höhlen bei Pinnacle Point.

Dieser Einfluss beginnt und endet, wenn man pedantisch sein will, bei den Seen in Sambia (wo der Kongo entspringt) und in den Schweizer Alpen (wo von einem Gletscher herabtropfendes Schmelzwasser die ersten Zuflüsse zum Rhein bildet). Er nimmt auch in einem Tal in der Nähe des Yellowstone National Park in Amerika seinen Anfang, in welchem in spätviktorianischer Zeit ein Entdeckungsreisender die Quellwasser des Missouri River fand.

Und der Ozean beginnt und endet auch bei einem zweitausendvierhundert Meter hohen Berg namens Triple Divide Peak im Norden Montanas. Dieser Berg bildet den hydrologischen Apex, die Wasserscheide, des nordamerikanischen Kontinents. Regen, der an seiner Nordflanke niedergeht, fließt anschließend nach Kanada und in den Arktischen Ozean. An seiner westlichen und südwestlichen Seite sickert das Regenwasser in Spalten, die es nach Oregon führen, von wo aus es schließlich in den Pazifik gelangt. Von seinem südöstlichen Hang rinnt jeder Niederschlag in eine kleine Schlucht, über deren Grund ein noch kleinerer Bach fließt, der am Ende in den nördlichen von zwei Quellflüssen eines Stroms mündet, aus dem dann der Marias River wird. In der Nähe der Stadt Fort Benton in Montana ergießt sich der Marias River in den Missouri; bei St. Louis vereint sich der Missouri mit dem Mississippi, und bei New Orleans erreicht der Mississippi schließlich den Golf von Mexiko, über den seine Wasser mit dem Atlantik verbunden sind.

Voller Weitblick – man könnte beinahe sagen, auch in einem ganz konkreten Sinn – haben die Erforscher der zerklüfteten und oft von Eis bedeckten entlegenen Ecke Montanas, in der sich der Triple Divide Peak erhebt, den Namen für jenes Bächlein ausgewählt, das von dessen Gipfel herunterrinnt. Sie wollten den allerersten Wasserlauf benennen, der sich von unterhalb der bei zweitausendeinhundert Metern liegenden Schneegrenze talwärts zur bei fünfzehnhundert Metern beginnenden grasbewachsenen Zone schlängelt und dessen Wasser dann, geschwind und sauber, durch einen Rocky-Mountain-Canyon strömt. Es war beinahe so, als ob dieser kleine Fluss gewusst hätte, was die Forschungsreisenden wussten – nämlich in welches Meer sein Wasser am Ende fließen würde: Sie tauften ihn einfach Atlantic Creek, benannten ihn also nach einem Ozean, mit dem der Staat Montana jetzt untrennbar verbunden ist, den aber die meisten seiner Einwohner nur selten, wenn überhaupt einmal, zu Gesicht bekommen werden.

# 3

# Oh, seine Pracht und Macht

*... dann der Verliebte,*
*Der wie ein Ofen seufzt, mit Jammerlied*
*Auf seiner Liebsten Brau'n ...*

## 1. Das Drama des Meeres

Auch wenn William Shakespeare häufig und mit einer scheinbar auf Vertrautheit basierenden Geläufigkeit über das Meer schrieb – über Ebbe und Flut in den Geschäften der Menschen, über majestätische Flotten und »den Graus von tausend Wracken«, über Väter, die volle »fünf Faden tief« liegen, über den Wandel, den die See bewirkt, über Meeresnymphen, über Wind, der »hart in die Segel« drängt –, gibt es keinen eindeutigen Beleg dafür, dass er jemals an Bord eines Schiffes ging, ja noch nicht einmal dafür, dass er jemals den Atlantik zu Gesicht bekam.

Doch so groß war die Bedeutung des Atlantiks für ganz England zu Shakespeares Zeit, dass er mit Sicherheit von seiner Existenz wusste und auch von den vielen Dramen erfuhr, die sich auf ihm zutrugen oder zugetragen hatten. Es überrascht daher nicht, dass er eine der damals bekanntesten Geschichten vom Atlantik geschickt in sein letztes Bühnenwerk, *Der Sturm*, einflocht, in dem er seiner Fantasie vielleicht so kühn Lauf ließ wie in keinem anderen. Wie schon so viele vor und noch so viele nach ihm, machte Shakespeare eine Anleihe bei diesem Ozean mit seinen vielfältigen Launen und Stimmungen und verwandelte das Übernommene in Kunst.

Das Stück, das er 1611 schrieb, wurde 2009 auf Bermuda aufgeführt, und zwar im Rahmen der Feierlichkeiten zum vierhundertsten Jahrestag des Bestehens dieser nördlichsten im Atlantik gelegenen Inselkolonie Großbritanniens. Es wurde in einer imperial-pompösen Inszenierung in einem Theater der Hauptstadt Hamilton auf die Bühne gebracht. Der Hauptgrund dafür war, dass die meisten Literaturwissenschaftler der Ansicht sind, *Der Sturm* sei, anders als alle vor ihm entstandenen Dramen, ein Stück, das auch vom Atlantischen Ozean handle, und die zufällige »Besiedlung« der Insel Bermuda im Jahr 1609 habe eine entscheidende Rolle für sein Entstehen gespielt.

Das ist eine Theorie, die einen zunächst verblüffen könnte; denn schließlich erhält man bei genauer Lektüre eher den Eindruck, dass die Insel, auf die Prospero und Miranda verbannt wurden und wo sie auf Caliban stießen, irgendwo im Mittelmeer liegt. Neapel scheint Anspielungen im Text zufolge dem Ort des Geschehens sehr nahe zu sein, und wenn am Ende das havarierte Segelschiff, das Antonio und Alonso auf Prosperos Eiland gebracht hat, instand gesetzt ist und heimwärts segeln darf, bricht es auf eine nicht als besonders lang oder gefährlich dargestellte Rückfahrt nach Italien auf, das man sich demnach als in der Nähe liegend vorstellen muss.

Doch bei einer eingehenderen, eine Interpretation des Dramentexts selbst übersteigenden Untersuchung der Motive, die Shakespeare zum Abfassen seines Stücks veranlasst haben könnten, stößt man auf einen Bericht, der eine Theorie stützt, die ansonsten recht radikal erscheinen könnte – dass er nämlich zum Schreiben von *Der Sturm* durch einen wirklichen Schiffbruch angeregt wurde, der sich 1609 ereignete, und zwar nicht etwa im Mittelmeer, sondern mitten im Westatlantik.

Es scheint sogar im Text selbst einen indirekten Hinweis auf dieses Ereignis zu geben, wenn auch nur in Gestalt einer beiläufigen Bemerkung: Es ist nämlich von »the still-vex'd Bermoothes« (»den stürmischen Bermudas«) die Rede, was zeigt, dass Shakespeare etwas über diese Inseln oder zumindest von ihrer Existenz gewusst haben muss.

Die dramatischen Umstände des Schiffbruchs waren zu Shakespeares Zeit in London wohlbekannt. Betroffen war ein Schiff, die

*Sea Venture*, die in London von der Virginia Company gechartert worden war und im Juni des Jahres 1609 von den Ladekais im Hafen von Plymouth abgelegt hatte, um den Ozean zu überqueren. Ihr Kapitän war ein Abenteurer und Freibeuter aus Dorset, ein gewisser Sir George Somers. Sein Auftrag bestand darin, die sechshundert oder mehr Kolonisten, die sich ein Jahr zuvor in der neu gegründeten britischen Siedlung King James's Town in der Nähe des Potomac River niedergelassen hatten, mit frischen Vorräten zu versorgen.

Ein grausames Fatum verhinderte jedoch, dass Somers seine Mission erfüllen konnte. Sein zerbrechliches Schiff geriet in einen der wilden Hurrikans, wie sie in der Sommerzeit in der Region häufig auftreten. Das kleine Fahrzeug wurde auf die Riffe vor einer kaum bekannten Inselgruppe geschleudert. Es kam jedoch niemand zu Tode, und die Besatzung sah ein besonders spektakuläres Elmsfeuer, das Masten und Rahen einhüllte, als gutes Vorzeichen an. Die *Sea Venture* war ein Totalverlust; sie war weit auf den Strand hinaufgeworfen worden, lag aber in aufrechter und sicherer Position zwischen zwei Felsen eingeklemmt, und zwar am nordwestlichen Ende jener Kette von Inseln, die heute als die Bermudas bekannt sind.

Die Nachrichten von diesem Schiffbruch erreichten nach einiger Zeit London, und man diskutierte in allen Gastwirtschaften über die Ereignisse. Man kann davon ausgehen, dass auch Shakespeare vom Schicksal der *Sea Venture* erfuhr. Die Geschichte war reich an dramatischen Elementen, und die schaurigen Erzählungen von den merkwürdigen auf Rahen und Spieren tanzenden Flammen, die man unmittelbar vor dem Aufprall des Schiffes auf dem Strand gesehen hatte, müssen den Dichter, so meinen Shakespeare-Forscher, zur Erfindung des Luftgeistes Ariel angeregt haben.

Die Geschichte war aber mit dem eigentlichen Schiffbruch bei Weitem noch nicht zu Ende. Unter den Überlebenden befanden sich Adlige, auch Damen von höherem Stand, doch ungeachtet ihres sozialen Status wurden sie alle von Somers gezwungen, unter der Anleitung der Schiffszimmerer aus dem Holz der auf der Insel in Hülle und Fülle wachsenden Zedern zwei Schiffe als Ersatz für die havarierte *Sea Venture* zu bauen. Auf diesen beiden Schiffen, der *Patience* und der *Deliverance*, setzte die ganze Gesellschaft ein Jahr später ihre Reise fort, nur um, am Ziel angelangt, festzustellen, dass die Siedlung Jamestown nahezu entvölkert war und die sechzig noch verbliebenen Kolonisten dem Hungertod nahe waren. Es dauerte einige Zeit, bis ihre Retter sie wieder auf die Beine gebracht hatten. Danach kehrte Somers nach Bermuda zurück, eine Insel, die ihm gut gefiel, so dass man es als grausame Ironie ansehen kann, dass er dort kurz nach seinem Eintreffen starb. Sein Leichnam wurde nach Lyme Regis zurückgebracht, das Dorf in Dorset, in dem er auf die Welt gekommen war. Doch sein Herz ruht bis zum heutigen Tag auf Bermuda, der Insel, die zu einer der frühesten Besitzungen Großbritanniens im Atlantik werden sollte.

Sie ist immer noch eine britische Kolonie. Da sich 2009 die unbeabsichtigte Landung von Somers zum vierhundertsten Mal jährte und da Shakespeare vermutlich Elemente der Geschichte vom Schiffbruch seinem letzten Theaterstück zugrunde legte, hätte man ihren Geburtstag wohl kaum auf eine angemessenere Weise begehen können als durch eine Inszenierung von *Der Sturm*.

Das Stück wurde in der Hamilton Town Hall auf die Bühne gebracht, einem schachtelartigen Gebäude aus Kalkstein. Alle Honoratioren der Insel waren zugegen, einschließlich des britischen Gouverneurs, der in der königlichen Loge Platz genommen hatte. Es würde nicht ganz der Wahrheit entsprechen, wenn man behauptete, dass es eine denkwürdige Aufführung war, auch wenn Prospero von einem Schauspieler verkörpert wurde, den viele wegen seines guten Aussehens vergötterten und der ein großes Kontingent von Zuschauern mittleren Alters – zumeist aufgeregt schnatternde Damen – angezogen hatte.

Sie alle waren gekommen, um sich ein mystisches, magisches Theaterstück anzusehen, ein Drama, das ein Autor, der sich auf dem Höhepunkt seiner Kreativität befand, auf der Grundlage einer vom Atlantik handelnden Geschichte ersonnen hatte.

# 2. Erste Worte

Lange, sehr lange bevor man erkannte, dass der Atlantik ein Ozean war, waren die Künstler sich schon seiner schrecklichen Schönheit bewusst und setzten sich mit ihr auseinander. Die Dichter gehörten zu den Ersten, denen sie aufgefallen war. Die Lyriker der Antike hatten natürlich schon lange das Meer besungen, doch das einzige ihnen wirklich bekannte war das Mittelmeer gewesen, dem es an Dramatik weitgehend mangelt: Es ist eher ein ruhiges, warmes, ziemlich zahmes Gewässer, beinahe so etwas wie ein Vorgartenteich, dem keine richtige Majestät innewohnt. Die schäumenden grauen Wasser des Atlantiks waren etwas ganz anderes, und es scheinen die Iren gewesen zu sein, die, als sie schließlich den Mut gefasst hatten, ihre *curraghs* in die tosenden Wogen zu stoßen, als Erste ihre dichterische Ader dazu nutzten, in Versen oder in Prosa über ihre einzigartige maritime Umgebung nachzusinnen.

Über die epische Fahrt des heiligen Columban nach Norden, von Irland an die schottische Westküste, im 6. Jahrhundert wurde viel geschrieben – und man begegnet in diesen Werken bewegenden Bildern von ganzen Flotten von *curraghs*, die über die aufgewühlte See von Antrim nach Galloway übersetzen. Doch sind die Texte über den Heiligen im Allgemeinen eher narrativer als kontemplativer Art. Die Dichtungen, die von den Missionszügen dieses großen Apostels handeln, gelten als die frühesten in der Umgangssprache verfassten in der europäischen Literaturgeschichte, doch wird der Ozean in ihnen nur am Rande behandelt, und zwei weitere Jahrhunderte mussten vergehen, bevor die ersten kleinen poetischen Würdigungen der See entstanden.

Rumann, der Sohn des Colmán, war ein auf Gälisch schreibender Dichter des 8. Jahrhunderts; es heißt, dass er sich bei den Iren eines ähnlichen Rufs erfreute wie Vergil bei den Römern oder Homer bei den Griechen. Sein bekanntestes kurzes Gedicht »Sturm auf See«, um 700 verfasst, wird zu Recht als eine der frühesten Reflexionen des Menschen über den Atlantik betrachtet. Es umfasst acht Strophen und wurde in den 1950er Jahren von dem großen irischen Romancier und Lyriker Frank O'Connor ins Englische übersetzt:

When the wind is from the west
All the waves that cannot rest
To the east must thunder on
Where the bright tree of the sun
Is rooted in the ocean's breast.

(Wenn der Wind vom Westen weht,
müssen alle aufgewühlten Wogen
zum Osten hin tosen,
wo der strahlende Sonnenbaum
in des Ozeans Brust wurzelt.)

In den Adern der Kelten floss ganz eindeutig Meerwasser, doch auch die angelsächsischen Schriftsteller im England des Frühmittelalters waren von der See mit ihrer ganzen Pracht und Macht gefesselt. Ihre ersten Texte über das Meer entstanden beinahe zur selben Zeit wie die ihrer irischen Nachbarn. Es überrascht wohl kaum, dass ein solches Seefahrervolk wie das englische schon früh in seiner Geschichte eindrucksvolle Verse über die Küstengewässer um die Insel hervorbrachte. Das bekannteste der im 8. Jahrhundert entstandenen Gedichte über den Ozean wird heute in einem Raum unter dem Dach des Bishop House hinter der Kathedrale von Exeter in Devon aufbewahrt. Seit 1072, als der große Gelehrte Leofric starb und seine aus sechsundsechzig gebundenen Handschriften bestehende Bibliothek der Kathedrale hinterließ, hat ein unscheinbar aussehender, eher kleiner Band von der Bedeutung seines Inhalts her alle anderen bei Weitem überragt. Es handelt sich um einen Kodex, der einfach nur als *Exeter Book* bekannt ist und unbestritten die größte Sammlung poetischer Texte aus seiner Zeit enthält, die wir kennen.

Dieser kostbare Kodex hat ein ebenso hartes wie langes Leben hinter sich. Der Originaleinband ist nicht erhalten, und acht seiner ursprünglich einhunderteinunddreißig Seiten sind verloren gegangen, eine wurde offensichtlich einmal als Untersetzer für Weingläser benutzt, andere sind angesengt, und auf wieder anderen finden sich Rillen und Kerben, die darauf hinweisen, dass sie als Schneidunterlagen verwendet wurden. Doch er hat alles überstanden, und heute gilt das *Exeter Book* als ungemein wichtiges literarisches Zeugnis, da es ungefähr ein Sechstel der angelsächsischen dichterischen Texte enthält, die überhaupt überliefert sind. Man nimmt an, dass ein einziger Kopist irgendwann im 10. Jahrhundert alle diese Texte niederschrieb, und zwar mit brauner Tinte auf Pergament, wobei er seinen Gänsekiel mit ruhiger und sicherer Mönchshand führte. Es gibt kaum Illuminationen oder Verzierungen in dem Band, nur einige kleine Zeichnungen an einer Handvoll Seitenränder. Er stellt ein unschätzbar wertvolles Kunstwerk dar; nur eine der anderen erhaltenen angelsächsischen Textsammlungen übertrifft ihn an Berühmtheit, der sogenannte *Nowell Codex*, der das großartige Heldenepos *Beowulf* enthält.

Doch *Beowulf* handelt vorwiegend von Kämpfen und Bestattungen, und das Geschehen spielt fast ausschließlich an Land, irgendwo in Dänemark und dem südlichen Skandinavien. Im *Exeter Book* hingegen ist ein viel kürzerer Text, eine Elegie mit dem Titel »The Seafarer« enthalten, dessen Schauplatz topografisch weniger eingegrenzt ist, denn zumindest in seiner ersten Hälfte dominiert eine längere und traurige Meditation über die Mühen, die das Meer dem Menschen bereitet. Es ist in der Tat ein Klagelied über den Atlantik, vorgetragen von einem »Ich«, einem Mann, dessen Name aber unbekannt bleibt. Er hat Schweres durchgemacht bei dem Versuch, seinen Lebensunterhalt auf dem Wasser dieses Ozeans zu verdienen, sehnt sich aber, wenn er getrennt von ihm ist, mehr nach dem Dasein auf seinen Wogen, als er jemals für möglich gehalten hat.

Der Text beginnt mit einer Klage, die wohl alle erschöpften Seeleute nachempfinden können:

[Hört], wie ich von Sorgen gequält,
Auf eiskalter See,
Den Winter überstand,
Auf den Pfaden des Exils,
Meiner Gefährten beraubt,
Behangen mit Eiszapfen,
Als Hagel in Schauern flog.
Dort hörte ich nichts
Außer dem Brüllen der See,
Der eisigen Wellen.

Doch dann schlägt, obwohl an Land der Sommer Einzug hält, die Stimmung des Seefahrers um; er wird von einer Sehnsucht erfüllt, die allen alten Fahrensleuten ebenfalls bekannt sein dürfte:

Die Haine beginnen zu blühen.
Die Siedlungen werden schön,
Die Felder sind schön anzuschauen,
Die Welt scheint neu zu sein:
Alles dies drängt den Lebhaften,
Es drängt zum Reisen den,
Der weit zu reisen gedenkt,
Auf den Pfaden der See.

Hat unser anonymer Melancholiker im Atlantik etwas gesehen, das man lieben muss? Oder ist er für ihn nicht mehr als eine Möglichkeit, sich davonzumachen? Ganze Heerscharen von Übersetzern und Interpreten haben sich schon über die verborgene Bedeutung des Textes den Kopf zerbrochen. Einige sind zu dem Schluss gekommen, dass in ihm eine Fahrt über das Meer als ein »notwendiges Übel« dargestellt wird, der Ozean als ein Hindernis, das man überwinden muss. Andere, romantischer Veranlagte meinen, es werde unterschwellig zum Ausdruck gebracht, dass die Härten, die er durchlitten hat, den Seefahrer irgendwie über das gewöhnliche an Land verharrende Volk erheben, ihn zu einem höheren Wesen machen, zu einem Mann, der Grund hat, sich der von ihm überstandenen Gefahren zu brüsten.

Doch welches auch immer die Gedanken des »Ich« sind – sie bleiben letzten Endes geheimnisvoll –, das Poem »The Seafarer« begründete eine literarische Tradition oder Mode, während es zugleich eine Realität bestätigte. Auf einer Ebene ist es eine Allegorie – wie in vielen späteren literarischen Texten wird in ihm das Leben als eine Reise aufgefasst. Auf einer eher »nationalistischen« Ebene scheint es jedoch davon zu zeugen, dass die damaligen Bewohner der Britischen Inseln begriffen hatten, dass sie an einem Ort zu Hause waren, der unverrückbar inmitten des Ozeans lag, vom Meer, Meeresarmen und Meeresstraßen umgeben. Der Text gibt zu erkennen, eindeutig und unmissverständlich, dass die sich ausbildende Identität der »Engländer« die eines Volks von Insulanern war, eines Volks, das sicher sein konnte, seinen Lebensunterhalt aus diesem Saum aus tiefen Gewässern gewinnen zu können, zugleich aber auch dazu gezwungen war, sein Leben auf diese Weise zu fristen.

Caedmon und Cynewulf, zwei der größten Dichter in altenglischer Sprache, lebten und wirkten vermutlich beide in Klöstern, die an diesem Saum lagen – Caedmon in Whitby, Cynewulf wahrscheinlich in Lindisfarne –, und ihre Werke sind voll maritimer Motive. Cynewulf, eine schattenhafte Gestalt, von dem man aber weiß, dass er bis ins 10. Jahrhundert hinein lebte, schreibt voller Wissbegierde und Leidenschaft über das Meer, wie zum Beispiel in seinen Gedanken *Über die Natur der Sirene*:

Merkwürdige Dinge sind in der Tat in der Meereswelt zu
    schau'n;
Es sagen die Menschen, wie Maiden gemacht seien die
    Meerjungfrau'n
An Brust und Leib. Doch nicht so im niederen Teil,
Vom Nabel abwärts gleicht nichts dem Menschen,
Denn sie sind Fische und mit Flossen verseh'n.
Diese Wunderwesen hausen in einer gefährlichen Durchfahrt,
Wo wirbelnde Wasser der Sterblichen Schiffe verschlingen.

Zwei Jahrhunderte später traten die Verfasser der nordischen Mythen und der isländischen Sagas auf den Plan. Höchstwahrscheinlich – es sei denn, Missionare hatten Handschriften mitgebracht, oder die Fahrten des heiligen Brendan dienten nicht nur der Verbreitung des christlichen Glaubens, sondern auch der der Literatur – wussten die Isländer nichts von der Dichtung der Kelten und der Sachsen. In jedem Fall schworen sie der lyrischen Form zugunsten von Prosatexten, zumeist Epen von großer Länge und gewichtigem Inhalt, ab. Bei dieser neuen Art von Dichtung handelte es sich in einem gewissen Sinn um Meditationen, wenn auch die äußere Form ganz und gar narrativ war. Es waren Erzählungen von heroischen Taten und Entbehrungen, reich an »Action« und Spannung.

Die beiden Texte, die in höchst denkwürdiger Weise über Isländer berichten, die über das Meer segeln, um ferne Gestade zu erforschen, sind die *Grönlandsaga* und die *Saga von Erik dem Roten*. In ihnen wird von der ganzen Kraft und Macht des Atlantiks erzählt, jedoch im Rahmen einer viel umfassenderen, übergeordneten Geschichte – nämlich der vom Ozean als einer Brücke zu fernen Ländern, als einem großartigen Hilfsmittel, um Entdeckungen zu machen. Das Hauptinteresse der Seefahrer aus dem Norden bestand darin, neue Territorien ausfindig zu machen, sie zu erkunden und zu kolonisieren. Das zeigt ein Abschnitt vom Beginn der *Grönlandsaga*:

»[…] sie stachen in See, sobald alles bereit war, und segelten drei Tage lang, bis das Land am Horizont versank und nicht mehr zu sehen war. Dann ließ der günstige Wind nach, und Nebel kam auf, und viele Tage lang hatten sie keine Vorstellung davon, welchen Kurs sie liefen. Dann sahen sie wieder die Sonne und konnten ihre Position bestimmen: Sie setzten das Segel, und nach einer Fahrt von einem Tag sichteten sie eine Küste. Sie sprachen untereinander darüber, was für ein Land das wohl sein könne. Bjarni sagte, er meine, das könne nicht Grönland sein […], ›denn es heißt, es gibt große Gletscher auf Grönland‹.
Sie näherten sich dem Lande schnell und sahen, dass es flach und bewaldet war. Dann flaute der Wind ab, und die Mannen

sagten alle, es sei ratsam, an der Stelle anzulegen, doch Bjarni
weigerte sich [...] ›denn dieses Land scheint es mir nicht wert
zu sein‹.«

Sie waren mit ziemlicher Sicherheit auf die Küste von Labrador gestoßen. Unter dem Gesichtspunkt einer möglichen Besiedlung war
Bjarnis barsch klingendes Urteil also sicherlich klug und zutreffend.

## 3. Monster und Malströme

Mit dem Aufkommen der Sagas und der Geschichten der Nordmänner – deren unvorstellbar komplexe Mythologie heute noch in
bestimmten Kreisen äußerst populär ist – fand eine Abkehr vom lediglich geschriebenen Wort statt: Bildliche Darstellungen wurden
immer beliebter – skulptierte, gestochene, gemalte, gezeichnete –,
doch sind nur sehr wenige von ihnen erhalten. Bei den meisten uns
bekannten Illustrationen zu Texten dieser Art – durch die wir mit
dem Aussehen Odins und Thors und der Walküren und anderer
Gestalten aus diesem riesigen Pantheon vertraut sind – handelt es
sich um Nachempfindungen durch Künstler des 19. Jahrhunderts,
die plötzlich von den durch eine kleine Schar von Skandinavisten im
viktorianischen England verbreiteten Geschichten mitgerissen wurden. Zeitgenössische Abbildungen sind nur schemenhaft erhalten –
solche von Schiffen zum Beispiel, wie dem Riesenboot Skidbladnir
oder Naglfar, einem Fahrzeug, das einzig und allein aus den Finger-
und Zehennägeln der Verstorbenen besteht. Es gibt auch Darstellungen auf Tapisserien. Der mittelalterliche schwedische Wandbehang,
der als Överhogdal-Teppich bekannt ist und zu Beginn des vergangenen Jahrhunderts in der Sakristei einer Kirche entdeckt wurde, zeigt
eine *knorr* der Wikinger, während auf dem wesentlich bekannteren
Wandteppich von Bayeux in Nordfrankreich die Invasionsflotte Wil-
helm des Eroberers zu sehen ist, wie sie über eine mit fantastischen
Kreaturen bevölkerte See gen England segelt.
Es gibt auch viele Darstellungen von Seeungeheuern – die er-

schreckend große Midgardschlange, die *Jörmungandr*, ist eines von ihnen. Es existieren aber auch Bilder von Gefahren, wie sie tatsächlich, »in echt«, jederzeit im Meer lauerten, von Fontänen und Strudeln, von denen auch in über die ganze nördliche Hälfte des Ozeans, von Cape Farewell auf Grönland bis zur skandinavischen Küste zwischen Nordkap und Skagerrak, verbreiteten Legenden und Mythen die Rede war. So künden nicht nur Geschichten, sondern auch Bilder vom *maelstrom* an der Südspitze der Lofoten zum Beispiel oder von dem gewaltigen wilden Wasserstrudel bei Corryvreckan, jenem angsteinflößenden Phänomen, das auch als *old hag* (alte Vettel) bekannt ist und das sich bis heute, immer wenn Flut ist, in der engen Passage zwischen den westschottischen Inseln Scarba und Jura donnernd und brüllend bemerkbar macht. Es gab roh ausgeführte Abbildungen oder lebhafte, detaillierte Darstellungen von vielen anderen maritimen Gefahren und Tücken, die jeden, der vorhatte, sich auf den Atlantik hinauszubegeben, bis weit ins 15. Jahrhundert hinein in Angst und Schrecken versetzt haben müssen.

Die *Carta Marina*, die erste Karte, auf der die Länder und Regionen Europas im Einzelnen gezeigt und benannt werden, wurde im 16. Jahrhundert in Rom von dem schwedischen Geistlichen Olaus Magnus gezeichnet; sie ist berühmt für ihre an ein großes kreisrundes Auge erinnernde Darstellung des schon genannten *maelstrom* bei den Lofoten. Sie schließt auch eine Beschreibung eines im Atlantik heimischen Tieres ein, und dieser Text ist auch in einer modernen Übersetzung von einer ganz eigenen Poesie erfüllt:

»Jene, die an der norwegischen Küste entlang nach Norden segeln, um Handel zu treiben oder zu fischen, erzählen alle die unerhörte Geschichte von einer Schlange von beängstigender Größe, 200 Fuß lang und 20 breit, welche in Riffen und Höhlen außerhalb Bergens haust. In hellen Sommernächten verlässt diese Schlange ihre Höhlen, um Kälber, Lämmer und Schweine zu verschlingen, oder sie begibt sich aufs Meer hinaus, um Quallen, Krabben oder ähnliches Meeresgetier zu fressen. Sie besitzt ellenlange Haare, die von ihrem Hals herunterhängen, scharfkantige schwarze Schuppen und flammend rote Augen. Sie greift Schiffe an, fängt sich Menschen und verschluckt sie, und richtet sich dabei wie eine Säule im Wasser auf.«

Bis zur ersten Atlantiküberquerung im 16. Jahrhundert waren die meisten bildlichen Darstellungen des Ozeans mit Zeichnungen von schrecklichen Meeresungeheuern wie dieser Schlange, von Drachen und monströsen Fischen geradezu gespickt. So findet man zum Beispiel auch an den Rändern von Seekarten Kartuschen, die Abbildungen von solchen Ungetümen einschließen. Sogar im relativ fortschrittlichen 17. Jahrhundert wurden noch Stiche von gigantischen Fischen und Walen veröffentlicht, die Schiffen mit ihren Körpern den Weg versperrten. St. Brendan zum Beispiel wird als auf dem Rücken eines Wals die Messe zelebrierend gezeigt. Auf diesem Stich in einem 1621 veröffentlichten Buch grinst das riesige Geschöpf, eine erschreckende Menge an Zähnen entblößend, boshaft, während es zwei Wasserfontänen in die Luft spritzt; doch der Priester steht heiter und gelassen auf seinem Buckel; vor sich hat er einen Altar, auf dem Korporale, Kelch und Patene fein säuberlich arrangiert sind, so wie er es aus Clonfert kennt, und stoisch intoniert er die liturgischen Formeln.

In Darstellungen des Ozeans, die auf dessen westlicher Seite entstanden, stachen jedoch das Monströse und das Erschreckende nicht derart hervor. Werke aus präkolumbianischer Zeit, die das Meer zeigen, künden von größerer Akzeptanz der Launen des Ozeans, von größerem Verständnis für seine Unbeständigkeit, für den Wechsel von Ruhe und Sturm. Die Inkas – die allerdings kein atlantisches Volk waren – dankten *Mamacocha*, der Meeresgöttin. Den an der Küste des Pazifiks Lebenden galt sie als ein übernatürliches Wesen, das einen in seine schützende Umarmung nahm, mit Fischen und Walen versorgte, welche einen am Leben erhielten, und das generell Güte ausstrahlte, die nur dann in ihr Gegenteil umschlug – manchmal auch mit todbringender Wildheit –, wenn die Menschen sich nicht in geziemender Weise erkenntlich gezeigt hatten. Die Maya, die weiter nördlich und auf der zum Atlantik hin ge-

Als der Atlantik und das Leben in ihm noch weitgehend unerforscht
waren, besiedelten viele Seeleute ihn in ihrer Fantasie mit
furchteinflößenden Monsterwesen verschiedenster Art. Sie waren
Ausdruck der Angst, die selbst erfahrene Seefahrer angesichts dieser
riesigen, ja tatsächlich zahllose Gefahren bergenden Wasserfläche
empfanden. Auf diesem Holzschnitt aus dem 16. Jahrhundert ist eine
ganze Menagerie von Seeungeheuern dargestellt.

legenen Seite des Kontinents zu Hause waren, hatten vielleicht
keine so enge spirituelle Beziehung zum Ozean. Es gibt sehr wenige
Kunstwerke dieses Volks, die das Meer oder etwas mit ihm in Verbindung Stehendes zum Gegenstand haben, auch wenn die bekannteste ihrer Farben, das »Maya-Blau«, sich wohl in idealer Weise für
solche Malereien geeignet hätte. Sie standen jedoch in kommerzieller Beziehung zum Ozean; mit großen Lastkanus transportierten
sie Menschen oder Waren von Halbinsel zu Halbinsel, von Eiland
zu Eiland. Die größte Seestadt der Maya, Tulum, an der Spitze der
Halbinsel Yukatan, war eine großartige Anlage – doch haftet ihren
Bauten und Wandgemälden nur wenig spezifisch Maritimes an. Die
dort entdeckten Embleme sollen eher die Kraft des Windes oder die

Schönheit des Sonnenaufgangs wiedergeben. Falls Tulum mehr als ein Hafen für die weit im Landesinneren liegende Stadt Coba war, sondern man mit ihrem Bau in irgendeiner Weise dem Meer Hommage erweisen wollte, dann geschah das auf eine zurückhaltendere, diskretere Weise als üblich.

Auch im Schöpfungsmythos der Maya, wie er durch ihre Literatur und Kunst überliefert ist, spielt das Meer kaum eine Rolle. Berge stiegen irgendwie aus ihm auf, und im auf deren Hängen wuchernden Dschungel wurden dann hölzerne Menschen erschaffen, aus denen im Lauf der Zeit solche aus Fleisch und Blut hervorgingen. Doch das Meer ist bei ihnen nicht *fons et origo*, ihm wohnt wenig von der tröstenden Kraft inne, die es in den Legenden der Inka hat; es ist weniger große Nahrungsquelle als etwas, das zu Profit und Prosperität verhelfen kann.

Im atlantischen Afrika jedoch ist noch heute viel von jener Verehrung des Ozeans lebendig, die auch die Inka an den Tag legten. Weibliche Wassergeister, abwechselnd gütig-mütterlich und erotisch-verführerisch, spielen in Stammeskulturen an der Küste unterhalb der Sahara eine wichtige Rolle – vor allem bei den Yoruba Nigerias und in den diversen Voodookulten in Benin und Ghana wie auch in Liberia, Gabun und auf der Insel Fernando Póo. *Wata-mama*, heute auch häufig *Mammywater* genannt, ist seit Jahrhunderten eine populäre Figur in der Volkskunst Westafrikas. Seit Beginn der Sklavenzeit ist sie auch immer wieder in der Kunst von Mitgliedern der afrikanischen Diaspora auf der Westseite des Ozeans, besonders in Brasilien, aufgetaucht.

*Wata-mama* wird für gewöhnlich als ziemlich hellhäutig, blond und mit einer ganzen Schmuckkollektion behängt dargestellt. Ihre Gestalt ist die einer Meerjungfrau, und zwischen ihre für gewöhnlich vollen Brüste schmiegt sich immer eine dicke Pythonschlange. Anthropologen glauben, dass diese Geistergestalt auf das große Meeressäugetier, die westafrikanische Seekuh, zurückgeht.

Männer, die gewisse Neigungen an den Tag legen, behaupten gerne, dass der Geist von *Wata-mama* promiskuitiven Großstadtmädchen, vulgo: Dirnen, innewohne, und sie rechtfertigen Bordellbesuche vor ihren Ehegattinnen damit, dass es sich dabei letztlich um sakramentale Akte handle. Wenn auch ihr Glaube an Wassergeister lebendig bleibt, sind wohl nur wenige afrikanische Ehefrauen für dieses Argument aufgeschlossen.

## 4. Eine sicherer zu befahrende See

Die Überquerungen des Atlantiks im 15. Jahrhundert fielen mit der ruhelosen intellektuellen und kommerziellen Betriebsamkeit der Renaissance zusammen – wie einige glauben, wurden sie auch teilweise durch diese ausgelöst. Es war eine Periode, in der, was die visuelle Kunst betraf, alle möglichen neuen Konzepte entwickelt wurden. Man beschäftigte sich vor allem mit der Perspektive, führte jedoch auch einen wissenschaftlichen Realismus in die Kunst ein und verlangte danach, die neuerdings gewonnenen Kenntnisse über die Welt der Natur zu dokumentieren und festzuhalten. Diese neue Strömung in der Kunst hatte auch eine nachhaltige Auswirkung auf die Wahrnehmung der See, auf das »Bild« von ihr. In dem Maß, in dem die Welt der Meere immer besser bekannt wurde, man sie weniger als zuvor zu fürchten begann und ihre Gewässer, Klippen und Tiere nach und nach immer zugänglicher für eine ruhige Würdigung durch die Künstler wurden, fing die fantasievolle Ausmalung des Unbekannten an, einer konventionelleren, wirklichkeitsgetreueren Darstellung der großen Ozeane zu weichen.

Anfangs ist das Meer nur Kulisse – es begegnet zum Beispiel in einigen Werken Dürers als eine bloße glatte Wasserfläche, Teil der übrigen Szenerie, manchmal fast in dieser untergehend. Natürlich steht auf einem der bekanntesten Kupferstiche Dürers, *Das Meerwunder*, den er 1498 schuf, eine gigantische einem Triton ähnliche Gestalt im Vordergrund, mit Schuppen und Geweih, die eine nackte Frau in den Armen hält, deren Freunde hysterisch gestikulierend und mit aufgerissenen Mündern im Hintergrund zu sehen sind. Man könnte von einem Rückfall in eine frühere Sicht des Ozeans sprechen – abgesehen davon, dass das Wasser auf diesem Bild ganz ruhig ist; die leichte Kräuselung lässt auf einen Wind von nicht mehr als Stärke eins auf der Beaufortskala schließen. Und auf Dürers ein paar Jahre später geschaffenem *Die Beweinung Christi* ist das Gewässer ganz unbewegt und glatt wie ein Spiegel, eine Erinnerung daran, dass der Mensch dem Wandel, also auch der Sterblichkeit unterworfen ist, das Meer hingegen bestehen bleibt, um Derek Walcotts poetische Vorstellung wieder aufleben zu lassen: *Es besteht weiter.*

So nebensächlich das Meer für Dürer war, für einen jungen spanischen Maler namens Alejo Fernández war es das Allerwichtigste: Mit seinem Werk beginnt sich der Atlantik dreißig Jahre nach Dürer einen festen Platz in der Malerei zu erobern und kann bald den Anspruch auf einen gewissen »Status« in der Kunst erheben. Das Bild *Die Jungfrau der Seefahrer*, von dem man glaubt, dass Fernández es um 1531 geschaffen hat, ist die erste bekannte Darstellung der Taten von Christoph Kolumbus auf der anderen Seite des Atlantiks und der Implikationen des Brückenschlags zwischen dem zentraleuropäischen und dem amerikanischen Kontinent. Auf ihm ist die auf Wolken schwebende Jungfrau Maria zu sehen, die wohlwollend auf spanische Forschungsreisende und zum wahren Glauben bekehrte Eingeborene herabschaut. Unter ihren Füßen breitet sich der Ozean aus, blau und ruhig und von Schiffen von verschiedenem Typ und aus verschiedenen Epochen befahren.

Das Gemälde war riesig, man hatte es bei Fernández in Auftrag gegeben, um den Großen Audienzsaal in der Casa de Contratación damit zu schmücken, dem Sitz der Behörde, die von ihrem Hauptquartier im Alcázar von Sevilla aus alle offiziellen spanischen Forschungsreisen und andere Unternehmungen zur Vergrößerung und Erweiterung des Reichs dirigierte. Es sollte die Männer inspirieren, die in der Nachfolge von Kolumbus und Vespucci ins Unbekannte aufbrachen; es war das Mittelstück eines Triptychons, das den Altar zierte, an dem Gott um seinen Segen für eine weitere gefahrvolle Fahrt nach Westen angefleht wurde oder man ihm dankte, wenn ein Schiff glücklich in den Heimathafen zurückgekehrt war.

Der Atlantische Ozean wurde jetzt, von den Spaniern zumindest, als etwas angesehen, das unter der ewigen Obhut der Mutter Gottes

*Das Meerwunder*, um 1498 entstandener Kupferstich
von Albrecht Dürer.

stand. Er war von Gott zum Nutzen des Menschen, zur Verwendung durch ihn, geschaffen worden. Spätere Gemälde stellten dieses Meer als der Achtung und Verehrung würdiges Objekt dar. Auf Land- und Seekarten, Altarschirmen und -tüchern wie auch auf Wandteppichen für Kirchen in ganz Europa und in den fernen überseeischen Besitzungen waren bald formelle Darstellungen eines Meeres zu sehen, das man zu Recht heilig nennen könnte.

Und dann war das Meer ganz plötzlich überall. Oder vielmehr die Schiffe waren es, und das Meer war unter, neben und jenseits von ihnen zu sehen, und zwar in einer Vielzahl ganz unterschiedlicher Stimmungen. Dieses jähe Aufflammen des Interesses für alles Maritime setzte um die Mitte des 16. Jahrhunderts ein und hatte mit dem Nationalstolz zu tun. Der Anblick einer Kogge, Karacke oder auch Galeone ihres Landes unter vollen Segeln oder in späterer Zeit eines Linienschiffs, das eine Breitseite auf ein gegnerisches abfeuert, das schon zu einem Gewirr aus zersplitterten Rahen und zerfetzten Segeln reduziert ist, scheint national gesinnten Menschen einen erhabenen Schauer über den Rücken gejagt zu haben. Die Briten, die Spanier und die Portugiesen brachten eine Fülle von Bildern dieser Art hervor; doch waren es die Holländer, die von der Mitte des 16. Jahrhunderts an für kurze Zeit fast so etwas wie ein Monopol auf die künstlerische Darstellung des Ozeans innehatten.

Wenn man von einer Region sagen kann, sie habe die atlantische Kunst erfunden, dann sind dies die Niederlande, und was die Thematik betrifft, so scheint eine Art heiliger Trinität von Schiffsporträts, Hafenansichten und sturmgepeitschten Klippen die Malerei dominiert zu haben. Jedenfalls trifft das auf das Werk von Männern wie dem flämischen Maler und Kupferstecher Pieter Brueghel dem Älteren sowie auf das von Willem van de Velde *Vater und Sohn* zu, die beide nach England auswanderten, wo sie ihr Handwerk durch die Ausführung einer Reihe von das Meer und Kriegsschiffe zeigenden Panoramen im Auftrag des englischen Königs perfektionierten. Schließlich galt das auch für das Werk des Künstlers, der die Marinemalerei im Grunde erfand und berühmt für seine mitreißenden Schlachtenszenen war, bei denen er sich auch dem kleinsten schauer-

lichen Detail mit größter Sorgfalt widmete, den aus Haarlem gebürtigen genialen Hendrik Cornelisz Vroom.

Sogar heute noch, nahezu fünf Jahrhunderte später, vermögen
diese Bilder den Betrachter zu fesseln: Immer sieht man auf ihnen
die gierige, verschlingende See; ihre Wogen sind von einem durch-
scheinenden Grün, die Täler zwischen ihnen tief und gefährlich, und
das alles steht in einem scharfen Kontrast zu den Annehmlichkeiten
des fernen Landes mit seinen grünen Wiesen, auf denen Kühe grasen,
und den die Existenz eines Dorfes anzeigenden Kirchtürmen. Auf
dem Wasser im Vordergrund wimmelt es von geschäftig umherhuschenden Leichtern und die Oberfläche aufwühlenden Fährbooten –
und dann, vorne in der Mitte, leuchten in einem einzelnen Strahl
fahlen Sonnenlichts die Segel eines gewaltigen holländischen Kauf-
fahrers auf, der sich, vom Wind gepackt, auf die Seite neigt und auf
irgendein fernes Ziel zuhält. Das Wasser fängt unter seinem mächtigen Bug aus Eichenholz zu schäumen an, sobald die Brise in das Segeltuch fährt, und es beginnt aus dem Bild zu stürmen und wird bald
den Blicken des Betrachters entzogen sein.

Hinsichtlich der Behandlung der See durch die verschiedenen
europäischen Malschulen gibt es subtile Unterschiede. Die Holländer
bevorzugten eine geradezu zeichnerische Akkuratesse bei der Wiedergabe der ganzen Komplexität großer Segelschiffe; die große zur
Verfügung stehende Malfläche – wenn es sich um eine Auftragsarbeit
handelte, die der Kunde sich einiges kosten ließ – wurde mit Tausenden von Details vollgestopft; die Szenerie, Flussmündungen oder
das Wasser unterhalb von beeindruckenden hoch aufragenden Landspitzen, war strengstens komponiert und in allen Einzelheiten aufeinander abgestimmt. Die Briten mochten es weniger formell; ihnen
gefiel es vor allem, ihre Häfen zu malen oder gemalt zu sehen, außerdem die majestätischeren Einheiten der Royal Navy und die Mo-
mente ihres Triumphs im Durcheinander einer großen Seeschlacht.
Die Franzosen dagegen wussten nicht allzu viel mit dem Atlantik
anzufangen, und man kennt nur wenige Bilder, die ihn zum Sujet
haben, außer den Werken von Claude Lorrain (der aber in Italien
wirkte) und Claude Vernet, welcher im Auftrag Ludwigs XV. drei-

zehn großartige Ansichten von Häfen an der französischen Atlantikküste von Boulogne bis Biarritz (sowie dem am Mittelmeer gelegenen Marseille) schuf.

Canalettos maritimes Interesse erschöpfte sich, wie bekannt, in
der Darstellung der Kanäle Venedigs. Die Russen (die nicht wirklich
dem Atlantik ausgesetzt waren, außer an Orten wie den ihm nahe
gelegenen Häfen Murmansk und Archangelsk am Weißen Meer)
taten ihr Bestes, Interesse an den Tag zu legen. Katharina die Große
konnte einen in Neapel stationierten deutschen Künstler dazu bewegen, Seestücke der Art zu malen, wie sie sie mochte. Als er um Vorschläge für die Ausführung von Schlachtenszenen bat, schickte sie
eine Schwadron ihrer Kriegsschiffe nach Livorno und ließ eines von
ihnen in die Luft jagen, damit er sich eine ungefähre Vorstellung davon machen konnte, wie ein explodierendes Schiff aussah.

# 5. Eingang in die Lyrik

Die Dichter brauchten einige Zeit, um mit den Malern gleichzuzie-
hen.

Die europäischen Maler des 16. und 17. Jahrhunderts mögen sich
rasch mit dem Ozean angefreundet und seine Weiten weniger als
beängstigend empfunden, sondern eher unter dem Aspekt der mit
ihnen verbundenen kommerziellen Möglichkeiten gesehen haben,
die Dichter dagegen waren noch nicht recht von ihm überzeugt.
Während die Holländer das Glanzvolle an der See und der Seeschiff-
fahrt mit dem Pinsel festhielten und Sir Walter Raleigh die Neue Welt
erforschte (und Gedichte schrieb, in denen Maritimes kaum Erwähnung findet), verfasste beispielsweise sein Freund Edmund Spenser
das Versepos *The Fairie Queen*, das nicht nur im Höchstmaß fantasievoll, sondern auch im Höchstmaß nautisch ist. In den zahllosen
Büchern und Cantos dieses Werks kommt aber eine Auffassung von
der Natur des Ozeans zum Ausdruck, die sich vollkommen von der
der holländischen Maler unterscheidet; Spenser entwirft kein so gla-
mouröses Bild vom Ozean, ihm zufolge war er angefüllt mit:

Höchst hässlichen Gestalten und schrecklich zu Schauendem,
Der Art, dass es in der Herrin Natur selbst Furcht aufsteigen
    lassen könnte,
Oder Scham darüber, dass ihrer geschickten Hand solch
    Mangelhaftes entschlüpft sein soll:
Alle möglichen missgestalteten Scheusale:
Quellköpfige Hydren und meerhebende Wale,
Große Strudel, die alle Fische die Flucht ergreifen lassen,
Glänzende Skolopender [Hundertfüßler], mit silbernen
    Schuppen bewehrt,
Mächtige Monocerosen [Krabben] mit unermesslich langen
    Schwänzen.

Auch Shakespeare – der die See unzählige Male erwähnt, aber in so
fantasievoller Manier, dass die Zweifel wachsen, ob er sie wirklich
jemals sah – ließ sich nicht in heiterer Weise über sie aus. Der Alb-
traum vom Ertrinken im Meer überfällt immer wieder Personen in
seinen Dramen, wie zum Beispiel den Herzogs von Clarence, der auf
Geheiß seines Bruders, des künftigen Königs Richard III., im Tower
eingekerkert ist:

O Gott! Wie qualvoll schien mir's zu ertrinken!
Welch grauser Lärm des Wassers mir im Ohr!
Welch scheußlich Todesschauspiel vor den Augen!
Mir deucht', ich säh' den Graus von tausend Wracken,
Säh' tausend Menschen, angenagt von Fischen;
Goldklumpen, große Anker, Perlenhaufen,
Stein' ohne Preis, unschätzbare Juwelen,
Zerstreuet alles auf dem Grund der See.
In Schädeln lagen ein'ge; in den Höhlen,
Wo Augen einst gewohnt, war eingenistet,
Als wie zum Spotte, blinkendes Gestein,
Da buhlte mit der Tiefe schlamm'gem Grund
Und höhnte die Geripppe ringsumher.

Und auch John Donne verband mit dem Atlantik Schauriges. In seinem 1597 in Briefform verfassten Gedicht »Der Sturm« heißt es:

Schneller als du diese Zeile zu lesen vermagst, griff der Wind,
Wie ein Schuss, den man nicht fürchtet, bevor man ihn fühlt,
   unsere Segel an;
Und was erst eine Bö' genannt, dies
Trägt nun den Namen Sturm, wenn nicht gar Orkan.
Jonas, ich hab' Mitleid mit dir und verfluche die,
   welche, als der Sturm am wütensten getobt, dich aufgeweckt.
Der Schlaf ist das beste Heilmittel für jede Pein und erfüllt
Alle Aufgaben des Todes – außer der, einen sterben zu lassen.

Und dann brach die Aufklärung an, und mit ihr kam es zum Triumph des Verstands. Es war das Zeitalter von Denkern wie Descartes und Newton – und auch von John Milton. Er war einer der ersten englischen Dichter, die sich mit größerer Gelassenheit und weniger von Emotionen überschäumend über das Meer äußerten. Im siebten Buch von *Das verlorene Paradies* zum Beispiel bekundet er seine Bewunderung für die Meerestiefen, die er als von Gott geschaffen ansah:

[…] der Ozean
Umfloß die Oberfläche ungehemmt,
Nicht müßig, denn mit regem, warmem Saft
Erweichte er das ganze Rund und gab
Der Großen Mutter Gärung, zu empfangen,
Von Ursprungsfeuchte schwer, worauf Gott sprach:
»Es sammle sich das Wasser unterm Himmel
An einem Ort, daß man das Trockne sehe!«
[…]
Das Trockne aber hieß er Land, die Wasser,
Wo sie sich sammelten, hieß er das Meer.

Es sollte noch eine Weile dauern, bis das Meer zu dem wurde, was es heute ist: etwas voller Romantik – der Archetypus des Erhabenen, jener Eigenschaft natürlicher Schöpfungen, der es gelingt, das Großartige mit dem Erschreckenden zu verbinden. Gebirgsketten mit ihren schroffen Gipfeln und steilen Felshängen und den Gefahren durch Steinschlag, Lawinen und wütende Stürme sind klassische Beispiele dafür; ihre Ästhetik ist von einer Art, die Ehrfurcht und Verehrung auslöst. Die See wurde schließlich genauso gesehen – als etwas, dem eine ehrfurchtgebietende Macht innewohnt, eine todbringende Schönheit, die man zugleich fürchten und achten muss, von der man aber auch ganz überwältigt wird. Gegen Ende des 18. Jahrhunderts war das Meer – und für die meisten Europäer war das gleichbedeutend mit dem Atlantik, der ihre Küsten umspülte – kein bloßes Hindernis mehr, das man im Leben nach Kräften negieren sollte und ebenso in der Kunst, in der Literatur, bei jedem kreativen Unterfangen. Es war etwas, das man ehren und annehmen sollte.

# 6. Steine am Rand des Ozeans

Zur selben Zeit, als die holländischen Maler den Atlantischen Ozean als Gewässer von unwiderstehlicher Grandiosität darstellten, begannen die Architekten der europäischen Reiche damit, angemessen großartige Städte an seinen Rändern anzulegen oder schon existierende zu erweitern. Es wäre vielleicht verstiegen zu behaupten, dass diejenigen, die diese Städte oder deren Gebäude entwarfen, dabei dem Ozean ganz bewusst auf irgendeine Weise Hommage erweisen wollten, doch erfreuen sich viele von ihnen heute eines architektonisches Erbes von einer gewissen Einzigartigkeit und Pracht. Es kann kein Zweifel daran bestehen, dass aufgrund der Geschichte der Kolonisierung und des Austausches von Reichtümern zwischen Europa, Afrika sowie Nord- und Südamerika kein anderes der Weltmeere eine solche Konzentration urbaner Pracht aufzuweisen hat. Fünf Jahrhunderte sich in Steinbauten niederschlagender Kreativität haben dem Atlantik – das heißt seinen Ufern – ihren unauslöschlichen Stempel aufgedrückt. Diese Architektur ist ein genauso aussagestarkes Zeugnis für den Umgang des Menschen mit diesem gewaltigen, nahezu grenzenlosen Raum wie die Kunstwerke und die literarischen Texte, zu denen er inspiriert hat.

Die riesige Zahl der am Ozean gelegenen Städte droht jeden Bericht über sie auf eine reine Auflistung zu reduzieren. Abgesehen von den Städten von Hammerfest bis nach Kapstadt im Osten und von St. John's bis Comodoro Rivadavia im Westen und jenen großen und sich einem sofort aufdrängenden Metropolen wie New York und Rotterdam, Liverpool und Rio gibt es Orte wie Esbjerg, Vigo, Takoradi, Walvis Bay, Puerto Madryn, Wilmington und Halifax, und das sind nur einige der vielen Häfen und Siedlungen, die allein aufgrund der Nähe zum Ozean entstanden sind.

Es ist möglich, eine Reihe der markantesten dieser Städte paarweise vorzustellen, das heißt eine, die auf der früher besiedelten und bebauten Ostseite des Atlantiks liegt, auf irgendeine logische Weise mit einer Partnerstadt auf der »jüngeren« Westseite zu koppeln. Dies nicht so sehr zum Zweck des direkten Vergleichs und nicht notwendigerweise aufgrund einer zwischen ihnen bestehenden formellen historischen Beziehung – wie es sie zwischen den Städten am Mersey und den Zuckerausfuhrhäfen in der Karibik zum Beispiel oder den europäischen Auswanderungszentren und Ellis Island mit seiner Aufnahmestation gibt. Diese Paare sollen und können einfach nur einen kleinen Einblick in die ganze Bandbreite städtebaulicher Ambitionen liefern, die der Atlantische Ozean hat wach werden lassen. Einige der an ihm liegenden Städte sind vor allem wegen ihres Alters bemerkenswert, einige wegen ihrer Schönheit oder Dramatik oder ihrer verblassenden Pracht; andere erregen wegen ihrer Energie Aufsehen und wieder andere wegen ihrer wirtschaftlichen oder politischen Bedeutung.

Athen ist den meisten Berechnungen zufolge die älteste größere Stadt Europas. Das spanische Cádiz gehört zu den ältesten an der Atlantikküste des Kontinents. Behauptungen zufolge soll es 1104 v. Chr. gegründet worden sein, jedenfalls ist dies das Datum, das ein prominenter römischer Historiker in seinem Diarium angibt. Doch sogar die Bürger der Stadt, die ein besonders hohes Maß an Lokalstolz empfinden, halten das heute für unwahrscheinlich und geben sich mit dem neunten vorchristlichen Jahrhundert als Gründungsdatum zufrieden. Das war die Zeit, in der die Phönizier Cádiz als Handelsstützpunkt für ihre Fahrten nach Südwestbritannien und Nordwestafrika zu nutzen begannen.

Und wenn auch in Cádiz zu keinem Zeitpunkt ein Parthenon oder eine Akropolis gestanden hat, gab es dort ebenfalls imposante öffentliche Gebäude. Eines davon, das später als das älteste erhaltene der Stadt identifiziert werden sollte – eine römische Ruine –, wurde zufällig genau bei Gelegenheit meines ersten Aufenthalts in Cádiz entdeckt, in den frühen 1980er Jahren.

Ich hatte den Auftrag, eine Reportage zu verfassen, und wanderte im Zusammenhang damit von der spanischen Atlantik- zur Mittelmeerküste des Landes, wozu ich ungefähr fünfzig Meilen über die Klippen und durch die Korkeichenwälder Südandalusiens zurückzulegen hatte. Cádiz war mein Ausgangspunkt, der britische Vorposten Gibraltar mein Ziel.

Bevor ich in London aufgebrochen war, hatte ich angenommen, der Höhepunkt meiner bescheidenen Expedition werde der Zwischenhalt in Tarifa sein, der südlichsten Stadt von ganz Europa. Von dort aus würde ich nämlich die schneebedeckten Gipfel des Atlasgebirges in Marokko sehen können. Irgendwie schien es mir kaum vorstellbar – ich war Mitte dreißig und riss bei meiner Wanderung die Augen immer wieder voll Staunen weit auf –, dass es von den Hafenanlagen einer kleinen südeuropäischen Stadt aus möglich sein sollte, einen Blick auf *Afrika* zu werfen, jenen unvorstellbar fernen und so unbeschreiblich *anderen* Kontinent mit seinen Löwen und Giraffen, seinen Mohren und Buschmännern und seinem Kilimandscharo.

Aber, ja: Es lag da, groß und sich undeutlich abzeichnend, mit marokkanischem Wüstensand rosa bestäubt, und es war genauso ein spektakulärer Anblick, wie ich es erwartet hatte, voller Symbolik und Omina. Doch irgendwie kam es nicht ganz an Cádiz heran, wo große Erregung in der Luft gelegen hatte, als ich ein paar Tage zuvor zu meiner Wanderung aufgebrochen war, denn es war dort zu einem merkwürdigen Vorfall gekommen. In einem besonders alten Teil der

Stadt, die generell sehr alt ist, war ein Brand ausgebrochen, der einige Abrissarbeiten notwendig gemacht hatte. Am ersten Morgen, den ich in Cádiz verbrachte, vermochte der Oberkellner des Hotels Atlantico seine Erregung über eine Neuigkeit, die er gerade gehört hatte, kaum zu unterdrücken. *Man hatte die Ruinen eines römischen Theaters gefunden!* Das raunte er mir zu, als er mir die bestellten zwei Frühstückseier servierte. *Es könnte sich sogar um das größte auf der Welt handeln!*

Es stellte sich dann als das zweitgrößte heraus.[*] Doch die Entdeckung einer Anlage, die einer von Julius Cäsars Befehlshabern im ersten vorchristlichen Jahrhundert hatte errichten lassen, verlieh der Vorstellung dieser ansonsten überaus bescheidenen Stadt von sich als einem Ort von ehemals großer Bedeutung und hohem Alter konkrete Gestalt. Cádiz hatte den Römern als Flottenstützpunkt gedient, und nun lag der Beweis vor, dass man auch für die Unterhaltung der Seeleute gesorgt hatte. Die Karthager hatten Ähnliches getan, und vor ihnen waren schon die Phönizier da gewesen, die es *Gadir*, mit Mauern umgebener Ort, nannten. Es war eine bedeutende Stadt schon lange bevor man wusste, dass der Atlantik ein Ozean war.

Das alte Zentrum von Cádiz liegt auf einem schmalen Streifen Land zwischen dem Ozean und der Bucht. An der zur See hin gelegenen Spitze erhebt sich ein Fort mit dicken Mauern, Kanonen und Wachtürmen mit Schießscharten, von denen aus Posten das Meer beobachten konnten. Innerhalb der Wehrmauern stößt man auf ein Gewirr von alten Bauten, zumeist aus dem 17. und 18. Jahrhundert. Und hinter dem Fort reihen sich Herrenhäuser und Paläste aneinander, die ebenso wie die prächtigen Plazas mithilfe des Vermögens erbaut und angelegt wurden, das die Bürger von Cádiz in den zwei Jahrhunderten, in denen ihre Stadt der Hauptumschlaghafen Spaniens im Handel mit Amerika war, anhäuften.

Zum Ausgangspunkt für meinen langen Marsch nach Osten wählte

---

[*] Das größte bleibt nach wie vor das von Pompeji.

ich mir die Stelle unter den Palmen auf der Plaza de la Candelaria, wo einer Plakette zufolge das Haus von Bernardo O'Higgins gestanden hatte, dem Chilenen irischer Abstammung, der im 19. Jahrhundert für sein Land die Unabhängigkeit von Spanien erkämpfte. Ich schlenderte zunächst unterhalb einer Handvoll Türmen entlang, von denen aus Kaufmannsgattinnen einst nach heimkehrenden Schiffen Ausschau gehalten hatten. Ich kam am alten Tabaklagerhaus vorbei, an der makellos in Schuss gehaltenen Kathedrale und dem Kloster und gelangte schließlich auf die große nach Süden führende Straße – unter schützenden Planen lag zu meiner Linken das römische Theater; direkt vor mir erstreckten sich, heiß und staubig, der Damm, der die Verbindung zum andalusischen Festland herstellte, und die Straße nach Gibraltar. Irgendwie brachte ich es fertig, ein wenig die Orientierung zu verlieren, und fragte einen elegant gekleideten Spanier fortgeschrittenen Alters nach dem Weg. Er war gar nicht so hochmütig, wie er aussah, und reagierte überhaupt nicht unwirsch. »Achten Sie darauf, dass der Ozean immer zu ihrer Rechten liegt«, sagte er, »dann können Sie sich kaum vertun. Und denken Sie daran, unterwegs immer nach Afrika Ausschau zu halten.«

Santo Domingo, die sich nach allen Richtungen hin ausbreitende Stadt auf Hispaniola, dreitausend Meilen weit entfernt auf der anderen, der westlichen Seite des Ozeans gelegen, besitzt wenige solcher unmittelbar sichtbaren Attraktionen; diese wollen erst entdeckt sein. Mehr als zwei Millionen Menschen sind in der im Allgemeinen hässlichen und wenig inspirierenden Hauptstadt eines unrettbar korrupten Inselstaats (man teilt sich die Insel mit Haiti) zusammengedrängt. Doch am rechten Ufer des Ozama River liegt das alte Viertel, der Reliquienschrein jener Stadt, die Bartolomeo Kolumbus, der Bruder des Christoph, 1498 gründete und die nach einem verheerenden Hurrikan vier Jahre später wieder aufgebaut wurde. Und dieses Viertel entspricht viel mehr dem, was man zu finden gehofft hat.

Aus der damaligen Zeit erhaltene Gebäude lassen erkennen, wie großartig, ganz ähnlich wie Cádiz, diese Stadt aussehen könnte. Noch vor eineinhalb Jahrhunderten war die *ciudad colonial* – for-

Die zum Meer hin gelegene Front vieler Städte zieren seit
Jahrhunderten Gebäude, die Respekt und Ehrfurcht vor der See
widerspiegeln. Cádiz (o. l.) besitzt Monumente, die an die Händler und
Forscher aus phönizischer und römischer Zeit erinnern. Gebäude in
Liverpool (o. r.) und New York (u. l.) geben etwas von der
kommerziellen Energie dieser Städte wieder. Jamestown (u. r.) auf
Sankt Helena mitten im Atlantik, ist mit seinen georgianischen Bauten
seit dreihundert Jahren eine Zufluchtsstätte für an der Insel
vorbeireisende Kaufleute.

mell als Santo Domingo de Guzmán bekannt, nachdem sie zuerst zu
Ehren der Königin, die die Expedition finanziert hatte, den Namen
La Isabella getragen hatte – eine Atlantikstadt wie aus dem Bilder-
buch. Zum Meer hin erhob sich ein gewaltiger Uferdamm, an dessen Fuß sich die Wogen tosend brachen. Es gab ein Dock und einen

Leuchtturm und innerhalb der Wälle eine Kaserne, ein Pulvermagazin und einen Semaphor. Ein kurzer orgiastischer Ausbruch kolonialer Bauwut ließ dann im frühen 16. Jahrhundert einen riesigen Gouverneurspalast entstehen, eine schön proportionierte Kathedrale, das eine oder andere Herrenhaus eines reichen Kaufmanns, ein Kloster, ein Spital und eine Reihe weiterer ganz weltlichen Zwecken dienender, aber architektonisch eleganter Bauten wie ein Lagerhaus und ein Schlachthaus. Auf der zum Land hin gelegenen Seite durchbrach ein großes Tor mit eichenen Türen und zinnenbewehrten Türmen die Stadtmauer, durch das spanische Soldaten auf Unternehmungen ins Hinterland von Hispaniola ausrücken konnten.

Santo Domingo war in vielfacher Hinsicht eine klassische am Ozean gelegene Festungsstadt: Die schmalen Gassen waren gitterförmig angeordnet, all das, was zum Leben fern der Heimat wie auch zur imperialen Expansion unabdingbar war, fand sich hier auf engstem Raum innerhalb der Wehrmauern aus ein Meter zwanzig dicken Korallenkalkquadern zusammengedrängt. Das wenige, was aus jener Zeit noch existiert, untersteht jetzt dem Schutz der United Nations, die dafür Sorge tragen, dass es zum Nutzen aller erhalten bleibt und die großen historischen Gebäude – die erste Kathedrale auf amerikanischem Boden, das erste Kastell und der erste Palast – dem Zugriff der Immobilienhändler und Bauunternehmer entzogen bleiben, die den Rest der Stadt mit Hochhäusern und Einkaufszentren verunstaltet haben. In der Altstadt läuft man noch über Kopfsteinpflaster, auf der Plaza de España herrscht geschäftiges Treiben, und die Seemöwen, die vom Meer hereinkommen, segeln kreischend in der Brise.

Jeder, der zur Abendzeit hoch oben auf den Wehrmauern an den schwarzen Eisenkanonen vorbeischlendert, kann sich eins fühlen mit einem Spaziergänger, der vielleicht in Cádiz unterwegs ist, eine halbe Welt entfernt. So, könnte man in Versuchung sein, über den Ozean hinweg dem anderen zuzuflüstern, müssen die ersten Atlantikstädte am Beginn ihrer Existenz ausgesehen, geklungen und auf einen gewirkt haben. Das Stampfen und Klacken von genagelten Militärstiefeln auf dem Pflaster aus geglättetem Kalkstein, die zum Kauf drängenden Rufe der Händler, das Knarren von Schiffsplanken und das

Reiben von Trossen, die Schreie der Seevögel, das endlose Gegrummel der Brecher am Strand und der Wogen weiter draußen, und alles in das warme Licht getaucht, wie es am frühen Morgen oder späten Abend, bei Sonnenauf- oder -untergang, am Meer herrscht und die hohen Kalksteinwälle mit einem lachsrosa Hauch überzieht. Cádiz und Santo Domingo könnten in solchen Augenblicken ein und dieselbe Stadt sein, durch ihren Stil und die Atmosphäre miteinander verbunden, durch die Männer, die sie erbauten, und durch den Ozean, neben dem sie in die Höhe gewachsen sind.

Und dann gibt es da die gewaltigen Atlantikstädte von heute, unter ihnen das unvergleichliche New York. Die Stadt ist nach wie vor das, was sie mehr als einhundertfünfzig Jahre gewesen ist: Sie stellt Amerikas *sea-washed sunset gates* dar, wie Emma Lazarus es in ihrer berühmten Inschrift auf dem Sockel der Freiheitsstatue genannt hat – das Tor zu einem Leben voller Hoffnung und Chancen für Millionen und Abermillionen, die auf die andere Seite des Ozeans auswanderten. Natürlich sind es heute die großen Flughäfen, über die die meisten Immigranten ins Land kommen, und die Mehrzahl von ihnen stammt aus Regionen, die weit jenseits des Atlantiks liegen, doch das New York von heute wird immer noch stark von Einwanderern geprägt, wie sie sich von der Mitte des 19. Jahrhunderts an aus dem alten Europa ohne Unterlass ins Land ergossen haben.

Sogar heute noch teilt sich einem immer wieder eindringlich mit, dass New York eine bedeutende Hafenstadt ist. Genau unterhalb der massiven aus Beton gegossenen Ankerpunkte der Verrazano Narrows Bridge in Brooklyn, neben einer Straße namens Leif Ericson Drive, über welche die Lastwagen donnern, befindet sich ein trübseliges, mit spärlichem Gras bestandenes Grundstück, von dem aus man so nahe an die vorüberfahrenden Schiffe herankommen kann, dass man beinahe, wäre da nicht ein Eisengeländer, die Hand ausstrecken und ihre Rümpfe berühren könnte. Und was für einen endlosen Prozessionszug sie bilden! Massengutfrachter aus den afrikanischen Häfen, voll beladen mit Kurs auf die Anlegekais von Bayonne in New Jersey unterwegs. Schlanke Containerschiffe aus Göteborg, ohne Zweifel mit billigen Ikea-Möbeln voll gestopft, deren Ziel der Kai neben der größten Niederlassung des Unternehmens in Elizabeth, ebenfalls New Jersey, ist. Blendend weiße, fensterlose, in den belgischen und französischen Montagestätten beladene Autotransporter auf dem Weg zu den Entladekais am Port Newark Channel; Öltanker, die sich vorsichtig den Kanal hinauftasten zu den Tankanlagen südlich von Kearney, und hin und wieder vielleicht sogar ein großer Passagierdampfer, ein immer noch elegant wirkendes Schiff der Cunard Line vielleicht oder ein ordinär aussehendes und in alarmierender Weise topplastiges von Carnival, dessen Ziel die Piers an der Westseite von Manhattan sind oder das den vor Kurzem auf Hochglanz gebrachten neuen Terminal für Kreuzfahrtschiffe bei Red Hook, Brooklyn, ansteuert.

Auch die ausfahrenden Schiffe schieben sich langsam an einem vorbei, ihre gigantischen Schrauben wühlen das Wasser auf, wenn sie erst Sea Gate und Breezy Point in New York passieren und dann Sandy Hook und die niedrigen Hügel in New Jersey, die man recht großmütig als Atlantic Highlands bezeichnet. Anschließend führt sie ihr Weg an den sorgfältig bewachten und abgeschirmten Piers der US-Navy vorbei, an denen amerikanische Kriegsschiffe mit Munition versehen werden, und dann geht es hinaus auf die Wellen des Atlantiks. Man riecht an dieser Stelle bei der Verrazano-Brücke schon die nahe See, und außer an besonders drückenden Sommertagen scheint hier immer eine frische Brise zu wehen. Dutzende von kleineren Wasserfahrzeugen flitzen zwischen den mächtigeren Schiffen umher wie die Insekten, die man Wasserläufer nennt. Hier lauern auch Boote der Wasserpolizei, mit Motoren, die träge vor sich hin brummen, aber wenn nötig für rasante Geschwindigkeit sorgen können.

Und da hinten liegt der Fahrdamm, der – die Schreibweise ist etwas informell – nach dem Norweger benannt ist, der diesen Ozean als Erster überquerte. Auf ihm bewegen sich Ströme von Lastern, Privatautos und gelben Taxis voran, die zumeist vom Kennedy Airport kommen. Wenige Taxifahrer halten hier gerne an, doch wenn einer dazu gebracht werden kann zu stoppen und einen aufzunehmen, dann gelangt man nach einer nur fünfminütigen Fahrt in Richtung Westen unter der Brooklyn Esplanade hindurch auf das filigrane Gebilde, welches die Brooklyn Bridge ist, und sieht an deren anderem Ende plötzlich die glitzernde Frontline von Manhattan aufragen – wie einen spektakulären Bühnenvorhang.

Manhattan kann kaum noch als architektonischer Tempel bezeichnet werden, der der maritimen Geschichte der Stadt geweiht ist und das Meer feiert. Seine unzähligen Wolkenkratzer sind Totempfähle, die man anderen Bereichen des Kommerzes und einem Reichtum anderer Art errichtet hat. Doch *downtown*, neben den Befestigungsanlagen und Bastionen der Battery, nur ein paar Meilen rauen Wassers von Ellis Island und Governors Island und der Freiheitsstatue in ihrem kleinen Inselpark, der einst Bedloe's Island war, entfernt, findet man noch Hinweise auf die zisozeanischen Ursprünge der Stadt. Am bemerkenswertesten unter diesen Erinnerungsstücken ist das prachtvolle im Jugendstil gehaltene Custom House, das heute wenig genutzt wird, dem aber das Schicksal anderer nobler Gebäude erspart blieb, die man nämlich zertrümmerte, um den Schutt zur Geländeauffüllung zu verwenden.

An der Front dieses großartigen Gebäudes sind vier riesige Statuen von sitzenden Gestalten nebeneinander aufgereiht. Sie wurden von Daniel Chester French entworfen, dessen Ruhm vor allem auf seiner kolossalen Lincoln-Statue in Washington, D. C., gründet. Die vier Custom-House-Statuen symbolisieren die vier großen seefahrenden Kontinente.

Asien und Afrika, deren Statuen an die linke und die rechte äußere Ecke des Bauwerks verwiesen wurden, sind schlafend und reglos dargestellt, sie sind wenig mehr als nutzlos-hübsch und eigentlich zu vergessen. Europa und Amerika andererseits sitzen auf der linken beziehungsweise rechten Seite der Freitreppe, die zum Haupteingang führt, und sie bersten geradezu vor Noblesse, vor in Marmor eingefrorener Energie und einer anscheinend unbegrenzten Fähigkeit, Triumphe zu feiern und Reichtum anzuhäufen. Wenn man von zwei Kunstwerken sagen kann, dass sie das Sichvereinen verkörpern, durch das die neue atlantische Identität geschaffen wurde, dann ist es dieses Paar von marmornen Gigantinnen, die in den Straßenschluchten von Downtown Manhattan kaum Beachtung finden.

Zeitungen mit Berichten über Schiffe und Schiffsbewegungen wie das *Journal of Commerce* und *Lloyd's List* zirkulieren immer noch in diesen Straßen ganz an der Südspitze Manhattans, und ein Laden in der Gegend, der sich New York Nautical nennt, bietet immer noch Seekarten der *Approaches to Pernambuco* oder des *Estrecho de Magellanes* an; natürlich hat man dort auch den *Admiralty Pilot for the West Coast of Scotland* auf Lager und Handbücher zu hundert anderen Regionen der Weltmeere jederzeit vorrätig. Ein von großer Fahrt zurückgekehrter Seemann kann sich dort *List of Lights: North Atlantic* kaufen, ein stattliches Angebot an Sextanten und Chronometern in blinkenden Messinggehäusen prüfen oder in Adlard Coles' *Heavy Weather Sailing* und dem *Ashley Book of Knots* schmökern. Eine am Lower Broadway verbrachte Stunde, dann mit dem Taxi zurück zu den Piers von Red Hook, und man könnte sich tatsächlich ausreichend gewappnet fühlen, an Bord eines Schiffes zu gehen, Anker zu lichten, die Leinen loszuwerfen, unter der Narrows Bridge hindurch die offene See anzusteuern, in das bewegte Wasser um Fire Island vorzustoßen und dann Montauk zu passieren, wo das Nantucket-Feuerschiff das Ende der flachen Küstengewässer anzeigt, um danach endlich Kurs auf einen der Klassiker unter den Häfen der dreitausend Meilen weit entfernten Alten Welt zu nehmen, nach Bergen in Norwegen beispielsweise. Oder nach Antwerpen, Rotterdam, Liverpool, Cherbourg, Vigo, Casablanca oder sogar, wenn man mutig genug und ausreichend verproviantiert ist, um ein Ziel weit im Südosten anzusteuern, nach Kapstadt.

Dort, am anderen Ende der längsten über den Ozean führenden Diagonale, befindet sich der Gegenpol zu New York, dessen intellektueller und geistiger Antipode. Nur ein paar Meilen von der Südspitze des afrikanischen Kontinents entfernt liegt eine Stadt, die in der Tat »schaumgeboren« ist, dem Meer aber mit nur wenigen Werken von Menschenhand Hommage erweist, sondern das eher der Natur überlässt.

Das Überwältigende von Manhattan geht unbestreitbar von den

Gebäuden aus, die die millionenfachen kreativen Fähigkeiten der Menschheit zum Ausdruck bringen. Die natürliche Landschaft ist dort so gut wie bedeutungslos. Das Beglückende, Erhebende an Kapstadt liegt im Unterschied dazu überhaupt nicht in den Bauten der Stadt begründet, sondern in den samtblauen Bergen, die sie umgeben. Und diese ganze großartige Szenerie dient dazu, etwas deutlich zu machen, was das Meer schon weiß und was das genaue Gegenteil der Selbsttäuschung ist, der man sich in New York hingibt; dieses Umfeld bringt nicht den kreativen Genius von uns Menschen zum Ausdruck, sondern unsere absolute Bedeutungslosigkeit.

Vor noch nicht langer Zeit traf ich auf einem kleinen griechischen Schiff in Kapstadt ein. Wir hatten von der achtzehnhundert Meilen und drei Tagesreisen entfernten Insel Tristan da Cunha einen östlichen Kurs gesteuert. Wie versprochen hatte der ukrainische Rudergänger mich kurz nach fünf Uhr am Morgen unserer Ankunft auf die Brücke gerufen: Afrika, sagte er, liege jetzt direkt vor uns, und die Sonne werde sich bald über den Bergen erheben.

Es war ein vollkommen klarer Morgen, wolkenlos und frisch. Ein tief im Wasser liegender Frachter, der unter chinesischer Flagge fuhr, glitt steuerbord von uns über eine ruhige und ansonsten leere See. Der Sonnenaufgang kündigte sich vor uns mit einem ersten Glühen am Himmel an, darunter zeichnete sich vor hellviolettem Hintergrund eine zerklüftete Bergkette ab, die in einem scharf abfallenden Felsen endete – das frühere Kap der Stürme, das inzwischen Kap der Guten Hoffnung heißt. Nördlich von ihm stieg das Land erst an, ging dann in einen langgestreckten Abhang über, um anschließend wieder schräg und relativ sacht anzusteigen. Hinter dieser Schräge kam die Sonne zum Vorschein und verwandelte die Farbe des Landes, das jetzt noch zwanzig Meilen entfernt war, von Blau in Geröllbraun und dort, wo Gras wuchs, in Grün.

Bald konnten wir Bäume erkennen, die die Bergkuppen wie zarte Stoppeln bedeckten, und einige der Küstenvororte von Kapstadt, Camps Bay, Sea Point und Three Anchor Bay, kamen nach und nach in Sicht; allerdings sahen sie nur wie blassere Flecken auf den grünen Hangen aus. Simonstown, der alte Stützpunkt der Royal Navy am

Nordende von False Bay, war von einem dünnen Schleier aus Morgennebel eingehüllt. Als wir uns der Küste weiter näherten, wurde einem der alles dominierende Berg immer vertrauter und teilte sich schließlich in die einzelnen Komponenten auf, aus denen er bestand: Signal Hill und Lion's Head zur Rechten und den gewaltigen Tafelberg mit seiner geraden Gipfelschabracke direkt vor uns. Als wir in die Table Bay einschwenkten, konnte man die Lichter von Kapstadt in der Ferne blinken sehen. Und auf der Küstenstraße fuhren Autos. Unterhalb ihres schützenden Saums von Bergen wurde die große Stadt wach und machte sich für einen weiteren südafrikanischen Spätfrühlingsmorgen bereit.

Wir drangen unaufhörlich weiter vor in die ruhige Bucht, vorbei an einer Schar vor Anker liegender Schiffe, von denen einige auf einen Liegeplatz an den Docks warteten. Backbord lag Robben Island, auf der die Kolonialherren einst ihre Leprakranken in sicherer Isolation festgehalten und die Afrikaander ziemlich genau dasselbe, allerdings mit viel weniger Erfolg, mit Nelson Mandela getan hatten.

Wir waren jetzt schon sehr nahe ans Ufer herangeglitten und verlangsamten unsere Fahrt immer mehr. Der rhythmische Klang von Hammerschlägen drang plötzlich sehr klar zu uns herüber, und wir konnten die Funken von Schweißbrennern sehen; beides kam von einer Stelle, wo dicht am Ufer ein neues Stadion gebaut wurde. Unsere Maschinen stoppten kurz, und wir schwankten neben einer Boje auf und ab, bis ein kleines weißes Lotsenboot aufgeregt und geschäftig zu uns herangetuckert kam. Am Steuer stand ein älterer Schwarzer, während der Lotse selbst, jung und forsch und in eine frisch gebügelte Uniform gekleidet, an Bord gehüpft kam und einige Augenblicke später schon auf der Brücke stand, um uns zu unserem Liegeplatz im Victoria and Alfred Dock zu bringen – der einzige Bau von Bedeutung, der Kapstadt als wichtigen Atlantikhafen kenntlich macht.

Die *Chamarel*, ein Kabelleger französischer Konstruktion, lag auch gerade in diesem Dock. Auf ihr war man damit beschäftigt, alles für die bevorstehende Abfahrt vorzubereiten. Vor allem schaffte man riesige Trommeln mit Lichtwellenleiterkabel an Bord, das entlang der westafrikanischen Küste verlegt werden sollte. Einige Jahre zuvor hatte die *Chamarel* dabei assistiert, das gewaltige SAT-3-Kabel zu installieren, das die dreitausend Meilen zwischen Portugal und Kapstadt auf dem Meeresboden überbrückt; und da es häufig zu Brüchen an diesem Kabel kam, war sie jetzt nahezu pausenlos auf Patrouille, um dazu beizutragen, dass die Verbindung bestehen blieb. Kleinere Länder an der Atlantikküste wie Togo und Benin waren an dieses Kabel angeschlossen und darauf angewiesen, um nicht den Kontakt mit dem Rest der Welt zu verlieren. Die Ingenieure wollten jetzt auch halbwegs in Vergessenheit geratene Atlantikanrainer wie Gabun und Äquatorial-Guinea mit ihm verbinden, Staaten, die wohl noch für weitere Jahrzehnte von der Weltöffentlichkeit übersehen worden wären, hätten Geologen nicht kürzlich Ölvorkommen in ihren Territorialgewässern entdeckt. Wirtschaftliche Gesichtspunkte machten es erforderlich, dass auch sie Zugang zum Internet bekamen.

Ein Antarktis-Forschungsschiff war ebenfalls in unserer Nähe vertäut, mit einem orangefarbenen Rumpf und einem sanft geschwungenen Bug der Art, mit der sich Eisschollen zertrümmern ließen, »falls es noch welche gibt«, wie der deutsche Skipper, der in Colorado lebte und sich Sorgen über die globale Erderwärmung machte, düster meinte.

Ein Paar Schlepper bugsierte uns schließlich zum am weitesten innen gelegenen der Kais. Auf einem Ponton nicht weit von ihm lagen Robben, die sich die Morgensonne auf den Pelz scheinen ließen. Die einzigen nennenswerten Gebäude in Sichtweite waren der Cape Town Passenger Terminal, ein vor allem zweckmäßig wirkendes Gebäude aus edwardianischer Zeit, und ein paar viktorianische Lagerschuppen sowie Bürohäuser mit vergoldeten schmiedeeisernen Verzierungen und Gitterbalkons, von denen die meisten mittlerweile in Restaurants und Hotels umgewandelt worden waren.

Das älteste Gebäude in Kapstadt – es soll sogar das älteste in ganz Afrika sein – ist das alte holländische Kastell, das den Grundriss eines fünfzackigen Sterns aufweist. Die Wehrmauern sind ockergelb, und die ganze Anlage liegt in einem Park neben dem Hauptbahnhof verborgen. Sie geht beinahe inmitten der nichtssagenden Büro- und Wohnhäuser unter. Die einzigen Bauten von früher, denen noch kolonialer Charme anhaftet, sind die größeren Herrenhäuser und Hotels an den unteren Hängen des Tafelbergs. Um bei der Wahrheit zu bleiben: Den stärksten Eindruck hinterlassen wohl die vielen Autos, die Hochstraßen, die Kräne und die hässlichen Gebäude der sechziger Jahre. Erst wenn man sich mit der Seilbahn nach oben auf den Tafelberg befördern lässt, wird man sich Kapstadts einzigartiger Lage am Ozean bewusst – und dann wird einem auch klar, warum diese Stadt sich genau an dieser Stelle befindet, das heißt warum die Holländer hier vor vier Jahrhunderten einen Hafen anlegten, um einen Zwischenstopp machen und ihre Schiffe neu verproviantieren zu können. Obwohl so ganz anders als New York, bleibt diese Stadt genauso sehr eine Atlantikstadt wie ihr Gegenpart am anderen Ende der langen, sich über die See erstreckenden Diagonale.

Denn wenn man vom Gipfel hinunterschaut, ist der Ozean überall. Man braucht nur ein paar hundert Schritte zu machen, bis man in die etwas entlegeneren Ecken des Hochplateaus gelangt, wo, vom Sausen des Windes abgesehen, Frieden herrscht. Dort ist man nur noch in Gesellschaft der Adler, der Bussarde und der *warblers*, einer Grasmückenart, die sich unermüdlich von den Thermalwinden gen Himmel tragen lassen. Der Atlantik liegt im Süden, und man kann die windgepeitschten wilden Brecher sehen, die gegen den südlichsten Punkt des Kontinents, Kap Agulhas, und gegen die Klippen des Kaps der Guten Hoffnung anstürmen. Und der Ozean liegt im Norden, von einer Küste begrenzt, die sich, hinter den Halbinseln Saldanha und St. Helen's Bay, in gerader Linie bis nach Namaqualand und zu den Sanddünen Namibias und der Skelettküste hochzieht. Und er breitet sich im Westen vor einem aus, vor der Stadt unten – wie ein gewaltiges, gekräuseltes Blech aus gehämmertem Stahl, mit den Strömungen von Table Bay, den wilden Strudeln um Robben Island und den schwachen weißen Kielwasserstreifen von großen Schiffen, die mit Kurs auf große und meist auch schöne Hafenstädte auf der anderen Seite des Atlantiks unterwegs sind: Buenos Aires,

Das im 17. Jahrhundert von Holländern
als Versorgungsstation für ihre Handelsschiffe gegründete
Kapstadt mit dem Tafelberg im Hintergrund.

Montevideo, Rio de Janeiro, Recife, Pernambuco, Miami, Fort Lauderdale, Wilmington, Charleston, Baltimore, Philadelphia, Boston,
Halifax oder St. John's.

Jede von ihnen bezaubernd, jede von ihnen alt, die meisten von
ihnen von überwältigender Schönheit und alle, wie diese Stadt im
Süden Afrikas, mit Anlegekais und Hafenbehörden, Trockendocks
und prächtig verzierten Gebäuden und riesigen Eisenbahnterminals
ausgestattet, jede von ihnen an einem Ozean liegend, den jede von
ihnen auf irgendeine Art feiert, mit ihrem Aussehen, mit ihrem Klang
und Geruch, mit ihrer ganzen Atmosphäre. Jedenfalls stelle ich mir
diese Häfen so vor, während ich neidisch auf die Schiffe hinunterblicke, die sich, mit ihren Schrauben das Wasser aufwirbelnd, auf die
Fahrt über den Ozean nach Westen machen.

Auch die *Chamarel* hat die Leinen losgeworfen. Ich kann sie
sehen, wie sie behutsam zwischen den Hafenmolen durchkriecht,

weiß und glänzend, mit ihren beiden Schornsteinen, ihrer merkwürdigen knolligen Fledermausnase und den Trommeln mit dem Licht-
wellenkabel auf dem Achterdeck. Ihr Ziel wird Angola sein, weil
man von dort per Funk ein Problem gemeldet hat; vielleicht wird sie
auch bei einigen der kleinen Atlantikinseln vorbeischauen, die sich
in die Achselhöhle des Kontinents schmiegen – den Kapverden vielleicht oder São Tomé und Principe – und auf elektronische Verbindungen zu einer Welt angewiesen sind, die sie sonst möglicherweise
ignorieren würde.

Und dann ist da noch ein weiteres Schiff, ein kleines, gedrunge-
nes, blau-weißes, mittlerweile schon weit jenseits der Piers, den Bug
nordwärts gewandt. Es scheint einen anderen Kurs zu nehmen als
die großen Frachtschiffe, einen Kurs ähnlich jenem, auf dem die alten Union-Castle-Passagierdampfer unterwegs waren, als dieser Hafen noch von den letzten großen Schiffen dieser Reederei angelaufen
wurde. Mit der Präzision und Regelmäßigkeit eines Uhrwerks fuhren sie von hier nach Southampton. Um Punkt vier Uhr nachmittags an jedem Donnerstag lief einer dieser Liner aus der Table Bay
aus, während ein Schwesterschiff mit Kurs Süden aus dem Solent
schlüpfte. Sie begegneten einander, einen kurzen Gruß austauschend,
irgendwo vor der senegalesischen Küste. »Siebzehn Tage!«, verkün-
deten die Werbeanzeigen in den Zeitungen. »Wöchentlicher Post-
dienst nach Südafrika. Näheres ist in der Fenchurch Street, No. 3,
London EC3 zu erfahren.«

Aber dieses Fahrzeug unter mir war kein grandioses Passagierschiff – keine *Pendennis Castle* mit lavendelblauem Rumpf und auch
keine *Stirling Castle* oder *Edinburgh Castle*. Außerdem: Der aller-
letzte dieser Steamer, die *Windsor Castle*, hatte seine letzte Reise für
die Gesellschaft 1977 absolviert; er hatte genau am 6. September,
nachmittags um vier Uhr, in Southampton abgelegt und war siebzehn Tage später wieder in seinem Heimathafen eingetroffen.

Nein, das da unten war kein Dampfer der Union Castle Line. Als
es mir endlich gelang, mir ein Fernglas zu borgen, konnte ich das
Schiff identifizieren, allerdings mit Mühe, da es bereits im nachmittäglichen Dunst zu verschwinden drohte. Der Name war in weißen

Lettern auf das Heck gemalt. Es war die RMS *St. Helena*, ein kombiniertes Fracht- und Passagierschiff von sechstausend Tonnen mit Heimathafen Jamestown, das einzige überlebende Schiff dieser Art, das noch offiziell die Bezeichnung »Royal Mail Ship« trug. Die *St. Helena* steuerte nach Norden, um am Ende ihrer Reise im englischen Portland anzulegen, doch zuvor, in einer Woche, würde sie noch die winzige Insel anlaufen, deren Namen sie trug und die sie mittlerweile als einzige regelmäßig mit Nachschub jeder Art versorgte.

Die RMS *St. Helena* war also an diesem warmen Herbstnachtmittag in Richtung auf ihren Heimathafen unterwegs, zu jener Stadt, die mir immer noch die schönste aller Siedlungen am oder im Atlantik zu sein scheint, Jamestown, die Hauptstadt jener Kronkolonie, in die die Briten einst den geschlagenen *Empereur* Napoleon in die Verbannung schickten. Es ist eine Insel, deren natürliche Schönheit bis heute nahezu perfekt erhalten blieb, weil sie nämlich bis vor Kurzem fast vollkommen vom Rest der Welt isoliert war. Sie liegt vor der Küste von Angola, inmitten einer heute so gut wie nicht befahrenen Wasserwildnis, und man benötigt per Schiff gute vier Tage, um zu diesen siebenundvierzig Quadratmeilen Basalt zu gelangen, die von ungefähr fünftausend Menschen bewohnt werden.

Nicht befahren deswegen, weil die Dampfer der Union Castle Line Jamestown anzulaufen pflegten, diese Route aber schon vor langer Zeit aufgegeben wurde. Den letzten Besuch stattete ihr im Herbst 1977 die *Windsor Castle* auf ihrer Fahrt nach Norden ab. Dann stellte man den Dienst ein, und als ich mich zum ersten Mal dorthin begeben sollte, war es gar nicht so einfach, die Fahrt zu organisieren: Mit »4 Uhr, jeden Donnerstag« war schon Schluss.

Ich war damals – lang ist's her – auf die Insel entsandt worden, um eine Geschichte über den merkwürdigen Fall eines ihrer Bewohner zu schreiben – eines *Saint*, wie man sie immer noch nennt. Er war eines nicht allzu ruchlosen Mordes überführt worden (er hatte bei einem Wirtshausstreit jemanden getötet, die Tat war also im Affekt geschehen) und wurde nach England geschafft, um dort seine Strafe abzubüßen.

Wie man mir erzählte, kam es auf der Insel nur selten zu schwereren Verbrechen, ja, die Einheimischen sollten einander so herzlich zugeneigt sein, dass es eine alarmierende Zahl von unehelichen Kindern gab. Ich erfuhr auch, dass die örtlichen Polizisten sehr wenig zu tun hatten und als »the toys«, als Spielzeugpolizisten, bezeichnet wurden. Außerdem sei das Gefängnis von Jamestown so klein, und es herrsche aufgrund der äquatorialen Hitze eine so drückende Luft in ihm, dass man die Insassen jeden Nachmittag herausließ, damit sie ein Bad im Atlantik nehmen konnten.

Das, so meinte ich an einem trüben Nachmittag in London, war genau die Art von Ort, den man einmal im Leben gesehen haben musste: eine mitten im Ozean gelegene koloniale Besitzung von ehrwürdigem Alter, wo man das Leben, so schien es jedenfalls aus der Ferne, weniger niederdrückend ernst nahm als anderswo. Nach vielen vergeblichen Versuchen schaffte ich es, eine Passage auf der Achtzigerjahreausführung der RMS *St. Helena* zu ergattern – einer kleineren, gedrungeneren und leuchtend rot gestrichenen Vorgängerin des Schiffs, das ich später an Robben Island vorbeifahren sah. Nach einigen Verzögerungen und Aufregungen dampften wir aus den Western Approaches und begannen dann mit nicht mehr als zehn Knoten Geschwindigkeit nach Süden zu fahren, an den Kanaren und an den Kapverdischen Inseln vorbei durch das wärmer werdende tropische Meer, in dem es von großen Schwärmen Fliegender Fische wimmelte.

Es kam zu einem kleinen Zwischenspiel, als wir kurz bei einem anderen der entlegenen kolonialen Außenposten im Atlantik hielten, der aus einem erloschenen Vulkan bestehenden Insel Ascension, auf der es ein Flugfeld und eine Menge teurer Kommunikationsanlagen gibt (von denen einige auch zur Spionage dienen) sowie einen Flecken von gut bewässertem Grasland oben auf dem Gipfel des Green Mountain, wo eine Herde Kühe zu weiden pflegte, für die aus mysteriösen Gründen eine obskure Abteilung der Londoner BBC verantwortlich war. Wir legten an, um einen Trupp Saints an Bord zu nehmen, die auf dieser Insel, die größtenteils wie ein Schlackenhaufen aussieht oder »die Hölle, wenn das Feuer ausgegangen ist«, wie einige griesgrämigere Zeitgenossen behaupten, für Bauunternehmer arbeiteten. Doch die Löhne, die man auf Ascension zahlt, sind gut, und es gibt kaum etwas, für das man das verdiente Geld ausgeben kann, also waren damals nicht wenige Saints glücklich, wenn sie langfristig für Arbeiten auf der Insel unter Vertrag genommen wurden.

Doch am glücklichsten fühlten sie sich, wenn sie am Ende wieder zu Hause waren, was die neu an Bord genommenen Passagiere nach zwei weiteren Tagesreisen sein würden. Bei der Ankunft in Jamestown verbreitete sich eine ganz eigene heitere Atmosphäre, wie es in Seehäfen oft der Fall ist: Die Männer wurden mit ihren Ehefrauen wiedervereint, mit ihren Kindern, die in der Zwischenzeit ein ganzes Stück gewachsen waren, und sie erfuhren den ganzen Klatsch und die Nachrichten, die bislang noch nicht zu ihnen gedrungen waren. Obwohl die Stimmung dieses Nachmittags von der Wiedersehensfreude geprägt wurde, hielt er für mich eine Offenbarung ganz anderer Art bereit. Jamestown entpuppte sich als winzige Atlantikstadt, die allen anderen an diesem Ozean gelegenen Städten in keiner Weise ähnelte und von Größe, Stil und ihrer ganzen Art her nur »exquisit« genannt werden konnte. Jamestown ist wirklich ein Kunstwerk – und darüber hinaus ein atlantisches Kunstwerk.

Die Stadt mit ihren fünfzehnhundert Einwohnern, was einem Drittel der Gesamtbevölkerung der Insel entspricht, liegt in einem tief eingeschnittenen Tal am Norduferund ist, wie Kapstadt, vollkommen von Hügeln umgeben. Es gibt aber keinen Anlegekai von brauchbarer Größe, was bedeutet, dass alle Schiffe, die eine bestimmte Tonnage überschreiten, in der James Bay vor Anker gehen und Passagiere sowie Frachtgüter mit Leichtern an Land gebracht werden müssen. Die legendären atlantischen Wogen, »in Stürmen geboren, die in so weit entfernten Regionen wie Neufundland toben«, wie die Insulaner gerne scherzhaft sagen, können das Ausbooten zu einem heiklen Manöver werden lassen oder dazu führen, dass die Aufenthalte im Hafen sich ungebührlich in die Länge ziehen. Doch das Panorama, das sich vor einem ausbreitet, wenn man auf einem der kleinen Boote auf den menschenüberfüllten Pier zutuckert, scheint einem Stich des 18. Jahrhunderts zu entstammen, ohne dass Änderungen oder Retuschen notwendig gewesen wären. Zur Linken sieht man ein kleines und wunderbar gestaltetes weiß gekalktes Fort liegen. Es besitzt winzige Innenhöfe und kopfsteingepflasterte offene Plätze; es gibt eine kleine hölzerne Zugbrücke und einen zinnenbewehrten Wall, der die dahinter liegende Stadt vor jeder feindseligen Aktion von See aus schützen sollte. Er ist von einem Tor durchbrochen, das sich mit einem Fallgitter schließen lässt und über dem das rot-weiß-silberne Wappen der East India Company eingemeißelt ist. Außerdem gibt es eine mikroskopisch kleine Kirche (die Kathedrale, St. Paul's, liegt weiter im Inselinneren), einen Marktplatz mit einer Bank für »Oldtimer«, die im Schatten eines aus Indien importierten Pappelfeigenbaums (auch Buddhabaum genannt) steht, eine winzige Polizeistation mit dem schon erwähnten noch winzigeren Gefängnis und am Beginn der einzigen Hauptstraße, die sich sanft zu den braunen mit Flachs bestandenen Hügeln hochzieht, zwei Reihen von Regency-Wohnhäusern, von denen ein jedes in leuchtenden Farben gestrichen sowie mit eisernem Gitterwerk und Schiebefenstern versehen ist.

Es ist eine Stadt »aus einem Guss«, wie man zu sagen pflegt. Da gibt es das Consulate Hotel mit einer glänzenden Messingtafel an der Front, Jacob's Ladder, eine sechshundertneunundneunzig Stufen lange Treppe mit einem Eisengeländer, die in einem schwindeln machenden Winkel an der einen Flanke des Tals nach oben führt und angelegt wurde, damit man eine Einheit Wachsoldaten versorgen konnte, die auf den Klippen stationiert war, um sicherzustellen, dass alle, die sich der Insel in der Absicht näherten, Napoleon zu befreien, schon von Weitem gesehen und abgewehrt werden könnten. Es gibt eine öffentliche Grünanlage, in der ein Pfad im Zickzack zwischen den Jakarandabäumen und Bambusbüschen verläuft; dieser kleine Park war früher einmal der Damenwelt vorbehalten. Es gibt eine geschäftige Markthalle, wo der Boden von Seewasser schwimmt und überall tropfende Körbe voller Fische herumstehen. Als ich durch die Stadt lief, teilte sich ab und zu die Menge, um eine Jaguar-Limousine passieren zu lassen, mit einem Stander auf der Motorhaube und einem Kronensymbol statt eines Nummernschilds; der Wagen befördert Seine Exzellenz von seiner Residenz Plantation House (in deren

Gärten es Riesenschildkröten gibt, die schon zu Napoleons Zeiten lebten) zu seinen Amtsräumen im Fort.

Der Atlantik schleicht sich in jedes Gespräch, ja in das Denken aller ein. Natürlich wird das Wetter von ihm bestimmt – der Morgendunst, die Abendwinde, die unruhigen Wogen, die die Anlegepontons auf und ab tanzen lassen, so dass sie laut knarren. Die Ankunfts- und Abfahrtszeiten der Schiffe werden durch ihn vorgegeben – es existiert noch kein Flugplatz, und viele Insulaner gehen davon aus, dass auch nie einer angelegt werden wird, daher ist ein Royal Mail Ship in einer seiner vielen Inkarnationen seit eh und je das einzige Mittel, um die Insel zu verlassen und wieder auf sie zurückzukehren. Der tägliche Fang an Thunfischen kommt aus dem Atlantik, und das, was es auf der Insel noch an Wirtschaft gibt – man zog dort einmal Wasserkresse für die Royal Navy und baute Flachs für Taue und Stricke an, doch als das British Post Office beschloss, Plastikschnüre für Pakete zu verwenden, kam die gesamte Produktion zum Erliegen –, ist jetzt fast vollständig von der See abhängig. Die französische *drapeau tricolore* flattert immer noch trotzig über Longwood House, in dem der berühmteste oder berüchtigtste Besucher der Insel nach Waterloo seine letzten Jahre verbringen musste, nachdem er von Plymouth aus auf der HMS *Northumberland* nach St. Helena verfrachtet worden war. Sogar die genaue postalische Ortsbezeichnung – *St. Helena, South Atlantic Ocean* (zu der noch ein Code hinzukommt, der von den automatischen Sortiergeräten in London gelesen werden kann) – knüpft ein formelles und offizielles Band zwischen dem Eiland und dem Meer.

Naturlich gibt es noch andere architektonische Perlen an den Ufern des Atlantiks, auch noch noblere, und Orte von größerem maritimen Charme, so wie es auch zwischen Torshavn auf den Färöern im Norden und Stanley auf den Falklands im Süden viele andere von vergleichbar reizender Bedeutungslosigkeit gibt. Auf St. Helena erhebt sich kein Leuchtturm – die Stevensons aus Edinburgh (der Familie, der auch Robert Louis entstammt), die einige der größten, schönsten und in technologischer Hinsicht anspruchsvollsten Bauten dieser Art im ganzen atlantischen Raum schufen, haben also keine

Gelegenheit gehabt, auf der Insel ihr Zeichen zu hinterlassen. Wenn man dieses eine Manko außer Acht lässt, ist man jedoch versucht, St. Helena einen Spitzenplatz unter den visuellen Glanzstücken der ozeanischen Welt einzuräumen.

Die Insel lässt sich vielleicht am besten so kuriosen und exzentrischen Plätzen am oder im Atlantik an die Seite stellen wie Puerto Madryn in Argentinien, wo eine Reihe der Einheimischen (Abkömmlinge von Einwanderern aus Cardiganshire, die zum Eisenbahnbau angeworben wurden) immer noch Walisisch spricht, oder Axim in Ghana, wo es ein prachtvolles von den Holländern erbautes Fort gibt, oder auch der Teufelsinsel vor der Küste von Französisch-Guyana, auf die Hauptmann Dreyfus von Paris geschickt wurde, um dort in Einzelhaft festgehalten zu werden. Ich bin aber der Meinung, dass dieser winzige koloniale Vorposten noch ein wenig mehr Anerkennung, ja Bewunderung verdiente.

# 7. Klänge der Gewässer

Der Ozean wird ähnlich kraftvoll wie in der älteren Literatur, Malerei und Musik auch in den zeitgenössischen Manifestationen dieser Genres zum Leben erweckt. Der Schrecken, den das große Meer in früheren Zeiten einflößte, ist längst abgeflaut, die Formalität, mit der es im 16. und dann im 17. Jahrhundert dargestellt wurde, ist seit Langem in ihr Gegenteil umgeschlagen; in der Moderne ist der Atlantik zu einer Entität geworden, die in allen ihren Stimmungen eingefangen werden muss, auch wegen ihrer so augenfälligen Dramatik, wegen ihrer Schönheit und spektakulären Gewalttätigkeit. Doch ist das Verhältnis der Menschheit von heute zu ihm auch viel intimer geworden – und das, so scheint es, hat viel mit dem gegenwärtigen Zustand der Zivilisation an seinen Ufern zu tun, mit einer *condition* des Daseins, der Existenz, zu welcher der Ozean dem Empfinden vieler nach die genaue Antithese liefert. Für viele stellt er heute etwas Bewundernswertes dar, er bietet dem Landbewohner Zuflucht vor seinen zahllosen Sorgen und befreit ihn auch von Bedürfnissen. Aufgrund der vielen Anforderungen, die das moderne Leben an uns stellt, wird das Meer als ein Refugium angesehen; auf ihm gibt es keine Menschenmassen, keinen Schmutz, keinen Mangel; es ist frei von den Slums einer modernen Großstadt, weit genug von den Wucherungen der Industrie, von der Dominanz des Geldes und der Habgier entfernt.

Natürlich muss der Atlantik immer noch befahren und überquert werden, des Kommerzes wegen oder aus reiner Neugierde und auch, um Krieg zu führen. Doch er ist auch ein Gewässer, das – wenn man es riskieren will, den Beginn dieser Entwicklung zu datieren –, seit dem Anfang des 19. Jahrhunderts zunehmend als etwas angesehen wird, das angenehmeren Zwecken dient, vor allem dem der Erholung, der Rekreation – auch in einem ganz wörtlichen Sinn: der Re-Kreation des menschlichen Geistes. Der Ozean war immer noch ein großes und mächtiges Gewässer, das stimmt, doch was die Menschheit betraf, war es auch etwas Lauteres, etwas Reines und nicht von allem Möglichen Kontaminiertes; er besaß eine gewisse Noblesse, an der es den Industriestädten mit ihren Elendsvierteln vollkommen mangelte.

Der Ozean wurde zu etwas, das man beneiden, dem man Respekt und Bewunderung entgegenbringen musste. Das war ein größerer Wandel hinsichtlich seiner Bewertung – und die Kunst, die Literatur und die Musik der jüngeren Vergangenheit haben dies schnell widergespiegelt.

In der Musik wurde dieser Wandel durch die im 19. Jahrhundert erfolgende zahlenmäßige Erweiterung der Mitglieder eines Orchesters gefördert, denn dadurch war ein Komponist zum ersten Mal in der Lage, mit seiner Musik die Komplexität der See einzufangen. Der Musik des 18. Jahrhunderts haftete ein gewisser intellektueller Rationalismus an; sie war durch die Art der zur Verfügung stehenden Instrumente und die Zahl der Musiker eingeschränkt. Die romantische Schule der viktorianischen Zeit hingegen erweiterte zum einen die Zahl der Instrumente, die bei einem bestimmten Stück zum Einsatz kam, und führte zum anderen auch neue Instrumente ein, und so schien der Ozean mit seinen plötzlichen und umfassenden Stimmungsumschwüngen ein höchst angemessenes Sujet für kompositorische Bemühungen zu sein.

Um auf ein frühes Beispiel einzugehen: Beethoven schuf 1815 die wenig bekannte Kantate *Meeresstille und glückliche Fahrt*, die Vertonung zweier kurzer Gedichte Goethes. Er brachte mit musikalischen Mitteln den Kontrast zwischen der düsteren Solemnität, die von einem bewegungslos bei Windstille auf dem Meer liegenden Schiff ausgeht, und dem Überschwang der munteren Winde, die den Schiffer später glücklich in den Hafen zurückkehren lassen, zum Ausdruck. Mendelssohn war von diesem kleinen Werk stark beeinflusst und schuf zwanzig Jahre später eine längere Konzertouvertüre mit demselben Titel. Die Ouvertüre gibt erst die Stille des unbewegten Meeres wieder, dann weist ein Flötentriller auf das In-Sicht-kommen eines Fleckchen blauen Himmels und das Sichauflösen des über dem Wasser hängenden Dunstes hin. Anschließend ahmen die Saiteninstrumente lautmalerisch das Aufkommen und Anschwellen des Windes nach, und am Ende erhebt ein einsames Cello die Stimme, und mit einer getragenen Melodie, einer der schönsten, die Mendelssohn schuf, wird die sichere Heimkehr des Schiffs in den Hafen gefeiert. Dieses Werk hätte hundert Jahre früher weder komponiert noch aufgeführt werden können. Es hätte weder das zu seiner Ausführung nötige Orchester gegeben, noch hätte ein damals lebender Komponist das nötige Selbstvertrauen besessen.

Es überrascht nicht, dass italienische Komponisten des 19. Jahrhunderts für ihre musikalischen Ausflüge auf See das Mittelmeer bevorzugten – wie Verdi zum Beispiel sowohl in *Simon Boccanegra* als auch in *Otello*. Ihre Kollegen im Norden hingegen ließen sich eher vom Atlantik inspirieren. In *Der Fliegende Holländer* befasste Wagner sich mit der Sage von dem Gespensterschiff, dessen Kapitän wegen seines gotteslästerlichen Fluchens beim vergeblichen Versuch, das Kap der Guten Hoffnung zu umsegeln, dazu verurteilt war, auf ewig über das Meer zu irren. In *Tristan und Isolde* ließ Wagner die beiden Protagonisten über einen Teil desselben Meeres zwischen Irland und Cornwall hin- und herfahren. Gilbert and Sullivan evozierten in ihren drei komischen Opern, *HMS Pinafore*, *The Pirates of Penzance* und *Ruddigore*, den ganzen Zauber des Bordlebens, deckten aber auch das Skurrile daran auf. Modernere Tonschöpfer – wie Edward Elgar, Benjamin Britten, William Walton und Ralph Vaughan Williams – befassten sich alle mit dem Ozean und behandelten seine Majestät (Elgar in *Sea Pictures*), die Tragödien, die sich auf ihm abspielen (Britten in seinem eigenen *Peter Grimes* und in seiner Adaption von Herman Melvilles Roman *Billy Budd*), die bacchantischen Gewohnheiten der Matrosen, die ihn befahren (Walton in *Portsmouth Point*), und des Meeres endlose Fähigkeit, eine elegischmelancholische Gestimmtheit hervorzurufen. (Vaughan Williams in *Sea Symphony*, einer siebzigminütigen Choralsymphonie, zu der Gedichte Walt Whitmans, von denen viele von Long Island handeln, das Libretto lieferten.)

Frederick Delius, der den Ozean von der Zeit her, als er in Ostflorida eine Grapefruitplantage bewirtschaftet hatte, aus erster Hand kannte, wurde ebenfalls von den Stränden Long Islands gefangen genommen, die er 1903 besuchte. Wie Vaughan Williams zeigte er sich von Whitman's Gedichtzyklus *Leaves of Grass* gefesselt, vor allem von dem »Sea-Drift« überschriebenen Teil. Ein Gedicht daraus, »Out of the Cradle Endlessly Rocking«, inspirierte ihn zu seinem eigenen Werk mit dem Titel *Sea Drift*, einer fünfundzwanzigminütigen Komposition für Bariton und Orchester, das eines der eindringlichsten aller musikalischen Seestücke ist. Es nimmt Bezug auf Whitmans Text, in dem von der Liebe eines Paars atlantischer Seemöwen erzählt wird, die endet, als das Weibchen eines Tages fortfliegt und nicht zum Nest zurückkehrt.

Claude Debussy verfasste ungefähr zur selben Zeit drei symphonische Skizzen über den Atlantik, von denen eine das Erscheinungsbild und die Stimmung der See zwischen Morgengrauen und Mittagszeit zum Thema hat, die zweite dem komplexen und subtilen Spiel der Wellen gewidmet ist und die letzte dem, was er »das Zwiegespräch zwischen Wind und See« nannte. Diese drei Werke wurden kollektiv unter dem schlichten Titel *La mer* bekannt, und ihr immenser Erfolg in den Konzertsälen Europas trug dazu bei, dass diesem neuen Stil, dieser Musik, in dessen Mittelpunkt das Meer stand, das Etikett »Impressionismus« angeheftet wurde: Die Klänge, die sie vernahmen, hinterließen bei den Hörern das Gefühl, den Ozean, seine Gegenwart oder Anwesenheit, erfahren zu haben, und zwar ohne dass der Komponist zu akustischen Signalen und Symbolen hätte Zuflucht nehmen müssen – wie Mendelssohn zu seinem Flötentriller –, wie sie bei den früheren, direkteren oder »konkreteren« Darstellungen nötig gewesen waren.

## 8. Das Einfangen des Lichts

Maler hatten sich schon lange das Konzept des Impressionismus zu eigen gemacht – die absichtliche Vagheit der Wiedergabe, die bewusste Ungenauigkeit, die Verschwommenheit oder, wie ein früher Kunstkritiker es nannte, die Vermittlung eines »nebulösen Eindrucks« – und stellten bald fest, dass es sich besonders gut zur Darstellung der See eignete. Die Franzosen waren mit die Ersten: Mit der neu erbauten Eisenbahn, die Pariser Ausflügler in wenigen Stunden zu den Badeorten an der Atlantikküste und in der Normandie brachte, konnten auch Maler schnell ans Meer gelangen. Monet, Signac und Seurat sind alle für ihre Gemälde bekannt geworden, die das Meer zum Thema haben, das Wasser, die Felsen, den Strand, auch die träge Stimmung, die dort im Sommer herrschte, oder das Wüten der Elemente im Winter. Der Begriff »Impressionismus« selbst geht auf ein Gemälde des Atlantischen Ozeans zurück – ein Werk von Monet, das einen Sonnenaufgang im Hafen von Le Havre zeigt und 1872 entstand. Als er von seinem Pariser Kunsthändler gefragt wurde, welchen Titel er dieser schnell hingeworfenen Ansicht von Masten, Morgennebeln und diffusem Sonnenlicht, von seinem hochgelegenen Hotelfenster aus eingefangen, geben wolle, antwortete der Künstler, da man es kaum als Studie Le Havres bezeichnen könne, würde man es vielleicht am besten einfach eine »Impression nennen«. Der Händler solle einfach darunter schreiben: *Impression, soleil levant.*

John Ruskin meinte einmal, »das Wasser in seiner ganzen Perfektion zu malen ist ebenso unmöglich, wie die Seele zu malen«. Viele haben es dennoch versucht. Von all den Malern der zweiten Hälfte des 19. und des Anfangs des 20. Jahrhunderts, die dieses Sujet in Angriff genommen haben – bis hin zu der zeitgenössischen lettisch-amerikanischen genialen Verfertigerin von Bleistiftskizzen Vija Celmins, deren Zeichnungen Ruskins Behauptung als unwahr zu entlarven drohen und zu denen man vielleicht auch die überwältigenden Fotos des Japaners Hiroshi Sugimoto hinzunehmen sollte –, ist vielleicht niemand erfolgreicher gewesen als ein grandioses transatlantisches Paar, bestehend aus einem Amerikaner, dem am Atlantik geborenen Bostoner Yankee Winslow Homer, und dem Londoner J. M. W. Turner, der eine ganze Weile früher lebte und arbeitete. Beide ließen sich von der Welle dokumentarischer maritimer Malerei mitreißen, jagten wie eine Galeone unter vollen Segeln auf ihr dahin und wandelten dabei die Ansicht vom Ozean für alle Zeiten.

Turner, der die erste Hälfte seines Lebens der Darstellung von Stürmen, Sonnenuntergängen und Wracks mit Öl- wie auch mit Aquarellfarben gewidmet hatte, war seiner Zeit weit voraus; er fertigte eine große Zahl von Gemälden in einem höchst reifen, lebhaft-impressionistischen und sofort wiederzuerkennenden Stil an, und zwar Jahrzehnte vor Malern wie Monet. Zum Zeitpunkt von Winslow Homers Geburt war er schon an Jahren fortgeschritten, und als der Amerikaner die ersten der Stiche schuf, die seine künstlerische Karriere einleiteten, war Turner bereits verstorben. Er erfuhr also nie, welch überwältigende Kraft Homers *Homeward Bound* beispielsweise innewohnte, einem Holzschnitt, den dieser 1867 für das Magazin *Harper's* anfertigte und auf dem Passagiere zu sehen sind, die auf dem schrägen Deck eines Schiffs in schwerer See das Gleichgewicht zu wahren versuchen: eine Darstellung, die im Betrachter ein Gefühl von Seekrankheit aufkommen lässt. Turner lernte auch nie die berühmteren Gemälde des Amerikaners kennen: *Gulf Stream, Breezing Up, After the Hurricane* oder *Bahamas,* auf denen mit meisterhafter Ökonomie, die aber auch auf die bereits von Turner praktizierte Vagheit bei der Darstellung maritimer Sujets zurückgeht, die Macht und Majestät des Ozeans eingefangen sind. Homer liebte die Kargheit und Lauterkeit des Meeres, er liebte seine Einsamkeit, seine Ruhe – *Rowing Home* ist ein perfektes Beispiel für die gelungene Wiedergabe der sich in der Abendröte nahezu unbewegt bis zum Horizont erstreckenden See. Aber noch lieber waren ihm wilde Stürme.

Und auch der Kampf zwischen Mensch und Meer hörte nicht auf, ihn zu faszinieren – ein Gemälde, dem er den Titel *Undertow* gab und das 1886 entstand, zeigt die Errettung zweier junger Frauen vor dem Ertrinken: Zwei kräftige Burschen bemühen sich unter Aufbietung all ihrer Kräfte, sie vor dem Sog der Wellen in Sicherheit zu bringen, der sie ins Meer zurückzuziehen droht.

Winslow Homer hielt eine ganze Reihe solch heroischer Taten fest, als er zwei Jahre in Nordostengland verbrachte, wo die Nordsee besonders wild sein kann, viele Schiffe scheitern und viele Menschen durch Ertrinken ums Leben kommen. Ich habe als junger Zeitungsreporter in jener Region gearbeitet und kannte die Küste gut. Wie oft habe ich nicht zusammen mit einem Fotografen ausrücken müssen, wenn bei Cullercoats, bei Whitley oder den Farne Islands wieder einmal ein Rettungsboot ausgelaufen war, und dann bestürzt zugesehen, wie ein tropfender, in eine Wolldecke gehüllter menschlicher Körper aus der tobenden Gischt zu einem Krankenwagen geschoben und dann langsam weggefahren wurde, ohne dass der Fahrer das blaue Warnlicht eingeschaltet hätte. Solche Ereignisse bestätigten Homer zu seiner Zeit, genau wie mir viele Jahrzehnte später, dass der Ozean unfehlbar in jedem Wettstreit mit Menschen gewinnt, die ihn herausfordern, und dass dies die natürliche Ordnung der Dinge ist.

# 9. Schreibfeder, Papier und Salzluft

Seit Beginn der Neuzeit haben sich Unmengen von fiktiven Seeleuten auf dem Meer getummelt, und über die Jahre hinweg ist ein ungeheurer literarischer Schatz angehäuft worden. Dickens, Trollope und Poe haben sich alle an entsprechenden Themen versucht, ebenso

Virginia Woolf, Hilaire Belloc und T. S. Eliot – manchmal fragt man sich, ob es noch etwas über das Meer zu erzählen gibt, das noch nicht erzählt worden ist, ob irgendein maritimes Szenarium noch nicht auseinandergepflückt und in allen Einzelheiten beschrieben worden ist. Schriftsteller haben sich ebenso mit bekannten wie mit unbekannten Ozeanen befasst, solchen, die überquert worden sind, und anderen, die noch niemand überquert hat oder die man nicht überqueren kann, weder mit Segel- noch mit Dampfschiffen; mit Meeren, die dem Menschen freundlich oder feindlich gesinnt sind, eiskalt oder dampfend vor Hitze, mit gigantischen oder winzig kleinen Häfen, in denen Fracht von jeder Art ver- oder entladen wird.*

Es ist möglich, jene Werke herauszufiltern, die vom Meer selbst handeln und es nicht in erster Linie als Kulisse für eine ganz andere Geschichte verwenden. Und was solche Werke betrifft, bin ich zu der Überzeugung gelangt, dass die von amerikanischen Autoren verfassten von einer Energie erfüllt sind, wie man sie in denen von Schriftstellern anderer Nationalität nicht in diesem Maße findet, auch wenn insgesamt gesehen die Erfahrungen eines jeden vom Ozean faszinierten Schriftstellers ziemlich identisch sind. Das Meer ist in einem allgemeinen Sinn immer sehr ähnlich, und auch die Wracks und die Gefahren, die Stürme und die Flauten unterscheiden sich nicht allzu sehr voneinander, gleichgültig, von welchem Hafen aus man in See sticht oder in welche Richtung man sich zu fahren entscheidet.

Doch gibt es einen deutlichen Unterschied in der Einstellung, in der Betrachtungsweise oder dem Ansatz englischsprachiger Autoren auf der östlichen und der westlichen Seite des Atlantiks. Einige sind der Ansicht, dies rühre daher, dass Amerika über eine Landmasse verfüge, die in Bezug auf die Größe der an sie grenzenden See in

---

* Mit einer Ausnahme hat die sogenannte »Mittlere Passage« der Sklavenschiffe kaum zu einem zeitgenössischen literarischen Werk von bleibendem Wert angeregt. Viel wurde später darüber geschrieben, aber so gut wie nichts zu der betreffenden Zeit selbst – was angesichts des ganzen Grauens der Erfahrungen, die sich damit verbanden, vielleicht auch nicht verwundern sollte.

ungefähr gleichkommt, und dass diese Landmasse mit ihren Wäldern, Wüsten und Gebirgszügen in ähnlicher Weise in der Lage sei, den Menschen herauszufordern und dazu zu zwingen, gegen Einsamkeit und Entbehrungen zu bestehen. Die Briten hingegen bewohnen eine Gruppe kleiner, überfüllter Inseln, weshalb ihre Einstellung gegenüber dem Meer eine ganz andere ist, denn wenn die diese Inseln umgebenden Gewässer auch weitläufig, kalt und gefährlich sein mögen, sind sie doch zugleich für einen Romantiker, von Bergesgipfeln abgesehen, die einzige Region, in die er sich vor den Pflichten und Sorgen, die ihn an Land belasten, flüchten kann. Das Meer hat also für die Briten den Nimbus des Wertvollen und Einzigartigen, den Status eines Refugiums. Den Amerikanern hingegen mag die See gedanklich viel ferner und fremder sein, doch sie stellt von ihrer Größe her ein gewisses Äquivalent zu ihrem Kontinent, ihrem Land dar, und man bringt ihr daher ein größeres Maß an Verständnis entgegen, begreift sie besser und akzeptiert sie viel selbstverständlicher.

Demzufolge empfindet ein Brite es häufig als eine äußerst mutige Tat, sich aufs Meer hinauszuwagen, und er kommt von dieser Fahrt mit einer gewichtigen Erzählung zurück. Wenn hingegen ein Richard Henry Dana oder ein Joshua Slocum von New York in die Ödnis des Sargassomeers oder in die einander kreuzenden Strömungen vor Kap Hoorn segelt, dann empfindet er dabei die gleiche Faszination und nimmt alles mit dem gleichen naiven Erstaunen in sich auf, wie er es bei einem Vorstoß in die unwirtlichen Regionen Süddakotas oder die Wüsten des Death Valley getan hätte. Er schaltet sich weniger oft als Erzähler in seinen Text ein: Die See steht im Vordergrund, und er befasst sich auf direktere Weise mit ihr, stellt sie auf unmittelbarere Weise dar.

Joshua Slocum ist einer meiner Helden. Ich habe schon lange eine Verbindung zu ihm gefühlt: Meinen ersten amerikanischen Sommer verbrachte ich in einer Hütte an der Bay of Fundy in Nova Scotia, und in jener Region war der gebürtige Neuschotte Slocum ein Lokalheld, wenn er auch den größten Teil seines späteren Lebens auf See oder in Massachusetts verbrachte. Im Küstenort Fairhaven in Massachusetts – gegenüber der alten Walfängerstadt New Bedford auf der anderen Seite des Acushnet River gelegen – zimmerte Slocum 1892 eine heruntergekommene sechsunddreißig Fuß lange Schaluppe, die *Spray*, so lange wieder zusammen, bis die nüchternen, nicht zu solchen Bekundungen neigenden Walfänger sie wie ein Mann für »1 A« erklärten und voraussagten, sie sei wieder so gut in Schuss, mit Planken aus Weißeiche und Georgiakiefer und einem Mast aus New-Hampshire-Rottanne, dass sie sogar »durch Eis hindurchpflügen« könne.

Sie schwamm »wie ein Schwan« an der Ankerkette, berichtete Slocum, nachdem er sie zum ersten Mal zu Wasser gelassen hatte – und mit diesem heiß geliebten Boot machte er sich ganz allein zu einer Weltumsegelung auf. Er schrieb ein Buch über sein Abenteuer, *Sailing Alone Around the World*, das vielleicht das schönste Werk der modernen maritimen Literatur ist. Slocums Stil ist von einer lakonischen Ruhe, die beinahe hypnotisch wirkt, wenn er über seine einsame Fahrt berichtet:

»Am 4. Juli 6 Uhr vormittags steckte ich zwei Reffs ein, und um 8.30 vormittags schüttete ich wieder alle Reffs aus. Um 9.40 nachmittags machte ich einen Schimmer des Feuers an der westlichen Ecke von Sable Island aus, das man auch die Insel der Unglücke nennen könnte. Der Nebel, der bis zu diesem Augenblicke ferngeblieben war, senkte sich jetzt über die See wie ein Leichentuch. Ich war in einer nebelhaften Welt, ausgeschlossen vom All. Ich sah überhaupt kein Licht mehr. Durch das Lot, das ich oft auswarf, fand ich, daß kurz nach Mitternacht die Ostecke der Insel hinter mir lag, ich also bald den Gefahren des Landes und der Sandbänke entronnen war. Der Wind raumte weiter, obwohl er aus der nebligen Ecke stand, Südsüdwest. Man sagte, dass Sable Island innerhalb weniger Jahre von 65 Kilometern Länge bis auf 36 verkleinert worden ist und daß von den drei Leuchttürmen, die bis 1888 erbaut wurden, zwei weggeschwemmt wurden und der dritte auch bald von der See verschlungen sein wird.

Am Abend des 5. Juli setzte es sich die *Spray*, nachdem sie den ganzen Tag über eine unruhige See gesteuert worden war, in den Kopf, auf die Hilfe des Rudergängers zu verzichten. Ich hatte Südost zu Süd gesteuert, aber da der Wind etwas schrallte, fiel sie in ruhigeres Wasser, Kurs Südost, und tat nur ihr Bestes mit acht Knoten. Ich setzte alle Segel, um möglichst rasch über den Dampfertrack wegzukommen und so bald wie möglich den freundlichen Golfstrom zu erreichen. Der Nebel lichtete sich, ehe die Nacht kam; so konnte ich gerade in dem Augenblick einen Blick auf die Sonne werfen, als sie in die See einzutauchen begann. Ich sah zu, wie sie unterging und verschwand. Dann drehte ich mich nach Osten um. Da stand genau am Ende des Bugspriets der lächelnde Vollmond, der gerade aus der See aufstieg. Selbst wenn Neptun über den Bug zu mir heraufgeklettert wäre, hätte mich das nicht freudiger stimmen können. ›Guten Abend, alter Geselle‹, rief ich, ›wie freue ich mich, dich zu begrüßen!‹ Manch einen langen Snack hatte ich seitdem mit dem Mann im Monde; er war auf der Fahrt mein Vertrauter.«

Slocum bevorzugt einen schnörkellosen Stil, seine Ausdrucksweise ist ehrlich und geradeheraus und von einer für die Shaker Neuenglands typischen Schlichtheit. Der Mann war vielleicht ein bisschen verrückt, aber sein Werk gibt seine tiefe Vertrautheit mit der See zu erkennen, seinen Respekt vor ihren Launen und seine Zuversicht, dass sie gerecht mit seinem kleinen Boot umgehen und es verschonen wird. Und diese Zuversicht erwies sich als durchaus begründet, denn beinahe auf den Tag genau drei Jahre nach seinem Aufbruch steuerte Captain Slocum seine kleine *Spray* in den Hafen von Newport, Rhode Island, womit er aber nur wenig Aufsehen erregte, da der Spanisch-Amerikanische Krieg die Schlagzeilen der Zeitungen beherrschte. Danach begannen seine schriftstellerische Karriere und sein kurzer Flirt mit dem Glück. Ein Jahrzehnt später, als seine Finanzen mehr oder weniger erschöpft waren, stach er erneut in See – dieses Mal jedoch blieb er verschollen. Vermutlich hatte die See ihn

**Sailing Alone Around the World**

Captain Joshua Slocum

Joshua Slocum, einer der ersten Einhandsegler, denen die
Umrundung der Welt ganz allein auf sich gestellt gelang,
veröffentlichte 1899 einen Bericht über seine Erlebnisse. Sein Buch
wurde zu einem Klassiker der Reiseliteratur, erlebte zahlreiche
Auflagen und wurde in viele Sprachen übersetzt.


irgendwo in der Nähe der Westindischen Inseln zu sich geholt. Sein
Werk aber lebt weiter: »Jedes Kind, das sich nicht für Slocums Buch
interessiert«, schrieb Arthur Ransome einmal in einer Besprechung,
»sollte sofort ersäuft werden.«

Die Welt zu umsegeln ist seitdem beinahe zu etwas ganz Gewöhn-
lichem geworden. Francis Chichester hat es getan und ebenso Robin
Knox-Johnston; und dann gab es da die traurige und rätselhafte Af-
färe um Donald Crowhurst, der schummelte, allmählich verrückt
wurde und sich selbst ertränkte. Danach haben noch ungefähr hun-

dert weitere Segler die Welt umrundet. Jetzt, da ich dies schreibe, kommt gerade die Meldung, dass ein Junge von kaum siebzehn Jahren, der zufällig aus derselben englischen Kleinstadt kommt wie ich, ebenfalls um die Welt gesegelt ist. Die Royal Navy sandte ein Kriegsschiff aus, um ihn willkommen zu heißen, als er die imaginäre Linie zwischen Ushant und Lizard Point kreuzte, die jetzt als Start- und Ziellinie für solche Unternehmungen gilt und auch die Grundlage für die Zeitnahme liefert. Dass das, was Joshua Slocum mit seiner *Spray* vollbrachte – ohne Chronometer, von einem GPS-System ganz zu schweigen –, sich zu einem reinen Hightechstunt entwickelt hat, zu etwas, zu dem auch Kinder antreten können, scheint die Leistung an sich irgendwie zu mindern.

Eine solche Ökonomie des Ausdrucks, wie sie Slocums Schriften auszeichnet, ist sehr selten. Das kann aber kaum überraschen angesichts der Tatsache, dass jeder moderne Schriftsteller das Gefühl haben muss, große Anstrengungen seien erforderlich, um etwas über das Meer zu sagen, was noch nicht gesagt worden ist. Doch Rachel Carson entdeckte hin und wieder eine solche eindringliche Direktheit in einer unerwarteten Quelle. In einem Kapitel ihres klassischen Werks *The Sea Around Us (Geheimnisse des Meeres)*, das den Unbilden des Wetters und stürmischen Gewässern gewidmet war, zitiert sie aus einem der *Pilots* der britischen Admiralität, jenen blau eingebundenen Handbüchern über die Bedingungen in Küstengewässern, die im Kartenraum jedes Schiffs zu finden sind, das sich jemals auf die Fahrt zu fremden Ufern begeben hat:

»[...] es ist unwahrscheinlich, dass irgendeine Küste wütender von den Meereswogen heimgesucht wird als die Shetland- und die Orkneyinseln, da sie auf dem Wege der Wirbelstürme liegen, die ostwärts zwischen Irland und den Britischen Inseln verlaufen. Die ganze wilde Atmosphäre eines solchen Sturmes wird in einer fast an die Prosa Conrads gemahnenden Sprache durch den gewöhnlich so prosaischen *British Island Pilot* vermittelt:

›Während der entsetzlichen Stürme, die hier gewöhnlich vierbis fünfmal jährlich vorkommen, verschwindet jeder Unterschied zwischen Luft und Wasser, auch die in nächster Nähe befindlichen Gegenstände sind von spritzenden Tropfen umnebelt, und alles scheint in einen dicken Rauch eingehüllt; an der offenen Küste erhebt sich die See ganz unvermittelt, und an die felsigen Ufer prallend, steigt sie schäumend vielleicht hundert Meter empor und breitet sich über das ganze Land aus.

Der Seegang ist jedoch bei heftigen Stürmen von kurzer Dauer, nicht so schwer, als wenn eine gewöhnliche Brise viele Tage lang geweht hat; die ganze Kraft des Atlantiks schlägt dann gegen die Küsten der Orkneyinseln, tonnenschwere Gesteinsmassen werden aus ihrem Bett gehoben, man kann das Brüllen der Brandung über 30 Kilometer weit hören; die Sturzwellen erheben sich zu einer Höhe von 18 Metern, und die hochgehende See an der North Shoal, die 19 Kilometer nordwestlich von Costa Head liegt, ist noch in Kail und Birsay sichtbar.‹«

Auch Joseph Conrad schrieb über Stürme auf See, und seine Schilderung in dem Roman *Taifun* (dessen Handlung allerdings im Pazifik spielt) ist genauso denkwürdig. Richard Hughes lieferte eine unvergessliche Beschreibung eines Sturms auf dem Atlantik in seinem Roman *In Hazard*. Charles Tomlinson widmete ein ganz kurzes Gedicht der genauen Untersuchung einer spektakulären Atlantikwoge:

Launched into an opposing wind, hangs
Grappled beneath the onrush,
And there, lifts, curling in spume,
Unlocks, drops from that hold
Over and shoreward. The beach receives it;
A whitening line, collapsing …

(Auf den Weg geschickt in einen Gegenwind, hängt
Sie gestaucht von dessen Andrang,
Und erhebt sich dort, Gekräusel von Gischt,

Löst sich aus jenem Griff,
Fällt zusammen und zur Küste hin. Der Strand nimmt sie auf,
Einen weiß leuchtenden Streifen, zusammensinkend …)

Doch als Schlusswort zu diesem Kapitel – das schließlich von der romantischen Liebe zum Ozean handelt – will ich die Worte eines der bemerkenswertesten transozeanischen Einhandsegler, des Franzosen Bernard Moitessier, zitieren. Die Entscheidung, die ihn für mich über alle anderen erhoben hat, die die Welt umsegelt haben, fällte er im fernen Südatlantik, und zwar 1968 während des Rennens, das von Robin Knox-Johnston gewonnen wurde und bei dem Donald Crowhurst auf so tragische Weise den Tod fand.

Moitessier wurde gesehen, als er die Falklands passierte mit Kurs Richtung Norden und in schneller Fahrt. Schnell genug in der Tat, um ihn wie den mutmaßlichen Sieger aussehen zu lassen. Und dann, urplötzlich und aus keinem erkennbaren mit dem Rennen zusammenhängenden Grund, entschied er, dass er nicht weiter nach Norden segeln, sondern einen Schwenk nach Osten machen, den Atlantik verlassen und zum zweiten Mal in den Indischen Ozean vorstoßen würde. Er legte seine Gründe dafür in einem Brief dar, den er in eine Konservendose stopfte, die er mithilfe einer Schleuder an Bord eines Handelsschiffs beförderte:

»Es ist meine Absicht, die Fahrt, immer noch nonstop, fortzusetzen bis zu den Inseln im Pazifik, wo es mehr Sonne und Frieden gibt als in Europa. Glauben Sie bitte nicht, dass ich versuche, einen Rekord zu brechen. ›Rekord‹ ist mit Bezug auf die See ein sehr dummes Wort. Ich fahre ohne Unterbrechung weiter, weil ich mich auf dem Meer glücklich fühle, und vielleicht auch, weil ich meine Seele retten möchte.«

Später verfasste er sein Testament, das eine Ode an das Meer als die Hauptquelle seines Glücks war. Darin findet sich ein Absatz, der den Kern seines Glaubens offenbart, eines Glaubens, den die meisten teilen, die den Atlantischen Ozean und alle anderen Meere lieben:

»Ich bin ein Bürger der allerschönsten Nation der Welt. Einer Nation, deren Gesetze streng, aber einfach sind, einer Nation, die einen nie betrügt, die riesig ist und ohne Grenzen, in der das Leben in der Gegenwart gelebt wird. In dieser grenzenlosen Nation, dieser von Wind, Licht und Frieden bestimmten Nation, gibt es keinen anderen Herrscher als das Meer.«

# 4

# Meer des Mitleids

*… dann der Soldat*
*Voller toller Flüch' und wie ein Pardel bärtig,*
*Auf Ehre eifersüchtig, schnell zu Händeln,*
*Bis in die Mündung der Kanone suchend*
*Die Seifenblase Ruhm.*

## 1. Der Morgen ist angebrochen

Die Rakete traf ihr Ziel kurz nach Mittag an einem kühlen Tag Anfang Mai 1982. Der Himmel war bewölkt, es wehte ein stetiger Westwind, der sich hin und wieder zu einer kräftigen Bö der Art steigerte, wie sie für den fernen Südatlantik typisch ist. Fast niemand sah die Rakete kommen. Sie stammte aus französischer Produktion, war klein und schlank und preiswert. Sie war von einem zehn Meilen entfernten argentinischen Jagdflugzeug abgefeuert worden und schlug mittschiffs in den Rumpf der *Sheffield* ein, knapp über der Wasserlinie. Einige der Matrosen an Bord erinnerten sich später an eine überraschend schwache Explosion – die Rakete war aus zu großer Nähe abgefeuert worden, der Gefechtskopf hatte nicht genügend Zeit gehabt, sich zu aktivieren, weshalb das Geschoss beim Auftreffen auf den Schiffsrumpf nicht explodierte; doch Sekunden später geriet der in ihm verbliebene Treibstoff in Brand und entfachte ein Flammeninferno im Inneren des Schiffs, das Wolken von schwarzem Rauch ausstieß. Das Flugzeug, das den Flugkörper abgefeuert hatte, zischte über es hinweg, um festzustellen, ob es ihm wirklich den Todesstoß versetzt hatte.

Das hatte es in der Tat. Innerhalb weniger Stunden war die HMS

*Sheffield*, ein fast neuer Zerstörer, ein Prunkstück der Royal Navy und in den Südatlantik abkommandiert, um die Flugzeugträger und anderen großen Kriegsschiffe zu schützen, die sich versammelten, um den Krieg um die Falklandinseln zu beginnen, nur noch eine von der Mannschaft aufgegebenene und ausgebrannt auf den Wellen treibende Hulk. Als man sie sechs Tage später in die Heimat zu schleppen versuchte, ging sie unter. Die einsame Stelle in der Tiefe des Ozeans, wo sie und mehr als ein Dutzend Männer ihrer Besatzung, die verbrannten oder erstickten, jetzt ruhen, wurde offiziell zu einem Kriegsgrab erklärt, womit sich die Aufforderung verband, diese Stätte zu ehren.

Die *Sheffield* war das erste Schiff der Royal Navy, das seit dem Ende des Zweiten Weltkriegs durch eine feindliche Aktion zerstört wurde. Sie sollte nicht das letzte sein, das in die Tiefe sank, solange dieser kurze, aber erbitterte Konflikt um die Falklands tobte. Acht weitere Schiffe, fünf Einheiten der Royal Navy und drei der argentinischen Marine, darunter ein großer von den USA erworbener Kreuzer, liegen jetzt am Grund des Atlantiks. Aus jedem dieser Wracks steigt ein feiner Faden Maschinenöl an die Oberfläche und überzieht das graue Wasser mit bunten Newtonringen: das einzige sichtbare Denkmal für diese untergegangenen Schiffe.

Da die *Sheffield* das erste britische Schiff war, das in dem Konflikt verloren ging, wird ihrer am intensivsten gedacht. Die meisten Briten erinnern sich noch lebhaft und mit größter Genauigkeit daran, wo sie sich befanden und was sie taten, als sie die Meldung vom Untergang des Zerstörers hörten. Ich selbst hatte einen ganz besonderen Grund dafür, mich genau daran zu erinnern, denn ich saß damals in der nicht allzu weit vom Schauplatz der Tragödie entfernten, unterhalb der letzten Ausläufer der Anden im südlichen Feuerland gelegenen düsteren Stadt Ushuaia im Gefängnis: Ich war nämlich wegen Spionage angeklagt.

Es war ein bitterkalter Abend. Ich weiß noch, wie sich plötzlich Unruhe in dem Gefängnis breitmachte, und dann kam ein Offizier der argentinischen Marine zu meiner Zelle gerannt. Er war ganz außer Atem, brüllte aber trotzdem mit überschnappender Stimme jubilierend wie ein Fußballreporter, die Gitterstäbe der Zelle umklammernd, zu mir und meinen beiden Mitinsassen auf Spanisch herein: »Wir haben eins von euren Schiffen auf den Grund der See geschickt! Wir Argentinier haben ein Schiff der Royal Navy versenkt! Ihr werdet diesen Krieg verlieren!«

Doch Großbritannien hat den Krieg nicht verloren, und die Falklandinseln sind heute noch genauso britisch, wie sie es seit nahezu zwei Jahrhunderten gewesen sind. Der Krieg, der geführt wurde, um diesen merkwürdigen kolonialen Status zu bestätigen und zu sichern – ein Krieg, der, um den großen argentinischen Schriftsteller Jorge Luis Borges zu zitieren, »einem Streit zweier Kahlköpfiger um einen Kamm« ähnelte –, war kurz, erbittert und ungewöhnlich blutig. Auf beiden Seiten verloren Hunderte ihr Leben. Die Inseln sind bis heute mit Gräbern, Landminen und Gedenksteinen übersät, und immer noch sind auf ihnen ganze Bataillone von britischen Soldaten stationiert, die sicherstellen sollen, dass keine Invasionstruppe jemals wieder ihr Glück versucht. Außerhalb des Südatlantiks stuft man den Konflikt jedoch als wenig mehr als ein ziemlich lächerliches Scharmützel ein: Er ist mehr oder minder aus dem kollektiven Gedächtnis verschwunden, und außer solchen Menschen, die unmittelbar in ihn involviert waren, interessiert es heute kaum noch jemanden, über ihn zu reden.

Wenn es nicht anschließend noch zu einem bestimmten Ereignis gekommen wäre, hätte auch ich ihn wahrscheinlich mehr oder weniger vergessen. Doch viele Jahre nach dem Ende der Kämpfe schaffte derselbe argentinische Marineoffizier, der die erschütternde Nachricht vom Verlust der *Sheffield* an jenem schrecklichen Winternachmittag überbracht hatte, es irgendwie, mich in Hongkong, wo ich zu jener Zeit lebte, aufzuspüren. Er wolle sich mit mir treffen, teilte er mir brieflich mit, er habe mir etwas zu sagen. Nach einigen komplizierten Präliminarien gelang es uns tatsächlich, ein solches Treffen in die Wege zu leiten; entscheidend war wohl, dass ich noch einmal nach Patagonien in das mittlerweile viel größere und wohlhabendere Ushuaia zurückflog.

Von seinem äußeren Erscheinungsbild her hatte der Mann sich

stark verändert. Vor allem trug er keine Uniform mehr, sondern war jetzt ein ganz normaler Zivilist, grauhaarig und gramgebeugt wirkend; das barsche Machogehabe, das 1982 so sehr Teil seiner Offizierspersönlichkeit gewesen war, hatte sich vollkommen verflüchtigt. Er erzählte mir, dass er schon vor vielen Jahren seinen Abschied von der Marine genommen habe und selber aus undurchsichtigen politischen Gründen im Gefängnis gelandet sei – ja sogar in derselben Zelle gesessen habe wie ich vor ihm. Anschließend sei er in Buenos Aires von Tür zu Tür gegangen und habe Seifenpulver verkauft, um sich und seine Familie über Wasser zu halten. Schließlich habe er sich neu erfunden: Er habe es geschafft, ein Studium an der Universität zu absolvieren, einen Abschluss in Geschichte gemacht und unterrichte jetzt selbst an einem Institut der patagonischen Landesuniversität.

Er lud mich zum Essen ein – ich sollte unbedingt *centollas* probieren, die Riesenkrabben, für die die Gewässer um Kap Hoorn berühmt sind, sowie ein Soufflé aus *Calafate*-Beeren, die, wie Patagonier beteuern, die magische Eigenschaft besitzen, jeden, der sie einmal gekostet hat, in diesen bizarren und sturmumtobten Winkel der Welt zurückzulocken. Und nachdem er unsere Gläser aus einer zweiten Flasche Malbec vollgeschenkt hatte, sagte er, dass er mir unbedingt etwas erklären wolle.

Er räusperte sich und wirkte plötzlich ziemlich nervös. Einleitend, meinte er, wolle er mich daran erinnern, dass seiner Ansicht nach die Islas Malvinas – er konnte es nicht über sich bringen, den Falklands ihren englischen Namen zu geben – als zum argentinischen Staatsgebiet gehörend anerkannt werden müssten. Sonst würde der Zwist mit Großbritannien nie beigelegt werden. Andererseits hätte man damals, 1982, den Streit auf dem Verhandlungsweg beenden sollen. Der Krieg sei ein Fehler gewesen, es sei auch falsch gewesen, uns einzusperren und schlecht zu behandeln. Wir drei Briten waren als Reporter ausgeschickt worden, um über den Krieg zu berichten, und die gegen uns erhobenen Vorwürfe waren eindeutig aus der Luft gegriffen gewesen. Was ihm aber seit jener Zeit vor allem auf der Seele gelegen habe, sei die überschwengliche Begeisterung über die Versenkung der *Sheffield* gewesen, die er an jenem Abend bekundet habe. Das, sagte er, sei ganz schrecklich falsch von ihm gewesen.

Denn, so fuhr er fort, er habe damit gegen seine Prinzipien als Mariner verstoßen. Wenn auch die Briten zu jener Zeit seine Feinde gewesen seien, dürfe kein Seemann jemals eine solche Freude über den Untergang eines Schiffs empfinden, wie sie ihn in jener kalten Mainacht ergriffen habe. Niemand dürfe einen solch glühenden Wunsch verspüren, dass das Schiff irgendeiner Kriegsmarine, überhaupt irgendein Schiff, in der Tiefe des Ozeans versinken möge. Denn er sei fest überzeugt davon, dass fern von seinen Angehörigen auf See zu sterben ein ganz besonders schrecklicher Tod sei. »Ich bin ein guter Seemann«, wiederholte er immer wieder. Er starrte abwesend in sein Glas, seine Augen füllten sich mit Tränen. »Ich bin ein guter Seemann«, sagte er noch einmal. »Über so etwas sollte man sich nicht freuen. Wir Seeleute bilden alle eine große Bruderschaft.«

## 2. Kleinere lokale Zwiste

Bruderschaft hin oder her: Der Boden des Atlantiks ist mit den Wracks vieler Tausender Schiffe übersät und ebenso mit den zerfallenen Skeletten von vielen Millionen Menschen. Der Krieg hat immer zum Ozean dazugehört, ist Teil der menschlichen Erfahrung von ihm gewesen, Kämpfe sind auf seiner Oberfläche ausgetragen worden, seit es die dazu notwendigen Waffen gibt. Wenn man – nicht dokumentierte – Scharmützel unter den die See befahrenden Kariben, den Beothuk auf Neufundland, den Azteken oder den Maya außer Acht lässt, dann wurden auf atlantischen Gewässern Schiffe zu kriegerischen Zwecken wohl erstmals von den Römern eingesetzt, als sie hölzerne Transporter benutzten, um ihre Landstreitkräfte über den Kanal nach Britannien zu befördern, womit sie eine Welle von Invasionen einleiteten, die erst nach einem Jahrhundert zum Erliegen kam.

Biremen und Triremen, mit einem Großsegel ausgestattet und von Ruderern vorangetrieben, die in zwei oder drei Ebenen übereinander saßen, gingen von Häfen in Nordfrankreich – Boulogne wahrscheinlich – oder solchen am Rhein aus auf Fahrt und schlingerten dann langsam und stets gefährdet über den Ärmelkanal. Achtzig solcher Schiffe wurden bei Cäsars berühmter erster Invasion im Jahr 55 v. Chr. eingesetzt, weitaus mehr waren es, als Claudius nahezu ein Jahrhundert später mit seinen Truppen auf der Insel landete und diese zu viel größeren Erfolgen führte.

Doch die Kämpfe mit den Einheimischen, die England schließlich für die folgenden drei Jahrhunderte formell der Herrschaft Roms unterstellen würden, wurden auf dem Land ausgetragen, der Ozean spielte bei der Verwirklichung der Ambitionen Roms nur eine ganz beschränkte Rolle. Die ersten wirklichen auf dem Atlantik ausgetragenen Kampfhandlungen stellten die Akte von Piraterie und die Plünderungen dar, die jahrhundertelang zur Geißel der Christenheit in Nordeuropa werden sollten, aber von einem anderen Volk verübt wurden, dem der Wikinger nämlich.

Die Wikinger betätigten sich auf diese Weise zumeist in Küstengewässern an den östlichen Rändern des Ozeans, und ihre Überfälle decken einen der Hauptgründe dafür auf, warum Menschen sich einer so außergewöhnlichen und abscheulichen Aktivität zuwenden. Sie waren ein höchst unstetes Volk – ein maritimes Äquivalent zum sogenannten »wagon folk«, zu Landnomaden, die schon zur Zeit früher Zivilisationen das Umherziehen vor dem Sesshaftwerden bevorzugten und lieber als Hirten ihr Dasein fristeten, als Zäune und Mauern zu errichten und Landwirtschaft zu betreiben. Die Konflikte zwischen Völkern, die Festungen oder befestigte Siedlungen bauten, und solchen, die mit Karren oder Schiffen umherzogen, spielten eine zentrale Rolle in der Geschichte der frühen Menschheit – von der Zeit im zweiten Millennium vor Christus an, als indoeuropäische Horden von den kaspischen Grasländern aus nach Westen drängten, die Donau überquerten und Mittel- und Südeuropa in Besitz zu nehmen begannen. Diese Ereignisse bildeten den Auftakt zu Landkriegen in Europa; als die Wikinger 789 auf Raubzug gingen, bei Portland Bill am Ärmelkanal drei ihrer Langboote auf den Strand zogen und vier Jahre später eine Schar von Mönchen des Klosters Lindisfarne auf Holy Island in der Nordsee abschlachteten, initiierten sie den Krieg auf dem Atlantik, der im Grunde auch in der heutigen Zeit noch nicht beendet ist.

Historiker sind sich uneins darüber, warum die Wikinger umherzuschweifen und zu randalieren begannen. Denjenigen, die glauben, dies sei auf das Bedürfnis nach mehr Ackerland zurückzuführen, um eine wachsende Bevölkerung ernähren zu können, wird von anderen widersprochen, die sich fragen, warum sie dann nicht einfach weiter in ihre im Norden gelegenen Wälder vordrangen und diese zur landwirtschaftlichen Nutzung rodeten. Andere meinen, ein Rückgang des Handels, den zu treiben die Wikinger seit Langem gewohnt waren, sei ursächlich dafür gewesen; die Ausbreitung des Islam im Mittelmeerraum habe die alten Handelsrouten blockiert und die Wikinger zu dem Versuch veranlasst, neue zu erschließen. Wieder andere sind überzeugt, dass auch das Klima eine Rolle gespielt habe: In der Zeit zwischen 800 und 1300 sei es auf der Nordhalbkugel zu einer allgemeinen Erwärmung gekommen, die auch die Temperatur der Meere um ein Grad oder mehr habe ansteigen lassen; das wiederum habe zum Schmelzen der Eisflächen in vielen der von den Wikingern genutzten Fjorde geführt und es ihnen leichter gemacht, von dort aus in See zu stechen. Und wiederum andere behaupten unter Verweis auf die Grabstätten an den Küsten des Atlantiks, in denen männliche Wikinger neben eindeutig aus der jeweiligen Gegend stammenden Frauen beigesetzt sind, dass die Seefahrer aufgebrochen waren, um sich in der Fremde Frauen zu suchen und mit diesen das genetische Material ihres Volks oder Stamms aufzufrischen.

Welches auch immer der Grund war, den erwähnten Überfällen folgten drei Jahrhunderte, in denen die Wikinger sich territorial immer weiter ausbreiteten, was den östlichen und nördlichen Atlantik zu Regionen machte, in denen jederzeit Unvorhergesehenes geschehen konnte – und zwar äußerst Unangenehmes. Ganze Flottillen von Langbooten machten sich von den Siedlungen am Atlantik aus auf den Weg und durchpflügten die Wogen bis hin zu solch entfernten Orten wie Archangelsk im Norden Russlands, zu den verschiedenen Häfen an der Ostsee, den Inseln vor der irischen Westküste oder den Küsten von Frankreich und Spanien. Sie fuhren durch das ganze Mittelmeer, am heutigen Istanbul und an Anatolien vorbei bis ins Schwarze Meer und zu den Städten der südlichen Ukraine.

Die Langboote waren auch flach genug, um von der See aus die in diese mündenden europäischen Flüsse hinaufzusegeln. Ragnar Lodbrok führte hundertzwanzig Langboote und fünftausend Mann die Seine hinauf, griff Paris an und eroberte es. Er verkündete, nie ein so fruchtbares Land gesehen und so feige Einwohner kennengelernt zu haben, und weigerte sich, wieder abzuziehen, bevor König Karl der Kahle sich von drei Tonnen Gold und Silber getrennt hatte. Bald danach eilten Langboote die Liffey hinauf, und Dublin wurde zu einem *longphort*. Auch ein gutes Stück Loire aufwärts legten die Wikinger einen Stützpunkt an, was es ihnen ermöglichte, Städte in Nordspanien zu überfallen. Sevilla erlebte ihre Grausamkeit, in der Zeit danach widerfuhr Nantes, Utrecht, Hamburg, Bordeaux und anderen Städten Ähnliches. Wenn man noch hinzunimmt, dass die Wikinger in Irland, Grönland, Labrador und Neufundland das Sagen hatten, kann man mit Fug und Recht behaupten, dass diese Krieger mit ihren Langbooten zu ihren besten Zeiten eine ähnliche hegemonische Herrschaft über den Nordatlantik innehatten wie die US-Navy in unserer Zeit.

Doch wie es bei allen imperialistischen Unternehmungen der Fall ist, nahmen auch die Macht und der Einfluss der Wikinger allmählich ab. Ihre Hochzeit erlebten sie – zumindest in England – unter König Knut, der nicht nur den englischen Thron an sich brachte, sondern ihn auch mit dem dänischen vereinte, womit er die beiden Länder für kurze Zeit unter Wikingerherrschaft zusammenschloss. Doch 1066, nur dreißig Jahre nach dem Tod Knuts, war die Herrschaft der Wikinger in England so gut wie beendet. Die Normannen – die in jenem Teil Frankreichs ansässig waren, der nicht lange zuvor noch von den Männern aus dem hohen Norden kontrolliert worden war – überquerten den Ärmelkanal und schlugen den angelsächsischen König Harold, der nur wenige Wochen zuvor die letzten Wikinger aus dem Norden der Britischen Inseln vertrieben hatte.

Die See muss im Herbst des Jahres 1066 besonders viele Grausamkeiten erlebt haben. Zuerst traf im Norden Englands eine Invasionsflotte aus Norwegen ein, die König Harold zurückschlagen musste, dann nahm eine zweite Flotte dieser Art von Frankreich aus Kurs auf die Südküste des Landes. Harold war es gelungen, den Wikingern in der Schlacht von Stamford Bridge eine vernichtende Niederlage beizubringen: Von den dreihundert Langbooten, die von Norwegen im Zug des Invasionsversuchs herübergeschickt worden waren, wurden nur noch dreißig benötigt, um die kleine Schar der Überlebenden und Verwundeten zurück in die Heimat zu befördern. Doch dieser Sieg hatte den englischen König ausgelaugt und geschwächt, und als die Flotte der Normannen einen Monat später auf die Küste von Kent zuhielt, vermochte er ihr nichts entgegenzusetzen. England unterlag den Invasoren. Harold wurde getötet, als ihn ein von einem normannischen Langbogen abgeschossener Pfeil ins Auge traf. Die Eroberung Englands durch die Normannen nahm ihren Anfang – und sie wirkt sich im kulturellen, politischen und sprachlichen Bereich bis heute aus.

# 3. Der Schauplatz des Geschehens erweitert sich

In den vier Jahrhunderten, die sich an die Invasionen der Normannen anschlossen, konzentrierten sich die maritimen Aktivitäten der westlichen Länder in erster Linie auf das Mittelmeer. Vor allem auf die Kreuzzüge war es zurückzuführen, dass dieses Binnenmeer zu einem der vielen Schlachtfelder wurde, auf denen die europäischen Christen sich mit den immer schlagkräftiger werdenden Truppen des islamischen Nahen Ostens konfrontiert sahen. Ironischerweise sollte aber die wachsende Macht der muslimischen Welt – und insbesondere die spätere Unnachgiebigkeit der ottomanischen Türken – der Auslöser für einen umfassenden Wandel sein, was den Status des Atlantiks betraf. Dass der Atlantik für viele Jahrhunderte die Hauptverkehrsstraße für Kriegs- und Eroberungszüge der christlichen

Nationen wurde und ihnen zur Verwirklichung ihrer imperialistischen Ambitionen diente, war eine unmittelbare Folge des Verhaltens der islamischen Völker im Mittelmeerraum.

Das hatte vor allem mit Spanien zu tun, das in den ersten Monaten des Jahres 1492 den endgültigen Sieg über die Mauren erzielte und damit erreichte, dass die islamischen Führer aus Granada und der Alhambra abzogen. Nach einem Interludium von ungefähr sieben Jahrhunderten war Spanien wieder ein geeintes christliches Königreich, bereit, seinen Platz unter den führenden Nationen Europas erneut einzunehmen. Es wurde auch sehr rasch zutiefst autoritär, was seine Einstellungen und Ziele betraf (so wurde zum Beispiel die Vertreibung oder Bekehrung der Juden gefordert). Seine Rückverwandlung in ein christliches Königreich ging mit dem Einnehmen einer imperialen Attitüde einher.

Es gab noch einen anderen Faktor, der aber eher geografischer als philosophischer Natur war. Im 15. Jahrhundert lag Spanien zwischen den beiden Meeren, deren Verhältnis zueinander und deren relative Bedeutung sich, wie man von heutiger Warte aus erkennt, plötzlich veränderten. Im Osten erstreckte sich das Mittelmeer, das an jedem Ende von Muslimen, den Mauren an dem einen und den Türken an dem anderen, blockiert war. Im Westen breitete sich der Atlantik aus – ein Gewässer, das mehr oder weniger frei von den beutegierigen, feindseligen Anhängern des Islam war und auf dem spanische Schiffe unbehelligt und unbelästigt segeln konnten. Die Spanier müssen also den Atlantik als ein Mittel angesehen haben, die imperialistischen Bestrebungen ihres Landes zu fördern, und sie begannen, das ihnen jetzt nicht mehr freundlich gesinnte Mittelmeer aufzugeben und zunehmend zu vergessen.

Portugiesische Seefahrer hatten bereits eine Route nach Asien entdeckt, waren dort auf die Gewürze, das Elfenbein, das Gold und die vielen anderen Schätze Indiens und Japans, Javas und Sumatras gestoßen. Doch seitdem Byzanz, bis dahin eine Bastion des Christentums, 1453 von den türkischen Ottomanen erobert worden war, waren die Handelsstraßen zwischen dem christlichen Okzident und den reichen und exotischen und möglicherweise christlichen – jedenfalls nicht muslimischen – Ländern im fernen Orient von den in der Mitte zwischen beiden Bereichen lebenden Ottomanen heimgesucht worden. Wenn man sich Asien aus einer anderen Richtung nähern könnte, wäre es möglich, die Türken und deren Verbündete, die alle großen Handelswege zwischen Bosporus und Khyber versperrten, zu umgehen.

Die Geografen der damaligen Zeit meinten, dass das einfach sei. Sie glaubten, dass man von Spanien aus auf dem Seeweg nur eine geringe Distanz Richtung Westen zurückzulegen habe, um nach Asien zu gelangen. Den Berechnungen der Kartografen zufolge lag Japan wenig mehr als dreitausend Meilen westlich von den Kanaren, und die Küste Chinas erstreckte sich ihrer Überzeugung nach dort, wo heute der US-Bundesstaat Oregon liegt. Wenn also das Meer, das an der spanischen Westküste begann, leicht zu überqueren wäre, die Schiffe der Christen problemlos bis nach China und Japan und vielleicht noch weiter bis nach Indien segeln und alle diese freundlich gesinnten und als Handelspartner geschätzten Länder von der anderen Seite her erreichen könnten, dann würden sich daraus zweifellos viele kommerzielle und politische Vorteile ergeben. Nur ein paar Monate nach der Vertreibung der Mauren wurde Kolumbus offiziell damit beauftragt, von Spanien aus in Richtung Westen aufzubrechen und nach Japan und zu den indischen Gewürzinseln zu segeln. Im Spätherbst 1492 musste der Genuese jedoch feststellen, dass die Insel Hispaniola den Weg dorthin versperrte. »Meine Absicht bei dieser Fahrt war es«, erklärte Kolumbus später den spanischen Majestäten, »Kathay und den äußersten Osten Asiens zu erreichen, wobei ich nicht auf ein solches Hindernis wie das von mir neu entdeckte Land zu treffen erwartete.« So kam es zu seinen späteren Fahrten im karibischen Raum und schließlich auch zur Entdeckung des tatsächlichen, sich unvermutet vor den Schiffen der Asien Suchenden ausbreitenden amerikanischen Kontinents durch andere. Man erkannte bald, dass das Gewässer zwischen Amerika und Europa nicht bloß ein einfach zu überquerendes kleineres Meer, sondern ein riesiger, gewissermaßen brandneuer Ozean war: der Atlantik.

Dieser jetzt als solcher identifizierte und definierte Ozean sollte bald die Hauptverbindungsstraße werden, auf der spanische Kriegs-schiffe zu den Rändern des neu entdeckten Kontinents fuhren, um dort Territorien für die Krone zu erobern; über ihn wurde Nach-schub herangeschafft, als die Konquistadoren auch ins Innere des Kontinents vordrangen, und nur über ihn konnten auch das ganze Beutegut und die Schätze, die ohne Unterlass aus den Gewölben und Minen Neuspaniens herausquollen, in die Heimat transportiert wer-den.

All dies, die Anfänge dessen, was man die »neue amerikanische Unternehmung« nennen könnte, koinzidierte mit dem Anbruch des Zeitalters der Entdeckungen. Auf Entdeckungsfahrt zu gehen sollte sich von diesen Anfängen im 15. Jahrhundert an zu einem weltwei-ten Phänomen entwickeln und vierhundert Jahre lang eifrigst betrie-ben werden. Daran beteiligt waren europäische Forschungsreisende und Kaufleute, die auf der Suche nach Schätzen, Handelsmöglich-keiten und Wissen ausschwärmten. Und mit dem Aufkommen dieser beiden Trends erlebte die alte Welt des Mittelmeers, »dieses kleinen Binnenmeers, auf dem es jahrhundertelang zu so viel Raufereien und Kämpfen zwischen europäischen Völkern gekommen war«, wie es der Historiker Fernand Braudel formulierte, einen jähen und steilen Niedergang. Die Neue Welt und der riesige Ozean, der an ihre Ufer schlug, erfuhren hingegen einen dramatischen Aufstieg. Das war der wahre Beginn der Vorherrschaft des Atlantiks: Es war ein Wende-punkt in der Weltgeschichte – von den traditionellen Gefährtinnen des Handels, Plünderung und Krieg, begleitet.

Die ersten transatlantischen Kolonisierungsversuche wurden von den gefürchteten spanischen Konquistadoren unternommen; ihnen schlossen sich viele weitere an. Das Muster für das erbarmungslose und grausame Vorgehen der spanischen Eroberer wurde 1502 ge-schaffen, als ein frommer kastilischer Verwaltungsoffizier namens Nicolás de Ovando zum *Gobernador y Comendador mayor* der spanischen Besitzungen in der Neuen Welt, »sowohl auf den In-seln als auch auf dem Festland«, wie es in seiner Bestallungsurkunde hieß, ernannt wurde und mit zweitausendfünfhundert Kolonis-ten auf dreißig Schiffen angerückt kam, um Hispaniola zu besiedeln. Im Lauf der nächsten sieben Jahre unterdrückte er die Eingeborenen unter Ausübung massiver Gewalt, um nicht zu sagen Verübung schrecklicher Gräueltaten. Die einheimische Bevölkerung schrumpfte drastisch von einer halben Million auf schätzungsweise sechzigtausend Menschen. Er importierte große Scharen von Sklaven und setzte sie und so viele Arbeitswillige unter den überlebenden Einheimischen, wie er aufzutreiben vermochte, ein, um die Keimzellen für die ersten Städte zu schaffen. Er ließ von den Kanaren importiertes Zuckerrohr anpflanzen, erschloss in den Bergen Gold- und Silberminen, gab große Galeonen in Auftrag, die die Ernte und die Edelmetalle in die Heimat zurückbefördern sollten, und dann schickte er Abgesandte zu den anderen in der Nähe liegenden Westindischen Inseln, die die auf ihnen lebenden Menschen so schnell und nachhaltig wie möglich von den Vorzügen kastilischer Herrschaft überzeugen sollten.

Es gab eine Person, die Ovando nicht mit auf seine erste Reise nehmen konnte, einen Verwandten seiner Frau, einen aus der südwestspanischen Stadt Medellin stammenden Mann aus dem niederen Adel namens Hernán Cortés. Der Grund dafür war – angeblich –, dass der damals Achtzehnjährige sich am Abend vor der Abfahrt des Schiffs bei der Flucht aus der Schlafkammer einer verheirateten Dame verletzt hatte – das ist vielleicht eine apokryphe Geschichte, aber mit Sicherheit eine, die Cortés, der sich zum Archetyp des angeberischen, aufgeblasenen und zügellosen Konquistadors entwickeln würde, gerne über sich erzählen gehört hat. Cortés gelangte schließlich doch auf die Westindischen Inseln, aber wie so viele seines Schlages – wagemutige Abenteurer mit privatem Vermögen und guten Verbindungen zum spanischen Hof – benutzte er die Inseln nur als Sprungbrett zum amerikanischen Festland. Sobald er dort einmal angekommen war, begann er mit seiner berüchtigten Kampagne erbarmungsloser Unterwerfung und grausamer Unterdrückung, die in der Zerschlagung des Aztekenreichs endete und in der Ernennung eines spanischen Vizekönigs, der in der Kapitale von Neuspanien residierte: Mexiko.

Wie alle die finster dreinblickenden, vollbärtigen und wild entschlossenen Konquistadoren traf Cortés per Schiff ein, mit Tausenden von spanischen Soldaten, einem gewaltigen Arsenal von technisch fortschrittlichen europäischen Geschützen, aus hartem Stahl geschmiedeten Hieb- und Stichwaffen sowie, und das war entscheidend, mit Pferden und gut abgerichteten, mit eisernen Panzern geschützten Kampfhunden. Er setzte all dies gegen die verwirrten und verblüfften Azteken ein, ohne die geringsten Skrupel, wenn auch von vielen seiner Verteidiger und von den Verteidigern spanischer Kolonialpolitik im Allgemeinen behauptet wird, dass man das Ausmaß seiner Grausamkeiten stark übertrieben habe. In jedem Fall wurde Ende 1520, nachdem die Spanier von der Küste ins Landesinnere marschiert waren und dabei viele Siedlungen der Azteken belagert und zerstört hatten sowie taktisch geschickt viele Bündnisse mit anderen Eingeborenenvölkern eingegangen waren – offiziell sollte das dazu dienen, die Herrschaft Spaniens zu erweitern und den Heiden die Segnungen des Christentums zuteil werden zu lassen –, die Stadt Tenochtitlán von den Eroberern in Schutt und Asche gelegt. Anfang 1521 war die Zivilisation der Azteken, die in mancher Hinsicht so hoch entwickelt und fortschrittlich gewesen war wie jede europäische, ausgelöscht.

Die Tragödie der Azteken und ihres Herrschers Montezuma (der von Cortés als Geisel genommen wurde und bald danach eines mysteriösen Todes starb) sollte sich ganz ähnlich noch oft wiederholen – bei den Maya, den Inka, den verschiedenen nordamerikanischen Indianerstämmen –, bis das Reich des spanischen Vizekönigs auf dem amerikanischen Kontinent eine gewaltige Ausdehnung angenommen hatte und von Nordkalifornien bis nach Lima reichte, von Panama und dem Golf von Darién bis zur Stadt Santa Fe und der Halbinsel Florida. Große Abschnitte der atlantischen Westküste unterstanden gegen Ende des 16. Jahrhunderts der Herrschaft des kastilischen Königshauses. Das war vor allem der gut organisierten und systematischen Entsendung vieler schneller Segler nach Westen und den Scharen gut bewaffneter Krieger, die sie beförderten, zu verdanken.

Es dauerte nicht lange, bis auch die Portugiesen, die Franzosen, die Holländer und die Engländer ihre Schiffe auf die Reise über den Atlantik schickten, um in der Neuen Welt Kolonien zu gründen. Und auch wenn die Angehörigen dieser Völker im Allgemeinen dabei weniger Grausamkeit an den Tag legten, unterjochten sie doch die indigenen Völker, auf die sie stießen, und gründeten in deren angestammten Lebensräumen eigene Siedlungen. Die Geschichten von diesen Niederlassungen an den Küsten, von ihrer Gründung, dem Wiedervergehen einiger von ihnen und dem bemerkenswerten Überleben anderer, sind längst Teil der Legende von der Erschaffung des modernen Amerikas durch die Europäer geworden: Die Geschichten um Sir Walter Raleigh und Francis Drake, um John Smith und Pocahontas, um die Pilgerväter, die Puritaner und um Peter Stuyvesant sind allesamt wohlbekannt – und in beinahe allen spielt das Meer eine überragende Rolle, doch fast ausnahmslos als eine Barriere, die man zu überwinden hatte, als eine Quelle des Reichtums, die man gnadenlos ausbeuten durfte, und als Transportweg, auf dem man die Schätze der Neuen Welt – Tabak, Holz, Reis, Indigo, Pelze, Gold – in die Heimat bringen konnte.

Als das 16. ins 17. Jahrhundert überging und die Siedlungen in Amerika zu dauerhaften wurden, begannen als unmittelbare Folge der raschen europäischen Kolonisierung des Kontinents zwei neue Phänomene in Erscheinung zu treten. Und dann kam es, mit diesen beiden koinzidierend und sich zum Teil auch aus jedem von ihnen ergebend, zu einem ungemein wichtigen dritten. Und Erbarmen beziehungsweise der Mangel daran war eine allen dreien gemeinsame Komponente.

Erstens fing eine neue Generation von Piraten in atlantischen Gewässern zu operieren an, die in zunehmendem Maß von Schiffen befahren wurden, die so reich mit Schätzen aus der Neuen Welt beladen waren, dass sie ganz tief im Wasser lagen. Das Meer entwickelte sich, vor allem in jenem engen Raum zwischen dem Festland und den Westindischen Inseln zu einem Ort der Gewalt, die jederzeit hereinbrechen konnte, so dass man auf nach Osten segelnden Schiffen rund um die Uhr angespannt Ausguck nach Angreifern mit der schwarzen Flagge hielt. Wenn solche am Horizont auftauchten, bedeutete das nicht nur den sicheren finanziellen Ruin, sondern oft genug auch den Tod.

Zweitens wurden Sklaven über das Meer transportiert und von jenen Siedlern, welche die großen Plantagen im Süden Amerikas betrieben, zur Arbeit eingesetzt. Im 17. Jahrhundert wurde der Atlantik zum Superhighway, über den die sogenannte Middle Passage ablief, die so hieß, weil die Schiffe der Sklavenhändler zunächst von Europa – größtenteils von England – aus Westafrika anliefen und dort mit gefangen genommenen Schwarzen vollgestopft wurden, die man dann unter den grässlichsten Bedingungen zu den Sklavenhäfen Amerikas transportierte, wo die Schiffe gesäubert wurden und dann mit Waren für England beladen die Rückreise antraten. Die ganze Fahrt setzte sich also aus drei Abschnitten zusammen, und der mittlere war der, bei dem sich die Sklaven an Bord befanden.

Die dritte Entwicklung, in gewisser Hinsicht Resultat der beiden anderen, war rein militärischer Art. Sie wurde partiell dadurch ausgelöst, dass sowohl das Ersticken der Piraterie als auch die Ausrottung der Sklaverei im Lauf der Zeit zu Zielen der Politik der europäischen Staaten wurden, die ursprünglich für das Aufkommen und die Existenz beider Phänomene verantwortlich gewesen waren. Man könnte das als Ironie ansehen – und doch war es nichts anderes als ein Ergebnis der Aufklärung, denn als die Zeit, oder besser, das Denken der Menschen immer aufgeklärter wurde, beurteilte man beide Aktivitäten so wie heute: als nichtswürdig und verbrecherisch. Dieser Gesinnungswandel bewirkte einen Anstieg der Aktivitäten, mit denen diesem verabscheuungswürdigen und kriminellen Treiben ein für alle Mal ein Ende gesetzt werden sollte. Die Kriegsmarinen der Seefahrernationen erhielten den Auftrag, die Piraten zu vernichten und die Sklavenhändler von den Meeren zu verbannen, und wurden zu diesem Zweck immer besser organisiert und ausgerüstet; es wurden auch immer raffiniertere Taktiken ersonnen, damit sie ihre Aufgaben erfüllen konnten.

Doch diese Seestreitkräfte wurden nicht nur eingesetzt, um für Law and Order auf den Meeren zu sorgen. Zur selben Zeit, als neue

Typen von Kriegsschiffen entworfen, gebaut und ständig weiter verbessert wurden und die Admiralitäten der verschiedenen Länder ihre Einsatztechniken verfeinerten, kamen Zwistigkeiten zwischen einigen der seefahrenden Nationen selbst auf. So kam es zum Beispiel zu Auseinandersetzungen zwischen Frankreich und Holland oder England und Frankreich – alle diese Länder verfügten jetzt über starke Kriegsflotten. Infolgedessen wurden Kämpfe einer ganz neuen Art ausgetragen; man benutzte die Kriegsschiffe dazu, den Gegner auf See niederzuringen.

Natürlich waren schon früher Schlachten mit Schiffen ausgefochten worden, doch die Kampfschiffe, die auf dem Mittelmeer zum Einsatz gekommen waren – in der Frühzeit hatten Ruderer sie angetrieben –, setzten Techniken wie das Rammen oder das Entern des Gegners ein, das heißt, eine Einheit versuchte eine andere gewissermaßen »im Nahkampf« zu versenken oder zu kapern. Im 16. und 17. Jahrhundert, einer Zeit, in der es Piraten in die Flucht zu schlagen und Sklavenhändler von ihrem Gewerbe abzubringen galt, entstand jedoch eine ganz neue Generation von Segelschiffen; diese waren flink und wendig und, besonders wichtig, mit mächtigen eisernen Kanonen bewaffnet. Das ließ eine ganz neue Schule maritimer Kriegführung entstehen, bei der diese Schiffe – oder ganze Flotten von ihnen – einander mit den Bordgeschützen, die neben normalen Kugeln auch Feuerkugeln oder mit Ketten aneinandergeschmiedete Kugeln ausspien, beharkten, bis der Feind zu einer manövrierunfähigen Hulk zusammengeschossen, in die Flucht geschlagen oder aufgebracht worden war.

Kampf gegen Piraterie und Sklavenhandel sowie Seekriege – all das verband sich miteinander, so dass auf den Meeren hektische militärische Aktivität herrschte. Die beiden ersten Erscheinungen wurden ungewollt zu Paten der dritten, und bei den großen Seeschlachten späterer Zeit – der Schlacht von Trafalgar und der im Skagerrak beispielsweise, ja bis zu einem gewissen Grad sogar schon bei der Vernichtung der Spanischen Armada durch die Briten – machten sich, hinsichtlich der Art und Weise, in der sie geführt wurden, und der Taktiken, die zur Anwendung gelangten, die Lektionen bezahlt, die man bei den Bemühungen, die Meere von Piraten und skrupellosen Menschenhändlern zu säubern, gelernt hatte.

## 4. Menschenhaie und andere Meeresraubtiere

Piraten oder, um die gesetzliche Definition zu zitieren, »solche, die ein Schiff auf hoher See dem Besitz oder der Kontrolle derer entziehen, die zu beidem berechtigt sind«, haben auf den Meeren Verwüstungen angerichtet, so lange die Menschheit sie schon befährt. Lange genug, um in die Folklore eingegangen zu sein. Die Flagge mit dem Totenkopf, die Augenklappe, der auf der Schulter hockende Papagei, die entstellende Gesichtsnarbe, vielleicht noch ein Holzbein oder ein Haken anstelle einer Hand – und dazu passende grausame Bestrafungen, wie jemanden »über die Planke springen« zu lassen –, das alles zeichnet die klassische, fiktive Piratengestalt aus; Piraten werden als kapitale Burschen porträtiert, die gerne einen zur Brust nehmen. Wenn man jedoch weiß, dass sie noch viel häufiger als zur Flasche zu einer »Bestrafung« griffen, wie den Unterleib eines Opfers aufzuschlitzen, seine Därme rauszuziehen und am Mast festzunageln und den Unglücklichen dann dazu zu zwingen, rückwärts über das Deck zu tanzen, so dass er seine Därme wie eine sich abwickelnde Wäscheleine hinter sich herzog – dann beginnt die ganze Romantik sich rasch und gründlich zu verflüchtigen.

Von einem Freibeuterschiff angegriffen zu werden war eine furchtbare Erfahrung. Ein solcher Überfall lief nach einer gewissen Routine ab: Von den stetig wehenden Westwinden vorangetrieben, stampfte das Frachtschiff mit Schätzen oder Handelswaren vollgeladen schwerfällig durch die Wogen in Richtung Osten, bis plötzlich Segel am Horizont auftauchten und eine kleine Schaluppe sich geschwind näherte. Solange sie noch weiter entfernt war, führte sie vielleicht die Flagge eines befreundeten Landes; wenn sie bis auf wenige Längen herangekommen war oder sich in Rufweite befand, stieg statt dieser eine einfache schwarze Flagge oder eine, auf der zusätzlich ein

Totenschädel und gekreuzte Knochen (oder Entermesser) prangten, am Mast hoch: Das war der »Jolly Roger«, die weithin bekannte Korsarenflagge. Die Schaluppe ging dann längsseits, nachdem ihre Besatzung zur Warnung ein paar Kugeln quer vor den Bug des Frachtschiffs abgefeuert oder auch seine Segel mit ein paar Schüssen zerfetzt hatte. Sie hatte dazu erst abrupt über Stag gehen müssen, so dass ihre eigenen Segel heftig an den Rahen geflattert hatten. Das Opfer, das durch den Verlust eines Teils seiner Segel schon an Vortrieb eingebüßt hatte, musste dann ganz stoppen. Enterhaken kamen an sein Deck geflogen, die an ihnen befestigten Leinen wurden straffgezogen, und sobald die Schanzkleider der beiden Segler sich berührten, ergoss sich eine Horde von wild blickenden Burschen über die Reling.

Sie schwangen Entermesser, Säbel und leichte Äxte, mit denen sie auf jeden einhieben, der die geringste Gegenwehr leistete. Einige der Angreifer trieben dann die Besatzung zusammen, fingen an, die Männer zu befragen und mit Fausthieben und Messerstichen zu traktieren. Allzu oft schlitzten die Tobenden ihnen auch den Leib auf oder erwürgten sie. Bei einem berühmt gewordenen Fall nagelten sie die Füße eines Matrosen auf den Decksplanken fest, schlugen mit Rattangerten auf ihn ein und hackten ihm dann die Glieder ab, bevor sie den blutigen Rumpf den Haien zum Fraß vorwarfen. Andere durchstöberten die Laderäume des Schiffs und die Kajüten auf der Suche nach allem, was von Wert oder Nutzen war. Möglicherweise war Gold an Bord, mit Sicherheit fanden sie Kanonen und Schießpulver, vielleicht auch ein paar gut ausgebildete Besatzungsmitglieder, die dazu gezwungen oder überredet werden konnten, sich ihnen anzuschließen. Und dann, nachdem sie unter Umständen zum Abschied noch ihr Mütchen an den Passagieren gekühlt hatten, schwärmten sie alle auf ihre eigene Schaluppe zurück, lösten die Verbindungsleinen und überließen die überlebenden Besatzungsmitglieder und Passagiere ihrem Schicksal; wenn sie Glück hatten, gelang es ihnen, sich mit dem angeschlagenen Schiff irgendwohin zu schleppen, wo sie sicher waren und die nötigsten Reparaturen vornehmen konnten.

Das goldene Zeitalter für die Piraten des Atlantiks – ein Begriff, der in diesem Kontext sowohl die *Bukaniere* der Karibik als auch die

*Privateers* einschließt, die vielen staatlich unterstützten Briganten, die für Länder, deren Kriegsmarine für andere Aufgaben dringender benötigt wurde, feindliche Schiffe aufbrachten – dauerte mehr als siebzig Jahre, ungefähr von 1650 bis 1725. Schriftstellern wie Daniel Defoe und Robert Louis Stevenson ist es zu verdanken, dass die Taten der berüchtigtsten von ihnen in das populäre Schrifttum eingingen. Männer wie Edward Teach alias Blackbeard, der seinem Gewerbe in den flachen Gewässern vor North und South Carolina nachging, oder Captain Kidd und Calico Jack von den Westindischen Inseln, oder Bartholomew Roberts, Black Barty genannt, dessen Revier an der westafrikanischen Küste lag, oder auch Edward Morgan, dem seine frühen Untaten als Bukanier offiziell vergeben wurden, der zu einem britischen *Privateer*, einem Taktiker von legendärem Geschick und Vorausblick aufstieg und schließlich zum Gouverneur von Jamaika ernannt wurde, sie wurden allesamt zu berühmten, vertrauten Gestalten. Die Schriftsteller schlachteten auch die Untaten der Handvoll weiblicher Piraten weidlich aus, von denen Mary Read und Anne Bonny die berüchtigtsten waren. Beide trugen immer nur Männerkleidung und lernten sich zufällig kennen, als sie auf demselben Piratenschiff »dienten« – zu ihrem beiderseitigen Bedauern stellten Read und Bonny fest, dass »der« andere in Wirklichkeit auch eine Frau war, also nicht zu einem sexuellen Abenteuer taugte.

Sowohl Mary Read als auch Anne Bonny entgingen der Hinrichtung, indem sie vorgaben, schwanger zu sein. Männliche Piraten konnten natürlich auf diese Weise keine Schonung erwirken, und als Patrouillenschiffe der Marine immer mehr von ihresgleichen im Atlantik und in den Gewässern um die Westindischen Inseln aufgriffen und die Welt ihrer Taten überdrüssig zu werden begann, wurden viele in die Heimat gebracht, wo man sie auf eine ihnen geziemende Weise vom Leben zum Tod beförderte.

In London wurde gefangen genommenen Piraten vor Gerichten der Admiralität der Prozess gemacht. Wenn man sie für schuldig befand, was meist der Fall war, wurden sie an einem besonderen bei Wapping in der Themse, das heißt auf einer Schlammbank, aufgestellten Galgen gehängt, und zwar zwischen dem Tiefststand des Wassers bei Ebbe

Bartholomew Roberts, alias Black Barty, war einer der erfolgreichsten Korsaren, die im Atlantik ihr Unwesen trieben. Innerhalb von nur drei Jahren brachte er mit seinen Männern 470 Kauffahrer auf. Im Februar 1722 verließ ihn sein Glück: Er fiel im Gefecht mit einem britischen Kriegsschiff. Seinen Leuten wurde der Prozess gemacht, viele von ihnen wurden zum Tod durch den Strang verurteilt.

und seinem Höchststand bei Flut. Captain Kidd wurde 1701 an diesem Ort, dem sogenannten »Execution Dock«, aufgeknüpft; in dem Urteil, das man ihm, wie es Sitte war, schriftlich aushändigte, wurde spezifiziert, dass sein Leichnam an dem Hanfseil baumeln bleiben sollte, bis die Flut dreimal über ihn hinweggegangen und er »tot, tot, tot« sei. Danach wurde seine Leiche heruntergeholt, mit Teer überzogen, um Seevögel fernzuhalten, und mit Ketten bei Tilbury an der Themsemündung aufgehängt. Das war als Warnung an andere Seeleute gedacht, als Erinnerung an die schrecklichen Vergeltungsmaßnahmen, mit denen jeder rechnen musste, der vielleicht plante, auf einem Schiff anzuheuern, an dessen Mast der »Jolly Roger« flatterte.

Es dauerte einige Zeit, bis diese Maßnahmen Wirkung zeigten – schließlich schwamm da draußen auf den diversen Seefahrtsrouten sehr viel Geld herum. Doch gegen Ende des 18. Jahrhunderts begannen die Säuberungsaktionen der Royal Navy und die grimmige Entschlossenheit, mit der die Richter der Admiralität harte Urteile fällten, den Ozean aus dem Griff der Piraten zu befreien. 1725 verebbte die Bedrohung durch sie immer mehr, und wenn man auch die allerletzten von ihnen erst 1830 auf dem Execution Dock hängte, wurde Piraterie gegen Ende des 18. Jahrhunderts immer weniger zu einem realen Phänomen, sondern war etwas, das vor allem in fantasievollen, romantischen Geschichten vorkam, während das wirkliche Leben auf dem Ozean im Zeichen von Disziplin, Ordnung und Gesetzestreue stand.

Die Briten konnten als Erste Erfolge in der Unterdrückung des Piratenunwesens verzeichnen. Doch gab es noch eine viel schrecklichere, viel unmenschlichere Aktivität. Zufällig warf einer der berühmtesten Prozesse gegen einen Piraten, welcher ausnahmsweise nicht vor einem Gericht der Admiralität in London, sondern in einem Winkel Westafrikas abgehalten wurde, Licht darauf. Es handelte sich um auf hoher See verübte Gräueltaten, die man später ebenfalls strengstens verfolgte. Am Ende konnte man dieser Aktivität, gewissermaßen einer Variante der Beförderung von Fracht über das Meer, tatsächlich Einhalt gebieten, doch war sie außerordentlich langlebig, und die Erinnerung an sie beschämt die Welt noch heute: Es geht um das schändliche Gewerbe des transatlantischen Sklavenhandels.

Der Prozess gegen die Männer Black Bartys – unter dieser Bezeichnung wurde er bekannt – fand 1722 statt, und zwar in dem einschüchternden, schneeweißen Gebäude, das heute noch hoch auf einer Klippe ein gutes Stück westlich der ghanaischen Hauptstadt steht, in dem berühmten Cape Coast Castle. Es waren abenteuerlustige Schweden, die an dieser Stelle, in der Nähe eines Küstendorfs namens Oguaa, zunächst eine hölzerne Anlage errichtet hatten, die als Zentrum für den Handel mit Gold, Elfenbein und Bauholz dienen sollte. Danach ging sie in den Besitz eines anderen skandinavischen Landes über, von dem man immer vergisst, dass es auch einmal eine Kolonialmacht war, in den Dänemarks nämlich. 1664 wurde das Fort dann von den Briten erobert, deren Interesse an der Kolonisierung Westafrikas länger andauerte und die sich für die nächsten dreihundert Jahre an der Goldküste – wie Ghana damals genannt wurde – festsetzten. Zu Beginn – das heißt auch zu der Zeit, als der Prozess gegen die Piraten stattfand – war das Fort das regionale Hauptquartier für die Royal African Company of England, der privaten britischen Gesellschaft, die für den »Zeitraum von eintausend Jahren« von der Regierung ihres Landes das Monopol für den Handel mit Sklaven an der gesamten zweitausendfünfhundert Meilen langen atlantischen Küste von der Sahara bis Kapstadt zugestanden bekommen hatte.

Obwohl dieses Monopol schon 1750 erlosch, wurde der Handel mit Sklaven weitere sechzig Jahre betrieben, und die britische Kolonialherrschaft bestand noch zwei Jahrhunderte fort. Die Briten wandelten das Fort in das imposante Gebäude um, das heute noch existiert; es ist so bekannt geworden, und man hat es so gut restauriert, dass es große Scharen von Besuchern anzieht, darunter auch viele Afroamerikaner, die natürlich ein besonderes Interesse an seiner Geschichte haben. 2009 kam Barack Obama mit seiner Familie, um das anzuschauen und auf sich wirken zu lassen, was eines der eindringlichsten und greifbarsten Zeugnisse für das Grauen der Sklaverei ist. Der düstere Ruf der Anlage wird durch deren äußere Erscheinung noch gesteigert. Obwohl Cape Coast Castle das kleinste der drei erhaltenen Sklavenforts an der Bucht von Benin[*] ist, ist es von sei-

---

[*] Das dänische Fort, das sich heute noch in der ghanaischen Hauptstadt Accra erhebt, ist nach dem Vorbild des Schlosses Christiansborg in Kopenhagen – immer noch die Residenz der Königsfamilie – erbaut und auch nach diesem benannt. Das alte Fort bei Elmina, von den Portugiesen errichtet, war mit einer Unmenge von skulptierten Wappen und einer großen Sonnenuhr geschmückt. Cape Coast Castle ist fast vollkommen frei von jedem Zierrat; es besitzt dafür Kerker mit viereinhalb Meter dicken Wänden, vier gewaltige Bastionen, siebzig zum Meer gerichtete Kanonen sowie Gärten für die in ihm stationierten Offiziere – bis 1820 wies es aber noch nicht einmal eine Kapelle auf und erweckte generell einen »billigen« Eindruck. Die von hier aus nach Westen exportierten Sklaven mussten in einer relativ schäbigen Umgebung Abschied von ihrer afrikanischen Heimat nehmen.

nem ganzen Entwurf her das bei Weitem strengste und abweisendste. In ihm befindet sich auch das berüchtigte »Tor ohne Wiederkehr«, durch das Tausende von unglücklichen Afrikanern, Männer, Frauen und Kinder, in Ketten gelegt und mit Fußfesseln an der Flucht gehindert, auf Schiffe getrieben wurden, die sich anschließend auf die Middle Passage über den Atlantik begaben. Diejenigen Gefangenen, die die entsetzlichen Strapazen der Fahrt überlebten, landeten schließlich in den überfüllten Sklavenbaracken des östlichen Amerika und der Karibik.

Das Verfahren, durch das sowohl die Piraterie als auch die Sklaverei in den Blickpunkt der fernen, aber dennoch von den Vorgängen faszinierten britischen Öffentlichkeit gerieten, richtete sich gegen einen der berüchtigtsten und kommerziell erfolgreichsten Briganten, Bartholomew Roberts, einen Waliser. Black Barty, wie er von seinen Kumpanen und der Öffentlichkeit allgemein genannt wurde, war als dritter Maat auf einem Sklavenschiff, der *Princess*, gesegelt, die 1719, als sie an der ghanaischen Küste lag, von zwei Piratenschaluppen angegriffen wurde. Diese standen unter dem Kommando eines weiteren gebürtigen Walisers, wodurch eine Verbindung zu Roberts hergestellt war, der sich der einen Piratenhorde anschloss und mit dieser im Lauf der nächsten drei Jahre nicht weniger als vierhundertsiebzig Kauffahrer aufbrachte und plünderte. Auf diese Weise wurde er zu einem der erfolgreichsten Korsaren in der Geschichte des Atlantiks, zu einem Mann, dem sogar seine unversöhnlichsten Feinde eine gewisse – mürrische – Bewunderung entgegenbrachten.

Sein Glück verließ ihn, als er seine Schiffe – wiederum an der Küste Ghanas – nach einem erfolgreichen Angriff auf einen Konvoi von Sklaventransportern zu Instandsetzungsarbeiten am Strand auf die Seite gelegt hatte. Eine Antipiraterieflottille der Royal Navy, angeführt von HMS *Swallow*, verwickelte die Piraten in einen Kampf, bei dem Roberts von einem Schrapnellgeschoss tödlich am Nacken verwundet wurde. Die zweihundertachtundsechzig Besatzungsmitglieder der drei Piratenschaluppen wurden von der *Swallow* und ihren Begleitfahrzeugen nach Cape Coast Castle gebracht, wo man sie in den Kerker warf, in dem man sie bis zu ihrem aufsehenerregenden Prozess schmoren ließ.

## 5. Menschen, *en gros* abzugeben

Daheim in England löste das Schicksal der Gefangenen erregte Debatten aus, denn unter ihnen waren einhundertsiebenundachtzig Weiße, wie es hieß, alles Piraten, und siebenundsiebzig Schwarzafrikaner, die Bartholomew Roberts bei dem Überfall auf die Sklavenschiffe erbeutet hatte. Von den Weißen starben neunzehn noch vor Prozessbeginn an den Wunden, die sie im Kampf gegen die Männer der Royal Navy davongetragen hatten. Vierundfünfzig der anderen befand man der Piraterie für schuldig und hängte sie an den Rohren der Kanonen auf den Wällen des Forts auf. Zwanzig wurden zu langjährigen Haftstrafen in Gefängnissen in verschiedenen britischen Kolonien in Afrika verurteilt und die restlichen nach London geschafft, damit sie dort ihre Freiheitsstrafen absaßen.

Mit den siebenundsiebzig schwarzen Sklaven, unschuldige Opfer des ganzen turbulenten Geschehens, ging man nicht gerade milde um. Man steckte sie wieder in die Verliese des Forts, sie mussten sich erneut mit Fußfesseln und in Ketten durch das »Tor ohne Wiederkehr« an Bord eines anderen Sklavenschiffs schleppen und sich zum zweiten Mal auf die Fahrt über den Atlantik begeben. Dieses Mal wurde ihr Schiff nicht von Piraten abgefangen, und man verkaufte sie in amerikanischen Küstenstädten auf den Sklavenmärkten womit sie Teil der wachsenden Sklavenpopulation des kolonialen Amerikas wurden. Eine himmelschreiende Ungerechtigkeit, wenn es jemals eine gegeben hat.

Obwohl viele Denker der damaligen Zeit dies erkannten und die öffentliche Meinung umzuschlagen begann, genoss der Sklavenhandel zu Anfang des 18. Jahrhunderts immer noch gewaltige offizielle wie intellektuelle Unterstützung, nicht nur in England, sondern auch anderswo. Die Gebildeteren unter den Händlern merkten voller Genugtuung an, dass zweitausend Jahre zuvor ein immerhin so bedeutender Mann wie Aristoteles über die Menschen geschrieben hatte, dass »einige von der Stunde ihrer Geburt an zum Sichunterwerfen bestimmt sind, andere zum Herrschen«. Und wenn auch einige Kritiker darauf hinwiesen, dass der Sklavenhandel es notwendigerweise mit sich brächte, dass man »Menschen des eigenen Volksstammes nicht anders behandelt als Tiere«, akzeptierten Staat und Kirche Sklaverei, das heißt die Versklavung von anderen, immer noch als etwas, was zum Verhalten des Menschen dazugehörte und mit der natürlichen Ordnung der Dinge in Einklang stand. John Newton zum Beispiel, ein Geistlicher des 18. Jahrhunderts von großer Frömmigkeit und ebensolchem Talent – er komponierte neben anderen Kirchenliedern auch die Hymne »Amazing Grace« –, war ein Sklavenhändler von Rang, und er geriet in keinerlei Konflikt dadurch, wie es im *Dictionary of National Biography* heißt, »dass seine menschliche Fracht, während er oben an Deck betete, unter elendsten Bedingungen unten im Laderaum schmachtete«. Der Sklavenhandel konnte ein äußerst ertragreiches Geschäft sein, was ihn für manche aus dem Bereich des moralisch Zweifelhaften heraushob.

Elf Millionen Schwarzafrikaner wurden zwischen der Mitte des 15. und dem Ende des 19. Jahrhunderts über den Atlantik in Richtung Westen verschleppt. Drei Millionen davon schaffte man auf britischen Schiffen fort, deren Eigner ihre Geschäfte von Liverpool, Bristol, London und solch kleineren Hafenstädten an der Westküste wie Lancaster und Whitehaven aus betrieben. (Die damit vergleichbaren französischen Häfen waren Honfleur, Le Havre und – der größte von allen – Nantes.) Das gesamte britische Establishment – von der königlichen Familie bis hin zu den Oberhirten der Church of England – bezog Dividenden aus diesem Gewerbezweig. Und nicht nur die derart erlauchten Kreisen Angehörenden, die etwas von ihrem Geld investierten, um Sklavenjagden zu finanzieren, sondern jedermann auf der Britischen Insel, der so alltägliche Produkte wie Zucker, Tabak oder Rum konsumierte, profitierte von dem Handel. Es war nicht nur ein singuläres Übel, sondern auch ein in singulärer Weise alle tangierendes Übel.

Cape Coast Castle, eines der vielen Forts am Golf von Guinea, in das Sklavenjäger die von ihnen gefangenen Menschen trieben. Von diesen Forts aus wurden sie auf Schiffe verladen und dann in wochenlanger Fahrt, auf der sie fürchterliche Qualen und Entbehrungen litten, in die Neue Welt geschafft.

Der Handel wurde auf einer sogenannten »Dreiecksroute« abgewickelt: Waren verschiedener Art wurden von Großbritannien zu den westafrikanischen Häfen oder Sklavenforts wie Cape Coast Castle gebracht. Von diesen Orten aus wurden die Gefangenen dann über den Atlantik zu amerikanischen Sklavendepots transportiert. Nachdem das betreffende Schiff dort entladen und gereinigt worden war, ging es mit Produkten der Neuen Welt auf die Fahrt zurück nach England.

Und so stachen die Kapitäne der Sklavenschiffe mit kleinen Wasserfahrzeugen, die man *snows* nannte, mit Barken oder Briggs oder auch mit dreimastigen Rahseglern, die man, was für moderne Ohren etwas seltsam klingt, formell als *ships* bezeichnete, mit voller Ladung von England aus in See. Sie hatten Order, zu den Häfen an der Küste Westafrikas zu fahren und dort die mitgeführten Güter als Tauschobjekte zu verwenden, um, wir ihr stehender Befehl lautete, »so viele gut absetzbare Sklaven zu erwerben wie möglich«. Mit Matrosen bemannt, die von »Pressgangs«, welche in Hafenkneipen auf die Jagd nach betrunkenen oder einfältigen jungen Männern gingen, zum

Dienst an Bord gezwungen oder manchmal auch überredet worden waren, und bis unter die Oberdecksplanken mit für Afrika bestimmten Waren angefüllt, gingen die Schiffe auf Fahrt. Sie führten vor allem so begehrte Erzeugnisse wie Musketen, Filzhüte, eiserne Messer, Fässer, Behälter aus Messing, Schießpulver, Baumwolltuch und Feuersteine für Schusswaffen mit. Im Ladeverzeichnis eines Schiffs, der *Pilgrim*, die 1790 von Bristol aus in See stach, scheinen etwas bizarrere Artikel auf wie »1 Truhe voll ostindischer Güter, 4 Kisten mit Hörnern,[*] 12 Kisten mit Kaliko, 2 *puncheon*[**] Rum und 15 Dutzend Flaschen Wein«. Hugh Crow, ein – obwohl einäugiger – sehr erfolgreicher Sklavenhändler von der Isle of Man, machte es sich zur Regel, immer erst Rotterdam und die Insel Jersey anzulaufen, um dort weitere Spirituosen zum Eintausch gegen Sklaven zu erwerben (zu einem wesentlich niedrigeren Preis als in England), da die meisten seiner Geschäftspartner in Westafrika nichts lieber mochten als einen richtigen Rachenputzer.

Die meisten Schiffe segelten auf der *petite route*, wie die Franzosen sie nannten, nach Süden, das heißt, sie hielten erst auf die Kanarischen und die Kapverdischen Inseln zu, bevor sie einen Schwenk in Richtung auf die jetzt im Osten liegende afrikanische Küste machten. Sie verschacherten zunächst die mitgebrachten Waren, meist gegen ziemlich gewöhnliche Gegenstände wie Eisenbarren, Kupferbarren und Längen von Stoff, die zu einem gängigen Zahlungsmittel beim Einkauf von Sklaven geworden waren. Über Jahre hinweg blieben die Preise in dieser Währung – die Eisenbarren sahen wie die Stangen eines Treppengeländers aus – ziemlich stabil. Dem berühmten Geschäftsbuch zufolge, das von Reverend Newton geführt wurde, musste man für einen männlichen Sklaven am Senegal River Mitte des 18. Jahrhunderts siebzig dieser Barren hinlegen; für eine Frau hatte Newton, obwohl sie »mit einem schlimmen Maul« angeboten wurde, dreiundsechzig Barren zu entrichten gehabt, während eine

---

[*] Im Original *bugles*; gemeint sind also Blasinstrumente. (Anm. d. Ü.)
[**] Ein Fass von ca. 318 Litern Fassungsvermögen.

andere zum »viel zu hohen Preis von 86 Barren« den Besitzer gewechselt hatte. (Zum Vergleich: Ein Sack mit zwei Pfund Schießpulver war zwei Barren wert.)

Und dann zogen die britischen Kapitäne mit ganzen Wagenladungen voll von solchen Barren oder Längen Stoff entweder zu den Sklavenforts, die von der Royal African Company betrieben wurden, und kauften dort offiziell gehandelte Sklaven zu regulierten, festgesetzten Preisen, oder aber sie scherten sich nicht um die Konventionen und besuchten die flussaufwärts gelegenen Sklavenmärkte, auf denen die einzelnen Händler sich gegenseitig Konkurrenz machten, also zu unterbieten versuchten. Dort wählten sie aus der Schar dunkelhäutiger Menschen Männer, Frauen oder auch Knaben aus, die am besten dafür geeignet schienen, auf der anderen Seite des Ozeans schwere Arbeiten zu verrichten.

Ob diese Unglücklichen von Orten stromaufwärts an die Küste geschafft wurden oder durch eines der Tore ohne Wiederkehr in die Forts an der Goldküste und den anderen Sklavenfaktoreien marschieren mussten, sie wurden zunächst brutal auf eines der wartenden Transportschiffe getrieben. Dort verpasste man ihnen ein Brandzeichen – oft in Form der Initialen DY, die für Duke of York standen – und schloss sie paarweise mit Hand- und Fußfesseln aneinander. Dann wurden sie in die Laderäume gestoßen, wo sie während der Passage in langen Reihen lagen. Die Händler konnten nur hoffen, dass sie die Fahrt überleben würden – eine Hoffnung, die aber keineswegs einem Mitgefühl entsprang, sondern rein kommerziellen Beweggründen.

Es gab eine Art Gewerbeaufsicht, die festsetzte, wie viele Sklaven pro Tonne Schiffsraum ein Händler an Bord nehmen durfte. Diese Zahl wurde im Lauf der Zeit hin und wieder verändert, aber man kann davon ausgehen, dass ein Schiff von fünfhundert Tonnen mehr als dreihundertsechzig Sklaven transportierte. Diese mussten aber wie Holzscheite eng aneinandergeschichtet werden, und sie lagen in mehreren »Etagen« übereinander, auf hölzernen Plattformen, die in der Höhe nicht mehr als ungefähr siebzig Zentimeter Abstand hatten. Sogar bei ruhiger See und kühlem Wetter waren das unerträg-

The ABOLITION of the SLAVE TRADE.
Or the Inhumanity of Dealers in human flesh exemplified in Capt. Kimber's treatment of a young Negro Girl of 15 for her Virjen Modesty.

Die weißen Besatzungsmitglieder auf einem Sklavenschiff lebten in
ständiger Furcht vor einem Aufstand der ihnen zahlenmäßig weit
überlegenen Schwarzen. Jeder Akt des »Ungehorsams« wurde daher
grausam bestraft, um Gedanken an einen Widerstand im Keim zu
ersticken. Hier ist eine junge Frau dargestellt, die mit den Füßen nach
oben am Mast hochgezogen wird, um vom Bootsmann des Schiffs
ausgepeitscht zu werden. Bilder dieser Art wurden häufig von
Abolitionisten verwendet, um Unterstützung für ihren Feldzug zur
Abschaffung der Sklaverei zu erhalten.

liche Bedingungen, wenn es jedoch heiß war und der Wellengang
hoch – was auf der achtwöchigen Fahrt häufig vorkam –, dann war
es wirklich nicht mehr auszuhalten. Die sanitären Verhältnisse waren
unbeschreiblich, keiner hatte auch nur die geringste Privatsphäre. Sicherheit ging den Weißen an Bord über alles. Die Gefangenen wurden streng überwacht und kontrolliert, und jeder Versuch zur Erhebung oder zur Meuterei wurde brutal im Keim erstickt. Die Sklaven
erhielten zweimal am Tag etwas zu essen: Yamswurzeln, Reis, Gers-

tenschrot, Maismehl und Schiffszwieback, alles zusammengekocht und zu einem unappetitlichen Brei verrührt. Zum Schutz gegen Skorbut (denn in den Verträgen mit den amerikanischen und karibischen Importeuren war eigens spezifiziert, dass die Sklaven in gutem körperlichem Zustand anzuliefern waren) befahl man ihnen, zweimal täglich ihre Münder mit Limettensaft zu spülen. Man ließ sie auch »tanzen« – das heißt, sie wurden an Deck geholt, damit sie sich Bewegung verschafften, indem sie rhythmisch auf den Planken auf und ab hüpften, soweit ihre Fußfesseln dies zuließen. Mit Peitschen bewehrte Matrosen standen dabei und sorgten dafür, dass jeder mitmachte und seine Muskeln geschmeidig hielt.

Die Grausamkeit der *master* und der Aufseher war legendär: Männliche Gefangene wurden gequält, auf Frauen fanden sexuelle Übergriffe statt, kranke Sklaven wurden über Bord geworfen (solange der Verlust durch die abgeschlossene Versicherung gedeckt war). Ein Bericht über eine bestimmte Passage reicht aus, um zu verdeutlichen, unter was für entsetzlichen Umständen die Schwarzen wochenlang dahinvegetierten. Er ist Teil von Aussagen, die ein Matrose namens Isaac Parker von der Sklavenbrigg *Black Joke*, die von einem gewissen Kapitän Thomas Marshall kommandiert wurde, vor einem Komitee des britischen Unterhauses abgab. An Bord der Brigg mit Heimathafen Liverpool befanden sich neunzig Sklaven, die man aus einem Fort in Gambia geholt hatte und die für South Carolina bestimmt waren.

Hier das Protokoll der Anhörung Parkers:

*» Welches waren die Umstände, die zur Misshandlung dieses Kindes führten?*

Das Kind war verstockt und wollte nicht essen [...], der Kapitän nahm es hoch und schlug es mit der neunschwänzigen Katze.

*Ist Ihnen etwas anderes in Bezug auf dieses Kind in Erinnerung?*

Ja, es hatte geschwollene Füße. Der Kapitän befahl dem Koch, etwas Wasser zu erhitzen, weil er sehen wollte, ob er damit etwas gegen die Schwellung ausrichten könne, und der Koch machte das. Der Kapitän gab dann den Befehl, die Füße des Kindes ins Wasser zu stecken, woraufhin der Koch einen Finger reinsteckte und sagte: ›Sir, es ist zu heiß.‹ Der Kapitän sagte: ›Ach, verdammt. Das macht nichts, steck seine Füße rein,‹ Und dabei lösten sich die Haut und die Nägel. Er holte daraufhin etwas Öl und Tücher und wickelte die Füße ein, damit sie nicht mehr so brannten, und ich selbst badete die Füße in Öl und umwickelte sie und legte das Kind zur Essenszeit am Nachmittag aufs Quarterdeck. Ich brachte ihm etwas zu essen, doch es wollte es nicht nehmen. Der Kapitän ergriff das Kind erneut und peitschte es aus und sagte: ›Verdammt, ich werde dich schon zum Essen bringen.‹ Und so machte er es vier, fünf Tage lang. Wenn das Kind zur Essenszeit nichts zu sich nehmen wollte, peitschte er es, und er band ihm einen Klotz aus Mangobaumholz, vierzig, fünfzig Zentimeter lang, mit einem Strick um den Hals. Das letzte Mal, als er das Kind hochgerissen und geprügelt hatte, ließ er es anschließend aufs Deck fallen und sagte: ›Verdammt noch mal, ich bring dich zum Essen, oder ich werd dich umbringen‹, und eine Dreiviertelstunde später war das Kind tot. Er ließ nicht zu, dass die Leute auf dem Quarterdeck das Kind über Bord warfen, sondern ließ dessen Mutter herbeikommen, damit sie es tat. Sie weigerte sich, und ich glaube, er hat sie auch gepeitscht; in jedem Fall hat er sie, da bin ich sicher, in irgendeiner Weise geschlagen, weil sie es nicht tun wollte. Am Ende brachte er sie doch dazu, es hochzuheben, und sie nahm es in die Arme und ging mit ihm zur Reling, wobei sie den Kopf zur Seite wandte, weil sie es nicht mit ansehen wollte, wie sie es losließ, und sie ließ es von Bord fallen. Sie schien sehr traurig zu sein und weinte mehrere Stunden lang.«

Ob dieser Parker die Wahrheit – oder die ganze Wahrheit – erzählte, werden wir niemals wissen. Sicher ist nur, dass man diese Geschichte in einem Anhörungsprotokoll des britischen Parlaments aus dem Jahr 1790* findet und dass das Kind, um das es ging, laut Parker erschütternd jung war, fast noch ein Kleinkind.

An die fünfzig Tage nach der Abfahrt von der Küste Westafrikas kam die amerikanische Küste in Sicht, und die zweite Etappe auf der Dreiecksroute war damit bewältigt. Für die meisten Sklaven, die aufgrund dessen, was die Franzosen *le trafic Négrier* nannten, nach Amerika gelangten, waren schon Kaufverträge abgeschlossen worden, sie wurden gewissermaßen auf Bestellung geliefert. Der Kapitän hatte Befehl, sie zu einem Eingewöhnungslager zu bringen, das zu einer der Verteilungsstellen gehörte, die man auf Inseln wie Jamaika oder Barbados eingerichtet hatte, oder aber die menschliche Fracht zu einem der Sklavenhäfen an der Küste des Festlands wie Norfolk oder Charleston zu transportieren. Vielleicht hatte der Kommandant Glück, und der amerikanische Zwischenhändler oder Agent leerte ihm nicht nur die Laderäume auf einen Schlag, indem er die Sklaven *en gros* aufkaufte, um sie dann später einzeln mit Gewinn auf einem Markt wieder zu veräußern, sondern besorgte ihm auch noch für die Rückfahrt in die Heimat eine Ladung anderer Art. Unter Umständen wurde auch an Bord des Schiffs oder auf dem Anlegekai eine Auktion abgehalten.

Vielleicht mussten die Sklaven zum Abschluss der Middle Passage auch noch eine letzte Schmach über sich ergehen lassen – einen sogenannten *slave scramble*. Das bedeutete, dass man den auf dem Kai wartenden Händlern mitgeteilt hatte, dass jeder der Afrikaner an Bord zu einem Einheitspreis abgegeben werden würde. Auf ein bestimmtes Signal hin, gewöhnlich einen Trommelschlag, stürmten sie das Schiff und stürzten sich wie eine wild gewordene Kundenschar beim Schlussverkauf auf die verschreckten Männer und Frauen, die

---

* *Accounts & Paper/Session papers, Minutes of the Evidence taken before a Committee of the Whole House on Regulation of Slave Trade*, 1790, XXX (699), 122–124, 127.

man – immer noch in Ketten – auf das Quarterdeck getrieben hatte, um die besten »Stücke« für sich zu ergattern. Familien wurden unvermeidlich auseinandergerissen, weil ein Händler den Mann, ein anderer dessen Frau haben wollte und wieder andere an den Kindern interessiert waren.

Nicht lange danach legte das Schiff wieder ab; seine Decks hatte man gründlich mit Essig und Lauge geschrubbt, die Plattformen, auf denen in den Wochen davor Menschen mit schwarzer Haut dicht an dicht gelegen hatte, waren jetzt vollgepackt mit Tabakballen, Pelzen oder Manufakturwaren aus den Kolonien. Einige Wochen später sichtete man backbord voraus die Landspitze Head of Kinsale und ungefähr einen Tag danach die Leuchttürme am Mersey oder am Avon. Und dann war die lange Fahrt endlich zu Ende. Die Seeleute waren wieder mit ihren Frauen und Kindern vereint; sie spazierten wieder Straßen entlang und gingen zum Gottesdienst in die Kirche, und die Erinnerung an den Transport der menschlichen Fracht – der einige in einen moralischen Zwiespalt stürzte, für andere einfach nur lästige Routine war – konnte irgendwie verdrängt werden, bis die nächste Fahrt anstand.

Sklavenhändler hielten an ihrem Gewerbe noch viele Jahre voller Schläue und Entschlossenheit fest – vor allem indem sie Anteilsscheine an portugiesischen Sklavenschiffen kauften; denn Lissabon erklärte die Sklaverei in den afrikanischen Kolonien des Landes bis 1869 für legal und fuhr fort, Brasilien mit Sklaven aus Angola zu versorgen, bis dieser Handel von dem südamerikanischen Staat 1831 verboten wurde. Doch im Lauf der Jahre gewann die Westafrikaschwadron der Royal Navy die Oberhand, und obwohl der Dienst bei dieser riesigen Flotte mit Heimatstützpunkt Portsmouth äußerst unbeliebt war – hauptsächlich wegen der heimtückischen tropischen Krankheiten, die so manchen Seemann befielen und umbrachten –, hatten um die Mitte des 19. Jahrhunderts herum die Männer dieser sogenannten Präventiveinheit an die sechzehnhundert Sklavenschiffe aufgebracht und hundertfünfzigtausend Sklaven befreit. Die letzten Sklavenschiffe, die den Ozean überquerten, die *Wanderer* und die *Clotilde*, waren in Amerika registriert; sie schafften es 1858 respek-

Den schwanz regete so ward der qual von dem wasser als gro
vor dem schiff das er den kiel vff hub als ob er

ir die lufft wölte trocken vnd viel den wider hernider
als ob er in abgrund wölte wallen dem selben fisch was
das vff dem schwanz gewachssen holtz vnd gras do wonet so alle

Der irische Abt Brendan (um 484–577) soll mit einer kleinen Schar von
Gefährten zu einer im Westen gelegenen verheißenen Insel gesegelt sein.
Die Geschichte von der Fahrt des später Heiliggesprochenen erfreute sich
im Mittelalter großer Beliebtheit und ist in zahlreichen Fassungen und
Abschriften überliefert. Diese eine Begegnung mit einem Wal zeigende
Abbildung entstammt einer Mitte des 15. Jahrhunderts entstandenen
illuminierten Handschrift.

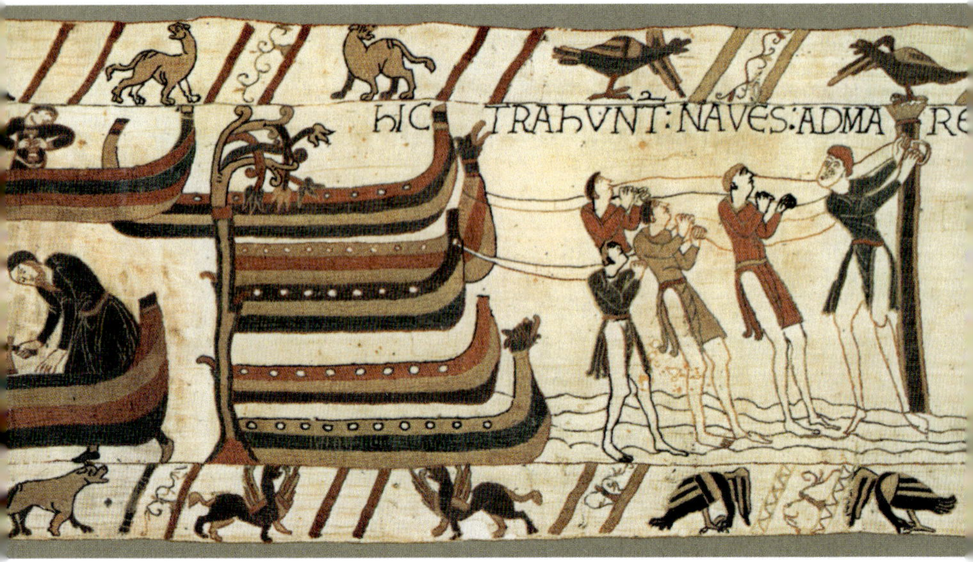
HIC TRAHUNT: NAVES: ADMA RE

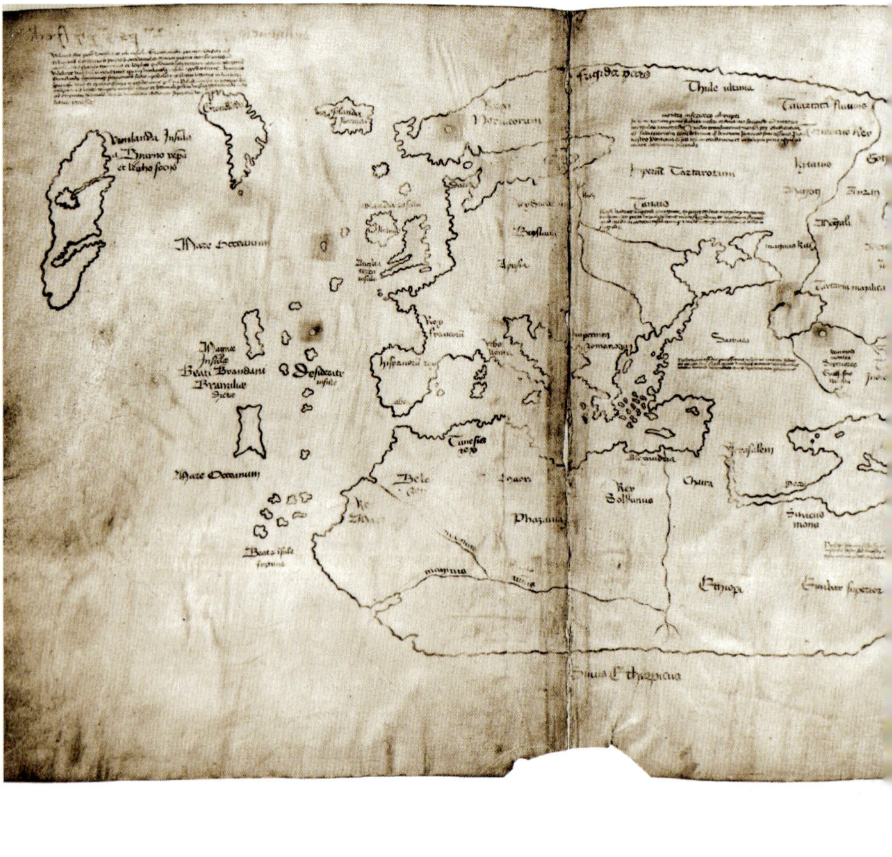

Der in der zweiten Hälfte des 11. Jahrhunderts entstandene Bildteppich von Bayeux zeigt die 1066 erfolgte Eroberung Englands durch die Normannen. Die dargestellten Boote der Invasionsflotte gehören dem Typus der in Skandinavien entwickelten »Drachenschiffe« an, die auch die Wikinger für ihre berüchtigten Raubzüge benutzten.

Die Yale University erwarb die sogenannte Vinland-Karte 1959 von einem Antiquar; ihre Echtheit ist bis heute umstritten. Sollte sie tatsächlich schon im Mittelalter entstanden sein, würde sie einen zusätzlichen Beleg dafür darstellen, dass Nordamerika schon lange vor Kolumbus von isländischen Seefahrern »entdeckt« wurde, denn im Nordwesten ist neben Island und Grönland eine weitere als *Vinilanda Insula* bezeichnete Landmasse eingezeichnet. Vinland (Weinland) ist in mehreren mittelalterlichen Isländersagas der Name eines weit im Westen gelegenen fruchtbaren Landes. Im 20. Jahrhundert haben archäologische Funde, vor allem die Entdeckung der Überreste einer Wikingersiedlung auf Neufundland, gezeigt, dass damit wohl ein Teil des nordamerikanischen Kontinents gemeint war.

Die im ersten Drittel des 16. Jahrhunderts von dem Schweden Olaus Magnus angefertigte *Carta Marina* ist die erste Karte, auf der die Umrisse der nordeuropäischen Länder annähernd korrekt wiedergegeben sind; dafür ist

jedoch das Meer mit fantastischen Ungeheuern besiedelt; ein Indiz dafür, dass es noch weitgehend unerforscht war und aus ebendiesem Grund den Menschen der damaligen Zeit Furcht einflößte.

Auf diesem vermutlich 1531 entstandenen Gemälde von Alejo Fernández breitet die Jungfrau schützend ihren Mantel über einer Reihe von Seefahrern und Konquistadoren aus, die die Macht und den Reichtum der spanischen Krone durch die Entdeckung und Eroberung von Ländereien in der Neuen Welt mehrten. Links außen ist vermutlich Kolumbus dargestellt.

Bei der im Oktober 1805 von der Royal Navy gegen die vereinigten Flotten der Franzosen und Spanier ausgetragenen Schlacht von Trafalgar (hier eine zwischen 1822 und 1824 entstandene bildliche Darstellung von William Turner) blieben die Briten unter Vizeadmiral Lord Horatio Nelson siegreich.

*Die Schlacht von Gibraltar* (1621) von Hendrik Cornelisz Vroom. Der niederländische Maler und Zeichner war besonders für die Detailtreue seiner Marinebilder bekannt.

*Impression, soleil levant.* Mit dem Titel seiner 1872 entstandenen Ansicht des Hafens von Le Havre bei Sonnenaufgang gab Claude Monet einer ganzen Stilrichtung der Malerei ihren Namen.

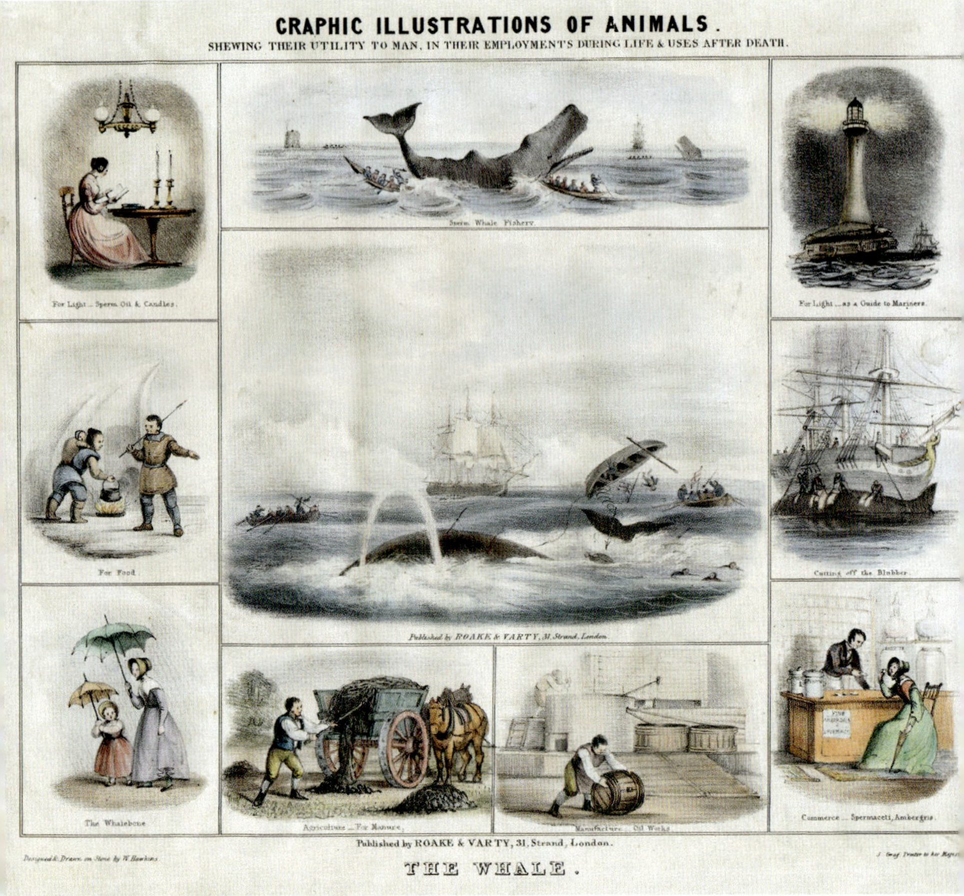

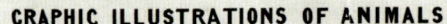

Kommerzieller Walfang wurde in größerem Umfang von Beginn des 17. Jahrhunderts an betrieben – und zwar zunächst vorwiegend von Holländern und Engländern. Ab dem 19. Jahrhundert waren Orte an der amerikanischen Ostküste wie Nantucket Zentren der Walfangindustrie. Was die großen Meeressäuger zu einer so begehrten Beute machte – Mitte des 19. Jahrhunderts wurden an die 10000 Tiere jährlich erlegt –, war die Tatsache, dass fast alles an ihnen verwertbar war und zu einer Vielzahl von Zwecken verwendet werden konnte, wie dieses Schaubild aus der viktorianischen Zeit zeigt. Das Walfleisch war von vergleichsweise geringer Bedeutung. Doch aus dem Fett wurde zum Beispiel Talg für Kerzen oder Öl für Lampen, aber auch Margarine hergestellt; aus den Barten, mit denen einige Walarten ihr Futter aus dem Wasser filtern, fertigte man Dinge wie die »Gerippe« für Schirme und Korsettstangen an. Besonders kostbar war das seltene Ambra, das man in den Därmen von Pottwalen findet und das ein Grundstoff für Parfüm ist. Die jahrhundertelange gnadenlose Jagd auf Wale führte im 20. Jahrhundert fast zur Ausrottung einiger Arten.

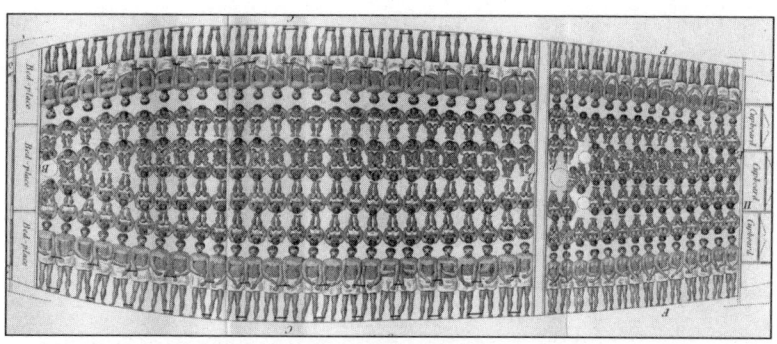

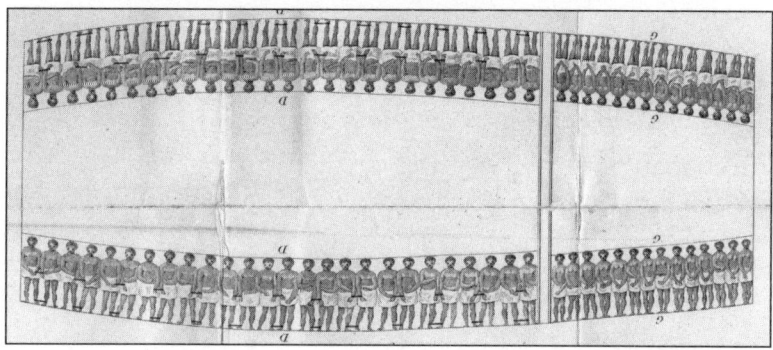

Diese zeitgenössische schematische Darstellung zeigt, wie eng
zusammengepfercht die gefangenen Schwarzafrikaner auf dem
Unterdeck der Sklavenschiffe und den eigens eingezogenen hölzernen
Zwischenböden lagen. Diese »Frachträume« waren vor allem bei
warmem Wetter Brutstätten für Krankheiten verschiedenster Art.

tive 1859, durch die diversen Sperrkordons hindurchzuschlüpfen.
Der letzte überlebende Sklave, der mit dem letzten Sklavenschiff angekommen war, starb 1935 in einem Vorort von Mobile, Alabama.
Und mit dem Tod dieses würdigen vierundneunzig Jahre alten Herrn
aus Benin namens Cudjoe Lewis schwand das letzte Verbindungs-
glied zum transatlantischen Sklavenhandel dahin, mit dem zu Beginn
des 16. Jahrhunderts die Franzosen in Florida und die Engländer in
Virginia begonnen hatten und der mehr als vierhundert Jahre lang
betrieben worden war.

# 6. Die Regeln bilden sich aus

Der Krieg gegen die Sklavenhändler und die Bekämpfung der Piraten wirkten sich in der Tat auf die Taktiken der Seekriegführung aus, indem sie berufsmäßige Seeleute im Umgang mit auf Schiffen mitgeführten Kanonen schulten, die technisch immer perfekter und todbringender wurden. Außerdem hatte beides auch einen Einfluss darauf, *wo* auf dem Meer Gefechte mit solchen Waffen ausgetragen wurden.

Alle frühen Kämpfe oder Schlachten auf See waren traditionellerweise in Sichtweite des Landes ausgefochten worden oder zumindest in der Nähe der Küste. Zum Teil hatte das daran gelegen, dass es den Männern, die die Schiffe kommandierten, schwergefallen wäre, zu ermitteln, wo genau sie sich befanden, sobald sie sich auf die offene See hinausbegeben hätten, wo es keine konkreten Orientierungspunkte mehr gab. Doch als die Techniken zur Bestimmung der Breite und, was entscheidend war, der *Länge* verfeinert wurden, waren die Kommandanten in der Lage, ihre Position mehr oder weniger präzise zu bestimmen. Und dann wurden sie auch in die Lage versetzt, den Standort des Feindes auf dem Meer zu ermitteln und ihn dort anzugreifen. Nachdem das eingetreten war, begann der Ausdruck »command of the sea« (Herrschaft über die See) eine Realität zu bezeichnen: In frühen Zeiten hatten Kriegsflotten, die den Anspruch erhoben, über die See zu gebieten, in Wirklichkeit nur die Herrschaft über die Küstengewässer inne, in denen sie operierten. Nach der Einführung der Längengrade und der Möglichkeit, sie genau zu bestimmen, erweiterte sich dieses Herrschaftsgebiet beträchtlich und schloss auch die fernen Regionen des Ozeans ein. Und »the command of the sea« innezuhaben erhielt im neuen Zeitalter von Handel und Kommerz immer größere Bedeutung. Für die Verwirklichung imperialistischer Ambitionen war es viel wichtiger, die Kontrolle über das Meer zu erlangen als die über irgendwelche Ländereien.

Derjenige, der den größten Einfluss, die größte Macht über den Atlantik besaß – über die Schifffahrtsrouten, die sich gerade auszubilden begannen –, genoss einen gewaltigen Vorteil, was den Handel betraf. Die großen europäischen Mächte, die am östlichen Küstengürtel des Atlantiks lagen – und nach einiger Zeit auch die amerikanischen, an seinem westlichen Rand gelegenen –, stritten alle um die Oberhoheit über die Meere. Oft wurden solche Streitigkeiten auf vernünftige Weise, das heißt friedlich, beigelegt. Doch hin und wieder schlugen sie in offene Feindseligkeiten um, und anstatt die Kämpfe von Heeren in fremden Gefilden austragen zu lassen, konnte man eine Entscheidung herbeiführen, indem man Kriegsflotten gegeneinander antreten und Schlachten in der neutralen Zone der Hochsee austragen ließ.

Um diese Kämpfe zu führen, war man auf eine Reihe neuer Taktiken angewiesen sowie auf den sinnvollen und effizienten Einsatz der immer weiter entwickelten Bordartillerie. Die erste Konfrontation dieser Art war eine Schlacht, die unter dem Datum, an dem sie geschlagen wurde, in die Geschichte eingegangen ist; die Schlacht vom 18. September 1639, bei der im Ärmelkanal die Flotten Hollands und Spaniens aufeinandertrafen. Bis zu diesem Zeitpunkt waren solche Kämpfe auf hoher See äußerst chaotische Angelegenheiten gewesen, gewaltigen Schaum aufwirbelnde *mêlées*,* bei denen die Schiffe sich in einem wilden allgemeinen Getümmel schwerfällig hin und her drehten, mit am Bug aufgestellten Geschützen aufeinander feuerten, wobei sie nicht selten eines aus den eigenen Reihen trafen, und sich mit Flaggensigna-

---

* Einen Spitzenplatz unter den Auseinandersetzungen auf dem Ozean nimmt die Vernichtung der Spanischen Armada vor der englischen Küste im Jahr 1588 ein. Im Kontext der vorliegenden Darstellung sind die ausgetragenen Gefechte und die Zerstörung feindlicher Schiffe durch Brander von weniger Interesse als der fürchterliche Navigationsfehler, den die spanischen Kommandanten begingen, als ihre geschlagene Flotte den Norden Schottlands umrundete. Da sie nicht genau wussten, wo sie sich befanden, und die Auswirkung des Golfstroms nicht in ihre Kalkulationen einbezogen, wendeten sie viel zu früh nach Süden und wurden von den Weststürmen auf die dadurch in Lee liegenden Felsenküsten getrieben. So gingen an der schottischen und irischen Küste weit mehr Schiffe verloren als bei den Kämpfen, die zuvor stattgefunden hatten. Fünftausend Seeleute verloren ihr Leben, und nur die Hälfte der Schiffe erreichte mit Mühe wieder die Heimat.

len zu verständigen suchten, die aber durch den Pulverdampf hindurch so gut wie gar nicht zu erkennen waren. Jeder Kommandant versuchte sich in dem allgemeinen Aufruhr mit der Taktik zu behaupten, die er persönlich für angebracht hielt. Doch bei der Schlacht im Jahr 1639 verfiel der holländische Oberbefehlshaber auf die an sich simple Idee, sämtliche Einheiten seiner Flotte in einer Linie aufzureihen, so dass sie der gegnerischen Streitmacht alle ihre Flanken präsentierten; dann ließ er das Feuer eröffnen und eine verheerende Breitseite nach der anderen in jedes spanische Schiff, das in Schussweite kam, jagen.

Diese Technik, die man von da an als Bilden einer »Schlachtlinie« bezeichnete, sollte bei Seeschlachten bis zur Erfindung des Dampfschiffs in den dreißiger Jahren des 19. Jahrhunderts dominieren. Da stärkere und immer noch stärkere Schiffe erforderlich waren, wenn sie ihre Position in einer solchen Linie einhalten wollten – vor allem wenn die feindlichen Einheiten sich ebenfalls in Kiellinie aneinanderreihten und Seeschlachten sich zu furiosen Schusswechseln zwischen zwei langen Reihen von gegnerischen Seglern entwickelten –, begann man, besonders große, robuste Schiffe mit vielen Geschützen zu bauen, die als »Linienschiffe« bekannt wurden.

Das Aufeinandertreffen von Spaniern und Holländern im Ärmelkanal, das zu einer noch erbitterter ausgefochtenen Schlacht bei den Downs vor der Küste Kents führte, die damit endete, dass die Spanier die Flucht ergriffen, nachdem sechstausend ihrer Männer gefallen waren und sie dreiundvierzig Schiffe verloren hatten, war noch eine Konfrontation in Sichtweite des Landes. Die erste Schlacht weit draußen auf dem Ozean fand mehr als anderthalb Jahrhunderte später statt, im Jahr 1794, und wird in den englischen Geschichtsbüchern unter der Bezeichnung »Glorious First of June« (Glorreicher 1. Juni) geführt.[*] Sie wurde, mehr oder weniger unter Verwendung

---

[*] Seeschlachten werden traditionell nach dem Ort auf dem Festland benannt, der ihrem Schauplatz am nächsten liegt. Wenn sie weit draußen auf dem Ozean stattfinden, werden sie nach dem Datum benannt, an dem sie ausgefochten wurden. Die Franzosen nennen diese besondere Schlacht *la Bataille du 13 prairial an II*, wobei sie sich auf den von Napoleon neu eingeführten Kalender beziehen.

der von den Niederländern 1639 entwickelten Taktik, zwischen fünfundzwanzig britischen und sechsundzwanzig französischen Linienschiffen ausgetragen, und zwar eben nicht in der Nähe der Küste,
sondern mitten auf dem Ozean, ungefähr vierhundert Meilen westlich von der französischen Insel Ushant. Es sah zunächst so aus, als
wären die Briten als Sieger aus der Auseinandersetzung hervorgegangen, und ihr kluger und tapferer Oberbefehlshaber, der achtund-
sechzigjährige Admiral Richard Howe galt fortan als Held. Tatsächlich aber war es das Hauptziel der Franzosen gewesen, einem Konvoi
amerikanischer Frachtschiffe, die Getreide für die hungernde französische Bevölkerung geladen hatten, eine freie Durchfahrt zu eröffnen – und tatsächlich gelang es diesen Schiffen, durch die Sper-
ren zu schlüpfen. Es war also nicht ganz eindeutig, wer bei diesem
ersten wirklichen Kampf auf dem Ozean den Sieg davontrug, oder
man könnte sagen, dass es ein taktischer Sieg für die Engländer und
ein strategischer für die Franzosen war. Wichtiger jedoch: Es war
eine Aktion, die solche Kämpfe um Geleitzüge vorwegnahm, wie sie
weniger als anderthalb Jahrhunderte später ausgetragen wurden und
wesentlich mehr Opfer forderten.

Solange das Zeitalter der Segelschifffahrt andauerte, kam es zu sehr
vielen weiteren Kämpfen auf dem Atlantik, die zu Recht in die Geschichtsbücher eingingen, entweder weil sie als Paradebeispiele für
Seeschlachten gelten konnten oder aber weil sie eine Neuverteilung
der politischen Gewichte ankündigten oder bewirkten. Die Vernichtung der Spanischen Armada durch Queen Elizabeths Kriegsflotte
im Jahr 1588 war eine Aktion, die grundlegend zur Entstehung des
britischen Empire und zum Niedergang, um nicht zu sagen Verfall,
des spanischen Weltreichs als dessen Vorläufer beitrug. Mit dem Sieg
über Napoleons Kriegsmarine (bei der auch wieder spanische Schiffe
auf den Grund des Meeres geschickt wurden) in der »klassischen«
Seeschlacht von Trafalgar im Jahr 1805 verknüpft sich vor allem die
Erinnerung an den Tod Nelsons, eines Mannes, der heute noch in
Großbritannien und von Seeleuten auf der ganzen Welt verehrt wird.
Seine Uniform mit dem von seinem Blut umrandeten Loch, das die
von einem Scharfschützen der *Redoubtable* abgefeuerte Musketen-

kugel gerissen hat, bleibt das kostbarste Ausstellungsstück, über das das Marinemuseum in Greenwich verfügt. Nelsons gewaltiges Flaggschiff, die HMS *Victory* von dreitausendfünfhundert Tonnen liegt in bestem Erhaltungszustand im Hafen von Portsmouth,* und ein Kapitän der französischen Marine wird bis zum heutigen Tag nicht mit *mon capitaine*, sondern nur mit *capitaine* angeredet: Napoleon schaffte die ehrerbietigere Anredeform wegen des seiner Ansicht nach schmachvollen Versagens seiner Flotte bei Trafalgar ab.

Nachdem durch den Sieg bei Trafalgar die Bedrohung durch die französische Kriegsmarine beseitigt worden war, genoss Großbritannien die uneingeschränkte Herrschaft über den Atlantik und konnte auf ihm und auf entfernteren Meeren nahezu ungestraft und ungehindert nach eigenem Gutdünken schalten und walten und seine imperialistischen Ansprüche geltend machen. Wie an den Schauplätzen anderer Seeschlachten erhebt sich auch dort, wo die von Trafalgar ausgefochten wurde, kein Denkmal – die paar Quadratkilometer Wasser westlich von der Straße von Gibraltar verschlangen alle Opfer. An der Stelle, an der siebenundzwanzig britische Schiffe es mit einer dreiunddreißig Einheiten umfassenden vereinten französischen und spanischen Flotte aufnahmen – 2100 Kanonen gegen 2500 und 17 000 britische Seeleute gegen 30 000 französische und spanische –, sieht man nichts als Wellen und Dünung. Doch die Signalflaggen, die Nelsons berühmten Spruch: *England Expects That Every Man Shall Do His Duty* (England erwartet, dass jeder Mann seine Pflicht tut)** ergeben, sind heute noch am Mast seines Schiffs aufgezogen, das jetzt in Portsmouth im Trockendock liegt. Und das berühmte Gebet, in

---

* Die HMS *Victory* ist das älteste Schiff der Welt, das offiziell immer noch im Dienst steht. Die USS *Constitution*, die zweiunddreißig Jahre später, nämlich 1797, vom Stapel gelassen wurde, ist das älteste *schwimmende* Schiff, das noch im Dienst steht, da die *Victory* seit 1922 im Trockendock liegt.
** Nelson befahl dem Signalgast ursprünglich den Satz zu signalisieren: »England vertraut darauf, dass jeder Mann seine Pflicht tun wird.« Der Seemann bat, das englische »confides« durch »expects« ersetzen zu dürfen, da eine Signalflagge dafür existierte, während er »confides« mit einer Vielzahl von Flaggen hätte buchstabieren müssen, was merkwürdigerweise für das Wort »duty« nötig war.

Horatio Nelson war Englands berühmtester Seeheld, dessen größter
Triumph auch sein letzter sein sollte: der Sieg über die vereinte
französische und spanische Flotte bei Kap Trafalgar an der spanischen
Küste im Oktober 1805. Ein Scharfschütze, der im Mast des
französischen Linienschiffs *Redoutable* Position bezogen hatte,
verwundete ihn tödlich. Der letzte Gedanke des Sterbenden soll seinen
Männern gegolten haben, die er anwies, sich vor einem aufziehenden
Sturm in Sicherheit zu bringen.

dem der Admiral Gott um *a great and glorious victory* (einen großen
und glorreichen Sieg) bat, ist jedem Schulkind bekannt.

Und mehr noch: Nelsons brillante und unorthodoxe Taktik, die
darin bestand, seine Schiffe in zwei parallelen, aber deutlich voneinander getrennten Reihen in die Flanke der feindlichen Flotte hineinsegeln zu lassen und so deren Herz wie auch ihre unteren Gliedmaßen zu durchbohren, anstatt neben ihr herzulaufen und darauf
zu hoffen, sie mit Kanonen zusammenschießen zu können, gilt immer noch als beispielhaftes Zeugnis für seemännische Tapferkeit und

seemännischen Wagemut. Die Tragödie jenes Tages, als der Admiral, vom Schuss eines Scharfschützen niedergestreckt, verblutend, von seinen Ärzten und seinen treuen Kapitänen gestützt auf dem Deck lag und nicht abließ, vor einem aufziehenden Sturm zu warnen, und dann mit seinen letzten Worten erklärte, wie sehr er sich geehrt fühle, seinem Land gedient haben zu können, bleibt auf ewig dem Gedächtnis der britischen Öffentlichkeit eingeprägt.

Die Grundlagen für die *Pax Britannica* wurden in Trafalgar geschaffen, und da das Britische Empire *au fond* ein maritimes Reich war, lässt sich kaum ein angemessenerer Schauplatz für die den Weg zu seiner Erschaffung ebnende Schlacht denken als jene Stelle inmitten des wogenden grauen Ozeans vierzig Meilen vor der spanischen Küste.

# 7. Wände aus Eichenholz, Panzer aus Stahl

Der Atlantik sollte noch viele Jahre lang Schauplatz von großen Schlachten zwischen Segelschiffen sein. Der Konflikt von 1812 zwischen England und den USA, zu dem es im Zusammenhang mit dem Krieg Britanniens mit dem Frankreich Napoleons kam und in dem immer wieder Pattsituationen erreicht wurden, sah viele denkwürdige Seegefechte. Die gesamte US-Marine umfasste weniger als ein Viertel der Einheiten, die die Briten zur Blockade des nordamerikanischen Festlands abgestellt hatten, was bedeutet, dass einer Handvoll amerikanischer Schiffe – es waren insgesamt nicht mehr als zweiundzwanzig – fünfundachtzig britische gegenüberstanden. Die Tapferkeit und das herausragende seemännische Können der Besatzung der amerikanischen Fregatte USS *Constitution* lassen einem bis heute Schauer über den Rücken laufen: Die Männer rangen nicht nur vor Cape Cod die achtunddreißig Kanonen führende britische Fregatte HMS *Guerrière* nieder, sondern nahmen danach Kurs auf Brasilien, wo sie ein weiteres großes gegnerisches Schiff, die HMS *Java*, dazu zwangen, die Flagge zu streichen und sich selbst zu versenken. Das erste Gefecht war in einer halben Stunde zugunsten der amerikanischen Fregatte entschieden gewesen, das zweite jedoch dauerte drei Stunden, in denen Kanonenkugeln und Kartätschengeschosse hin und her flogen und die *Constitution*, die heute im Hafen von Boston liegt, sich den Ehrennamen *Old Ironsides* erwarb, weil viele Kugeln des Gegners von ihren Bordwänden abprallten, als ob diese aus Eisen wären.

Doch dann kam das Zeitalter des Segelschiffs mit all seinen ruhmvollen Taten und seinen Ritualen zu einem Ende, und in dem Maße, in dem Kohle, Stahl und Dampf immer mehr zu den grundlegenden Elementen der Schifffahrt wurden, verflog die Romantik. Winston Churchill merkte sarkastisch an, dass die britische Marinetradition fortan wohl allein auf »Rum, Homosexualität, Gebeten und der Peitsche« basieren werde. Schiffe mit gewaltigen Bordwänden aus Teak, Fichte und Eiche mussten bald solchen weichen, die riesigen stählernen Festungen glichen. Das letzte hölzerne Kriegsschiff, das in England gebaut wurde, war die *Howe*, ein Dreidecker mit hunderteinundzwanzig Kanonen und Masten, an denen Segel gehisst werden konnten, der aber zusätzlich mit einer tausend PS leistenden, eine einzelne Schraube antreibenden Dampfmaschine ausgerüstet war. Sie lief 1860 vom Stapel und trat ihren Dienst an, als der Kiel für das erste britische Panzerschiff, die HMS *Warrior*, gestreckt wurde – die »jedes andere existierende Kriegsschiff übertreffen und überwältigen können« sollte. Auf den neuen Werften am Clyde, am Tyne und am Wear, die mit Hoch- und Schmelzöfen sowie Gießereien ausgestattet waren und auf denen man mit Schweißbrennern und Nietpistolen arbeitete, machte man sich danach energisch ans Werk und stellte unter gewaltigem Scheppern und Zischen in den folgenden Dekaden Hunderte von Nachfolgerinnen der *Warrior* her. Zuerst waren die Rümpfe noch aus Holz und nur mit Stahlplatten verkleidet, später bestanden sie zur Gänze aus Stahl, und ähnliche Schiffe werden noch im 21. Jahrhundert produziert.

Zum ersten Gefecht zwischen stahlgepanzerten Schiffen kam es während des Amerikanischen Bürgerkriegs. Sie gingen aufeinander los, dass die Fetzen flogen – und dass sie dies in der Neuen Welt taten, war ein früher, damals aber nicht wahrgenommener Hinweis darauf, dass der Staffelstab im Rennen um technologischen Fortschritt über den Atlantik hinweg nach Westen weitergereicht worden war.

An dem ersten Gefecht war ein britischer Seitenraddampfer, die *Banshee*, beteiligt, der es schaffte, eine strenge Blockade der Unionstruppen zu durchbrechen und sich nicht weniger als siebenmal mit von den Streitkräften der Konföderierten dringend benötigten Gütern in die Küstengewässer von South Carolina zu schleichen. Nachdem sie mehr als ein Jahr lang zwischen Großbritannien, den Bermudas und verschiedenen Häfen an den Küsten der Sezessionsstaaten hin- und hergedampft war, ließ das Glück sie schließlich im Stich. Sie wurde bei einem Gefecht in der Chesapeake Bay vom Gegner aufgebracht. Ein New Yorker Richter ordnete an, dass dieses in Liverpool gebaute Schiff in ein Kanonenboot verwandelt und in die Marine der Union aufgenommen werden solle – als USS *Banshee*. Außerdem sollte es zu derselben nordatlantischen Blockadeeinheit stoßen, mit der die Regierung der Unionsstaaten die Konföderierten vom Nachschub – und der Sympathie des Auslands – abzuschneiden versuchte: ein klassischer Fall von einem Wilddieb, der sich in einen Wildhüter verwandelt – allerdings nicht aus eigenem Antrieb.

An der um einiges bekannteren frühen Auseinandersetzung zwischen stahlgepanzerten Schiffen war ebenfalls ein in die eigene Marine eingegliedertes Schiff der gegnerischen Seite beteiligt, die ehemalige Dampffregatte der Union, die USS *Merrimack*, die findige Konföderierte mit Eisenplatten bepflastert und mit Kanonen vollgestopft und dann in CSS *Virginia* umbenannt hatten.[*]

Früh am 8. März 1862 dampfte diese merkwürdige, aber anscheinend effiziente Kriegsmaschine gemächlich aus dem Hafen

---

[*] Die Oberbefehlshaber der konföderierten Marine hatten mehr getan, als nur Stahlplatten am Rumpf dieses in Boston gebauten ehemaligen Stolzes der Flotte der Union anbringen zu lassen. Man hatte das Schiff aufgegeben, bis zur Wasserlinie niedergebrannt unter Wasser liegend im Norfolk Navy Yard entdeckt; es war eigentlich ein Wrack, doch die Konföderierten benötigten derart dringend Schiffe, dass sie es hoben, leer pumpten, ohne Masten wieder aufbauten, mit Stahl armierten und dann umtauften.

von Hampton Roads, Virginia, um den Kampf mit den Einheiten der lokalen Blockadeschwadron aufzunehmen. Zum Entzücken der konföderierten Seeleute präsentierte sich ihnen in der Morgendämmerung eine prachtvolle potenzielle Prise: Eine vierundzwanzig Kanonen führende hölzerne Segelfregatte der Union, die USS *Cumberland*, lag im flachen Wasser vor Anker. Sie und ein Schwesterschiff, die USS *Congress*, hatten ganz eindeutig keine Chance gegen die *Virginia*. Zusammen mit anderen hastig zur Hilfe herbeigeeilten Einheiten ließen sie einen Kugelhagel auf das Schiff der Konföderierten los, doch prallten die Geschosse, ohne Schaden anzurichten, von dessen Flanken ab. Als die *Virginia* schließlich aus kürzester Entfernung selbst das Feuer eröffnete, war es binnen einiger Stunden um die USS *Cumberland* und die USS *Congress* geschehen. Nahezu dreihundert Seeleute kamen auf den zu brennenden Hulks zusammengeschossenen Schiffen um, bevor diese untergingen.

Die Oberherrschaft der *Virginia* über die Wogen sollte aber nur von kurzer Dauer sein. Schon in der Nacht nach dem Gefecht, als sie und ihre Mannschaft ruhten, schmiedeten die Admiräle der Union Pläne. Im Weißen Haus geriet man bei der Vorstellung, dass dieses ungewöhnliche neue Schiff sich demnächst dem Potomac nähern, das heißt in dessen Mündung einfahren und einen oder zwei Tage später anfangen könnte, den Sitz der Unionsregierung unter Beschuss zu nehmen, außer sich. Die *Virginia* musste um jeden Preis ausgeschaltet werden.

Das Timing erwies sich als perfekt. Die brandneue und von Beginn an als Panzerschiff konstruierte USS *Monitor* war eben an jenem 8. März dabei gewesen, sich von der Werft in Brooklyn, wo sie gebaut worden war, durch die Brecher des Atlantiks in Richtung Hampton Roads durchzukämpfen. Sie erreichte den Schauplatz des Gefechts gerade noch rechtzeitig, um die letzten von der *Virginia* abgegebenen Schüsse zu hören. Und obwohl die Mannschaft von den Stürmen, in die man unterwegs hineingeraten war, vollkommen erschöpft war, bezog die *Monitor* sofort neben der *Minnesota* Position, um sie mit ihrer gewaltigen in einem drehbaren Turm untergebrachten Kanone zu schützen. Als am Morgen darauf die Sonne aufging, dampfte die *Virginia* erneut aus dem sicheren Hafen, und es kam zu einem historischen Zweikampf.

Drei Stunden lang tauschten die beiden schwerfälligen und schwer bewaffneten gepanzerten Schiffe Schüsse aus, eine Kugel nach der anderen prallte von den Metallplatten ab, alles war in verwirrender Weise vom Rauch und Donner der Geschütze erfüllt. Vom Ufer aus verfolgte eine Menschenmenge voller Staunen und Entsetzen das Geschehen, und am Ende, nachdem es keinem Kommandanten gelungen war, dem Gegner den Todesstoß zu versetzen, zogen beide *Ironclads* sich zurück. Die Offiziere eines jeden von ihnen erhoben den Anspruch, als Sieger aus dem Gefecht hervorgegangen zu sein, doch keine Seite hatte wirklich ihr Ziel erreicht – nämlich den Gegner zu versenken. Die *Virginia* wurde einige Wochen später in der Mündung des James River von der eigenen Mannschaft auf Grund gesetzt, damit sie nicht dem Gegner in die Hände fiel, und gegen Ende des Jahres schlug die *Monitor*, als sie bei Sturm hinter einem Schlepper lief, voll Wasser und ging bei Kap Hatteras unter. Obwohl also beide beteiligten Schiffe kein glückliches Ende nahmen, veränderte The Battle of Hampton Roads für immer das Aussehen des Seekriegs auf dem Atlantik – und mit der Zeit das Aussehen des Seekriegs im Allgemeinen.

Von dem Tag jener Schlacht an, von der die ganze Welt überraschend schnell – wenn man bedenkt, dass das transatlantische Telegrafenkabel noch nicht verlegt war – erfuhr, sollte für die Marine keines westlichen Landes mehr ein größeres hölzernes und allein von Segeln vorangetriebenes Kriegsschiff gebaut werden. Eisen, Dampf, Maschinen, Kohle, Öl, Drehzapfen und Drehlager, das waren Wörter, die in der Terminologie der modernen Seekriegführung vorkamen; Wörter wie *topgallant*, *Turk's Head*, *powder monkeys*, *marlinspike* und *mainsail*\* und das, was sie bezeichneten, gerieten bald in Vergessenheit.

---

\* *topgallant* = Bramsegel; *Turk's Head* (Türkenkopf) = eine besondere Art von Knoten, entfernt einem Turban ähnlich; *powder monkeys* (Pulveraffen) = Schiffsjungen, die im Gefecht Schießpulver aus dem Magazin zu den Geschützen schafften; *marlinspike* = Splisseisen; *mainsail* = Großsegel.

Die Schlacht von Hampton Roads, die am 9. März 1862 zwischen der
USS *Monitor* und der CSS *Virginia* ausgetragen wurde, ging als erste
Auseinandersetzung zwischen Panzerschiffen in die Geschichte ein.
Weder das Schiff der Union (rechts im Bild), das von Beginn an
als Panzerschiff konzipiert worden war, noch das ursprünglich
hölzerne der Konföderierten, das man nachträglich mit
Eisenbahnschienen verkleidet hatte, konnte beim Gegner einen
entscheidenden Treffer erzielen.

Erfindungen, auf die der Mensch während des größten Teils des
Segelzeitalters nicht gekommen war, begannen jetzt zu etwas ganz
Alltäglichem und wie selbstverständlich eingesetzt zu werden. Weniger als vierzig Jahre nach der Schlacht von Hampton Roads kam
die wunderbare Einrichtung des Funks, die es Kapitänen gestattete,
miteinander oder auch mit ihren Eignern und Reedern zu sprechen.
Weitere vierzig Jahre später verfügte man schon über Radar, das es
den Kapitänen ermöglichte, die Position anderer Schiffe zu ermitteln oder auch auf dem Schirm das feste Land zu sehen, dem sie aus-
weichen oder das sie erreichen wollten. Dann wurde das Sonar ent-

wickelt, mit dessen Hilfe ein Seemann feststellen konnte, wie tief der Ozean unter dem Kiel seines Schiffs war; und Unterseeboote wurden eingesetzt, die die bisherigen Regeln der Kriegführung auf dem Meer vollkommen über den Haufen warfen. Diese und tausend andere Produkte menschlicher Erfindungskraft verwandelten die Ozeane – und insbesondere den Atlantik – in völlig andere Arenen zur Austragung bewaffneter Auseinandersetzungen. Schiffe, die sich zuvor nur selten auf den Weiten der Meere zu finden und zu treffen vermocht hatten, konnten jetzt solche Begegnungen – ob zu friedlichen oder kriegerischen Zwecken – zuverlässig und sicher herbeiführen. Für die Kriegführung, bei der man sich bis dato eher auf die Ausarbeitung von geeigneten Taktiken konzentriert hatte, spielten jetzt geografische Gesichtspunkte eine wichtige Rolle. Als diese Entwicklungen dann noch durch die Konstruktion von sehr schlagkräftigen Waffen und einer neuen Generation von Schiffen mit bis dahin unvorstellbar großer Reichweite und Geschwindigkeit ergänzt wurden, griffen Seekriege immer weiter um sich, bis schließlich auch die entlegensten Winkel der Meere von Tod und Gewalt befleckt waren.

Befleckt ist das richtige Wort. Schon bei Trafalgar war es zu einem Blutbad gekommen, zu einem blindwütigen Gemetzel, einem Massaker an Menschen und Schiffen, und keine der späteren Schlachten sollte sehr viel weniger grausam sein. Mit der »Ritterlichkeit« war es vorbei. Der Seekrieg war fortan eine grässliche Angelegenheit, genauso schmutzig und bestialisch wie die großen Auseinandersetzungen auf dem Land. Wenn Trafalgar das letzte große kriegerische Zusammentreffen von hölzernen Schiffen auf dem Atlantik war, dann war die Schlacht, die während zweier Tage im Frühsommer 1916 in der Skagerrak-Meerenge tobte, die erste große Auseinandersetzung zwischen aus Stahl gebauten Schiffen auf diesem Ozean. Es war auch die erste, bei der Geschütze zum Einsatz kamen, die Explosivgeschosse abfeuerten, und nicht jene lediglich Segel zerfetzenden und Rahen zertrümmernden Eisenkugeln ausspeienden schwarzen Vorderladerkanonen, die die Marinen aller Länder jahrundertelang benutzt hatten. Die Kommandanten hölzerner Schiffe waren in der

Vergangenheit zu einer Art stillschweigender Vereinbarung gekommen, weder irgendwelche Zünder noch Explosivgeschosse zu verwenden, weil dann nicht nur das Schiff des Gegners, sondern auch das eigene in Flammen aufgehen konnte. Doch nach der Einführung von Schiffen wie der *Merrimack*, die aus dem nicht brennbaren Material Metall bestanden, konnte man nach Belieben alle möglichen Explosivstoffe einsetzen, auf Deck mit ihnen hantieren, gewaltige Artilleriegeschütze mit gedrehten Läufen benutzen, um Granaten fünf oder mehr Kilometer weit über das Wasser in den Gegner zu jagen und ihn zu vernichten.

Visionäre in den Reihen der Marineangehörigen erkannten bald, dass Stahlschiffe als schwimmende Plattformen für die gleichen Artilleriegeschütze dienen konnten, die an Land schon seit vielen Jahren zum Einsatz kamen. Im Handumdrehen konnte man die Kriegsflotten der Welt auf den gleichen technologisch fortschrittlichen Stand bringen wie die Landarmeen – mit einem Unterschied jedoch: Die Schiffe mussten die hochbrisante Munition in Magazinen mit sich führen, in denen sie vor feindlichem Artilleriebeschuss geschützt waren, denn eine einzige in ein solches Magazin einschlagende Granate konnte das ganze Schiff binnen Sekunden in Stücke reißen. Eine widerstandsfähige Panzerung war vonnöten, und man musste leistungsstarke Dampfturbinen entwickeln, damit diese Metallkolosse sich mit angemessener Geschwindigkeit übers Meer bewegen konnten.

Was England betraf, wurden alle diese Modernisierungen vom damaligen Ersten Seelord, dem bemerkenswert hässlichen, autokratischen und äußerst beliebten Leuteschinder Admiral »Jacky« Fisher in die Wege geleitet – einem Mann, der seine Karriere in einer aus eleganten Segelschiffen mit hölzernen Bordwänden bestehenden Marine begann und am Ende seiner Laufbahn die größte und modernste Flotte von dampfgetriebenen eisernen Schiffen hinterließ, die es jemals gegeben hat. Bei Ausbruch des Großen Kriegs, wie man den Ersten Weltkrieg zunächst nannte, verfügte Fisher über eine Armada, die auf sein Drängen hin geschaffen worden war, und sie verlieh Großbritannien für das nächste halbe Jahrhundert die nahezu uneingeschränkte Herrschaft nicht nur über den Atlantik, sondern über alle Weltmeere.

Riesige Stützpunkte mit Kaianlagen, Piers und Kränen, mit Trockendocks, Kohle- und Treibstoffbunkern, Munitionsmagazinen und Vorratslagern wurden überall an den Küsten der Britischen Inseln angelegt und auch an den Rändern der anderen Weltmeere. Der Indische Ozean wurde nominell von Trincomalee und der Pazifik von Hongkong und Sydney aus überwacht, doch der Atlantik galt als der wichtigste Ozean und wurde entsprechend von Einheiten aus großen Kampf- und kleineren Geleitschiffen kontrolliert, deren Stützpunkte sich im Westen auf Bermuda, Jamaika und Trinidad, im Süden auf den Falklandinseln und im Osten bei Freetown, Simonstown und Gibraltar befanden. Die Britischen Inseln selbst waren von einem gewaltigen Schutzvorhang umgeben, bestehend aus Zerstörern, die die westlichen Zufahrtsrouten überwachten, und Schlachtschiffen, die in der Nordsee und den tiefen Gewässern vor Irland patrouillierten. Riesige Kanonen waren auf die Engstellen im Ärmelkanal gerichtet. Auf expliziten Befehl Admiral Fishers hin wurde die Grand Fleet nach Norden verlegt, in die Nähe der Stellen, an denen die ständig wachsende deutsche Hochseeflotte eines Tages versuchen könnte, aus der Ost- und der Nordsee, wo sich ihre Stützpunkte befanden, auszubrechen. Die britischen Schiffe wurden in einer Bucht, Scapa Flow, in der Mitte der Orkneys stationiert, wo sie durch die mit kurzem Gras bewachsenen Sandsteininseln vor den atlantischen Stürmen und den subarktischen Blizzards geschützt waren und das Wasser seicht genug war, um einen sicheren Ankerplatz zu bieten. Außerdem war die Wasserfläche groß genug, um diese gewaltige Ansammlung von militärischer Hardware aufzunehmen – nahezu vierzig moderne Großkampfschiffe, die zusammen mit Flottillen von Zerstörern und Fregatten die größte und stärkste Streitmacht der damaligen Welt bildeten.

Diese Streitmacht war jedoch völlig unerprobt; ihre Feuertaufe stand erst noch bevor, denn dem Sieg über Napoleon und seinem Tod (auf der im mittleren Atlantik gelegenen Insel St. Helena) hatte sich ein Jahrhundert des Friedens oder Beinahefriedens angeschlossen, in dem kaum einmal von einem Schiff der Royal Navy ein Schuss in kriegerischer Absicht abgefeuert worden war. Was sie wert waren, mussten die Seeleute und ihre *dreadnoughts,*[*] wie die gigantischsten der Panzerschiffe Fishers genannt wurden, erstmals im Frühsommer 1916 in den kühlen Gewässern der Nordsee, achtzig Meilen vom westlichen Zugang zwischen Norwegen und Dänemark, dem Skagerrak, unter Beweis stellen.

Die britische Grand Fleet, die von Scapa Flow nach Osten gesandt worden, und die deutsche Hochseeflotte, die – genau wie die britische mit einer aus Schlachtkreuzern bestehenden Vorhut – von Wilhelmshaven aus nach Norden gedampft war, fügten einander die entsetzlichsten Verluste zu; ein Schiff nach dem anderen wurde zusammengeschossen, mehrere sanken oder flogen in die Luft, und Tausende Seeleute verloren auf grässlichste Weise ihr Leben. Insgesamt waren es zweihundertfünfzig stählerne Schiffe, die einander mit Explosivgeschossen beharkten – achtundzwanzig Schlachtschiffe auf britischer und sechzehn auf deutscher Seite, dazu alle möglichen kleineren Einheiten. Beide Parteien waren erstaunt darüber, Großkampfschiffe einzubüßen, die – wie die *Titanic,* der große Passagierdampfer der White Line, der vier Jahre zuvor untergegangen war – als »unsinkbar« und unbezwingbar galten. In den ersten Stunden der Schlacht verloren die Briten die *Queen Mary* und die *Indefatigable;* die beiden riesigen Schlachtkreuzer wurden von Explosionen zerfetzt, als deutsche Granaten in ihre Munitionsbunker einschlugen. Die Deutschen büßten elf Schiffe, die Briten vierzehn Schiffe mit einer mehr als doppelt so großen Tonnage ein. Sechstausend britische Seeleute verloren ihr Leben und zweitausend deutsche. Rein von den Zahlen her sah es also so aus, als ob der Kaiser gewonnen hätte.

Und dies, obwohl es die Royal Navy geschickt verstanden hatte, das »T zu kreuzen« – eine moderne Variante des klassischen Manövers, das darin resultierte, dass die deutschen Admiräle plötzlich

---

[*] Wörtlich übersetzt »Fürchtenichts«, *Dreadnought* war der Name des ersten modernen Panzerschiffs der Royal Navy, das 1904 in Dienst gestellt wurde. (Anm. d. Ü.)

die ganze Grand Fleet quer vor dem Bug ihrer Schiffe vorbeiziehen sahen, so dass die Briten mit ihren Zwölf- und Fünfzehn-Inch-Kanonen nach Belieben Breitseiten in den Gegner feuern und diesen dezimieren konnten.

Doch ließ sich die deutsche Flotte nicht niederringen: Ein ganzer Katalog von Fehlern und Mängeln – missverstandene Signale, ungenügende Zielgenauigkeit der Artillerie und auch die unvorteilhafte Konstruktionsweise mancher Schiffe – verhinderte, dass die Briten der Hochseeflotte den Todesstoß versetzten, obwohl ihre Kommandanten ihn verzweifelt herbeizuführen versuchten. Und trotz des ganzen Blutvergießens und der Verluste an Schiffen konnte man bei einer nüchternen Analyse nach dem Ende der Schlacht, als die Flotten wieder in ihre Heimathäfen zurückgekehrt waren, nur zu dem Schluss kommen, dass für den Rest des Krieges Untersee- und Torpedoboote wie auch Flugzeuge die dominierenden Kriegswerkzeuge sein würden. Seeschlachten zwischen großen Flotten, bei denen Admiräle der alten Schule versuchten, in einer Ära technologisch fortschrittlicher Schiffe etwas mit Kampftaktiken wie bei Trafalgar auszurichten, sollten bald der Vergangenheit angehören. Schon im nächsten Krieg, dem Zweiten Weltkrieg, spielten bei Auseinandersetzungen auf dem Meer von Trägern gestartete Flugzeuge die entscheidende Rolle. Zwei Jahre nach der Skagerrakschlacht strich die gesamte deutsche Hochseeflotte die Flagge – was keine direkte Folge dieser Schlacht, sondern im Wesentlichen darauf zurückzuführen war, dass die deutsche Wirtschaft aufgrund einer von den Alliierten durchgeführten Blockade der deutschen Häfen am Boden lag und das deutsche Heer an der Westfront zusammenbrach, so dass dem Deutschen Reich nur die Kapitulation blieb. »Seiner Majestät Schiffe« wurden in Scapa Flow interniert, von wo aus die Grand Fleet zum Skagerrak aufgebrochen war. Nach dem Waffenstillstand vom November 1918 lagen dort vierundsiebzig von Notbesatzungen bemannte Schiffe an der Ankerkette, die Kanonen unbrauchbar gemacht, die Munition konfisziert. Alle warteten auf das Ende und die Ergebnisse der nur mühsam voranschreitenden Friedensverhandlungen in Versailles.

Doch dann, am 21. Juni 1919, wurde ein vorher verabredetes geheimes Morsesignal an die deutschen Kommandanten durchgegeben, und lange zuvor erteilten Befehlen gehorchend, gaben diese sofort Anweisung, alle Seeventile zu öffnen, Leitungen zu zerstören, Löcher in die Bordwände zu bohren, so dass zweiundfünfzig der Schiffe langsam auf den Grund der flachen Bucht sackten, bevor die Briten etwas dagegen unternehmen konnten.

Die Briten schäumten vor Wut. Sie hatten geplant, die internierten deutschen Schiffe zwischen anderen Marinen aufzuteilen, und bestraften die deutschen Offiziere, die diese Pläne durchkreuzt hatten, so streng, wie es ihnen eben möglich war. Die Vereinbarungen des Versailler Vertrags ermöglichten es diesen aber am Ende, in ihre Heimat zurückzukehren. Einige der größeren Schiffe wurden später gehoben und verschrottet. Das Geld ging an das britische Schatzamt.

Marinebefehlshaber haben aus der Skagerrakschlacht so viel in Bezug auf Taktiken gelernt wie ihre Vorgänger aus der Schlacht bei Trafalgar mehr als ein Jahrhundert zuvor. Vor allem zeigte die Schlacht aber eines: dass Kriegsflotten aus Stahlschiffen zu bestehen hatten. Großbritannien verfügte trotz seines riesigen Imperiums und des Fleißes seiner Menschen sowie der Fortschrittlichkeit seiner Stahlwerke und -hütten über weniger Stahl als Deutschland, und binnen weniger Jahre würden die Amerikaner über noch mehr Stahl verfügen als die Deutschen. Von jenem Zeitpunkt an würde das Land, das auf die größte Menge qualitativ hochwertigen Stahls zurückgreifen konnte, die Voraussetzungen besitzen, die größte Kriegsmarine der Welt zu bauen – und es waren ganz eindeutig die USA, denen dies gelang. Das und die Tatsache, dass die Marine eines Tages auch andere, sehr viel schlagkräftigere Waffensysteme einsetzen würde – Waffensysteme, die nicht auf der Meeresoberfläche schwammen oder auf ihr transportiert werden mussten, sondern sich tief unter der Wasseroberfläche bewegen oder Tausende von Fuß über ihr fliegen konnten –, war es, was die Skagerrakschlacht signalisierte.

Es klingt vielleicht hämisch, wenn man darauf hinweist, dass genauso wie der Erste Weltkrieg mit einer Selbstversenkungsaktion der deutschen Marine endete, der Zweite mit einer solchen begann –

einer Selbstversenkung, die ebenfalls ein deutsches Großkampfschiff betraf und in atlantischen Gewässern stattfand, allerdings in diesem Fall im Südatlantik. Das Schiff war die *Admiral Graf Spee*, von den Engländern als *pocket battleship* bezeichnet, und die Aktion fand vor der Einfahrt zum Hafen von Montevideo in Uruguay statt, an der breitesten Stelle der Rio-de-la-Plata-Mündung.

Das Schiff, ein schnittiger, gefährlich aussehender Handelsstörer der Nazis, war im Zusammenhang mit Hitlers Vorhaben, der deutschen Kriegsmarine wieder zu ihrem alten Glanz zu verhelfen, gebaut worden. Nominell handelte es sich um einen Kreuzer, da das Washingtoner Flottenabkommen es den Deutschen verbot, größere Einheiten auf Kiel zu legen. Die *Graf Spee* war sehr schnell, und ihre Geschütze – die Hauptbewaffnung bestand aus sechs 28-Zentimeter-Kanonen – hätten eher einem ausgewachsenen Schlachtschiff angestanden. Sie lief im August 1939 aus Wilhelmshaven aus. Ihr Kommandant, Hans Langsdorff, führte die versiegelte Order mit, alle unter alliierter Flagge fahrenden Handelsschiffe anzugreifen, sobald der Krieg erklärt war.

Als der britische Premierminister diese Kriegserklärung am 3. September abgab, war das Schiff bereits in den Nordatlantik vorgedrungen; es war nördlich an den Färöern vorbeigefahren, hatte dann einen scharfen Schwenk nach Süden gemacht und befand sich schon in den ruhigen Gewässern der Sargassosee, tausend Meilen westlich der Kapverdischen Inseln. Sobald Deutschland sich formell im Kriegszustand mit England und Frankreich befand, gab Langsdorff Befehl, die Mündungsschoner von den Geschützrohren zu nehmen, und begann einen rigorosen Handelskrieg: Jeder Dampfer, der ihm begegnete, wurde angegriffen.

Getreidefrachter, Schiffe, die Gefrierfleisch geladen hatten, Tanker – die *Graf Spee* machte Jagd auf alles, was ihr im Südatlantik vor den Bug kam, und konnte alle drei, vier Tage eine Versenkung verbuchen, was in London große Bestürzung auslöste.

Doch dann, Anfang Dezember, wurde das gefährliche »Westentaschenschlachtschiff« von drei kleineren Schiffen der Royal Navy gesichtet, die in aller Eile entsandt worden waren, um die Meere nach ihm abzusuchen. Es handelte sich um die Kreuzer *Ajax, Exeter* und *Achilles*, und als es zum Zusammentreffen mit dem Gegner kam, gingen sie, obwohl sie vom Kaliber ihrer Geschütze und deren Reichweite her gewaltig unterlegen waren, mit der Tollkühnheit und Zähigkeit von Terriern auf die *Graf Spee* los. Es dauerte nicht lange, bis die *Exeter* so schwere Treffer davongetragen hatte, dass sie sich aus dem Gefecht zurückziehen musste. Zwar waren auch die *Ajax* und die *Achilles* schwer beschädigt, durch einen Glückstreffer aus einem der 8-Inch-Geschütze der *Exeter* jedoch, der mittschiffs in die *Graf Spee* eingeschlagen war und die Versorgung der Motoren mit Dieselöl stark beeinträchtigte, war das Schicksal des deutschen Panzerschiffs schon so gut wie besiegelt. Schwer angeschlagen, kroch es langsam in die Sicherheit, die die neutralen uruguayischen Gewässer boten, und ging im Hafen von Montevideo vor Anker. Seinen Offizieren war bekannt, dass ihnen nach den Vereinbarungen der Haager Konvention zweiundsiebzig Stunden blieben, um dort Reparaturen vorzunehmen.

Die verhängnisvolle Lage, in der sich das Schiff allem Anschein nach befand, erweckte großes öffentliches Interesse, vor allem da die Briten auf dem Ozean vor der Mündung des Rio de la Plata weitere Einheiten zusammenzogen – oder das durch clevere Täuschungsmanöver zumindest glauben machten. Es war eine packende Situation. Harold Nicolson, der Diplomat und Diarist, trug in London unter dem Datum des 17. Dezember 1939 Folgendes in sein Tagebuch ein:

»Nach dem Dinner lauschen wir den Nachrichten. Sie sind dramatisch. Die *Graf Spee* muss sich entweder internieren lassen oder bis 9.30 aus Montevideo auslaufen. So heißt es in den Nachrichten um 9. Gegen 9.10 geben sie eine Eilmeldung des Inhalts durch, dass die *Graf Spee* den Anker lichtet und an die 250 Mann ihrer Besatzung in Montevideo an Land gesetzt hat. Während ich dies schreibe, läuft sie womöglich ihrer Vernichtung entgegen (denn dort ist es 6.30 und noch hell). Sie schleicht vielleicht durch die Hoheitsgewässer [von Uruguay], bis es dunkel wird, um dann mit Höchstfahrt auszubrechen.

Vielleicht greift sie die auf sie wartenden Feinde an. Möglicherweise versenkt sie auch das eine oder andere von unseren Schiffen.«

Die *Graf Spee* lief unmittelbar vor Ablauf der Frist aus dem Hafen aus – doch sie tat nichts von dem, was Nicolson für möglich gehalten hatte. Sie überquerte, von einem kleinen Schlepper gezogen, gemächlich die Dreimeilengrenze. Dann, vier Meilen von der Küste entfernt und noch immer in Sichtweite der vielen ihr gespannt hinterherschauenden Menschen, zündete ihre Besatzung drei gewaltige Sprengsätze im Rumpf, womit man sie, auch auf die Gefahr hin, sich der Verachtung der deutschen Öffentlichkeit und dem Zorn Hitlers auszusetzen, lichterloh brennend, langsam und qualvoll auf den Grund des Ozeans schickte. Dies alles vor den Augen der verblüfften Menschenmenge und ihrer nicht weniger erstaunten, gleichzeitig aber auch erleichterten Feinde. Kapitän Langsdorff, einer der ehrenhafteren unter den Kommandanten der deutschen Kriegsmarine, wurde noch von dem brennenden Wrack heruntergeschafft und in Buenos Aires interniert, wo er sich jedoch zwei Tage später mit einem Schuss in den Kopf tötete.

Viele Jahre lang ragte der Mast des Wracks bei Ebbe noch aus dem schlammigen Wasser der Rio-de-la-Plata-Mündung. Eines der Fünfzehn-Zentimeter-Geschütze ist gehoben worden und heute in einem Museum Montevideos ausgestellt; ein Anker und ein Entfernungsmessgerät sind am Ufer aufgestellt, und der große Bronzeadler, der einst am Heck der *Graf Spee* prangte, wurde 2006 geborgen; das Hakenkreuz zwischen seinen Fängen wurde mit Leinwand verhüllt, um die Gefahr, Anstoß zu erregen, zu verringern. Auf zwei Friedhöfen ruhen die Seeleute, die in der Schlacht ihr Leben verloren. Das ausgebrannte und zerfetzte Wrack selbst liegt aber nach wie vor unberührt auf dem Meeresgrund. Auf Seekarten des Südatlantiks ist die Stelle lediglich durch den Hinweis »a hazard to shipping« (Gefahr für die Schifffahrt) markiert – doch stellt sie heute eine weniger tödliche Gefahr für andere Schiffe dar, als sie es gegen Ende des ersten Kriegsjahrs getan hatte.

Brennend und mit starker Schlagseite treibt das deutsche
»Westentaschenschlachtschiff« *Admiral Graf Spee* vor der Einfahrt zum
Hafen von Montevideo. Die Mannschaft hatte die Ventile geöffnet und
Sprengladungen im Rumpf angebracht, um das Schiff zu versenken,
nachdem das neutrale Uruguay den Kommandanten aufgefordert hatte
auszulaufen, bevor die Schäden, die die *Spee* bei Kämpfen mit
britischen Einheiten davongetragen hatte, so weit hatten beseitigt
werden können, dass sie wieder einsatzbereit war.

# 8. Der Feind in der Tiefe

Eine weitaus größere Gefahr als die *Graf Spee* und alle anderen
Überwasserkampfschiffe stellten auf dem Atlantik jedoch fast im gesamten 20. Jahrhundert und vor allem während beider Weltkriege die
Unterseeboote dar. Nur ganz zu Anfang dieser Zeit war das nicht
so. Zwar waren Unterseeboote schon lange vor dem Ausbruch des
Großen Kriegs erfunden worden – das allererste wurde im 17. Jahrhundert in England gebaut, das erste deutsche im Jahr 1850, und die
deutsche Kriegsmarine stellte erstmals 1905 eines in Dienst –, und es
lag nahe, dass man diese Boote in einem Seekrieg am sinnvollsten wie
aus einem Versteck heraus zuschlagende Heckenschützen einsetzte,
doch erwies man mit der Art und Weise, in der man sie anfangs ope-

rieren ließ, noch den altmodischen, »ritterlichen« Vorstellungen von bewaffneten Auseinandersetzungen auf dem Meer Respekt.

Es hatte nie ein Zweifel daran bestanden, dass Deutschland seine kleine, aber ständig wachsende Flotte von U-Booten als Handelsstörer einsetzen und mit ihren Torpedos so viele Schiffe, die mit Nachschub für Großbritannien den Atlantik überquerten, wie möglich versenken lassen würde. Als Inselstaat konnte Großbritannien nur auf dem Seeweg versorgt werden, und die Aktionen der Deutschen zielten darauf ab, die britische Wirtschaft zu lähmen, die Bevölkerung auszuhungern und das Land so in die Knie zu zwingen. Doch zu Beginn hielt man sich bei den Aktionen noch an Regeln, die in 1856 in Paris und dann später, 1899 und 1907, in Den Haag unterzeichneten Abkommen niedergelegt worden waren. Sie bezogen sich auf den sogenannten Prisenkrieg, das Aufbringen oder die Zerstörung von Handelsschiffen auf hoher See. Allen diesen Vereinbarungen zufolge sollten beispielsweise Passagierschiffe nie angegriffen und die Besatzungen von Frachtern aus der Gefahrenzone entfernt werden, bevor man ihr Schiff ausplünderte und versenkte (sie in Rettungsboote steigen zu lassen wurde nur dann als sinnvoll erachtet, wenn Land in Sicht war, ansonsten mussten sie an Bord des angreifenden Schiffs genommen werden). Außerdem sollte vor Beginn des Angriffs eine formelle Warnung an das Handelsschiff ergehen.

Diese Regeln waren jedoch für Überwasserkampfschiffe – im Grunde sogar noch für Segelschiffe – aufgestellt worden, nicht für U-Boote. Und die Kommandanten von U-Booten mussten sie natürlich als absurd ansehen. Der Erste, der darauf hinwies, dass ein Unterseeboot sich kaum auf dieselbe Weise verhalten konnte wie ein Segelschiff, war Jacky Fisher, der britische Admiral. Auf einem Unterseeboot befanden sich weder genug eigene Leute, noch gab es in ihm genügend Platz, um die Mannschaft eines feindlichen Handelsschiffs aufnehmen zu können. »Einem U-Boot bleibt nichts anderes übrig«, sagte Fisher, »als seine Prise zu versenken.«

Churchill widersprach dieser Ansicht, indem er eine für ihn uncharakteristisch rückwärtsgewandte Haltung einnahm. Er meinte, die bei der Marine seit alters her üblichen Regeln des Anstands über

Bord zu werfen, sei barer Unsinn; keine zivilisierte Macht, grummelte er, könne, solle und werde jemals etwas Derartiges tun. Und in den ersten Kriegsmonaten schien er tatsächlich recht zu behalten: Die Kommandanten auf beiden Seiten – solche von U-Booten eingeschlossen – benahmen sich so, wie es sich seinem Dafürhalten nach gehörte. Während deutsche U-Boote jedes englische Kriegsschiff torpedierten, das ihnen vor die Rohre kam (und Kriegsschiffe brauchte man nicht zu warnen), stiegen sie jedes Mal, wenn sie ein Handelsschiff entdeckten, an die Oberfläche, forderten die Besatzung auf, von Bord zu gehen, versenkten es mit der Bordkanone und tauchten dann wieder in die Tiefe. Rein militärisch betrachtet war es ein ziemlich ineffektives Vorgehen – nicht zuletzt deswegen, weil das aufgetauchte Boot selbst ein Ziel für Angriffe bot. Der Versuch, auch im U-Boot-Krieg an einem chevaleresken Verhaltenscode festzuhalten, hatte zur Folge, dass die Briten anfangs nur wenige Schiffe verloren, was sich kaum auf die Wirtschaft des Landes auswirkte.

Doch dann kam der 7. Mai 1915, und alles erfuhr eine plötzliche und schreckliche Wende. Das war nämlich der Tag, als U 20 den großen Passagierdampfer RMS *Lusitania* ohne jede Vorwarnung ein paar Meilen vor der Küste von County Cork in Irland torpedierte. Die *Lusitania* war sechs Tage zuvor aus dem Hafen von New York ausgelaufen, trotz eines formellen Avis der kaiserlichen deutschen Botschaft, dass sie in ein Kriegsgebiet einfahren werde und damit rechnen müsse, versenkt zu werden. Das U-Boot, dem dies gelang – eigentlich eher aufgrund von Glück denn aus Geschick –, jagte einen einzigen Torpedo in ihren Rumpf. Er traf sie an der Steuerbordseite genau unterhalb der Brücke und löste eine gewaltige Explosion mittschiffs aus – einigen Überlebenden zufolge waren es sogar zwei aufeinanderfolgende. Die *Lusitania* bekam sofort starke Schlagseite, vom Bug her drang Wasser in sie ein, und nach nur achtzehn Minuten lag sie nicht weit von den Klippen der irischen Küste entfernt auf dem Meeresgrund.

Die Zahl der Todesopfer war schockierend hoch. Es kamen beinahe genauso viele Menschen ums Leben wie drei Jahre zuvor, als die *Titanic* mit einem Eisberg kollidierte. Mehr als elfhundert Passagiere der *Lusitania*, viele von ihnen Amerikaner, ertranken in der nebelverhangenen See vor Irland. Die Versenkung des Schiffs galt lange als eine der abscheulichsten kriegerischen Handlungen, zu denen es jemals auf dem Atlantik gekommen war. Doch löste diese Aktion von Anfang an eine Kontroverse aus, die bis heute anhält, da sich nämlich herausstellte, dass die Cunard Line, der der Dampfer gehörte, verbotenerweise zugelassen hatte, dass große Mengen an Munition und anderem Kriegsmaterial im Laderaum verstaut wurden, was der deutschen Marine im Grunde eine hinreichende Berechtigung zum Angriff verlieh. Die Geschichte fasziniert immer noch viele, nicht zuletzt deswegen, weil es Hinweise darauf zu geben scheint, dass die Royal Navy das Wrack noch in den fünfziger Jahren mit Bomben und Wasserbomben belegte, um Taucher daran zu hindern herauszufinden, was genau das Schiff geladen hatte. Anscheinend sollte das für immer geheim bleiben.

Die Furcht, dass die Deutschen einen uneingeschränkten U-Boot-Krieg auf dem Atlantik ausrufen könnten – das heißt, dass sie das Regelbuch wegwerfen und mit Handelsschiffen genauso hart und kompromisslos verfahren würden wie mit Kriegsschiffen –, erreichte mit dem *Lusitania*-Zwischenfall einen Höhepunkt, ebbte dann in den restlichen Monaten des Jahres 1915 langsam wieder ab, da die Deutschen, die eindeutig bestürzt über die weltweite Empörung waren, die sie mit der Vernichtung eines unbewaffneten Passagierschiffes ausgelöst hatten, Anstrengungen unternahmen, die kampflustigsten ihrer U-Boot-Kommandanten zu zügeln. Doch nach der großen Schlacht am Skagerrak – die, wenn sie auch unentschieden endete, die deutsche Hochseeflotte für den Rest des Krieges in den Häfen festhielt, weil man fürchtete, sonst erneut mit der Grand Fleet zusammenzutreffen – änderte sich alles. Beinahe unmittelbar nach der Rückkehr der großen Schlachtschiffe und Kreuzer nach Wilhelmshaven gab das deutsche Marineoberkommando bekannt, dass man es den U-Boot-Rudeln, die bislang im belgischen Ostende gelegen hatten, erlauben würde, durch den Atlantik zu streifen und jedes alliierte Schiff, auf das sie stießen, zu versenken. Diese Entscheidung hatte wiederum Gegenmaßnahmen der Verbündeten zur Folge, die vom

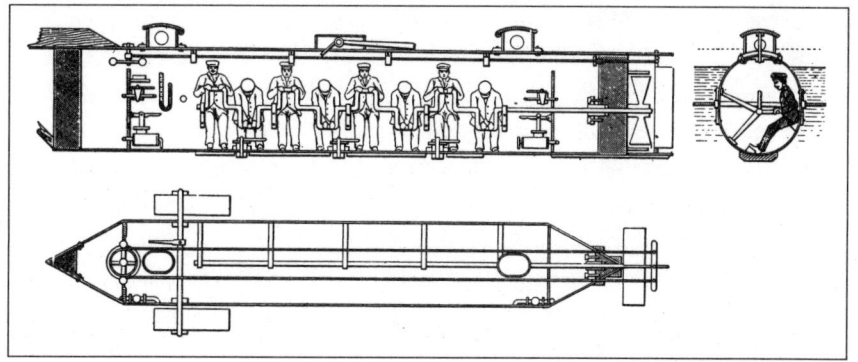

Schon in Antike und Mittelalter hat man sich Gedanken darüber gemacht, wie man, unter der Wasseroberfläche fahrend, also unsichtbar, einen Gegner angreifen könnte. Die früheste technische Zeichnung eines »Tauchboots« liegt aus dem 14. Jahrhundert vor. Wirklich funktionsfähige Fahrzeuge dieses Typs wurden jedoch nicht vor dem 19. Jahrhundert gebaut. Das Bild zeigt die mit Muskelkraft angetriebene CSS *Hunley*, die 1864 eine Schaluppe der Union mit einem an einer langen Stange befestigten Sprengkörper (unten) versenkte.

Sommer 1916 an zu einer erbarmungslosen Jagd auf die U-Boote bliesen. Zu einem solchen Abwehrkampf sollte es auch im Zweiten Weltkrieg kommen. Weil er so lange und so ungeheuer erbittert geführt wurde, wird er in den Geschichtsbüchern als »Schlacht um den Atlantik« bezeichnet.

Während des Ersten Weltkriegs ging von den U-Booten eine tödliche Bedrohung aus, und viele alliierte Schiffe wurden von ihnen versenkt. Am Ende verstanden vor allem die Engländer es aber, mit dieser Bedrohung fertig zu werden. Der uneingeschränkte U-Boot-Krieg trug auch entscheidend zum Kriegseintritt der Amerikaner bei. U-Boote versenkten im Lauf des Jahres 1917 eine riesige Zahl alliierter Schiffe. Doch dann begannen die verschiedenen Maßnahmen der Briten und Amerikaner – wie die Einführung von Geleitzügen und der Einsatz der neu entwickelten Wasserbomben und anderer Unterwassersprengkörper – Wirkung zu zeigen, und die Gefahr durch die U-Boote nahm langsam ab.

Im Zweiten Weltkrieg vermochte man nicht in vergleichbarer Weise mit der deutschen U-Boot-Waffe fertig zu werden, weil die Strategien der Oberkommandierenden der Kriegsmarine inzwischen wesentlich ausgefeilter geworden waren, die Reichweite der Boote sich vergrößert hatte, ihre Bewaffnung stärker geworden war und die Fertigungsraten der Werften ein außergewöhnlich hohes Niveau erreicht hatten. Mehrere Jahre lang sahen sich die Alliierten mit der Ausschaltung der U-Boote einer nicht zu bewältigenden Aufgabe gegenüber. Im März 1940 erklärte Winston Churchill den Kampf zwischen den Kriegsschiffen der Royal Navy und der U-Boot-Armada von Admiral Karl Dönitz zur neuen »Schlacht im Atlantik«, und in späteren Jahren bestätigte er deren Bedeutung: »Die Schlacht im Atlantik war den ganzen Krieg hindurch der ausschlaggebende Faktor«, erklärte er. »Nicht einen Augenblick lang konnten wir vergessen, dass alles, was auf dem Land, auf dem Meer und in der Luft geschah, letztlich vom Ausgang dieser Schlacht abhing, und inmitten aller anderen Auseinandersetzungen beobachteten wir das wechselnde Kriegsglück [in dieser speziellen Auseinandersetzung] Tag für Tag voller Hoffnung und Befürchtungen.«

Deutschlands Strategie bestand darin, im Atlantik einen »Tonnagekrieg« zu führen; seine Rechnung war einfach. Immer mehr U-Boote wurden bei den Werften in Auftrag gegeben – 1939 hatte Dönitz siebenundfünfzig geordert, 1942 stieg diese Zahl auf dreihundertzweiundachtzig –, und immer mehr »Wolfsrudel« gingen auf Feindfahrt. Eine Schlinge begann sich um die atlantischen Zufahrtswege nach Großbritannien zuzuziehen – Nacht für Nacht zeigten Explosionen und hoch aufschießende Flammen von brennendem Öl an, wo ein weiterer schwerfällig voranstampfender Frachter oder Tanker von einem Torpedo getroffen worden war: So schien die Möglichkeit einer Strangulierung Großbritanniens dadurch, dass es auf See von jedem Nachschub abgeschnitten wurde, eine Zeit lang nur allzu real.

Die Deutschen bewiesen Sinn für grotesken Humor, indem sie diese Phase des Krieges »die glückhafte Zeit« nannten.

Doch dann bildete sich das Konvoi-System aus: Eine große Zahl von Schiffen schloss sich in den flachen Gewässern vor Halifax* zu einem Verband zusammen und trat, wie eine Herde Schafe gehütet und beschützt von Geleitschiffen, die immer stärker bewaffnet wurden, die Fahrt über den Atlantik an. Langsam, sehr langsam begann die Bedrohung durch die U-Boote geringer zu werden. Bald fuhren die Geleitzüge auch auf anderen Routen über den Atlantik: von New York nach Gibraltar, von Port of Spain nach Freetown, von Natal in Brasilien nach Gibraltar, von Freetown zum River Clyde. Wenn auch die einzelne Konvois betreffenden Geschichten allzu oft von Heroismus im Angesicht von Tragödien kündeten, wurde im Mai 1943 eine Wende in dieser »Schlacht im Atlantik« eingeleitet.

Der Grund dafür war, dass endlich alliierte Flugzeuge in ausreichender Zahl verfügbar waren – die entweder von Flugfeldern an Land aus operierten oder von Trägern, die mit den Geleitzügen mitliefen. Sie schufen einen Schirm, in dessen Schutz die Schiffe langsam ihrem Ziel entgegensteuern konnten. Zwar wurden bis zum letzten Tag des Krieges weiter Schiffe versenkt und Menschen getötet, doch den U-Booten gelang es nicht, Großbritannien in die Knie zu zwingen. Es gelang ihnen nicht, das Herbeischaffen von Materialien zu verhindern, ohne die die Landung der Alliierten in der Normandie nicht vonstatten hätte gehen können, und sie konnten auch nicht die Kapitulation Großbritanniens erzwingen. Insgesamt wurden dreitausendfünfhundert Handelschiffe und fast zweihundert Kriegsschiffe der Alliierten von U-Booten versenkt; dem stehen aber auch hohe Verluste der Deutschen gegenüber: Fast achthun-

---

* In Halifax, das bis dahin wenig von den kriegerischen Auseinandersetzungen tangiert worden war, ereignete sich am 6. Dezember 1917 eine der größten Katastrophen des Ersten Weltkriegs: In einem mit Schiffen vollgestopften Teil des Hafens der Stadt kollidierte ein einfahrender Munitionstransporter mit einem ausfahrenden, der MV *Imo*, die Nachschub verschiedener Art für die Truppen nach Belgien befördern sollte. Es brach ein Feuer aus, und die enorme Menge Munition in den Laderäumen der MV *Mont Blanc* explodierte, wodurch die Mehrzahl der Häuser im Zentrum von Halifax und in Dartmouth in Schutt und Asche gelegt wurden. Zweitausend Menschen kamen ums Leben, achttausend hatten kein Dach mehr über dem Kopf.

dert Boote gingen verloren. Die sterblichen Überreste von sechzigtausend jungen Seeleuten liegen am Grund des Atlantischen Ozeans. In dem sechs Jahre währenden Zweiten Weltkrieg haben mehr
Menschen auf diesem Ozean das Leben verloren als in allen bewaffneten Auseinandersetzungen, die auf ihm stattgefunden haben, seit
das römische Expeditionskorps sich zur Invasion der Britischen Inseln auf Boote begab.

Heute sehen Schlachten auf dem Atlantik anders aus. Kein Schiff be-
kämpft mehr ein anderes, es werden keine Breitseiten mehr meilenweit über die leere See hinweg auf stählerne Schiffswände abgefeuert,
es werden keine Schiffe mehr gebaut, die andere mit dem Rammsporn zerstören sollen; und Kommandanten verlangen nicht mehr,
dass man sich an uralte Regeln ritterlichen Verhaltens hält, etwas, das
man für absolut notwendig erachtete, solange man den Austragungs-
ort dieser Kämpfe, das Meer, als den letztlich mächtigsten Gegner
ansah. Hightech hat die alten Sitten und Bräuche hinweggefegt; Seekrieg wird heute auf eine viel nüchternere, pragmatischere Weise geführt. Ranghohe Offiziere nehmen innerhalb ihrer jeweiligen Kriegsmarinen eine Art Managerposition ein. Die Romantik ist fast ganz
dahin.

Der letzte Konflikt auf dem Atlantik, der noch etwas von den
Schlachten bei Trafalgar und am Skagerrak sowie vom »Glorious
First of June« an sich hatte, war vielleicht der, den die Briten 1982
ausfochten, als Argentinien sich die Souveränität über die Falklandinseln anmaßte. Da dieser Krieg der Sicherung der fernen Kolonie
eines alten Inselreichs galt, war er von ein wenig Romantik umgeben
und ließ die Erinnerung an die tollkühnen Aktionen eines Nelson
und anderer Helden der Royal Navy wach werden.

Die Gründe, die offiziell dafür genannt wurden, weshalb man
einen Krieg um die Falklands führte, sind von vielen nie ganz akzeptiert worden, doch das Heroische, Romantische und auch Schmerz-
liche an so vielen Ereignissen, zu denen es während der dreimonati-
gen Kampfhandlungen kam, hat viele alte Marineveteranen zutiefst
bewegt. Und das tragische Schicksal der HMS *Sheffield*, von dem am

Beginn dieses Kapitels berichtet wurde, ist eines der ergreifendsten dieser Ereignisse.

Die Versenkung des argentinischen Kreuzers *General Belgrano* Anfang Mai 1982 blieb bis dato der letzte Einsatz von Torpedos auf dem Atlantik, der Menschenleben kostete. Das Schiff, ein für die US-Navy in Brooklyn gebauter alter Kämpe aus dem Krieg gegen die Japaner im Pazifik, war einige Jahre zuvor an Argentinien verkauft worden; zur Zeit seiner Versenkung war es mit zwei Geleitzerstörern auf der Rückfahrt zu seinem Heimathafen Ushuaia auf Feuerland, nachdem es südlich der Falklands patrouilliert hatte. Der kleine Verband wurde vom britischen Atom-U-Boot HMS *Conqueror* entdeckt, das zwei Torpedos älterer Bauart in die Backbordflanke des Kreuzers jagte. Einer zerfetzte seinen Bug, der andere traf ihn mittschiffs, zerstörte seine elektrischen Systeme, ließ Wasser eindringen, löste Brände aus und tötete Dutzende Matrosen. Das große Schiff bekam schwere Schlagseite nach Backbord – und kurze Zeit später schlugen die Wogen über ihm zusammen. Mehr als dreihundert argentinische Seeleute verloren ihr Leben, was eine erregte Debatte darüber auslöste, ob diese Aktion von britischer Seite aus gerechtfertigt gewesen sei.

HMS *Conqueror* kehrte einige Wochen später zu ihrem Heimatstützpunkt in Schottland zurück. Wenn man bedenkt, dass ein großer Teil der modernen Seekriegsstrategien seinen Ursprung in den Kämpfen mit Atlantikpiraten während des 17. Jahrhunderts hatte, könnte man es als Ironie ansehen, dass das U-Boot, als es auftauchte und über das Seeloch seiner Anlegestelle entgegeneilte, den Jolly Roger, die gefürchtete Piratenflagge mit dem Totenschädel und den gekreuzten Knochen, von seinem Periskop flattern ließ – mit ihr tun Schiffe der Royal Navy auf See und in Häfen befreundeter Länder immer noch jeden größeren Erfolg im Kampf mit dem Gegner kund.

# 9. Was kein U-Boot-Fahrer ahnen konnte

Die Kriege auf dem Atlantik hatten viele Folgen; zu den unerwartetsten zählte etwas, das den Ozean, wenn auch nur rein gedanklich, mit der Gründung eines Staates, der weit von seinen Ufern entfernt liegt, in Zusammenhang bringt. Diese Staatsgründung schloss sich an eine Reihe von Ereignissen an, die im Herbst 1915 ihren Anfang nahmen. In dieser Zeit bereitete es der Royal Navy besondere Probleme, eine größere Zahl von erbarmungslosen Angriffen durch deutsche U-Boote abzuwehren – wofür nicht ein Mangel an Kriegsschiffen oder an politischer Entschiedenheit der Grund war, sondern es war sozusagen eine Sache der Chemie, will sagen: Die Geschützmannschaften der Royal Navy verfügten nicht über ausreichende Mengen des als Kordit bekannten rauchlosen Explosivstoffs, um die aufgetauchten U-Boote unter Beschuss nehmen zu können.

Zur Herstellung von Kordit sind Nitroglyzerin und Schießbaumwolle, Azeton und Vaseline nötig, und der Vorrat daran war 1915 in Großbritannien begrenzt, weil man im Land selbst nicht genügend von einer dieser Komponenten, von Azeton nämlich, herzustellen vermochte.

Im Frühsommer 1916 nahm der Herausgeber des *Manchester Guardian*, C. P. Scott, »zufällig den Lunch mit einem weißrussischen Emigranten und Professor für Naturwissenschaften an der Universität Manchester, einem onkelhaft wirkenden Mann mittleren Alters namens Chaim Weizmann, ein«. Beim Kaffee nach dem Essen erwähnte Weizmann Scott gegenüber, dass er eine neue Methode entwickelt habe, mithilfe von Bakterien Azeton in beliebig großer Menge herzustellen. In der Woche darauf erzählte Scott, der um die Probleme der Navy wusste, dies – wiederum beim Lunch – einem seiner Freunde, dem späteren Premierminister David Lloyd George weiter, der damals dem Ministry of Munitions vorstand. Weizmann wurde umgehend nach London gerufen. Man stellte ihm dort in einem großen Labor alles zur Verfügung, was er für seine Forschungsarbeit brauchte, und drückte ihm schließlich die Schlüssel zu Nicholson's Gin Distillery im Osten der Stadt in die Hand, welche die Produktion von Hochprozentigem eingestellt hatte. Dafür konnte Weizmann in den Gebäuden jetzt seine neuen Techniken einsetzen, um die so dringend benötigte Chemikalie zu produzieren. Alles, was er benötigte, um den Produktionsprozess in Gang zu setzen, erklärte er, sei ein ansehnlicher Vorrat an Zellulose – etwas, das man in ausreichender Menge aus Mais oder, wie er hinzufügte, sogar aus Kastanien gewinnen könne.

In jenem Herbst wurden Schulkinder in ganz England zum Kastaniensammeln aufgefordert. Tausende Tonnen von ihnen wurden in die ehemalige Gin-Destille gebracht und in die Wannen, Kessel und Destillierapparate geworfen. Innerhalb weniger Tage begann reines Azeton erst tröpfchenweise in die Glasballons zu rinnen, dann zu fließen und am Ende geradezu zu strömen. Lange Tankzüge transportierten das Azeton zu der geheimen Korditfertigungsstätte, die die Navy an der Küste von Dorset eingerichtet hatte, und es dauerte nicht lange, bis die klebrige, höchst explosive Masse an die Marinestützpunkte geliefert werden konnte. Aus den Schiffsgeschützen wurden wieder Granaten abgefeuert, und im Kampf gegen die deutschen U-Boote begann sich das Blatt langsam, aber stetig zugunsten Großbritanniens zu wenden.

Diese Geschichte von Weizmann und seiner Erfindung ist seitdem oft ausgeschmückt und auf faszinierende Weise weitergesponnen worden. Ein häufig wiederholtes »Garn« beginnt damit, dass man in britischen Regierungskreisen meinte, Chaim Weizmann müsse eine offizielle Ehrung dafür zuteilwerden, dass er so entscheidend dazu beigetragen habe, dem Krieg auf dem Atlantik eine Wende zu geben. Lloyd George, inzwischen Premierminister, forderte, dass man seinen Außenminister Arthur Balfour bitten solle, dies Weizmann vorzuschlagen, der schließlich kein Brite, sondern Weißrusse war. Außerdem war er aber auch der Vorsitzende der British Zionist League und ein führender Aktivist innerhalb der weltweiten zionistischen Bewegung, deren Ziel es war, den Juden zu einem eigenen Staat zu verhelfen.

Es heißt, Weizmann sei höchst erfreut über das positive Ergebnis seiner chemischen Experimente gewesen, habe aber keine offizielle Anerkennung durch die Briten gewünscht. In einer vom israelischen Außenministerium verbreiteten Version der Geschichte wird das, was daraufhin geschah, wie folgt dargestellt:

»Weizmanns [Leistungen] öffneten ihm Türen in britischen Regierungskreisen, innerhalb derer er sich weiterhin als beredter Fürsprecher für den Zionismus betätigte. […] Lord Balfour gab den trockenen Kommentar ab: ›Dr. Weizmann konnte einen Vogel bezirzen, von seinem Baum herunterzukommen.‹

Als Lloyd George, damals Munitionsminister, zum Premierminister ernannt und Arthur Balfour Außenminister wurde, wirkten sich Jahre beharrlicher Überzeugungsarbeit und die ›Empfänglichmachung‹ für den Zionismus maßgeblich auf die Entscheidung Großbritanniens aus, die Balfour-Erklärung herauszugeben. Ein seltenes Zusammentreffen britischer und jüdischer strategischer Interessen, im Verein mit persönlicher Empathie für Dr. Weizmann und seine Sache – Frucht achtjähriger, wie man es heute nennen würde, ›Beziehungspflege‹ – kulminierte darin, dass das britische Kabinett am 2. November 1917 dieses Dokument guthieß, in welchem die britische Regierung ihre Sympathie für die Ziele der Zionisten in Palästina bekundete.

Lord Mark Sykes, der Sekretär des Kriegskabinetts, informierte Weizmann mit den Worten ›Dr. Weizmann, es ist ein Junge!‹ über die Entscheidung. In der Tat war mit dieser Erklärung […] ein entscheidender Schritt auf dem Weg hin zur Geburt eines jüdischen Staats getan, und sie wird als Chaim Weizmanns größte Errungenschaft angesehen.«

Ob es eine wirkliche und direkte Verbindung zwischen C.P. Scott, Chaim Weizmann, seiner Methode zur Gewinnung von Azeton und der späteren Entstehung des Staates Israel gibt, darüber kann man debattieren. Doch wenn sie wirklich existieren sollte, könnte man mit Fug und Recht behaupten, dass der gegenwärtige Staat Israel in einer besonders schwierigen Zeit auf dem Atlantischen Ozean gezeugt worden sei. Solch eine völlig unerwartete Verbindung ruft erneut die zentrale Rolle in Erinnerung, die dem Ozean für die auf komplexe Weise ineinandergreifenden Abläufe – die bedeutenden wie die weniger folgenschweren, die natürlichen wie die von Menschen bewirkten – auf unserem Planeten zukommt.

# 5

# Die auf großen Gewässern ihrem Gewerbe nachgehen

*Und dann der Richter*
*Im runden Bauche, mit Kapaun gestopft,*
*Mit strengem Blick und regelrechtem Bart,*
*Voll weiser Sprüch' und neuester Exempel*
*Spielt seine Rolle so.*

## 1. Recht und Ordnung

Der entlegene Nordatlantik ist der Ort, an dem Parlamente geboren wurden. Die ersten gesetzgebenden Versammlungen wurden dort im 10. Jahrhundert eingeführt, und nicht lange danach begann eine Art von Ordnung und Gerechtigkeit Einzug zu halten, nicht nur auf dem Land, wo solche Versammlungen stattfanden und Gesetze beschlossen wurden, sondern auch auf den angrenzenden Meeren.

Die meisten Fachwissenschaftler nehmen an, dass das erste Parlament auf Island tagte, und zwar – was von einer gewissen Symbolik ist – in dem merkwürdig geformten Tal im Westen der Insel, das den Namen »Thingvellir« trägt und wo die amerikanische und die eurasische Platte immer noch voneinander wegstreben und neuer Meeresboden entsteht.

Aus der westlichen Wand des Tals ragte eine große Basaltplatte schräg nach oben, und unter diesem natürlichen Schutzdach schlugen vor mehr als tausend Jahren Viehzüchter und Bauern, Priester und Händler, die durch das Tal zogen, jedes Jahr für eine bestimmte Zeit ihr Lager auf, um festzulegen, auf welche Art und Weise das

Leben auf ihrer Insel geregelt werden sollte. Diese Versammlung wurde schließlich das »Althing« genannt, und sobald sie eine formelle Struktur angenommen hatte – man glaubt, dass das um 930 der Fall war –, wurde daraus die Körperschaft, der es oblag, die isländischen Gesetze zu erarbeiten und zu verkünden. Der Felsen, auf dem heute Tag und Nacht die isländische Flagge weht, ist ohne Zweifel das meistverehrte Denkmal im atlantischen Norden: Hier, am Felsen der Gesetze, wurden Modelle für die Regierung eines Volkes ersonnen, die man in einem großen Teil der übrigen Welt übernahm.

Bald danach wurden die beim isländischen »Thing« üblichen Prozeduren und Gebräuche von den Männern nachgeahmt, die auf den nahe gelegenen Färöern festlegten, was Gesetz war, und ein wenig später wurden sie auch in Norwegen, Schweden und Dänemark übernommen. Auf der der britischen Krone unterstellten Isle of Man führte man sie ebenfalls ein; dort war und ist die gesetzgebende Versammlung heute noch unter dem Namen »Tynwald« bekannt. Der Tynwald trat erstmals 979 zusammen und wurde von da an jedes Jahr ohne eine einzige Unterbrechung einberufen (anders als das isländische Althing, das viele Jahre lang nicht stattfand, weil allgemeine Anarchie im Land herrschte). Er erhebt den Anspruch, die älteste kontinuierlich und regelmäßig ihre Aufgaben erfüllende demokratische Institution auf der Welt zu sein.

Es gibt noch viele andere parlamentarische Versammlungen in der nordischen Welt, die geltend machen, die ersten gewesen zu sein, doch es lohnt kaum, die von ihnen vorgebrachten Argumente zu untersuchen. Wenn man akzeptiert, dass die auf Island geborene Idee sich rasch und über große Entfernungen hinweg verbreitete, dann zeichnet sich ein Faktum als gewiss ab: dass es nämlich in einem großen Teil Nordeuropas – und zwar in Ländern, die in inniger Beziehung zum Atlantischen Ozean standen – vom 10. Jahrhundert an sowohl eine etablierte und allgemein anerkannte Art gab, Gesetze aufzustellen, als auch von der Bevölkerung gewählte oder auf andere Weise eingesetzte Körperschaften, die damit beauftragt waren, diese Gesetze zu verkünden und über ihre Einhaltung zu wachen.

Institutionen dieser Art wurden zu einer so frühen Zeit weder in

Russland begründet noch in China, um ein anderes Beispiel zu nennen, und auch nicht in Griechenland. Die im Athen der Antike geschaffene Regierung unter Beteiligung des Volkes war letztlich von ganz anderer Art. Die parlamentarische Demokratie, das heißt das, was wir heute darunter verstehen, ist eine atlantische Schöpfung – eine weitere Erinnerung daran, dass das Mittelmeer zwar für die Welt der Antike prägend war, jedoch der Nordatlantik und viele der an ihn grenzenden Länder Zeugen der Errichtung vieler der Grundmauern, Stützpfeiler und anderer Bauelemente dessen waren, was wir die »moderne Welt« nennen.

## 2. Die Regeln des Handels

Dass eine nach außen, über die eigenen Grenzen hinausblickende Gesellschaft, die übereingekommen ist, sich nach einem Kodex von »hausgemachten« Gesetzen zu verhalten, irgendwann mit Nachbarvölkern in Berührung kommt, deren Rechtsbräuche unter Umständen ganz anders sind, ist unvermeidlich. Das wird nirgendwo offenbarer als im Bereich des Handels. Wenn isländische Händler mit ihren Kollegen in Norwegen Geschäfte machen, welches Gesetz gilt dann? Die Gesetze des Thingvellir Althing oder die des Parlaments in Oslo? Die Unterschiede zwischen den einzelnen Rechtssystemen mögen nie groß gewesen sein, doch erkannten die Händler schon früh, dass man sie, um effizienter und problemloser Geschäfte miteinander machen zu können, irgendwie »synchronisieren«, aufeinander abstimmen müsste. Und so begann man während des 11. und 12. Jahrhunderts, die Schifffahrt, die Gewerbe, die Erkundungen der Nachbarländer und die Beziehungen, die zu ihnen und zu weiter entfernten Ländern bestanden, langsam und kontinuierlich zu organisieren und durch eine Reihe von »Übergesetzen« zu regeln, durch Vereinbarungen, die vielleicht in den nationalen Gesetzen eines jeden Handel treibenden Landes wurzelten, die aber – was die Schifffahrt und die Meere, auf denen sie stattfand, betraf – irgendwie in etwas Übergreifenderes, Umfassenderes verwandelt wurden.

Der Ozean, der sozusagen vor der Haustür dieser neuerdings demokratischen in Skandinavien und an der Ostsee beheimateten Völker lag, wurde infolgedessen zu einer Entität, die von Regeln bestimmt war. Ein Ozean, der einst nicht mehr als ein turbulentes und schreckeinflößendes Gewässer gewesen war, voller Stürme, Ungeheuer und Geheimnisse, begann sich Zucht und Ordnung zu unterwerfen. Letztlich zum Vorteil aller wurde der Atlantik zuerst im Nordosten und dann allmählich über ein viel ausgedehnteres Gebiet hinweg zu einem von Bräuchen, Gewohnheiten, Bestimmungen, Gebühren, Zeitplänen und Regeln beherrschten Bereich.

Gegenden zu erforschen oder zu besiedeln, Krieg zu führen, andere zu missionieren, zu fischen und Handel zu treiben, das waren immer die Hauptimpulse gewesen, die die Menschen dazu bewogen, sich aufs Meer hinauszuwagen. Während der Trieb zur Erforschung geringer wurde, als alles »entdeckt« war und auch die Migration abnahm, als die entfernten Regionen sich mit Menschen gefüllt hatten, während Kriege immer öfter mit der Unterzeichnung von Abkommen und Zusicherungen von Gefolgschaft endeten, und während Missionare aufhörten, sich auf Missionen zu begeben, sobald genügend von den Konvertierbaren konvertiert waren, blieben hauptsächlich zwei der genannten Impulse bestehen. Die Ozeane wurden weiterhin als wichtige Quelle zur Versorgung mit Nahrungsmitteln angesehen und als Verbindungsstraßen, auf denen man in andere Regionen gelangen konnte, um dort Handel zu treiben. Das war im Laufe unserer gesamten Geschichte so und wird immer so sein.

Von der Zeit an, als die Phönizier zwischen Mogadur und Tyrus mit dem aus Murexmuscheln gewonnenen Purpurfarbstoff handelten, bis heute, da Containerschiffe zwischen Chesapeake Bay und dem Mersey hin- und herstampfen, ist der Handelsverkehr auf und mithilfe des Atlantiks nie zum Erliegen gekommen, und die Summe Geldes, die dabei im Spiel war, ist unvorstellbar hoch.

Ursprünglich wurde der Seehandel ausschließlich von privaten Unternehmern betrieben – die Vorstellung vom wahren »internationalen« Handel, dem Handel »inter nationes«, heute eine nahezu essentielle Komponente aller modernen Nationalökonomien, war noch unbekannt. Sporadisch, wenn die Stimmung danach war oder sich eine besonders günstige Gelegenheit bot, wurden Handelsexpeditionen in die Wege geleitet; eine Gruppe von Finanziers rüstete dann ein Schiff aus und heuerte einen Kapitän an, der die Anweisung erhielt, mit einem Laderaum voller Kinkerlitzchen oder aber ungemünztem Edelmetall zu einer Region aufzubrechen, die sich als Quelle ungeheuren Reichtums erweisen könnte. Diese Geldgeber setzten darauf, dass die Gefahren durch schlechtes Wetter, Piraten oder feindliche Eingeborene sich als unerheblich erwiesen und man mit einer sicheren Heimkehr des Schiffs rechnen könne. Wenn dem so war, teilte man nach dem Wiedereinlaufen des Seglers alles, was dieser an Beute hatte laden können. Die Risiken einer solchen Unternehmung waren hoch, die Konkurrenz nicht vorhersehbar, Gewinne ungewiss: Einige machten auf diese Weise ein Vermögen, die Zahl derer, die in den Ruin getrieben wurden, war jedoch viel größer.

Im 13. Jahrhundert unternahm eine Gruppe von norddeutschen Kaufleuten den Versuch, den Seehandel besser zu organisieren – anfänglich war es ihr Hauptziel, ihren Handel mit Salzfisch auf eine sicherere Basis zu stellen; die Fische wurden vorwiegend in der Ost- und der Nordsee gefangen.

Es geschah dem allgemeinen Dafürhalten nach um 1241 in Lübeck, dass diese Kaufleute sich zu einer Vereinigung zusammenschlossen, die sie »Hanse« nannten. In diese Vereinigung wurden (anfangs fast ausschließlich deutsche) Berufskollegen in anderen, nahe gelegenen Städten mit ähnlichen Interessen und Anliegen aufgenommen, und man regelte den maritimen Handel unter den verschiedenen Mitgliedern. Aus dem Kaufmannsbund entstand ein Städtebund, der sich über die nächsten vier Jahrhunderte hinweg zu einer Gesellschaft entwickelte, die – zeitweise auch mit Waffengewalt – ihre (Nahezu-) Monopolstellung im Seehandel zwischen Bergen und London im Westen sowie Danzig, Riga und der russischen Stadt Nowgorod im Osten energisch und erfolgreich verteidigte. Die Hanse stellte eine beeindruckende Organisation dar, und ihr Einfluss, auch auf kulturellem, architektonischem und sogar linguistischem Gebiet – deutsche Wörter gingen ins englische Vokabular und selbst in die Sprachen so ferner Länder wie Spanien und Portugal ein – war immens. Verallgemeinernd gesprochen, betrieben die Hansekaufleute einen Handel in beiden Richtungen entlang einer Ost-West-Achse. Ihre Schiffe – in der Frühzeit sogenannte Koggen, kleine Segelschiffe mit flachem Kiel, denen oft bewaffnete Geleitfahrzeuge folgten – brachten Rohstoffe wie Pelze, Wachs, Getreide, Holz, Pech, Teer, Flachs und Bier aus den ländlichen Gebieten im Osten des Einflussgebiets der Organisation herbei. In verschiedenen Häfen, die eigens zu diesem Zweck angelegt worden waren, in Städten wie Rostock, Stettin, Riga, Königsberg, wurden diese Rohstoffe gegen Manufakturwaren sowie seltenere oder edlere Produkte wie Wolle und Leinen, verarbeitete Pelze und Häute, Wein, Salz, Schwerter und Gerätschaften zum Kochen, die aus Westeuropa stammten, wo es ebenfalls Kontore der Hanse gab, eingetauscht.

London war ein solcher westlicher Vorposten der Hanse – mit einem Kontor, eigenen Lagerhäusern und Quartieren für die Kaufleute. Die Briten, die mit den »Hanseaten« Geschäfte machten, stellten fest, dass diese vertrauenswürdig und zuverlässig waren. Sprachforschern zufolge entstand aus dem Wort *easterling* (Ostling), mit dem die Londoner die Händler aus den im Osten gelegenen Hansestädten bezeichneten, durch Verschleifung das Wort *sterling*, das noch im heutigen Englisch so viel wie solide, verlässlich bedeutet. Die Stadt Brügge war eine weitere bedeutende Hansestadt, und als der Bedarf an Trocken- oder Räucherfisch – gesund, billig und leicht zu transportieren – mit der Zunahme der Bevölkerung und der Prosperität in Europa nahezu exponentiell wuchs, weiteten die Kaufleute ihren Einfluss immer weiter nach Norden aus und gründeten schließlich sogar eine Niederlassung in der weit entfernten norwegischen Hafenstadt Bergen.

Dieser Außenposten in Bergen existiert bis zum heutigen Tag mit knarrenden hölzernen Lagerhäusern und einem Gewirr von schmalen Gassen, in denen immer noch der typische Geruch von Teer und nassem Hanf hängt. An ihrem Ende, dort, wo das glatte Kopfsteinpflaster aufhört, sieht man die eiskalte See gegen die mas-

Die hölzernen Lagerhäuser und Warenspeicher der Hanse in Bergen. Die norwegische Stadt war vom 13. bis 17. Jahrhundert ein wichtiger Außenposten des Bundes. Pelze, Holz, Erz und Fisch wurden von dort in weiter südlich gelegene Hansestädte exportiert, Tuche und andere Manufakturwaren aus Deutschland und England importiert.

siven Granitwände der Reeden schlagen. Heute legen hier Kreuzfahrtschiffe an, und wo einst die fülligen Hansekaufleute mit einem Handschlag oder bei einem zusammen gerauchten Pfeifchen Geschäfte besiegelten, drängen sich jetzt kleine Läden und Cafés. Von den Hügeln oberhalb des Bahnhofs aus gesehen, hebt sich das kleine deutsche Ghetto immer noch deutlich vom Rest dieses geschäftigen kleinen Hafens ab, genauso wie früher, als niederdeutsche Ordnungsliebe und Disziplin sich auf die legendäre Unberechenbarkeit und Launenhaftigkeit der nordischen Seefahrer, dieser Nachfahren der Wikinger, auszuwirken und auf dem Nordatlantik Ruhe einzukehren begann.

Die Männer der Hanse sorgten für viele praktische Verbesserungen im Nordatlantikhandel. Sie achteten darauf, dass die in die Häfen führenden Fahrrinnen immer frei von Schlamm waren, sie bauten Leuchttürme, um vor Untiefen und Riffen zu warnen, sie riefen zu Kampagnen gegen Piraten auf, sie wurden sogar mächtig genug, um gelegentlich despotischen Monarchen Paroli bieten zu können. Doch bei alldem war die Hanse in erster Linie mit dem befasst, was Seeleute in angelsächsischen Ländern heute noch als *short sea* bezeichnen: mit der Küstenschifffahrt: Sie überquerten Buchten, liefen in Flussmündungen ein, legten kurze Strecken zu Nachbarstädten oder -regionen zurück und absolvierten die meisten Fahrten in tröstlicher, beruhigender Nähe zum Land.

## 3. Kabeljau, Kerzen und Korsetts

Obwohl die Wikinger schon im 11. Jahrhundert Labrador besucht und auf Neufundland gesiedelt hatten, sollte es einige Jahrhunderte dauern, bis der Ozean vollständig von Osten nach Westen überquert war und der Überseehandel, begann. Bis dahin wurden Fahrten, die weit vom Land wegführten, nicht um irgendwelcher Geschäfte willen unternommen, sondern Männer, die den nötigen Mut besaßen, wagten sich auf hohe See hinaus, um jene natürliche Ressource zu nutzen, die einst in Hülle und Fülle in allen Meeren der Welt vorkam: Fisch.

Es war der Hansebund, der den kommerziellen Fischfang im Nordatlantik auf eine solide Basis stellte. Die Beliebtheit von sehr nahrhaftem und vergleichsweise billigem Seefisch veranlasste die Hansekaufleute dazu, den Bau von zwei Fangflotten in Auftrag zu geben, die das Vorkommen gewaltiger Fischschwärme in zwei Gebieten des Atlantiks ausnutzen sollten: in den sogenannten Scania-Fischgründen vor Südschweden, wo es vor allem Heringe gab, und in den Gewässern um die Lofoten in Nordnorwegen, wo es von unvorstellbar großen Schwärmen von *Gadus morhua*, dem Atlantikkabeljau, wimmelte.

Die Bedeutung dieses bemerkenswerten Fisches mit seinem weißen, eiweißreichen und nahezu fettfreien Fleisch in der Geschichte des Atlantiks ist unbestritten. Der Handel mit ihm dominierte die geschäftlichen Aktivitäten der Hanse; der Kabeljau stimulierte die Basken dazu, Fahrten weit auf den Ozean hinaus zu unternehmen, er versorgte Hunderttausende Briten mit Arbeit und zehn Millionen von ihnen mit Nahrung, und jahrzehntelang bildeten der Fang und der Verkauf dieses Fisches den Hauptstützpfeiler der Wirtschaft der am Meer gelegenen Provinzen Kanadas und der Küstenstaaten Neuenglands.

Kabeljau ist eine demersale Fischart, das heißt, dass er Bodennähe und flache Wasserzonen bevorzugt – eine Vorliebe, die er mit Plattfischen wie Scholle, Flunder, Seezunge und Heilbutt sowie mit den ihm verwandten fünfflossigen *Gadidae*, dorschartigen Fischen, wie Schellfisch, Seelachs, Seehecht und Wittling teilt. (Die zweite große Gruppe der Seefische wird durch die pelagonischen gebildet, die sich relativ dicht unter der Wasseroberfläche oder in mittleren Tiefen aufhalten; zu ihnen gehören zum Beispiel der Hering, die Sardine, die Sardelle, die Makrele, der berüchtigte Snoek* und der gegenwärtig in seinem Bestand gefährdete Blauflossenthunfisch.) Kabeljau kam einst ebenfalls in großer Zahl vor, und bis in die jüngere Vergangenheit hinein waren die meisten ausgewachsenen Exemplare, die man fing, von stattlicher Größe.

Kabeljau lässt sich auch leicht konservieren und büßt dabei nichts an Qualität ein, vor allem das Eiweiß bleibt erhalten. Das war eines der Geheimnisse hinter der Fähigkeit der Wikinger, große Entfernungen auf See zurückzulegen: Sie schlitzten die gefangenen Fische einfach auf, klappten die Hälften auseinander, hängten sie an Schnüren auf oder spannten sie auf Rahmen und ließen sie in der kalten

---

* Während Snoek in Südafrika ein beliebter Speisefisch ist, wird er in Großbritannien nur wenig geschätzt, was wohl daran liegt, dass während des Zweiten Weltkriegs Millionen Tonnen dieses Fisches in Dosen importiert wurden und das Ernährungsministerium die Bevölkerung mit einer breit angelegten Kampagne vergeblich dazu zu bewegen versuchte, ihn zu essen. Er galt als zu tranig und grätenreich und generell als »schlecht«, und obwohl Köche geradezu angefleht wurden, solche Gerichte wie *snoek piquante* zuzubereiten (dabei war er schon eindeutig *piquante* genug, wenn man die Dose geöffnet hatte), blieb das meiste davon unverkauft. In den 1950er Jahren tauchten in den Regalen der Lebensmittelgeschäfte von der Größe her ganz ähnliche Dosen mit Katzenfutter auf – was wohl einen Hinweis darauf liefert, was mit dem Snoek am Ende geschah.

arktischen Luft trocknen, bis sie achtzig Prozent ihres Gewichts verloren hatten und bretthart geworden waren. An Bord ihrer Schiffe wurden diese an Sperrholz erinnernden Stücke dann einfach gewässert, und nach einiger Zeit waren die Fische so aufgequollen, dass sie wieder ihre ursprüngliche Gestalt und Größe angenommen hatten. Wie durch Zauber hatte man wieder zartes, sättigendes und wohlschmeckendes Fischfleisch vor sich.

Während es schon eine brillante Idee der Wikinger war, ihre Fische einfach an der Luft zu trocknen, wurden sie von den Basken noch übertrumpft. Das alte Wissen der Mittelmeerfischer war auf sie übergegangen, und sie benutzten daher eine der mineralischen Hauptkomponenten von Seewasser als Konservierungsmittel: Salz. Die nordischen Völker kamen kaum an kristallines Salz heran, vor allem deswegen, weil das bei ihnen herrschende Klima es nur selten zuließ, es durch Evaporation aus Seewasser zu gewinnen. Die Mittelmeervölker waren in dieser Beziehung gesegnet, und die Basken, die ein Seefahrervolk mit Zugang zu einem Ozean waren, in dem es von Kabeljau wimmelte, die sich aber gleichzeitig, dank eines geografischen Zufalls, auch leicht mit Salz versorgen konnten, brachten beides – in einem ganz konkreten Sinn – zusammen und erfanden eine Konservierungstechnik, die am Atlantik bis dahin unbekannt gewesen war. Auch sie schlitzten die Fische auf, rieben sie aber großzügig mit Salz ein, bevor sie sie zum Trocknen aufhängten. Dieser Salzfisch hielt sich wesentlich länger, als man es in Ländern, in denen Salzmangel herrschte, kannte. Den Franzosen zum Beispiel blieb nichts anderes übrig, als ihren Fisch in eine Pökellauge zu legen; nach einer gewissen Zeit nahm er aber eine grüne Farbe an und wurde ungenießbar. Die neue Technik gestattete es den Basken, immer längere Fahrten zu unternehmen, sogar solche, die viele Monate dauerten, da sie stets genügend Vorräte zur Verfügung hatten.

Der Fisch, den sie durch Einsalzen konservierten, schmeckte auch viel besser als der luftgetrocknete, was bedeutete, dass sie einen florierenden Handel mit ihm aufbauen konnten. Sie verfügten also über beides: über einen eiweißreichen, fettarmen, äußerst schmackhaften und in großen Mengen im Atlantik vorkommenden Fisch und über die perfekte Methode, ihn zu konservieren, entweder für den eigenen Konsum oder zum Verkauf an andere. Mit genügend Salzfisch versorgt, stachen die Basken von ihren Häfen an der galizischen Küste aus in See und unternahmen für einen längeren Zeitraum weite Handelsreisen und Fangfahrten im gesamten Nordatlantik, die sich bis heute auf ihre Wirtschaft auswirken.

Die baskischen Fischer gingen bevorzugt vor der Küste von Neufundland auf Fang. In diesem Hunderte von Quadratmeilen großen Areal – den Grand Banks und dem Flemish Cap –, wo die Wassertiefe drastisch abnimmt und das warme Wasser des Golfstroms sich am kalten der Labradorströmung vorbeischiebt, wobei Wolken von Nitraten aufsteigen, die das Phytoplankton, das Zooplankton und den Krill nähren, gedeiht der Kabeljau in fantastischer Fülle: Das Wasser sprudelt und schäumt geradezu von ihm. Wann genau diese Laichplätze entdeckt wurden, ist umstritten. Einige beharren darauf, dass John Cabot* New-found-land 1497 im Namen der britischen Krone entdeckte und so nannte; sein »Fund« soll die Basken zu ihren Fahrten nach Nordwesten verlockt haben; andere vertreten aber, obwohl sie kaum Belege dafür vorbringen können, die Theorie, dass es die Basken selbst waren, die diese so ergiebigen Fischgründe entdeckten, und zwar vor Cabot, sich aber dafür entschieden, sie geheim zu halten.

Als der bretonische Entdecker Jacques Cartier fast vierzig Jahre später in der Region eintraf und sein berühmtes riesiges Kreuz mit der Inschrift »Vive le Roi de France« auf einer Klippe auf der Halbinsel Gaspésie aufstellte, die umliegenden Territorien Canada nannte und für Frankreich in Besitz nahm, gingen die Basken dort schon mit vielen Hunderten von Booten energisch und eifrig dem Fisch-

---

* Trotz seines so englisch klingenden Namens war John Cabot ein Venezianer, der eigentlich Zuan Chabotto (oder hochitalienisch: Giovanni Caboto) hieß. Er segelte im Auftrag des englischen Königs Heinrich VIII. von Bristol aus nach Westen. Seine Landung an den Küsten Neufundlands und Labradors machte ihn wahrscheinlich zum ersten Europäer nach den Wikingern, der Nordamerika erreichte.

fang nach, wobei sie aber im Unterschied zu Cartier auf herrrschaftliche Gesten verzichteten und auch keine solchen Ansprüche erhoben wie dieser. Man nimmt allgemein an, dass der Name *Gaspé* sich von dem baskischen Wort *gerizpe* ableitet, was so viel wie Unterschlupf, Zuflucht bedeutet. Die Bewunderer der Basken sehen darin natürlich eine Bestätigung ihrer Theorie, dass die Angehörigen dieses Volkes schon lange vor anderen Europäern, die Wikinger ausgenommen, vor Neufundland Kabeljau fingen und auch an den Flussmündungen siedelten.

Der genaue Zeitpunkt des Eintreffens der Basken in der Region ist aber weniger interessant als die Tatsache, dass sich damit – wie mit der Ankunft Kolumbus' auf San Salvador, Cabots Entdeckung Neufundlands und insbesondere Vespuccis Erkenntnis, dass Amerika ein eigener Kontinent und der Atlantik ein eigener Ozean war – ein ganz neues Phänomen entwickeln konnte. Ob sie aus Neugierde oder aus kommerziellen Gründen, im Namen Gottes oder aus irgendwelchen anderen Motiven heraus angetreten wurden: Man konnte jetzt *transatlantische* Seereisen unternehmen, das heißt, man konnte nun zwischen den Küsten an einander gegenüberliegenden Seiten des Ozeans hin- und herfahren. Die Seefahrer mussten sich nicht länger damit begnügen, an Küsten entlangzukriechen, und nicht mehr mit bestimmten Abschnitten des Meeres vorliebnehmen.

Baskische Fischerboote zum Beispiel waren nicht länger darauf angewiesen, sich in westliche Richtung in eine nebelverhüllte, unbekannte See vorzuwagen, mit der alleinigen Absicht, Kabeljau zu fangen – wobei immer fraglich war, ob sie Erfolg haben würden, und es eher eine Sache des Glücks als eine Gewissheit war, ob sie sicher in die Heimat zurückkehren würden. Nein, jetzt konnten sie zum ersten Mal ein *Ziel* ansteuern. Die Kapitäne dieser Boote wussten nun, wenn sie aus ihren Heimathäfen in die bewegten Wasser der Bucht von Biskaya vorstießen, dass es eine *andere Seite* gab, an der ihre Fahrt erst einmal zu Ende sein würde, eine ferne Küste, wo Ankerplätze und Proviant auf sie warteten, sie Schutz finden würden und Ausbesserungsarbeiten vornehmen könnten. Nach einiger Zeit konnten sie auch damit rechnen, dort Siedlungen ihrer Landsleute vorzufinden. Das traf aber auch für die Angehörigen anderer Völker zu. Es dauerte nicht lange, bis auch die Mannschaften von spanischen Galeonen und portugiesischen Karacken und englischen Linienschiffen in dem Bewusstsein aufbrachen, dass es diese *andere Seite* gab – und von Beginn des 16. Jahrhunderts an wurden regelmäßig transozeanische Fahrten unternommen. Man trieb Handel und beutete die Reichtümer des Meeres aus.

Und nicht nur die Europäer betrieben eine solche Art von Seefahrt, sondern die »neuen« Amerikaner taten es ihnen gleich, und zwar nach 1776 als Bürger eines unabhängigen Staates. Sie ließen keine Zeit verstreichen und unternahmen sehr bald transatlantische Reisen zu den verschiedensten Zwecken. Ihre »Seebeine« verschafften sie sich zuallererst, indem sie auf Walfang gingen.

Doch wieder einmal waren die Basken wegweisend gewesen. Diese hatten nämlich schon im Verlauf der davor liegenden sechs Jahrhunderte diesem warmblütigen Meeressäuger mit derselben Verbissenheit und Erbarmungslosigkeit nachgestellt wie dem viel kleineren Kabeljau. Anstatt die herkömmlichen primitiven Methoden anderer anzuwenden, die darauf gewartet hatten, dass Wale ins flache Wasser in Küstennähe schwammen, segelten die Basken mit ihren Booten aufs offene Meer hinaus und jagten die Wale in weiter Entfernung von ihren heimischen Gestaden, so wie sie es auch mit anderen im Ozean lebenden Geschöpfen zu tun pflegten.

Ihre Hauptbeute, zunächst in der Biskaya und dann auch in den Gewässern im Süden Islands und jenseits davon, war der zur Untergattung der Bartenwale* gehörende sogenannte Nordkaper, der im Englischen *right whale* heißt, weil er der »richtige« Wal war, der, auf den Jagd zu machen sich am meisten lohnte. Der Nordkaper –

---

* Bartenwale besitzen keine mit Zähnen bewehrten Kiefer, sondern sie filtern ihre Nahrung mit Hornplatten im Oberkiefer – den Barten – aus dem Meerwasser heraus. Zur anderen Unterordnung der Meeressäuger, den Zahnwalen, gehören Pottwale, Belugas, Narwale und Delphine; nur wenige von diesen haben, mit Ausnahme der Pottwale, jemals ein ähnliches kommerzielles Interesse erregt wie ihre Artgenossen mit den Barten.

ein reinschwarzes Geschöpf von ungefähr hundert Tonnen Gewicht, das eine verhängnisvolle Vorliebe dafür besitzt, träge in Küstennähe herumzudümpeln – und sein um einiges größerer arktischer Vetter, der Grönlandwal, ließen sich nur allzu leicht erlegen. Die Technik der Basken war so simpel, dass sie bald überall auf der Welt angewendet wurde: Man befestigte mit Luft gefüllte Schwimmkörper an den Harpunenleinen, so dass es dem harpunierten Wal so gut wie unmöglich war abzutauchen und er, nachdem er längere Zeit an der Wasseroberfläche geschwommen war, so erschöpft war, dass er seine Verfolger dicht an sich herankommen ließ und sie ihm den Todesstoß versetzen konnten.

Im Allgemeinen treiben tote Nordkaper auf dem Wasser; die erlegten Tiere ließen sich daher in den Heimathafen schleppen oder zu einem Stützpunkt auf einer nahe gelegenen Insel, wo man sie »flenste«, wie der Fachausdruck für das Zerlegen eines Wals lautet, und den Walspeck auskochte, der ein besonders hochwertiges dickflüssiges Öl lieferte, das man zum Heizen oder zur Beleuchtung, als Schmiermittel oder auch zur Herstellung von Speisefett verwenden konnte. Das Fleisch wurde zum Verzehr in Stücke geschnitten und eingesalzen. Die Barten am Oberkiefer der Wale, mit denen diese ihre Nahrung aus dem Meerwasser filtern, wurden zu Korsettstangen, Pferdepeitschen, Gestängen für Sonnenschirme oder tausend anderen nützlichen Dingen verarbeitet.

Riesige Mengen dieser großartigen, sich träge bewegenden und in tragischer Weise arglosen Geschöpfe wurden jedes Jahr von Europäern getötet, die nach einem hohen Profit gierten. Nordkaper und Grönlandwale kamen besonders zahlreich um Spitzbergen herum vor, jenem Archipel hoch oben im Norden des Atlantiks, noch jenseits der entlegenen Stützpunkte von Jan Mayen Island und Bjornoya, wo Walfänger bei Stürmen vorübergehend Schutz suchten, sowie später in der Davisstraße zwischen Kanada und Grönland. Im 18. Jahrhundert hatten Basken ihr technologisches Monopol verloren, und französische, holländische, dänische und skandinavische Walfänger suchten die Meere ebenfalls nach den großen Säugern ab.

Später kamen noch die Briten von der Muscovy Company hinzu,

die (fälschlicherweise) glaubten, dass sie es waren, die Spitzbergen entdeckt hatten, und daher den Anspruch erhoben, als Einzige Wale in den dortigen Küstengewässern jagen zu dürfen. Eine Zeit lang liefen aus den Häfen englischer Städte wie Hull und Yarmouth Dutzende von Schiffen aus und fuhren in den Norden, wo es zu hässlichen Zwistigkeiten und Scharmützeln mit den Konkurrenten aus Holland und Dänemark kam, die sie zu verscheuchen versuchten. Diese Streitigkeiten veranlassten insbesondere die Holländer dazu, ihre Jagdmethoden zu verfeinern: Sie töteten ihre Beute jetzt von kleinen Pinassen oder Schaluppen mit Gaffelsegel aus, schleppten die Kadaver zurück zum Hauptschiff, wo sie zum Flensen quer über das Achterschiff gezogen wurden, und brachten dann erst den Walspeck zur Weiterverarbeitung an Land. Das heißt, dass die meisten Verarbeitungsschritte draußen auf See ausgeführt wurden, was sicherer war, wenn Konkurrenten einen umkreisten, die nur darauf lauerten, einen abzufangen, wenn man mit einem frisch getöteten Wal im Schlepp langsam in einen Hafen einlief.

Als die Amerikaner Anfang des 18. Jahrhunderts in das Geschäft einstiegen, waren sie über diese neuen Entwicklungen informiert. Während bei den ersten Walfangunternehmungen, die im späten 17. Jahrhundert von Nantucket und New Bedford sowie kleineren Häfen an der Südküste von Long Island ausgegangen waren, ein großer Teil der schweren Arbeit noch an Land verrichtet worden war, benutzte man fünfzig Jahre später Schiffe, die groß und stabil genug waren und auch so autark, dass ihre Eigner sie und ihre Mannschaften auf viele tausend Meilen lange Reisen schicken konnten. Anstatt Kurs Richtung Norden zu nehmen und dort mit den Europäern aneinanderzugeraten, die bereits in bittere Auseinandersetzungen untereinander verwickelt waren, beschlossen die Amerikaner schon früh, in bislang jungfräuliche, noch von keinem Walfänger berührte Regionen des Atlantiks vorzustoßen. Sie würden den Dänen, Holländern und Engländern die Nordkaper – oder *northern rights* – und Grönlandwale überlassen, sich selbst aber auf die noch weitgehend unangetastete Bestände von Finn-, Mink-, Sei-, Grau-, Buckel- sowie den gigantischen und großartigen Blauwalen und von *southern rights* konzentrieren und vor allem auch dem Sperm- oder Pottwal nachstellen, der für sein besonders hochwertiges Öl bekannt war und in einem Gebiet lebte, das man bald als »Southern Whale Fishery« bezeichnete.

Der Pottwal ist durch Herman Melville in die amerikanische Literatur eingegangen. Melville schrieb 1851 in seinem Roman *Moby Dick* über den Titanenkampf zwischen dem rachsüchtigen Kapitän Ahab von der *Pequod* und dem wilden großen weißen Wal, der bei einer früheren Begegnung dessen Bein auf so grausame und erniedrigende Weise verstümmelt hatte. Als dieser Roman entstand, befand sich der kommerzielle Walfang auf einem Höhepunkt; Schiffe, die von New Bedford, Mystic, Sag Harbor und Nantucket aus in See gingen, erlegten bis zu vierhundert der gigantischen Geschöpfe jährlich.*

Doch dieses Tier war in Neuengland schon seit mindestens eineinhalb Jahrhunderten bekannt. Lokalhistoriker aus Nantucket behaupten gerne, dass Walfänger schon 1715 auf der Jagd nach Nordkapern auf eine Herde Pottwale gestoßen seien, was allgemeines Interesse für diese Spezies erweckt habe – wer wäre nicht beeindruckt von einem so bizarren und riesenhaften Geschöpf gewesen, dessen großer Kopf ein Drittel seiner Gesamtlänge ausmacht, das aus seinem Atemloch viele Meter hohe Fontänen ausstoßen kann und eine halbmondförmige Fluke besitzt, die einen ohrenbetäubenden Knall erzeugen, wenn es sie auf die Wasseroberfläche niedersausen lässt. Außerdem kann der Pottwal wie ein Blitz zwei Meilen tief in den Ozean tauchen und, ohne Luft schöpfen zu müssen, dort unten eine Stunde und länger verweilen. Dieses Tier war größer, schwerer und geräuschvoller (es stößt Klick- und Klacklaute aus, die meilenweit zu hören sind), vor allem aber auch wilder, als die meisten Seeleute es für möglich gehalten hatten. Später entdeckte man dann, dass so gut wie alles an ihm verwendbar war: Aus dem Speck ließ sich ein

---

* Das mag einem als sehr hohe Zahl erscheinen, doch in den 1960er Jahren, der hohen Zeit von russischen und japanischen Fabrikschiffen, wurden allein im Nordpazifik jedes Jahr an die 25 000 Pottwale erlegt.

Die Besatzung eines der *dories*, der kleinen Ruderboote, von denen jedes Walfangschiff eine kleine Schar mit sich führte, schickt sich an, einen der großen Meeressäuger zu harpunieren. Ein bereits erlegter Wal ist längsseits des Mutterschiffs vertäut und wird zerlegt, »geflenst«. Aus dem Ofen, in dem der Walspeck ausgekocht wird, steigen zwei mächtige Rauchsäulen in die Luft.

hervorragendes Öl für Beleuchtungszwecke gewinnen, sein Fleisch war sogar noch nahrhafter als normales dunkelrotes Walfleisch; im Kopf dieses Ungetüms gab es ein Paar Höhlungen, die mit mehreren Tonnen – Tonnen! – »Walrat« gefüllt waren, einer weißlich-gelben, wachsähnlichen, an Sperma erinnernden Substanz, aus der sich unter anderem die weißesten Kerzen herstellen ließen; um diese Masse zu extrahieren, bohrte man Löcher in den Schädel und ließ dann Männer in Fässern in ihn hinab, die die beiden Höhlungen ausschöpften. Ein männlicher Pottwal besaß einen ein Meter achtzig langen Penis, und wie Melville erzählt, hätte ein Mann von Geschmack oder Mut sich aus der Haut dieses Organs problemlos ein Regencape anfertigen lassen können: Die Öffnung für den Kopf wäre sogar schon da gewesen. Man entdeckte auch, tief in den Eingeweiden des Wals verborgen, große Klumpen der grauen, öligen, als Ambra bekannten Substanz, die man sonst schon auf dem Meer schwimmend gefunden hatte und von der man lange nicht gewusst hatte, woher sie stammte. Es kursierten ganz verschiedene Meinungen: Es handle sich um Meeresbitumen, es stamme von den Wurzeln eines Meeresgummibaums, es sei von Meeresdrachen ausgeschiedener Speichel, es sei ein Pilz, es sei von Menschen hergestellt, es handle sich um unter großem Druck zusammengepresste Fischlebern. Dass der Pottwal so viel Wertvolles und Köstliches enthielt, war für die Menschen Anlass, auf diese Spezies noch gnadenlosere Jagd zu machen als auf alle anderen Walarten.

Und so schwärmten um die Mitte des 18. Jahrhunderts amerikanische Walfänger mit noch größeren Schiffen, strapazierfähigeren Segeln, größeren Tranfässern, stabileren Harpunen, reißfesteren Tauen und haltbareren Metallgeräten ausgerüstet von der Ostküste auf *ye deep*, wie sie die Tiefsee nannten, aus.

Bis dahin waren sie immer nur ein paar Tage auf See gewesen, manchmal auch ein, zwei Wochen. Doch die unternehmungslustigeren Walfänger, die meisten von ihnen wackere Quäker, die nicht zum Erregtsein oder zu Angst neigten, begannen jetzt, die ganze weite Strecke bis nach Brasilien, zur Küste von Guinea oder sogar bis zu den Falklandinseln zu segeln und waren monatelang auf Fahrt. Sie erlebten nicht selten Schreckliches, hatten aber auch viele Stunden der Muße, die sie füllten, indem sie aus Walbein kleine Schiffsmodelle oder Figürchen schnitzten. Die wagemutigeren von ihnen fuhren sogar an der Isla de los Estados vorbei weiter nach Süden und kämpften gegen die starken Winde und Stürme, die in den dortigen, als »Roaring Forties« bekannten Breiten tobten; und wenn ihnen das Glück zur Seite stand und sie tüchtige Seeleute waren, gelang es ihnen, Kap Hoorn unbeschadet zu umrunden und in die Weite des Pazifiks vorzudringen, in dem es von Walen wimmelte.

Es waren aber vor allem die langen auf dem Atlantik verbrachten

Monate oder sogar Jahre, die amerikanischen Seeleuten zu einer profunden Kenntnis der hohen See und einem Selbstvertrauen verhalfen, wie sie nur wenige andere besaßen. Walfänger stießen in die entlegensten Regionen dieses Ozeans vor und deckten ebenso viele seiner Geheimnisse auf, wie es die von den verschiedenen an ihn angrenzenden Staaten ausgesandten Forscher und Kartografen getan hatten. Das Erbe, das sie – und vor allem diejenigen von ihnen, die aus Neuengland stammten – hinterließen, ist bedeutend.

## 4. Güterverkehr

Es überrascht aus diesem Grund kaum, dass, als der regelmäßige Gütertransport über den Atlantik hinweg sich als neuer Geschäftszweig etablierte, die Amerikaner als Experten für Fahrten über weite Strecken auf diesem besonderen Meer die Gelegenheit beim Schopf ergriffen und als Erste eine Form der Schifffahrt betrieben, die seitdem auf dem Atlantischen Ozean dominiert. Der Beginn dieser Aktivität lässt sich auf die ersten Tage des kalten Monats Januar im Jahr 1818 datieren, und sie bestand darin, dass ein Fahrzeug der Art, die als *packet ship* bekannt wurde, von New York aus die Reise in Richtung Osten antrat.

Auf dem Atlantik wimmelte es bereits von Frachtschiffen, die enorme Mengen von Produkten der Neuen Welt nach Europa beförderten – vor allem Zucker von den Plantagen in Mittelamerika, Brasilien und auf den Inseln in der Karibik – und beladen mit Handelswaren, Baumaterial, technologisch fortschrittlichen Geräten und Apparaturen, Modeartikeln sowie allem anderen, was die Kaufleute in den Kolonien begehrten, in die umgekehrte Richtung fuhren. Doch diese Schiffe stachen im Allgemeinen erst dann in See, wenn ihre Laderäume gefüllt waren. An diesem Schiffsverkehr war nichts Regelmäßiges oder Zuverlässiges, insofern es keine feststehenden Abfahrtszeiten gab und auch nicht gewiss war, wie genau die Route aussah, die ein Schiff nehmen würde: Wenn in letzter Minute Fracht für einen Hafen eintraf, der eigentlich nicht hatte angelaufen werden sollen, musste der Kapitän vom bis dahin vorgesehenen Kurs abweichen, um diese Waren dem Empfänger überbringen zu können.

Die einzige Institution, die sich bemühte, den Frachtverkehr zwischen Europa und Amerika nach einem gewissen Plan ablaufen zu lassen, war das damals noch in den Kinderschuhen steckende British Post Office, und zwar beinahe unmittelbar im Anschluss an die Einführung eines Postdienstes durch König Charles II. im Jahr 1660. Man erkannte sehr früh, dass wichtige Sendungen für das Ausland – offizielle Schreiben an Botschafter oder die Statthalter von Kolonien – genauso rasch und zuverlässig zugestellt werden mussten wie solche an Empfänger im eigenen Land. Dementsprechend wurden schon Anfang der achtziger Jahre des 17. Jahrhunderts in einer Reihe von Häfen spezielle Poststationen eingerichtet – von Harwich und Dover aus gingen die Sendungen per Schiff nach Nordeuropa, von Holyhead auf der Insel Anglesey nach Irland, und 1688 wurde auch der entlegene Küstenort Falmouth im südlichen Cornwall nach einem formellen Auswahlverfahren zum Posthafen bestimmt.

Es waren schnelle Segler, die regelmäßig von dem kleinen Ort aus auf große Fahrt in alle Ecken der westlichen Welt gingen – zuerst wurde ein Dienst zwischen Falmouth und La Coruña in Spanien eingerichtet; alle zwei Wochen brachen zwei kleine Schiffe auf, die als *advice boats* bekannt waren. Die ersten beiden wurden auf die Namen *Postboy* und *Messenger* getauft. Sie fuhren durch die Straße von Gibraltar zu ihrem Zielort, von dem aus die Post dann in das übrige Süd- und Zentraleuropa und nach Asien weiterbefördert wurde.[*] Um die Jahrhundertwende schlug dann der Surveyor General der Marine, Edmund Dummer, dem Post Office vor, einen transatlantischen Dienst einzurichten, und 1702 setzte er ein Quartett von hochseetüchtigen *slups* und *briggs* ein, die zwischen Falmouth und den von Briten regierten Zuckerinseln Barbados, Antigua, Montserrat, Nevis und Jamaika verkehrten. Das war ein erster Schritt auf die Einrichtung eines solchen Dienstes zwischen England und dem ameri-

---

[*] Kriege mit Frankreich machten es unmöglich, eine direktere Route zu wählen.

kanischen Festland zu, das heißt insbesondere New York City, wie er dann 1755 tatsächlich aufgenommen wurde, und zwar anfangs mit zwei Schiffen, der HMP *Earl of Halifax* und der HMP *General Wall.* Sobald regelmäßig Schiffe auf dieser Route unterwegs waren – dem Plan nach sollte jeden Monat eines von England nach New York und eines in umgekehrter Richtung abgehen, in den ersten beiden Jahren kamen aber nur jeweils vier Hin- und vier Rückfahrten zustande –, wurden weitere Segler unter Vertrag genommen, bis Falmouth schließlich mit Häfen in den südlichen Regionen der Kolonie wie Pensacola, St. Augustine, Savannah, Charleston, vor allem aber auch mit der größten Garnisonsstadt im Nordosten, mit Halifax, verbunden war.

Sporadisch waren schon seit 1754 Postschiffe zwischen Falmouth und Halifax hin- und hergefahren; sie hatten meist Depeschen und andere Sendungen für das Militär befördert. Durch den Unabhängigkeitskrieg hatten sich dann logistische Probleme ergeben. Doch sobald sich der durch den Krieg aufgewirbelte Staub wieder gelegt und die ehemalige Kolonie die Freiheit gewonnen hatte, wurde ganz formell ein regelmäßiger Dienst eingerichtet. Von 1788 an wurden sowohl Halifax als auch New York von Falmouth aus mit Post beliefert, und was die USA betraf, war Benjamin Franklin für die Organisation zuständig, der schon als *deputy postmaster general* des kolonialen Amerika fungiert hatte und nach der Erlangung der Unabhängigkeit zum *postmaster general-in-chief* des neuen Staats avancierte.*

Die gehobene Londoner Gesellschaft kannte sich bald mit den Abläufen genau aus: Am ersten Mittwoch jeden Monats wurde im General Post Office im Zentrum Londons die Post für New York und Quebec City entgegengenommen. Für einen Brief nach Manhattan waren *four pennyweight of silver* zu entrichten. Die Sendungen wurden, in ledernen Behältnissen, sogenannten *packets*, wovon

---

* Franklin fiel, wie schon erwähnt, auf, dass die Paketboote, die in westlicher Richtung unterwegs waren, oft mit Verzögerung eintrafen, und dies ließ ihn wesentliche Schlussfolgerungen über Charakteristika des Golfstroms ziehen.

sich auch der Name *packet boat* oder *ship* ableitet, sicher verwahrt, auf eine Postkutsche geladen, die dann über die Landstraße nach Falmouth rollte, wo sie, regelmäßig wie ein Uhrwerk, am Samstagabend eintraf. Im Hafen des kleinen Ortes lud man die *packets* dann auf das schon bereitliegende Schiff, das umgehend die Leinen loswarf und aus den Falmouth Roads auf die Wogen des Atlantiks hinausfuhr. Es brauchte im Schnitt fünfzig Tage, um den Ozean zu überqueren, *bergauf,** vor allem, wenn das Post Office die Anweisung zu Zwischenhalten bei den Bermudas und Nova Scotia gegeben hatte. Ein Londoner, der am 1. Januar einen Brief an einen Empfänger in New York aufgab, konnte damit rechnen, dass dieser in der dritten Februarwoche an seinem Ziel eintreffen würde.

Und natürlich wurden nicht nur Briefe befördert. Der Leiter des Post Office, ein gewisser Mr Potts, gab bekannt, dass auch Zeitungen und Magazine auf die andere Seite des Atlantiks geschickt werden konnten. Jede der Londoner Tageszeitungen wie der *General Advertiser*, der *Courant* oder der *Daily Advertiser* machte allerdings einen Leser in Amerika um fünf Pence pro Exemplar ärmer. Für den *Spectator* – der heute noch erscheint – musste man neun Pence entrichten, und auch die *London Gazette* – das ehrwürdigste aller Londoner Blätter, das offizielle Verlautbarungen der Regierung enthält und ebenfalls nach wie vor floriert – war in New York für neun Pence zu haben; für diesen Preis »wurde sie von den Kommandanten der diversen *packet boats* ohne zusätzliche Gebühren abgegeben«.

Es kommt einem mehr als nur ein bisschen merkwürdig vor, dass es hundertdreißig Jahre, von 1688 bis 1818 dauerte, bis die Idee, regelmäßig Post von England nach Amerika und in umgekehrter Richtung zu spedieren, auf den Sektor der Beförderung von Fracht im Allgemeinen übergriff. Und es wies vielleicht schon auf die zukünftige Entwicklung voraus, dass es keine britische Institution war, die auf den Einfall kam – obwohl die Briten doch schon so große Er-

---

* Dass man bei der Fahrt Richtung Westen meist mit Gegenwinden zu kämpfen hatte, veranlasste die Seeleute dazu, diese Strecke als *uphill* zu bezeichnen. Die von Westen nach Osten verlaufende wurde entsprechend *downhill* genannt.

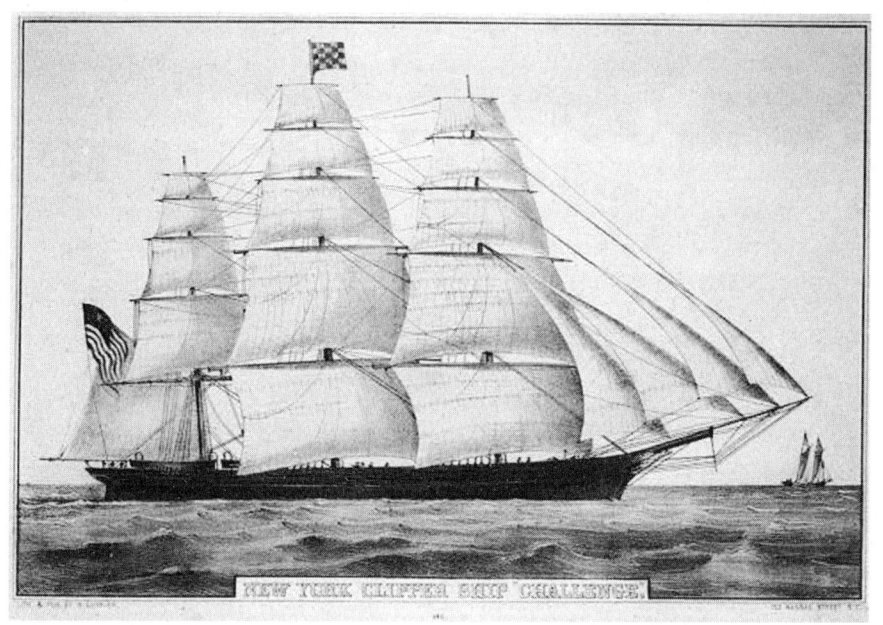

Der 1857 auf der Werft von William Henry Webb in Lower Manhattan gebaute große Klipper *Challenge* – ein nicht nur äußerst schnelles, sondern auch anmutiges Schiff – kann als Verkörperung der goldenen Zeit der Segelschifffahrt gelten. Er war ein Vierteljahrhundert lang im Dienst.

fahrungen auf verwandtem Gebiet gesammelt hatten –, sondern dass eine Gesellschaft mit Hauptquartier in den USA als Erste den regelmäßigen Transport von Fracht zwischen Europa und Amerika aufnahm.

Allerdings war die Idee dazu in den Köpfen zweier in den USA lebender Briten geboren worden. Beide waren aus Yorkshire gebürtig, genauer aus Leeds, und hatten sich Ende des 18. Jahrhunderts nach Amerika aufgemacht, um dort ihr Glück zu suchen. Durch Zufall arbeiteten sie in der Beekman Street in Lower Manhattan in aneinander angrenzenden Büros. 1812, als sie auf ihren bahnbrechenden Einfall kamen, war Jeremiah Thompson ein junger Baumwollhändler und

Eigner einer kleinen Flotte von Booten, die er im amerikanischen Küstenhandel einsetzte. Benjamin Marshall – wie Thompson und auch die meisten anderen Kaufleute, die in dieser Geschichte eine Rolle spielen, Quäker – stellte Textilien her und importierte auch welche.

Beide Männer stellten fest, dass sie gleiche Interessen besaßen: Sie kauften die Rohbaumwolle direkt von den Plantagen in den südlichen Staaten der USA. Allerdings hatten sie Unterschiedliches mit ihr vor. Thompson erwarb sie, um sie gegen die edlen Produkte aus Schafwolle einzuhandeln, die sein Vater daheim in Leeds für den Export nach Amerika herstellte. Marshall hingegen benötigte große Mengen Rohbaumwolle, um sie nach Lancashire zu transportieren, wo sie in den Spinnereien seiner Familie in Stoffe verwandelt wurden, die er dann nach Amerika reimportierte und an Einzelhändler verkaufte. Da die beiden Männer nicht direkte Konkurrenten waren, entschlossen sie sich zu einer Zusammenarbeit. Sie richteten Büros in Atlanta ein und beschäftigten Agenten in New Orleans. Weil kein anderes internes Beförderungssystem existierte,[*] verwendeten sie ihre kleinen Segler, um Baumwolle von den Häfen im Südosten des Landes nach New York zu transportieren und von dort mit jedem beliebigen Schiff, das noch Laderaum frei hatte, über den Atlantik nach Liverpool zu schicken.

Aus dieser Lage der Dinge ergab sich sowohl ein Problem als auch, von Marshalls und Thompsons Gesichtspunkt aus, eine großartige Chance.

Das Problem verschärfte sich durch die jähe Zunahme des Handels nach dem Ende des Krieges von 1812 und der Aufhebung der Blockade amerikanischer Häfen durch die Royal Navy immens. Denn es stachen bei Weitem nicht genug Schiffe von New York aus in See, um die ganze anfallende Fracht über den Ozean zu befördern. Darüber hinaus wusste man nie, wann genau diese Schiffe auslaufen

---

[*] Erst 1829, siebzehn Jahre nachdem Marshall und Thompson ihr Unternehmen gegründet hatten, wurde Amerikas erste Eisenbahnverbindung eröffnet.

würden, und noch ungewisser war, wann sie an ihrem Ziel auf der anderen Seite des Atlantiks eintreffen würden.

Jahrelang war es Brauch gewesen, dass Kaufleute eigene Schiffe zur Beförderung ihrer Waren einsetzten: Marshall und Thompson besaßen schon drei, die *Pacific*, die *Amity* und die *Courier*, die sie für den Transport ihrer Rohbaumwolle über den Ozean heranzogen, deswegen waren sie persönlich mehr oder weniger aus dem Schneider; sie wurden nicht von dem Problem heimgesucht, mit dem viele ihrer Kollegen zu kämpfen hatten, die einfach nicht genügend Frachtraum aufzutreiben vermochten, um ihre Waren zu verschiffen. Der Geniestreich dieser beiden bereits äußerst erfolgreichen Geschäftsleute – die sich noch mit einem weiteren Schiffseigner, einem Quäker namens Isaac Wright zusammentaten – bestand darin, den Bau weiterer Schiffe in Auftrag zu geben und Laderaum gegen Bezahlung jedem Kaufmann zur Verfügung zu stellen, der welchen benötigte. Und, was ebenfalls von entscheidender Bedeutung war, sie schickten ihre Schiffe regelmäßig und zu festen Zeiten auf die Reise. Bislang waren sogenannte »Trampschiffe« zwischen Amerika und Europa verkehrt; sie hatten den Hafen verlassen, wenn dem Skipper der richtige Zeitpunkt dafür gekommen zu sein schien, jetzt wurde ein Dienst »mit Rahseglern nach Fahrplan« angeboten – eine wirklich brandneue Idee.

Ein Schiff der Black Ball Line, wie die drei Partner ihre Gesellschaft nannten, verließ New York am Fünften eines jeden Monats um Punkt zehn Uhr und nahm Kurs auf Liverpool. Am Ersten eines jeden Monats löste ein anderes Schiff in Liverpool die Leinen und trat die Reise *uphill*, Richtung Westen, an. Alle Schiffe hatten Fracht unterschiedlichster Art geladen, die entweder im Laderaum verstaut oder an Deck festgezurrt war; sie transportierten sie für jeden, der dafür bezahlen konnte. Er waren aber auch Passagiere an Bord – anfangs bis zu achtundzwanzig –, die es sogar einigermaßen behaglich hatten.

Es wurde immer genau zur vorher angegebenen Zeit abgelegt, gleichgültig, ob die Stauräume gefüllt und die Kajüten belegt waren oder nicht. Die Leinen wurden losgeworfen, ob das Wetter günstig war oder nicht: Ans Ziel zu gelangen, und dies so schnell wie möglich, hatte alleroberste Priorität, alles andere zählte nicht. Und aus einer Art Ehrerbietung gegenüber dem Post Office bezeichneten auch die Betreiber der Black Ball Line ihre Schiffe als *packet ships.*

Das erste *packet ship* nach Liverpool legte am Morgen des 5. Januar 1818 von Pier 23 in Lower New York ab. Unter Beweis stellend, dass dieser neue Dienst nicht von den Launen des Wetters, der Gezeiten oder des Schiffsführers abhängig war, sondern Fracht und Passagiere bei günstigem wie auch bei ungünstigem Wind zuverlässig ans Ziel befördern würde, stach die *James Monroe*, ein Dreimaster von vierhundertvierundzwanzig Tonnen, inmitten eines von Nordosten herantobenden Blizzards in See. Die hoch aufstiebende Gischt sowie die wild wirbelnden Schneeflocken entzogen sie bald den Blicken der vielen faszinierten Zuschauer, die sie mit Anfeuerungsrufen, vom Klang der Kirchenglocken und von Kanonenschüssen unterstützt, in das Unwetter hinausschickten.

Als die *James Monroe* Sandy Hook, diesen markanten Punkt im Meer, umrundete und New Jersey steuerbord, Long Island backbord von ihr lagen, setzte sie ihren Klüver und präsentierte damit allen anderen Schiffen, die in Richtung des schützenden Hafens eilten, das Logo der Linie: einen auffallenden, in das Segeltuch gewobenen großen schwarzen Kreis. Dieses Symbol prangte auch genau in der Mitte des leuchtend roten Wimpels, der von ihrem Großmast flatterte: eine pechschwarze Kugel.

Die *James Monroe* war auf Geschwindigkeit hin ausgelegt – das und die feststehenden Abfahrtszeiten waren es, was den höchsten Anreiz für Kunden darstellte –, und sie verdankte den Verbesserungen, die private amerikanische Schiffseigner während des Kriegs in den Bau von Frachtschiffen eingeführt hatten, um leichter die Blockade der Briten durchbrechen zu können, eine Menge. Ihr Rumpf hatte darüber hinaus ein recht großes Fassungsvermögen: Er bot Platz für dreitausendfünfhundert *barrels* – im frühen 19. Jahrhundert ein Standardmaß – Fracht. Allerdings war er auf dieser ersten Fahrt nicht annähernd gefüllt. Und es hatten auch nur acht Passagiere – für einen Preis von zweihundert Dollar für die einfache

Fahrt – eine Koje gebucht, während, wie erwähnt, für zwanzig weitere Platz gewesen wäre. Die Frachtliste zeigt, dass es im Laderaum hohl geklungen haben muss, da sie wirklich nur sehr wenig nach England beförderte: eine kleinere Menge Äpfel aus Virginia, einige Fässer Mehl aus dem Mittleren Westen, vierzehn Bündel Holz aus Vermont, ein kleines Quantum Cranberrys aus Maine und ein paar Kanister voll Terpentin, das auf Plantagen in Florida von Sklaven produziert wurde. Dann waren da noch lebende Enten und Hühner sowie eine Kuh, was es den stets dienstbereiten Stewards, in der Mehrzahl Schwarze, gestattete, die Handvoll Fahrgäste mit frischem Fleisch, Eiern und Milch zu verwöhnen. Es befanden sich aber auch Ballen von Rohbaumwolle aus Georgia an Bord, da die Eigner sich natürlich nicht die Gelegenheit entgehen ließen, die Spinnereien in Yorkshire und Lancashire mit Nachschub an jener magischen Pflanzenfaser zu versorgen, die den Grundstock zu ihrem Vermögen gelegt hatte.

Unter ihrem Kommandanten James Watkinson benötigte die *James Monroe* achtundzwanzig Tage bis zur Mündung des River Mersey, und am 2. Februar machte sie im Hafen von Liverpool am Kai fest. Irgendwo mitten auf dem Ozean war sie – ohne dass sie dieses gesichtet hätte – ihrem sich *uphill* kämpfenden Schwesterschiff, der *Courier*, begegnet, die sechs Wochen für die Fahrt benötigte und Entsetzliches durchmachte. Die Rückfahrt der *James Monroe* nach New York war in kommerzieller Hinsicht ein noch größeres Fiasko als die Hinfahrt: Sie geriet in einen Sturm und wurde so stark beschädigt, dass sie zu Reparaturen nach Liverpool zurücklaufen musste. Doch in ihren Büros in der New Yorker Beekman Street ließen sich die drei auf Gott vertrauenden Quäker Marshall, Thompson und Wright von alldem nicht erschüttern, und 1820 brachen alle vier Schiffe in ihrem Besitz mit größter Regelmäßigkeit zu Fahrten über den Ozean auf; es kam nie zu einem ernsthaften Zwischenfall, und mit den Frachtmengen stiegen auch die Gebühren, die sie für deren Beförderung verlangten. Zwei Jahre später konnten sie es sich leisten, größere Schiffe zu ordern, die nach ihrer Fertigstellung ebenfalls unter der roten Flagge mit der schwarzen Kugel segelten. Die *Albion*, die *Britannia*, die *Canada* und die *Columbia* waren Rahsegler von jeweils fünfhundert Tonnen und konnten sich, wie es hieß, rühmen, von den besten Matrosen bemannt zu sein und den geschicktesten Kommandanten geführt zu werden, die auch bei schlechtesten Wetterbedingungen geradezu darauf brannten, alle Segel zu setzen, so dass die Schiffe der Black Ball Line die Fahrt *downhill* immer in der denkbar kürzesten Zeit hinter sich brachten.

Es wurden regelrechte Rennen veranstaltet, was die Passagiere, wenn sie zum Beispiel hilflos zusehen mussten, wie die Segel in einem Sturm in Fetzen gingen, in Alarmzustand versetzte. Die *Canada* benötigte für die Überquerung des Atlantiks in östlicher Richtung einmal nicht mehr als fünfzehn Tage und acht Stunden und schaffte es sogar in umgekehrter Richtung von der Mündung des Mersey bis Sandy Hook in bloßen sechsunddreißig Tagen. »Arise and shine for the Black Ball Line«,[*] dieser Ruf wurde zur Wachablösung bald auf vielen Schiffen der Konkurrenz laut – das war eine Mahnung an die Mannschaft, sich zu sputen, denn Trägheit würde mit Sicherheit zur Folge haben, dass ein Segler der Black Ball Line eher im Hafen eintraf als man selbst. Und da die Seeleute ihre Heuer bei der Ankunft ausgezahlt bekamen, bedeutete das, dass die »Black Ballers« auch früher ihre Heuer in der Hand halten würden.

Die Kapitäne, samt und sonders harte, raue und wilde Männer, von persönlichem Ehrgeiz sowie von einer totalen Hingabe an ihre Gesellschaft beseelt, wurden bald zu legendären Gestalten, und auch ihre Schiffe genossen einen besonderen Ruf. Die Matrosen, gleichermaßen zähe Burschen wie ihre Kommandanten, wurden *packet rats* genannt. Die meisten von ihnen waren Liverpooler Iren und von einer ungeheuren Gier nach Alkohol und Schlimmerem besessen, so dass sie unweigerlich überall, wo sie Landurlaub bekamen, über die Stränge schlugen und mit den örtlichen Ordnungshütern aneinandergerieten. Von ihren Offizieren wurden sie pausen- und gnadenlos

---

[*] Ein Spruch, der sich eigentlich auf die Sonne bezieht: »Gehe (stehe) auf und scheine!« (Anm. d. Ü.)

angetrieben. Ein Kapitän war bekannt dafür, dass er auf einer speziellen Lagerstatt schlief, die er auf dem Quarterdeck mit Bolzen befestigen ließ. So konnte er sicher sein, dass kein rangniedrigerer Offizier es wagte, in einem Sturm die Segel reffen zu lassen, was er vielleicht getan hätte, wenn sein Skipper unter Deck geschlafen hätte; bei einer Verringerung der Segelfläche hätte man natürlich weniger schnelle Fahrt gemacht und ein verspätetes Eintreffen im Hafen riskiert. Es war ein raues Gewerbe und passte damit zu der wilden See, über die die *packet ships* immer wieder fuhren.

Es dauerte nicht lange, bis Scharen von Konkurrenten in das Geschäft einstiegen und an den Uferstraßen von Lower Manhattan lange Reihen wartender Schiffe lagen, deren Bugspriete, wie Charles Dickens berichtete, »beinahe zu den Fenstern« der an den Piers gelegenen Geschäftshäuser »hineinragten« und unter denen die Passanten herumspazierten wie Waldbewohner unter einem Dach von Ästen. Zu den »Black Ballers« gesellten sich bald die *packets* der Red Star Line, der Blue Swallow Line, der London Line, der Liverpool Line, der Union Line (die das nordfranzösische Le Havre ansteuerten), der Fyfe Line (die nach Greenock in Schottland fuhren) und der Dramatic Line (die alle auf die Namen von Schauspielern und Dramatikern getauft waren). Allen Protesten der amerikanischen Black-Ball-Reederei zum Trotz trat in Britannien ein Konkurrenzunternehmen auf den Plan, das sich genauso nannte. Das löste erhebliche Verwirrung aus, bis die Gerichte für Ordnung sorgten. Mehr als fünfhundert Segelschiffe lagen manchmal gleichzeitig dicht an dicht an den Kais von Manhattan, das Heck dem East River mit seiner starken Strömung zugekehrt – wie zum Losgaloppieren bereite Rennpferde.

Das British Post Office stellte bald danach seinen eigenen Paketbootdienst ein, genau wie die Gründer der Black Ball Line es vorhergesagt hatten. In London akzeptierte man inzwischen, dass die Amerikaner im Transatlantikhandel tonangebend waren und nahezu täglich neue Dienste eingerichtet wurden, die alles Mögliche schnell und zuverlässig über den Ozean beförderten. Und ein neues Wort hielt bald ins englische Vokabular Einzug: Da alle Schiffe Reedereien gehörten, die – genau wie die Postkutschen-Unternehmen es taten, um regelmäßige Überlandfahrten nach genauem Zeitplan gewährleisten zu können – eine *line*, eine Linie oder Reihe von Schiffen, eines nach dem anderen, auf die Reise schickten, wurden diese Schiffe unter der Bezeichnung *liners* bekannt. Sie waren *transatlantic liners* – die ersten einer Riesenschar von Handels- und Passagierschiffen unterschiedlichsten Typs, wie sie heute noch gewinnbringend auf allen Weltmeeren verkehren.

Nur ein Jahr und fünf Monate nachdem die *James Monroe* zum ersten Mal aus dem New Yorker Hafen ausgelaufen war, kam es in einem weiter im Süden gelegenen amerikanischen Hafen zu der Abfahrt eines anderen Schiffs, die ähnliche Bedeutung hatte. Bei diesem Schiff handelte es sich um die *Savannah*; sie war zwar auf einer Werft in New York gebaut worden, stach aber am 22. Mai 1819 vom Hafen der Stadt in Georgia aus in See, deren Namen sie trug; ihr Ziel war, wie das der meisten ostwärts über den Atlantik fahrenden Schiffe der damaligen Zeit, Liverpool. Was die Reise der *Savannah* denkwürdig werden ließ – und der Grund dafür ist, dass der Tag ihrer Abfahrt heute noch in Amerika, allerdings nur auf dem Papier, als National Maritime Day begangen wird –, ist die Tatsache, dass zusätzlich zu den üblichen drei Masten eines Hochseeklippers ein oben wie ein Trinkhalm gebogener Schornstein auf ihrem Deck aufragte und sich unter den Decksplanken in der Mitte des Rumpfes eine Dampfmaschine von neunzig Pferdestärken Leistung verbarg. Die *Savannah* war das erste Schiff, das den Atlantik von einer solchen Dampfmaschine angetrieben überquerte.

Diese Maschine, die nur ein Viertel des Raums einnahm, den die Antriebsaggregate der meisten modernen Schiffe beanspruchen, setzte zwei genial konstruierte große Schaufelräder in Bewegung, die an den gegenüberliegenden Enden einer Achse befestigt waren, welche durch den Rumpf hindurchführte. Diese Räder konnten aber auch abgenommen und auf Deck verstaut werden. Obwohl die Dampfmaschine auf ihrer ersten Fahrt nur achtzig Stunden lang zum Einsatz kam, legte das Schiff die Strecke von der Mündung des Savannah River bis zur irischen Küste in durchaus respektablen dreiundzwanzig Tagen zurück. Ihr Betrieb erwies sich aber als unwirtschaftlich, und es dauerte weitere zwanzig Jahre, bis Schiffsmaschinen so effizient geworden waren, dass es sich in finanzieller Hinsicht lohnte, auf den kostenlosen Antrieb durch die Kraft der Winde zu verzichten. Doch schon 1819 wurde die Fahrt der *Savannah* als Pionierleistung anerkannt, und sie leitete tatsächlich eine völlig neue Art des Reisens auf See ein. Sie mag in einer wenig spektakulären Zeit von dreiundzwanzig Tagen über den Atlantik gestampft sein, doch etwas mehr als ein Jahrhundert später würden ihr nicht vollkommen unähnliche Dampfschiffe dieselbe Strecke in weniger als drei zurücklegen.

## 5. Die Weitergabe von Wissen

Die in einen raschen Modernisierungsprozess eingetretene Welt war aber nicht nur auf den Transport von Fracht und Menschen von einer Seite des Ozeans zur anderen angewiesen. Die riesige leere Wasserfläche wurde zunehmend auch als Datenhighway, wie man es heute nennen würde, benutzt, also als etwas, das der Übermittlung von Wissen, dem Austausch von Informationen jeder Art – von Nachrichten, Liebeserklärungen, Geburtsanzeigen, Mitteilungen zu Schiffsbewegungen, Aktienkursen, Meldungen vom Sturz von Regierungen oder dem Tod von Monarchen – zwischen Menschen, die an den Rändern des Meeres, aber auch weit im Landesinneren lebten, dienen konnte.

Alle diese Informationen wurden plötzlich dringend benötigt, denn zu Beginn des 19. Jahrhunderts hatte die Welt sich schon gewandelt und war auf dem Weg, sich zu dem riesigen *global village* zu entwickeln, das sie heute ist. Der Austausch von Informationen zwischen Philadelphia und Peterborough, Brasilien und Belgien, Moskau und Montevideo war genauso wichtig wie früher der zwischen Dorfschmied und Dorfpolizist oder dem Gastwirt eines Ortes und dem Küster. Damit in einer Gemeinde alles reibungslos funktionierte, war es immer erforderlich gewesen, dass die einzelnen Mitglieder miteinander kommunizierten, und jetzt, da die Völker der Welt sich aufgrund von Migrationswellen zunehmend mischten, begann sich eine Art von globaler Gemeinde zu entwickeln, die auf einen ständigen Informationsfluss und die Übermittlung von Wissen angewiesen war.

Das Schiff mit der Meldung vom Tod König Georgs II. von England im Jahr 1760 wurde sechs Wochen von den Wellen des Ozeans hin und her geworfen, bis es sie endlich den Kolonisten in der Neuen Welt überbringen konnte. Ein Jahrhundert später, während des Bürgerkriegs, ging die Übertragung von Nachrichten auf dem See- oder Wasserweg nicht sehr viel schneller vonstatten. Zwar war inzwischen der elektrische Telegraf erfunden worden; dieser erleichterte aber nur die Kommunikation zwischen Orten auf dem festen Land, wo Pfähle aufgestellt und Leitungen zwischen ihnen gespannt werden konnten. Um Meldungen möglichst rasch über das Meer hinweg weiterzuleiten, musste man sich einiges einfallen lassen: Die Londoner Zeitungen besorgten sich ihre Nachrichten aus Amerika, indem sie Bulletins an möglichst weit ins Meer ragende Kaps an der Küste Neufundlands übermitteln ließen; Abschriften davon wurden von dort aus mit Ruderbooten zu nach England abgehenden Dampfschiffen gebracht. Dieser Prozess wiederholte sich in umgekehrter Reihenfolge an der irischen Küste; die schriftlich festgehaltenen Meldungen wurden mit kleinen Booten zur nächstgelegenen Telegrafenstation befördert und von dort aus nach London durchgegeben. Dieses mühselige Verfahren stellte keine große Verbesserung gegenüber früher dar: Man erreichte lediglich, dass ein Bericht über Antietam oder Gettysburg oder General Shermans Marsch durch Georgia jetzt schon zwei Wochen, nachdem es zu dem betreffenden Ereignis gekommen war, in den Ämtern von Whitehall oder den Klubs an der Pall Mall zur Kenntnis genommen werden konnte.

Auch marginale Fortschritte hinsichtlich der Geschwindigkeit, mit der man informiert wurde, blieben niemals unbeachtet. Einzelheiten über die Kämpfe am 4. Juli 1864 in Virginia wurden schon am 16. des Monats in *The Times* veröffentlicht. Als Präsident Lincoln im April 1865 von einem Attentäter erschossen wurde, wurde die Meldung ebenfalls erst per Telegraf an einen Ort an der Küste weitergegeben und dort mit der Hand abgeschrieben. Diese Abschrift steckte man in eine Ledertasche, die versiegelt und zum Dampfschiff *Nova Scotian* gerudert wurde. Als das Schiff vor der Küste von Donegal kurz beidrehte, wurde die Sendung von Bord geholt und zum nächstgelegenen Postamt gebracht, von wo aus sie dann weitergeschickt und zum Druck befördert wurde. Die Nachricht vom Tod Lincolns konnte auf diese Weise den schockierten und bestürzten Londonern zwölf Tage nach dem Attentat zur Kenntnis gebracht werden – und nicht nur die Nachricht selbst erregte Aufsehen, sondern auch die Geschwindigkeit, mit der sie nach England gelangt war.

Es stand aber fest, dass man eine schnellere Kommunikationsmethode entwickeln musste, und ebenso, dass dem vor Kurzem erfundenen Telegrafen dabei – nicht nur auf dem Land – eine Schlüsselrolle zukommen würde. Und eine Schlüsselposition – im wörtlichen Sinn – würde auch die kaum erforschte, vom Wind zerzauste Insel spielen, deren einzige Besonderheit bis dahin darin bestand, nach Grönland, Island und Irland die größte im Atlantik zu sein: die britische Kronkolonie Neufundland. Gegen Mitte des Jahrhunderts begann eine kleine Gruppe von Unternehmern, die sich zum Ziel gesetzt hatte, die Übertragung von Nachrichten über den Atlantik zu beschleunigen, ihre Aufmerksamkeit auf diese Insel zu konzentrieren, und zwar deswegen, weil sie der Teil des gesamten nordamerikanischen Territoriums war, der Europa am nächsten lag. Von der Hafeneinfahrt des Städtchens St. John's bis zu den Klippen von Connemara waren es nicht mehr als sechzehnhundert Meilen.

Im August 1850 war ein Telegrafenkabel zwischen Großbritannien und Frankreich auf den Grund des Ärmelkanals hinabgelassen worden, und in der Zeit danach waren Großbritannien und Holland sowie Schottland und Irland auf dieselbe Weise miteinander verbunden worden. Vielleicht konnte ein solches Unterseekabel auch über den Grund der Cabotstraße, die zwischen dem Sankt-Lorenz-Golf und dem Atlantik verlauft, geführt werden. Wenn man dieses dann mithilfe von Überlandleitungen mit den Städten St. John's und Halifax verband, benötigte man nur noch eine Flotte von schnellen

Dampfern, die regelmäßig zwischen Neufundland und Irland verkehrten, und man würde alle möglichen Botschaften in nur sieben Tagen von New York nach London übermitteln können.

Das war der Zeitpunkt, zu dem der fünfunddreißig Jahre alte Cyrus West Field, der begüterte Spross einer Familie von Papierfabrikanten aus den Berkshire Hills im Westen von Massachusetts auf den Plan trat. Der Hauptfinanzier des Neufundlandprojekts hatte ihn aufgesucht in der Hoffnung, ihn zu einer Investition überreden zu können. Field empfing den Mann mit der gebührenden Höflichkeit, sagte, dass er sich die Sache durch den Kopf gehen lassen wolle – und als er dann am Abend lesend in seiner Bibliothek saß, ließ er geistesabwesend einen Globus kreisen. Es war ein Globus von bescheidener Größe, und Field fiel plötzlich auf, dass er sowohl die Entfernung zwischen Neufundland und Irland als auch die zwischen New York und London mit einer Hand überbrücken konnte.

Und dann begriff er, dass man, anstatt ein Kabel durch die Wildnis von Neufundland und Nova Scotia zu führen, es dann dort enden zu lassen und so ein paar Tage Übermittlungszeit einzusparen, eines direkt von Neufundland nach Irland legen könnte, auf dem Grund des Atlantiks, dort, wo die gewaltige Wasserfläche am schmalsten war. Wenn sich das als möglich erweisen sollte, würde die Zeit, die man benötigte, um Nachrichten zwischen den beiden größten Städten des 19. Jahrhunderts hin und her zuschicken, sich von mehreren Tagen auf wenige Sekunden verringern.

Field besaß weder technischen Sachverstand noch irgendwelches Fachwissen, was unterseeische Telegrafenverbindungen betraf – doch er wandte sich sofort brieflich an zwei Experten auf diesem Gebiet. Der eine war Samuel Morse, der den nach ihm benannten Code für elektrische Schreibtelegrafen entwickelt hatte, der andere Matthew Fontaine Maury von der US-Navy, dessen Erkundungen und Vermessungen des Ozeans die Existenz eines riesigen Plateaus in dessen Mitte, der Mittelatlantischen Schwelle, ergeben hatten. Beide Männer teilten Field mit, dass seine Idee sich verwirklichen lasse. Morse hatte bereits zwei Jahre mit im Boden des New Yorker Hafens versenkten Leitungen experimentiert und die US-Regierung davon in Kenntnis gesetzt, dass »eine Kommunikation mithilfe der elektromagnetischen Telegrafie mit Sicherheit über den Atlantischen Ozean hinweg eingerichtet werden könnte«. Maury, der sich in seliger Unkenntnis darüber befand, dass es sich bei der Mittelatlantischen Schwelle um eine den Rocky Mountains ähnelnde Aneinanderreihung von spitzen Felsen mit dazwischenliegenden tiefen Tälern handelte, hatte Field mit Bezug auf das von ihm entdeckte Plateau geschrieben, dass es »eigens zu dem Zweck dort platziert worden zu sein schein[e], die Kabel eines unterseeischen Telegrafen aufzunehmen und vor Beschädigungen zu schützen«.

Folglich wurde im Mai 1854 die New York, Newfoundland and London Telegraph Company gegründet und zwei Jahre später in London die Atlantic Telegraph Company.* Beide widmeten sich zunächst der Aufgabe, die für die Realisierung des Projekts erforderlichen Geldmittel zusammenzubringen. Der Vorsitzende der amerikanischen Gesellschaft war Peter Cooper, ein Mann, der überzeugt war, dass das, was er zu tun im Begriff war, der ganzen Welt zum Guten gereichen würde.

Die britische Regierung war wie elektrisiert von dem Plan und bot an, die für die Verlegung vorgesehene Strecke genau zu erkunden und vielleicht sogar Schiffe zur Verfügung zu stellen, die bei den Arbeiten assistieren könnten. Außerdem erklärte sie sich bereit eine Gebühr zu zahlen für den Fall, dass ihre offiziellen Botschaften Priorität gegenüber allen anderen erhalten würden. Die Amerikaner traten hingegen in eine viel intensivere Debatte bezüglich der ganzen Angelegenheit ein; sie meldeten Zweifel an, ob das Projekt sinnvoll und seine Realisierung wünschenswert sei.

Ein derartig intimer Kontakt mit der Alten Welt wurde nicht von jedermann in der Neuen gern gesehen. Thoreau, dieser knurrige Erzmisanthrop, meinte bissig, dass einen Tunnel unter dem Meeresbo-

---

* Der englische Romancier William Makepeace Thackeray gehörte zu den Investoren der Londoner Gesellschaft, wohingegen Charles Dickens eine gewisse Feindseligkeit gegenüber dem technischen Fortschritt – zumindest auf diesem Gebiet – an den Tag legte.

den zu graben, wie er es formulierte, um ein Kabel zur Kommunikation in ihm unterzubringen, kaum der Mühe lohne, wenn vor allem Mitteilungen wie »Prinzessin Adelaide hat Keuchhusten« Amerika erreichen würden. In den USA herrschte immer noch eine postrevolutionäre Stimmung, und die Wut darüber, dass die Briten 1814 während des Krieges die öffentlichen Gebäude in Washington in Flammen hatten aufgehen lassen, war noch nicht verflogen. Vor allem im Süden des Landes herrschte eine regelrechte Anglophobie, und man verabscheute und verachtete dort in weiten Kreisen alles Englische. Durch den hartnäckigen Einsatz von Lobbyisten gelang es jedoch den Befürwortern des Projekts, den Kongress dazu zu bewegen, die entsprechenden Gesetze zu verabschieden. Im März 1857, noch am selben Tag, an dem er sein Amt an seinen Nachfolger James Buchanan abtrat, machte Präsident Franklin Pierce mit seiner Unterschrift ein Dokument rechtsgültig, mit dem den beiden Telegrafengesellschaften die Mithilfe zugesichert wurde, zu der man sich in London schon längere Zeit zuvor verpflichtet hatte. Danach konnte man mit den konkreten Maßnahmen zur Realisierung des ehrgeizigsten Projekts, das es damals auf der Welt gab, beginnen.

Das Unternehmen genoss enorme Publicity. Auf beiden Seiten des Ozeans waren die Zeitungen voller Ratschläge, wie man ein solches Kabel legen oder spannen sollte. Ein Korrespondent meinte, man solle es von Ballons herunterhängen lassen, jemand anders hielt es für besser, es an Bojen zu befestigen, die es dicht unter der Wasseroberfläche baumeln ließen; das hätte den zusätzlichen Vorteil, dass Schiffe an ihm anlegen und sich Informationen zapfen könnten. Albert, der Gatte Königin Victorias, war der Ansicht, man solle es durch eine gläserne Röhre führen. Wieder andere waren – wie im zweiten Kapitel ausgeführt – überzeugt, dass Wasser mit zunehmender Tiefe immer dichter werde und sich das darauf auswirke, wie weit Objekte nach unten sinken. Kabel würde man daher gar nicht ganz bis auf den Grund hinablassen können, sondern sie würden in einer bestimmten Schicht hängen bleiben, quasi im Wasser schweben.

Die Wissenschaftler stritten endlos darüber, was für eine Stärke ein solches Unterseekabel haben sollte: Eine dicke Kupferader leitete die erforderliche hohe elektrische Spannung am besten weiter, doch würde das Kabel durch sie auch sehr schwer werden, was zur Folge haben könnte, dass es unter seinem eigenen Gewicht brach, wenn man es ins Meer hinabließ. Am Ende entschied man sich, ein Kabel herzustellen, das so dick wie der Zeigefinger eines Mannes war, und den Kupferkern zuerst mit Guttapercha, dann mit Hanf und Teer zu ummanteln und das Ganze zuletzt mit einer Stahldrahtschicht zu armieren. Eine Meile, also etwas über sechzehnhundert Meter, eines solchen Kabels wog eine Tonne, wenn man es aber ins Wasser hinabgelassen hatte, reduzierte sich dieses Gewicht auf zirka sechshundertsieben Kilo. Im Frühsommer 1857 wurden ungefähr viertausend Kilometer dieses Kabels (wenn man die einzelnen Komponenten maß und addierte, kam man gar auf eine Länge von 547 000 Kilometern) von den Herstellungsstätten in London und Liverpool an die Küste gebracht und sorgfältig auf großen Trommeln an Deck von zwei Segelschiffen, der USS *Niagara* und der HMS *Agamemnon* aufgerollt. Jedes Schiff transportierte eine Hälfte des Kabels mit einem Gewicht von ungefähr fünfzehnhundert Tonnen.

Im August segelten die Schiffe zusammen zur Insel Valentia in Südwestirland, und eine Schar kräftiger Matrosen schleppte in einer Bucht mit dem prachtvollen Namen Foilhommerum Bay ein Ende des Kabels durch die Brandung ans Ufer. Es wurden pathetische Reden geschwungen und inbrünstige Gebete gesprochen. Feuerwerkskörper wurden entzündet. Und dann stachen, von einer Flottille von Begleitschiffen umringt, die beiden zu Kabellegern umgerüsteten Segler wieder in See, wobei Meter um Meter des Kabels von den sich drehenden Trommeln ins Meer glitt. Das war der Beginn einer langen Geschichte von Unfällen, Enttäuschungen, Scherereien und von allgemeinem Chaos, die erst im folgenden Jahr zu Ende gehen sollte. Es erwies sich nämlich als unmöglich, das Kabel hinabzulassen, ohne dass dieses immer wieder brach und auf Nimmerwiedersehen in den Tiefen der See verschwand.

Die Besatzungen beider Schiffe probierten alles Erdenkliche, um das Problem zu beseitigen – schließlich beschlossen sie, nicht auf einer der beiden Seiten des Ozeans, sondern in seiner Mitte zu beginnen. Die *Niagara* und die *Agamemnon* trafen sich an einem Punkt, der achthundert Meilen von der amerikanischen und ebenso viele von der irischen Küste entfernt war; dort verband man die Enden beider Kabel miteinander, und die Schiffe segelten dann in entgegengesetzter Richtung, also nach Westen und nach Osten, los. Doch sie gerieten von einer brenzligen Situation in die andere, vor allem wurden sie von schweren Stürmen heimgesucht, wie sie seit Menschengedenken Mitte des Sommers nicht getobt hatten. Das durch das schwere Kabel an seinem Deck topplastige britische Schiff wäre in einem von ihnen beinahe gekentert. Und schon wie zuvor hörten die Kabel nicht auf zu brechen und für immer im Meer zu verschwinden.

Als die Kosten immer mehr anstiegen, wuchs daheim in London bei den Direktoren der Gesellschaft die Verzweiflung. Einige meinten schon, das Projekt sei technisch nicht zu verwirklichen und man solle es aufgeben. Die Presse begann höhnische Kommentare abzugeben. Man machte sich sogar in Gedichten über das Unternehmen lustig. Das Vertrauen in das Unterfangen war erschüttert, ja beinahe ganz geschwunden.

Doch dann, im Spätsommer 1858, nach drei weiteren fehlgeschlagenen Versuchen, trafen sich die beiden Schiffe noch einmal auf hoher See. Am 29. Juli wurden die Enden der beiden Kabel erneut miteinander verbunden, dann entfernten sich die *Agamemnon* und die *Niagara* wieder in entgegengesetzter Richtung voneinander. Alles verlief wie gehabt, nur dass sich diesmal unerklärlicher- und wunderbarerweise keinerlei Probleme einstellten. Am 4. August lief die *Niagara* in die Trinity Bay auf Neufundland ein, während die *Agamemnon* einen Tag später vor dem sechzehnhundert Meilen entfernten Valentia Island eintraf. Die Leitung, die sie mitten im Ozean zusammengefügt hatten, war noch intakt. Und auch als Matrosen an jedem Ende das Kabel zu den bereits existierenden Stationen schleppten, in denen es an die größtenteils über Land verlaufenden Leitungen nach London und New York angeschlossen werden sollte, schien alles noch in Ordnung zu sein.

Begeisterung griff um sich. Als die Nachricht nach London gedrungen war, dass eine Verbindung hergestellt worden sei und immer noch bestehe, äußerte sich *The Times* in emphatischerer Manier, als die meisten ihrer Leser es damals wohl als schicklich empfanden:

»[...] seit der Entdeckung des Kolumbus ist nichts erreicht worden, was dieser gewaltigen Erweiterung der Sphäre menschlicher Aktivität gleichkäme [...] Der Atlantik ist ausgetrocknet, und wie in unseren Wunschträumen sind wir nun auch in der Realität zu einem Land geworden. [...] Der Atlantische Telegraf hat die Erklärung von 1776[*] halbwegs hinfällig werden lassen und viel dazu beigetragen, uns [...] wieder zu einem Volk werden zu lassen.«

Die ersten Botschaften wurden – unter der Verwendung des mittlerweile berühmten Codes von Samuel Morse – am 16. August übermittelt: Zuerst ließ Queen Victoria Präsident Buchanan ihre aufrichtigen Glückwünsche zukommen und verlieh ihrer »glühenden Hoffnung« Ausdruck, dass das neue »elektrische Kabel« die Bande der Freundschaft und Brüderlichkeit zwischen beiden Ländern über das Meer hinweg stärken würde. Die Antwort aus Washington ließ nicht lange auf sich warten: Buchanan revanchierte sich mit ähnlichen Floskeln. Die erste Nachricht geschäftlicher Art traf bald darauf in London ein: Es war eine Meldung Cunards über die Kollision zweier Schiffe, der *Europa* und der *Arabia*, die noch glimpflich ausgegangen war; beide hatten Häfen in Kanada anlaufen können. Und dann ging eine Reihe von Nachrichten über alle möglichen Ereignisse hin und her, die entweder, wie Thoreau es befürchtet hatte, äußerst trivial waren (»König von Preußen zu krank, um Queen Victoria zu besuchen«) oder, im Gegenteil, von weitreichender Bedeutung (»Lösung der chinesischen Frage: Chinesisches Reich öffnet sich dem Handel; christliche Religion wird zugelassen.«).

Doch es war zu gut, um von Dauer zu sein. Nach weniger als zwei

---

[*] Gemeint ist die Unabhängigkeitserklärung der dreizehn amerikanischen Kolonien am 4. Juli des Jahres. (Anm. d. Ü.)

Wochen im Wasser gab das Kabel Zeichen für einen mysteriösen, langsam fortschreitenden Verschleiß zu erkennen. Die übermittelten Nachrichten begannen keinen Sinn mehr zu ergeben, bis schließlich überhaupt keine mehr ankamen. Man konnte keine Signale mehr senden und auch keine mehr empfangen. Voller Betroffenheit gaben die Direktoren der Gesellschaft bekannt, dass das Kabel von einem unbekannten unterseeischem Übel befallen und ihm erlegen sei – anders ausgedrückt: Die Leitung war tot und ließ sich auch nicht wieder zum Leben erwecken.

Die Verbindung hatte gerade mal fünfzehn Tage bestanden, das Unternehmen also mit einem Fehlschlag geendet. Der gerade eben entstandene Superkontinent war wieder gespalten. Das Meer hatte gewonnen. Die Enttäuschung der Öffentlichkeit und die Betroffenheit der offiziellen Stellen waren derart groß, dass es acht Jahre dauerte, bis man erneut versuchte, ein solches Kabel zu legen. Dann erst konnten diejenigen, die den Glauben an das Projekt nicht verloren hatten, sich wieder durchsetzen. 1866 wurde die riesige, von dem Ingenieur Isambard Kingdom Brunel mitentworfene *Great Eastern* davor bewahrt, wegen Unwirtschaftlichkeit weiter in einem Hafen vor sich hin zu rosten: Man funktionierte den als Passagierschiff gebauten Dampfsegler zum Kabelleger um. Auch die *Great Eastern* hatte mit Schwierigkeiten zu kämpfen, obwohl es in den vergangenen acht Jahren eine ganze Reihe von technologischen Fortschritten gegeben hatte. Am Ende konnte sie aber in den Hafen eines kleinen Orts auf Neufundland einlaufen, der den reizenden Namen Hearts Content trug, »nachdem sie eine zweitausend Meilen lange Kette hinter sich hergezogen hatte, um die Alte Welt an die Neue zu fesseln«.

Es war gelungen. Das Kabel funktionierte nahezu perfekt. Obwohl Mr Field aus den Berkshire Mountains als amerikanischer Staatsbürger nicht wie jedermann sonst von Queen Victoria in den Adelsstand erhoben werden konnte, verlieh ihm die britische Presse rasch den Spitznamen »Lord Cable«. Seine Schöpfung erwies sich als so erfolgreich, dass im Laufe des darauf folgenden Jahrzehnts der Boden des Ozeans, des nördlichen wie des südlichen Teils, mit

Cyrus W. Field, die treibende Kraft hinter der Verlegung eines
Telegrafenkabels zwischen Amerika und Europa, ist auf dieser
Zeichnung in der Zeitschrift *Harper's Weekly* dargestellt (oben, Mitte).
In der Mitte die *Great Eastern*, der riesige Kabelleger, am unteren Rand
links ist der amerikanische Präsident, rechts die englische Königin
abgebildet, wie sie per Kabel Grußbotschaften austauschen.

weiteren Kabeln überzogen wurde. Ein zweiter Strang wurde schon
vier Wochen nach dem ersten verlegt. Um 1900 gab es bereits fünfzehn, darunter solche, die nach Argentinien und Brasilien führten.
Die Übertragung von Nachrichten zwischen Europa und dem amerikanischen Kontinent, zwischen fast jeder europäischen Stadt und
nahezu jeder Stadt in Nord- und Südamerika, erfolgte jetzt fast ohne
zeitliche Verzögerung und wurde bald zur Routine.

Doch weniger als ein halbes Jahrhundert nachdem das erste Kabel
verlegt worden war, machte die Technologie einen weiteren Schritt
voran, und die elektronische Verbindung zwischen den beiden Welten wurde gefestigt und beschleunigt. Jetzt war es möglich, über den

Ozean, ja über jede beliebige Entfernung hinweg mit jedem Punkt auf der Welt ohne Kabel in Kontakt zu treten.

Die ersten Experimente mit der drahtlosen Telegrafie – dem Funk, wie man sie nennen würde – bestanden ebenfalls in Versuchen, Signale von einer Seite des Atlantiks zur anderen zu übertragen. Und indem man den Ozean erneut als Versuchsstätte auswählte, wurde dessen Position konsolidiert: Er war der große Erprobungsgrund, das Testgelände für alle neue Ideen – von *packet ships* bis hin zu Überschallflugzeugen –, die das technologische Zeitalter immer schneller zu dominieren begannen.

Wieder einmal waren zwei Hügel, einer an der Ostseite Neufundlands und ein anderer an der westlichen Spitze Cornwalls in England, ausgewählt worden, um als die beiden Endpunkte zu dienen, zwischen denen die Signale hin- und hergehen sollten. Das war im Dezember 1901. In Irland hatte man eine Relaisstation zur Weiterleitung des Funksignals einrichten müssen, genau wie es für Cyrus Fields Kabel erforderlich gewesen war. Das geschah aber nicht nur aus technischer Notwendigkeit heraus, sondern es gab einen zusätzlichen Grund dafür: Guglielmo Marconi, der den Anstoß zu all diesen Versuchen gegeben hatte, war Halbire. Sein Vater war in Bologna geboren, seine Mutter hingegen entstammte der irischen Familie, die Jameson Whiskey herstellte.

Es gibt ebenso viele Menschen, die behaupteten, die drahtlose Kommunikation erfunden zu haben, wie solche, die den Anspruch erheben oder erhoben, das Fernsehen oder die Glühbirne erfunden zu haben. Doch Marconi, der 1896 in Großbritannien ein wichtiges Patent anmeldete und zugestanden bekam[*] und ein Jahr später in Südengland seine Tests mit Übertragungs- und Empfangsgeräten sowie Antennen von jeder denkbaren Form und Größe begann – von denen die Versuche, Kontakt zwischen Osborne House, der Sommerresidenz von Queen Victoria auf der Isle of Wight, und der vor

---

[*] Das Marconi am 2. Juli 1896 zugestandene U. K.-Patent No. 12 039 betraf »Verbesserungen hinsichtlich der Übermittlung von elektrischen Impulsen und Signalen und der dafür verwendeten Apparaturen«.

der Küste kreuzenden Hochseejacht ihres Sohnes herzustellen, besonders bemerkenswert waren –, ist am engsten mit der Erfindung assoziiert. Wie Thomas Edison später gegenüber Skeptikern immer wieder erklärte:»Marconi ist derjenige, welcher.«

An Skeptikern war kein Mangel, als Marconi gegen Ende des Jahres 1901 bekanntgab, dass er versuchen werde, ein Funksignal, wie er es nachweislich bereits über den Ärmelkanal und die Bucht von Biskaya sowie zu und von auf See befindlichen Schiffen gesandt hatte, auch über den ganzen Atlantik hinüberzuschicken. Sie meinten, das sei technisch unmöglich (wegen der Krümmung der Erdoberfläche) und in moralischer Hinsicht verwerflich. (Dieses Argument wurde von der Atlantic Telegraph Company des seligen Cyrus Field vorgebracht, die ein fünfzig Jahre währendes Monopol auf transozeanische Telegrafie hielt, das erst in zwei Jahren erlöschen würde.)

Doch der siebenundzwanzigjährige Marconi scherte sich nicht um das ganze Geunke und Gemeckere, obwohl seine ersten Versuche unter keinem günstigen Stern gestanden hatten: Zwanzig in Cornwall errichtete Antennen waren von einem Sturm umgeweht worden, und ein Experiment mit einem Ballon, der auf Neufundland die Antenne hoch in die Luft tragen und dort halten sollte, war gescheitert, da dessen Hülle geplatzt war.

Und jetzt versuchte er es erneut. Es war kurz nach Mitternacht, stockfinster, kalt und windig; der 12. Dezember 1901 ein Donnerstag, war gerade angebrochen. Marconi saß auf dem Gipfel des heute als Signal Hill bekannten Bergs vor einem Tisch und schaute auf die blinkenden Lichter der Hafeneinfahrt von Neufundlands größter Stadt hinab. Sein Notizblock wurde vom Schein einer Fackel beleuchtet, und er lauschte aufmerksam den Lauten, die aus einem Ohrhörer drangen, der an ein großes, merkwürdiges Gerät mit lauter Röhren und Skalen angeschlossen war, welches wiederum mit einem – im Dunkeln unsichtbaren – Draht verbunden war, der zu einem großen Drachen emporführte, den ein Assistent mithilfe der kräftigen atlantischen Brise in eine Höhe von fünfzehnhundert Metern hatte aufsteigen lassen.

Im mehr als achtzehnhundert Meilen entfernten Cornwall hatte

Der riesige Dampfsegler *Great Eastern* war 1858 als Passagierschiff
vom Stapel gelaufen, aber wegen Unwirtschaftlichkeit – er hätte bis zu
4000 Personen befördern können, war aber auf keiner Reise auch nur
annähernd ausgelastet – zeitweise außer Dienst gestellt, bevor er 1865
zum Kabelleger umgerüstet wurde. Im Bild die Trommeln, über die das
Telegrafenkabel Meter um Meter in die Tiefe glitt.

sich auf einem flachen Hügel bei dem Dörfchen Poldhu, ganz in
der Nähe von Klippen, die bedrohlich steil zum tosenden Wasser
des Ärmelkanals hinabfielen, eine zweite Gruppe von Männern versammelt. Es waren die Auftraggeber Marconis, und sie drückten abwechselnd auf eine Taste aus Bakelit und Kupfer an einem ähnlichen
Gerät wie dem, das Marconi in St. John's vor sich stehen hatte. Sie
gaben immer wieder das Morsesignal für den Buchstaben S durch:
kurz-kurz-kurz, gefolgt von einer Pause, und dann noch einmal
kurz-kurz-kurz. In Cornwall war es früher Morgen und noch dunkel. Im Osten kündete nicht der geringste Schein vom Anbruch eines
neuen Tages, und alle waren müde.

Dann legte sich, wie seine Assistenten sich erinnerten, plötzlich ein Lächeln auf Marconis angestrengt und konzentriert aussehendes Gesicht. Er rief einen von ihnen herbei und hielt ihm mit einem Grinsen den Ohrhörer hin:»Horchen Sie doch mal, ob Sie was hören, Mr Kemp!« Und der längst vergessene Mr Kemp presste den Empfänger an sein Ohr und hörte, wie er meinte, über das statische Knistern und Knacken und das Sausen des immer stärker werdenden Sturms und all die anderen elektrischen und mechanischen Geräusche hinweg, zwar schwach nur, aber immer wieder, die drei kurzen Signaltöne für den Buchstaben S. Sie drangen genau in dem Moment aus dem Hörer, in dem die Männer im weit entfernten Cornwall das verabredete Signal mit der Taste ihres Geräts eingaben.

Es war geschafft. Der Kreis hatte sich geschlossen: Menschen konnten einander endlich über Tausende Meilen eines vom Sturm aufgewühlten Meeres hinweg Nachrichten senden – und eines Tages sogar miteinander sprechen, und zwar in perfekter Synchronität, so, als ob sie in einer Stadt von der gegenüberliegenden Seite einer Gasse aus ein Gespräch führten oder sich über eine Wiese hinweg etwas zuriefen.

Es gab einiges abschätziges Gerede und sogar aufgebrachtes Gepoltere. Die Atlantic Telegraph Company stimmte ein Wut- und Wehgeschrei an und drohte mit einer Klage, in der Hoffnung, das würde Marconi veranlassen, seine Aktivitäten einzustellen. Andere meinten, er und Mr Kemp hätten sich alles nur eingebildet, die Geräusche, die sie vernommen hatten, seien lediglich von ein paar durch den Äther sausenden Elektronen verursacht worden. Doch dann schaltete sich Thomas Edison von New Jersey aus ein und erklärte, seinen ganzen Einfluss und seine Autorität ins Spiel bringend, dass er dem, was Marconi erzahlt habe, Glauben schenke. Ein oder zwei Tage später schloss die *New York Times* sich ihm an, und dann wurden die Experimente mit den Funksignalen im Beisein von Zeugen wiederholt: Sie waren immer deutlicher zu hören, und die ganze noch bestehende Skepsis verflüchtigte sich – für immer.

Der Korrespondent der Londoner *Times* schickte ein Jahr später, im Dezember 1902, von Glace Bay, Nova Scotia, aus eine lange Meldung an seine Zeitung und erhielt umgehend die Antwort von seinem

Die wichtigsten transatlantischen Kabelverbindungen

Auslandsredakteur. Im Januar 1903 wurde dann auf Cape Cod in der Nähe von Wellfleet eine Marconi-Funkstation eröffnet. Dort stößt man heute neben einem Stummel, der von einer der alten Antennen übrig geblieben ist, in einem kleinen Pavillon oberhalb eines für Cape Cod typischen breiten Sandstrands, an den die grauen Wogen des Atlantiks branden, auf eine Bronzetafel. Auf ihr ist zu lesen, dass dies der Ort war, von dem aus im Jahr 1903 Präsident Roosevelt Edward

VII. per Funk Glückwünsche aussprach und an dem er die ihm auf demselben Weg übermittelten des englischen Königs entgegennahm. An jenem Tag setzte die unglaublich schnell voranschreitende Entwicklung von drahtloser Telegrafie, Funktelegrafie, Sprechfunk und all den anderen heute existierenden fantastischen Möglichkeiten der Kommunikation über große Entfernungen hinweg ein.

## 6. Der Transfer von Menschen

Und während der ganzen Zeit wurden die Passagierschiffe, die *transatlantic liners*, größer, schnittiger und flinker. Von den robusten Paketbooten führte die Entwicklung zuerst zu den eleganten Klippern, die vor allem auf Schnelligkeit hin ausgelegt waren, und dann zu den viermastigen, stählernen Windjammern mit ihren großen Laderäumen. Nicht mehr als fünfzehn Jahre nach der Mitte des 19. Jahrhunderts schien der Atlantik von den Heerscharen der Klipper geradezu entzweigerissen zu werden. Der genialste aller Schiffskonstrukteure, ein Kanadier namens Donald McKay, entwarf einige der schnellsten dieser Windhunde der Meere; die in Boston gebauten Yankee Clipper waren über sechzig Meter lang bei einer Breite von noch nicht einmal neun Metern; die Gesamtfläche der Segel, die sie an ihren drei Masten führten, war gewaltig. Sie besaßen einen schmalen, sich steil in die Höhe schwingenden Bug und ein graziles, in die Länge gezogenes Heck und glitten mit einer einzigartigen Anmut und Leichtigkeit über das Wasser. Der schnellste Segler dieser Art, die legendäre *Sovereign of the Seas*, erreichte einmal einundzwanzig Knoten, die *Lightning* legte an einem einzigen Tag vierhundertsechsunddreißig Meilen zurück; die *Flying Cloud* verließ New York, geriet vor Kap Hoorn in einen schlimmen Sturm, fuhr dann in den Pazifik ein und legte nach einer nonstop absolvierten Fahrt von neunundachtzig Tagen in San Francisco an; die *James Baines* benötigte von Liverpool bis nach Boston nicht mehr als dreizehn Tage und sechs Stunden, und anschließend umrundete sie in nur hundertdreiunddreißig Tagen die ganze Welt. McKays Klipper *Great Re-*

*public* war mit einer Länge von zweiundneunzig Metern der größte jemals gebaute Segler dieses Typs.

In ihrer Blütezeit wurden die Yankee Clipper aus Boston und ihre Vettern aus Baltimore nahezu ehrfürchtig verehrt. Eltern führten ihre Kinder zum East River, damit sie zuschauen konnten, wie die Schiffe majestätisch in den Hafen einfuhren oder aus ihm ausliefen, und man wetteiferte darum, als Erster ihre weißen Segel auszumachen, wenn sie durch die Verrazano Narrows herankamen. Überall auf den New Yorker Straßen wurden bunte Karten verteilt, auf denen die diversen Schiffe unter Hinweis auf die halsbrecherische Geschwindigkeit, mit der sie den Atlantik zu überqueren vermochten, angepriesen wurden. Viele von ihnen wurden nicht nur bekannt, sondern von der Öffentlichkeit geradezu geliebt: Sie wurden zu Ikonen, auf die die Bürger des noch jungen Staats ungeheuer stolz sein konnten. So wie später der Jumbojet zu einem augenfälligen Symbol für die Tüchtigkeit der Amerikaner wurde, war dies im 19. Jahrhundert der Yankee Clipper.

Doch nur für sehr kurze Zeit. Konkurrenz trat bald in Form von mit Dampf betriebenen Frachtschiffen auf den Plan. Sogar die majestätischen Windjammer mit ihren stählernen Rümpfen, die bis zu fünf Masten aufwiesen, über eine gewaltige Segelfläche verfügten und fünftausend Tonnen Fracht mit immenser Geschwindigkeit befördern konnten, waren nicht mehr rentabel, sobald die Dampfschiffe technisch perfektioniert waren.

Als Reeder wie Samuel Cunard, der schon 1814 einen Dienst mit Dampfschiffen zwischen Liverpool und Boston ins Leben rief, in das Geschäft einstiegen, waren die Tage der Segelschiffe gezählt. Ein Dampfschiff konnte den Ozean in weniger als zwei Wochen überqueren. Diese Schiffe waren nicht mehr den Launen von Wind und Wetter ausgesetzt. Ein verlässlicher Fracht- und Personenverkehr nach Fahrplan – etwas, das auch die *packets* hatten bieten wollen, was ihnen aber trotz des von ihnen eingegangenen hohen Risikos nie ganz gelungen war –, das wurde jetzt die Norm, ja etwas Selbstverständliches. Die Frachtgebühren stürzten in den Keller. Und obwohl die Eigner und Kapitäne einiger Windjammer bis in das neue

Jahrhundert hinein zäh an ihrem Gewerbe festhielten – einige der Schiffe waren noch Jahre nach dem Zweiten Weltkrieg auf den Meeren unterwegs, zum Beispiel mit Guano von entlegenen Pazifikinseln, auf denen für einen Dampfer keine Möglichkeit zur Bekohlung bestand –, waren alle Klipper im letzten Viertel des 19. Jahrhunderts von den Haupthandelsrouten verschwunden.

Der Übergang vom Segel- zum Dampfantrieb hatte auch unbeabsichtigte Folgen. Die Anker- und Liegeplätze für Windjammer hatten sich in der Mehrheit im East River befunden, auf dem Segelschiffe Wendemanöver leichter durchführen konnten. Die Dampfschiffe jedoch liefen fast alle in den noch relativ wenig befahrenen Hudson auf der Westseite von Manhattan ein, wo sie auch in größerer Nähe zu den Endpunkten der Eisenbahnstrecken anlegen konnten, auf denen Fracht und Passagiere weiter ins amerikanische Hinterland befördert wurden. Diese Entwicklung führte zwangsläufig zu einem Wandel der architektonischen Struktur der schnell wachsenden Stadt New York, und sie macht sich bis heute noch bemerkbar: Die exklusivsten Apartments sind die, die einen Ausblick nach Westen auf den Hudson gewähren, dorthin, wo die großen Ocean-Liner andockten.

Die Paketboote und die Klipper hatten nicht nur Fracht, sondern auch Menschen befördert. Segelschiffe hatten in den letzten Jahren ihrer Blütezeit und Dampfschiffe in den vielen Jahrzehnten bis zum Aufkommen von Flugzeugen Millionen und Abermillionen von Menschen transportiert – vor allem in Richtung Westen – und damit eine entscheidende Rolle bei der Bevölkerung, ja bei der »Entstehung« Amerikas gespielt, insbesondere bei der Kanadas und der USA; deren Territorien waren bis dahin nur äußerst spärlich besiedelt gewesen, und beide Länder hatten sich ganz gezielt um einen ständigen Zufluss von Immigranten aus der Alten Welt bemüht.

Zu einem großen Teil geschah diese Migration nicht freiwillig, sondern war, wie schon erwähnt, das beschämende Ergebnis des Handels mit Sklaven, die in Afrika ergriffen, unter grauenvollen Bedingungen über den Ozean befördert und dann in erniedrigender Knechtschaft gehalten wurden. Zu denen, die aus eigenem Antrieb kamen, gehörten viele frühe Kolonisten, die sogenannten »Pilgerväter« aus Plymouth, die Siedler, die Jamestown gründeten, wie auch jene, die Dörfer an solch entlegenen Orten wie Puerto Madryn (Waliser), Rio de Janeiro (Portugiesen) und Halifax (unter anderem auch zahlreiche Basken) anlegten. Viele von diesen waren handwerklich geschulte und in technischen Dingen bewanderte Menschen, die man zur Einwanderung einlud, damit sie dabei halfen, die industrielle Revolution mit auf den Weg zu bringen, Spinn- oder Webmaschinen zu bedienen, Eisen zu verhütten oder Kohle zu fördern. Die Mehrzahl der Einwanderer kam aus England sowie aus Deutschland und Holland. Diese Menschen und ihre Nachfahren waren für die Besiedlung aller kolonialen Besitzungen europäischer Länder von Labrador im Norden bis hinunter nach Patagonien im Süden mitverantwortlich: Sie trugen mit ihrem persönlichen Lebensschicksal zu ihr bei.

Doch die meisten Neuankömmlinge trafen erst ein, nachdem diese Kolonien sich eine nach der anderen von ihren Herrschern im fernen Europa befreit hatten. Sie waren aufgebrochen, weil die neu gegründeten Staaten ihnen die Möglichkeit zu einem besseren Leben boten, weil sie große Hoffnungen in ihnen weckten. Dies waren die, wie es in der Inschrift auf dem Sockel der Freiheitsstatue heißt, *huddled masses*, die zusammengekauerten Massen,* die sich danach sehnten, die Luft der Freiheit zu atmen, das heißt von den zermürbenden Umständen, unter denen sie in Europa lebten, erlöst zu werden.

Die Überquerung des Atlantiks aufgrund dieser Migration trug erneut dazu bei, die Wahrnehmung des Ozeans durch die Welt im Allgemeinen, das Bild von ihm, zu ändern. Bis dahin war er in erster Linie als eine Barriere gesehen worden, als etwas, das mutlos stimmen konnte. Jetzt verwandelte er sich für jeden, der die bescheidene Summe für die Überfahrt und die Gebühr für die erniedrigenden

---

* Im letzten Abschnitt des von der Lyrikerin Emma Lazarus (1849-1887) verfassten Gedichts »The New Colossus«, das in den Sockel der Freiheitsstatue eingemeißelt ist, heißt es: »Give me your tired, your poor / your huddled masses / yearning to be free« (»Gebt mir eure Müden, eure Armen / eure zusammengekauerten Massen, die frei zu atmen begehren.«). (Anm. d. Ü.)

Zahlreiche europäische Schifffahrtsgesellschaften unterhielten von der Mitte des 19. Jahrhunderts an einen regelmäßigen Passagier- und Frachtdienst zwischen dem alten und dem neuen Kontinent. Mit solchen Plakaten warben sie um Fahrgäste, die sie vor allem auch in Kreisen der vielen Auswanderungswilligen fanden.

Untersuchungen durch die Behörden auf der anderen Seite aufbringen konnte, in eine lange Brücke, die jeden, der kühn genug war, sie zu beschreiten, in ein neues Leben eintreten lassen würde. Als der Weg, der in die Welt der unbegrenzten Möglichkeiten führte, wurde der Ozean selbst untrennbar mit den Hoffnungen der Migranten verbunden. Die Zahlen sind beeindruckend. Während in den knapp sechzig Jahren zwischen dem Ende des Unabhängigkeitskriegs und 1840 lediglich eine Million Menschen aus Europa in Amerika eingetroffen war, strömten in dem darauffolgenden halben Jahrhundert nicht weniger als dreißig Millionen ins Land – in der Mehrzahl Nordeuropäer, vor allem Briten und Iren. Diese erste große Einwanderungswelle verebbte 1890, die zweite sich daran anschließende dauerte fast ein halbes Jahrhundert, und in ihrem Verlauf kamen vor allem viele Italiener, Deutsche und Skandinavier in die USA. Ewas ganz Ähnliches ereignete sich südlich des Äquators: An die zehn Millionen Europäer wanderten in den fünfzig Jahren vor dem Ersten Weltkrieg nach Lateinamerika aus, und insbesondere die Bevölkerung von Brasilien und Argentinien wuchs durch den Zustrom großer Scharen von Immigranten gewaltig an – in Brasilien stieg sie um das Zehnfache, in Argentinien um das Fünfzehnfache.

Es waren also Millionen, die die Gangways zu den an Kais vertäuten Schiffen hochströmten oder mit Leichtern zu den in Küstennähe vor Anker liegenden gebracht wurden, um sich dann so behaglich auf ihnen einzurichten, wie es unter den Umständen überhaupt möglich war. Die Auswanderer bezahlten niedrige »Emigrantenpreise« für eine Überfahrt auf dem Zwischendeck – viele Jahre lang waren für die Passage in die USA drei Pfund zu entrichten, während Argentinien von 1888 an eine kostenlose Überfahrt anbot und allen, die einwandern wollten und gesund und kräftig genug waren, Gratisfahrkarten aushändigte.

Die Migranten begannen ihr neues Leben schon auf den Kais von Liverpool (wo zwischen 1860 und 1914 nahezu fünf Millionen Passagiere mit One-Way-Tickets nach New York in der Hand abgefertigt wurden) oder auf denen von Glasgow, in Le Havre, Bordeaux und Nantes, in Modano und Marseille, Neapel und Genua,

Hamburg und Bremen oder in dem längst in Vergessenheit geratenen Hafen von Fiume, dem heutigen kroatischen Rijeka, wo viele der Slawen die Reise antraten, die heute einen beträchtlichen Teil der Einwohnerschaft von Chicago stellen.

Die äußeren Bedingungen auf den Auswandererschiffen konnten ausgesprochen unangenehm sein. Während die vornehmen Passagiere mit allem Komfort auf den oberen Decks untergebracht waren und luxuriös verpflegt wurden, hatten diejenigen, die unmittelbar vor einer einschneidenden Änderung ihres ganzen Lebens standen, sich mit den Zwischendecks unten im Rumpf zufriedenzugeben, wo es beengt zuging, dunkel war, wenige sanitäre Anlagen und nur ein begrenzter Wasservorrat zur Verfügung standen. Man schlief dort entweder in Kojen auf Strohmatratzen oder in Hängematten und hatte kaum die Möglichkeit, sich eine warme Mahlzeit zuzubereiten. Die Menschen wurden streng nach Geschlechtern getrennt untergebracht, um die Gefahr zu mindern, dass sie der Sünde anheimfielen. Sie wurden unablässig von wenig hilfsbereiten und oft feindseligen Besatzungsmitgliedern daran erinnert, dass ein Ticket Zwischendeckpassagieren lediglich den Anspruch auf Beförderung gewährte – und vielleicht hin und wieder den auf einen Brocken Brot, ein Stück Salzfleisch oder ein paar Schiffszwiebäcke, darüber hinaus aber auf so gut wie gar nichts. Die Luken wurden bei schlechtem Wetter geschlossen, so dass das allgemeine Elend noch durch die Angst verstärkt wurde, die um sich griff, wenn man in stinkender Luft und Beinahefinsternis wie eingesperrt in einem heftig schaukelnden Schiffsrumpf saß. Das war für die meisten dieser Leute eine völlig neue Erfahrung, da nur sehr wenige vorher jemals auch nur in die Nähe eines Schiffs gekommen und noch weniger schon einmal auf dem offenen Meer unterwegs gewesen waren. Die Moral sank entsprechend, je länger die Fahrt dauerte – und bei Wind und starkem Seegang vermochten die Passagiere auf den unteren Decks sich nur dadurch aufzumuntern, dass sie sich gegenseitig immer wieder etwas von den Wundern vorschwärmten, die im Gelobten Land auf sie warteten.

Von den zahllosen Berichten über die Reisen von Auswanderern

Während die zahlungskräftigen Passagiere in Luxuskabinen untergebracht waren und während der Fahrt rundum verwöhnt wurden,
waren die Auswanderer, die meist den ärmsten Bevölkerungsschichten
angehörten, in den lichtlosen und stickigen Rumpf verbannt.
Nur gelegentlich erlaubte man ihnen, ans Oberdeck zu kommen, um
sich Bewegung zu machen und frische Luft zu schnappen.

ist vielleicht die von Robert Louis Stevenson, der 1879 als Passagier
einer schäbigen Zwischendeckklasse von Glasgow nach New York
fuhr, der berühmteste und erhellendste. Stevensons Familie war
entsetzt über diesen Text und versuchte, seine Publikation so lange
wie möglich hinauszuzögern, am Ende wurde *The Amateur Emi-
grant* aber doch veröffentlicht – 1895, ein Jahr nach dem Tod des
Verfassers. Es war eine so anschauliche Schilderung des Elends der
Emigranten, dass man sie kaum glauben mochte. Zu dem Ereignis,
das noch mehr Licht auf die Situation dieser Menschen warf, kam
es siebzehn Jahre später, im April 1912 nämlich, als die RMS *Titanic*
unterging.

Denn die Geschichte dieser Tragödie legte vor allem auch eine
bittere Realität offen: dass das Leben der vielen irgendwo weit un-

ten im Rumpf Mitreisenden – von denen die meisten noch nicht einmal wussten, wo sich die Rettungsboote befanden – von den Verantwortlichen der White Star Line offensichtlich als nicht so wertvoll angesehen wurde als das der »besseren« Passagiere. Es war eine schockierende Offenbarung, die Tatsache jedoch ließ sich nicht bestreiten. Die Statistik enthüllte die ganze grausame Wahrheit: Während die meisten Passagiere der ersten Klasse das Unglück überlebten, kamen mehr als drei Viertel derjenigen, die unterhalb der Wasserlinie wie gefangen festsaßen, ums Leben – entweder weil es aufgrund der äußeren Gegebenheiten unmöglich war, sie zu retten, oder weil nur wenige bereit waren, den Versuch zu ihrer Rettung zu unternehmen.

Viele der die Schifffahrt tangierenden Gesetze und Regelungen – auch solche, die weitaus mehr und ganz anderes betrafen als die Unterbringung und Behandlung von Emigranten – wurden nach der fatalen Kollision der *Titanic* mit dem Eisberg geändert.

# 7. Todesfälle auf See

Immer wieder mussten im Lauf der Geschichte Unglücke auf See passieren, damit man die Schifffahrtsgesetze änderte. Und viele der größeren Schiffskatastrophen der jüngeren Zeit ereigneten sich, wie der Untergang der *Titanic*, auf oder in der Nähe einer der befahrensten Routen auf dem Atlantik. Dass wir das im Nu feststellen können, verdanken wir einem in Vergessenheit geratenen Universalgelehrten des 19. Jahrhunderts, einem Mann namens William Marsden, der als Sekretär der Admiralität von Berufs wegen daran interessiert war, Statistiken über alles mögliche die Weltmeere Betreffende anzulegen. Marsden teilte eine Mercator-Weltkarte in eine Reihe von mit Ziffern versehenen Quadraten auf, die bis heute als Marsden-Squares bekannt sind.

In vierteljährlichem Abstand gibt die Lloyd-Versicherung eine Havarieliste heraus, eine Aufstellung der Schiffe, die aufgrund von Kollision mit einem anderen Schiff, Untergang oder weil sie irgendwo auflaufen, verloren gehen oder derart stark beschädigt werden, dass sie in einen Hafen geschleppt und quasi neu aufgebaut werden müssen. Die Stellen, an denen es zu der Havarie kam, werden auf einer in Marsden-Squares unterteilten Weltkarte mit schwarzen Punkten markiert. Auf diese Weise wird erkennbar, dass es an bestimmten Orten – dort, wo man dies auch erwartet – zu einer Konzentration von Unfällen kommt: in den überfüllten Gewässern vor Singapur, im Schwarzen Meer, südlich von Sizilien, in der südlichen Ägäis. Doch auch der Atlantik hat seine Problemstellen. Ungeheuer viele Unglücksfälle werden jedes Jahr von den Küsten Norwegens und Westschottlands gemeldet, außerdem aus dem gesamten Ärmelkanal, von der Küste von Südwales, der Zufahrtsroute nach Rotterdam, von der galizischen Küste, der spanischen Seite der Straße von Gibraltar, der Küste von Lagos und den Zufahrtsrouten nach Kapstadt. Das Meer vor Südamerika schneidet im Verhältnis dazu noch ganz gut ab – die Quadrate 413 und 376, in denen die Zufahrten zum Hafen von Buenos Aires beziehungsweise Rio de Janeiro liegen, geben eine gewisse Unfallhäufigkeit zu erkennen –, aber wenn man dann den Blick in Richtung Karibik und nordamerikanische Küste schweifen lässt, sieht man, dass dort alles wie mit Punkten gesprenkelt ist. Geradezu schwarz von ihnen ist es vor der Südküste von Haiti, an der Küste des Golfs von Mexiko zwischen Mobile und Galveston, entlang Long Island vom Nantucket Light (dem Leuchtfeuer) bis nach New York City und den ganzen St. Lawrence Seaway entlang. Marsden-Square Nr. 149, in dem es zum Untergang der *Titanic* kam, weist nur vereinzelte Punkte auf, da Unglücke auf hoher See relativ selten sind. Wenn es aber doch zu einem kommt, dauert es fast immer sehr lange, bis Hilfe eintrifft, und häufig ist es dann zu spät.

Am meisten fürchten Seeleute andere Schiffe und Küsten. Die Mehrzahl der schweren Unglücke in der jüngeren Vergangenheit hat sich in Sichtweite von Land ereignet. Die Kollision der beiden Passagierdampfer *Andrea Doria* und *Stockholm* bei dichtem Nebel zwanzig Meilen vor Nantucket ist vor allem für die anschließende legendäre Rettungsaktion bekannt – von 1706 Passagieren verloren nur vierundvierzig ihr Leben –, und sie führte äußerst anschaulich vor Augen, in welchen Situationen man sich nicht auf Radar verlassen darf; das hatte ebenfalls eine weitere Modifikation der Regeln zur Folge. Der Rechtsstreit darüber, wem die Schuld an der enorme Kosten verursachenden Kollision zwischen dem liberianischen Öltanker *Statue of Liberty* und dem portugiesischen Frachter *Andulo* vor der südwestlichen Spitze der Iberischen Halbinsel im Jahr 1965 zuzuschreiben war, nahm solch eine erbitterte Form an, dass schließlich das britische Oberhaus eine Entscheidung fällen musste, da dieses Gremium über Lloyds betreffende Versicherungsansprüche befindet (man wies die Schuld zu fünfundachtzig Prozent dem liberianischen Schiff zu). Und der Untergang des vollbeladenen liberianischen Öltankers *Argo Merchant*, der 1976 vor Nantucket mit einer Geschwindigkeit von sechzehn Knoten auf ein Riff auflief, als er von Venezuela nach Boston unterwegs war, führte dazu, dass achtundzwanzigtausend Tonnen Öl ins Meer flossen, woraufhin der damalige amerikanische Präsident neue die Schifffahrt betreffende Gesetze bekannt gab, die dazu beitragen sollten, eine Verschmutzung der Umwelt zu verhindern und das Leben in den Meeren zu erhalten.

Bei der wahrscheinlich denkwürdigsten Havarie eines Öltankers in der jüngeren Vergangenheit spielte gleichfalls ein unter liberianischer Flagge fahrendes Schiff die Hauptrolle, die *Torrey Canyon*, die im März 1967 mit 119 000 Tonnen kuwaitischem Rohöl beladen, das für die Raffinerien im südwalisischen Milford Haven bestimmt war, mit voller Kraft Richtung Südwestengland lief. Nachdem sie gegen die scharfkantigen Granitfelsen des Seven Stones Reef vor den Scilly Islands geprallt war, kam es zu noch größeren Erschütterungen des Bewusstseins der Öffentlichkeit als nach dem Untergang der *Titanic*, und wieder waren neue Gesetze und internationale Vereinbarungen die Folge.

Die britische Regierung musste am Ende Napalmbomben auf das Wrack abwerfen lassen, um das auf der Wasseroberfläche treibende Öl abzufackeln – was zusätzliche Unruhe auslöste, weil bis zu jenem Zeitpunkt nur wenigen Briten wussten, dass ihr Land sich im Besitz dieser Waffe auf der Basis von geliertem Benzin befand, die mit so

Mit 119 000 Tonnen kuwaitischen Rohöls in den Tanks lief der
Supertanker *Torrey Canyon* mit Höchstgeschwindigkeit vor
Cornwall auf ein Riff auf. Zum Zeitpunkt des Unglücks stand der
Koch am Steuerruder. Die Havarie, zu der es im März 1967 kam,
löste eine Umweltkatastrophe aus.

fürchterlicher Wirkung in Vietnam zum Einsatz kam. Die vor Gericht ausgetragenen Kämpfe darum, wer für die Kosten und den entstandenen Schaden aufzukommen hatte, dauerten bis zur Mitte des
darauffolgenden Jahrzehnts an, und noch lange nach dem Ereignis
wurden internationale Konferenzen abgehalten, auf denen man über
die Folgen für die Umwelt informierte und über die sich aus dem
Vorfall ergebenden juristischen und politischen Konsequenzen diskutierte.

Die meisten Tragödien sind, so schrecklich sie auch für die unmittelbar Betroffenen sein mögen, Ereignisse, die sich irgendwo weit weg
von einem selbst abspielen und die man deswegen schnell vergisst.

Einige Vorfälle – wie die Errettung der Männer und Frauen von Bord der 1838 in einem Sturm bei den Farne Islands in der Nordsee in Seenot geratenen *Forfarshire* durch eine mutige Frau mit dem wunderbar treffenden Namen Grace Darling in einem Ruderboot – bleiben in Erinnerung, weil sie Beispiele für außerordentlichen Heroismus liefern. Andere Ereignisse wie die Auffindung der Zweimastbrigg *Mary Celeste*, die sechshundert Meilen westlich von Portugal ohne eine lebende Seele an Bord unbeirrt in Richtung Gibraltar segelte, geraten nicht in Vergessenheit, weil sie so geheimnisumwittert und in diesem besonderen Fall auf eine Vielzahl von Ursachen, allesamt schaurig, zurückgeführt worden sind: auf Mord, Tod durch Vergiftung, ein Seeungeheuer, einen Tsunami. Und dann gab es da noch die *Teignmouth Electron*, den winzigen Katamaran, auf dem der britische Amateur Donald Crowhurst an einer Regatta rund um die Welt für Einhandsegler teilnahm. Er hatte geschummelt, festgestellt, dass er vermutlich als Erster ans Ziel gelangen und einer genauesten Untersuchung unterzogen werden würde; daher war er von seinem Boot gesprungen, um nicht des Betrugs überführt zu werden. Es ist eine Geschichte, die einen verfolgt: das Porträt eines Mannes, der in der unendlichen Einsamkeit eines großen Ozeans verrückt geworden ist.

Die Riesenhaftigkeit und die Unerschütterlichkeit des Meeres können einen Segler in seiner erzwungenen Einsamkeit mit Sicherheit in den Wahn treiben. In einem anderen können sie aber auch Ambitionen wach werden lassen, das Verlangen, kühne Visionen zu verwirklichen oder ein großes Vermögen zu machen. Doch man muss in jedem Fall davon ausgehen, dass ein so großes Meer wie der Atlantik ein nicht geringes Maß an Respekt und Ehrfurcht auslöst. Wenn die Menschheit anfängt, das Meer mit weniger Respekt zu behandeln, dann ist irgendetwas Unheilvolles im Gang. Einem Ozean darf man keine Geringschätzung entgegenbringen, doch aufgrund der Mühelosigkeit und der Geschwindigkeit, mit der er heutzutage überquert wird, wächst die Versuchung, genau das zu tun. Das hat millionenfache schlimme Folgen.

# 6

# Wandel und Verfall überall

*Das sechste Alter*
*Macht den besockten, hagern Pantalon,*
*Brill' auf der Nase, Beutel an der Seite;*
*Die jugendliche Hose, wohl geschont,*
*'ne Welt zu weit für die verschrumpften Lenden;*
*Die tiefe Männerstimme, umgewandelt*
*Zum kindischen Diskante, pfeift und quäkt*
*In seinem Ton.*

## 1. Über den Großen Teich

Im internationalen Operationszentrum von British Airways, das die gesamte zweite Etage eines nur ganz diskret als solchen gekennzeichneten, im Höchstmaß gesicherten Gebäudes mitten auf einer leeren Moorfläche fünf Meilen westlich vom Londoner Flughafen Heathrow einnimmt, beharren die Angestellten darauf, jeden Transozeanflug als eine »Mission« zu bezeichnen. Zum Teil tun sie das aus Gründen der Tradition, doch auch um daran zu erinnern, dass ebenso wie an den heutigen Erkundungsflügen ins All und an den Expeditionen des 19. Jahrhunderts ins gottlose Innere vieler ferner Länder niemals etwas Routinemäßiges an dem ist, was sie in Erfüllung ihrer Aufgabe tun; dass es keine Sicherheit oder Gewissheit gibt, was den Erfolg ihrer Anstrengungen betrifft, die in diesem Fall darin bestehen, ein zweihundert und mehr Tonnen schweres Flugzeug sowie dreihundert und mehr Menschen der Schwerkraft trotzend in die Höhe von sieben und mehr Meilen zu heben und dann alles und alle ohne Unterbrechung viele Stunden lang über eine kalte und höchst gefährliche, immense Wasserfläche hinweg zu befördern.

Flugreisen über Ozeane sind in den vergangenen Jahren für die meisten Passagiere, aber nicht notwendigerweise für all die Personen, die aktiv an ihrer Realisierung beteiligt sind, ebenso alltäglich wie langweilig geworden. Dass sie heute relativ preiswert sind, hat Stippvisiten in ferne Länder für weite Kreise der Gesellschaft in den Bereich des Vorstellbaren gerückt. Der Atlantik, der zwar riesig, aber dennoch von einer Dimension ist, die es den meisten heute ermöglicht, ihn auf dem Luftweg ohne allzu großen Zeitverlust oder zu große Anstrengung zu überqueren, stellt gegenwärtig für Millionen Menschen eine Art Korridor dar, der zu den exotischsten Regionen führt. Der Pazifik ist zu groß dafür, der Indische Ozean für die Mehrzahl zu weit entfernt. Einwohner von Manchester, die noch in den 1970er Jahren Marbella als verlockend fremdartig betrachtet haben mögen, sehen heute Florida als mögliches Ziel für einen Wochenendurlaub an. Pariser fliegen über den Atlantik, beinahe ohne einen Gedanken an ihn zu verschwenden, um sich auf Martinique von der Sonne bräunen zu lassen. Angeödete brasilianische Großstädter machen sich auf, um sich die Giraffen und Antilopen in der Nähe von Kapstadt anzuschauen. Belgier strömen auf der Suche nach Sonne scharenweise nach Cancún. Texaner gehen auf Reise, um Theateraufführungen in London zu besuchen, und Norweger brechen nach Südwesten auf, um die Skihänge bei Bariloche zu testen. Die vielen Flugzeuge, die diese Touristen befördern, haben – im Verein mit den Fracht- und Kurierflugzeugen, den offiziellen Regierungsmaschinen auf Routine- und den Militärmaschinen auf Geheimmission – bewirkt, dass über dem Atlantik ein viel stärkerer Flugverkehr herrscht als über jedem anderen Meer.

Die Karten, auf denen die Flugrouten verzeichnet sind, belegen dies in alarmierender Weise. Sie zeigen zwei große, sich aus vielen Einzellinien zusammensetzende Pinselstriche, die zwischen dem Nordosten Amerikas und dem Nordwesten Europas hin und her laufen. Dort, wo die einzelnen Linien unmittelbar südlich von Irland zusammentreffen, erreichen sie eine solche Konzentration, dass sich eine Straße aus gelben Pflastersteinen über den Himmel zu ziehen scheint. Südlich von diesem dichten nördlichen Superhighway erstrecken sich feinere, eher an filigrane Spinnweben gemahnende Bänder von einem Kontinent zum anderen, die ehemalige Besitzungen mit früheren Kolonialländern verbinden – Mexiko mit Madrid, Kingston mit London, sogar (wenn man die Begriffe »Besitzung« und »Kolonialmacht« weiter fasst) Havanna mit Moskau –, während man noch weiter südlich wieder auf einen dicken Strang der wichtigsten Nord-Süd-Routen stößt, die beinahe eine ebensolche Konzentration erreichen wie die von Osten nach Westen verlaufenden und die großen und immer noch wachsenden Städte an der dem Atlantik zugewandten Seite Südamerikas mit den Haupthandelspartnern, alten wie neuen, verbinden: Rio mit Lissabon natürlich, aber auch mit Frankfurt, Moskau und Mailand, und Buenos Aires mit Barcelona selbstverständlich, aber auch mit Stockholm, Birmingham und Istanbul. Und dann sind da noch, über den Südatlantik hinwegführend, die halb vergessenen langen Flugstrecken zwischen weniger bekannten Paarungen von Städten eingetragen: zwischen Rio de Janeiro, Quito und Johannesburg, Santiago und Kapstadt, Brasilia und Luanda. Mehr als dreizehnhundert Flugzeuge sind jeden Tag im Luftraum über dem Atlantik unterwegs, und diese Zahl wächst kontinuierlich um ungefähr fünf Prozent im Jahr. Bei Weitem die meisten Maschinen fliegen über den nördlichen Teil des Meeres, das von seiner Silhouette auf der Landkarte her einem Stundenglas gleicht – 414 000 Flugzeuge meldeten sich zum Beispiel während des Kalenderjahres 2006 bei den größeren Flugleitwarten im Norden. Wenn man die Maschinen hinzunimmt, die vom Südatlantik in den nördlichen Teil und wieder zurückfliegen, sowie die relativ wenigen, die von Orten in Südamerika aus Ziele in Afrika anfliegen und von dort wieder zurückkehren und dabei über die einsame Wasserwüste südlich vom Wendekreis des Steinbocks hinweggleiten, dann kommt man auf eine Gesamtzahl von ungefähr 475 000 Transatlantikflügen im Jahr oder zirka 1301 am Tag.

Diese Flüge finden in zwei großen Wellen statt, die, wenn man die Radaraufzeichnungen im Zeitraffertempo ablaufen lässt, Fontänen von geschmolzenem Gold auf dem Schirm entstehen lassen, die über das Meer von einem Kontinent zum anderen sprühen. Zuerst machen sich die Flugzeuge mit Zielen im Westen auf den Weg, die vergeblich die Sonne einzuholen versuchen, indem sie sich – im Allgemeinen – tagsüber auf die Reise begeben, im Unterschied zu denen, die nach Osten in Richtung der Alten Welt fliegen. Diese heben im Dunkeln von amerikanischem Boden ab und landen früh am Morgen in Europa. Zu jeder Tages- und Nachtstunde sind vielleicht an die fünfzig dieser Flugzeuge über dem Meer unterwegs – was bedeutet, dass zehntausend Menschen stündlich über es hinweg befördert werden, lesend, schlafend, essend, Filme anschauend, schreibend – sieben Meilen hoch im Himmel.

Und von den Bewohnern dieser fliegenden kleinen Städte werden nur wenige es der Mühe wert finden, für länger als einen flüchtigen Augenblick nach unten zu schauen, auf die gekräuselte Oberfläche des Meeres oder die dichte Decke von grau-weißen Wolken, die dieses so oft den Blicken entziehen. Diesen Menschen ist der Ozean zumeist gleichgültig, seine Existenz an sich interessiert sie nicht. Er ist lediglich eine Fläche, die man überqueren muss: der *Große Teich*, wenn die Überquerung schnell und problemlos gelingt, falls nicht, wenn das Flugzeug ärgerlicherweise länger als vorgesehen unterwegs ist, dann kommen andere noch weniger schmeichelhafte Namen ins Spiel.

Dass es mittlerweile so preiswerte Möglichkeiten zu transozeanischen Reisen gibt, hat dem Meer viel von seiner geheimnisvollen Aura geraubt, es hat uns indifferent gegenüber seiner Existenz gemacht. Da die Überquerung eines Ozeans für die meisten zu einer öden Angelegenheit geworden ist, ist auch an den Ozeanen selbst nichts Interessantes, nichts Aufregendes mehr. Einst wurden sie gefürchtet, sie flößten Ehrfurcht und Staunen ein, waren rätselhaft. Jetzt stellen sie für viele nur noch eine Barriere dar, ein ärgerliches Hindernis – sie sind zu groß, um sie richtig in den Blick nehmen zu können, zu störend, als dass sie Beachtung oder Achtung verdienten. Die Einstellung der Öffentlichkeit den großen Meeren gegenüber hat sich gewandelt – und dieser Wandel hat Konsequenzen für die Meere gehabt, in der Mehrheit keine positiven.

Er hat insbesondere dazu beigetragen, die Bühne für das zu bereiten, was, wie einige befürchten, die letzten Phasen in der Beziehung des Menschen mit dem Ozean sein könnten. Das ist natürlich nichts Neues. Der Mensch hat die Meere seit vielen Jahrzehnten bedenkenlos ausgeplündert und ausgebeutet. Seitdem die erste Fabrik am Ufer eines Ozeans errichtet wurde, seitdem das erste Abflussrohr von einer Hafen- oder Industriestadt in ihn hineingeführt wurde und seitdem wir entweder aus Nachlässigkeit oder in voller Absicht angefangen haben, unseren Müll in diese riesige Senkgrube zu kippen und unsere chemischen Abwässer in sie hineinzuleiten, haben wir den Hang zu erkennen gegeben, diesen Gewässern Gewalt anzutun, sie zu ruinieren. Mit dem Land, auf dem Land müssen wir leben, daher schenken wir ihm einen gewissen Grad an Aufmerksamkeit. Der Ozean liegt im Unterschied dazu weitgehend außerhalb unseres Blickfeldes. Er dünkt uns so groß, so riesig, dass er – das glaubten wir zumindest, und viele tun es weiterhin – auch ein großes Maß an Misshandlung ertragen kann.

Im 19. Jahrhundert kam uns hingegen der Ozean immer noch als etwas Gewaltiges und Erschreckendes vor, wir sahen ihn noch mit einer Art scheuem Respekt an. Das ist nicht mehr so. Passagierflugzeuge haben seine immense Ausdehnung auf eine beherrschbare Größe zusammenschrumpfen lassen, und dabei ist auch unsere Fähigkeit zusammengeschrumpft, von ihm beeindruckt zu sein. Es gibt jedoch Menschen, die den Ozean auf eigene Faust überqueren, und solche Fahrten sind im Sommer schon fast Routine geworden. Die Route für Segelschiffe, die von Cornwall nach Westen an den Azoren vorbei bis in die Karibik führt, gilt als so leicht zu bewältigen, dass sie von den abgebrühtesten und frauenfeindlichsten Seglern abschätzig als »the ladies' route« bezeichnet wird. Einige haben Gefallen daran gefunden, den Atlantik in einem Ruderboot zu bewältigen, erst zu zweit, dann alleine. Eines Tages wird jemand, der über viel freie Zeit verfügt und bereit ist, sich mit kübelweise Fett einschmieren zu lassen, vermutlich den Versuch unternehmen, ihn schwimmend zu überqueren. Der Ozean stellt keine solche Herausforderung zu seiner Bezwingung mehr dar wie einst.

Und synchron zu diesem Wandel seiner Wahrnehmung hat sich ein anderer Prozess vollzogen: Das Gefühl des Menschen, dazu verpflichtet zu sein, sich um den Ozean zu kümmern, hat sich abgeschwächt, einige würden sagen, es ist dem Menschen abhanden gekommen. Das ist in Bezug auf den Mount Everest auch schon geschehen. Das Basislager bei Thyangboche ist zu einem Slum verkommen, und die Hauptroute ist mit allem möglichen Abfall bedeckt; sogar auf dem Gipfel liegen genauso viele weggeworfene Gegenstände herum, wie dort Fahnen flattern. Und jetzt tun wir den Weltmeeren etwas ganz Ähnliches an; wir gehen auf eine allzu sorglose Weise mit ihnen um.

Die Ozeane sind, ohne dass wir es beabsichtigen oder realisieren, ständigen Angriffen von unserer Seite aus ausgesetzt, in einem Grad wie noch nie zuvor. Da der Atlantik derjenige ist, den wir am meisten ausbeuten, überqueren und plündern, ist er gegenwärtig am meisten gefährdet. Wenn auch vor allem der Zentralpazifik in jüngerer Zeit negative Schlagzeilen gemacht hat, weil mitten auf ihm spektakuläre, aus widerlichem Treibgut aller Art bestehende Flächen von der Größe kleinerer Länder entstanden sind, ist es der Atlantik, dem der Mensch am meisten antut. Doch für einige bleibt er immer noch ehrfurchtgebietend. Im Operationszentrum von British Airways – wo man von zahllosen Monitoren, grafischen Darstellungen von Flugrouten, Wetterkarten und enormen Bildschirmen voller blinkender Lichter umgeben ist – sind Dutzende Männer und Frauen damit beschäftigt, all die Menschen und Tiere sowie all die Kisten und Kästen mit Fracht auf ihrem Weg um die Welt im Auge zu behalten, dafür zu sorgen, dass alle unbeschadet und rechtzeitig an ihrem Ziel ankommen. Es besteht wenig Zweifel daran, dass der große Ozean diesen Männern und Frauen vierundzwanzig Stunden am Tag Respekt abnötigt. Es ist immer problematisch, ein Flugzeug auf den Weg über ein großes Meer zu schicken: Wenn es aus irgendeinem Grund abstürzt oder landen, das heißt wassern muss, dann muss man wissen, wo genau dies geschieht. Kein Pilot hebt zu einem Transozean-

Der französische Flugpionier Louis Blériot, der sich mit Maschinen
eigener Konstruktion in die Lüfte schwang – oder zumindest
Versuche dazu unternahm –, wagte 1909 als erster »Aviator« die
Überquerung des Ärmelkanals. 37 Minuten nach dem Start in
Calais landete er sicher im englischen Dover.

flug ab, ohne einer Grunderkenntnis aller Flieger eingedenk zu sein:
*Der Start geschieht freiwillig, zur Landung ist man gezwungen.* Und
wenn man sich mitten über einem Ozean befindet, gibt es natürlich
nicht nur keinen Landeplatz, es gibt kein *Land*.

Den Pionieren von Flügen über große Wasserflächen hinweg
war das nur allzu bewusst. Louis Blériot bereitete 1909, nur sechs
Jahre nach dem ersten Motorflug der Brüder Wright in Kitty Hawk,
North Carolina, der Flug von Calais nach Dover über den Ärmelkanal wohl keine Probleme. Denn wenn er auch davon sprach, dass er
sich ganze zehn Minuten lang allein »über einem immensen Gewässer« befunden habe, muss es ihn beruhigt haben, dass ein französischer Zerstörer direkt unter ihm herdampfte und man von Bord aus

seine winzige Maschine ständig im Auge behielt und zu seiner Rettung bereit war, falls er ins Wasser plumpsen sollte. Und während der meisten Zeit des siebenunddreißigminütigen Flugs konnte er, obwohl er nicht höher als siebenhundertfünfzig Meter stieg, die französische Küste hinter sich sehen und, wenn er nach vorn spähte, auch schon die weißen Klippen von Dover erkennen. Blériot gewann die tausend Pfund, die Lord Northcliffe über seine Zeitung, die *Daily Mail*, für die erfolgreiche Überquerung des Ärmelkanals ausgesetzt hatte, und wurde – nicht zuletzt auch wegen seines kecken Schnurrbarts und seines Rufs, ein verwegener Aviator zu sein – zu einem Superstar und dem Schwarm der Damenwelt.

Doch es war eine Sache, »La Manche« zu überfliegen, und eine ganz andere, den Atlantik mit dem Flugzeug zu überqueren. Lord Northcliffe versprach jedem, der mutig genug war, den Versuch zu unternehmen, die zehnfache Summe dafür; obwohl er dieses Angebot schon im Jahr 1913 machte, dauerte es sechs Jahre (fairerweise müsste man vielleicht die vierjährige Unterbrechung durch den Krieg berücksichtigen), bis jemand sich dieses Preisgeld sicherte. Dieser »jemand« waren zwei Offiziere der Royal Air Force, deren Namen – zu Unrecht – nicht so bekannt sind wie der Blériots: John Alcock und Arthur Whitten Brown.

Die Idee zu dem tollkühnen Unternehmen war Alcock gekommen, als er, nachdem er mit seinem Jagdflugzeug bei Gallipoli ins Meer gestürzt war, als Kriegsgefangener in einem Lager der Türken gesessen hatte. »Warum sollten wir's nicht mal riskieren?«, meinte er zu Brown. Die beiden benutzten für ihre Unternehmung einen umgebauten Vickers-Vimy-Langstreckenbomber, einem Doppeldecker, in dessen Bombenschächten sie die Zusatztanks für Benzin unterbrachten. Im Sommer 1919 montierten sie das Flugzeug auseinander und schickten die einzelnen Teile auf dem Seeweg nach Neufundland. Dort legten sie eine Startbahn an; wo sie landen würden, konnten sie nicht voraussagen: es könnte ein Feld, ein Strand oder eine Landstraße in Irland sein. Am Ende sollten sie in einem Sumpf niedergehen.

Es gab eine ganze Reihe von Konkurrenten, die ebenfalls auf das

Preisgeld aus waren – darunter ein Amerikaner namens Albert Cushing Read, der mit einem Wasserflugzeug die Strecke bis zu den Azoren zurücklegte, dort eine Woche verweilte und dann nach Portugal weiterflog. Er brauchte elf Tage dafür, und auf der Route, die er vorher festgelegt hatte, waren amerikanische Kriegsschiffe stationiert, eines alle fünfzig Meilen. Lord Northcliffe hatte aber verfügt, dass nur jemand, der die ganze Strecke nonstop zurücklegen würde, und zwar in weniger als zweiundsiebzig Stunden, die zehntausend Pfund ausgezahlt bekommen sollte. Read erhielt sie also nicht und ebenso wenig ein australischer Draufgänger namens Harry Hawker, der mit einem experimentellen Langstreckenflugzeug, einer Sopwith Atlantic, angetreten war. Als der Motor seines Flugzeugs fünfhundert Meilen vor der irischen Küste überhitzte, nahm Hawker, als er einen nach Osten fahrenden Dampfer sichtete, eine Notwasserung vor und fuhr auf dem Seeweg in die Heimat zurück. Weil das Schiff noch nicht mit Funk ausgerüstet war, konnte man Hawkers Familie nicht von seiner Rettung in Kenntnis setzen. Stattdessen erhielten die entsetzten Eltern ein offizielles Telegramm mit schwarzem Rand, in dem der englische König Georg ihnen sein Beileid zum Verlust ihres Sohnes aussprach. Die gute Nachricht traf erst später ein.

Die schneidigen Flieger – John Alcock in einem Anzug aus blauem Serge und Brown in seiner RAF-Uniform – machten sich mit achthundertfünfundsechzig Gallonen Treibstoff und zwei schwarzen Kätzchen, die sie Twinkletoes und Lucky Jim getauft hatten, am Morgen des 14. Juni 1919, einem Samstag, auf den Weg. Sie hatten mit entsetzlichen Problemen zu kämpfen: In einer Höhe von zwölftausend Fuß froren ihre Instrumente ein, ihr Funkgerät quittierte den Dienst, das Abgasrohr brach, und Brown musste sich sogar auf einen Flügel hinaushangeln, um ihn von Eis zu befreien. Sie verloren die Orientierung, als sie nach den Sternen zu navigieren versuchten, und sackten einmal durch die Wolkendecke hindurch nach unten, bis sie beinahe auf der Wasseroberfläche aufgeprallt wären. Als sie endlich die irische Küste unter sich liegen sahen, konnten sie erst keine Stelle ausmachen, die eben genug war, um auf ihr niederzugehen. Schließlich entdeckten sie die Masten einer Funkstation und flogen ein paarmal um die Gebäude herum, ohne dass sie es schafften, jemanden aufzuwecken: Es war acht Uhr an einem Sonntagmorgen in Irland, und die Nachwirkungen des am Abend zuvor reichlich genossenen Guinness waren wohl zu stark, als dass die Männer auf diese Notsignale hätten aufmerksam werden können. Sie hielten daher auf ein vermeintliches Feld zu, das sich aber als Torfmoor entpuppte, und endeten mit der Nase ihrer Maschine in schwarzen Morast gebohrt.

Der Ort ihrer Bruchlandung war im County Galway, in der Nähe des Dörfchens Clifden. Als die Leute von der Funkstation endlich aufwachten und begriffen, wer ihnen da vor die Füße geplumpst war, meldeten sie das Gelingen des ersten Transatlantikflugs telegrafisch nach London. Die beiden Piloten wurden über Nacht berühmt und reich, und wenige Wochen später schlug der König sie zum Ritter. Nur ein Jahr nach ihrem Triumph kam Sir John Alcock bei einem Flugunfall ums Leben, während sein Partner bis 1948 lebte. Sie hatten den Ozean ohne Zwischenstopp überquert, und zwar in sechzehn Stunden und siebenundzwanzig Minuten. Als der wesentlich mehr auf Show bedachte und populärere Charles Lindbergh 1927 mit der *Spirit of St. Louis* den Atlantik von Long Island bis Le Bourget im Alleinflug überquerte, zollte er Brown und Alcock Tribut, indem er sagte, sie hätten ihm den Weg gewiesen. Die Flugpionierinnen Amy Johnson und Beryl Markham, die – jede für sich – in den dreißiger Jahren ähnliche Transozeanflüge unternahmen, zeigten sich weniger generös.

Der Nordatlantik wird von den beiden Kontrollzentren, die für den Luftraum über ihm zuständig sind, offiziell als »für die Zivilluftfahrt mäßig gefährliche« Region geführt. Er ist groß, es gibt keine Navigationshilfen und keine Relaisstationen für den Funkverkehr – was bedeutet, dass ein Passagierflugzeug für einen beträchtlichen Teil der Zeit, die es für den Überflug benötigt, auf sich allein gestellt ist. Wenn es mitten über dem Ozean Probleme bekommt, dann sieht es wirklich finster aus. Das ist eine Erkenntnis, die denen, deren Aufgabe es ist, Menschen und Fracht von einer Küste zur andern zu befördern, Respekt einflößt. Was einem wohlbehalten an seinem Ziel

John Alcock (links) und Arthur Whitten Brown vor dem Bomber vom Typ Vickers Vimy, mit dem sie – in Gesellschaft von zwei Katzen – im Juni 1919 als Erste den Atlantik ohne Zwischenstopp überquerten.

angelangten Passagier als reine Routine, als sich tagtäglich wiederholender Vorgang erscheint, ist in Wirklichkeit Ergebnis intensiver Planung.

British Airways Flight 113, den ich mir zu einer näheren Untersuchung ausgewählt hatte, war ein ganz gewöhnlicher Flug für Geschäftsleute und Touristen, der am 30. Januar 2009 um drei Uhr fünfzehn in London abging und sieben Stunden und fünfzehn Minuten später, also gegen halb sechs Ortszeit, auf dem New Yorker Kennedy Airport eintreffen sollte. Die Maschine mit der Leitwerksnummer G-YMMO war bei Standplatz 555 geparkt, eine zwei Jahre alte Boeing 777-300ER, eine spezielle Variante für Langstreckenflüge des allgemein geschätzten Großraumflugzeugs der Firma, mit Rolls-Royce-Trent-Turbinen ausgerüstet. Sie war gerade von Singapur hereingekommen und in der Zeit davor auf den Strecken nach Toronto und Sydney eingesetzt worden. Es handelte sich also um ein regelrechtes Arbeitspferd, das regelmäßig lange Strecken absolvierte und an die Überquerung des Atlantiks »gewöhnt« war.

An jenem Flugtag im Januar war es zu zwei ungewöhnlichen Ereignissen gekommen: In der Nacht hatte eine Maschine, die mit Kurs Norden in Johannesburg gestartet war, es über Spanien mit mechanischen Schäden zu tun bekommen und in Madrid notlanden müssen. Die Londoner Angestellten der Gesellschaft bemühten sich jetzt angestrengt, eine Ersatzmaschine loszuschicken, die die gestrandeten Passagiere und eine große Menge Goldes, wie sie sich anscheinend häufig im Frachtraum von Maschinen befand, die in Johannesburg abhoben, an Bord nehmen sollte. Die Flughafenpolizei in Madrid veranstaltete einen ziemlichen Wirbel, weil sie wusste, dass ungemünztes Gold im Wert von vielen Millionen Dollar eine große Versuchung für einheimische Kriminelle darstellen würde, falls sich die Nachricht herumspräche. Und da fast jeder Passagier ein Handy bei sich hatte, war es unwahrscheinlich, dass es für längere Zeit ein Geheimnis bleiben würde, was für ein Schatz sich im Laderaum der Maschine befand.

Die andere »Unregelmäßigkeit« bestand darin, dass gerade ein Interimsbericht über die geringfügig ältere Schwester von G-YMMO mit der Kennung G-YMMM veröffentlicht worden war, die beinahe genau ein Jahr zuvor beim Anflug auf den Flughafen Heathrow abgestürzt war. Es war immer noch rätselhaft, warum die Treibstoffzufuhr dieser Maschine anscheinend plötzlich ausgesetzt hatte, und sie, wie der Pilot es später ausdrückte, »einfach runtersackte«, als der Landevorgang eingeleitet worden war. Die Leute vom Operationszentrum gaben sich alle Mühe, mir klarzumachen, dass die genauen Ursachen für den Unfall zwar noch nicht ermittelt worden waren, dass eine Wiederholung jedoch rein statistisch gesehen höchst unwahrscheinlich sei.

Achtzehn Seiten mit *briefing notes*, relevanten aktuellen Informationen, wurden dem Kapitän ausgehändigt, als er und seine Crew drei Stunden vor dem Abflug eincheckten. Auf dem Start- und dem

Zielflughafen ging alles seinen gewohnten Gang – in Heathrow waren auf einer Rollbahn ein paar Lichter ausgefallen, auf dem Kennedy Airport wurden am Ende einer Landebahn Bauarbeiten vorgenommen, sonst aber gab es keine größeren Vorkommnisse. Und das traf im Großen und Ganzen auch auf die alternativen Zielflughäfen zu, auf Philadelphia, Boston und Newark, abgesehen davon, dass es für Maschinen, die Boston ansteuerten, kleinere Probleme mit der Navigation gab. Was alternative Flughäfen *en route* betraf, so verursachten in Cardiff und Birmingham Hooligans mit Laserpointern, die sie auf Flugzeuge im Landeanflug richteten, gelegentlich Störungen, außerdem hatte man bei St. John's mit starkem Seitenwind und Turbulenzen zu rechnen, während sich bei Goose Bay auf Labrador das Flughafenpersonal im Streik befand, was bedeutete, dass die Landebahn nicht vollständig vom Schnee geräumt worden war und der Airport deswegen geschlossen werden musste.

Was das Wetter während unseres Flugs betraf, so konnte man davon ausgehen, dass es so sein würde wie üblicherweise gegen Ende Januar: starke südliche Winde in großen Höhen über Heathrow, die bis zirka fünfhundert Meilen vor der irischen Küste anhalten würden. Danach würde es sich bewölken, die Winde würden schwächer werden und nach Westen drehen, dann zurück nach Südwesten und über Neufundland wieder auffrischen. Beim Anflug auf New York würden wir dann kräftigen Westwind haben. Die Turbulenz würde minimal sein, Stürme waren keine gemeldet.

Die genaue Route von BA 113 war schon von der Air-Traffic-Control-Zentrale und den Verantwortlichen der Fluggesellschaft festgelegt worden. Im Allgemeinen werden jeden Tag zehn Routen ausgearbeitet, fünf in Richtung Westen und fünf in Richtung Osten, die sich von den Küsten Europas und Nordamerikas aus über die ganze Breite des Ozeans ziehen und alle paar Stunden leicht nach Norden und Süden verlagert werden, je nach dem genauen Verlauf des Jetstream. Diese Routen machen es möglich, dass eine große Zahl von Flugzeugen in sicherem Abstand zueinander unterwegs ist.

Die nach Westen führenden sind als A, B, C, D und E gekennzeichnet, die nach Osten führenden als V, W, X, Y und Z. Die schätzungsweise sechshundert Maschinen, die sich jeden Tag nach Westen aufmachen – und von denen die Maschine, in der ich saß, eine war –, tun dies in »geraden« Höhen, um jeweils zweitausend Fuß voneinander getrennt, also in 40 000 Fuß, 38 000 Fuß, 36 000 Fuß und so weiter. Die Maschinen mit Kurs nach Osten fliegen hingegen in »ungeraden« Höhen: von 39 000 Fuß bis zu 31 000 hinunter. An diesem besonderen Tag hatten die Piloten meines Flugs Anweisung erhalten, auf Track NAT Charlie zu fliegen und sich auf Flugfläche 380 zu halten. Mit den Vorbereitungen zum Eintritt in den kritischen transozeanischen Sektor würden sie bei einem, natürlich unsichtbaren, Wegpunkt beginnen, dem die Leute, die die Flugkarten für den atlantischen Raum angelegt hatten, den unschönen Namen BURAK gegeben hatten. Der tatsächliche Eintritt in diesen Sektor würde bei einem zweiten, als MALOT bezeichneten Wegpunkt erfolgen: An dieser Stelle würde die Maschine in den riskantesten Abschnitt des gesamten Flugs eintreten.

Die beiden Kontrollzentren, die den Luftraum über dem Ozean in großen Höhen überwachen, befinden sich in Prestwick in Schottland sowie in Gander auf Neufundland. Bei dem ersten, das den offiziellen Namen Shanwick Oceanic Control Centre trägt, handelt es sich um einen gewaltigen Gebäudekomplex – passenderweise als Atlantic House bekannt –, der südlich der Hauptrollbahn von Prestwick Airport liegt. Von dort aus lassen sich mithilfe einer äußerst starken Kurzwellenstation, die sich weit weg in dem Dörfchen Ballygirreen in Südwestirland befindet, alle Maschinen dirigieren, die sich den Britischen Inseln nähern oder sich von ihnen entfernen, und zwar solange sie in einem Raum unterwegs sind, der sich von den Gewässern um Island im Norden bis zur Biskaya im Süden erstreckt und im Norden von einer Linie begrenzt ist, die den Ozean bei dreißig Grad westlicher Länge, also quasi in seiner Mitte, schneidet.

In Shanwick geht es für gewöhnlich sehr geschäftig und konzentriert zu. Doch im späten Frühjahr 2010 senkte sich zeitweise eine bizarre und unheimliche Stille über den Hauptkontrollraum. In großen Höhen waren Wolken vulkanischen Aschestaubs entdeckt worden, die sich von Island aus über Nordeuropa ausbreiteten, und die vorsichtigen Bürokraten in Brüssel entschlossen sich, die meisten innereuropäischen Flüge annullieren und auch nahezu den gesamten Flugverkehr über den Nordatlantik einstellen zu lassen. Diese heftig kritisierte Entscheidung führte dazu, dass überall auf der Welt Millionen Passagiere festsaßen und die Fluglotsen in Shanwick kaum etwas zu tun hatten.

Shanwicks Entsprechung auf der anderen Seite des Atlantiks ist Gander Oceanic Control auf Neufundland, bei Weitem die geschäftigste Einrichtung dieser Art auf der Welt – die Mitarbeiter dort überwachten 2007 nicht weniger als 414 000 Atlantiküberflüge –, die für den gesamten Luftverkehr über hoher See zuständig ist, noch über die erwähnte Linie bei dreißig Grad westlicher Länge hinaus. Während das Kontrollzentrum von Prestwick Airport in einem schmucken schottischen Vorort steht, nimmt das von Gander eine Reihe niedriger, unschöner Bauten in der Nähe eines einsamen ehemaligen Militärflugfelds inmitten der Fichtenwälder und Sümpfe Nordostneufundlands ein. Es ist ein extrem abgelegener Ort, was aber zur Folge hat, dass Gander permanent, rund um die Uhr geöffnet ist. Es sind keinerlei Nachtflugverbote verhängt, um den Lärm zu reduzieren, keine anderen Restriktionen solcher Art – »Eine Sperrstunde? Hier oben? Sie machen wohl Witze!« –, und der Flughafen nimmt stolz für sich in Anspruch, ein, wie man es dort ausdrückt, »Rettungsboot für Fluggesellschaften« zu sein, ein Sanktuar, wo man im übertragenen Sinn jederzeit an den Davits bereitsteht, um bei jeder Art von Problemen, die bei einem Flug auftreten können, zu Hilfe zu kommen. »Wir werden mit allem fertig«, pflegen die Flughafenmanager zu sagen. »Mit mechanischen Defekten, Navigationsproblemen, ausgerasteten Passagieren, Bombendrohungen, Entführungen und was einem sonst noch so einfällt. Wir sind ausgebildet, wir sind vorbereitet. Egal, zu welcher Zeit, bei welchem Wetter, egal, woran es hapert, wir hier in Gander kriegen alles hin.«

*Speedbird 113* sollte planmäßig ungefähr drei Stunden auf seinem Flug auf die andere Seite des Ozeans in der irrealen Welt des ozeanischen Kontrollsektors verbringen, einem Ort, in dem alles von den kontinuierlich schwächer werdenden Kurzwellenfunksignalen von

Gander und Shanwick bestimmt wurde. Für die Passagiere, die vor der gepanzerten Tür zum Cockpit sitzen, ist der Ozean unter ihnen weniger eine sich räumlich ausdehnende Fläche als eine Art von Zeitstrecke, eine Periode der Langeweile, die man über sich ergehen lassen muss. Er ist ein Raum ohne Markierungen, ohne erkennbare Orientierungs- oder Wegpunkte. Auch die Technik, die alles und alle in der Luft hält, ist nicht wahrnehmbar, wenn man von den Tragflächen und den ständig leise vor sich hin grummelnden Turbinen absieht. Wenn hier oben etwas passieren würde – wenn eine der Turbinen in Brand geriete oder der Druck in der Kabine plötzlich absänke –, könnte der Pilot während der meisten Zeit des Flugs entweder umdrehen oder auf einen der beiden Ausweichflughäfen zuhalten, die so nahe an seiner Route liegen, dass es möglich wäre, sie zu erreichen – Keflavik auf Island oder Narsarsuaq im südlichen Grönland.

Das würde aber wirklich nur für die meiste Zeit des Flugs zutreffen. Es gibt auf der Transatlantikroute einen relativ kurzen Abschnitt – der auf diesem speziellen Flug als eine ungefähr fünfhundert Meilen lange Linie zwischen den Längengraden 25 Grad West und 44 Grad West gekennzeichnet war, eine Entfernung, die man in ungefähr einer Stunde zurücklegt –, auf dem es vollkommen unpraktikabel wäre, den Versuch zu unternehmen, einen Ausweichflughafen anzusteuern. Wenn man sich zwischen diesen beiden Längengraden befindet, sind sowohl Keflavik als auch Narsarsuaq weiter entfernt als alle Flughäfen, die entweder hinter einem liegen oder vor einem auf dem Kontinent, zu dem man unterwegs ist. Der einzige Ausweg aus einer ernsten Lage würde auf diesem Streckenabschnitt für die Piloten darin bestehen, weiter geradeaus zu fliegen, die Ruhe zu bewahren, um der Passagiere willen einen gelassenen Eindruck zu machen und bei entsprechender Veranlagung zu beten und zu hoffen. Diese paar hundert Meilen stellen bei jeder Überquerung des Atlantiks den bei Weitem gefährlichsten Teil dar. Und was die Männer betrifft, die die Maschinen steuern, so ist dies der Streckenabschnitt, auf dem mangelnder Respekt vor dem Meer da unten verfliegt.

Mit der Maschine, in der ich an jenem Tag saß, gab es keine Probleme, und zum Glück kommt es heutzutage nur selten zu solchen.

Es hatte unterwegs kaum Turbulenzen oder unerwartete Kursabweichungen gegeben; die Landung verlief so normal, wie der Start es gewesen war. Wir setzten pünktlich auf der Rollbahn von Kennedy Airport auf, und als ich in der *baggage area* gegenüber dem Kommandanten erwähnte, dass ich ein wenig nervös gewesen war, solange wir uns in der kritischen Zone befunden hatten – ich nannte sie »tote Zone« –, lachte er und meinte: »Das ist einfach der Ort, wo wir aufmerksam und wachsam bleiben müssen.«

## 2. Nestbeschmutzung

Wenn wir zu unserem Ausgangspunkt zurückkehren – der Tatsache nämlich, dass uns die Gewöhnung an transozeanische Flüge gegenüber den Wundern und Schönheiten sowie der Kostbarkeit der Meere hat abstumpfen lassen –, dann muss man konstatieren, dass nicht nur die Piloten sich ihre Aufmerksamkeit bewahren müssen. Die Welt im Allgemeinen muss sich heute in extremem Maß der Auswirkungen des Flugverkehrs bewusst werden – aber aus einem ganz anderen Grund. Flugzeuge, die über den Himmel ziehen, sind schmutzige und Treibstoff fressende Monster, und weil es jetzt so viele von ihnen gibt – gegenwärtig sind es an die zwanzigtausend große kommerziell genutzte Maschinen, die jedes Jahr zweitausendzweihundert Millionen Passagiere an alle möglichen Orte der Welt befördern –, sind viele Umweltexperten der Überzeugung, dass sie der fragilen Hülle der Erdatmosphäre – und in Folge davon auch den Meeren – gravierenden Schaden zufügen.

Wenn sie über die Ozeane hinweggrasen, sind die Maschinen in einer Höhe von siebentausend Fuß unterwegs, also ohne enge Verbindung zum Land und scheinbar ganz für sich allein, und sie bieten in ihrem scheinbar ruhigen Dahingleiten von unten einen wunderschönen Anblick. Doch sie ziehen lange Fahnen von schädlichen Abgasen und graue Schleier von Schmutzpartikeln hinter sich her. Das Kerosin, das ihre Turbinen verbrennen, erzeugt große Mengen von genau jenen Treibhausgasen, die der Meinung vieler nach zur Erder-

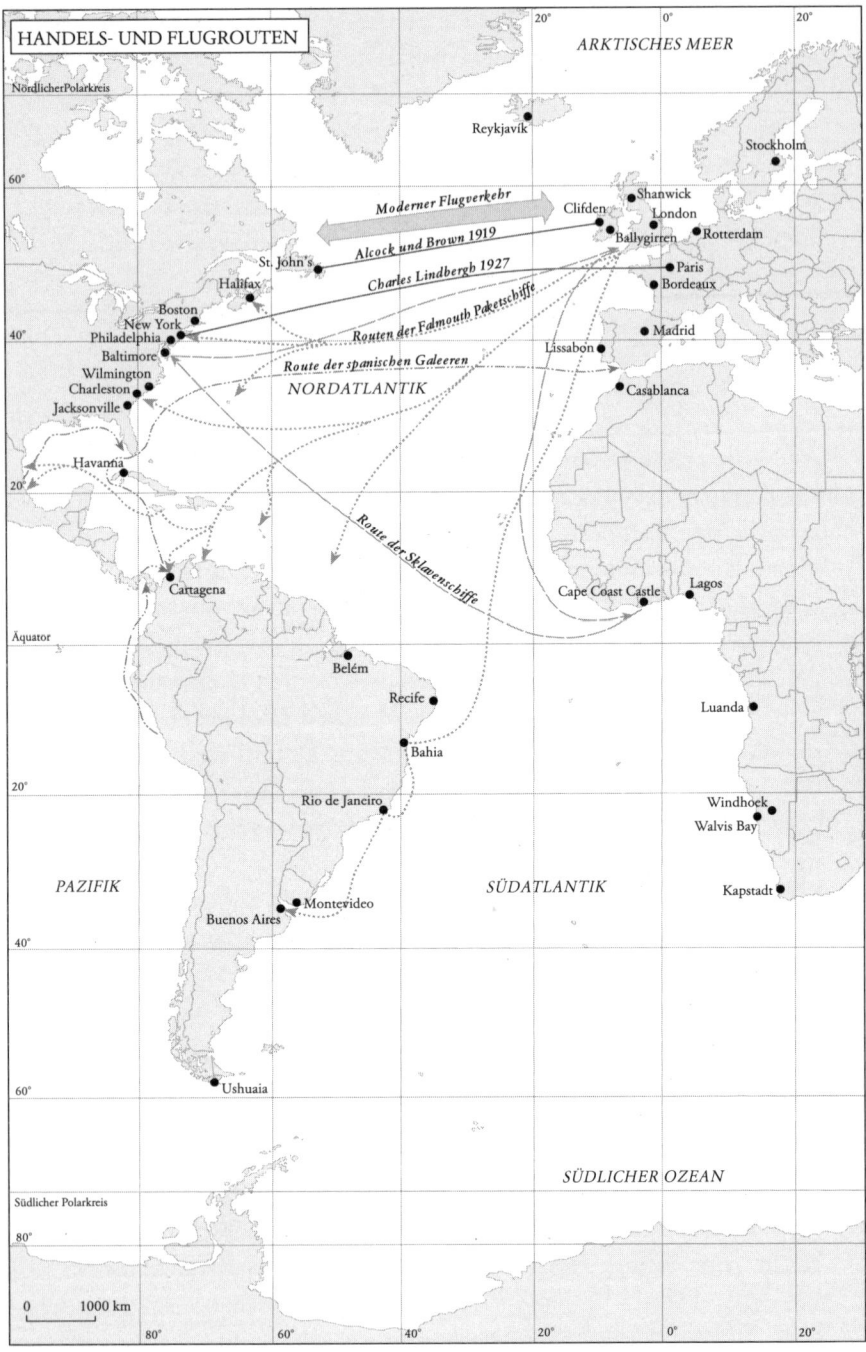

HANDELS- UND FLUGROUTEN

ARKTISCHES MEER

Nördlicher Polarkreis

Reykjavik

60°

Stockholm

Moderner Flugverkehr

Clifden  Shanwick
London
Ballygirren  Rotterdam

Alcock und Brown 1919

St. John's

Halifax

Charles Lindbergh 1927

Paris
Bordeaux

Boston
New York

40°

Philadelphia
Baltimore
Wilmington
Charleston
Jacksonville

Routen der Falmouth Paketschiffe

Madrid

Lissabon

Route der spanischen Galeeren

Casablanca

NORDATLANTIK

Havanna

20°

Cartagena

Route der Sklavenschiffe

Cape Coast Castle  Lagos

Äquator

Belém

Recife

Luanda

Bahia

20°

Rio de Janeiro

Windhoek
Walvis Bay

PAZIFIK

SÜDATLANTIK

Kapstadt

Montevideo

Buenos Aires

40°

Ushuaia

60°

SÜDLICHER OZEAN

Südlicher Polarkreis

80°

0    1000 km

wärmung beitragen, vorwiegend Karbondioxide und Stickstoffoxide. Die Flugzeuge stoßen auch große Mengen Ruß und Sulfate aus sowie gleichfalls schädliche Streifen von kondensiertem Wasser, worüber deren strahlend weiße Schönheit hinwegtäuscht.

Die Mengen, die bei alldem ins Spiel kommen, sind wirklich beängstigend. Eine vollbeladene Boeing 777 stößt auf der Strecke von London nach New York – falls sie mit den gegenwärtig üblichen Treibstoffen betankt ist – ganze siebzig Tonnen Kohlenstoffdioxid aus. Ein großer alter Jumbojet, mittlerweile eine Art Dinosaurier der Luftfahrt, speit jedes Jahr 540 000 Tonnen Kohlenstoffdioxid aus, wenn er ausschließlich dazu eingesetzt wird, Touristen zwischen London und Miami hin- und herzubefördern. Wenn man die durchschnittlich ausgestoßene Menge mit den 475 000 Atlantiküberflügen von unterschiedlicher Länge – die Strecke von Rio nach Frankfurt ist natürlich weiter und hat deswegen eine höhere Luftverschmutzung zur Folge als die von Shannon nach Halifax – multipliziert und dazu die Vielfalt verschiedener Flugzeugtypen berücksichtigt, kommt man zu dem Ergebnis, dass der Ozean jährlich die Produktion von mehr als dreiunddreißig Millionen Tonnen Kohlenstoffdioxid in dem sich über ihm wölbenden Himmel ertragen muss. Jeder der dreihundert Passagiere, die bei meinem Flug im Januar 2009 zusammen mit mir in der Maschine saßen, war dafür verantwortlich, dass an die neunzig Kilo Kohlenstoffdioxid in die oberen Schichten der Atmosphäre gelangten. Ich hätte ebenso gut in einem Auto mit Platz für vier Insassen allein über das Meer fahren können.

Es sind allerdings Bemühungen im Gang, das Reisen mit dem Flugzeug sowohl effizienter zu machen als auch die Menge an dabei anfallendem Kohlenstoffdioxid zu reduzieren. Es werden fortschrittlichere Antriebsaggregate entwickelt, und die Flugzeuge selbst werden immer leichter. (Die neue Boeing 787 Dreamliner, deren Konstruktion sich lange verzögerte, besteht zur Hälfte aus Karbonfasern, besitzt supereffiziente Turbinen und soll in der Lage sein, lange Strecken mit einem Fünftel weniger Treibstoff zurückzulegen als die gegenwärtigen Passagier- und Frachtmaschinen.) Es werden auch intensive Forschungen zu Biotreibstoffen angestellt, die aus Pflanzen und lebenden Organismen bestehen, welche zu ihrem Wachstum genau das Kohlendioxid benötigen, das die Jets im Flug ausstoßen. Falls sich ein Ausgleich herstellen ließe zwischen dem $CO_2$-Ausstoß eines Flugzeugs und der $CO_2$-Absorption durch die Pflanzen, aus denen der von ihm verbrauchte Treibstoff gewonnen wird, dann wäre eine sogenannte *carbon neutrality* erreicht. Der Eigner eines Flugzeugs – in den meisten Fällen also eine Gesellschaft – könnte in diesem Fall von sich behaupten, »ein Grüner« zu sein und sich für den Schutz der Umwelt einzusetzen.

Ein Ergebnis dieses neuen Interesses daran, einen vom Menschen verursachten Klimawandel zu verhindern oder zumindest stark einzuschränken, besteht darin, dass man immer mehr merkwürdige exotische neue Wörter zu hören bekommt: *jatropha, camelina, babassu* und *halophytes*. Das sind die Namen von Pflanzen, die gegenwärtig noch von geringem Nutzen für Menschen und Tiere sind (*jatropha* ist sogar für die einen wie die anderen giftig), die still und unauffällig in nur marginal nutzbaren Gebieten wie Halbwüsten und Salzmarschen vor sich hin wachsen und dabei gierig tonnenweise Kohlenstoffdioxid aufnehmen; wenn diese Pflanzen in speziellen Apparaturen einem großen Druck ausgesetzt werden, lassen sich aus ihnen große Mengen von brennbaren Ölen gewinnen.

Fluggesellschaften – unter denen Japan Airlines und Virgin Atlantic die Pioniere sind, wobei Letztere auf Routen über den Ostatlantik und die Nordsee Versuche durchführt – haben einige ihrer Triebwerke so umgerüstet, dass sie mit den neuen experimentellen Biotreibstoffen laufen. Meist begnügt man sich aber aus Sicherheitsgründen damit, nur eine von vier Turbinen eines Flugzeugs auf diese Weise umzurüsten. In den ersten Berichten wurde gemeldet, dass diese Turbinen tatsächlich funktionierten, dass sie sich auch wieder starten ließen, wenn man sie abgestellt hatte (anfangs bestand die Befürchtung, dass das eventuell nicht so sein würde), und dass der neuartige Treibstoff auch in großen Höhen nicht einfror (was ebenfalls nicht auszuschließen gewesen war). Einige Fluggesellschaften meinten, dass man die sogenannten *green fuels* schon 2015 für Passagierflüge einsetzen könne, worauf Friends of the Earth und Greenpeace prompt ihre Skepsis äußerten und ihre Überzeugung kundtaten, der einzig gangbare Weg, die das Klima bedrohende Kohlendioxidemission zu drosseln, bestehe darin, das unaufhörliche Wachstum der Massenfliegerei einzudämmen – und das könne man am besten erreichen, indem man das bislang nicht besteuerte Flugbenzin mit einer saftigen Abgabe belege.

Doch sehr wenige gegenwärtige Formen der Massenbeförderung von Menschen oder auch von Gütern sind vollkommen schuldlos an der »Sünde« der Kohlendioxidemission. Das trifft auch in einem keineswegs geringen Maß auf die Schifffahrt zu, in einer Zeit, da man vom Antrieb durch Segel, also durch die Kraft des Windes, fast vollkommen abgekommen ist. Schiffe produzieren genauso viel Dreck und verbrennen genauso viel Treibstoff wie Flugzeuge. Dass heute auf der Oberfläche des Atlantiks mehr Gedränge herrscht als auf den Flugrouten über ihm, trägt in keinem geringen Umfang zu dem Problem bei. Eine 2007 von der Gesellschaft BP sowie von dem Institut für Physik der Atmosphäre in Oberpfaffenhofen-Weßling in der Nähe von München veröffentlichte Zahl deutet darauf hin, dass aus den Schornsteinen der siebzigtausend Fracht- und Passagierschiffe, die weltweit im Einsatz sind, mehr Kohlenstoffdioxid in die Atmosphäre aufsteigt, als gegenwärtig von allen afrikanischen Ländern zusammen produziert wird.

Die Leiterin einer Forschungsgruppe, die die Auswirkungen der Schifffahrt auf die Umgebung untersucht, Dr. Veronika Eyring, hat Sensoren an Bord des sich seit 2002 in Umlauf befindlichen europäischen Envisat-Satelliten verwendet, um die langgezogenen Rauchwolkenstreifen aufzuzeichnen, die die Fahrtwege von Fernfrachtern markieren. Die starken Winde in der oberen Atmosphäre sorgen dafür, dass die Kondensstreifen von Flugzeugen Minuten nach ihrer Entstehung verweht sind. Das gilt nicht für Schiffe: Man hat in jüngerer Vergangenheit nachgewiesen, dass die gewaltigen Mengen von schwefelhaltigem Ruß und anderen Partikeln, die sich in dem Rauch finden, der unablässig aus den Schornsteinen von Schiffen quillt – und der immer weiter nach oben steigt, da er so viel wärmer ist als die ihn umgebende Luft –, lange Bahnen von niedrigen Wolken entstehen lassen, die wochen- und sogar monatelang in der Atmosphäre hängen bleiben können. Diese sogenannten *ship tracks* – kein sehr einfallsreicher Terminus – können vom All aus, also von Satelliten, leicht ausgemacht werden: Es sind sich zwischen Osten und Westen hinziehende größere Streifen von in keiner Beziehung zum Wetter stehenden Wolken, die sich hartnäckig über dem Nordatlantik halten und eindeutig mit den Schifffahrtsrouten in Zusammenhang gebracht werden können. Andere Wolkengebilde dieser Art sind über dem Ostatlantik sichtbar; sie ziehen sich von der westafrikanischen Ausbuchtung bis hinunter zum Kap. Ein besonders ausgeprägter *track* verbindet Sri Lanka und die Straße von Malakka, und ein weiterer verläuft zwischen den großen Hafenstädten Singapur und Hongkong.

Die unheimliche Beständigkeit dieser Wolken ist darauf zurückzuführen, dass sie durch neue Schiffe, die unter ihnen hindurchdampfen, unablässig »aufgefrischt« werden – die meisten Frachter halten sich sogar draußen auf hoher See an etablierte Schifffahrtsstraßen, um die Vorteile von Winden und Strömungen besser nutzen zu können. Zwei der zehn Hauptsensoren an Bord von Envisat haben sich als außerordentlich nützlich erwiesen. Einer, der die Bezeichnung »Advanced Along-Track Scanning Radiometer« trägt, hat Karten der Ozeane geliefert, auf denen die merkwürdigen Übereinstimmungen zwischen den Niedrigniveau-Wolkenmustern und den bekannten Hauptfahrtrouten großer Frachtschiffe zu erkennen sind. Ein technisch ungeheuer ausgeklügeltes Spektrometer, SCIAMACHY,* hat die Emissionsmuster, die sichtbaren wie die unsichtbaren, sowohl hinsichtlich ihrer Größe als auch ihrer chemischen Zusammensetzung aufzuschlüsseln vermocht. Die Ergebnisse sind beeindruckend: Mithilfe von SCIAMACHY hat das Team um Dr. Eyring nachweisen können, dass die Tausende von Schiffsmaschinen, die die Schrauben großer Frachter auf allen Weltmeeren drehen,

---

* Die Abkürzung steht für: SCanning Imaging Absorption spectroMeter for Atmospheric CHartographY.

jährlich achthundert Millionen Tonnen an Kohlendioxid hervorbringen – nahezu drei Prozent aller Emissionen dieser Art, die von der gesamten Menschheit produziert werden. Die Menge der Emissionen durch Schiffe ist nahezu identisch mit der durch Flugzeuge – Schiffe und Flugzeuge sind also zusammen für fast sechs Prozent des anthropogenetischen Kohlendioxids verantwortlich.

Heute befasst man sich daher nicht nur mit der Umweltverschmutzung durch Flugzeuge, sondern arbeitet auch Pläne aus, um Schiffe beträchtlich effizienter und umweltverträglicher zu machen – mit allen zur Verfügung stehenden Mitteln, nur nicht, indem man etwa ihre Zahl verringert, wozu der rastlose moderne Mensch, dem Mobilität so wichtig ist, anscheinend nicht in der Lage ist.

Einer der effektivsten frühen Ansätze, Ordnung in etwas zu bringen, was seit alters her ein planlos betriebener Gewerbezweig war, kam in den 1950er Jahren zur Anwendung, als ein amerikanischer Transportunternehmer namens Malcolm McLean auf die Idee kam, Fracht in großen Stahlboxen zu verstauen – in Containern. Bis dahin waren Frachtgüter – ob es sich um Säcke mit Kartoffeln, Baumwollballen, Kisten voll Whisky, Automobile oder Maschinengewehre handelte – mithilfe von Kränen in die Laderäume von Schiffen hinabgelassen worden, wo man sie so stapelte, wie ihre Form und Größe es zuließen. Diese Arbeit war von Trupps teurer, oft korrupter und streng gewerkschaftlich organisierter Schauerleute vorgenommen worden; man konnte überall an den Kais Szenen miterleben, wie Elia Kazan sie in dem Film *On the Waterfront* so eindrucksvoll eingefangen hat.

Der Vorteil, Container von Einheitsgröße zu verwenden, zwanzig oder vierzig Fuß lang, in die Hersteller und Händler ihre Produkte schon in der Fabrik oder auf der Farm verpackten, bestand darin, dass diese großen Boxen auf Lastwagen oder Güterwagen gehoben, zu den Verladekais gebracht und im Nu mit Spezialkränen auf den Decks wartender Schiffe gestapelt oder in deren Laderäumen verstaut werden konnten. Anschließend wurden sie zu entfernten Häfen transportiert, wo man sie, ohne dass sie zwischendurch geöffnet worden wären oder ihr Inhalt mit menschlichen Händen

Der Mann, der die epochemachende, ja die Welt
verändernde Idee hatte, Frachtgut unterschiedlichster
Art in genormten Containern unterzubringen:
Malcolm McLean, ein ehemaliger Lastwagenfahrer aus
North Carolina.

in Berührung gekommen wäre, wieder vom Schiff herunter- und erneut auf Lastwagen oder Güterwagen lud, die sie zum eigentlichen Zielort brachten. Das war die Geburt dessen, was man »intermodale Verfrachtung« nennen könnte: Ein schwimmendes Fahrzeug – ein Schiff – kam dabei nur in einer bestimmten Phase einer langen Transportkette zum Einsatz, bei der man auch auf verschiedene andere Fahrzeugtypen zurückgriff. Und auf diese Weise wurden von jener Zeit an mit rigoroser Effizienz und Ökonomie Produkte von überallher überallhin befördert.

Das war eine Entwicklung, die zwar die Kosten senkte und die Effizienz steigerte – doch sie beraubte auch auf einen Schlag die atlantische Frachtschifffahrt der ganzen Romantik, die ihr noch anhaftete, und ihres ganzen Reizes. Containerschiffe – und sie stellen heute die bei Weitem größten Schiffe auf der Welt dar: das derzeit größte, die dänische MV *Emma Maersk*, verdrängt 219 000 Tonnen und kann mit einer Geschwindigkeit von bis zu einunddreißig Knoten 15 000 Container befördern – gehören zweifelsohne zu den hässlichsten von Menschen ersonnenen Objekten seit den Sozialbau-projekten von Le Corbusier. Alle die, deren Herz noch an Klippern hängt, an Quinquiremen oder vielleicht sogar an irgendwelchen dre-ckigen britischen Küstenmotorschiffen, verfluchen den Tag, an dem diese kantigen Monstrositäten, die zu den bekanntesten Sinnbildern unserer globalisierten Welt zählen, erfunden wurden. Doch Malcolm McLean, der im April 1956 einen ersten Versuch mit einem solchen Schiff unternahm, indem er einen umgebauten Tanker der US-Navy, die *Ideal X*, mit achtundfünfzig Containern an Bord von Newark nach Houston dirigierte, hatte begriffen, dass in der Frachtschiff-fahrt Zeit und Geld alles waren, und dass es fast sechs Dollar kostete, eine Tonne Fracht von Hand zu verladen, während man sie für bloße sechzehn Cent an Bord eines Containerschiffs bringen konnte. Die ganze Romanik mag in einem einzigen Augenblick verflogen sein, doch auch der Schauermann verschwand von der Bildfläche, der La-deraum und mit ihm die Back. Die ganze Frachtschifffahrt wurde über Nacht von einem Gewerbe, bei dem es auf Gezeiten und Winde, Sextanten und Signalwimpel ankam, zu dem das Geschrei der Mö-wen einen Hintergrund bildete und über dem der Geruch nach Teer und nassem Tauwerk hing, zu einem Universum, in dem im wahrs-ten Sinn des Wortes gut geölte Maschinen den Ton angeben, in dem Kurse mithilfe von GPS und Computerberechnungen bestimmt wer-den und die Bewegungsabläufe von Ladekränen von Maschinen pro-grammiert und auf die Millisekunde genau getimet werden.

McLeans erste Gesellschaft nannte sich Pan-Atlantic Steamship Company. Er veräußerte sie später an ein Tabakunternehmen, das sie an eine Eisenbahngesellschaft weiterverkaufte, bis sie am Ende bei dem Reeder Maersk landete, der heute über eine Flotte der sieben größten Schiffe gebietet, die jemals gebaut wurden. McLean starb 2001 als unvorstellbar reicher Mann. Er hatte sein Riesenvermögen mit Containern erworben, die unser Bild vom Meer für alle Zeiten verändert haben. Die Containerisierung der Handelsschifffahrt hatte immer weiter um sich gegriffen, ohne dass man sich allzu große Sor-gen um die von der unaufhörlich wachsenden Flotte von Container-schiffen verursachte Umweltverschmutzung gemacht hätte.

Vor der Erfindung und Einführung von Containern mussten alle Frachtstücke einzeln von sogenannten Schauerleuten oder mithilfe von Ladekränen an Bord eines Schiffs gebracht werden.

Heutzutage, da die Ergebnisse deutscher und anderer Forscher anfangen, den Verantwortlichen von Reedereien Gewissensbisse zu bereiten, und diese, ähnlich wie die Geschäftsführer von Fluggesellschaften und die Konstrukteure von Flugzeugen, erkennen, welche Konsequenzen ihr Tun und Handeln hat, stellt man Forschungen an, um bessere und sauberere Dieselöle herzustellen oder alternative Antriebsarten zu entwickeln. Kürzlich sind neue, sowohl für die Ost- als auch für die Nordsee geltende Regeln eingeführt worden, welche die Menge von Schwefel im Dieselöl für Schiffe limitieren, in der Hoffnung, dass man damit die Umweltverschmutzung reduzieren und die Möglichkeit verringern kann, dass Satelliten die Routen von Schiffen anhand der über ihnen hängenden Wolken bestimmen können.

Es gibt auch einige wirklich brandneue Ideen. Eine, die im wahrsten Sinn des Wortes eine gewisse Zugkraft gewonnen hat, ist die, ein gigantisches Segel, oder genauer, einen an einen Spinnaker erinnernden Drachen zu konstruieren, den man vor einem großen Frachtschiff aufsteigen lässt, wenn der Wind günstig ist, und der es hinter sich herzieht, so dass es sogar dann noch Vortrieb hat, wenn man die Dieselmotoren abstellt. Ein deutsches Unternehmen rüstete einen Massengutfrachter, die *Beluga SkySails*, mit einer solchen computergesteuerten Vorrichtung aus und ließ das Schiff im Januar 2008 eine Testfahrt von Bremerhaven zum Kohlehafen Guanta in Venezuela absolvieren – womit man der Tradition treu blieb, Neuerungen im Schiffbau auf dem Ozean zu erproben, auf dem diese höchstwahrscheinlich am häufigsten zum Einsatz kommen werden: dem Atlantik.

Es wird aber noch lange dauern, bevor Segel die Verwendung von Bunkeröl überflüssig machen und Flugzeuge mit Babassu-Kerosin in den Tanks zwischen den Städten auf beiden Seiten des Atlantiks hin- und herfliegen werden. Und so lange wird die Luft über unserem Ozean immer schlechter werden. Doch gehen die Schäden noch viel tiefer – und das wortwörtlich. Die sichtbare Oberfläche des Meers, seine Gewässer, die flachen wie die tiefen, die Geschöpfe, die in ihm leben, und der ganze Boden, in den Küstenregionen wie auch weit draußen, sind ebenfalls verseucht worden, nicht so sehr durch Flugzeuge und Schiffe als vielmehr durch die Riesenmengen von giftigen Substanzen, die unablässig von Millionen Fabriken an Land erzeugt werden.

Rachel Carson äußerte sich erstmals 1960 besorgt über eine möglicherweise schon bald bevorstehende maritime Katastrophe, als sie das Vorwort für eine Neuausgabe ihres erstmals 1951 erschienenen klassischen Werks *The Sea Around Us* verfasste. Das war vielleicht nicht das Buch, das ihr den Rang einer Heiligen einbrachte – *Silent Spring* vollbrachte dies im Jahr 1962 und machte sie zur Mutter der heutigen Umweltbewegung –, doch es öffnete der Welt die Augen dafür, dass es gute Gründe gab, unseren Weltmeeren mit Respekt und Hochachtung zu begegnen.

Die erste Ausgabe war ein lyrisches Werk, anrührend in seiner Unschuld, bewundernd vom Ton her, mit keiner Zeile unterstellend, dass der Mensch Böses gegen das Meer im Schilde führen könnte, und sogar eindringlich für eine Ausbeutung des Reichtums an Mineralien unter seiner Oberfläche plädierend. Vor allem ihren Ausführungen zum ständigen Temperaturanstieg auf der Welt wohnt großer Charme inne – dieser Anstieg ließ sich in den 1950er Jahren bereits an denselben Phänomenen wie heute ablesen: den schrumpfenden Polareiskappen, den zurückweichenden Gletschern, heftigen und unvorhersagbaren Stürmen. Rachel Carson zeigte sich vor allem von den Theorien eines mehr oder weniger in Vergessenheit geratenen schwedischen Ozeanografen namens Otto Pettersson beeindruckt, der erklärte, es gebe Belege dafür, dass alle Zyklen globaler Erwärmung von »großen unterseeischen Wellen« begleitet seien; er glaubte, dass »wandernde Berge aus Wasser« in der Tiefe des Meeres eine Periode »erstaunlicher und ungewöhnlicher Vorfälle« im Leben der Natur, das heißt vor allem im Klima der Erde, verursacht hätten. Es gab weder vonseiten Petterssons noch vonseiten Rachel Carsons die geringste Anspielung darauf, dass der Mensch etwas mit diesen klimatischen Veränderungen zu tun haben könnte; die Ursache sah man entweder in den Gezeiten oder der Auswirkung von Sonnenflecken. Doch das war 1950. Ein Jahrzehnt später bot Carson zwar keine neuen Erklärungen für den ständigen Anstieg der globalen Temperaturen, doch sie begann sich Sorgen über die Verschmutzung der Meere zu machen und vor allem – es war der Beginn des Atomzeitalters – über ihre Kontamination durch radioaktive Materialien. In ihrem zu Recht berühmt gewordenen Vorwort schrieb sie:

»Obwohl der Mensch sich als Verwalter der natürlichen Reserven der Erde keinen guten Ruf erworben hat, hat man sich lange bis zu einem gewissen Grad mit dem Glauben getröstet, dass zumindest das Meer vor Übergriffen gefeit sei, dass der Mensch es nicht zu ändern und auszuplündern vermöge. Doch unglücklicherweise hat dieser Glaube sich als naiv erwiesen. Seit er die Geheimnisse des Atoms entschlüsselt hat, sieht der moderne Mensch sich mit einem schrecklichen Problem konfrontiert – nämlich, was er mit den gefährlichsten Materialien tun soll, die es in der gesamten Geschichte der Erde überhaupt gegeben hat: mit den atomaren Abfällen [...]

... durch seine Größe und seine scheinbare Entlegenheit hat das Meer die Aufmerksamkeit jener auf sich gezogen, die vor dem Problem stehen, diesen Müll entsorgen zu müssen, und ohne dass man lange darüber diskutiert hätte und nahezu ohne dass die Öffentlichkeit Kenntnis davon genommen hat, ist das Meer als »natürliche« Senkgrube für die kontaminierten Abfallprodukte ausgewählt worden [...]

Den Atommüll zu entsorgen und erst später Untersuchungen anzustellen ist gleichbedeutend damit, eine Katastrophe heraufzubeschwören, denn wenn man erst einmal radioaktive Elemente im Meer abgeladen hat, ist das irreversibel. Die Fehler, die man heute macht, werden sich für alle Zeiten auswirken. Es ist eine merkwürdige Situation, dass das Meer, aus dem einst das Leben entstand, nun von den Aktivitäten einer Form dieses Lebens bedroht ist. Doch das Meer wird, wenn auch auf unheilvolle Weise verändert, weiter existieren: Es ist das Leben selbst, welches bedroht ist.«

Ihre Vorhersagen waren absolut zutreffend. Großbritannien würde sich als nur einer von vielen das Meer verseuchenden »Schurkenstaaten« erweisen – der International Atomic Energy Agency zufolge taten zwölf Atommächte mehr oder weniger dasselbe wie die Briten.* Bis in die späten 1970er Jahre hinein verklappten von der britischen

---

* Eine führende Position nahm dabei die Sowjetunion ein. Die Russen ließen ganze Reaktoren in der See verschwinden, versenkten Atom-U-Boote in ihr, schickten in entlegenen Regionen Unmengen von Leichtern mit Atommüll auf den Meeresgrund und schütteten Tausende Tonnen radioaktiven Materials, das aus Kraftwerken stammte, ins Wasser – zumeist in den arktischen Gewässern um Nowaja Semlja herum. Die japanische Regierung war über Meldungen beunruhigt, dass Ähnliches in der Nähe der Insel Sachalin geschah.

Regierung gecharterte Schiffe radioaktiven Abfall – von atomaren Waffenprogrammen, Atomkraftwerken, Nuklearforschungsprojekten – wie normalen Hausmüll in ein Meer, von dem man, wie Rachel Carson angemerkt hatte, glaubte, dass »der Mensch es nicht zu ändern und auszuplündern« vermag. Mehr als 29 000 Tonnen »hochaktiven radioaktiven Abfalls«, von dem das meiste auf das Konto des britischen Verteidigungsministeriums ging, wurden im Atlantik versenkt, an einem zu diesem Zweck ausgewählten Ort vierhundert Meilen westlich von Land's End, wo er bis in die angeblich sichere Tiefe von 2700 Metern hinabsacken konnte.

Die von dem Material, das man an dieser als Atlantic Deep bekannten Stelle »entsorgte«, ausgehende Strahlung war enorm. London tat sein Bestes, um die beunruhigten Bürger zu besänftigen – vor allem die in Cornwall, Devon und South Wales lebenden, in Regionen also, an deren Strände einiges von dem Zeug angespült werden könnte. Man erklärte, »Verteilung und Verdünnung« durch das Seewasser würden dafür sorgen, dass keine Gefahr drohe, und dass alles, bevor man es über Bord geworfen hatte, sicher in mit Zement ausgekleidete Stahlfässer gefüllt worden sei. Diese offiziellen Tröstungen vermochten aber nur wenige zu beruhigen. Und es trug auch nicht gerade zur Entspannung bei, dass die Regierung kurze Zeit später bekanntgeben musste, weitere sechzehntausend Tonnen nur geringfügig weniger brisanten Materials in einer anderen Zone, Hurd Deep genannt, nicht allzu weit entfernt von der britischen Küste im Ärmelkanal, versenkt haben zu lassen. Eine gewisse Menge war auch in der Irischen See und in Gewässern vor Schottland in die Tiefe gekippt worden, womit man sicherstellte, dass dieses isotopische Geschenk den Britischen Inseln noch viele hunderttausend Jahre Freude bereiten würde.

Rachel Carson hatte reichlich Grund dazu, eine radioaktive Verseuchung zu fürchten, doch sie befand sich damals in seliger Unkenntnis bezüglich der anderen Substanzen, die die Meere verpesten würden. Sie wusste in jenen Unschuldszeiten noch nicht einmal von den Unkrautvernichtungsmitteln, zu deren Verbot auf dem Land sie mit ihrem *Silent Spring* so umfassend beitragen würde.

Wenn man einer Person das Verdienst zusprechen kann, die Bewegung zum Schutz der Umwelt initiiert zu haben, dann ist das wahrscheinlich die amerikanische Meeresbiologin Rachel Carson, die vor allem für zwei von ihr verfasste Bücher berühmt geworden ist: *The Sea Around Us (Geheimnisse des Meeres)* und *Silent Spring (Der stumme Frühling)*.

Damals war alles so viel weniger kompliziert. Ohne Zweifel wird sie wie viele, die in den 1950er und 1960er Jahren an den Stränden Erholung suchten, die Teerklumpen verflucht haben, die von Schiffen stammten, welche ihre Tanks vor den Küsten ausspülten. Sie wird über die zerbrochenen Netzschwimmer und die verrotteten Netzstücke verärgert gewesen sein, die zwischen den Haufen von Seetang auf dem Sand lagen. Sie wusste, dass ihr geliebter Atlantik alles andere als sauber war, doch seine Verschmutzung war noch etwas, das man begreifen, ja irgendwie »verzeihen« konnte. Es war eine Art von Dreck, wie man ihm auch auf einem Bauernhof, in einem Weinkeller oder einer Autowerkstatt begegnen konnte.

Sie hatte nicht die geringste Ahnung, welche unheilvolle Auswahl von allen möglichen chemischen Elementen, die man auf der

Periodentabelle findet, im Meer landen würde – von dem Quecksilber, das man bald im Körper von beinahe jedem Thunfisch, Hai und Schwertfisch entdecken würde, von den Hunderttausenden Tonnen von höchst toxischen, karzinogenen polychlorierten Biphenylen, die sich bald ins Meer ergießen würden und Riesenscharen von Seevögeln Hunderte von Meilen von der Küste entfernt töteten, Strände verseuchten, Muscheln und Fische vergifteten; sie ahnte noch nichts von den vielen Plastikobjekten und -partikeln, die Küsten verunreinigen, Fische ersticken und in den Mägen von Vögeln landen würden, von den zyanidhaltigen Abwässern aus goldverarbeitenden Betrieben, von dem Öl, das aus lecken Tankern ausströmte, bei Schiffbrüchen oder Unfällen auf Bohrplattformen ins Meer floss. Sie konnte nicht vorhersehen, was für enorme Mengen von Pharmaka – Hormone und psychotropische Mittel, Cocktails aus Antidepressiva, Schlaftabletten und Muntermachern – langsam und stetig den Glauben an die unbegrenzte Fähigkeit des Ozeans, zu verdünnen und zu verwässern, als irrig entlarven würden. Ein solcher Glaube war, wie Rachel Carson schon hellsichtig erkannte, extrem naiv. Die Ozeane sollten bald kein Instrument zur Verdünnung von Chemikalien mehr sein, sondern diese vielmehr rund um den Planeten transportieren, sie überallhin verteilen, entweder mit ihrem Wasser oder über die Fische und andere in ihnen lebende Geschöpfe.

Man stimmt dahingehend überein, dass die Verschmutzung des einst reinen Ozeans eine schreckliche Sache ist. weshalb in jüngerer Zeit eine Reihe von internationalen Abkommen – das wichtigste davon wohl die sogenannte Londoner Konvention von 1972 – unterzeichnet worden sind, die dafür sorgen sollen, dass diejenigen, die die Meere für ihre Zwecke nutzen, und diejenigen, deren Länder an sie grenzen, darauf achten, dass ihr Wert für den ganzen Planeten erkannt wird und sie so weit wie möglich vor Übergriffen des Menschen bewahrt bleiben.

# 3. Die Folgen der Gier

Die Verschmutzung des Wassers an sich ist aber nicht das größte Problem, das einem Ozean wie dem Atlantik zusetzt. Das Meer besitzt eine beschränkte Fähigkeit, sich selbst zu reinigen und zu regenerieren. Die Geschöpfe, die in ihm leben, haben diese nicht. Und der ständig wachsende Bedarf der Menschheit an Fisch und anderen Meerestieren droht gegenwärtig eine der anfälligsten Ressourcen der See zur Neige gehen zu lassen. Um einen nahezu unersättlichen Hunger des Menschen nach Meeresfrüchten zu befriedigen, überfischen wir heutzutage unsere Meere bedenkenlos. Das für die meisten offenbar erstaunliche Ergebnis ist, dass Fisch rasch immer knapper wird.

Auf einen kleinen Beweis dafür, wie heikel die Situation in dieser Beziehung geworden ist, stieß ich im Frühherbst 2009, als ich ganz zufällig Zeuge einer trivialen und vermeidbaren, doch auch recht interessanten öffentlich ausgetragenen Kontroverse wurde.

Ich war von New York nach London geflogen, wo ich spät an einem Samstagabend eintraf. Es war schon zehn, als ich mein Gepäck beim Portier meines Klubs an der Pall Mall abgab. Ich hatte Hunger und nahm an, dass es zu so fortgeschrittener Stunde nicht leicht sein würde, noch irgendwo eine halbwegs anständige Mahlzeit zu erhalten. Ich marschierte zum Leicester Square und ging in die alte ehemalige Markthalle von Covent Garden, wo ich an unzähligen Cafés und Bistros vorbeischlenderte. Vor den meisten standen Menschen, die darauf warteten, dass ein Tisch frei wurde. Und dann kam ich zum Lokal von J. Sheekey, einer aufgepeppten Version des Fischrestaurants, in das meine Eltern mich in den 50er Jahren mitzunehmen pflegten. Heutzutage ist Sheekey so fashionable, dass ich glaubte, es würde so gut wie unmöglich sein, noch einen Platz zu ergattern, jedenfalls nicht ohne lange anzustehen. Ich war schon im Begriff vorbeizugehen, doch eine Laune ließ mich innehalten und eintreten, da rauf vorbereitet, eine Enttäuschung zu erleben.

Weit gefehlt. Die Angestellten, die ich mit dem Aufstoßen der Tür überrascht zu haben schien, wirkten merkwürdig erleichtert, mich zu sehen. Es stellte sich heraus, dass es noch freie Tische gab. Entgegen meinen Erwartungen saß ich also im Nu auf einem Stuhl, mit einem gefüllten Glas vor mir. Ich bestellte. Teller und Schüsseln wurden gebracht, von mir geleert und wieder abgeräumt – und so schlenderte ich gegen Mitternacht mit einem Dutzend Austern, einer Portion *whitebait*, einem nicht zu kleinen Stück *loup de mer* sowie einer kleinen Portion Fenchel und neuer Kartoffeln im Magen satt und zufrieden zum Klub zurück. Ich war angenehm überrascht, dass man in London, lange eine gastronomische Wüste, jetzt in der Lage war, Besucher derart zu verwöhnen.

Ein paar Tage später fand ich die Erklärung für das nahezu leere Restaurant, als ich in der Zeitung las, dass Sheekey kurz vor meinem Besuch öffentlich niedergemacht worden war, weil man dort angeblich Fische einer Spezies serviert hatte, die auf einer allgemein anerkannten Liste von gefährdeten Arten steht.

Es war ein plötzliches Interesse für die Probleme der Überfischung in den Reihen der besorgten und kultivierten Londoner aufgeflammt. Eine Fernsehdokumentation hatte gerade bestimmte Fangtechniken als grausam und bestimmte Arten des Fischfangs als illegal angeprangert. Die Fischbestände seien von baldiger Ausrottung bedroht, und die vielen Läden, Supermärkte, Lokale sowie die Restaurateure und deren Gäste, die entweder nicht wussten oder denen es egal war, dass sie, indem sie Fische kauften und aßen, zu deren Aussterben beitrugen, seien schuld an der ganzen Misere. Auf einer Website waren Listen mit den Namen von gefährdeten Fischarten veröffentlicht worden – und auch mit den Namen von Läden und Lokalen, die sie anboten. Das von J. Sheekey war darunter gewesen, ein vielleicht altehrwürdiges Etablissement, das aber jetzt öffentlich bloßgestellt und angeprangert wurde. Es ist ein nicht ganz billiges Restaurant, die Klientel besteht im Großen und Ganzen aus Leuten, denen daran liegt, den Eindruck zu erwecken, dass sie sich »korrekt« verhalten. Daher blieben die Gäste, nachdem sie die alarmierenden Meldungen gesehen, gelesen oder angeklickt hatten, scharenweise aus.

Das war aber zufälligerweise nicht das Ende der Geschichte. Die

Besitzer von Sheekey, ein einflussreiches Konsortium von Eigentümern anderer schicker Londoner Restaurants, legten formell Beschwerde ein und erklärten, dass sie wirklich überaus skrupulös bei der Wahl der Fische seien, die bei ihnen auf der Speisekarte landeten, dass sie nur Arten aus sich regenerierenden Beständen anböten und die auf der Website angeführten Fakten schlicht falsch seien. Danach trat eine ungewöhnliche Pause ein, es war wie eine Art von Sichverschnaufen. Umweltschutzvereinigungen neigen dazu, sich selbst eine Aura von Heiligkeit zu verleihen, und die meisten von ihnen sind sich absolut im Klaren darüber, dass sie bei ihren Schuldzuschreibungen extrem vorsichtig sein müssen. Eine Gruppierung, die sich dem Schutz der Meeresfauna verschrieben hat, zog prompt die Hörner ein und gab nach einigem Zögern zu, dass man in der Tat etwas vorschnell gehandelt habe und einige der gegen Sheekey vorgebrachten Anschuldigungen nicht gerechtfertigt seien. Die Leute wirkten gedemütigt. Sie entschuldigten sich – wenn auch ein wenig widerstrebend – und erhoben Sheekey prompt wieder in den Kreis der Gerechten. Scharen von Ichthyophilen strömten erleichtert in diesen Tempel der Gastronomie zurück – mit dem Ergebnis, dass es jetzt wieder so gut wie unmöglich ist, dort einen Tisch zu ergattern, vor allem spät an einem Samstagabend.

Es war ein lächerlicher kleiner Streit, aber er öffnete die Augen für etwas, das bis dahin im Allgemeinen übersehen worden war: dass viele Fischarten tatsächlich ernsthaft bedroht sind und dies auf das Verlangen nach kulinarischen Delikatessen, nach Gaumenkitzel zurückzuführen ist, das den westlichen Menschen gegenwärtig ergriffen hat. Wir kaufen oder bestellen Fisch und Meerestiere – die uns, weil man sie nur selten in ihrem natürlichen Ambiente zu Gesicht bekommt, viel »fremder« bleiben als die Tiere, die uns Fleisch liefern und die wir vor unseren Augen grasen und herumtollen sehen –, ohne einen Gedanken darauf zu verschwenden, wie sie eigentlich gefangen wurden oder wie lange die Bestände der von uns bevorzugten Arten sich noch regenerieren können. Bis vor Kurzem zeigte man sich in vielen Restaurants ziemlich unwillig, den wenigen, die sich dafür interessierten, entsprechende Informationen zu geben.

Nicht dass etwa allgemeiner Konsens darüber bestünde, wie zutreffend solche Informationen sind oder überhaupt sein können. Es gibt eine große Zahl von Vereinigungen, die es sich zur Aufgabe gemacht haben, die Ozeane und das Leben in ihnen zu schützen und zu erhalten: das Blue Ocean Institute, der World Wildlife Fund, Sea Shepherd, die National Audubon Society, das Monterey Bay Aquarium, die Alaska Oceans Foundation, SeaWeb, das Natural Resources Defense Council, den National Environmental Trust und andere. Alle verfolgen eigene Ziele und besitzen eigene Arbeitsmethoden, manchmal stimmen sie ihre Bemühungen miteinander ab, meistens aber nicht. Man kann sich heute (z. B. vom Monterey Bay Aquarium vertriebene) Karten besorgen, die in jede Brieftasche passen und denen man entnehmen kann, was für Sorten Fisch man gegenwärtig bedenkenlos essen darf; einige der gehobeneren Restaurants geben auch an, aus welchen Fanggründen die Tiere, die bei ihnen auf den Tisch kommen, stammen.

Innerhalb des Umweltschutzestablishments werden verschiedene Ansätze zur Lösung des Problems favorisiert. Das Marine Stewardship Council (MSC), das 1999 in Großbritannien eingerichtet wurde, trat schon früh auf wissenschaftlicher Grundlage für nachhaltige Fischerei ein. Es stellte eine Reihe von Prinzipien auf, nach denen es beurteilte, ob es sich wirklich um eine verantwortungsbewusste Art des Fischfangs handelte und man eine entsprechende Empfehlung an die Konsumenten aussprechen konnte: Packungen mit Fisch, der aus solcher Fischerei stammt, können (gegen eine Gebühr) mit einem blau-weißen ovalen Logo gekennzeichnet werden. Gegenwärtig beträgt der Anteil am Gesamtfischfang weltweit ungefähr sieben Prozent; auch der atlantische Seehecht, der Themse-Hering und (wie wir später noch sehen werden) eine amerikanische Abart des Schwarzen Seehechts werden mit solchen den Bestand erhaltenden Methoden gefangen.

Der Ansatz des MSC basiert darauf, den Konsum von dem zu propagieren, was es als »guten« Fisch einstuft. Viele amerikanische Organisationen unternehmen hingegen die größten Anstrengungen, um den Kauf und Verzehr von dem zu boykottieren, was sie als

»schlechten« Fisch ansehen. (So veranstaltete der National Environment Trust eine Kampagne unter dem Motto »Take a Pass, on Chilean Sea Bass« – »Verzichten Sie auf Schwarzen Seehecht.«) Aus diesem Grund die Rote Liste, die Greenpeace 2009 vorlegte. Sie stellt ein Kompendium dessen dar, was die Organisation als die meistgefährdeten Fische, Krusten- und Schalentiere ansieht. Auf ihr sind, zurzeit, zweiundzwanzig Arten oder Artengruppen zu finden, von denen achtzehn im Atlantischen Ozean vorkommen, und ihre Gefährdung geht beinahe ausschließlich auf erbarmungsloses Überfischen oder auf gedankenlos-grausame Fangmethoden zurück.

*Chilean sea bass* – das ist der geschickt gewählte Name, unter dem der Schwarze Seehecht, der in der englischsprachigen Welt eigentlich *Patagonian toothfish* heißt, weltweit vermarktet wird – steht auch auf der Liste. Es ist allerdings ein Fisch, der vor allem vor der chilenischen Küste, im Pazifik also oder in antarktischen Gewässern vorkommt. Hoki, auch Blauer Seehecht genannt, der, ohne dass sich die Öffentlichkeit dessen bewusst ist, einen großen Teil des Fischs ausmacht, der in McDonald's-Restaurants weltweit über die Theke geht, wird ebenfalls als gefährdet eingestuft. Es handelt sich um ein kleines, blasses Geschöpf, das am häufigsten vor Neuseeland vorkommt. Seelachs wird vor allem bei Alaska gefangen. (Das MSC stuft die Seelachsfischerei in den Gewässern um Alaska als seines Siegels würdig ein; doch steht die Art auf der Roten Liste von Greenpeace, was einen Hinweis auf die kontroversen Meinungen liefert, die auf diesem komplexen Gebiet bestehen.) Und das natürliche Habitat des Schwertfischs, der generell mit der viel kritisierten Methode des *long-lining* gefangen wird, ist vor allem der Pazifik.

Der Rest der überfischten Arten, also die große Mehrheit, ist im Atlantik zu Hause. Es sind der atlantische Kabeljau, der atlantische Heilbutt, der atlantische Lachs und die atlantische Jakobsmuschel; der Albacore-Thunfisch aus dem Südatlantik, der Großaugen-Thun, der Gelbflossenthunfisch und vor allem der prachtvolle, viel geschätzte Blauflossenthunfisch (von dem ein einziges Exemplar auf dem berühmten Tsukiji-Markt in Tokio bis zu tausend Dollar einbringen kann und der unter anderem auch wegen dieser seiner Begehrtheit bei Japanern der am akutesten bedrohte atlantische Großfisch ist), der Grönland-Heilbutt, der nordatlantische Seeteufel, die Islandmuschel, der Rotbarsch, der tropische Red Snapper, die meisten Rochenarten, die meisten tropischen Krabben, die vor der afrikanischen Westküste zu Hause sind, und der Fisch, der heute den exquisit klingenden Namen »Granatbarsch« trägt, der aber, bevor die Vermarkter sich seiner bemächtigten, bei Fischern und Biologen eher als »Schleimkopf« bekannt war. Alle diese Arten findet man zwischen Grönland und Feuerland, zwischen Kapstadt und dem Nordkap, in den tiefen und flachen, den warmen und kalten Gewässern irgendwo im riesigen Atlantik.

Zweimal bin ich direkt mit den Realitäten der Fischereikrise im Atlantik konfrontiert worden, einmal im nordwestlichen Teil des Ozeans, dann, in jüngerer Zeit, in seinem tiefen Süden, in der subarktischen Zone.

# 4. Im Norden

Meine erste unmittelbare Begegnung mit der Krise fand hoch im Norden statt, vor Neufundland, wo sich kein spezifischer »Schurke« dahinter verbarg, sondern allgemeine menschliche Unzulänglichkeit schuld an ihr war: Diese hätte in den frühen 1990er Jahren einen der größten Fischgründe des Planeten, die Grand Banks, beinahe vollständig zerstört. Die Geschichte vom Niedergang der Kabeljaufischerei in einer Reihe wunderschöner, aber heruntergekommener kleiner Gemeinden an der Küste von Bonavista Bay ist in der Tat ungemein traurig. Ich wurde Ende des Jahrzehnts mit ihr bekannt.

Die ausgedehnten flachen Gewässer vor Neufundland wurden und werden immer, und das zu Recht, als rau, kalt, in Nebel gehüllt, von vereinzelten großen Eisbrocken und von schrecklichen Stürmen heimgesucht beschrieben. Weil die Felsen am Meeresgrund dort außerdem bis dicht unter die Wasseroberfläche aufragen, ist das ganze Gebiet voll tödlicher Gefahren für jeden Seefahrer; gerade deswegen ist ihm aber auch eine Art von beeindruckender Größe eigen:

Es ist ein legendärer Ort. In den Geschichtsbüchern lesen wir, dass John Cabot in diesen Gewässern den großen silbrigen Kabeljau in solcher Fülle vorfand, dass er meinte, man könne zu seinem Fang auf das Netz oder den Haken verzichten: Ein einfacher Korb, den man über die Bordwand hinabließ, würde sich binnen einer Minute füllen, und eine weitere Minute später würde ein stattlicher, rasch mit einem Marlspieker betäubter Kabeljau schon an Deck und bald danach getötet und ausgenommen auf dem Grillrost liegen. Man hatte noch keine andere Meeresregion auf der ganzen Welt entdeckt, die derart reich an Fischen war. Es schien völlig glaubhaft, wenn Ruderer sich beschwerten, dass man in den Gewässern vor Neufundland nur mühsam vorankam, weil es dort von Fischen nur so wimmelte, und man hielt es auch für durchaus möglich, dass man, wie andere behaupteten, auf den glänzenden muskulösen Rücken dieser Tiere über die Wasseroberfläche wandeln konnte.

Die Realität war kaum weniger beeindruckend. Ich sah die Grand Banks zum ersten Mal 1963 bei Gelegenheit meiner Jungfernfahrt über den Atlantik. Als die *Empress of Britain* dort kurz stoppte, um auf dem seichten östlichen Ausläufer der Banks, der als Flemish Cap bekannt ist, auf ein Flugzeug zu warten, war das Meer enttäuschend ruhig und die Sicht untypisch klar. Das alles änderte sich aber, kurz nachdem wir wieder Fahrt aufgenommen hatten. Kaum lag der östlichste Punkt der Banks, die fischreichen Gewässer, die den Namen *The Nose* tragen, hinter uns, als dichter Nebel uns einhüllte; die See wurde unangenehm kabbelig, und wir mussten Fahrt wegnehmen, da sonst die Gefahr bestanden hätte, mit einem Schwarm Fischerboote zu kollidieren oder deren Netze zu zerfetzen.

In dieser Region dämpft der Nebel alle Geräusche auf merkwürdige Weise. Ich erinnere mich, wie ich auf Deck stand und später auf der Brückennock, die Kleider klamm von der Luftfeuchtigkeit und vor Kälte zitternd, in ihn hineinschaute und -horchte. Man hörte das Meer gegen unseren Rumpf schlagen, das sanfte Zischen des Bugs, wie er die Wellen zerschnitt. Am deutlichsten zu vernehmen war aber das Dröhnen von Dutzenden von Nebelhörnern, ein maritimer Chorgesang, der laut aus jenen Zonen erklang, wo, wie ich vermutete, der Kabeljau an jenem Tag stand, hin und wieder schwächer wurde, um dann wieder anzuschwellen, bis es schließlich zu einem endgültigen Diminuendo kam und die Klänge ganz verebbten, als wir die Untiefen hinter uns ließen und weiter auf die Südküste Neufundlands zudampften, wo wir dann in die tiefen Gewässer des Sankt-Lorenz-Golfs glitten, in denen es relativ wenig Kabeljau gibt.

Die Nebelschleier waren an jenem Tag so dicht, dass ich kein einziges Fischerboot zu Gesicht bekam. Das Bild, das ich mir vom Leben der Grand-Banks-Fischer machte, war vermutlich durch meine Lektüre von Kiplings *Captains Courageous (Fischerjungs)* geprägt und mehr noch von der eindrucksvollen Verfilmung des Romans aus dem Jahr 1937. In einer Szene, die mir besonders im Gedächtnis haften geblieben war, kämpfen Spencer Tracy und Freddie Bartholomew verzweifelt darum, eines der beängstigend schwankenden *dories*, der kleinen jollenartigen Beiboote, in denen Kabeljaufischer ihrer Beute nachstellen, vor dem Kentern zu bewahren.

Dieser Film half mir, alles vor meinem inneren Auge heraufzubeschwören. Zunächst die schmucken Schoner, die von den Häfen in Massachusetts herbeiströmten. Dann die Begegnung mit Nebelbänken und Stürmen, die ersten Sichtungen von Schwärmen von winzigen Lodden und Heringen sowie von gravitätisch durchs Meer ziehenden Walen, schließlich die Ankunft der ganzen Flotte bei den Kabeljaugründen, wo die amerikanischen Fischer mit den raubeinigeren frankokanadischen zusammentrafen, die aus St. John's und Außenposten wie Trinity und Petty Harbor herbeigesegelt waren. Dort wurden die *dories* dann zu Wasser gelassen, ungeachtet des Wetters und des Wellengangs, um die lange, ermüdende Jagd auf den Kabeljau zu beginnen, der dicht am Meeresgrund, nur ein paar Fuß unter der Wasseroberfläche, schwamm.

Wenn man das alles in der von Zigarettenrauch erfüllten, behaglichen Atmosphäre eines Londoner Kinos auf der Leinwand sah, wirkte es unvorstellbar schwierig und gefährlich. Die *dories* waren nur zwanzig Fuß lang, und während Bug wie Heck sich nach oben schwangen, wiesen sie mittschiffs kaum Freibord auf, damit es den in ihnen Sitzenden leichter fiel, die Fische, die ihnen an den Haken gegangen waren, ins Boot zu ziehen. Doch aus diesem Grund schlug auch ständig Wasser ins Boot, so dass ein Fischer, wenn er nicht gerade ruderte, ständig damit beschäftigt zu sein schien, sein Gefährt auszuschöpfen. Natürlich war er auch mit Fischen beschäftigt, indem er entweder alleine seine mit Haken bewehrten Leinen hinabließ oder anderen half, eine Langleine einzuholen, die sich zwischen den als Schwimmer verwendeten leeren Fässern an die fünf Meilen weit durchs Meer ziehen und mit bis zu tausend Haken bestückt sein konnte. In jenen ertragreichen Zeiten konnte an jedem von ihnen ein stattlicher Kabeljau hängen, der in die Jolle gezogen und vom Haken gelöst werden musste, bevor man ihn in die Bilge zu dem Haufen seiner zappelnden und sich windenden Artgenossen warf.

Irgendwann ruderte ein solcher Fischer dann zu seinem Schoner zurück, sein kleines Boot vielleicht mit einer ganzen Tonne Kabeljau beladen, hundert Fischen, jeder an die zwanzig Pfund schwer, mit einem großen offen stehenden Maul und einem von der Unterlippe herabhängenden kleinen Ziegenbärtchen, einem olivgrünen Rücken, hellem Bauch und einem langen weißen, Schnelligkeit suggerierenden Seitenstreifen. Neufundland-Kabeljau, fett und schwer, mit quasi küchenfertigen saftigen Innereien, ist den Fischern zufolge der ansehnlichste Vertreter der Familie der Dorsche. Ein zum »Mutterschiff« zurückkehrendes *dory*, bis zum Dollbord mit solchen Fischen gefüllt, war jahrzehntelang ein eindringliches Symbol für die enormen Reichtümer, die der Nordatlantik barg, und veranschaulichte, welches die Grundlage für den Wohlstand derer war, die an seinen Ufern lebten und von ihm ernährt wurden.

In einem kleinen niedrigen Boot zu seinem Schoner zurückzurudern erwies sich jedoch als ein schwieriges Unterfangen. Allein das Schiff zu orten stellte schon eine Herausforderung dar, vor allem wenn man stundenlang weit von ihm entfernt auf dem Meer getrieben und das Wetter währenddessen umgeschlagen war. Der Schein auch der hellsten Laterne, die man auf dem Vorderdeck aufhängte, reichte in leichtem Nebel nur dreißig Meter, bei einer richtigen Waschküche gar nur ein paar Meter weit. Dann hatte man nur eine

Chance zurückzufinden: indem man selbst und der Skipper abwechselnd mit dem Nebelhorn Signale gaben.

Überdies lag ein mit Fisch beladenes *dory* noch tiefer als gewöhnlich, und das Seewasser, das über die Seiten schwappte, machte das Gefährt noch instabiler, als es ohnehin schon war. Es wundert nicht, dass so viele Seeleute ums Leben kamen – zwischen 1830 und 1900 blieben 3800 Fischer aus Gloucester, einer Stadt mit nur 15 000 Einwohnern, auf See. Die *dorymen*, die überlebten, waren durch Kameradschaft und ein gemeinsames Gefühl des Stolzes so eng zusammengeschweißt wie nur wenige andere Vertreter der Arbeiterklasse. Bei den Grand Banks Kabeljau zu fangen war ein nobles Gewerbe, eine Kunst, und nur die Kühnsten beherrschten.

In den 1950er Jahren kamen dann aber die *factory ships*, die schwimmenden Fischfabriken, auf, und das Bild wandelte sich auf einen Schlag.

Die Fangmethoden hatten bereits gewaltige Fortschritte gemacht. Fangleinen mit der Hand auszubringen war eine Technik, die nur noch von einer kleinen Minderheit von Fischern angewandt wurde. Der Fang mit Langleinen oder den nahezu unsichtbaren Gespinsten der von Schwimmbojen senkrecht im Wasser gehaltenen Kiemennetzen oder auch mit Schleppnetzen, die man dort, wo der Kabeljau lebt, über den Meeresboden zog, hatten allesamt zu einer gewaltigen Steigerung der Ausbeute geführt. Lange Zeit war jedermann glücklich und zufrieden mit den Grand Banks gewesen. Immer mehr Fischer hatte es dorthin gezogen, seit John Cabot auf der *Matthew* vorbeigesegelt war. Die Welt glaubte bald seinem Bericht, dass es dort Fisch im Überfluss gab, dass für jeden gefangenen Kabeljau zwei neue aus den Eiern schlüpften. Die Banks schienen für alle Ewigkeit Prosperität für den Fischer und Sättigung der Massen, die sich von Fisch ernährten, zu versprechen. Es gab einige – darunter viele der älteren Fischer aus den kleinen Hafenstädten Neufundlands –, die meinten, sie würden ihren Fisch und seine Gewohnheiten *kennen* und wissen, wie viel man ungestraft fangen dürfe, und sich sorgten, dass man eines Tages die Riesenschwärme vernichtet haben könnte. Man belächelte diese Unheilspropheten nachsichtig und erklärte ihnen, die

Grand Banks seien eine unerschöpfliche Quelle des Glücks und der Freude für alle.

Doch dann installierte man Dampfmaschinen auf Schiffen und entwickelte Techniken zum Einfrieren von Fisch. Fischstäbchen wurden erfunden und Fertiggerichte, und dann kam man auf die Idee, dass Fisch gar nicht erst an Land gebracht werden musste, um weiterverarbeitet – filetiert, eingefroren, in Schachteln verpackt und etikettiert – zu werden, sondern dass man das alles schon auf See erledigen könnte, auf einem großen Schiff, das kein richtiger Fischdampfer mehr war, sondern eine schwimmende Fabrik. In dieser wurden mithilfe von Maschinen vierundzwanzig Stunden am Tag Fische zerlegt und anschließend ebenfalls vierundzwanzig Stunden am Tag wieder zu Fertiggerichten der verschiedensten Art komponiert. Plötzlich war der Fang – ob mit Langleinen, Kiemen- oder Schleppnetzen – die geringste Herausforderung im Zusammenhang mit der Hochseefischerei. Mit der Einführung der Fabrikschiffe schnellte in den 1960er Jahren die Menge von Kabeljau, die bei den Grand Banks aus dem Meer gezogen wurde, jäh in astronomische Höhen, und die Fischerei, die dort betrieben wurde, war – um ein Wort zu gebrauchen, das in jener Zeit erst in die Fach- und dann auch in die Umgangssprache einging, ohne aber bereits *en vogue* zu sein – alles andere als *nachhaltig*.

Ein 1954 in Schottland vom Stapel gelaufenes Schiff, die *Fairtry*, begann damit, die Grand Banks quasi wie im Tagebauverfahren auszubeuten, sie regelrecht leer zu schürfen. Mit den Schonern und Küstenfahrern verglichen, die sich dort vorher versammelt hatten, war sie gigantisch, 2600 Tonnen groß und wie eine umgebaute Passagierfähre aussehend. Sie erfüllte die Aufgabe, für die sie bestimmt war, mit erschreckender Effizienz – das riesige Schleppnetz, das sie über eine Heckrampe hinabließ, hatte eine Öffnung mit einem Durchmesser von vielen Dutzend Metern, und wenn es über den Meeresgrund gezogen wurde, fegte es mit seiner beschwerten Unterkante jedes Lebewesen in seinen Schlund, das ihm in den Weg kam – Hunderte und Aberhunderte Kabeljau von unterschiedlichem Lebensalter, Geschlecht, Gewicht und physischem Zustand, aber auch alle mög-

Die reichen Kabeljaubestände im Atlantik gehören der
Vergangenheit an. Dieser vor Glück strahlende Fischersmann
wurde 1949 auf einem Trawler bei den Lofoten in Nordnorwegen
aufgenommen. Heute sind zum einen die Fänge von *Gadus
morhua* nicht so üppig, zum anderen die einzelnen Fische nur
selten so groß wie die beiden Exemplare, die der Mann
in den Händen hält.

lichen anderen am Meeresboden lebenden und sich dort ernährenden
Fische und Krustentiere, ob man diese nun verwenden konnte oder
nicht. Das alles wurde umgehend in den Bauch des Riesenkastens
von Schiff befördert; was man nicht verwerten konnte, wurde über
Bord geworfen, der Rest von Maschinen zerpflückt – filetiert, eingefroren und verpackt –, während das Schleppnetz schon wieder über
den Grund schleifte und kurze Zeit später erneut Hunderte von Tonnen Kabeljau an die Oberfläche holte.

Dieses Schiff allein brachte erstaunlich große Fangmengen ein.
Doch dann bekamen die sowjetischen Fischereibehörden Wind von
der sich abzeichnenden Revolution, und da sie maßgeblich daran

beteiligt waren, ein neues Vorhaben des Kreml in die Tat umzusetzen, nämlich die Massen mit genügend Protein zu versorgen, gaben sie eine Flotte ähnlicher, aber noch größerer Schiffe in Auftrag, die sie ebenfalls zu den Banks schickten. Eines von ihnen, die *Professor Baranow*, war mehr als hundertfünfzig Meter lang und konnte zweihundert Tonnen Fisch am Tag verarbeiten: zu Gefrierfisch, Fischmehl oder Öl. Es stellte in eigenen Destillationsanlagen Wasser und Eis her und war einer Flottille von bis zu zwanzig russischen Trawlern zu Diensten, die über die Banks hinwegrumpelten wie Ochsengespanne vor einem Pflug, nur dass sie Netze hinter sich herzogen und mehr Fische »ernteten«, als John Cabot und die Basken, die nach ihm gekommen waren, es jemals für möglich gehalten hätten.

Für viele erwies sich die Versuchung als unwiderstehlich. Nach ein oder zwei Saisons wollte jeder, der über ein genügend großes Netz verfügte, mit von der Partie sein. Von den Kais Ostdeutschlands und Koreas, Kubas und Japans fanden Dutzende schwerfälliger und rostiger schwimmender Fischfabriken den Weg über The Nose und The Tail zum Flemish Cap und zu den eigentlichen Banks, wo sie ihre Netze so lange auswarfen, bis ihnen der Diesel ausging und sie St. John's anliefen, um dort ihre Tanks neu zu füllen und der Besatzung die Gelegenheit zu geben, in den Kneipen einen draufzumachen. Die Einwohner der kleinen Küstenstadt Bonavista erzählten, dass sie, wenn sie zu der hoch auf einem nahe gelegenen Kap stehenden Statue von John Cabot hinaufmarschierten und dann nach Osten schauten, etwas sehen könnten, das einem großen Dorf ähnelte: Tausende von Lichtern von den Fabrikschiffen und ihren Trawlern, die die Tage und Nächte hindurch ohne Unterlass das Meer leer räumten – von Fisch.

Fabrikschiffe, die unter den Flaggen von einem Dutzend neuer Länder fuhren, verdrängten die, die seit Jahrzehnten in diesen Gründen gefischt hatten, und im Schutz der Nebelbänke und der tobenden Stürme brachten sie immer raffiniertere Technologien zum Einsatz und setzten immer größere Schleppnetze ein. Die Fangmengen stiegen immer weiter – bis allein im Jahr 1968 810 000 Tonnen Kabeljau von dem sandigen Seeboden abgefischt wurden, eine Zahl, die manch einem die Tränen in die Augen trieb – und tatsächlich war dies das Jahr, in dem bei den Banks alles gewaltig schiefzugehen begann.

Die kanadische Regierung kam zu dem Schluss, dass etwas geschehen müsse. Es wurde dort einfach zu viel gefischt und für zu lange Zeiträume – eine Situation, die so nicht weiter bestehen bleiben durfte. Mathematiker errechneten im Regierungsauftrag, dass zwischen der Mitte des 17. und der des 18. Jahrhunderts – eine Zeitspanne, in der dreißig Kabeljaugenerationen geboren und auf irgendeine Weise wieder dahingegangen waren – an die acht Millionen Tonnen dieser Fischart erbeutet worden waren, in der Hauptsache von britischen, spanischen und portugiesischen Booten, deren Besatzungen noch die traditionelle Fangmethode mit der mit Haken bestückten Leine angewandt hatten. Doch beinahe genau die gleiche Menge sei während der ersten *fünfzehn* Jahre seit Aufkommen der Fabrikschiffe gefangen worden – und acht Millionen Tonnen in fünfzehn Jahren, das sei mehr, als jeder Fanggrund auf dem Planeten unbeschadet überstehen könne.

Man musste also einen Plan ausarbeiten, um Abhilfe zu schaffen – und dies geschah mit einer für Regierungsverhältnisse durchaus respektablen Geschwindigkeit. Doch wenn auch die Bürokraten und Politiker im fernen Ottawa von den besten Absichten geleitet gewesen sein mögen, trug die Art und Weise, wie die kanadische Fischereipolitik in den darauf folgenden zwanzig Jahren konkret umgesetzt wurde, dazu bei, dass es zu einer noch größeren Katastrophe kam, eine, von der sich weder Fische noch Fischer oder Fischergemeinden vollständig erholt haben.

Zunächst einmal tat die Regierung etwas scheinbar sehr Vernünftiges. 1977 erklärte sie (im Verein mit den meisten anderen Ländern auf der Welt, die an ein Meer grenzen), dass in Zukunft ein zweihundert Meilen breiter Streifen vor den eigenen Küsten als *Exclusive Economic Zone* angesehen werden würde, in der ausländische Schiffe keinen Fischfang betreiben dürften. Dass Kanada die juristische Oberhoheit über diese Zone beanspruchte, bedeutete, dass jene riesige Schar von Trawlern und Fabrikschiffen aus Murmansk, Fleetwood, Vigo, Lissabon und einer großen Zahl anderer ausländischer Häfen, die sich der kanadischen Küste bis zur Grenze der drei Meilen breiten Hoheitszone genähert hatten, abdampfen musste. Jenseits der neuen Grenzlinie durften sie immer noch Fische fangen, das hieß, dass sie weiterhin im Gebiet von The Nose und The Tail operieren konnten, nicht aber bei den eigentlichen Banks. Und so fuhren die meisten von ihnen in den Sonnenuntergang hinein. Die spanische Trawlerflotte, die von den europäischen Fangquoten in ihren Aktivitäten eingeengt wurde, glaubte, dass die zehn Meilen vor der neufundländischen Küste gelegenen, Frankreich unterstehenden winzigen Zwillingsinseln St. Pierre und Miquelon – Relikte französischer kolonialer Ambitionen – ihnen Zuflucht gewähren würden, und fischten daher weiter in den nicht von Kanada beanspruchten, zum offenen Ozean hin gelegenen äußeren Randgebieten der Banks. Die portugiesische Weiße Flotte – die Fischerboote dieses Landes sind immer noch weiß gestrichen, seit man sie im Zweiten Weltkrieg so gekennzeichnet hatte, um deutsche U-Boote von ihrer Neutralität in Kenntnis zu setzen – folgte ihrem Beispiel. Ansonsten leerte sich die Oberfläche des Ozeans, und mit dem Kabeljaufang mithilfe von dicht über den Meeresboden gezogenen Schleppnetzen war es vorbei.

Die quasi über Nacht einsetzende Ruhe hätte eigentlich der Kabeljaupopulation bei den Banks die nötige Zeit geben sollen, sich zu erholen; denn urplötzlich betrieb dort niemand mehr Fischfang in großem Stil. Die Kanadier, die jetzt als Einzige berechtigt gewesen wären, dies zu tun, verfügten damals nicht über die dazu notwendigen Mittel und Einrichtungen. Sie besaßen weder die Schiffe, die zu einem Aufschürfen der Fische vom Meeresboden, zu einem Leersaugen des Ozeans nötig gewesen wären, noch waren sie willens, solch einen Raubbau zu betreiben.

Doch verfolgten die Regierung in Ottawa wie auch die Provinzregierung, deren Sitz sich in St. John's befand, andere Ziele. Sie beschlossen, ein wenig Leben in die stets von Stagnation bedrohte Wirtschaft der ärmsten und jüngsten Provinz des Landes zu bringen. Im Einklang mit dieser, ihnen die Stimmen vieler Wähler sichernden

Politik beschloss die Regierung, eine Fischereiindustrie ins Leben zu rufen, die der Leitung von Kanadiern unterstehen, im Besitz von Kanadiern sein und von diesen organisiert werden sollte. Dann setzten die Regierungsstellen in Ottawa – und in erster Linie ein heute viel bespötteltes Bundesregulierungsgremium, das Canadian Department of Fisheries and Oceans – auf Schätzungen basierende Fangquoten für eine neue kanadische Fischereiflotte fest. Doch diese Schätzungen erwiesen sich in einem fast unglaublichen Ausmaß als falsch.

Die Quoten waren viel zu hoch angesetzt. Vierhunderttausend Tonnen Kabeljau könnten jedes Jahr bei den Banks gefangen werden, verkündete die Regierung frohlockend, und die neu begründete kanadische Fischereiindustrie, der durch generöse staatliche Subventionen zusätzliche Anreize erwuchsen, schluckte den Köder. Auf den in Osten gelegenen Werften des Landes, wo Unterbeschäftigung geherrscht hatte, wurde hektisch geschweißt und genietet, und Stapelläufe waren plötzlich an der Tagesordnung. Es dauerte nicht lange, bis an die Stelle der sowjetischen Trawler, die die Fischgründe bei den Banks leer geräumt hatten, ähnlich große, ähnlich ausgerüstete und mit ähnlich aggressiven Methoden auf Jagd gehende Fischdampfer getreten waren, an deren Flaggenstöcken die rote Fahne mit dem weißen Ahornblatt flatterte. Von optimistischen Bekanntmachungen der Regierung angefeuert, dass es dort draußen von Fischen wimmelte und kanadische Schiffe von jeder Spezies mehr oder weniger so viel fangen könnten, wie sie wollten, nahmen diese voller Eifer weit vor den Küsten des Landes ihre Arbeit auf.

Es wurde jedoch schnell klar, dass der Fischreichtum in den Regionen viel zu hoch eingeschätzt worden war – ob aufgrund von Inkompetenz oder weil man sich kurzfristige politische Vorteile hatte erkaufen wollen, ist nie richtig ermittelt worden. Man musste die Zahlen nach unten korrigieren. Für einige Meeresbiologen und nicht wenige lokale Fischer, die ihrem Beruf in größerer Nähe zur Küste nachgingen, bestand daran kein Zweifel, und sie warnten vor einer drohenden Katastrophe. Sie versuchten sogar einmal, die Sache vor Gericht zu bringen, um dort durchzusetzen, dass man größere Vorsicht walten ließ. Doch niemand schenkte ihnen ernsthaft Gehör, und Ende der siebziger und die ganzen achtziger Jahre hindurch gab man sich in Kanada unbekümmert einem Fischereirausch hin, wie man ihn noch nie zuvor erlebt hatte.

Neufundland wurde zu einer vergleichsweise reichen und prosperierenden Provinz, und man war dort zum ersten Mal voll und ganz zufrieden über den Anschluss an das weise und vorausblickende Kanada. Der silberne Kabeljau ergoss sich in Strömen in die Laderäume der Fischdampfer, und die Bevölkerung war glücklich. Über Nacht hatte man im Rest des Landes ein ganz anderes Bild vom viel geschmähten *Newfie*; dieser wurde jetzt als ein ganz anderes Geschöpf angesehen, als ein prachtvoller Bursche mit hoher Arbeitsmoral und voller Unternehmergeist. Und Neufundland selbst verwandelte sich von einem Territorium voll endloser Wälder und schäbiger kleiner, für Rückständigkeit stehender Orte in ein Gebiet mit brandneuen Fabriken zur Fischverarbeitung, riesigen Transportunternehmen und unzähligen Vermarktungsgesellschaften. So sah das moderne, reiche, endlich aus seinem Schlummer gerissene Neufundland aus: Die Einwohner galten plötzlich als vom Glück begünstigte Menschen. Irgendjemand scherzte, dass man »In Cod We Trust« (»Wir vertrauen auf den Kabeljau«) statt »In God We Trust« (»Wir vertrauen auf Gott«) zum Motto der Provinz erheben solle. Ein paar berauschende Jahre lang sah es wirklich so aus, als könnte es ewig so weitergehen, doch in Wirklichkeit war einem Moloch Leben eingehaucht worden, der nicht mehr zu kontrollieren war.

Dann begannen die Fangmengen abzunehmen. Anfang der neunziger Jahre fingen die Wissenschaftler an, neue Zahlen zu veröffentlichen, die zu erkennen gaben, dass die Kabeljaubestände im Gebiet der Banks dabei waren, drastisch zurückzugehen; die Zahl der laichenden Fische – die von entscheidender Bedeutung für die Zukunft war – schrumpfte so rapide wie ein Luftballon, in den jemand ein Loch gepiekt hatte. Die Regierung, die sich bewusst war, was für einen wirtschaftlichen Boom sie Neufundland beschert hatte, schlug eine *keep-smiling*-Strategie ein und erzählte jedem, der bereit war zuzuhören, dass alles in bester Ordnung sei. 1992 bekamen ihre Meereskundler – die Leute, die mit ihren Schätzungen so falsch gelegen hatten – die Konsequenzen ihres Irrtums zu spüren und schlugen vor, die jährliche Gesamtfangquote auf 125 000 Tonnen zu beschränken. Doch die Politiker pfuschten ihnen dazwischen. Minister versuchten, den Götzen zu besänftigen, indem sie diese Zahl ignorierten und ihrerseits die Quote fast doppelt so hoch ansetzten, nämlich auf 235 000 Tonnen. Doch sogar das empfanden sie als in politischer Hinsicht riskant. Regierungsvertreter sahen sich gezwungen zu erklären, dass diese Menge zwar weit unter den fantastischen 810 000 Tonnen liegen mochte, die den Fischern 1968 in die Netze gegangen waren, dass es sich aber um eine vorübergehend erforderliche, so maßvoll wie möglich gehaltene, kluge und vernünftige Reduktion handle.

Von wegen klug und vernünftig. Eigentlich war die Maßnahme überflüssig, denn gleich nach Beginn der Fangsaison trafen unerwartete Hiobsbotschaften von der Fischereiflotte ein: Sosehr sie sich auch abmühten, gelang es den Fischern von Neufundland nicht einmal, ein Zehntel der erlaubten Menge zu erbeuten. Und langsam dämmerte es allen: Etwas Schreckliches und Unvorstellbares war geschehen. Die Kabeljaubestände waren ganz einfach erschöpft.

Die Trawler fuhren aus, senkten ihre Netze ins Meer und öffneten deren Schlünde; dann schleppten sie sie für die ihnen zugestandene Zeitspanne über den Meeresboden und zogen sie anschließend wieder hoch – um festzustellen, dass sie genauso leer waren wie zuvor. Die kleinen Fischer, die näher an der Küste, innerhalb der Zwölf-Meilen-Zone auf Fang gingen, ließen ihre Leinen über den bekannten Revieren hinab, und wenn sie sie später wieder einholten, glitzerten die Haken blank und nackt im Sonnenlicht.

Plötzlich sah man sich mit der Wahrheit konfrontiert. Was stattgefunden hatte, seitdem man die Zweihundert-Meilen-Zone eingerichtet und die Ausländer verjagt hatte, war nichts anderes als eine Art enthemmter Party gewesen, auf der sich alle mit ein paar Shots oder mit Koks zugedröhnt hatten. Und jetzt zeigten alle, die mitgefeiert hatten, die Symptome eines *bad trip*. Die Party war vorbei.

Und so blieb der wie benommen wirkenden Regierung keine

Wahl: Sie ließ die ganze Fischereiwirtschaft einstellen. Im Juni 1992, nahezu fünf Jahrhunderte nachdem John Cabot berichtet hatte, dass diese Region des Ozeans von den prachtvollsten Seefischen wimmelte, hatte der Mensch sie sich alle einverleibt. Es hieß, dass die Gewässer um Neufundland einst wohl um die 1,5 Millionen Tonnen laichreifen Kabeljaus enthalten hatten, jetzt gab es in den Buchten vielleicht noch sechzigtausend Tonnen – so gut wie nichts. Die See war dort wie leer gefegt. Die Grand Banks waren keine Fischgründe mehr.

Und so ist es bis heute geblieben. Es hat Experimente zur Wiederaufnahme der Fischereiwirtschaft gegeben, die aber alle nach einiger Zeit eingestellt wurden. Wie ich bald herausfand, als ich an der Küste der Bonavista-Halbinsel entlangfuhr und in solchen Hafenstädten wie Catalina, Port Rexton, Newman's Cove, Trinity und dem hoch im Norden der Region gelegenen Bonavista selbst anhielt, wo die Statue John Cabots aufs Meer hinausschaut, kommen überall in den Buchten und Flussmündungen noch kleine Kabeljauschwärme vor. Doch den Fischern ist es strengstens verboten, sie zu fangen – jeder, der mit einem Kabeljau erwischt wird, bekommt eine hohe Strafe aufgebrummt. Einige vertreten die Ansicht, es wäre sinnvoll, jedem Fischer den Fang von einer Tonne Kabeljau pro Jahr zuzugestehen – doch die Regierung weigert sich, vielleicht weil sie glaubt, die vielen in der Vergangenheit begangenen Fehler durch solche Rigorosität gutmachen zu können.

Einige der Fischfabriken haben dichtgemacht oder lassen in Kurzarbeit andere Fische, die man noch findet und deren Fang legal ist, aufbereiten. An die dreißigtausend Neufundländer haben aber ihre Anstellung verloren. Auf Bonavista herrscht eine Atmosphäre von Niedergeschlagenheit, von entsetzlicher Tristesse. Überall Geschäfte mit heruntergelassenen Rollläden, mit Vorhängeschlössern versperrte Tore und Maschendrahtzäune um Fabriken, in denen einst viele Menschen geschäftig ihrer Arbeit nachgingen.

Die Schuld am Zusammenbruch der Fischereiwirtschaft wird allen möglichen Faktoren zugeschrieben. Einige Regierungsvertreter führen ihn auf die globale Erwärmung zurück, gegen die, wie sie geltend machen, niemand etwas tun kann; andere behaupten, dass die stets hungrigen Sattelrobben zu viel laichreifen Kabeljau fräßen, und da die Politiker gegen diese Tiere etwas unternehmen könnten, drängen viele auf die Ausrottung der Sattelrobben oder zumindest auf ihre zahlenmäßige Reduktion. Die Küstenfischer sehen die Schuld bei den Trawlern und den Statistikern. Die Hochseefischer sind wütend auf die Regierung, weil diese ihnen die Möglichkeit, ihren Lebensunterhalt zu verdienen, genommen und ihnen im Gegenzug nur wenig geboten hat – wenn auch das Arbeitslosengeld in Neufundland generös ist. Kritiker meinen, dass die Fischereiwirtschaft in diesem Winkel des Atlantiks zu großzügig unterstützt wird und man sie lieber ohne Hilfe weiterbestehen oder eben untergehen lassen solle.

Doch alle diese Argumente sind letztlich trivial; es ist gleichgültig, wer recht hat. Was zählt, ist diese eine Tatsache: dass vor noch nicht allzu langer Zeit der nordwestliche Atlantik eine geradezu wundersame Fülle an Fisch barg – und die Gier des Menschen sowie seine fatale Neigung, nicht weit genug in die Zukunft zu blicken, dazu geführt haben, dass Schluss mit dieser Fülle war, und zwar höchstwahrscheinlich für immer. Alle Küstengemeinden der Region sind ebenfalls Opfer dieser Entwicklung. Ist das nun die wahre Tragödie, oder gibt das Aussterben der Kabeljaupopulation bei den Grand Banks größeren Anlass zur Betrübtheit? Die Antwort hängt von unserem persönlichen Verhältnis zu den uns umgebenden Meeren ab.

John Culliney, ein auf Hawaii tätiger Meeresbiologe, meinte einmal, die Ozeane, »die letzte noch erhaltene große Wildnis auf unserem Planeten«, stellten vielleicht eine Grenze dar, an welcher sich dem Menschen »die letzte Chance böte, sich als rationales Wesen zu erweisen«. Doch hier vor Neufundland gibt die offenkundig verantwortungslose Art und Weise, in der die Menschheit mit dem Atlantik umgegangen ist, wenig Anlass zu Optimismus.

# 5. Im Süden

Im weit entfernten Südatlantik scheinen die Dinge um einiges besser zu stehen. Die Fischereiwirtschaft, die 1993 in einem weitläufigen von Großbritannien verwalteten Seegebiet um die Inselgruppen von South Georgia und South Sandwich begründet wurde – mit 850 000 Quadratmeilen ist es das größte Teilstück, das vom ehemaligen riesigen Britischen Empire übrig blieb –, gehört gegenwärtig zu den am sorgfältigsten kontrollierten und effizientesten der ganzen Welt. Der größte Teil des chilenischen Zackenbarsches, den man im Norden auf den Speisekarten der Restaurants findet, wird in dieser Region gefangen, und zwar überwiegend mit der Billigung der internationalen Fischschutzorganisationen.

Wie die meisten von uns hatte ich lange nichts von der Existenz dieses Großbritannien unterstehenden Seegebiets gewusst. Das war so, bis ich an einem Februartag in den frühen 1990er Jahren eine ganz unerwartete Begegnung hatte und mir dies über eine höchst merkwürdige Kette von Begebenheiten enthüllt wurde. Doch ein paar Hintergrundinformationen sind wohl notwendig.

Während meiner Studienzeit in den 1960er Jahren teilte ich mir für kurze Zeit eine Bude mit einem ungewöhnlich intelligenten jungen Mann namens Craig, der sein Studium der klassischen persischen Sprache mit einer Traumnote abschloss. Das Foreign Office rekrutierte ihn prompt für den diplomatischen Dienst, und er wurde, was angesichts seines Sprachtalents nicht überraschte, in Gesandtschaften Ihrer Majestät an verschiedenen Orten in Südwestasien eingesetzt. Wir blieben befreundet, und von Zeit zu Zeit erhielt ich von ihm Briefe und Postkarten, in denen er mir von seiner Tätigkeit in Orten wie Amman, Dschidda, Jerusalem und Teheran berichtete. Einmal meinte er, vorausgesetzt, dass er keine kapitalen Böcke schießen werde, würde er wohl eines Tages als britischer Botschafter im Iran enden und zum Abschluss seiner Laufbahn all die Auszeichnungen und Ehrungen erhalten, die ein ranghoher Diplomat sich erwarten darf. Zum letzten Mal hörte ich von ihm Mitte der achtziger Jahre, als er der Abteilung des Foreign Office angehörte, die für Palästina zuständig war; seine Karriere schien absolut planmäßig voranzuschreiten.

Doch zehn Jahre später, als ich mich an einem wolkenlosen Februarmorgen an Bord eines russischen Frachters der Zufahrt nach Port Stanley näherte, der Hauptstadt und dem Haupthafen der Falklandinseln, hörte ich, da ich mich zufällig gerade auf der Brücke befand, einen eingehenden Funkspruch mit an, mit dem man sich erkundigte, ob ich eventuell für ein Treffen verfügbar sei.

»Der stellvertretende Gouverneur der Falklandinseln lässt seine Grüße übermitteln«, quäkte es aus dem Funkgerät – und würde Mr Simon Winchester ihm die Ehre erweisen, das Mittagessen mit ihm einzunehmen? Natürlich sagte ich zu, obwohl ich nicht den Hauch einer Ahnung hatte, um wen es sich bei dem Gouverneur oder seinem Stellvertreter handeln könnte. Wenige Augenblicke später tuckerte eine kleine, von zwei Soldaten bemannte Barkasse heran. Die beiden machten an der Gangway des Schiffs fest und salutierten, als ich an Bord kletterte. Dann fuhren sie geschwind mit mir in Richtung Land, so dass die Kolonialflagge hinter uns im Fahrtwind flatterte.

Am Kai wartete niemand anderes als Craig auf mich. Er hatte jetzt einen dichten Vollbart und sah ein bisschen älter aus als beim letzten Mal, war aber ansonsten unverändert und begrüßte mich so herzlich wie immer. Wie schlenderten zum Upland Goose hinüber, dem kleinen Hotel, das während des Falklandkrieges zehn Jahre zuvor für kurze Zeit in die Schlagzeilen gekommen war, und nahmen dort an dem für den Gouverneur und seine Mitarbeiter reservierten Tisch Platz. Da es auf den Inseln von Schafen wimmelt, war es wohl unvermeidlich, dass es sich bei dem Mahl, das man uns vorsetzte, um Hammelbraten handelte. Anschließend bestellten wir Kaffee und Cognac, traten in den Garten hinaus und ließen uns im fahlen südatlantischen Sonnenschein nieder, um Erinnerungen auszutauschen. Schließlich setzte ich zu der Frage an, die mir natürlich auf der Zunge lag – doch Craig stoppte mich, indem er die Hand hob.

Ihm war klar, dass ich die Frage stellen würde, meinte er. Er wusste, was mir durch den Kopf ging, nämlich: Was um alles in der Welt tut dieser Mann, dieser herausragende Kenner Persiens und des

Farsi, dem eine glänzende diplomatische Karriere sicher schien, in einem Loch wie diesem? Wir fühlten uns beide mehr als ein bisschen verlegen. Doch Craig hatte sich innerlich auf eine Wiederbegegnung mit alten Freunden vorbereitet und war zu dem Schluss gekommen, dass er am besten sofort mit der Wahrheit herausrücken würde.

Ich erfuhr, dass das Foreign Office ihn einige Jahre zuvor an die Botschaft in Rangun versetzt hatte, wo er als Kanzleivorsitzender Dienst tat, eine hohe Stellung, von der er nahezu unvermeidlich in einen diplomatischen Spitzenrang aufsteigen würde – jedenfalls sah es zunächst so aus. Alles nahm den erwarteten Gang, bis Craig, der inzwischen Ende vierzig und noch immer Junggeselle war, sich mit einer ungefähr gleichaltrigen und ebenfalls unverheirateten Burmesin einließ. Unter normalen Umständen hätte das kaum eine Rolle gespielt – doch leider war es so, dass der damalige Botschafter Großbritanniens in Burma eine tief verwurzelte Abneigung dagegen hatte, dass einer seiner Mitarbeiter eine Beziehung zu einer, wie er sich ausdrückte, »Eingeborenen« aufnahm.

Er kam in London formell um die Versetzung Craigs nach, und da das Schreiben von einem Legationschef kam, war man beim Foreign Office dazu verpflichtet, Kenntnis von dem Vorfall zu nehmen. Also musste der arme Craig nach Hause zurückkehren, und nach diesem Karriereknick kam er beruflich nie wieder richtig auf die Beine. Er wurde in obskure und damals unwichtige Orte wie Luanda oder Mogadischu und auf Ascension Island versetzt. »Und jetzt das hier«, sagte er und zog eine eng bedruckte Karte aus seiner Brieftasche.

Er reichte sie mir; ich sah das vertraute herrschaftliche Emblem des British Government Service, darunter Craigs Namen und dann seinen Titel – eine klassische Veranschaulichung des Axioms: je länger der Titel, desto unattraktiver der Job. Er war in der Tat stellvertretender Gouverneur der Falklandinseln und der ihnen angeschlossenen Gebiete, aber zusätzlich auch noch Assistant Commissioner and Director of the Fisheries of South Georgia and the South Sandwich Islands, also für die Fischerei in diesem Gebiet zuständig! 

Am meisten überraschte mich aber seine Reaktion. »Ich bin der erste Direktor der Fischerei, der allererste«, erklärte er ziemlich stolz. »Und weißt du was? Du denkst wahrscheinlich, ich müsste verbittert und wütend über das sein, was mir passiert ist – doch in Wirklichkeit ist das Gegenteil der Fall. Mit gefällt das alles wahnsinnig gut. Das ist das reinste Paradies hier unten.« Und dann erzählte er mir geradezu atemlos, dass man sich im diplomatischen Dienst heutzutage vor allem mit so langweiligen Dingen wie Handel und Kommerz befassen müsse und ständig an seinem Schreibtisch hocke, hier jedoch sei er dauernd in der sauberen, kalten, frischen Luft unterwegs; er könne über ein »Dienstboot« verfügen und einige der landschaftlich spektakulärsten Inseln, die es auf der ganzen Welt gebe, besuchen. Inzwischen kenne er die Orte, wo solche exotischen Geschöpfe wie Wanderalbatrosse und die verschiedensten Pinguinarten brüteten, und wisse, wo man Wale – Südkaper – beobachten könne. Er brauche sich nie in einen Anzug zu zwängen, er scheine nur mit Leuten in Berührung zu kommen, die faszinierend, leidenschaftlich von einer Sache besessen und abenteuerlustig seien, und es sei ihm vergönnt, bei der Gründung einer der am besten organisierten Fischereiwirtschaften der Welt mitzuwirken.

»Vor fünf Jahren noch hätte ich das eine Ende eines Fisches nicht vom anderen, ja eine Krabbe nicht von einer Kakerlake unterscheiden können. Ich lebte in Büros. Ich nahm an endlosen Meetings teil. Ich machte mir ständig Sorgen, was die Zentrale in London von mir denken könnte. Jetzt hat sich alles an meiner Arbeit geändert, jeder einzelne Aspekt. Ich bekomme immer noch ein ganz gutes Salär und bin immer noch britischer Diplomat. Die Sache in Burma hat mich zwar kurzfristig unglücklich gemacht, sich aber am Ende sehr zu meinen Gunsten ausgewirkt. Ihretwegen wurde ich hierher versetzt. Und die vergangenen zwei Jahre hier, mitten im Südatlantik, haben mich zu einem sehr glücklichen Mann gemacht.«

Das sah ich jetzt auch. Er strahlte Freude und Zufriedenheit aus. Er verfasste immer noch Texte auf Farsi und hatte die Werke der persischen Klassiker in seinem Arbeitszimmer stehen, er würde auch immer jenen Teil der Welt lieben. Doch jetzt hatte er etwas ganz anderes für sich entdeckt, das er genauso faszinierend fand. Hätte er auf seinen Inseln im Südatlantik bleiben können, hätte er ohne Zweifel ein glückliches und erfülltes Leben geführt. Doch leider kam es ganz anders: Nur wenige Wochen nach unserem unerwarteten Zusammentreffen auf den Falklands erkrankte er schwer und musste mit dem Flugzeug nach England zurückgebracht werden, wo er nicht lange danach starb. Wir beerdigten ihn an einem stürmischen Märztag in einem Dorf in Rutland.

Seine burmesische Freundin, die nach London gezogen war und mit der ich viele Jahre lang in Verbindung blieb, schrieb mir Ende der neunziger Jahre, um mir mitzuteilen, dass es Craig mit Genugtuung erfüllt hätte, wenn er erfahren hätte, was er und seine Nachfolger im Südatlantik zuwege gebracht hatten. Als sie noch in Rangun lebte, hatte sie, wie sie es humorvoll ausdrückte, nur wenig für Fisch übriggehabt – sie war nicht am Schicksal dieser Meeresbewohner interessiert gewesen, weil man in Burma andere Sorgen hatte. Doch im Lauf ihres allzu kurzen Zusammenlebens mit meinem Freund hatte auch sie alles, was mit dem Meer zusammenhing, zu fesseln begonnen, und jetzt kämpfte sie leidenschaftlich dafür, dass die Meere vor Schaden jeder Art bewahrt blieben.

Die Fischereiwirtschaft bei den South Georgia und den South Sandwich Islands genießt eine große Reputation, weil sie sich vollkommen von der unterscheidet, die in demselben Ozean achttausend Meilen weiter nördlich, vor Neufundland, betrieben wird. Die Grand Banks mögen in Verruf gekommen sein, da die dortige Fischpopulation mehr oder minder vernichtet wurde, die exzellent verwalteten Gewässer zwischen Kap Hoorn und dem Kap der Guten Hoffnung sind dagegen in der jüngsten Vergangenheit Schauplatz eines der größten Erfolge in Sachen Umweltschutz gewesen. In ihnen ist man dem Fischfang mit Umsicht, Zurückhaltung und Verantwortungsbewusstsein nachgegangen – und große mit Kanonen bewaffnete Patrouillenschiffe haben unerbittlich darauf geachtet, dass alle sich an die Gesetze hielten.

Doch das war wirklich erst in den jüngst vergangenen Jahren so. Bis dahin hatte man weder Umsicht noch Zurückhaltung, noch Verantwortungsbewusstsein bei der Verfolgung der Geschöpfe walten lassen, die im Meer vor Südgeorgien leben. Bis in die 1980er Jahre hinein war die Jagd auf Pelzrobben, Seeelefanten, Pinguine, Pottwale und Südkaper ein äußerst ertragreiches Gewerbe. Um 1912 wies das unwirtliche, vollkommen von Eis bedeckte Eiland nicht weniger als sechs gewaltige Fabriken* auf, in denen erlegte Wale verarbeitet wurden; die Jagd auf die großen Meeressäuger, vor allem auf Buckelwale, geriet nahezu außer Kontrolle, und der Dezimierung ihrer Bestände schien sich kaum noch Einhalt gebieten zu lassen. Britische und norwegische Walfänger verarbeiteten allein im Jahr 1929 mehr als dreißigtausend Blauwale. Heute ist die Population dieser majestätischen, sanften und freundlichen Tiere auf weniger als zweitausend Exemplare geschrumpft.

Dass die Inseln der britischen Rechtshoheit unterstanden, hätte vielleicht irgendwann zur Eindämmung der schlimmsten Exzesse, die zur Zerstörung der Meeresfauna in dem Gebiet führten, beigetragen, wenn nicht um 1925 Fabrikschiffe erfunden worden wären und sich dort in den darauffolgenden sechzig Jahren eine Fischereiwirtschaft entwickelte hätte, die überhaupt keiner Rechtsprechung unterstand. Russische, ostdeutsche, koreanische und japanische Schiffe traten in dieser gesetzesfreien Zone zu einem Wettbewerb gegeneinander an, der in der nahezu vollständigen Ausrottung der gefährdeteren Fisch- und Walarten in diesem Teil des Südatlantiks resultierte.

Doch dieses Gemetzel – auf das die Öffentlichkeit immer lautstarker von Umweltschutzgruppen aufmerksam gemacht wurde, die sich die weit verbreitete Sympathie für die dort vorkommenden Wale zunutze machen konnten – veranlasste nach einer Weile, das heißt nach dem Ende des Falklandkriegs, 1982, die britische Regie-

---

\* Der Versuch eines argentinischen Schrotthändlers, eine dieser sich nicht mehr im Betrieb befindlichen Anlagen abzureißen, um die Metallteile zu verwerten, ohne vorher die Pässe seiner Arbeiter den auf den Inseln ansässigen britischen Beamten vorzulegen – mit der Begründung, dass Argentinien die Oberhoheit Großbritanniens über die Territorien anerkenne –, führte zur Besetzung der Falklands und war der unmittelbare Auslöser für den kurzen, aber blutigen Krieg, mit dem Großbritannien diese wieder an sich brachte.

rung dazu, eine Änderung der Regeln in Angriff zu nehmen. Ende der achtziger Jahre entschied man sich in Whitehall, die Organisation zu schaffen und mit Personal auszustatten, das sicherstellen sollte, dass man zumindest in dem Großbritannien unterstehenden Gebiet in Zukunft beim Fang aller dort vorkommenden Fischarten Vernunft und große Umsicht walten lassen würde. Die Jagd auf Wale, Robben und Pinguine wurde ganz verboten; dann lag es bei London, darüber zu wachen, dass die Fische, von denen es in den südlichen Meeresregionen wimmelte, nicht in ähnliche Gefahr gerieten, ausgerottet zu werden wie ihre Artgenossen in den Gewässern um Neufundland.

Die Fauna im Südatlantik unterscheidet sich erheblich von der im nördlichen Teil des Ozeans. Es gibt dort beispielsweise eine Unmenge von Krill, jenen winzigen krabbenähnlichen Tieren, die Bartenwalen zur Nahrung dienen und immer noch gerne von den Fischereiflotten der Russen, Ukrainer und Japaner gefangen werden. Die Tierchen werden entweder zu Konserven verarbeitet, zu einer Paste zerstampft oder zu großen Blöcken gefroren und als Viehfutter verkauft. Manchmal wird Krill auch zum menschlichen Konsum auf den Markt gebracht – in »getarnter« Form, so dass diese nur selten merken, was sie da eigentlich auf dem Teller liegen haben. Weiter kommen im Südatlantik der Eisfisch vor, der so heißt, weil er extrem niedrige Temperaturen überstehen kann, und der Antarktisdorsch. Beide Arten gediehen ausgezeichnet in den Gewässern um South Georgia, wurden aber Anfang der achtziger Jahre von Trawlern aus den Ostblockländern nahezu ausgerottet. Und dann gibt es da noch den *Patagonian toothfish*, den Schwarzen Seehecht, der aus irgendeinem Grund der Aufmerksamkeit der Russen und Ostdeutschen entging – das heißt bis ungefähr 1988. Das war kurz nachdem man diesem ziemlich großen (bis zu 2,10 Meter langen), langlebigen (er kann bis zu fünfzig Jahre alt werden), außergewöhnlich hässlichen, aber auch außergewöhnlich schmackhaften Fisch einen neuen englischen Namen verpasst hatte. Er wurde fortan als *Chilean sea bass* (chilenischer Zackenbarsch) bezeichnet und tauchte als solcher immer öfter auf den Speisekarten nobler Fischrestaurants in Nordamerika und Europa auf.

Das erschreckende Erscheinungsbild des Schwarzen Seehechts und sein ursprünglicher, wenig anziehender englischer Name *Patagonian toothfish* (Patagonischer Zahnfisch) machten einige Schachzüge der Fischereiindustrie notwendig, damit er dem Konsumenten »mundete«. Man findet ihn jetzt auf Speisekarten unter dem 1984 erfundenen Namen »Chilean sea bass« (Chilenischer Zackenbarsch).

Der Name ging 1984 in den allgemeinen Wortschatz ein. Vier Jahre später erschienen im Südatlantik die ersten russischen Fischerboote, die eigens dazu ausgerüstet waren, große Mengen von diesen Tieren zu fangen, deren lateinischer Name *Dissostichus eleginoides* lautet. Seitdem ist dieser Fisch so beliebt und wird daher von Restaurantbetreibern auf der ganzen Welt so heiß begehrt, dass Journalisten von ihm als dem »weißen Gold der südlichen Meere« sprechen. Bei den Hütern dieser Meere, die noch gut in Erinnerung haben, was bei den Grand Banks geschehen ist, hat diese Entwicklung Bestürzung und nicht geringe Sorge ausgelöst.

Den Seehechten wird generell im Ozean um South Georgia nachgestellt sowie in den flachen Gewässern um die als Shag Rocks bekannten zackigen Felsen vulkanischen Ursprungs, die sich auf halber Strecke zwischen Südgeorgien und den Falklands unerwartet aus dem grauen Einerlei emporrecken. Die Fische werden in den seichteren Gewässern von Trawlern mit Schleppnetzen gefangen, in den tieferen Gewässern hat man mehr Erfolg, wenn man die sogenannten Langleinen einsetzt. Diese Fangmethode ist von brutaler Effizienz. Wie der Name impliziert, werden sehr lange – einige von ihnen erreichen eine Länge von acht Meilen –, mit Tausenden von Haken besetzte Metallschnüre von schnell laufenden Fischerbooten über das Heck ins Meer hinabgelassen. Jeder Haken ist mit einem Köder in Form einer Sardine, eines kleinen Polypen oder einer billigen, als namibische Bastardmakrele bekannten Delikatesse bestückt. Die ganze Leine sinkt auf den Meeresboden hinab, wo man sie über Nacht lässt. Wenn sie morgens wieder an Bord gezogen wird, hängen für gewöhnlich riesige Fische in einem Gesamtgewicht von vier bis fünf Tonnen an jeder Leine, die über eine Walze läuft, auf denen die Tiere von den Haken gelöst werden. Die besonders geschätzten Wangen der Seehechte werden automatisch abgetrennt, der Rest wird schockgefroren und in den Kühlräumen im Rumpf des Schiffs gelagert.

Diese Art des Fischfangs bringt zwei Probleme mit sich. Das erste ist technischer Art und besonders tragisch. Bevor die mit Ködern bestückten Haken auf den Grund sinken, ziehen sie Seevögel an, und Meeresbiologen haben schon vor Langem zu ihrem Entsetzen festgestellt, dass Zehntausende von ihnen – darunter viele Sturmvögel und Königsalbatrosse – die Köder schlucken, so dass sie an den Haken festhängen. Sie werden dann von den mit Gewichten beschwerten Leinen mit in Tiefe gezogen und ertrinken. Mittlerweile fordert man die Fischer auf, bunte im Wind flatternde Bänder und andere Gegenstände, die die Vögel verscheuchen sollen, an den Leinen zu befestigen, damit vor allem die seltenen, prachtvollen Albatrosse geschützt werden. Es ist ein kleiner Lichtblick, dass dies wirklich zu funktionieren scheint, vorausgesetzt, dass die Fischer das tun, worum man sie bittet.

Doch das fuhrt uns zu dem zweiten und gravierenderen Problem: Viele Fischer scheren sich nicht um solche Bitten oder Aufforderungen, weil nämlich die Jagd auf den Schwarzen Seehecht in der

Nähe von Südgeorgien sowieso weitgehend illegal ist oder es zumindest bis vor Kurzem war. Die Seevögel kommen weiterhin durch die Hände dieser Gesetzlosen – Freibeuter im wahrsten Sinn des Wortes – ums Leben, und die Fischgründe sind in Gefahr, entvölkert zu werden, so wie es dreißig Jahre zuvor mit denen bei Neufundland geschah.

Aus diesem Grund sind in jüngerer Zeit schwer bewaffnete Schiffe in diese Region entsandt worden; sie sollen die Raubfischer verscheuchen und von ihrem Treiben abhalten – etwas, das in kanadischen Gewässern niemals versucht wurde. Und der Grund dafür, dass die Schwarzhechtpopulation bei Südgeorgien jetzt dabei ist, sich rasch zu erholen, ist wohl in dieser strengen Maßnahme zu suchen, die daher als beispielhaft dafür gelten kann, was man mit einer entschlossenen und konsequenten Fischereipolitik erreichen kann.

»Unidentifiziertes russisches Schiff zwei Meilen voraus, Namen angeben und Tätigkeit deklarieren«, mit diesen Worten rief uns eine strenge Stimme mit englischem Akzent an. »Hier ist das Schiff der britischen Marine HMS *Northumberland*. Geben Sie bitte unverzüglich Ihren Namen und den Grund Ihrer Anwesenheit in diesen Gewässern an. Verlangsamen Sie Ihre Fahrt zum Zweck einer eventuellen Überprüfung durch einen an Bord kommenden Inspektionstrupp.«

Also mussten wir beidrehen, uns zu erkennen geben und für die Akten deklarieren, dass wir weder die Absicht hatten zu fischen noch die dazu nötige Ausrüstung mitführten. Außerdem sahen wir uns gezwungen, den Zweck unserer Anwesenheit in diesen Breiten darzulegen, die nicht, wie wir angenommen hatten, internationale Hochseegewässer waren, sondern britisches Hoheitsgebiet. Wenn wir Argwohn erweckt hätten, wären Enterkommandos, die schon bereitstanden, in ihren Zodiac-Schnellbooten zu uns herübergesaust, hätten Seile mit Haken daran an unserem Rumpf hochgeworfen und wären an ihnen emporgeklettert. Hätten wir versucht, uns aus dem Staub zu machen, wären wir wohl mit einem Schuss vor den Bug davon abgehalten worden.

Doch es lief alles ganz anders ab. Zufällig war der Kommandant des Kriegsschiffs ein alter Bekannter von mir, und nachdem er sich von unserer Lauterkeit überzeugt hatte, fragte er, ob er nicht für unsere Passagiere »eine kleine Show abziehen« solle, als Entschädigung dafür, dass er uns zum Stoppen gezwungen hatte. Wir waren dann auch alle entzückt von einer fünfzehnminütigen Vorführung verschiedener maritimer Gymnastikübungen: Die HMS *Northumberland* war ein brandneues Schiff; sie konnte auf dem Teller wenden, drehte hierhin und dahin und sauste mit irrer Geschwindigkeit durch die Wogen, so dass das Wasser hochstob und wie ein kleiner Niagarafall wieder zurückplatschte und sie ein meilenlanges Kielwasser hinter sich herzog, Als der Spaß vorbei war, ließ sie dreimal ihre Dampfpfeife ertönen und brauste dann in die untergehende Sonne hinein; binnen weniger Minuten war sie am Horizont verschwunden.

Das war so in den frühen 1990er Jahren, als jedermann aufgrund des Krieges von 1982 noch einigermaßen nervös war. Heutzutage hat sich die Situation stabilisiert, wenn auch Schiffe der Navy für alle Fälle immer noch vor Ort sind. Alle Fangboote, die die Genehmigung besitzen, bei Südgeorgien zu fischen, müssen einen Transponder mitführen, der der Regierung ständig ihre Position meldet, und die Einhaltung der Vorschriften zum Schutz der Fische wird durch noch rigidere Maßnahmen als früher erzwungen. Vom Stützpunkt der Royal Air Force auf den achthundert Meilen entfernten Falklands kommen Maschinen vom Typ Hercules herbeigeflogen und melden ebenso wie darauf programmierte Spionagesatelliten jedes Schiff, das sie in dem Gebiet ausfindig machen und das unerlaubterweise auf Fischfang sein könnte. Zu diesen Schiffen gehören auch die sogenannten *Squid-Jiggers*, die man von oben leicht ausmachen kann, weil sie unter anderem auch gleißend helle Lichtstrahlen in die Tiefe richten, um die Kalmare, *squids*, anzulocken.

Es gibt auch ein Patrouillenboot, das sehr schnell ist und große Strecken zurücklegen kann; sein Rumpf ist orange gestrichen, damit es sich vom Eis abhebt. Es ist mit einem schweren Maschinengewehr der Firma Oerlikon ausgestattet; seine Besatzung würde Jagd auf jeden Missetäter machen, ihn entern, alle an Bord festnehmen und das Schiff selbst konfiszieren. Nötigenfalls würde sie ein Schiff, das gegen die Fischereigesetze verstößt, sogar versenken. 2003 halfen die Männer der MV *Dorada* dabei, die *Viarsa* zur Strecke zu bringen, ein Schiff, das unter uruguayischer Flagge fuhr und illegal gefangenen Seehecht im Wert von vier Millionen Dollar in den Kühlräumen gelagert hatte; das britische Patrouillenboot und andere Einheiten hetzten das Schiff so lange auf der südlichen Halbkugel herum, bis sie es schließlich vor der südafrikanischen Küste aufbringen und die Mannschaft verhaften konnten.

Es stellte sich heraus, dass die *Viarsa* im Besitz eines Syndikats von Galiziern war. Die Eigner stammten also aus dem Norden Spaniens, aus dem auch die Menschen gekommen waren, die fünf Jahrhunderte zuvor die Pioniere des Fischfangs in den tiefen Gewässern des Atlantiks gewesen waren. Es hieß, dass es noch zwanzig weitere Schiffe wie die *Viarsa* gebe, die alle demselben Konsortium gehörten, aber in unterschiedlichen Ländern wie Belize und Ghana, Argentinien und Panama registriert seien. Sie waren alle in derselben Mission unterwegs: die Meere auszuplündern, so viele Fische wie möglich zu fangen, gleichgültig, welches Risiko sie dabei eingingen. Sie konnten sich großer finanzieller Gewinne so gut wie sicher sein. Die Ironie liegt darin, dass dieselbe Notwendigkeit, welche Nordspanier im 16. Jahrhundert zu der nebelverhangenen, trostlosen und keiner Gesetzgebung unterstehenden Wasserwüste der Grand Banks aufbrechen ließ, auch deren Nachfahren im 21. Jahrhundert in die eiskalten Gewässer der Subantarktis führte, wo der Fischfang heute jedoch von strengen Gesetzen geregelt wird, so dass ihr Treiben illegal war. Beide Male verbarg sich die anscheinend nicht zu stillende Gier nach möglichst großen Mengen Fisch hinter den Unternehmungen der Galizier, die – sie sind heute nach den Japanern die zweitgrößten Fischkonsumenten der Welt – offenbar glauben, dass die Meere einen nahezu unerschöpflichen Vorrat davon enthalten.

# 6. Ein nicht geachtetes und geschundenes Meer

Im 16. Jahrhundert mag es noch berechtigt gewesen sein, eine solche Unerschöpflichkeit anzunehmen. Heute ist es das mit Sicherheit nicht mehr. Während in den Tagen von Kolumbus und Cabot, Vespucci und Francis Drake das Meer noch von Fischen überquoll, ist ihre Zahl heute aufgrund planmäßiger Ausplünderung, hinter der sich beinahe so etwas wie eine heimtückische Verschwörung zu verbergen scheint, dramatisch gesunken. Da die irrige Vorstellung von ihrer nicht abnehmenden Fülle allen gegenteiligen Beweisen zum Trotz immer noch so weit verbreitet und der weltweite gewaltige Appetit auf Fisch auch nicht geringer geworden ist, wundert es nicht, dass jetzt Alarm geschlagen wird.

Einige denken, dass alle Fische in jedem Meer der Welt heute gefährdet sind. Viele, die aus Gründen des Umweltschutzes den Verzehr von Fleisch anprangern, meinen, dass man endlich auch auf den Konsum von Fisch verzichten solle, weil Seefische heutzutage genauso in Gefahr seien, ausgerottet zu werden, wie im 19. Jahrhundert die Bisons auf den Prärien Nordamerikas. Nicht wenige sagen voraus, dass es mit der kommerziellen Fischerei weltweit noch vor der Jahrhundertmitte so gut wie vorbei sein wird.

Ohne Zweifel verändern sich die Ozeane unter dem schädlichen Einfluss von Landbewohnern, die allzu sorglos mit ihnen umgehen. Wir alle haben irgendwelche Berichte darüber gelesen. In den 1960er Jahren beispielsweise pflegte ich ein *sea loch*, also eine Art Meeresarm, an der Nordwestküste Schottlands zu besuchen. Gelegentlich fuhr ich in einem Boot so weit auf See hinaus, wie mein Mut es zuließ. Wenn es zu böig wurde, suchte ich manchmal Schutz auf der dem Wind abgewandten Seite eines grünen Inselchens namens Gruinard. Die Einheimischen hatten mich davor gewarnt, ihr zu nahe zu kommen. Eines Tages tat ich es aber ungewollt und entdeckte Schilder am Strand, die davon abrieten, an Land zu gehen, da die ganze Insel und die sie umgebenden Gewässer ein halbes Jahrhundert zuvor, während des Krieges, absichtlich mit Milzbranderregern infiziert worden waren. Es war ein militärisches Experiment gewesen, das sich für viel längere Zeit als erwartet ausgewirkt hatte. Man war überzeugt gewesen, das Meer sei groß genug, um alle toxischen Stoffe fortzuspülen: Niemand hatte sich vorgestellt, dass das Gegenteil der Fall sein und das Meerwasser selbst für lange Zeit verseucht bleiben würde.

Ebenfalls zu jener Zeit verbrachten wir vergnügliche Stunden mit Spaziergängen an einem anderen, von dem ersten weit entfernten Meeresarm. Wir hielten häufig an, um durch das klare Wasser der Gezeitentümpel auf die bunt gefärbten Gärten an deren Grund, auf die wedelnden Arme von purpurnen Seeanemonen zu starren, die hektisch umherhuschenden scharlachroten Krabben und winzigen, seit der letzten Flut hier gefangenen Fischen kurzfristig Schutz vor dem Sonnenlicht boten. Doch das alles hat sich geändert. Seitdem sind Legionen von unachtsamen Besuchern an diesen Ort gekommen, und mit dessen Abgeschiedenheit ist es vorbei. Das ehemals klare Wasser in den Tümpeln ist jetzt mit Schaumflocken bedeckt, und ich glaube nicht, dass ich mir nur einbilde, dass man heutzutage weniger Lebewesen entdeckt und keines von ihnen so leuchtend gefärbt ist, wie ich es aus meinen Kindertagen in Erinnerung habe.

Und weiter im Süden, aber immer noch in einer Region Schottlands gelegen, die von Stürmen gepeitscht und von der See bedrängt wird, gibt es ein weiteres Anzeichen für Zerstörung durch Unachtsamkeit. Wo wir einst in schöner Einsamkeit auf dem *machair*[*] zu liegen, den Seeottern sowie sich im flachen Wasser dicht vor der Küste sonnenden Haien zuzuschauen und über die graue Leere des gewaltigen Ozeans zu staunen pflegten, zieht sich jetzt eine Reihe schwimmender Plattformen entlang, die aus Holz bestehen und von blauen Plastiktonnen über Wasser gehalten werden: Es sind Fischfarmen mit pausenlos sirrenden Pumpen und endlos blinkenden

---

[*] Ein besonderer Bodentyp, den man in Schottland und Irland in Küstennähe findet und der aufgrund eines hohen Anteils an Muschelsedimenten äußerst mineralreich und fruchtbar ist. (Anm. d. Ü.)

Lichtern, zwischen denen das Meer mit Motoröl verunreinigende Schnellboote hin und her fahren, um den Tausenden in den Käfigen gefangenen Tieren Futter zu bringen. Das Wasser in diesen Gefängnissen ist ständig aufgewühlt, da die Fische hektisch miteinander um Lebensraum kämpfen – aber ganz anders, als sie es Berichten zufolge fünf Jahrhunderte zuvor im Nordatlantik taten: Dort war ihre Konkurrenz eine Folge ihrer Freiheit und Fruchtbarkeit, die Fische in den Zuchtanstalten hingegen machen sich gegenseitig den Raum streitig, weil sie in großer Zahl hinter Drahtzäunen eingesperrt sind und dort mit zerschlissenen Flossen, schlaffen Muskeln und von Infektionen heimgesucht gehalten werden, bis sie groß genug sind, um per Lastwagen zu den Märkten in Europas Großstädten transportiert zu werden.

Überall im und am Meer stößt man auf Niedergang und Verfall. An dem Wintertag, an dem ich dies schreibe, ist eine weitere traurige Meldung über die Erschöpfung der Ressourcen in den Ozeanen eingegangen: Es gibt Hinweise darauf, dass der steigende Säuregehalt des Wassers tropischer Meere, der, wie man vermutet, darauf zurückgeht, dass ein Übermaß an vom Menschen produziertem Kohlendioxid in sie gelangt, bestimmte Fischarten ihres Geruchsinns beraubt, wodurch sie nicht mehr in der Lage sind, sich ihnen nähernde Fressfeinde zu wittern.

Wir verschmutzen das Meer, wir plündern das Meer, wir missachten das Meer, wir entehren das Meer. Wir vergessen oder ignorieren permanent, dass das Meer die Quelle allen Lebens auf der Welt ist, dass unser aller Ursprung in ihm liegt. Der Atlantik, der erste Ozean, der entdeckt, überquert und erforscht wurde, ist so stark verunreinigt und ausgeplündert wie kein anderes Meer. Ein Vergleich der vom Menschen herbeigeführten Ausrottung des Kabeljaus im Nordatlantik mit der derzeitigen vernünftig betriebenen Überwachung der Seehechtfischerei im Südatlantik lässt die Vermutung oder Hoffnung aufkeimen, dass die Menschheit endlich auf dem Wege sein könnte, Vernunft anzunehmen. Doch ist ein solcher Vergleich nur eingeschränkt möglich. Die bedauerlichen Entscheidungen der kanadischen Regierung in den 1980er Jahren wurden in einer Demokratie getroffen, und zwar von Politikern, die sich verpflichtet fühlten, die Forderungen und Bedürfnisse der Fischer auf Neufundland – die ja auch Wähler waren – kurzfristig zu erfüllen. In den Gewässern um South Georgia gibt es keine Wähler, nicht einen einzigen. Dort wohnt niemand permanent. Die Kolonialbehörden haben dort freie Hand bei der Regulierung der Fischereiwirtschaft; sie können so handeln, wie sie es für richtig halten, brauchen auf keine Gruppierung oder Interessensgemeinschaft Rücksicht zu nehmen – außer auf die Fische selbst sozusagen.

Aber trotzdem zeichnet sich allmählich eine wachsende Entschlossenheit des Menschen ab, anders mit den Meeren umzugehen – und es ist wahrscheinlich, dass wieder einmal der Atlantik das Testgelände für die Ausarbeitung, die »Feinabstimmung« von entsprechenden Maßnahmen abgeben wird. Der Atlantik würde dem Menschen aber auch die Folgen seines eventuellen Versagens in aller Deutlichkeit vor Augen führen.

Und wie, so muss man sich fragen, könnten diese Folgen aussehen? Wären die Meere in der Lage, sich auf irgendeine nicht vorstellbare Weise dem Missbrauch, den wir mit ihnen treiben, zu widersetzen, auf irgendeine Art zurückzuschlagen, sich zu »rächen«? Was für einen Preis würde die Menschheit zahlen müssen, wenn der Atlantik genau dies täte?

# 7

# Die Sturmwelle treibt alles
# vor sich her

*Der letzte Akt, mit dem*
*Die seltsam wechselnde Geschichte schließt,*
*Ist zweite Kindheit, gänzliches Vergessen,*
*Ohn' Augen, ohne Zahn, Geschmack und alles.*

## 1. Das Eis zieht sich zurück

Im Nordatlantik gehen einige merkwürdige Dinge vor sich, und niemand weiß genau, wieso. Der Wandel nimmt ganz unterschiedliche Erscheinungsformen an. Hier ein Beispiel von vielen.

Anfang September 1965 hielt ich mich in Ostgrönland auf, wo ich auf eine Gruppe Inuit wartete, die unseren aus sechs Universitätsangehörigen bestehenden Expeditionstrupp am Ufer eines breiten Fjords namens Scoresbysund aufsammeln und von dort wegbringen sollte. Wir hatten einige Monate lang auf der Eiskappe Forschungen betrieben und waren dann zur Küste hinuntergestiegen, um von dort, wie vorher verabredet, die erste Etappe unserer langen Reise zurück in die Heimat anzutreten. Wir warteten und warteten. Die Tage verstrichen, doch das Boot traf nicht ein. Schließlich erfuhren wir aus unserem Kurzwellenempfänger den Grund dafür: Zwei Wochen lang unerbittlich aus dem Osten tobende Stürme hatten Milliarden Tonnen atlantischen Packeises aus der Dänemarkstraße in den zweihundert Meilen langen Fjord getrieben, so dass er für kein Wasserfahrzeug – mit Ausnahme großer Eisbrecher – mehr befahrbar war. Das geschah damals hin und wieder, aber niemand hatte uns darüber informiert. Das Boot, auf das wir warteten, war kein Eisbrecher, sondern es hatte einen hölzernen Rumpf, und seine Länge betrug nicht mehr als sechs Meter. Es war mit drei Leuten bemannt und hieß *Entalik*.

Da hockten wir also – wie in einer Falle und möglicherweise in einer echten Notsituation. Wir waren alle in guter körperlicher Verfassung, doch uns war der Proviant nahezu ausgegangen. Wir hatten noch mehrere hundert Pfund einer speziellen, auch bei niedrigen Temperaturen streichfähigen Margarine, zehn Schachteln Weetabix-Frühstückszerealien und – bizarrerweise – eine einsame Packung Lorbeerblätter. Das alles befand sich in einem Vorratslager, das wir dort angelegt hatten, wo wir drei Monate zuvor an Land gegangen waren. Doch wir fühlten uns keineswegs hilflos; wir besaßen ein Funkgerät und ein Gewehr, und eher durch Glück als aufgrund besonderer Geschicklichkeit im Umgang mit Schusswaffen schaffte einer von uns es, eine Weißwangengans und – ich habe heute Hemmungen, es zuzugeben – einen alten Eisbären mit zottigem gelbem Pelz zu erlegen. Wir verzehrten beide; die Gans war so wohlschmeckend, wie Gänse es zu sein pflegen, das Fleisch des Bären jedoch so zäh, wie es dem räudigen Aussehen des Tieres entsprach. Die Schenkel wimmelten überdies von Scharen ekelhafter, mehrere Zentimeter langer Plattwürmer, die man unter dem Namen *Planaria* kennt; wir mussten sie mit unseren Schweizer Armeemessern herauspulen, bevor wir das Fleisch über unserem Primuskocher garten. Wir verschmähten die Leber des Bären, da Grönländer uns vor deren Verzehr gewarnt hatten: Sie sei aufgrund eines zu hohen Vitamin-A-Gehalts äußerst giftig.

Nach einiger Zeit erhielten wir einen Funkspruch von der Mannschaft der *Entalik:* Sie hätten sich drei Tage und Nächte lang durch das Packeis hindurchgekämpft und seien jetzt nur noch ungefähr eine Meile von uns entfernt; aber näher könnten sie wahrscheinlich nicht herankommen. Solange des Eis sich nicht zu stark bewege, könnten sie vielleicht einen Tag lang dort ausharren, wo sie jetzt seien, dann würden sie sich aber auf den Rückweg machen müssen. Der Winter begann Einzug zu halten. In jenen Regionen knapp oberhalb des siebzigsten Breitengrads ging die Herbstsonne jeden Tag ein paar Minuten früher unter, und die Temperaturen begannen in der Nacht stark zu fallen. Sogar tagsüber war es schon kalt genug für Schneegestöber. Uns blieb eigentlich kaum eine Wahl. Wir hatten schon den letzten Eisbrecher der Saison, der zweimal jährlich von einer fünfzig Kilometer von uns entfernten kleinen Siedlung am Nordufer des Fjords aus in See stach und uns nach Dänemark zurückgebracht hätte, verpasst. Wenn es uns jetzt nicht gelänge, uns in dieser Siedlung in Sicherheit zu bringen, würden wir wirklich in eine schlimme Lage geraten. Es würde immer kälter werden, und bald würde auch vollkommene Dunkelheit herrschen. Uns drohte der Hungertod.

Wenn wir noch eine Chance haben wollten, wieder nach Hause zu gelangen, mussten wir versuchen, uns zu Fuß zu dem Boot durchzuschlagen, also über die sich unablässig verschiebenden Eisschollen über den Fjord zu wandern, in der Hoffnung, am Rand der zugefrorenen Fläche auf die *Entalik* zu stoßen. Wir müssten unverzüglich aufbrechen, weil die Männer in dem Boot angesichts der Gefahr, für den ganzen Winter an ihrem Liegeplatz festgehalten zu werden, nicht ewig warten, sondern wenden und die Rückfahrt in den Hafen antreten würden.

Also brachen wir unsere Zelte ab, sammelten die wichtigsten Stücke unserer Ausrüstung zusammen und packten sie uns auf den Rücken. Dann banden wir uns zu unserer Sicherheit mit einem Seil aneinander fest, und mit Krampen unter den Stiefelsohlen und Eispickeln in den Händen klommen wir über die Grate, zu denen sich die Eisschollen am Strand aufgetürmt hatten, und begannen uns dann einen Weg über deren sich unablässig bewegende, schwankende Masse zu bahnen. Wir mussten von einer Scholle zur nächsten springen, über Adern schwarzen und eiskalten Wassers hinweg. Wir wussten, dass die Tiefe des Fjords dreihundert Meter oder mehr betrug, was aber letztlich irrelevant war: Nach einer Minute in dem eisigen Wasser, also schon bevor man bis auf den Grund gesunken wäre, wäre man sowieso tot gewesen.

Es dauerte viele Stunden, und mehr als einmal entgingen wir nur um Haaresbreite dem Tod, aber wir schafften es bis zu dem Boot, und obwohl dies erst eine Weile, wie von der Mannschaft befürchtet, im Eis feststeckte und wir noch ein weiteres Tier – einen Moschusochsen – schießen mussten, um etwas zum Essen zu haben, gelang es uns am Ende, das offene Wasser des Sunds zu erreichen. Eine Woche später waren wir wieder in England.

Fünf von uns wurden später Geologen, und zwei kehrten beinahe jedes Jahr in jenen Teil Grönlands zurück, den wir damals gemeinsam erforscht hatten. Sie kannten diese entlegene Region nach einiger Zeit wie ihre Westentasche, wussten über das Eis, die Felsen, die Tiere und vor allem auch das Wetter dort fast genauso gut Bescheid wie die Einheimischen. Und im Lauf der Jahre hatten sie bemerkt, dass einige recht merkwürdige Veränderungen im Gang waren.

Mit einigen Veränderungen hatte man allerdings rechnen können: So ist die Siedlung jetzt ein wenig größer als früher – damals wurde sie von vierhundert Personen bewohnt, heute von fünfhundert. Und sie hat einen anderen Namen erhalten, einen, der nicht mehr an den britischen Kapitän eines Walfangschiffs, einen gewissen William Scoresby, erinnert; sie heißt nun Ittoqqortoormiit, grönländisch für *großes Haus*. Der Eisbrecher aus Kopenhagen kommt immer noch zweimal im Jahr hierher, mittlerweile wird der Ort aber während des Sommers auch zweimal wöchentlich angeflogen. Die *Entalik* gibt es schon lange nicht mehr, aber an ihre Stelle ist ein viel größeres und robusteres Boot getreten. Die jungen Männer, die 1965 das alte Boot bemannten, sind jetzt Oldtimer, und das neue wird von einer Schar starker junger Burschen in die entlegensten Winkel und Nischen des Fjords gerudert – er misst vom Atlantik bis zu dem ihn speisenden Gletscher dreihundertvierzig Kilometer und ist damit der längste der Welt –, um allen, die sich entschieden haben, in noch größerer Abgeschiedenheit, weit vom offenen Meer entfernt zu leben, frische Vorräte zu bringen.

Diese jungen Burschen waren die Ersten, die auf signifikante Veränderungen in ihrer Umwelt aufmerksam wurden. Als sie anfingen, den Sund zu befahren, konnten sie mit Sicherheit davon ausgehen, dass sie es gegen Ende der wärmeren Jahreszeit mit vom Sturm angetriebenem Packeis zu tun bekommen würden, so wie es uns damals, 1965, geschah. Milliarden Eisschollen würden sie von allen Seiten bedrängen, und es würde schwierig, wenn nicht gar unmöglich sein voranzukommen. Zum ersten Mal pflegte so etwas gegen Ende September zu geschehen. Bei seltenen Gelegenheiten wurde das Packeis schon ein paar Wochen früher in den Sund getrieben: In unserem Fall waren die Schollen, die uns bei der Rückkehr in die Heimat so behindert hatten, schon in der ersten Septemberwoche in ihn gespült worden. Das geschah aber, wie gesagt, selten.

Doch dann begann etwas Merkwürdiges einzutreten – und zwar den Erinnerungen der Grönländer nach von Mitte der 1990er Jahre an: Die Eisschollen kamen mit wachsender Verzögerung, zu einem immer späteren Zeitpunkt in den Sund geschwommen. Im August gab es nie mehr welche, was als Erleichterung empfunden wurde. Doch traten sie auch nur noch äußerst selten Anfang September auf, und das kam den Einheimischen befremdlich vor. Gegen Ende des 20. und dann zu Beginn des 21. Jahrhunderts blieb der Fjord Jahr um Jahr bis fast zum Ende des Monats eisfrei. Ja, manchmal zeigte sich bis zum letzten Septembertag kein Eis, was man früher nie erlebt hatte.

Und was den Zeitpunkt betraf, zu dem das Eis in dem Fjord so fest und dick war, dass man alle Boote ans Ufer zog und für den Rest des Winters mit dem Kiel nach oben aufbockte, so war der früher immer dann gekommen, wenn die Sonne niedrig am Himmel stand und es den halben Tag lang dunkel blieb. Das Abnehmen der hellen Stunden fiel also mit dem Sichbilden der dicken Eisschicht zusammen. Jetzt aber hatte man, obwohl es den größten Teil des Tages stockfinster war, immer noch einen offenen Meeresarm vor sich, man sah Wellen und hörte Wasser rauschen und rinnen, Eindrücke, die eigentlich mit jener Zeit assoziiert waren, an denen die Sonne den ganzen Tag lang schien. Der arktische Winter hatte – rein kalendarisch – begonnen, aber die arktischen Gewässer waren nicht so kalt wie ehedem, und das Eis war zumindest nicht mehr in solchen Mengen vorhanden wie früher. Gegen Ende der ersten Dekade des neuen Jahrhunderts war jedermann klar geworden, dass das, was zunächst ein Sonderfall zu sein schien, eine allgemeine Entwicklung anzeigte. Die Arktis oder jedenfalls dieser Teil von ihr erwärmte sich tatsächlich.

Die Klimaveränderung hat also auch diese kleine, an einem Arm des Atlantiks gelegene grönländische Siedlung erreicht. In dieser Region steigen die Temperaturen vielleicht nur relativ sachte an – man bekommt nicht so etwas Eindrucksvolles zu sehen wie das Zerbersten von ländergroßen Eisflächen, zu dem es achttausend Meilen weiter südlich am Rand der Antarktis kommt. Die wirtschaftlichen Folgen werden für Ostgrönland nicht so einschneidend sein wie das Schmelzen des Polareises nördlich von Russland, ein Vorgang, der es 2009 Frachtern ermöglichte, die sogenannte Nordwestpassage zwischen Archangelsk und Wladiwostok zu benutzen. Die Entwicklung wird aber das Verhalten der Grönländer, ihre Lebensweise verändern – der späte Winterbeginn wird die Periode verlängern, in der sie Narwale, Walrosse und Robben jagen oder sich dem Fischfang widmen. Es wird sich auch auf das Datum auswirken, an dem der Eisbrecher aus Kopenhagen zu Beginn der warmen Jahreszeit eintrifft, und ebenso auf das seiner definitiven Rückkehr nach Dänemark, denn dem späteren Zufrieren des Sundes steht, wie zu erwarten, ein früheres Aufbrechen der Eisfläche im Frühjahr gegenüber. Man sagt, dass die Erderwärmung weitreichende und gefährliche Folgen haben wird. Auch entlegene Orte wie Ittoqqortoormiit werden Veränderungen erleben, doch in diesem frostigen Winkel der Welt wird man nicht alle als negativ empfinden.

Eine ganze Reihe unerwarteter Ereignisse dieser Art – von denen einige sich nur lokal auswirken, andere den ganzen Planeten tangieren – werden derzeit in und an allen Weltmeeren beobachtet, vor allem aber im und am Atlantik. Über viele Veränderungen wissen wir nur allzu gut Bescheid. Einige der Lebewesen, die im Meer und an seinen Ufern zu Hause sind – Wale ebenso wie Kabeljaue oder Eisbären – sterben in wachsender und beunruhigender Zahl. Sie werden entweder vom Menschen unabsichtlich ausgerottet, ihnen geht die Nahrung aus oder ihr natürlicher Lebensraum schwindet zunehmend. Einige Meeresströmungen ändern ihren Verlauf oder ihre Größe, sie werden stärker oder schwächer. Die Temperaturen der

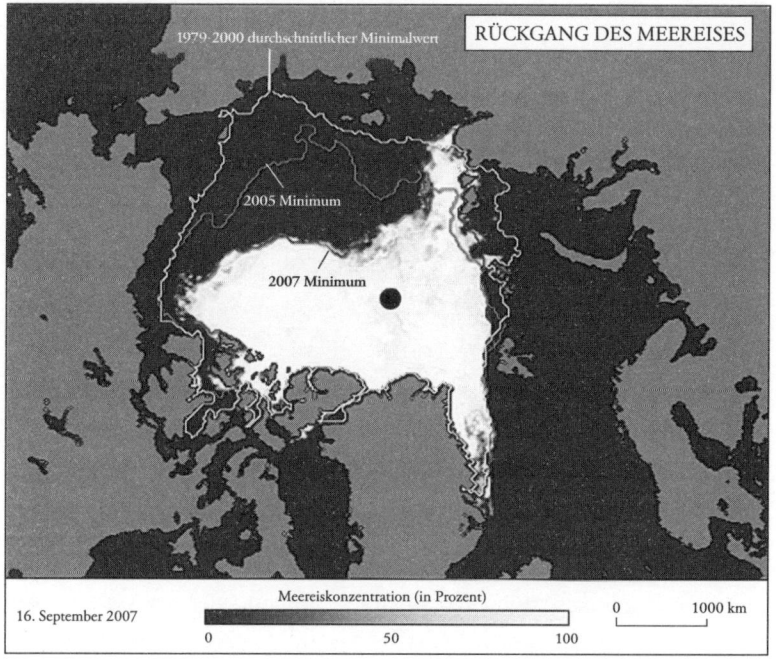

1979-2000 durchschnittlicher Minimalwert

2005 Minimum

2007 Minimum

Meereiskonzentration (in Prozent)

16. September 2007

0          50          100

0          1000 km

Das Schmelzen der arktischen Eiskappe, das 1979 einsetzte und
seitdem anhält, bewirkt, dass man in der Region um den Nordpol
während des Sommers wieder große Flächen blauen Wassers zu
Gesicht bekommt. Der Scoresbysund auf Grönland – der sich an
seinem Ende gabelnde Meeresarm im unteren östlichen Teil der
Insel – war in den 1960er Jahren noch von Treibeis verstopft, heute
sind seine einzelnen Fjorde bis weit in den Winter hinein völlig eisfrei.

Weltmeere und der Luft über ihnen nehmen zu, und zwar der Ansicht einiger Fachleute nach sehr viel schneller, als man ursprünglich
annahm, was besonderen Anlass zur Besorgnis gibt.

An einigen Orten herrschen ganz andere Wetterverhältnisse als
früher, und dramatische Stürme werden immer häufiger; sie nehmen
ständig und in bedrohlichem Maß an Heftigkeit zu. Eiskappen, Gletscher und bislang permanent existierende Schneeflächen haben zu
schmelzen begonnen, und dieser Prozess schreitet rasch voran; diese
gewaltige Umwandlung fester Materie in flüssige lässt die Meeres-

spiegel auf ein so viel höheres Niveau ansteigen, dass bald alle unsere Küsten und sehr viele unserer Städte bedroht sein könnten.

All dies sorgt für große Beunruhigung. Nicht wenige sehen aufgrund der Schäden, die wir den Ozeanen zugefügt haben, großes Unheil auf uns zukommen, fürchten eine Katastrophe von apokalyptischen Ausmaßen. Weit verbreiteter, wenn auch nicht von allen geteilter Überzeugung nach sind die industriellen Exzesse der Menschheit in hohem Grad schuld daran, und wenn diese nicht ihr Verhalten ändert, werden die Erde und die lebenspendenden Ozeane binnen Kurzem in großer Bedrängnis sein.

## 2. Dem Untergang entgegen?

Eines ist unabwendbar: Der Atlantische Ozean wird eines Tages als Entität verschwunden sein. Die ihn umgebenden Kontinente, die ihm seine gegenwärtigen Konturen verleihen, werden selbst unter dem Einfluss gewaltiger Kräfte ihre Gestalt verändern, sich über die Oberfläche des Planeten bewegen und sich zusammenschieben, so dass die Wasser des Atlantiks gezwungen sein werden, sich anderswo einen Platz zu suchen. Gleichgültig, welche viel beschrienen Probleme dem Ozean heute zusetzen mögen, sie werden auf diese Entwicklung keinerlei Einfluss haben. Die »Lebensdauer« des Atlantiks als Ozean wird nicht davon beeinflusst, ob die Temperatur seines Wassers steigt oder fällt oder wohin seine Strömungen fließen, oder ob die Seehechte in seinen Tiefen und die Eisbären an seinen Ufern am Leben bleiben oder sterben. Wie lange der Atlantik noch existieren wird, ist in keiner Weise vom Menschen abhängig, der schon lange von der Erdoberfläche verschwunden sein wird, wenn der Ozean sich anschickt zu vergehen.

Doch was das Verhältnis zwischen ihm und dem Ozean betrifft, so hat der Mensch selbst entscheidenden Einfluss darauf, wie dieses aussieht. Es hängt in signifikantem Grad davon ab, wie fürsorglich er mit den Meeren in seiner Obhut umgeht.

Wir wissen, dass es den Meeren nicht gut geht. Wir wissen, dass der Mensch zumindest zu einem Teil dafür verantwortlich ist, dafür gibt es ja reichlich Beweise – wie zuletzt die Katastrophe im Golf von Mexiko, wo im Frühsommer 2010 eine Bohrinsel explodierte und ein paar Meilen von New Orleans entfernt im Wasser versank. Ein Strom von Rohöl quoll aus einer gebrochenen Leitung am Meeresboden unter der Plattform Deepwater Horizon heraus und verteilte sich von Texas bis nach Florida an den Küsten, verunreinigte die Strände, vernichtete Pflanzen und Lebewesen. Elf Arbeiter kamen bei dem Unglück ums Leben.

Dieses Ereignis – das genauso vorhersehbar wie vermeidbar war – sorgte für Verwirrung in den Reihen jener, die ursprünglich skeptisch gewesen, dann jedoch zu der Überzeugung gelangt waren, dass die Förderung von Öl im Meer eine sichere oder zumindest hinreichend sichere Angelegenheit sei, und energisch dafür eintraten. Den anderen jedoch, denjenigen, die sich an andere große Tragödien im Atlantik erinnerten – wie zum Beispiel den Verlust der Piper-Alpha-North-Sea-Plattform im Jahr 1988, der entsetzlich viele Menschenleben gefordert hatte –, diente die Katastrophe im Golf von Mexiko nur zur Bestätigung dafür, dass das Bohren nach Öl vor den Küsten dem Meer wie auch dem Menschen über kurz oder lang unvermeidlich großen Schaden zufügen müsse.

Dann gab es da aber noch eine dritte Gruppe, und zwar eine sehr große. Sie bestand aus Menschen, die sich in keiner Weise von ihrer Überzeugung abbringen ließen, dass die industriellen Bedürfnisse der modernen Welt den Vorrang vor allem anderen hätten und man sich nicht durch irgendwelche albernen Bedenken davon abhalten lassen dürfe, sie zu befriedigen. Für diese Gruppe waren der Untergang der Plattform und die dadurch verursachte Umweltverschmutzung zwar tragisch, sie glaubte aber nicht, dass man große Konsequenzen daraus ziehen müsse. Sie waren für sie einfach *unvermeidbare Begleiterscheinungen* der Suche nach Öl unter der Meeresoberfläche.

Die traurigen Ereignisse im Golf von Mexiko werfen erneut die Frage auf: Was ist die Wahrheit? Sind die vielen Probleme, unter denen die Meere heute leiden, wirklich das Ergebnis menschlichen Unverstands oder mutwilligen menschlichen Fehlverhaltens? Und kann es sein, dass, wenn gewaltige Wirbelstürme wie Katrina sich zusammenbrauen, wenn die holländischen Polder überflutet oder die afrikanischen Strände von den Wellen fortgerissen werden und Dörfer unter den Wogen verschwinden, die See *zurückschlägt*? Oder handelt es sich um zyklisch auftretende, »natürliche« Vorgänge. Sind auch die Stürme und das Ansteigen der Meeresspiegel Teil eines Zyklus, und ist es nicht viel wahrscheinlicher, dass der Ozean in seiner Majestät erhaben darüber bleibt, Vergeltung zu üben für solche »Flohstiche«, wie der Mensch sie ihm versetzt?

Das sind Fragen, die schwierig zu beantworten sind und auch ganz widersprüchlich beantwortet werden. Mir ist vollkommen bewusst, dass es dem Ziel, das ich mit dem vorliegenden Buch verfolge, sehr dienlich wäre, wenn ich nachweisen könnte, dass der Mensch uneingeschränkt oder sogar ausschließlich für die Schädigungen des Ozeans verantwortlich ist. Doch ich weiß auch, dass es in Bezug auf dieses Thema eine Menge gegensätzlicher, einander widerstreitender Ansichten und Behauptungen gibt. Personen, an deren Fachkenntnis und Integrität kein Zweifel besteht, führen aus, dass der Mensch Schuld an den Problemen hat, während andere von ähnlich tadelloser Reputation und Integrität behaupten, es sei der Höhepunkt der Arroganz, so etwas anzunehmen. Der Mensch sei viel zu unbedeutend und beschränkt, als dass er irgendeinen Einfluss auf eine so gewaltige Entität wie den Atlantischen Ozean nehmen könne. Seit 1995, als das Intergovernmental Panel on Climate Change seine historische Erklärung veröffentlichte, in der es hieß, dass man »einen deutlichen Einfluss des Menschen auf das Weltklima« erkennen könne, ist dies Gegenstand einer Grundsatzdebatte geworden. Diejenigen, die diese Erkenntnis für richtig halten, kämpfen mit denen, die sie als falsch zurückweisen, darum, andere Menschen emotional zu gewinnen oder sie rational für sich einzunehmen, als ob sie die Führer irgendeiner neuen religiösen Bewegung wären. Jetzt hat sich auch die Politik in den Streit eingemischt und das, was bereits eine Kakophonie war, um neue und noch lautere Stimmen erweitert. Das ist nicht sonderlich hilfreich, weil es nur die Verwirrung erhöht.

Aus einer leichten, von der afrikanischen Savanne herüberwehenden
Brise entstehen bei den Kapverdischen Inseln im Ostatlantik
gelegentlich monströse und lang anhaltende Wirbelstürme. Diejenigen,
die bis in die Karibik oder an die amerikanische Küste gelangen – wie
»Katrina« im Jahr 2005 oder »Bonnie«, der hier auf dem Satellitenfoto
zu sehen ist, im Jahr 1998 –, richten große Verwüstungen an und
fordern meist auch Menschenleben.

Es gibt aber eine Handvoll harter, unwiderlegbarer Tatsachen in
Bezug auf die gegenwärtige Lage der Weltmeere, die auch die vehe-
mentesten Leugner eines Wandels in der Regel als zutreffend aner-
kennen.

Die erste davon ist zugleich die einfachste wie auch die folgen-
reichste: Die Welt erwärmt sich zunehmend, und die Temperatur der
Weltmeere, insbesondere die des Atlantiks, steigt jäh und in einem
alarmierenden Grad an. Das wird Konsequenzen für viele der Menschen haben, die an den Ufern eines Meeres oder in deren Nähe zu
Hause sind und ihren Lebensunterhalt aus ihm beziehen. Ob diese
Konsequenzen sich nur temporär oder permanent auswirken werden, spielt kaum eine Rolle: Wichtig ist, dass sie jedermann betreffen
werden und nicht nur die Narwaljäger von Ittoqqortoormiit.

Im Kernpunkt des Streits scheinen folgende Fakten zu stehen, die wohl unwiderlegbar sind (was, wie wir sehen werden, nicht bedeutet, dass man sie nicht zu widerlegen versucht). Erstens lässt sich ganz klar mit Messungen dokumentieren, dass sich während des letzten Vierteljahrhunderts die durchschnittliche Temperatur der Atmosphäre an der Erdoberfläche um durchschnittlich 0,19 Grad Celsius pro Jahrzehnt erhöht hat. Zweitens haben Beobachtungen von Schiffen oder Flugzeugen aus sowie solche, die von Wissenschaftlern mithilfe von Satelliten oder auch am Boden vorgenommen wurden, erwiesen, dass die Eisflächen und -kappen im Arktischen Ozean, auf Grönland und dem antarktischen Kontinent ausnahmslos zurückgehen. Außerdem ist unbestreitbar, dass seit 1990 die Gletscher und Eiskappen anderswo, die sich seit einem halben Jahrhundert in einem Prozess des langsamen Schrumpfens befanden, plötzlich angefangen haben, sehr schnell zu schmelzen. Und drittens haben Satellitenaufnahmen gezeigt, dass der Spiegel der Weltmeere in den letzten eineinhalb Jahrzehnten um 3,4 Millimeter jährlich angestiegen ist, und dieser Wert dabei ist zuzunehmen.

Zusätzlich zu diesen harten Fakten wird von der überwältigenden Mehrheit der Klimatologen eine Reihe nicht so gesicherter – oder anfechtbarerer – Behauptungen und Vorhersagen abgegeben. Erstens nimmt man an, dass die Meeresspiegel weltweit weiter steigen und sich 2100 um mehr als einen Meter erhöht haben werden, vielleicht sogar um zwei. Zweitens steht dieses Ansteigen der Meeresspiegel mit dem Abschmelzen der Eiskappen in Zusammenhang. Drittens nähern wir uns jetzt schnell einer Reihe von sogenannten »tipping points«, Umkipp-Punkten, und wenn der beobachtete Prozess der Erwärmung anhält (was keineswegs gewiss ist), dann werden alle möglichen Merkmale der Welt und Erscheinungen auf ihr einem Wandel unterworfen, der vielleicht nicht reversibel ist. Die Regenwälder werden ebenso von ihm betroffen sein wie die Monsunwinde, er wird sich auf die Häufigkeit von Hurrikans und die Versteppung von Territorien auswirken.

Das vierte Phänomen, auf das viele verweisen und an dessen tatsächliche Existenz heute die meisten glauben, ist das zeitliche Zusammentreffen der genannten Entwicklungen mit einem dramatischen Anstieg der Menge an Kohlendioxid und anderen sogenannten Treibhausgasen, die aus Schornsteinen und Auspuffrohren in die obere Atmosphäre aufsteigen, sich dort ablagern und verhindern, dass Wärme von unserem Planeten entweichen kann. Diese Emissionen, die alle auf die eine oder andere Weise durch die Nutzung fossiler Brennstoffe verursacht werden, haben seit 1990 um nicht weniger als vierzig Prozent zugenommen.

Viele Menschen sind davon überzeugt, dass die Erderwärmung, das Schmelzen der Eiskappen und Ansteigen der Meeresspiegel mit der Zunahme des durch den Menschen verursachten Kohlendioxidausstoßes nicht nur zeitlich zusammenfällt, sondern Letztere die Ursache für alle diese Entwicklungen ist. Das ist aber der Punkt, bezüglich dessen die beiden unterschiedlichen Gruppierungen Front gegeneinander machen. Während die eine darauf beharrt, dass das so ist, zweifelt die andere dies an und meint, das Geld, das allenthalben dafür verwendet wird, um eine Verringerung der Kohlendioxidemission zu erreichen und den Erwärmungsprozess aufzuhalten, könne und solle sinnvoller für andere Projekte eingesetzt werden. Die große Zahl der auf der Erde lebenden Menschen, argumentieren diese Zweifler, stelle das Hauptproblem dar, und man müsse zunächst andere gravierende Notstände beheben, etwas gegen Krankheiten, den Mangel an Trinkwasser oder die weit verbreitete Armut unternehmen, bevor man sich dem absolut nicht nachweisbaren Nexus zwischen Kohlendioxidemission und globaler Erwärmung widmen dürfe.

## 3. Das Meer steigt und steigt

Prognosen zufolge wird die Erderwärmung vielfältige Folgen haben. Einige davon betreffen ausschließlich das feste Land – wie die größere Häufigkeit von Dürreperioden und die flächenmäßige Zunahme von Wüstengebieten –, die meisten aber die Meere. Zwei Auswirkungen der globalen Erwärmung scheinen besonders gravierend zu sein: das Ansteigen der Meere sowie potenzielle umfassende und weltweite Veränderungen des Wetters.

Das Ansteigen der Meeresspiegel weckt vielleicht das größte unmittelbare Interesse, nicht zuletzt weil die Millionen Menschen, die an den Ufern eines Meeres leben, oft hautnah zu spüren bekommen, dass ein solcher Prozess im Gang ist. Es gibt zwei Ursachen für dieses Phänomen, das sehr real ist und von Wissenschaftlern schon seit Längerem registriert wird; seit 1870, als die relevanten Daten noch mithilfe von mechanischen Wasserstandsmessern ermittelt wurden, bis heute, da Satelliten diese Aufgabe übernehmen, hat sich das Niveau der Weltmeere um rund zwanzig Zentimeter erhöht.

Ein simples physikalisches Gesetz liefert die erste Erklärung dafür: Wenn seine Umgebungstemperatur steigt, dehnt Wasser sich aus. Die sich erwärmende See wird also mit anderen Worten nicht eigentlich größer, das Wasser wird nicht *mehr*, sondern es *schwillt an*.

Man geht zwar davon aus, dass diese Ausdehnung aufgrund von Wärmezufuhr für ungefähr vierzig Prozent des weltweiten Anstiegs der Meeresspiegel verantwortlich ist, doch lässt sich das nur schwer nachweisen. Man bekommt manchmal auch die Theorie zu hören, dass bei heißerem Wetter die Becken der Meere sich ebenfalls ausdehnen, der Wasserspiegel daher die gleiche Höhe behält. Physiker, die sich der Theorie vom Anschwellen des Wassers anschließen, kontern aber mit dem Hinweis darauf, dass Wasser sich stärker ausdehnt als Felsgestein, und sie daher mit ihrer Behauptung recht haben.

Der andere Grund dafür, dass das Niveau der Meere ansteigt, ist viel leichter einzusehen; er soll für sechzig Prozent des Anstiegs verantwortlich sein und hat mit dem Aggregatzustand zu tun, in dem Wasser auf einem großen Teil unserer Welt vorkommt: Es ist in großen Höhen und an den Polen vor allem in Form von Eis vorhanden, also in gebundener Form. Solange das auf dem festen Land vorkommende Eis – in Gestalt von Gletschern, Eiskappen, Schneefeldern – nicht schmilzt, ist alles in Ordnung, oder es herrscht zumindest Stabilität. Doch ein großer Teil dieses Eises ist dabei zu schmelzen, ein Prozess, der vor zwanzig Jahren oder sogar schon früher eingesetzt hat. Wenn der Vorgang weiter anhält und sich sogar noch beschleunigt, wie es seit einiger Zeit der Fall ist, das heißt, wenn das ganze gebundene Wasser sich verflüssigt und in die Meere strömt, dann wird das Riesenprobleme bereiten.

Da das Vorhandensein von Eis entscheidend für die Stabilität der Meere ist, gilt es vor allem, den Atlantik im Auge zu behalten. Von den drei großen Ozeanen der Welt ist er derjenige, in dem und an dem die bei Weitem größte Menge Eis vorkommt. Ein Blick auf eine Karte zeigt, warum er in größerem Maß als die beiden anderen Ozeane ein Auffangbecken für polares Treibeis ist.

Der Pazifik ist von der Arktis beispielsweise durch die nur sechzig Meilen breite Beringstraße getrennt, und wenn im Beringmeer im Winter auch eine Menge Eisschollen treiben, produzieren die Gletscher in Alaska und Kamtschatka sowie dem hohen Norden Russlands relativ wenig neues Eis. Die südamerikanischen Anden lassen an der chilenischen Küste einiges Eis in den Südpazifik gleiten – das meiste schmilzt aber schon in großen Höhenlagen und bildet Seen, aus denen Flüsse entspringen, die sich durch Argentinien hindurch einen Weg zum Atlantik bahnen. Der Südpazifik steht außerdem kaum in Verbindung mit den Eisfeldern der Antarktis. Dieser von Permeis bedeckte Kontinent liegt Hunderte von Meilen südlich von der Linie, an der den Kartografen der International Hydrographic Organization in Monaco zufolge der Südpazifik offiziell endet. Und der Indische Ozean, der überwiegend ein Ozean der südlichen Hemisphäre ist, besitzt ebenfalls keine physische Verbindung zur Arktis. Seine südliche Grenze ist – wie die des Pazifiks – viele hundert Meilen von der Küste der Antarktis entfernt. Im Südpazifik und im Indischen Ozean kommen sehr selten, ja so gut wie nie Eisberge vor, und auch Eisschollen sind äußerst rar. Ihr Vorkommen oder Nichtvorkommen hat aber ohnehin nur eine jahreszeitlich begrenzte Auswirkung auf das Niveau des Meeres.

Der Atlantik jedoch ist im Gegensatz zu den beiden anderen Ozeanen nicht nur eng mit dem bitterkalten Wasser an den Polarkreisen verbunden, sondern auch mit Festlandgebieten, die Eisberge in großer Zahl produzieren. Sowohl an seinem nördlichen als auch an seinem südlichen Ende erhält der Atlantik mehr als den ihm zustehenden Anteil an solidem Eis.

Im Winter sind die freien Wasserflächen des Nordatlantiks mit Eisbergen übersät, die von den Strömungen in das Gebiet weit im Süden von Grönland getragen werden – wie unter anderem die *Titanic*-Katastrophe zeigt. Der Nordatlantik wird auch rund um Island von Treibeis geradezu verstopft. Und von der Region nördlich von Island aus erstreckt sich eine breite Wasserstraße ohne Unterbrechung direkt bis zum Nordpol; von keinerlei Landmassen gehindert, kann Packeis mit dem einen oder anderen darin eingeschlossenen, von einem arktischen Gletscher abgesprengten Eisberg über diese Wasserfläche bis in den eigentlichen Ozean gelangen, wo sich Tausende von grönländischen Eisbergen dazugesellen.

Grönland, die größte Insel der Welt, die nicht den Status eines Kontinents besitzt – gegenwärtig Heimat von siebenundfünfzigtausend Menschen und drei Millionen Kubikkilometer Eis –, hat eine Schlüsselposition inne. Sein gesamtes Eis schmilzt oder taut gegenwärtig unterschiedlich schnell. Hunderte von Eisbrocken schlittern entweder an der Ostküste der Insel von der dortigen Eiskappe direkt in den Atlantik, oder sie brechen von den riesigen Gletschern im Westen ab und gelangen auf indirektem Weg, durch die Davisstraße und die Labradorsee, in den Ozean. Von Grönland strömt auch unablässig neues Schmelzwasser ins Meer: Es ist, als wäre ein gewaltiger Hahn weit aufgedreht worden, so dass die Wanne schnell vollläuft und niemand in der Nähe ist, der das Wasser wieder abstellt.

Dass der Atlantik neues Eis anzieht, ist kein auf den Norden beschränktes Phänomen. Auch im Süden ist er wie übersät mit Eisbergen, was vor allem auf eine besondere tektonische Gegebenheit zurückzuführen ist. Weit unter der Wasseroberfläche ragt eine Felsenkette, die als Antarktische Halbinsel bekannt ist, von dem Kontinent Antarktika in Richtung Norden bis ins Herz des Südatlantiks hinein; sie erreicht beinahe die Südspitze Südamerikas. An ihrem Ende macht sie aber genau wie der südamerikanische Kontinent einen Schwenk nach Osten. Diese beiden Felsenreihen, mit Kap Hoorn im Norden und den Großbritannien unterstehenden Gebieten um Elephant Island im Süden, tragen zur Bildung der berüchtigten, überaus gefährlichen Wasserstraße bei, die als Drake Passage bekannt ist. Auf Landkarten sieht die Stelle wie eine »Austrittswunde« von einer in Richtung Osten abgefeuerten Granate in einer Panzerplatte aus. Die im Pazifik gelegene Eintrittsstelle ist glatt, doch im Atlantik sind die Wände unsauber nach oben gebogen, sie bilden einen riesigen Trichter mit abgebrochenem Endstück, wie geschaffen dafür, Dinge in den Atlantik hineinzuleiten.

Und das geschieht tatsächlich. Durch die Trichteröffnung rauscht ein Cocktail aus heftigen Westwinden, gewaltigen Strömen eiskalten Wassers und Mengen vor sich hin schmelzender Eisberge in Richtung Osten. Diese großen Zitadellen aus Eis werden mit beeindruckender Geschwindigkeit direkt in den Südatlantik getrieben, wo sie südlich der Falklandinseln und nahe an den Inselgruppen von South Georgia und South Sandwich vorübergleiten. Sie stellen in den Gewässern des südlichen Atlantiks eine Gefahr dar, die die Mannschaften der wenigen Schiffe, die in diesem Gebiet unterwegs sind, dazu zwingt, unablässig auf der Hut zu sein. Doch überdies lassen sie von dem Augenblick an, da sie ins Wasser gelangen, den Meeresspiegel ansteigen. Und wenn Tausende von ihnen vom Land ins Meer rutschten, würde sich der Wasserstand in bedrohlicher Weise Millimeter um Millimeter erhöhen.

Das Vorhandensein von Fremdeis, also solchem Eis, das sich an Land gebildet hat, ist ein Phänomen, das in allererster Linie den Atlantik betrifft. Natürlich stehen die Ozeane in Verbindung miteinander; viele Ozeanografen sprechen von einem einzigen »Weltozean«, und dessen Unterteilung in verschiedene, unterschiedlich benannte Meere ist für sie nur eine Erfindung des Menschen. Die Probleme des Atlantiks können also nicht auf diesen beschränkt bleiben, sondern werden sich sehr bald weltweit bemerkbar machen. Doch die Symptome des Wandels wird man zuerst im Atlantischen Ozean bemerken – man tut es bereits.

Ein starker Anstieg des Wasserspiegels des Atlantiks vor langer Zeit hatte gesellschaftliche Veränderungen der Art zur Folge, wie einige sie auch heute prognostizieren und furchten. Vor ungefähr 8700 Jahren, während einer der vielen früheren Perioden der Erderwärmung, zerbarst eine Eisbarriere, die das Wasser des Lake Agassiz, eines riesigen Gletschersees im Gebiet des heutigen Zentralkanada, zurückhielt. Eine gewaltige Menge Süßwasser – die, wie einige meinen, fünfzehn Lake Superiors entsprach – rauschte ungestüm in die Hudson Bay und von dort ins offene Meer. Das Niveau des Ozeans stieg innerhalb weniger Wochen um mehr als einen Meter an. Archäologische Funde lassen vermuten, dass dies Auswirkungen auf der gesamten nördlichen Halbkugel hatte. Noch in so weit entfernten Regionen wie dem Schwarzen Meer zogen Bauern umgehend von den Küsten weg in die sichereren Hügelgebiete, um dort den Boden zu bestellen; in diesen Gebieten existierten aber bereits Jäger- und Sammlerkulturen. Wie man sich denken kann, kam es bald zu Spannungen zwischen den beiden unterschiedlichen Gruppen.

Heute macht sich vor allem in Regionen, die unmittelbar betroffen wären, Besorgnis über die Folgen eines Anstiegs der Meere und eines Klimawandels breit. Die Regierung der Malediven wurde 2009 von der Presse mit großer Aufmerksamkeit bedacht, als sie eine Kabinettssitzung unter Wasser abhielt, bei der alle Minister Taucheranzüge trugen. Man wollte auf diese Weise deutlich machen, wie verletzlich man im Fall eines Anstiegs des die Inseln umgebenden Ozeans sein würde, auch wenn dieser bei Weitem nicht so gewaltig ausfallen würde wie der, den die Flut von Agassiz zur Folge hatte. Die nepalesische Regierung hielt ein in ähnlicher Weise der Weltöffentlichkeit zur Kenntnis gebrachtes Treffen im Basislager des Mount Everest ab, um darauf hinzuweisen, dass die tauenden Eis- und Schneefelder auf den Gipfeln des Himalaja die Äcker unter Wasser setzten und die Ernten vernichteten sowie die Dörfer überfluteten. Als Erste werden jedoch die Menschen, die im oder am Atlantik zu Hause sind, die Auswirkungen dieser Eisschmelze zu spüren bekommen.

Nehmen wir zum Beispiel die Hafenstadt Rotterdam, nehmen wir die Provinz Holland, ja die gesamten Niederlande. Wohl kein anderes Land am Atlantik ist so eng mit dem Meer verbunden, von ihm abhängig. Ein Viertel seines Territoriums liegt unter Meeresniveau, und seit den 1920er Jahren sind Landgewinnung und der Bau von Deichen und Dämmen um die Polder sowie andere Maßnahmen zum Schutz vor Überflutung von zentraler Bedeutung für die Erhaltung dieses Landes gewesen. Die Sicherung der Polder, also der dem Meer abgerungenen Landflächen, ist von solcher Wichtigkeit, dass man ein politisches Modell erdacht hat, um dem Rechnung zu tragen: das Polder-Modell, das absoluten Konsens aller Bürger für den Fall verlangt, dass diese Flächen bedroht sind; gleichgültig, wie tiefgehend die Meinungsverschiedenheiten bezüglich anderer Dinge sind, müssen dann alle Debatten und Auseinandersetzungen sofort beendet werden, da die Unversehrtheit der Polder Priorität vor allem anderen hat.

Die niederländische Geschichtsschreibung hält die Daten von katastrophalen Stürmen fest, so wie man in anderen Ländern die von Befreiungskriegen oder den Regierungszeiten von Monarchen aufzeichnet. Während man in Amerika der ereignisreichen Jahre 1776 und 1865 sowie 1941 gedenkt und in Großbritannien der Jahre 1066, 1688 und 1914, verbindet man in den Niederlanden Denkwürdiges mit den Daten 1170 (die Allerheiligenflut ließ das Wasser der Zuidersee zum ersten Mal salzig werden), 1362 (bei der *Groten Mandränke* wurden fünfundzwanzigtausend Menschen von einer gewaltigen Sturmflut weggerissen), 1703 (es kam zu dem unvorstellbar todbringenden Großen Sturm, der auch England in Mitleidenschaft zog und Daniel Defoe veranlasste, ein Buch – *The Storm* – darüber zu schreiben) und 1916 (als man zum ersten Mal landesweit konzertierte Bemühungen gegen die Winterfluten unternahm, ein Unterfangen, das bis heute andauert). Im Januar und Februar 1953 kam es ebenfalls zu entsetzlichen Stürmen – eine Frühjahrsflut und ein Nordwestwind verbanden sich in fataler Weise, so dass die Wogen turmhoch gingen und Breschen in die Deiche und Dämme schlugen. Nahezu zweitausend Menschen ertranken. Der Wiederaufbau in den Jahren danach bestärkte die holländische Bevölkerung in ihrem Entschluss, dafür zu sorgen, dass etwas Ähnliches nie wieder geschehen würde.

Das ist der Grund dafür, dass man sich in den Niederlanden entschiedener als anderswo beeilt, die erforderlichen Maßnahmen zu treffen, um sicherzustellen, dass der ständig ansteigende Ozean jenseits der massiven Deiche nicht irgendwann das ganze Land mitsamt seinen Menschen wegschwemmt. Es werden Karten veröffentlicht, die zeigen, wie weit und wie tief das Territorium bei einem auch nur mäßigen Anstieg des Meeresspiegels überflutet werden könnte. Wenn er sich auch nur um einen einzigen Meter erhöht, würde nahezu die ganze Nordseeküste von Bremerhaven im Norden bis nach Calais im Süden in Gefahr stehen, unter den Wogen zu verschwinden. Bei Flut würde das Wasser meilenweit ins Landesinnere vordringen, bis nach Breda, Utrecht und Bremen. Die Hälfte der Felder würde von Salzwasser durchtränkt werden und wäre anschließend nicht mehr für den Ackerbau zu verwenden. Große holländische Städte wie Amsterdam, Den Haag und Rotterdam würden mit dem Wechsel der Gezeiten immer wieder überflutet werden.

Doch die Holländer werden nicht zulassen, dass es so weit kommt. Alle möglichen Einrichtungen – schon vorhandene riesige bewegliche Schleusentore und Barrieren –, die die Polder schützen und bei Stürmen Flutwellen daran hindern, die Flüsse hinaufzulaufen, werden verstärkt und erhöht. Doch in den größeren Städten werden noch weitere Maßnahmen getroffen, wobei die Siebenmillionenstadt Rotterdam, die über den geschäftigsten Hafen Europas verfügt, an vorderster Front steht. Ein großer Teil des Stadtgebiets liegt heute schon unter dem Meeresniveau, und die Stadtväter sind zu der Überzeugung gelangt, dass es, statt das anflutende Wasser zu bekämpfen, auf lange Sicht ratsamer sei, zu einer Koexistenz mit ihm zu kommen, es aufzunehmen und eine Art Venedig des Nordens zu schaffen – allerdings mithilfe der modernen Ingenieurskunst sicherzustellen, dass dieses zweite Venedig nicht versinkt.

Daher fördern sie die Vertiefung existierender Kanäle und die Verbreiterung von Flüssen; sie lassen riesige Wasserauffangtanks unter allen neuen Büroblocks und Parkplätzen installieren und regen zur Anlage von mit Gras bewachsenen Dächern und stets durstigen öffentlichen Parks an. Sie lassen große Spielplätze für Kinder anlegen, auf denen diese sich bei trockenem Wetter vergnügen können, die sich aber im Nu in flache Seen für alle möglichen Arten von Wassersport verwandeln lassen, wenn es regnet oder die Flut höher steigt als gewöhnlich; sie erweitern die großen Docks und Containerterminals, verlagern diese aber an ein weiter stromabwärts gelegenes Teilstück von Rhein und Maas. Die sinnvollste Maßnahme, um dem zu erwartenden Anstieg des Meeresspiegels entgegenzuwirken, besteht vielleicht in der Konstruktion einer großen Menge schwimmfähiger Gebäude im Bereich der alten Docks. Gegenwärtig experimentiert man mit Pavillons, die auf Pontons errichtet werden. In nicht allzu langer Zeit, versichern die Bürger, wird es Wohnanlagen und Einkaufszentren geben, die fröhlich auf dem Wasser herumschwimmen, ganz gleich, welche Höhe dieses erreicht.

Die meisten anderen großen Städte sind aber konservativer, was die Zukunftsplanung betrifft, und auch knapper bei Kasse und beschränken sich darauf, moderne Äquivalente der alten Erdwälle oder Deiche anzulegen. London, das in einem Lehmbecken liegt, wird vom Ansteigen der Meere stark betroffen sein, hat aber noch nicht so kühne Projekte ins Auge gefasst wie die Erschaffung einer experimentellen Wasserwelt, wie man sie in Rotterdam plant. Man erwartet in Großbritannien, dass alle an Flussmündungen gelegenen Städte und Ortschaften überflutet sein werden, und ist wegen der Atomkraftwerke besorgt, die alle unweit der See errichtet wurden, weil sie große Mengen Kühlwasser benötigen. Außerdem fürchtet man, dass Wasser in das Londoner U-Bahn-System eindringen könnte. Doch unternommen wird wenig. Die einzige Schutzeinrichtung, die London heute besitzt, ist die sich bei Greenwich über den Fluss ziehende Thames Barrier, eine immer noch ungeheuer futuristisch anmutende Reihe von bei normalen Verhältnissen unter der Wasseroberfläche versenkten schwenkbaren Toren. Sie wurde in den 1970er Jahren entworfen, um bei Sturmfluten das Wasser zurückzuhalten, und ist seit ihrer Inbetriebnahme mehr als hundertmal aktiviert worden. Der Anstieg der Meeresoberfläche bedeutet mit Sicherheit, dass die Tore in naher Zukunft immer häufiger geschlossen werden müssen. Als das Sperrwerk konstruiert wurde, war dieser Anstieg sowohl konstant als auch vorhersehbar; mittlerweile geht er immer schneller vonstatten, und man kann immer weniger genau vorhersehen, wie das Wasser an der Mündung des Flusses sich verhalten wird. Man spricht vom Bau einer neuen Barriere und darüber, was geschieht, wenn es nicht dazu kommt. Es werden schaurige Bilder veröffentlicht; von einem unter Wasser stehenden Parlamentsgebäude, Umspannstationen bei Canary Wharf, um die von Kurzschlüssen verursachte Funken stieben, vom Dechanten der St. Paul's Cathedral, wie er in Gummistiefeln das Kirchenschiff hinunterwatet, und dem London Eye, dem Riesenrad, wie es sich in einer Lagune an seinem Fuß spiegelt. Die Stadt, die man schon immer mit nasskaltem Dunst und Feuchtigkeit assoziiert, sieht sich plötzlich mit der alarmierenden Möglichkeit konfrontiert, sich zu *London-on-Sea* zu entwickeln, mit allem, was das beinhaltet.

Auch New York macht sich Gedanken, wie es sich verteidigen kann. Anders als London liegt es auf geologischen Schichten, die fest genug sind und sich um einiges über Meeresniveau erheben. In diesen Untergrund hat man aber Tunnel gegraben, und man hat ihn durchbohrt, bis er einem Ameisennest glich – alle diese Tunnel liegen um einiges unter Meeresniveau. Eine in den New Yorker Hafen dringende Sturmflut würde wahrscheinlich die U-Bahn-Linien überfluten – schon heute fördern große Pumpen jeden Tag über dreiundsechzig Millionen Liter Sickerwasser aus den Tunnels und Gleisröhren. Doch sind ja im Untergrund nicht nur U-Bahnen unterwegs; dort verlaufen auch die Telekommunikationsleitungen und fiberoptische Kabel, die unentbehrlich für das Finanzgewerbe sind. Setzt man sie unter Wasser, brechen alle Börsen zusammen, und die gesamte Finanzwelt stürzt ins Chaos. Es wundert daher nicht, dass die Behörden mit dem Ankauf neuer Pumpen begonnen haben und neue im Boden verborgene Drainagesysteme anlegen lassen, um das Wasser von der riesigen Hightechanlage unter der Erdoberfläche fernzuhalten. Expertenausschüsse schießen wie Pilze aus dem Boden; sie alle sollen New York vor dem Untergang bewahren, wenn eines Tages die Wogen über der Stadt zusammenschlagen.

Die Ufer der Stadt haben zusammengerechnet eine Länge von fast sechshundert Meilen, und da Klimatologen meinen, dass der Nordosten der USA es mit einem größeren Meeresspiegelanstieg zu tun bekommen wird als andere Landesteile, werden diese Uferregionen plötzlich als äußerst gefährdet angesehen. Also arbeitet man Pläne aus, wie man von Paramus bis nach Elizabeth, von Raritan Bay bis nach Throgs Neck die Anlegemolen und Kais verstärken kann; alte Evakuierungspläne werden aus den Schubladen herausgekramt, und das Vorhaben, zwei gewaltige Sperrwerke zu bauen, wird öffentlich diskutiert. Eines würde ein paar hundert Meter seewärts von der Verrazano Bridge errichtet werden, das andere sich über die Einfahrt zum Arthur Kill zwischen Staten Island und New Jersey ziehen. Die Ingenieure haben schon die Kosten berechnet und auch den Nutzen solcher Bauwerke genau eruiert; die Politiker wollen aber erst noch überzeugt werden.

Gegenwärtig sind in Seestädten auf der ganzen Welt, vorwiegend in solchen, die am Atlantik liegen, an die vierzig große Bauvorhaben im Gang, die mit dem Klimawandel zu tun haben. Den entscheidenden Anstoß zu allen diesen Projekten gibt die Vermutung, dass der jeweiligen Stadt eine Katastrophe droht, »wenn das Wetter wirklich schlimm wird« – und die Klimaexperten überall auf der Welt verkünden ja lautstark, dass das Wetter schon dabei ist, sich in dramatischer Weise zum Schlechteren zu wandeln.

## 4. Und nun die Wettervorhersage

Doch stimmt das? Ändert sich das Wetter am Atlantik wirklich? Gibt es klimatische Phänomene, die die Vermutung nahelegen, der von uns so geschundene Ozean könnte im Begriff sein, sich zu rächen? Wir modernen Menschen mögen uns etwas auf unsere fortschrittliche Denkungsart, auf unser »Aufgeklärtsein« einbilden, doch allein die Tatsache, dass wir diese Frage stellen, dass wir jetzt so bange sind und uns derart in Selbstanklagen ergehen, stellt uns wieder auf eine Stufe mit den Maya oder den Kariben, die sich vor Jahrhunderten ganz ähnliche sorgenvolle Gedanken machten. Erzürnen wir die Götter? Machen wir sie wütend? Das waren Fragen, die sie beschäftigten. Schlägt der Ozean zurück? Das ist die Ungewissheit, die uns heute quält.

459

Bestimmte Indizien, bestimmte Einzelvorkommnisse lassen vermuten, dass in meteorologischer Hinsicht etwas Schlimmes im Gang sein könnte. 2009 sichtete man beispielsweise in der Brandung an den Stränden von Rio de Janeiro Magellan-Pinguine, die es von ihrem Habitat in Patagonien zweitausend Meilen weit nach Norden verschlagen hatte. Das sorgte für große Aufregung und Verwirrung. Zoologen, die herbeigerufen wurden, um sich der Tiere anzunehmen, meinten, diese könnten den Anchovisschwärmen gefolgt sein, welche von Strömungen und Winden, die ihre Richtung geändert hatten, nach Norden getrieben worden waren. Die brasilianischen Zeitschriften berichteten über junge Sonnenanbeterinnen im Bikini, die die Vögel in ihre klimatisierten Heime trugen. Die Frauen waren nicht weniger verängstigt und hilflos als die im Sterben liegenden Tiere.

Auf der anderen Seite des Ozeans und in einer anderen Hemisphäre, in der von Armut heimgesuchten Republik Liberia, hat es in jüngerer Zeit eine Serie von Stürmen nach der anderen gegeben; sie haben begonnen, die Küste wegzureißen, so dass in mehreren kleinen Ortschaften Häuser ins Meer stürzten und auf Nimmerwiedersehen verschwanden. Eine größere Stadt namens Buchanan suchte vor Kurzem um finanzielle Mittel für den Bau von Schutzwällen nach, die weitere Erosion verhindern sollen.

In Dänemark wiederum sind andere merkwürdige Symptome aufgetreten. Die durchschnittlichen Windgeschwindigkeiten im Land scheinen zuzunehmen, und Windräder erleben einen Boom, weil die häufiger auftretenden Stürme ihre Errichtung mehr als rentabel machen. In Kapstadt haben Buschbrände getobt, die bis dicht ans Zentrum der Stadt herangekommen sind; und die Nationalblume des Landes, die Königsprotea, ist in einigen Gegenden nahezu ausgestorben, ebenso wie der Vogel, der Kaphonigfresser, der in erster Linie für ihre Befruchtung zuständig ist. Die heftigen Regenschauer, die früher solche Brände zu löschen pflegten, bleiben aus; das Wetter in der östlichen Kapregion hat sich geändert, sagen die Einheimischen, die Jahreszeiten, so wurde einer von ihnen von der BBC zitiert, »laufen Amok«.

Und dann gab es da natürlich den Hurrikan »Katrina«. Die Verwüstungen, die dieser Wirbelsturm der Kategorie 5 anrichtete, der sich am 23. August 2005 im Atlantik in der Nähe der Bahamas bildete und sechs Tage später auf die Südküste von Louisiana und Mississippi traf, waren entsetzlich. Obwohl er nicht direkt über New Orleans hinwegzog und sich zu einem Sturm der Kategorie 3 abgeschwächt hatte, als er das Festland erreichte, brachte er fast zweitausend Menschen den Tod. Der Sachschaden belief sich auf viele Milliarden Dollar, so dass dieses Ereignis die teuerste Naturkatastrophe in der amerikanischen Geschichte war.

Die Regierung wurde heftig dafür kritisiert, dass sie den Folgen des Hurrikans mit unzulänglichen Maßnahmen Herr zu werden versuchte. Das überschattete bis zu einem gewissen Grad die brillante Leistung des Amtes, dessen Aufgabe es gewesen war, ihn anzukündigen und vor ihm zu warnen. »Katrina« hatte sich auf so klassische Weise zusammengebraut und entwickelt, dass der National Weather Service mit schon fast unheimlich anmutender Genauigkeit nahezu alles mit diesem Sturm in Zusammenhang Stehende hatte vorhersagen können. Das Bulletin, das von der Station des NWS in Baton Rouge, Louisiana, nur wenige Stunden bevor »Katrina« das Festland erreicht hatte, herausgegeben worden war, liefert ein Paradebeispiel dafür, dass nüchterne Amtssprache einen viel stärker frösteln machen kann als eine blumige, »literarische« Ausdrucksweise.

»Dringend – Unwetterwarnung

National Weather Service New Orleans LA
10 Uhr 11, Central Daylight Time, Sonntag, 28. August 2005

Verwüstungen zu erwarten
Betrifft Hurrikan Katrina: Ein äußerst heftiger Hurrikan von noch nicht da gewesener Stärke, der von der Intensität her dem Hurrikan Camille des Jahres 1969 in ungefähr gleichkommt. Der größte Teil des betroffenen Gebiets wird für mehrere

Wochen, vielleicht sogar länger, nicht bewohnbar sein. Bei zumindest der Hälfte der Häuser in solider Bauweise ist mit Schäden an Dach und Außenwänden zu rechnen. Alle Giebeldächer werden abgedeckt werden, was die betroffenen Gebäude stark in Mitleidenschaft ziehen oder ganz zerstören wird. Die Mehrzahl der industriellen Anlagen wird nicht mehr betriebsfähig sein. Es ist mit teilweisem oder vollständigem Einsturz ihrer Außenmauern zu rechnen. Alle niedrigen Wohnhäuser in Holzbauweise werden zerstört werden, niedrige in Betonbauweise errichtete Wohnanlagen werden größere Schäden davontragen, darunter auch den Einsturz von Dächern und Wänden.

Hoch aufragende Büro- und Wohngebäude werden in gefährlicher Weise ins Schwanken geraten, einige von ihnen so heftig, dass sie einstürzen könnten. Alle Fensterscheiben werden eingedrückt werden.

Es wird eine große Zahl vom Wind umhergewirbelter Trümmer geben […], darunter können auch so schwere Objekte wie Haushaltsgeräte und sogar leichtere Fahrzeuge sein. SUVs und kleinere Lastwagen werden in Bewegung geraten. Diese vom Sturm vor sich hergetriebenen Gegenstände werden weitere Schäden anrichten. Menschen, Haus- und Nutztiere, die ihnen ungeschützt ausgesetzt sind, werden mit Sicherheit ums Leben kommen, wenn sie von ihnen getroffen werden.

Stromausfälle werden wochenlang andauern [… ], da die meisten Strommasten umgekippt und Trafokästen zerstört sein werden. Die Unterbrechung der Wasserversorgung wird der Bevölkerung ein für moderne Verhältnisse unvorstellbares Leid bereiten.

Die große Mehrheit der einheimischen Bäume wird entzweibrechen oder entwurzelt werden. Nur die widerstandsfähigsten werden stehen bleiben […], aber vollkommen entlaubt sein. Nur wenige Feld- und Ackerfrüchte werden den Sturm überstehen. Vieh, das ihm im Freien ausgesetzt ist, wird getötet werden.

Eine Hurrikanwarnung wird ausgegeben werden, wenn es innerhalb der folgenden 10 bis 24 Stunden mit Sicherheit zu Winden von annähernd Hurrikanstärke oder häufigen Böen von solcher oder noch größerer Stärke kommen wird. Begeben Sie sich nach dem Einsetzen eines tropischen Sturms und Winden von Hurrikanstärke nicht mehr ins Freie!«

Was genau war »Katrina«? War es nur ein Sturm wie viele andere, dem die Wetterdienste, wie es seit 1953 üblich war, einen Namen gegeben hatten? Oder war die Naturkatastrophe ein Beleg für die »globale Erderwärmung« beziehungsweise eine ihrer Auswirkungen? War eine derartige Behauptung, wie ein bekannter Kolumnist des *Boston Globe* sie als Erster aufstellte, nur ein Beispiel für den »puren Schrott«, der einem australischen Klimatologen zufolge bei einer Debatte, die jetzt in der breiten Öffentlichkeit ausgetragen wurde und einen ausgesprochen politischen Charakter angenommen hatte, vorgebracht wurde und diese beeinträchtigte?

Die Fragen, die seit dem Ende der Hurrikansaison von 2005 – während der es im atlantischen Raum besonders »stürmisch« zuging, denn nach »Katrina« kam es zu zwei weiteren Hurrikans, die sogar noch stärker waren – immer wieder mit Vehemenz gestellt werden, sind die, ob die Erwärmung der Ozeane für eine zunehmende Häufigkeit von Hurrikans sorgt und diese immer heftiger ausfallen und todbringender werden lässt beziehungsweise ob sie sowohl das eine als auch das andere bewirkt. Und wenn die Menschheit für die Erwärmung der Meere verantwortlich ist, sind wir es dann nicht, die die Stürme tödlicher und häufiger haben werden lassen?

2005 nahm man bei der Beantwortung dieser Frage ganz klar voneinander abgegrenzte, gegensätzliche Positionen ein. Schon die Saison von 2004 war beeindruckend gewesen: Im Lauf des Sommers hatten vier gewaltige Stürme Florida heimgesucht und Schäden in Höhe von fünfundvierzig Milliarden Dollar verursacht. Jetzt waren noch mehr Tote und noch umfassendere Zerstörungen zu beklagen. Viele hatten den Eindruck, dass eine bedrohliche Entwicklung in Gang gekommen sei.

Es war nicht überraschend, dass das Interesse der Presse an einer möglichen Verbindung zwischen der Zunahme der Stürme und ihrer Intensität und der vom Menschen verursachten Erderwärmung gewaltig anstieg, als man sich des Ausmaßes der Verwüstungen vollauf bewusst geworden war. Die berühmte Kurve in Form eines Hockeyschlägers, mit der Klimatologen schon seit Längerem das exponentielle Ansteigen der Temperatur unserer Atmosphäre in der jüngeren Vergangenheit grafisch verdeutlichen, fand eine Entsprechung in einer Kurve, mit welcher der Schriftsteller Chris Mooney 2007 die sprunghafte zahlenmäßige Zunahme von Artikeln in der seriösen amerikanischen Presse, die sich mit der möglichen Verbindung auseinandersetzten, verdeutlichte: Auch ihre Zahl schien exponentiell angestiegen zu sein.

Ein atlantischer Hurrikan – ein entgegen dem Uhrzeigersinn rotierender Sturmwind, den man korrekterweise als atlantischen Tropenzyklon bezeichnen müsste – ist ein überraschend zartes, anfälliges Gebilde – zumindest anfangs. Der Ort, an dem er geboren wird, und die Weise, in der dies geschieht, seine unsichere Entwicklung zur Reife hin, die Richtung, in der er dann über den Ozean zieht, und die Geschwindigkeit, die er dabei entwickelt, die Art, in der er wächst, bis er seine größte Stärke erreicht, sein Abflauen und schließliches Vergehen sind alle Ergebnis einer winzigen und höchst subtilen Fluktuation der Beschaffenheit des Meeres sowie der Winde, die ihn nähren, lenken und aufrechterhalten.

Hurrikans – das Wort ist karibischen Ursprungs, und die Stürme, die es bezeichnet,* sind ein spezifisches atlantisches Phänomen – entstehen während des Sommers auf der nördlichen Halbkugel, und zwar für gewöhnlich in der Zeit zwischen Juni und November. Damit sie sich bilden, muss relativ kühle Luft über sehr warmes, subtropisches Meerwasser hinwegstreichen, so dass die feuchte Luft, die

---

* Im Nordpazifik werden solche Stürme nach dem kantonesischen Ausdruck für »großer Wind« (*da-feng*) Taifun genannt; während man, was den Indischen Ozean und den Südpazifik betrifft, bei der wissenschaftlichen Bezeichnung für einen Wirbelsturm, Zyklon, bleiben kann.

von dessen Oberfläche aufsteigt, sich ziemlich rasch abkühlt. Viele Hurrikans entstehen in den seichten Gewässern der östlichen Karibik, einige oft sehr heftige Stürme dieser Art brauen sich aber auch in den flachen Gewässern des Ostatlantiks, in dem Gebiet um die Kapverdischen Inseln herum, zusammen. Die Bedingungen, die in diesen sogenannten zyklogenetischen Regionen herrschen, sind im Wesentlichen identisch: unten eine Menge warmen Wassers, darüber Luft, die sehr frisch ist, aufsteigender feuchter Dunst, der sich ungewöhnlich schnell abkühlt.

Diese rasche Abnahme der Temperatur – die zur Bildung von Wolken, aus denen Regen fällt, sowie zur Abgabe von latenter Wärme führt – kann unter bestimmten (immer noch nicht völlig erforschten) Umständen gewaltige Unruhe in vertikalen Luftsäulen verursachen. Es sind unsichtbare Phänomene, die aber ein Gleitschirmpilot oder ein Wetterballon als starke Wirbel und thermische Aufwinde registrieren würde.

Die Druckgradienten – die Stärke der Druckänderung auf einer bestimmten Strecke – in den zyklogenetischen Breiten, in denen diese Säulen von unruhiger Luft entstehen, bringen Winde hervor, die in der Regel vom Nordosten her wehen. Diese Winde schaffen es, die Säulen instabiler Luft in Bewegung zu versetzen, und bei seltenen Gelegenheiten beginnen diese Luftsäulen durch Einwirkung der Corioliskraft – das heißt unter dem Einfluss der Erdumdrehung – zu rotieren, und zwar auf der nördlichen Halbkugel immer entgegen dem Uhrzeigersinn. Die vorherrschenden Nordostwinde treiben dann diese fragile und zunächst nur sanft rotierende Säule vor sich her über das Meer – und vorausgesetzt, dass das Wasser unten warm und somit die in der Säule hochsteigende Luft feucht ist, sowie vorausgesetzt, dass es in der oberen Schicht der Atmosphäre kalt genug ist, damit diese Luft kondensiert und sich somit Wolken bilden und Regen fällt, wird weitere Luft in die rotierenden Säulen – man spricht auch von »Rüsseln« – gesaugt und diese werden immer stärker mit thermischer Energie aufgeladen, welche durch Umwandlung in kinetische Energie die durch die Rotation erzeugten Luftwirbel immer schneller und schneller rotieren lässt. Hin und wieder, ungefähr fünfzehnmal im Jahr, entwickelt diese wirbelnde Masse von Luft und Wolken sich zu einem ausgewachsenen Sturm. Wenn dieser eine bestimmte Geschwindigkeit erreicht, wird er als Hurrikan eingestuft; dieser wiederum kann sich durch fünf offizielle Stärke- und Gefahrenkategorien hindurch nach oben schrauben, bis er zu einem Phänomen von beängstigendem Ausmaß und furchterregender Gewalt wird.

Für das Entstehen eines Hurrikans ist letztlich die Wärme des Wassers ausschlaggebend, über das die Säule rotierender Luft zieht. Einer der Gründe dafür, dass »Katrina« so zerstörerisch wurde, ist darin zu sehen, dass dieser Sturm, als er sich vom Ort seiner Geburt über die Bahamas hinweg nach Westen bewegte, über eine der Strömungen hinwegzog, die den Golfstrom speisen, den schmalen, bis in relativ große Tiefe hinunterreichenden Loop Current im Golf von Mexiko nämlich. Im August 2005 war diese »Schleifenströmung« wärmer als üblich. Die Abweichung von der Normaltemperatur mag minimal gewesen sein, doch in Bezug auf etwas so sensibel auf äußere Bedingungen Reagierendes wie einen im Entstehen begriffenen Hurrikan war der Unterschied enorm. Der zusätzliche Antrieb, den dieses geringfügig wärmere Wasser ihm verlieh, ließ den bis dahin relativ bescheidenen Tropensturm »Katrina« im Nu die Kategorie 5 erreichen, und diese Entwicklung war es, die den National Weather Service dazu veranlasste, an jenem Sonntag, dem 28. August, seine berühmt gewordene Warnung auszugeben. Und die Sturmflut, die auf diese Weise entstand und auf das Festland zuraste, führte – obwohl sich die Gewalt des Hurrikans da schon abgeschwächt hatte – am Tag darauf zu der entsetzlichen Katastrophe.

Wenn warmes Wasser der entscheidende Faktor ist, dann scheint es klar zu sein, dass der globale Temperaturanstieg, von dem ja auch das Meerwasser betroffen ist, heftigere und möglicherweise häufigere Hurrikans zur Folge hat. Doch vom wissenschaftlichen Standpunkt aus ist das keineswegs so offensichtlich, ja, es ist zweifelhaft, ob tatsächlich ein solcher Nexus besteht. Es fehlen eindeutige Beweise. So lässt sich auch aufgrund des begrenzten Zeitraums, für den Daten vorliegen, nicht mit Sicherheit feststellen, ob sich wirklich so etwas wie ein Trend, also eine anhaltende Entwicklung, abzeichnet. Den Hurrikansaisons der Jahre 2004 und 2005, in denen es zu besonders heftigen und häufigen Wirbelstürmen kam, schlossen sich zwei Saisons an, in denen die Hurrikanaktivität unterdurchschnittlich war. Im Jahr 2008 war sie dann mit sechzehn Tropenstürmen von einer Stärke, die eine solche Benennung rechtfertigte, moderat, und im Jahr 2009 ging es in dieser Hinsicht ungefähr so turbulent zu wie bei einem Sommerfest der Pfarrgemeinde. Im Schnitt hat es in der Zeit seit 1995 mehr Hurrikans gegeben, vor allem eine größere Anzahl solcher, die den Kategorien vier oder fünf zuzuordnen waren. Doch die über einen langen Zeitraum gesammelten statistischen Daten – man hat ein Projekt zur Erfassung aller verfügbaren Daten zu atlantischen Hurrikans seit 1851 ins Leben gerufen, das den Namen HURDAT trägt – scheinen zu erkennen zu geben, dass keine lineare Entwicklung in Gang ist, sondern wir es vielmehr mit sich aneinanderreihenden Zyklen zu tun haben.

Die meisten Klimatologen beharren bei jeder Diskussion über den Anstieg der Meerestemperatur auf der Bedeutung dessen, was als thermohaline Zirkulation bekannt ist. Damit ist unter anderem das Absinken des stark salzhaltigen Wassers, das an der erwärmten Meeresoberfläche durch Verdunstung entsteht, in größere Tiefen gemeint, durch das wiederum Wasser angesogen wird, welches das abgesunkene ersetzt. Es gibt einen Zyklus – er ist als Atlantische Multidekaden-Oszillation bekannt –, der irgendwie mit Schwankungen in der thermohalinen Zirkulation in Verbindung zu stehen scheint. In den Jahren seit 1995 ist es zu einer intensiveren Zirkulation dieser Art gekommen als üblich, und einige Fachleute sind der Ansicht, dass wir es keineswegs mit einem sich kontinuierlich fortsetzenden Trend zu tun haben, sondern Zeugen eines normalen Zyklus sind, der gerade eine seiner regelmäßig wiederkehrenden Warmphasen erreicht hat. Das bedeutet nicht, dass keine Erwärmung stattfindet, doch die Tatsache, dass diese sich vielleicht mit einem zyklisch eintretenden Phänomen überschneidet, macht das Ganze kompliziert.

Darüber hinaus: Sogar diejenigen, die felsenfest davon überzeugt sind, dass ein vom Menschen verursachter Klimawandel im Gang ist, erkennen an, dass man es sich zu leicht macht, wenn man solch einen verheerenden Sturm wie »Katrina« schematisch auf die globale Erwärmung zurückführt. Nur wenn es zu vielen derartigen Katastrophen käme, könnte man sicher sein, dass ein solcher Zusammenhang besteht, und es gibt immer noch zu wenige Daten, um einen entsprechenden Nachweis zu erbringen. Alles, was man mit Sicherheit sagen kann, ist, dass die atlantischen Stürme der jüngsten Vergangenheit viele Menschenleben gekostet und große materielle Schäden verursacht haben – aber dies nicht, weil sie öfter als früher aufgetreten sind, sondern weil sich mehr Menschen in den von ihnen heimgesuchten Gebieten niedergelassen hatten und dort kostspieligere Gebäude errichtet worden waren.

Man sollte vielleicht noch einmal klarmachen, was auf kurze Sicht die beste Lösung ist, wenn man vermeiden will, dass so viele Siedlungen am Golf von Mexiko und an der Atlantikküste immer wieder verwüstet werden: Dazu ist es weniger erforderlich, die Welt abzukühlen, als vielmehr die Menschen dazu zu bewegen, nicht an jene Orte zu ziehen, an denen regelmäßig Chaos ausbricht. Es gibt viele sehr gute Gründe dafür, die Kohlendioxidemission zu verringern, aber zu verhindern, dass es in amerikanischen Küstenstädten zu Sturmschäden kommt, gehört nicht dazu. Diese Siedlungen hätten nie angelegt werden dürfen. Man sollte die bedrohten Küstenstriche von Florida, Louisiana, Alabama, Mississippi und Texas von den prachtvollen Landhäusern und riesigen Ölraffinerien, den Einkaufszentren, Country Clubs und Spielkasinos befreien und den Einwohnern nahelegen, sich weiter im Landesinneren niederzulassen, in größerer Entfernung von den Bahnen, auf denen die Hurrikans ziehen – dann wäre das »menschliche« Problem bis zu einem gewissen Grad aus der Welt geschafft.

## 5. Die wenig bekannte See

Am offenkundigsten wirkt sich die Erwärmung unserer Ozeane auf vertraute Dinge aus – auf Rotterdam, auf Hurrikans, auf Pinguine oder Anchovis. Doch der Temperaturanstieg, was immer seine Ursachen sein mögen, scheint sich auch in weniger vertrauten Welten bemerkbar zu machen. Gegenwärtig wird bei allen möglichen Gelegenheiten Besorgnis darüber geäußert, dass die globale Erwärmung einen besonderen Effekt – ob es ein positiver oder ein negativer sein wird, wissen wir noch nicht – auf ein Geschöpf ausüben könnte, das möglicherweise in größerer Zahl auf unserem Planeten vorkommt als jedes andere. Dabei war uns die Existenz dieses Lebewesens bis 1986 völlig unbekannt. Das war das Jahr, in dem es entdeckt wurde – und zwar im Atlantischen Ozean.

Die Meere wimmeln von winzigen in ihm treibenden Lebewesen, von Plankton, das unter der Wasseroberfläche schwebt. Wo es diese Lebewesen – zumeist Algen, aber auch Bakterien – gibt und was sie tun, hängt vor allem von der Beschaffenheit des Wassers ab, in dem sie treiben, davon, ob es warm oder kalt ist. Das wiederum hängt einerseits vom Breitengrad, andererseits von der Tiefe ab, des Weiteren davon, ob der Salzgehalt hoch ist oder nicht, ob der Druck hoch oder niedrig, ob die allgemeine chemische Zusammensetzung günstig oder ungünstig, ob es dunkel oder hell ist – denn in Tiefen von mehr als tausend Metern dringt kein Licht mehr vor, so dass es dort pechschwarz ist, wenn man von dem schwachen Leuchten biolumineszenter Pflanzen und Tiere absieht sowie den kleinen an Glühwürmchen erinnernden orangefarbenen Lichtpunkten, die die wackeren Geschöpfe abgeben, die in unmittelbarer Nachbarschaft der kochend heißen hypothermalen Quellen am Meeresgrund leben und gedeihen. Doch nahezu ausnahmslos in jeder Zone, von den sauerstoffreichen Küstengewässern bis hin zu den eisig kalten Tiefseegräben, wo nicht nur ewige Finsternis, sondern auch ein Druck herrscht, unter dem Eisen zusammengequetscht würde, existiert Leben, und die meisten dieser Geschöpfe sind nicht nur mikroskopisch klein, sondern auch unbekannt.

Die Mehrheit der winzigen Kreaturen, die in den von der Sonne gut beleuchteten oberen Schichten der Meere vorkommen, gibt Gase oder Gasgemische ab. Eine von ihnen, *Emiliana huxleyi*, eine mit harten Kalzitscheibchen bedeckte Alge, sondert Dimethylsulfid ab, von dem einige annehmen, dass es zu dem typischen Geruch des Meeres, zum Zustandekommen der berühmten »Seeluft«, beiträgt.* Doch die meisten dieser Lebewesen betreiben Fotosynthese, das heißt, sie nehmen Kohlendioxid auf, produzieren Kohlenhydrate und geben Sauerstoff in riesigen Mengen ab. Möglicherweise bis zu siebzig Prozent des auf dem Planeten vorhandenen Sauerstoffs rühren von solchen Meeresorganismen her, von denen ein ganz besonderer im Jahr 1986 entdeckt wurde – eine blau-grüne Alge, der man den Namen *Prochlorococcus* gab.

Eine junge Wissenschaftlerin vom Massachusetts Institute of Technology hat das erste Exemplar dieser Spezies in der Sargassosee gefunden. Sallie W. (Penny) Chisholm und ihr Kollege Rob Olsen von der Woods Hole Oceanographic Institution gehörten zur Crew eines Forschungsschiffs, das von Cape Cod aus Kurs auf Bermuda genommen hatte; sie führten zu Testzwecken eine Apparatur mit, die normalerweise in Krankenhäusern zur Blutuntersuchung zum Einsatz kommt und als Durchflusszytometer bekannt ist. Dieses Gerät funktioniert nach einem einfachen Prinzip: Ein Laserstrahl wird durch eine Röhre gelenkt, durch die man mit hoher Geschwindigkeit eine Flüssigkeit fließen lässt – in Krankenhäusern Blut, auf dem Forschungsschiff Seewasser –, und Detektoren fangen das Licht auf, das von winzigen, mit dem bloßen Auge nicht sichtbaren, in der Flüssigkeit schwebenden Partikeln abgelenkt und zerstreut wird. Die beiden Forscher wussten nicht, ob das Zytometer auf einem schwankenden Schiff überhaupt funktionieren würde, doch sie hofften, mit seiner Hilfe viele Exemplare einer bestimmten blau-grünen Alge zu finden, von deren Existenz man bereits wusste.

Womit sie nicht gerechnet hatten, war, dass der Laserstrahl das Vorhandensein von Millionen und Abermillionen noch winzigerer Organismen enthüllen würde, mikroskopisch kleiner ovaler Lebewesen mit einem Durchmesser von zirka sechs Mikron, was ungefähr dem Zweihundertstel des Durchmessers eines menschlichen

---

* Weiter draußen besitzt die See überhaupt keinen typischen Eigengeruch; dieser kommt erst in Landnähe durch eine Reaktion von Dimethylsulfid mit Seetang zustande, man müsste also eigentlich von »Küstenluft« sprechen.

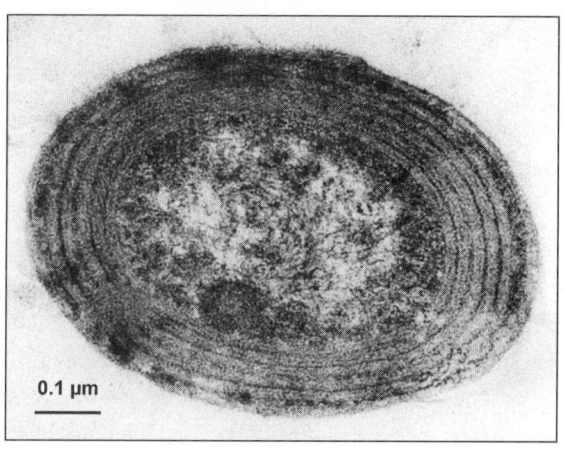

Sehr wahrscheinlich das Lebewesen, das auf unserem Planeten in größerer Zahl vorkommt als jedes andere: *Prochlorococcus* wurde 1986 in der Sargassosee entdeckt. Mit ihrem Chlorophyll b erzeugen diese winzigen Geschöpfe bis zu einem Fünftel des in unserer Atmosphäre vorhandenen Sauerstoffs.

Haares entspricht. Doch diese Geschöpfe waren nicht nur unvorstellbar winzig, sondern eine Untersuchung unter dem Elektronenmikroskop ergab, dass sie in ihren Organismus auch einen Typ von Chlorophyll inkorporiert hatten, der es ihnen gestattete, Kohlendioxid aufzunehmen und eine geringe Menge Sauerstoff aus dem Meerwasser zu extrahieren, das dann in die Atmosphäre entwich.

Die Menge von freigesetztem Sauerstoff, die ein einzelnes dieser Geschöpfe produziert, ist für sich genommen unbedeutend, im wahrsten Sinn des Wortes eine *quantité négligeable*, doch Penny Chisholm rechnete aus, dass diese Cyanobakterien in ungeheuer großer Zahl existieren; ein einziger Kubikzentimeter Meerwasser kann an die hunderttausend von ihnen enthalten, so dass sie vermutlich die am häufigsten vorkommenden und verbreitetsten Geschöpfe auf der ganzen Welt sind. In ihrer Gesamtheit produzieren sie demzufolge gewaltige Mengen Sauerstoff.

Ihr bevorzugter Lebensraum sind die warmen Meeresregionen,

vor allem das Gebiet zwischen dem 40. nördlichen und dem 40. südlichen Breitengrad, oder die Region, die im Norden von einer Linie, die New York mit Lissabon verbindet, und im Süden von einer zweiten Linie, die von Buenos Aires nach Kapstadt führt, begrenzt ist. Dort schweben sie still herum; ganz unten in der Nahrungskette angesiedelt, warten sie darauf, von winzigen Krabben geschluckt zu werden, welche dann von kleinen Fischen verspeist werden, die wiederum von größeren verschlungen werden, und so weiter und so fort, bis schließlich das gierigste und unersättlichste aller Raubtiere mit dem Verschlingen an der Reihe ist: der Mensch. Vielleicht sollte man besser sagen, vermutlich stehen diese Bakterien ganz unten in der Nahrungskette, wenn es auch schwerfällt, sich vorzustellen, dass noch kleinere Geschöpfe im Meer leben. Dr. Chisholm meinte, die Existenz von *Prochlorococcus* liefere ein Beispiel für die unerschöpfliche Fähigkeit der Natur, die Welt der Wissenschaft in ihre Schranken zu weisen, sie zu *demütigen*, wie die Wissenschaftlerin es ausdrückte – und sie könne das durchaus wieder tun. Vor 1986 hatten wir keine Ahnung von der Existenz eines solchen Lebewesens, jetzt geht man davon aus, dass es vielleicht häufiger auf der Erde – oder vielmehr im Meer – vorkommt als jedes andere, und es trägt ganz entscheidend dazu bei, dass Landlebewesen auf unserem Planeten existieren können.

Um die Bedeutung dieses Wesens plastisch hervorzuheben: Man kann zu Recht behaupten, dass jeder Mensch mit jedem fünften Atemzug, den er macht, im Meer, und zwar insbesondere von *Prochlorococcus* erzeugten Sauerstoff aufnimmt. Wir wissen jetzt von seinem Vorhandensein und seiner Funktion, und es ist evident, dass, sollte ihm jemals etwas Schlimmes zustoßen, das Überleben von allen Wesen, die Sauerstoff benötigen, gefährdet wäre. In den zwei Jahrzehnten seit seiner Entdeckung hat man viele Forschungen angestellt, um festzustellen, was ihm Schaden zufügen könnte. Die Forscher haben vor allem zu ermitteln versucht, ob die Erwärmung der Meere seine Fähigkeit, Kohlendioxid zu absorbieren, und seine Neigung, Sauerstoff zu produzieren, einschränken könnte.

Bis jetzt hat *Prochlorococcus* sich widerstandsfähig gegenüber der globalen Erwärmung gezeigt, ja, es liebt warmes Meerwasser und gedeiht besonders gut in ihm. Eine Zunahme der Meerestemperaturen könnte durchaus dazu führen, dass sich sein Verbreitungsraum erweitert und es auch in Regionen jenseits der 40. Breitengrade heimisch wird, in denen es ihm zuvor zu kalt war. Das wiederum könnte sich nicht nur auf den Zustrom von Sauerstoff in die Atmosphäre, sondern auch auf die Absorption von bereits in ihr vorhandenem Kohlendioxid auswirken.

Es ist verlockend – gleichzeitig aber reine Fantasie –, sich vorzustellen, dass eine solche Entwicklung die erhöhte Emission von Treibhausgasen, die uns heutzutage so große Sorge bereitet, bis zu einem gewissen Grad ausgleichen könnte. Eine Ausweitung des Verbreitungsraums von *Prochlorococcus* und eine Zunahme der Population könnten sich sehr gut als eine Komponente des Selbstregulierungsmechanismus der Erde erweisen, der grundlegend für James Lovelocks berühmte Gaia-Theorie ist. Lovelock meint, dass man die Welt als ein unabhängiges lebendes Wesen ansehen müsse, das in der Lage sei, seine Existenzweise zu ändern und sich dem Wandel der äußeren Umstände anzupassen. Dieser merkwürdige Mikroorganismus könnte für uns noch wertvoller sein, als man zuerst gedacht hat, indem er nicht nur die Luft liefert, die wir atmen, sondern auf irgendeine Weise auch mit dem gefährlichsten Schadstoff, der sie verunreinigt, fertig wird. Doch das sind müßige Spekulationen: Es gibt keine Beweise dafür, es ist noch viel Forschungsarbeit zu leisten.

Und dies alles betrifft ein Wesen, von dessen Existenz wir, noch zwanzig Jahre nachdem der erste Mensch den Mond betreten hatte, nichts ahnten. Alle, die schon seit Langem behauptet haben, dass das Meer eine unbekanntere Entität für uns sei als der Weltraum, scheinen recht zu haben.

Die großen Kräfte, die den Atlantik schufen, werden ihn in einer fernen – nach menschlichen Maßstäben einer unendlichen fernen – Zukunft auch wieder zerstören. Diese Kräfte, die zu den tektonischen Mechanismen des Planeten gehören, verstehen wir heute besser als in den 1960er Jahren, als man ihrer erstmals gewahr wurde; sie bleiben aber immer noch bis zu einem gewissen Grad geheimnisvoll. Einerseits sind sie wegen ihrer Komplexität so schwer zu durchschauen, andererseits aber auch aufgrund des gewaltigen Zeitraums, innerhalb dessen sie sich manifestieren. Wir sind gegenwärtig lediglich Zeugen der ersten schwachen Anfangsbewegungen, die die Topografie der Welt vollkommen verändern werden, die sich allerdings, so schwach sie auch sein mögen, katastrophal für die Menschheit auswirken können.

Die Erdbeben, Vulkanausbrüche und Tsunamis, die die Welt in den zwei Jahrtausenden erschüttert haben, in denen die Menschheit Aufzeichnungen über sie vorgenommen hat, sind zu ihrer Zeit immer als verheerende, Tod und Verderben bringende Ereignisse empfunden worden, während sie für uns heute nur noch mehr oder weniger bekannte geschichtliche Ereignisse darstellen: Das Erdbeben von Lissabon 1755, der Ausbruch des Krakatau 1883, das große Beben von San Francisco 1906, das von Tangshan 1976, der Tsunami an der Küste von Sumatra 2004. In einem planetarischen Kontext gesehen, sind solche Ereignisse mehr oder weniger ohne Bedeutung. Sie bringen winzige topografische Veränderungen oder Verlagerungen mit sich, die sich nur dann in signifikanter Weise auswirken, wenn es über Millionen von Jahren hinweg zu Millionen von ihnen gekommen ist. Der Tsunami vom 26. Dezember 2004 mag auf Sumatra eine Viertelmillion Menschen getötet haben und als eine der größten Naturkatastrophen aller Zeiten in die Geschichte eingegangen sein – doch er hat den Meeresboden südlich von Sumatra nicht mehr als ein paar Meter nach Norden geschoben, und das Meer südlich von Sumatra ist viele tausend Meilen breit. Es müsste eine Million Jahre lang zu Beben am Grund des Indischen Ozeans kommen, bevor die Welt dort ihr Aussehen auch nur minimal verändert hätte.

Was die Tektonik betrifft, ist der Atlantik der am wenigsten für seismische Aktivitäten anfällige von allen Ozeanen. Der Boden des Indischen Ozeans ist wie zernarbt von Subduktionszonen und Spalten, und für Geologen war es keine Überraschung, dass der Tsunami von 2004 dort seinen Ursprung hatte. Der Pazifik ist fast zur Gänze von Vulkanen umgeben und wird von Japan bis Alaska, von Kalifornien bis Chile, von Kamtschatka bis Neuseeland fast unablässig von Beben erschüttert. Im Gegensatz dazu besitzt der Atlantik lediglich als geologischen Mittelteil den Mittelatlantischen Rücken, der sich zwar ständig öffnet und Lava ausstößt, dies aber in einer etwas lethargischen, gewissermaßen schläfrigen Manier tut. Wenn man das, was im Nachbarozean geschieht, zum Vergleich heranzieht, kann man kaum von vehementer seismischer Aktivität sprechen. Als 1930 vor der javanesischen Küste der Vulkan Anak Krakatau – das »Kind des Krakatau« – geboren wurde, geschah dies auf gewaltsame, dramatische Weise. Als dreiunddreißig Jahre später Surtsey vor der Küste Islands aus dem Meer auftauchte, war das zwar ein spektakulärer Anblick, doch handelte es sich nicht wirklich um einen unheilbringenden explosionsartigen Ausbruch, sondern allenfalls um ein ungestümes Hervorquellen.

Das bedeutet nicht, dass es im Atlantik zu keinerlei denkwürdiger Aktivität gekommen ist. Im Gegenteil: Es ist viel geschehen, und die Ereignisse der jüngeren Zeit sind in allen Einzelheiten aufgezeichnet worden – genauer und ausführlicher als anderswo, weil wissenschaftlich interessierte und mit den entsprechenden technologischen Geräten ausgerüstete Menschen an den Ufern des Atlantiks schon länger zu Hause waren als an den Küsten anderer Meere.[*] Es existieren viele frühe Aufzeichnungen über heftige seismische Aktivitäten im Ostatlantik, zum Beispiel in der Region zwischen Portugal und den Azoren. Den Anfang macht der Bericht über eine Flutwelle auf dem Tejo im Winter 1531 und riesigen Wogen auf dem Meer in der Nähe seiner Mündung, durch die ganze Flotten von Fischerbooten und Segelschiffen versenkt wurden. Dann kam es im November 1755 zu dem Erdbeben, durch das Lissabon nahezu vollständig in Schutt und Asche gelegt wurde; es heißt, dass Ausläufer in Form von gewaltigen

---

[*] Damit soll nicht in Zweifel gezogen werden, dass man sich in den Kulturen Indiens und Chinas schon sehr früh für Geologie interessiert und es auf diesem Gebiet bereits weit gebracht hat; doch was die Neuzeit betrifft, haben die wesentlichen Entwicklungen in den Bereichen Seismologie und Vulkanologie nahezu ausschließlich im Westen stattgefunden.

Flutwellen nicht nur, wie zu erwarten war, Madeira und Agadir erreichten, sondern auch noch an einem so fernen Ort wie Martinique in der Karibik Verwüstungen anrichteten.

Seit der Katastrophe, die sich 2004 im Indischen Ozean ereignete und die von Bengalen bis nach Sri Lanka und darüber hinaus viele Menschen tötete, ist mit einiger Sorge die Frage gestellt worden, ob es auch auf dem Atlantik zu solchen verheerenden Tsunamis kommen könne. Es gibt nur wenige glaubwürdige Berichte über solche Monsterwellen, die auf dem Atlantik entstanden und weite Strecken zurücklegten – vermutlich liefert die Zerstörung Lissabons das einzige Beispiel. Das Beben bei den Grand Banks im Jahr 1929, das von einem Erdbeben der Stärke 7,2 auf der Richterskala südlich von Neufundland ausgelöst wurde, ist in allen Einzelheiten erforscht worden. Große, aus Wasser und Sand bestehende sogenannte Turbiditätsströme brausten damals durch die Schluchten am Meeresboden und zertrennten viele der Telegrafenkabel, so dass die Verbindung plötzlich abbrach; es scheint aber so, dass es nördlich der Trichtermündung des Sankt Lorenz kaum zu seismisch bedingten Erschütterungen kam. Ähnlich löste die ungeheure Explosion im Hafen von Halifax im Dezember 1917, die in Kapitel vier erwähnt wurde, eine Reihe von großen Flutwellen aus, die aber nach ein paar Minuten wieder in sich zusammensackten und es nicht bis aufs offene Meer schafften.

Von einer dreihundert Meilen langen Sandbank, die sich zwischen Dunbar und Inverness an der schottischen Ostküste entlangzieht, nimmt man an, dass sie durch einen unterseeischen Erdrutsch entstand, zu dem es vor achttausend Jahren vor der norwegischen Küste kam. Und man vermutet, dass gewaltige Verwüstungen der unterschiedlichsten Art die Folge waren, als die Eisbarriere, die den Lake Agassiz zurückhielt, brach und dessen Wasser sich in den Atlantik ergoss. Doch hat man bis dato keine physischen Belege dafür gefunden, dass dadurch auch Tsunamis ausgelöst wurden; die Wissenschaftler hoffen allerdings, fossile Sandbänke an der Westküste der Labradorsee zu entdecken. Bis ihnen das gelingt, stellen die schon erwähnten recht vagen Anzeichen dafür, dass in der Region des

Schwarzen Meeres infolge des meterhohen Anstiegs des Wasserspiegels landwirtschaftlich genutztes Terrain verloren ging, die einzigen Hinweise auf eine »transatlantische« Auswirkung der großen Agassiz-Flut dar.

Die Sorge darüber, dass möglicherweise zerstörerische Monsterwellen über den ganzen Atlantik hinweglaufen könnten, ist zu einem Teil durch das geweckt worden, was 2004 im Indischen Ozean geschah; zu einem wesentlich größeren Teil ist sie aber durch eine wilde Spekulation ausgelöst worden, die im Jahr 2000 in der Presse verbreitet wurde und der zufolge New York in Gefahr stand, durch einen unmittelbar bevorstehenden Erdrutsch auf der Kanareninsel La Palma überflutet zu werden. In Berichten einiger Blätter der Sensationspresse – sowie in einem längeren von der BBC gesendeten »Dokumentar«-Film – wurde behauptet, dass ein Basaltbrocken von der Größe der Isle of Man sich binnen Kurzem vom Westhang des Cumbre-Vieja-Vulkans lösen und ins Meer rutschen werde. Der amerikanische Präsident sollte unverzüglich aktiv werden und Maßnahmen einleiten, damit man nicht unvorbereitet der verheerenden Gewalt einer viele Meter hohen Welle ausgesetzt sein würde, die mit einer Geschwindigkeit von nahezu achthundert Stundenkilometern über den Ozean rasen und, wenn sie auf die amerikanische Ostküste traf, einige der größeren Städte unter sich begraben würde.

Später stellte sich heraus, dass die Wissenschaftler, die die Presse als Erste informiert und die BBC bei den Arbeiten an dem Film beraten hatten, zwar der Universität London angehörten, aber von einer großen Chicagoer Versicherungsgesellschaft finanziert worden waren. Dieser Gesellschaft, Aon Benfield, kam es ohne Zweifel zupass, wenn die Öffentlichkeit von Schreckensmeldungen – »Monsterwelle wird Manhattan verschlingen!« – in Unruhe versetzt wurde. Die Seismologen im Allgemeinen hatten für Meldungen dieser Art nur Spott übrig und meinten, dass die herangezogenen mathematischen Modelle überholt und überhaupt falsch seien, dass die Möglichkeit eines Erdrutsches auf La Palma nahezu gleich null sei und es kaum jemals Tsunamis gegeben habe, die über den Atlantischen Ozean gezogen seien, wenn man auch zugegebenermaßen die Gründe dafür noch nicht ermittelt habe. Die Wissenschaftler von der Universität London zogen sich aus der Öffentlichkeit zurück, um ihre Wunden zu lecken; die BBC strahlte eine Art von Widerruf aus, und vor Kurzem gab die Europäische Weltraumagentur bekannt, dass sie mithilfe von Satelliten die Stabilität des Cumbre-Vieja-Vulkans untersuchen wolle – vermutlich mit dem Ziel, der Welt versichern zu können, dass New York nicht überflutet zu werden drohte – jedenfalls in absehbarer Zukunft nicht.

Die Vulkane am und im Atlantik sind für gewöhnlich auch harmloser als die anderswo. Gewiss gibt es auch einige gefährliche, und zwar vorwiegend in der Karibik. Auf Martinique ragt der berüchtigte Mont Pelée auf, der am Himmelfahrtstag des Jahres 1902 ausbrach und nahezu alle achtundzwanzigtausend Einwohner der zu seinen Füßen gelegenen Stadt mit seinen Wolken glühender Asche und der aus ihm entweichenden sengend heißen Luft tötete.

Einige andere Vulkane sind eher lästig, als dass sie wirklich Katastrophen auslösten. Der in geologischer Hinsicht dem Mont Pelée sehr ähnliche Komplex der Soufrière Hills auf der Insel Montserrat, einer britischen Besitzung, brach zum Beispiel 1995 aus, was nicht so vielen Menschen das Leben kostete, aber die Hauptstadt Plymouth so stark zerstörte, dass sie aufgegeben werden musste. Der Staub, der im Jahr 2000 vom Eyjafjallajökull auf Island in die Atmosphäre gewirbelt wurde, behinderte den Luftverkehr über ganz Europa. Und 1961 musste die gesamte zweihundertfünfzig Köpfe zählende Einwohnerschaft von Tristan da Cunha – eine weitere Insel in britischem Besitz – nach England evakuiert werden, nachdem der dortige Vulkan ausgebrochen und die kleine Siedlung Edinburgh of the Seven Seas unmittelbar bedroht war.

Als der Ausbruch begann, flüchteten sich alle Insulaner in Langbooten zur zwanzig Meilen entfernten unbewohnten Nightingale Island, wo sie vor der Küste auf Rettung warteten, da der Atlantik offenbar sicherere Zuflucht bot als das feste Land, auf dem zu siedeln ihre Vorfahren sich entschlossen hatten. Doch zwei Jahre später, als der Berg wieder zur Ruhe gekommen war, zogen es die meisten von ihnen vor, auf ihre Heimatinsel zurückzukehren. Dort leben sie immer noch und präsentieren ihr Eiland den Besatzungen und Passagieren vorbeifahrender Schiffe stolz als die »abgeschiedenste bewohnte Insel der Welt«. Der Vulkan mag grollen und rauchen, und seine Schwefelgase mögen krank machen, die isolierte Lage mag alle möglichen Nachteile – wie auch Inzucht – mit sich bringen, und die Bewohner mögen ökonomische Not leiden, doch sie klammern sich mit der Zähigkeit von Napfschnecken an ihrem Felsen fest, als ob sie dem Ozean zeigen wollten, wer der Herr ist.

Einige der Bewohner von Tristan da Cunha und die Techniker der dreihundert Meilen weiter südlich gelegenen meteorologischen Station auf Gough Island, ebenfalls ein britisches Überseegebiet, hätten in den vergangenen Jahren etwas Merkwürdiges bemerken können. Auf beiden Inseln – vor allem aber auf Gough Island – herrschen westliche Winde vor. Auf Letzterer sind sie für gewöhnlich sehr kräftig: Die Insel liegt in der Zone der »Roaring Forties«, und die Westwinde »röhren« oder brüllen dort tatsächlich unablässig.

Oder sie taten es zumindest. Während der letzten dreißig Jahre hat sich das Klima in diesen Breiten ein wenig gewandelt. Die Westwinde wehen nicht mehr so stark wie früher und scheinen nicht mehr so unablässig zu blasen, wie sie es einige Meilen weiter südlich noch tun. Es sieht beinahe so aus, als ob sich die Region der Westwinddrift, die bei Seeleuten – je nach Breitengrad – als »Roaring Forties«, »Furious Fifties« oder »Shrieking Sixties« bekannt ist, nach Süden, in Richtung Pol, verlagert hätte. Klimatologen beharren darauf, dass dies auf das vom Menschen verursachte sogenannte Ozonloch über der Antarktis zurückzuführen sei. Es scheint, als hätten die Winde sich diesem Loch angenähert, um es aufzufüllen, womit bewiesen wäre, dass die jahrtausendealte Behauptung, die Natur kenne einen Horror Vacui, zutrifft.

Diese Verlagerung der atlantischen Westwinde nach Süden zeitigte einen höchst unerwarteten Effekt: Sie hat warmes und stark salzhaltiges Wasser aus dem Indischen Ozean in den Atlantik rinnen lassen. Dies geschah aufgrund eines bis dahin unbekannten Phänomens in der Tiefsee, das die Bezeichnung »Agulhas Leakage« erhal-

Auf ihr leben weniger als dreihundert Menschen – sie bilden sieben
Familien und sind alle miteinander verwandt: Tristan da Cunha,
achtzehnhundert Meilen westlich der südafrikanischen Küste
gelegen und der britischen Krone unterstellt, ist eine von der
Außenwelt abgeschnittene, einsame Insel. Ihre Bewohner machen
sich permanent Sorgen, dass der Vulkan auf ihr ausbrechen könnte,
wie es 1960 geschah.

ten hat. Dieses warme und stark salzige Wasser scheint in die Nord-
brasilienströmung zu fließen – eine höchst komplizierte, sich entlang
der brasilianischen Küste nach Norden in Richtung Karibik bewegende Strömung. Man glaubt, dass dieses Wasser sich jenem, aus dem
der Golfstrom entspringt, zugesellt und sich verändernd auf dessen
Stärke, Temperatur, Salzgehalt und Richtung auswirken könnte.

Das Wetter an den Ufern des Atlantiks und auf ihm wird sich
noch weiter verändern – ob zum Positiven oder zum Negativen hin,
vermag gegenwärtig noch niemand zu sagen. Sicher ist nur, dass,
wenn sich neue und vehementere Hurrikans bei den Kapverdischen
Inseln bilden, auf Montserrat Vulkane ausbrechen, bei Rotterdam

das Meeresniveau steigt und in Ostgrönland das Eis schmilzt, wenn Schwarze und Weiße Raucher am Meeresboden weiter Hitze und trübes rötliches Licht abgeben und damit die Schwärme von thermophilen Bakterien in der Nähe des Mittelatlantischen Rückens nähren, wenn Surtsey sich erneut aufbaut und der Eyjafjallajökull Staub in die Atmosphäre bläst, wenn Island sich weiter teilt und die Kabel, die über die Grand Banks führen, wieder in Gefahr sind zu brechen, wenn *Prochlorococcus* sein Verbreitungsgebiet ausdehnt und noch mehr Sauerstoff in die Luft abgibt, und wenn, wie es derzeit geschieht, der Indische Ozean Wasser über den ganzen Atlantik hinweg in die Regionen um Gough Island, an der Küste Brasiliens und in die Karibik rinnen lässt – dass, wenn eines dieser Dinge oder alle geschehen und wenn mit zunehmender Häufigkeit die Frage laut wird, ob die Menschheit in der Lage ist, mit ihnen fertig zu werden, oder ob sie den Anfang vom Ende ihrer Beziehung zum wichtigsten aller Meere anzeigen, kein Zweifel daran bestehen kann, dass im Atlantik Merkwürdiges vor sich geht.

# Epilog

# Sinkt der Schatten nieder, legt sich Dämmer über die See

*Die ganze Welt ist eine Bühne,*
*und alle Männer und Frauen bloße Spieler,*
*Sie treten auf und gehen wieder ab ...*

Das kleine Gebäude, das sie den »Leuchtturm am Ende der Welt« nennen, wird eines Tages mit einem anderen der gleichen Art zusammentreffen, das gegenwärtig zehntausend Meilen von ihm entfernt auf der gegenüberliegenden Seite des Globus steht. Und wenn das geschieht, wenn ein Leuchtturm ganz sacht und langsam gegen den anderen stößt, dann wird die Existenz des Atlantischen Ozeans, wie wir ihn kennen, zu Ende sein.

Zu diesem Ende wird es in ungefähr hundertsiebzig Millionen Jahren kommen, und zwar aufgrund von tektonischen Verlagerungen, in deren Verlauf die Spitze von Südamerika sich nach unten und um die gesamte Landmasse der Antarktis herumschlängeln, anschließend in Richtung Norden kriechen und schließlich irgendwo in der Gegend des heutigen Singapur mit der Spitze der Malaiischen Halbinsel kollidieren wird.

Um zu diesem Bild vom zukünftigen Aussehen der Welt zu gelangen, muss man eine ganze Reihe von Berechnungen anstellen und entsprechende Modelle anfertigen. Eine in Texas beheimatete, auf Paläografie und tektonische Futurologie spezialisierte Gruppe hat das unter der Leitung von Christopher Scotese schon weitgehend erledigt. Eine andere Gruppe, die in England tätig ist, inoffiziell unter dem Namen »The Future is Wild« firmiert und eindeutig kommerzieller ausgerichtet ist als die texanische, hofft, in Hollywood sowie bei den Print- und anderen Medien Abnehmer für ihre sorgfältig erstellten, ausgefeilten Modelle von der geologischen und biologischen Zukunft unseres Planeten zu finden. Beide Gruppen haben Szenarien für die kommenden zweihundert Millionen Jahre entworfen und stimmen dahingehend überein, dass der Superkontinent Pangäa, dessen Auseinanderbrechen einst den Atlantik entstehen ließ, sich eines Tages wieder zusammenfügen wird; sie haben ihm den Namen »Pangäa Ultima« verliehen. Wie genau dieser Prozess der Wiedervereinigung der heute existierenden Kontinente verlaufen wird, darüber herrschen in Wissenschaftskreisen divergierende Ansichten. Doch man ist generell davon überzeugt, dass die Welt am Ende wieder nur einen einzigen Kontinent aufweisen wird, umgeben von einem einzigen Meer. Alle Meere, die heute existieren – also auch der Atlantik –, werden dann der Geschichte angehören.

Gegenwärtig scheint jedoch genau die entgegengesetzte Entwicklung stattzufinden. Anstatt zu »vergehen«, wird der Atlantik kontinuierlich größer und breiter. Die Vulkane, mit denen der Mittelatlantische Rücken übersät ist, speien neues Erdmantelmaterial an die Oberfläche; es steigt auch aus den vielen Rissen und Spalten auf, und die Konvektionsströme in der Tiefe drängen das Seebett weiter auseinander. Es ist, als ob auf beiden Seiten der Gebirgskette Transportbänder stünden, die den Meeresboden in entgegengesetzte Richtungen befördern. Amerika wird so noch weiter nach Westen geschoben, während Afrika und Eurasien gravitätisch in Richtung Osten gleiten. Alle Geologen glauben, dass dieser Prozess schätzungsweise weitere fünf Millionen Jahre, vielleicht auch noch für viel längere Zeit anhalten wird. Doch was die sich daran anschließende Phase betrifft, kommen Wissenschaftler mit ihren Berechnungen zu divergierenden Ergebnissen.

Eine Gruppe sagt etwas voraus, das sie als »Extroversion« bezeichnet. Sie versteht darunter einen Prozess, bei dem die einzelnen Kontinente zunächst wie die Blätter einer sich entfaltenden Blüte auseinanderstreben, sich dann aber wieder aufeinander zubewegen und sich schließlich zu einem einzigen Gebilde verbinden. Bei diesem Szenarium öffnet sich der Atlantik immer mehr, das heißt, er wird ständig breiter, wohingegen der Pazifik immer stärker zusammengedrückt wird, wenn der nord- und der südamerikanische Kontinent sich um Sibirien herum zu einer Kollision mit Ostasien auf den Weg machen. Afrika, Indien und Antarktika rutschen geschlossen in Richtung der diversen Halbinseln und Inseln Südasiens, bis Pangäa Ultima am Ende »fertig« ist. Und wenn dann die Welt aus einer einzigen gigantischen Landmasse besteht, die von einem noch gigantischeren, neu geformten Meer umgeben ist, tritt erst einmal eine Pause ein.

Die andere Gruppe hängt hingegen der Theorie von der »Introversion« an, und ihr Szenarium fällt etwas komplizierter aus. Ihm zufolge würde der Atlantik nach einer Periode der Expansion plötzlich zu schrumpfen anfangen, weil sich an den östlichen Meeresrändern von Nord- und Südamerika Subduktionszonen bilden und vor New York City, Halifax und Rio de Janeiro ganze Reihen von Vulkanen aktiv würden – natürlich gäbe es zu jener Zeit sowohl die beiden Amerikas als auch die genannten Städte und alle anderen nicht mehr. Der Boden des Atlantiks würde anfangen, unter dem amerikanischen Kontinent zu verschwinden. Europa und Afrika würden sich zur selben Zeit auf Kollisionskurs befinden und nach und nach das Mittelmeer zu einem Nichts zusammenquetschen. Baja California würde nach Norden rutschen, ebenso Antarktika. In ungefähr zweihundert Millionen Jahren, von heute an gerechnet, käme es dann zum Zusammenprall von Nordamerika mit Afrika, während Südamerika sich um die Spitze von Südafrika herum nach Nordosten aufmachen würde, bis es schließlich mit Südostasien kollidierte.

Dieses Szenarium ist es, das – zumindest theoretisch – auch die Vorstellung von der Kollision zweier Leuchttürme einschließt.

Die Spitze Südamerikas, wo die Anden steil zu den beiden Ozeanen hin abfallen, die von dieser Gebirgskette getrennt werden, ist ein Ort von größter Einsamkeit, aber gerade deswegen von überwältigender Schönheit. Das Leben dort wird von den unablässig wehenden starken und beißend kalten Stürmen aus dem Westen geprägt. Unser Bild von dieser Region wird vor allem von Kap Hoorn bestimmt, das aber eigentlich nur eine niedrige braune Insel ist, die weniger eindrucksvoll aussieht, als ihre Geschichte es erwarten lässt. Einen wesentlich imposanteren Anblick bieten die schneebedeckten Gipfel Feuerlands oder auch die staubigen Ebenen Patagoniens, die Estancias, über die der Wind hinwegfegt, so dass die Schafe hinter Hecken Schutz suchen und die *calafate*-Büsche sich schütteln. Die *frigorificos* mit ihren Wellblechdächern, zu denen die Farmer und Gauchos ihre Lämmer schaffen, damit sie geschlachtet werden und das Fleisch für den Transport in andere Länder bereit gemacht wird, die fahlen Gerippe von vor langer Zeit verendeten Walen an den Stränden der Magellanstraße, die ausgebleichen Spanten von vor langer Zeit gesunkenen Klippern an den Rändern der Buchten, in die sie bei dem gescheiterten Versuch gerieten, Kap Hoorn zu umsegeln – all dies ist es, was dem südlichsten Ausläufer der Anden seinen so abweisend schroffen und gleichzeitig reizvollen Charakter verleiht.

Zwanzig Meilen vor der am weitesten ins Meer hineinragenden östlichen Spitze des Festlands liegt die Isla de los Estados, wie die Einheimischen sie nennen, spanisch für Staten Island, wie die Insel auch heißt, da dieses längliche Gebilde – ein Wirrwarr aus spitzen Gipfeln und tiefen Tälern, vom Wind verkrüppelten Buchen und mit Moos bewachsenen Mooren, auf denen man hin und wieder auf die Ruinen von alten Gefangenenlagern trifft – von Holländern entdeckt und benannt wurde, und zwar nach den »Staaten-Generaal«, den niederländischen Generalständen, unter deren Ägide die Expedition stattgefunden hatte. Diese zu Argentinien gehörende Insel ist also die zweite dieses Namens. Doch während die eine, die bei New York, die ja ebenfalls von Niederländern besiedelt worden war, sich zu einem florierenden, von einer halben Million Menschen bewohnten Vorort der Metropole entwickelt hat, ist die andere nicht permanent bewohnt. Sie ist öde und abweisend und absolut unwirtlich. Mehrere Leuchttürme sind hier im Lauf der Zeit errichtet und wegen der heftigen Stürme wieder aufgegeben worden. Sogar ein Militärgefängnis mit soliden Mauern, das man 1899 auf der Insel erbaute, überstand nur drei Jahre, bevor es von Stürmen beschädigt wurde, was Aufstände unter den Gefangenen und Ausbrüche zur Folge hatte. Heute ist das Eiland zu einem Schutzgebiet für die auf ihm brütenden Magellan-Pinguine erklärt worden, und ein kleiner Trupp argentinischer Seeleute ist dort stationiert; die Männer werden immer nach fünfundvierzig Tagen abgelöst, weil sie wegen des miserablen Wetters und des unwirtlichen Terrains den Dienst auf der Isla de los Estados regelrecht hassen.

Jules Verne war sonderbarerweise sein Leben lang von der Insel fasziniert, obwohl er ihr nie einen Besuch abstattete. Der letzte Roman, den er verfasste, *Das Licht am Ende der Welt,* handelt von einer Seeräuberbande, die dort ihr Unwesen treibt, das Leuchtfeuer zum Erlöschen bringt und so vorüberfahrende Handelsschiffe auf die Klippen lockt. Ein Jahrhundert später rekonstruierte ein Franzose namens André Bronner, der sich für Schifffahrt begeisterte, in einem mitreißenden Anfall von Verrücktheit den letzten dieser Leuchttürme, der eingestürzt war, nachdem man ihn aufgegeben hatte. Er sagte, er habe begriffen, wie wichtig dieser eine schwache Lichtstrahl für all die großen Segler und Dampfschiffe gewesen sei, die sich in stockdunkler Nacht anschickten, Kap Hoorn zu umrunden, und sei der Romantik, die sich mit diesem winzigen Licht- und Lebensfunken im öden Niemandsland verbinde, verfallen. Es gelang ihm, bei Pariser Freunden so viel Geld zu sammeln, dass er einen Ersatz für den eingestürzten Turm bauen konnte.

Bronner und sieben ähnlich verrückte Freunde brauchten zwei lange Mittsommermonate, um ihren Plan auszuführen. Er hatte Kisten voller Paté, Cognac und gutem Burgunder mitgenommen, um seine Helfer bei Laune zu halten, und beauftragte einen Komponisten, eine *Symphonie am Ende der Welt* zu schreiben, die an jenem stürmischen Märztag des Jahres 1998 aufgeführt wurde, an dem er den Turm endlich der argentinischen Marine übergeben konnte. Die heute auf der Insel stationierten Seeleute kümmern sich um das Leuchtfeuer, eine bescheidene mit Solarzellen betriebene Anlage. Der Unterhalt des Turms erfordert zwar wenig Aufwand, aber wie die meisten seiner Vorgänger vermag er Seeleuten, die dieses gefährliche Vorgebirge zu umrunden versuchen, nur wenig als Orientierungshilfe und zur Warnung zu dienen. Die Vorgängerbauten wa-

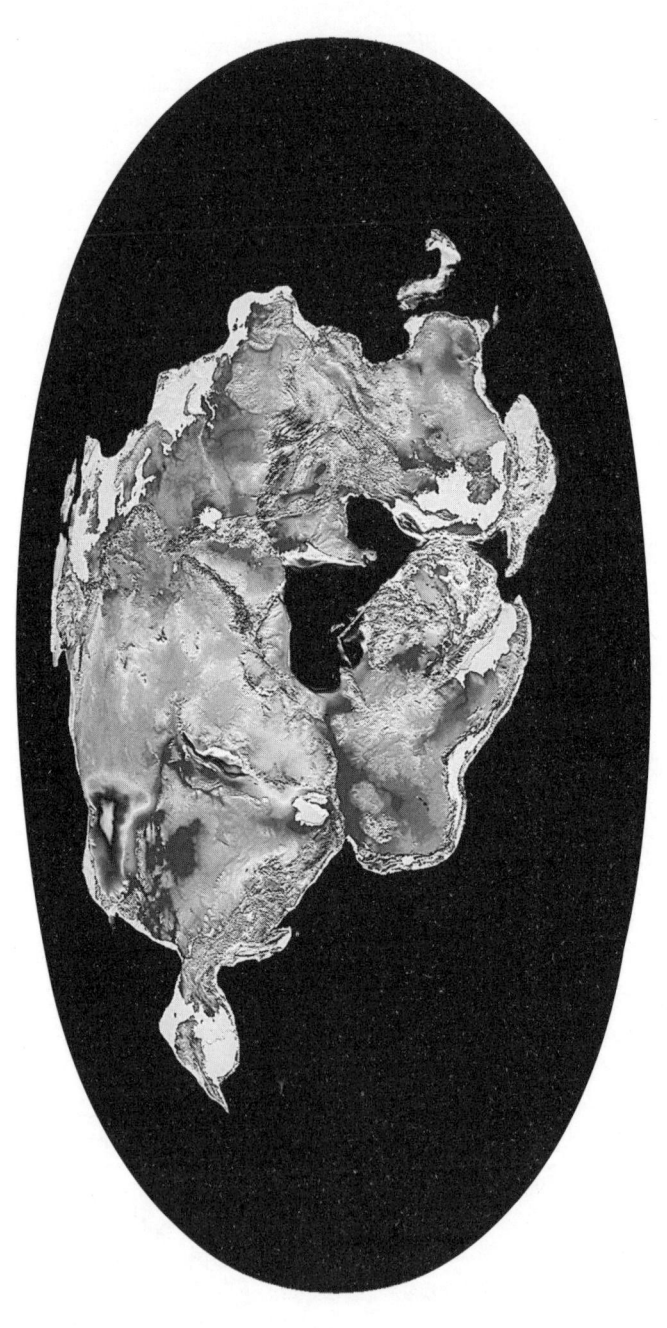

ren zu klein, und man hatte sie aus einem unerklärlichen Grund alle hinter die Sicht versperrenden Gebirgszügen errichtet. Bronners Neubau war durch die Erfindung von GPS aber mehr oder weniger obsolet geworden.

Im Zusammenhang mit unserer Geschichte, der von der Lebensdauer des Atlantiks, kommt es aber mehr auf die symbolische Bedeutung des Leuchtfeuers auf Staten Island an als auf seine Nützlichkeit – oder vielmehr Nutzlosigkeit. Denn die nordöstlichste Klippe der Insel, auf welcher der Turm aufragt – direkt unterhalb von Mount Richardson und Pickersgill Point, die an die frühen britischen Erforscher der Region erinnern –, ist wahrscheinlich der erste Teil des amerikanischen Kontinents, der mit Asien zusammenprallen wird, sobald das vorhergesagte Sichverschieben der Kontinente sich seinem Ende genähert haben wird.

Wenn die Berechnungen zutreffen, wird sich der Ort unterhalb von Mount Richardson, an dem der Leuchtturm steht, in etwas weniger als zweihundert Millionen Jahren langsam auf die Stelle im äußersten Süden der Malaiischen Halbinsel zubewegen, wo sich heute ebenfalls ein Leuchtturm erhebt. Dieser, das 1854 errichtete sogenannte Raffles Lighthouse, markiert sowohl die Einfahrt in den Hafen von Singapur als auch die in die Malakkastraße. Doch wenn Raffles mit Richardson zusammentrifft und Singapur mit Staten Island, dann werden die lange und langsam zusammengepressten Wasser des Atlantiks schon längst gezwungen gewesen sein, woandershin zu fließen. Die von Christopher Scotese angefertigten Karten zeigen ein kleines Binnenmeer, das von Indien, Arabien, Ostafrika, Argentinien und Sumatra umgeben ist, doch verdient es kaum die Bezeichnung »Meer«, und es wird aller Wahrscheinlichkeit nach auch nicht lange bestehen. Es zeichnet sich eigentlich nur durch den traurigen Umstand aus, dass es die letzten Moleküle dessen in sich birgt, was einmal der älteste und – hinsichtlich der Zivilisationen, die an seinen

◁ In 250 Millionen Jahren werden sich die einzelnen Erdteile von heute zu einem neuen Pangäa verbunden haben, womit der Atlantik – 440 Millionen Jahre nach seiner Geburt – verschwunden sein wird.

Ufern entstanden und florierten – größte Ozean auf dem Planeten war.

Der Atlantik wurde vor hundertneunzig Millionen Jahren geboren, und er wird vielleicht noch weitere hundertachtzig Millionen Jahre existieren. Seine gesamte Lebensspanne wird sich also auf annähernd vierhundert Millionen Jahre belaufen – Jahre, die nahezu in ihrer Gesamtheit von gigantischen geologischen Dramen geprägt waren, von klimatischen Phänomenen eines Ausmaßes, wie man es sich kaum vorzustellen vermag, von der Evolution und dem Aussterben Tausender Arten von Reptilien, Säugetieren, Fischen, Pflanzen und einzelligen Lebewesen.

In vielleicht zweihunderttausend von diesen annähernd vierhundert Millionen Jahren hat der Mensch an den Ufern des Atlantiks existiert und dort floriert. Er hat zunächst die Küstenstriche im Osten bevölkert, dann die Landmassen im hohen Norden in Besitz genommen, um schließlich, einige tausend Jahre später, in den Territorien im Westen des Ozeans in Erscheinung zu treten. Jahrhundertelang hatten die Menschen große Angst vor dem Ozean, auch deswegen, weil sie annahmen, dass er der äußere Rand der damals bekannten Welt und die Heimat von grässlichen Ungeheuern sei. Nur zaghaft wagten sie sich auf ihn hinaus, bis sie schließlich den Mut fassten, ihn zu überqueren, von Osten nach Westen. Das geschah im 11. Jahrhundert, und es brachte die Erkenntnis, dass die Welt keineswegs hinter dem Atlantik zu Ende war: Der Ozean stellte jetzt die Brücke zu einer ganz neuen Welt dar.

Es dauerte weitere vier Jahrhunderte, bis man diese neue Welt wirklich »entdeckte« beziehungsweise erkannte, dass es sich tatsächlich um eine solche handelte. Doch nachdem dies zu einer Gewissheit, zu einem eindeutigen und nicht zu leugnenden Faktum geworden und man sich bewusst war, dass die gerade überquerte Wasserfläche einen Ozean darstellte, wurde dieses riesige, im Norden dreitausend, im Süden viertausend und an seiner schmalsten Stelle, zwischen Brasilien und Afrika, einiges weniger als zweitausend Meilen breite Gewässer die Hauptbühne für beeindruckende Unternehmungen und verblüffende Taten des Menschen.

In einem gewissen Sinn wurde dieser Ozean zur Wiege der modernen westlichen Zivilisation. Die Menschheit verdankte ihm die Mosaiksteinchen, die zusammen die Grundlage für ihren Fortschritt bildeten. Alle möglichen Entdeckungen und Erfindungen wurden an oder auf ihm oder auch aufgrund einer indirekten Verbindung mit ihm gemacht; ihm schuldete man wesentliche Einblicke, Erkenntnisse und Ideen: die parlamentarische Demokratie; ein Heimatland für die auf der Welt verstreuten Juden; Funkverbindungen über große Entfernungen; die Vinland-Karte; die Abschaffung der Sklaverei; die Entdeckung der Kontinentaldrift und der Plattentektonik; die Atlantik-Charta; das Britische Empire; die *knorr*, das *curragh*, die Galeone, das Panzerschiff und das Schlachtschiff; die Einteilung der Welt in Längengrade; Kabeljau; Erskine Childers; Winslow Homer; das Geleitzugsystem; Sankt Helena; Puerto Madryn; Debussy; Monet; Rachel Carson; Eriksson; Kolumbus und Vespucci; die Hanse; Ernest Shackleton; die Black Ball Line; das unterseeische Telegrafenkabel; die Brüder Wright, Alcock, Brown, Lindbergh und Beryl Markham; das Unterseeboot; Ellis Island; Hurrikans; Atlantic Creek; Eisberge; die *Titanic,* die *Lusitania* und die *Torrey Canyon*; das Eddystone-Leuchtfeuer; *Bathybius*; *Prochlorococcus*; Container; die NATO; Polder; die grönländische Eiskappe; das United Kingdom; Brasilien; Argentinien; Kanada; die USA.

All das und tausend weitere Dinge, Menschen und Tiere, Ereignisse und Geschehnisse machen den heutigen Atlantik aus. Sie fungieren als Erinnerung an die ungeheure Komplexität eines Ozeans, der für die Geschichte der Menschheit von zentraler Bedeutung gewesen ist. Sie werden jetzt alle in Zusammenhang mit einem neuen Fach untersucht und studiert, das sich »Atlantische Geschichte« nennt und schon an vielen Institutionen unterrichtet wird. Es wird so ernst genommen, dass man nun die Geschichte seiner selbst untersucht, die *Geschichte einer Geschichte*: Solche Bedeutung hat die Vorstellung von einer spezifisch atlantischen Identität für die zeitgenössische und die zukünftige Welt erhalten.

Da das vorliegende Buch sich aber weniger an jene richtet, für die die See mehr ein abstraktes Konzept ist als eine wunderbare bunte

Mischung aus Wasser, Wellen und Wind, Fischen, Säugetieren und Vögeln, Schiffen und Menschen, möchte ich noch eine letzte Geschichte erzählen. Es ist die Geschichte von einem in Vergessenheit geratenen Mann und seinem verzweifelten Kampf mit dem Meer – einem Kampf, bei dem das Meer, wie immer, am Ende den Sieg davontrug. Es kommen ein Schiffbruch, eine Rettung und ein einsamer Tod darin vor.

Diese Geschichte fand ich in einem Buch, das ich vor langer Zeit einmal las, und zwar in einer solch kalten und ungeheuer wilden Nacht, in der man voller Mitgefühl an die Seeleute »draußen auf See« denkt. Ich hielt mich damals auf einer gottverlassenen Estancia in Südpatagonien auf und hatte es mir vor einem Kaminfeuer gemütlich gemacht. In der einen Hand einen Whisky-Toddy, in der anderen ein Buch, las ich im matten Licht der Leselampe eine außergewöhnliche Geschichte von Untergang und Verderben, die sich ein halbes Jahrhundert zuvor auf der anderen Seite des Atlantiks zugetragen hatte.

Es war die Geschichte von einer heroischen Rettungsaktion, die an einer entfernten Küste des Ozeans stattgefunden hatte, an der die Errettung von Schiffbrüchigen ganz undenkbar schien. Die Felsen, Riffe und Sandflächen an jenem Küstenstrich Südwestafrikas, der als Skeleton Coast (Skelettküste) bekannt war, machten das unmöglich.

Das erste Schiff, das dort 1942 strandete – die Ursache für das Drama, das sich dann abspielte –, war die MV *Dunedin Star*, ein zum Zeitpunkt der Havarie sieben Jahre altes Kühlschiff von dreizehntausend Tonnen. Sie war auf einer Liverpooler Werft gebaut worden, verfügte über eine Stammbesatzung von vierundsechzig Seeleuten und hatte auf ihrer letzten Reise zusätzlich noch einundzwanzig Passagiere an Bord, die meisten von ihnen Londoner, die sich vor den deutschen Bombenangriffen in Sicherheit bringen wollten.

Sie war mit Kurs Richtung Süden unterwegs. Es geschah in der Nacht des 29. November, einem Sonntag, als sie unvorsichtigerweise dicht an der Küste entlangfuhr, um deutschen U-Booten, die in tieferen Gewässern auf der Pirsch waren, zu entgehen. Die MV *Dune-*

*din Star* prallte gegen das Clan-Alpine-Riff, das auf den Admiralitätskarten der Zeit mit dem ominösen Zusatz »PD« verzeichnet ist, was nichts anderes als »position doubtful«, also »genaue Lage unbekannt« bedeutet. Bei der Kollision wurde ihr Rumpf unterhalb der Wasserlinie aufgerissen, und dem Kapitän blieb nichts anderes übrig, als sie auf den Strand auflaufen zu lassen. Er schaffte es noch, einen SOS-Ruf abzusetzen, dann brach die Stromversorgung zusammen. Bevor der Motor des Rettungsbootes versagte, konnten die Passagiere und einundzwanzig Besatzungsmitglieder durch die tückische Brandung an den Strand gebracht werden, der aber an dieser Stelle, wo die Wüste quasi ins Meer überging, von lebensfeindlicher Unwirtlichkeit war. Der Rest der Crew war gezwungen, an Bord auszuharren.

Im Lauf der nächsten Tage trafen vier Schiffe ein, um Beistand zu leisten. Eines davon, ein in Walvis Bay stationierter Hochseeschlepper, der nach einem ehemaligen Kolonialherrn auf den Namen *Sir Charles Elliott* getauft worden war, lief seinerseits auf Grund. Zwei Besatzungsmitglieder ertranken bei dem Versuch, an Land zu schwimmen. Einer davon war der Erste Maat, ein Schotte namens Angus Macintyre; sein Leichnam blieb verschollen. Bei dem zweiten Todesopfer handelte es sich um einen Namibier, Matthias Koraseb, der am Strand begraben ist und dessen Geist in dieser Wildnis umgehen soll: Im Heulen des Windes hört man angeblich seine Stimme.

Die anderen drei Schiffe versuchten tapfer, den Schiffbrüchigen am Strand zu helfen. Die Männer dort hatten unterdessen Treibholz gesammelt und vergebliche Versuche unternommen, Fische zu fangen, während die Frauen und Kinder in provisorischen Unterständen Schutz vor der sengenden Sonne gesucht hatten. Die Matrosen der vor der Küste liegenden Schiffe versuchten, mit Nahrungsmitteln und Trinkwasser beladene Flöße zu ihnen hintreiben zu lassen, die meisten gingen aber verloren; sie wurden von der starken Strömung in Richtung Norden mitgerissen oder kenterten in der tobenden Brandung. Dann fuhren die Schiffe, weil ihnen selbst die Essens- und Wasservorräte ausgingen, eines nach dem anderen ab. Ihren

Kapitänen blieb nichts anderes übrig, als den Schiffbrüchigen mithilfe von Heliografen alles Gute zu wünschen.

Daraufhin versuchten Flugzeuge der Air Force, Hilfe zu bringen. Zuerst warfen sie Proviant und Wasser über dem Strand ab – doch die Hilfspakete zerplatzten beim Aufprall, und die Schiffbrüchigen mussten entsetzt mitansehen, wie das kostbare Wasser in alle Richtungen spritzte und im Sand versickerte. Zwei der Maschinen, schwere Bomber vom Typ Lockheed Ventura, die mit Vorräten beladen waren, landeten dann in der Nähe der Unglücksstelle, ihre Fahrwerke versackten aber in den Sanddünen. Nach viertägigem angestrengtem Graben konnte eine der Maschinen aus dem Sand befreit werden, und sie schaffte es sogar abzuheben – stürzte aber eine halbe Stunde später ins Meer. Die Crew überlebte; die Männer konnten an Land schwimmen und wurden später gerettet.

Was alle noch nicht wussten, war, dass ein aus Polizisten und Soldaten bestehender Rettungstrupp sich mühsam von Windhuk aus über Land einen Weg zum fünfhundert Meilen weiter südlich gelegenen Ort des Schiffbruchs bahnte. Die Bedingungen waren äußerst schwierig: Die ausgedehnten Flächen von tiefem Sand und die Salzbecken mit ihren dünnen, zerbrechlichen Krusten ließen den Trupp, der in acht Automobilen unterwegs war, an einigen Tagen nicht mehr als zwei, drei Meilen vorankommen. Doch die Männer kämpften sich langsam weiter, bis sie nach sechsundzwanzig Tagen unvorstellbaren Leidens in der Gluthitze die Gestrandeten erreichten. Alle von diesen, auch ein Kleinkind, das vorübergehend nahezu erblindet war, lebten noch, und sie konnten in Sicherheit gebracht werden. Passenderweise an Heiligabend erreichten sie ein Militärkrankenhaus weiter im Süden.

Die restliche Zeit des Krieges wurde die Geschichte geheim gehalten: Die Kolonialbehörden wollten die deutsche Kriegsmarine um jeden Preis im Ungewissen über Basen der Alliierten an der westafrikanischen Küste lassen. Erst 1958 wurde das Drama in allen seinen Einzelheiten bekannt. In jenem Jahr entdeckte ein südafrikanischer Marinehistoriker namens John Marsh die offiziellen Dokumente und verfasste einen Bericht über die Vorfälle mit dem Titel *Skeleton*

*Coast* – dies war das Buch, das mich viele Jahre später in Patagonien so gefangen nahm.

Damals beschloss ich, eines Tages an die Skeleton Coast zu reisen, einen Ort, der nach den vielen dort am Strand liegenden Gerippen – von Menschen wie auch von den Schiffen, mit denen sie untergingen – so heißt. Ich wollte feststellen, ob man noch Spuren von der Katastrophe, die sich dort 1942 ereignet hatte, entdecken konnte. Einige Jahre später trieb ich eine Mitfahrgelegenheit auf einem Handelsschiff auf, das mich von Patagonien in Richtung Osten, an den Falklandinseln, South Georgia und Tristan da Cunha vorbei, nach Kapstadt brachte. Von dort aus flog ich nach Windhuk in Namibia und dann in einer kleinen zweimotorigen Cessna zu einem Zeltlager mitten in der nördlichen Wüste, in der Nähe der Grenze zu Angola.

In der Ferne hörte man die Brecher dröhnend an den Strand der Skeleton Coast schlagen. Es hieß, dass dieser Küstenstrich vollkommen verlassen sei; es gebe dort nur ein paar Robbenkolonien, Rudel von raubgierigen Schakalen, sich endlos hinziehende Sanddünen, Nebel, die am Morgen vom Meer aus heraufzogen, und die eiskalte Brandung. Bewaffnet mit Karten, auf denen die Stelle, wo das Wrack lag, genau verzeichnet war, machte ich mich mit zwei einheimischen Führern auf den Weg. Wir legten die Strecke in einem ramponierten alten Landrover zurück, der ein Zwillingsgetriebe besaß, über ein Sperrdifferential verfügte und dessen Reifen sich selbsttätig aufpumpen konnten – kurz, der mit allem ausgerüstet war, was man für eine Fahrt in tiefem Wüstensand benötigte. In der Nacht, in der wir aufbrachen, war es stockdunkel, abgesehen von den vielen funkelnden Sternen über uns. Es war auch kalt, und bis wir unser Ziel erreichten, hörte man nichts außer dem Stöhnen des Windes und dem schwachen Donnern der Wogen in der Ferne.

Nachdem wir stundenlang durch den Sand geholpert waren und uns über Gebirgsausläufer und Gebirgsketten hinweggequält hatten, gelangten wir an einen Ort, den ich erkannte. Es war eine ins Meer ragende Landspitze namens Cape Fria, auf der eine Kolonie von Pelzrobben zu Hause war, eine stinkende und lärmende Horde, um die Rudel von Schakalen herumstrichen, die darauf warteten, eines der Jungtiere fortschleppen zu können. Dieses Kap war früher ein Orientierungspunkt und wurde in Marshs Buch erwähnt, da die *Dunedin Star* nur fünfzehn Meilen von ihm entfernt auf Grund gelaufen war. Doch die Männer und Frauen, die sich auf dem Strand in ihren Unterständen zusammengekauert hatten, hatten kein Funkgerät besessen und deswegen nicht gewusst, wie nahe sie diesem Kap und damit einer potenziellen Nahrungsquelle gewesen waren; Robben lassen sich nämlich leicht erlegen, und ihr Fleisch ist sehr sättigend und nahrhaft. Vielleicht war es ein Segen, dass die Schiffbrüchigen ihre genaue Position nicht kannten, denn in der Gluthitze und ohne Wasser hätten sie das Kap niemals zu Fuß erreichen können. Die Nahrung wäre außerhalb ihrer Reichweite geblieben, und das hätte ihrer ohnehin schon angeschlagenen Moral nur noch weiteren Schaden zugefügt.

Die Hitze stand jetzt flirrend über dem Wüstenboden. Es war über zweiunddreißig Grad warm, die Luft scharf und trocken. Der Nebel, der in der morgendlichen Kühle über dem Ozean gelegen hatte, hatte sich jetzt aufgelöst, und die rasch höher kletternde Sonne hing wie eine kupferfarbene Scheibe an einem nahezu farblosen Himmel. Wir rollten über Tausende von Gespensterkrabben hinweg, die in ganzen Heerscharen zum Wasser hinuntertrippelten. Man sah Schwärme von Seevögeln, viele Skelette von gestrandeten Walen, hin und wieder eine hölzerne Kabeltrommel und halb vom Sand bedeckte Glasballons und Holzspieren. Und dann, eine halbe Stunde nördlich von Cape Fria, ein paar Meilen nachdem wir die nördliche Spitze einer langgezogenen und blendend weißen Salzfläche passiert hatten, entdeckte ich zwei Objekte, die bei unserem Näherkommen immer größer wurden, bis sie das Blickfeld ganz ausfüllten.

Das eine erwies sich als halb begrabener Metallzylinder, stark korrodiert und von ungefähr dreizehn Metern Länge. Sein oberer Teil war offensichtlich vom Wind und der Salzluft weggefressen worden, aus dem mittleren ragte ein Metallstab wie ein Speer gen Himmel. Nördlich und westlich dieses Trumms lagen reihenweise verfaulte Holzkisten im Sand, außerdem eine Anzahl von etwas, das wie Lukenabdeckungen aussah, kleine Mengen von Glühbirnen mit Bajonettfassung und ein paar Flaschen. Das alles war über eine Strecke von ungefähr hundert Metern verstreut.

Bei dem anderen, vielleicht zweihundertachtzig Meter weiter entfernten »Objekt« handelte es sich um hölzerne Stangen, einen kleinen Wald davon, die tief und fest in den Sand gerammt worden waren und so etwas wie Räume bildeten. Wenn sie mit Segeltuch oder Persenningen bedeckt gewesen wären, hätte man ein primitives Lager vor sich gehabt. Dieser Fund war es, der mich glauben ließ, dass wir an unserem Ziel angelangt waren.

Ein Mann in Windhuk, der sein Leben lang von der Geschichte der *Dunedin Star* fasziniert gewesen war, hatte mir die Koordinaten des Unglücksorts aufgeschrieben. Ich hielt das Blatt hoch und schaltete das GPS-Gerät ein, das ich dabeihatte. Das Ding brauchte ein, zwei Augenblicke, um die Verbindung zu dem Satellitennetzwerk über uns herzustellen, und dann erschien eine Angabe auf dem kleinen Schirm: 18° 28' Süd, 12° Ost.

Das stimmte genau mit den auf den Zettel gekritzelten Zahlen überein. Dieser Unterschlupf, der Metallzylinder (vermutlich ein Heizkessel oder Tank, den das Schiff als Frachtgut an Bord gehabt hatte), die vielen Glühbirnen – das war alles, was von dem Wrack übrig geblieben war. Diese Überreste lagen jetzt bestimmt sechzig Meter von der Brandung entfernt auf dem Sand, doch genau dort, wo das Schiff damals auf Grund gelaufen war – eine Erinnerung daran, dass die Westküste Afrikas langsam ins Meer hinein vorrückt.

Wir verbrachten ein paar Stunden an der Stelle, das heißt, wir saßen ganz einfach wie gebannt da. Ich vertraute einem Aufnahmegerät ein paar Gedanken an, die ich für recht tiefsinnig hielt. Als ich die Kassette später abspielte, konnte ich wegen des Heulens des Windes und wegen des Sands, der gegen das Mikrofon geblasen worden war, meine eigenen Worte kaum verstehen. Doch mit Mühe konnte ich mich selbst etwas sagen hören, was ich bis zum heutigen Tag empfinde: dass es unglaublich bewegend war, an einem Ort zu stehen, an dem so viele Menschen schlimmen Entbehrungen ausgesetzt gewesen waren und es beinahe nicht geschafft hätten – am Ende aber doch überlebten.

Man sollte von solchen Orten nichts mitnehmen. Ich tat es aber doch, und zwar aus einem, wie ich meinte, guten Grund. Ich fand zwischen dem ganzen Strandgut eine winzige Glasflasche von der Art, wie sie in meiner Vorstellung eine der älteren Damen, die als Passagiere auf der *Dunedin Star* mitfuhren, in ihrer Handtasche bei sich gehabt haben könnte, mit Riechsalz gefüllt, für den Fall, dass ihr einmal unwohl werden würde. Das aus elegantem satiniertem Glas gefertigte Fläschchen war jetzt natürlich leer, doch der Schraubverschluss funktionierte noch. Ich wusste, was ich damit anstellen würde, wenn ich diese Expedition erfolgreich abgeschlossen hätte – wozu ich noch eine Sache finden musste.

Beinahe hätten wir es nicht geschafft. Mein Führer war so begeistert darüber, das Wrack entdeckt zu haben, dass er auf der Rückfahrt über den Strand ein absolut irres Tempo einschlug. Natürlich verläuft dort keine Straße, doch der Strand gibt normalerweise eine ideale Fahrpiste ab. Man muss nur genau darauf achten, wo man langfährt. Entfernt man sich nämlich zu weit vom Wasser, wird der Sand zu tief und trocken, die Räder drehen durch und graben sich ein. Kommt man hingegen dem Meer zu nahe, wird der Sand zäh wie Sirup, die Räder drehen sich wie von selbst in Richtung Ozean, und es kann sein, dass man sich festfährt: Womöglich bleibt der Wagen dann in den anbrandenden Wogen stecken.

Und genau das passierte uns. Der Fahrer raste über den Strand, dort, wo der Sand genau die richtige Beschaffenheit hatte, doch dieser schmale Streifen verengte sich unerwartet noch weiter, als sich zu unserer Linken, zum Land hin, eine niedrige Sandklippe erhob. Von rechts brandete gierig die Flut an. Wir mussten abrupt stoppen, als der befahrbare Streifen ganz aufhörte, und Gischt begann gegen die zur See hin gerichteten Seitenfenster zu sprühen.

Der Fahrer stieß ein paar laute Flüche aus. Wir hatten bereits bemerkt, dass unser Funkgerät nicht funktionierte. Wir saßen also in der Falle und konnten keine Hilfe herbeirufen. Der Fahrer haute den Rückwärtsgang rein und schrie, dass wir beten sollten. Zwei Fontänen von grauem, schmutzigem Wasser schossen plötzlich vor dem Kühler hoch, als die Räder in dem feuchten Brei zu mahlen begannnen – erst ohne jede Wirkung, bis dann einer der Reifen Kontakt mit einem kleinen Fleck trockenen, festen Sandes bekam und der Wagen zurückschoss.

Jetzt bewegten wir uns wieder, aber es war wichtig, den Landrover weiter in dieser Bewegung zu halten, ihn in möglichst gerader Linie und in schneller, sehr schneller Fahrt weiter nach hinten zu steuern. Das Wasser stieg rasch an, es bedeckte schon den festen Sand, schien aber seine Oberfläche noch nicht ganz aufgebrochen und sich mit den einzelnen Körnern verbunden und auf diese Weise begonnen zu haben, seine Konsistenz und Viskosität zu verändern. Das Auto raste rückwärts durch das Wasser, als ob es wunderbarerweise über dieses hinwegrollen würde. Nach fünf Minuten im Rückwärtsgang rumpelten wir über die niedrige Sandklippe, die an dem ganzen Ungemach schuld gewesen war, und befanden uns endlich in Sicherheit.

Wir kämpften uns schließlich bis nach Rocky Point vor, den Ort, sechzig Meilen von der Stelle entfernt, wo die *Dunedin Star* auf Grund gelaufen war, an dem die *Sir Charles Elliott* das gleiche Schicksal erlitten hatte und zwei Männer ihrer Besatzung ertrunken waren. Ich hatte erfahren, dass es dort ein Grab gab, wenig bekannt und selten besucht.

Die Überreste des Hochseeschleppers sind dort immer noch zu sehen, allerdings nur sehr kümmerliche. Die Brecher wühlen das Wasser dicht vor der Küste derart auf, dass es von weißen Schaumkronen bedeckt ist, doch hin und wieder ist es möglich, einen Blick auf zwei dünne schwarze nadelähnliche Gebilde zu erhaschen, die trotzig zwei, drei Fuß hoch aus dem Wasser ragen. Das ist alles: Zwei korrodierte Relingstützen oder Antennen, vielleicht auch Teile von irgendwelchen Aufbauten, die zwischen zwei Wogen für nicht mehr als eine Sekunde aus dem Atlantik auftauchen. Vor zwanzig Jahren waren noch die Brücke und Reste des Schornsteins zu sehen, doch das ist jetzt alles verschwunden.

Ganz in der Nähe, an einer Stelle des Strands, von der aus das Wrack zu sehen ist, liegt auf einem sandigen Ausläufer, der von einer flachen Lagune ein wenig vor dem wütenden Ansturm des Meeres geschützt ist, das Grab des einen Seemanns. Es muss eine der entlegensten und am seltensten besuchten Grabstätten der Welt sein; leider muss man sagen, dass sie auch von einer unvorstellbaren Hässlichkeit ist: ein kastenähnliches Gebilde aus vier Reihen roter Ziegelsteine und mit einer schräg gestellten großen Messingtafel am Kopfende. Ihr Mangel an Schönheit wird ein wenig von den vielen Walknochen kaschiert, die sie bedecken. Einige sind von den Wellen herangespült worden, andere haben die wenigen Besucher auf ihr niedergelegt.

Das Grab erinnert in erster Linie an Matthias Koraseb, der aus Südwestafrika stammte und dessen Leichnam geborgen und an dieser Stelle im sandigen Boden seines Geburtslands begraben wurde. Doch auf der Tafel steht auch der Name von Angus Campbell Macintyre, dessen Leiche man nie fand: Er war der Erste Maat der *Sir Charles Elliott* gewesen. Es ist schottische Tradition, auf einem *cairn*, einem der alten Grabhügel aus Bruchgestein in den Highlands, einen Stein zurückzulassen, und ich hatte schon seit Langem den Wunsch verspürt, etwas auf diesem Grab niederzulegen, falls ich jemals die Gelegenheit dazu bekäme.

Ich schäme mich nicht zuzugeben, dass ich äußerst bewegt war, als ich dort, das Donnern der Brandung in den Ohren, im Seewind vor diesem einsamen kleinen Grab stand. Und obwohl ich wusste, dass das eine rührselige Geste war, schrieb ich auf einen Zettel die Worte: »Thank You For Trying. Now Rest in Peace.« (Danke, dass Sie es versucht haben. Mögen Sie jetzt in Frieden ruhen.) Ich setzte meinen Namen und das Datum darunter, faltete ihn so klein wie möglich zusammen und stopfte ihn in die kleine Riechsalzflasche, die ich von der Stelle mitgenommen hatte, an der die *Dunedin Star* auf Grund gelaufen war. Ich drehte den Verschluss fest zu und schob das Fläschchen unter die Steine, die ausgebleichten Walknochen und Treibholzstückchen, die auf dem Grab lagen. Eine Botschaft in einer Flasche. Ich hoffe, dass sie dort viele Jahre lang liegen bleibt.

Angus Campbell Macintyre war Schotte. Er wurde am Ufer des Nordatlantiks geboren, und er starb bei einem Akt der Nächstenliebe weit von seiner Heimat entfernt im Südatlantik. Als ich eine

Auf einem einsamen Strand an der berüchtigten Skeleton Coast von Namibia befindet sich das Grab von Matthias Koraseb, das gleichzeitig an den schottischen Seemann Angus Macintyre erinnert, der bei dem Versuch, die Überlebenden des Schiffbruchs der SS *Dunedin Star* im Jahr 1942 zu retten, ertrank und dessen Leichnam nie gefunden wurde. Das vorliegende Buch ist Angus Macintyre gewidmet.

Hand auf die Messingtafel legte und auf das Meer hinausschaute, dachte ich an jenen Morgen vor fast einem halben Jahrhundert, als der große Passagierdampfer, auf dem ich zum ersten Mal diesen Ozean überquerte, gestoppt und beigedreht hatte, um eine kleine Rolle bei einer ähnlichen Rettungsaktion für jemanden, der auf dem Ozean in Bedrängnis geraten war, zu spielen. Bei jener Gelegenheit war alles gut gelaufen.

Doch 1942, an der Küste mit dem ominösen Namen, hat der Ozean, wie so oft, den Sieg davongetragen. Die wilden Meeresströmungen hatten Menschen mitgerissen, als wären sie nichts anderes als Gischt und Schaum gewesen. Der Mann war verschwunden, sein

Schiff wäre beinahe ebenfalls verschwunden. Das Grab seines Kameraden wird irgendwann vom steigenden Wasser des Ozeans überspült werden und jede konkrete Erinnerung an den Vorfall dann ausgelöscht sein. Ich hoffe, die Widmung, die ich diesem Buch vorangestellt habe, wird von irgendeinem Nutzen sein.

Doch wenn auch der Erste Maat Macintyre vielleicht bald in Vergessenheit geraten wird, der Ozean, in dem er ruht, wird noch lange bestehen. In der einen oder anderen Gestalt, vielleicht unter anderem Namen als dem heutigen, der an Atlas erinnert, werden seine Wasser weiter existieren, solange dieser Planet existiert. Sie werden immer da sein, grau und wogend, ans Ufer schlagend und wartend, sich bis zum Horizont erstreckend und noch viel weiter. Menschen mögen kommen und gehen, den Atlantik wird es immer in irgendeiner Form geben, am Ende des Strands oder tief unten am Fuß einer Klippe. Er wird immer in Bewegung sein. Ob er gesehen wird oder nicht, ob er gehört wird oder nicht, er wird immer existieren, unerschütterlich und unwiderstehlich. Oder in den Worten des Dichters: Er wird immer *gegenwärtig* sein, mit seinen eigenen Angelegenheiten befasst, er wird einfach *weitermachen*.

# Anhang

# Bibliografie

Adams, Captain John: *Remarks on the Country Extending from Cape Palmas to the River Congo*. London: Whittaker, 1823.

Adkins, Roy: *Trafalgar: The Biography of a Battle*. London: Little, Brown, 2005.

Adkins, Roy und Lesley Adkins: *The War for All the Oceans. From Nelson at the Nile to Napoleon at Waterloo*. London: Penguin, 2006.

Afflerbach, Holger: *Das entfesselte Meer. Die Geschichte des Atlantik*. München: Piper, 2001.

Agnew, David: *Fishing South: The History and Management of the South Georgia Fisheries*. St. Albans: Penna Press, 2004.

Air Ministry: *Atlantic Bridge: The Official Account of RAF Transport Command's Ocean Ferry*. London: His Majesty's Stationery Office, 1945.

Amos, William H. und Stephen H. Amos: *Atlantic and Gulf Coasts*. National Audubon Society Nature Guides. New York: Knopf, 1985.

Anstey, Roger: *The Atlantic Slave Trade and British Abolition, 1760 bis 1810*. London: Macmillan, 1975.

Archibald, Malcolm: *Across the Pond: Chapters from the Atlantic*. Latheronwheel, Caithness: Whittles Publishing, 2001.

Armitage, David und Michael J. Braddick (Hg.): *The British Atlantic World, 1500–1800*. Basingstoke: Palgrave Macmillan, 2002.

Armstrong, Warren: *Atlantic Bridge: From Sail to Steam to Wings*. London: Frederick Muller, 1956.

Bailyn, Bernard: *Atlantic History: Concept and Contours*. Cambridge, MA: Harvard University Press, 2005.

–: *Voyagers to the West: A Passage in the Peopling of America on the Eve of the Revolution*. New York: Knopf, 1986.

Barty-King, Hugh: *Girdle Round the Earth: The Story of Cable and Wireless*. London: Heinemann, 1979.

Bathurst, Bella: *The Lighthouse Stevensons*. New York: HarperCollins, 1999.

Baumann, Elwood D.: *The Devil's Triangle*. New York: Franklin Watts, 1976.

Belloc, Hilaire: *The Cruise of the »Nona«*. London: Penguin, 1958.

Blum, Hester: *The View from the Masthead: Maritime Imagination and Antebellum American Sea Narratives*. Chapel Hill: University of North Carolina Press, 2008.

Bonsor, N. R. P.: *North Atlantic Seaway: An Illustrated History of the Passenger Services Linking the Old World with the New*. Prescot, Lancashire: T. Stephenson, 1955.

Bonturi, Orlando: *Brazil and the Vital South Atlantic*. Washington, D.C.: National Defense University, 1988.

505

Booker, Christopher: *The Real Global Warming Disaster*. London: Continuum, 2009.

Borgstrom, Georg und Arthur J. Heighway (Hg.): *Atlantic Ocean Fisheries*. London: Fishing News (Books) Ltd., 1961.

Braudel, Fernand: *The Mediterranean and the Mediterranean World in the Age of Philip II*. New York: Harper and Row, 1973.

Breverton, Terry: *Admiral Sir Henry Morgan. King of the Buccaneers*. Gretna, LA: Pelican, 2005.

Bridges, E. Lucas: *Uttermost Port of the Earth*. London: Hodder and Stoughton, 1951.

Brinnin, John Malcolm: *The Sway of the Grand Saloon. A Social History of the North Atlantic*. New York: Delacourt, 1971.

Buckley, William F. jr.: *Atlantic High*. New York: Doubleday, 1982.

Butel, Paul: *The Atlantic*. Übers. von Iain Hamilton Grant. London: Routledge, 1999 [frz.: P. B.: *Histoire de l'Atlantique de l'Antiquité à nos jours*. Paris: Perrin, 1997].

Buttress, Rob und Andy Du Port: *Reeds Nautical Almanac*. London: A & C Black, 2009.


Carr, J. Revell: *All Brave Sailors: The Sinking of the Anglo-Saxon, August 21, 1940*. New York: Simon & Schuster, 2004.

Carson, Rachel: *The Sea Around Us*. New York: Oxford University Press, 1951 [dt.: R. C.: *Geheimnisse des Meeres*. Übers. von Luise Laporte. München: Paul List Verlag, 1960].

Chapin, Miriam: *Atlantic Canada*. Toronto: Ryerson Press, 1956.

Clover, Charles: *The End of the Line: How Overfishing Is Changing the World and What We Eat*. Berkeley: University of California Press, 2006.

Coote, John (Hg.): *The Faber Book of the Sea*. London: Faber, 1989.

Cordingly, David: *Under the Black Flag: The Romance and Reality of Life Among the Pirates*. New York: Random House, 1996.

Cramer, Deborah: *Great Waters: An Atlantic Passage*. New York: W. W. Norton, 2001.

–: *Ocean: Our Water, Our World*. Washington, D. C.: Smithsonian Books, 2008.

Cullen, Vicky: *Down to the Sea for Science*. Woods Hole, MA: Woods Hole Oceanographic Institution, 2005.

Cunliffe, Barry: *Facing the Ocean: The Atlantic and its Peoples, 8000 BC–AD 1500*. Oxford: Oxford University Press, 2001.

Cuny, Paul J.: *Lloyds Nautical Year Book*. London: Lloyds of London Press, 1991.


Danson, Edwin: *Weighing the World: The Quest to Measure the Earth*. New York: Oxford University Press, 2005.

Davies, David Twiston (Hg.): *The Daily Telegraph Book of Naval Orbituaries*. London: Grub Street, 2004.

Davies, Hunter: *Walk Around the West Indies*. London: Weidenfeld and Nicolson, 2000.

Dawson, Jeff: *The Dunedin Star Disaster*. London: Weidenfeld, 2005.

De Paolo, Donald J. und andere: *Origin and Evolution of Earth; Research Questions for a Changing Planet*. Washington, D.C.: National Academies Press, 2008.

Dolin, Eric Jay: *Leviathan: The History of Whaling in America*. New York: W. W. Norton, 2007.

Donnelly, Ignatius: *Atlantis: The Antediluvian World*. New York: Harper and Brothers, 1949.

Durschmied, Erik: *The Weather Factor: How Nature Has Changed History*. London: Hodder, 2000.


Earle, Sylvia und Linda Glover (Hg.): *Ocean: An Illustrated Atlas*. Washington, D. C.: National Geographic Society, 2009.

Eddy, Paul und Magnus Linklater: *War in the Falklands*. New York: Harper and Row, 1982.

Ellis, Richard: *Deep Atlantic: Life, Death, and Exploration in the Abyss.* New York: Knopf, 1996.
–: *Encyclopedia of the Sea.* New York: Knopf, 2006.
–: *Men and Whales.* New York: Knopf, 1991.
–: *Tuna: A Love Story.* New York: Knopf, 2008.
Emanuel, Kerry: *Divine Wind: The History and Science of Hurricanes.* New York: Oxford University Press, 2005.
Emmons, Frederick: *The Atlantic Liners, 1925–70.* New York: Bonanza, 1972.

Fanning, A. E.: *Steady as She Goes: A History of the Compass Department of the Admirality.* London: Her Majesty's Stationery Office, 1986.
Fernández-Armesto, Felipe: *The Americas: A Hemispheric History.* New York: Modern Library, 2003.
–: *Amerigo: The Man Who Gave his Name to America.* London: Weidenfeld & Nicolson, 2006.
–: *Columbus and the Conquest of the Impossible.* London: Weidenfeld, 1974.
–: *Ideas That Changed the World.* New York: DK Publishing, 2003.
–: *Pathfinders: A Global History of Exploration.* Toronto: Viking Canada, 2006.
– (Hg.): *The Times Atlas of World Exploration.* London: HarperCollins, 1991.
Finamore, Daniel (Hg.): *Maritime History as World History.* Salem, MA: Peabody Essex Museum, 2004.
Forbes, Jack D.: *The American Discovery of Europe.* Urbana: University of Illinois Press, 2007.
Fox, Robert: *Antarctica and the South Atlantic Discovery, Development and Dispute.* London: BBC Books, 1985.
Fox, Stephen: *Transatlantic: Samuel Cunard, Isambard Brunel, and the Great Atlantic Steamships.* New York: HarperCollins, 2003.
Franck, Irene M. und David M. Brownstone: *To the Ends of the Earth: The Great Travel and Trade Routes of Human History.* New York: Facts on File, 1984.
Fuller, Major-General J. F. C.: *Decisive Battles of the Western World and Their Influence upon History.* 3 Bde. London: Cassell, 1951.

Gaskell, T. F.: *The Gulf Stream.* New York: John Day, 1973.
Gillis, John R.: *Islands of the Mind: How the Human Imagination Created the Atlantic World.* New York: Palgrave Macmillan, 2004.
Gilroy, Paul: *The Black Atlantic: Modernity and Double Consciousness.* Cambridge, MA: Harvard University Press, 1993.
Gimlette, John: *The Theatre of Fish: Travels Through Newfoundland and Labrador.* London: Hutchinson, 2005.
Gordon, John Steele: *A Thread Across the Ocean: The Heroic Story of the Transatlantic Cable.* New York: Walker, 2002.
Graham, Gerald S.: *Empire of the North Atlantic. The Maritime Struggle for North America.* Toronto: University of Toronto Press, 1950.
Gruber, Ruth: *Haven: The Dramatic Story of 1,000 World War II Refugees and How They Came to America.* New York: Three Rivers, 1983.
Guthrie, John: *Bizarre Ships of the Nineteenth Century.* London: Hutchinson, 1970.

Hall, Rear Admiral G. P. D.: *Ocean Passages for the World.* Taunton, UK: Ministry of Defence, 1973.
Hamilton-Paterson, James: *The Great Deep: The Sea and Its Thresholds.* New York: Random House, 1992.

Harris, Michael: *Lament for an Ocean. The Collapse of the Atlantic Cod Fishery.* Toronto: Mc-Clelland and Stewart, 1998.

–: *Rare Ambition. The Crosbies of Newfoundland.* Toronto: Penguin, 1992.

Hastings, Max und Jenkins, Simon: *The Battle for the Falklands.* London: Michael Joseph, 1983.

Hattendorf, John B. (Hg.): *The Oxford Encyclopedia of Maritime History.* 4 Bde. New York: Oxford University Press, 2007.

Hattersley, Roy: *Nelson.* New York: Saturday Review Press, 1974.

Hearn, Chester G.: *Tracks in the Sea: Matthew Fontaine Maury and the Mapping of the Oceans.* Camden, ME: International Marine/Ragged Mountain Press, 2003.

Hendrickson, Robert: *The Ocean Almanac.* London: Hutchinson, 1992.

Heyerdahl, Thor: *The Ra Expeditions.* New York: Signet, 1972 [dt.: T.H.: *Expedition Ra. Mit dem Sonnenboot in die Vergangenheit.* Übers. von H. Kulas u. J. Mez. München: Goldmann, 1988].

Higgins, Jack: *Storm Warning.* New York: Holt, Rinehart and Winston, 1976.

Hoare, Philip: *Leviathan or, The Whale.* Lomdon: Fourth Estate, 2008.

Hobhouse, Henry: *Seeds of Change. Five Plants That Transformed Mankind.* London: Macmillan, 1992.

Hughes, Richard: *In Hazard: A Sea Story.* London: Penguin, 1938.

International Hydrographic Organization: *Names and Limits of Oceans and Seas.* Monaco: International Hydrographic Organization, 2002.

Jablonski, Edward: *Atlantic Fever.* New York: Macmillan, 1972.

Jackson, E. L.: *St. Helena: The Historic Island from the Discovery to the Present Date.* London: Ward, Lock, 1903.

Jacobsen, Jorgen-Frantz: *Barbara.* Norwich: Norvik Press, 1993.

Johnson, Donald S.: *Phantom Islands of the Atlantic: The Legends of Seven Lands That Never Were.* New York: Walker, 1996.

Kay, F. George: *The Atantic Ocean: Bridge Between Two Worlds.* London: Museum Press, 1954.

Keegan, John: *A History of Warfare.* New York: Knopf, 1993.

–: *The Price of Admirality War at Sea, from Man of War to Submarine.* London: Hutchinson, 1988.

Kemp, Peter (Hg.): *The Oxford Companion to Ships and the Sea.* Oxford: Oxford University Press, 1976.

Kennedy, Sr., Jean de Chantal: *Biography of a Colonial Town: Hamilton, Bermuda, 1790–1897.* Hamilton: Bermuda Book Stores, 1961.

Kennedy, Ludovic (Hg.): *A Book of Sea Journeys.* New York: Rawson Wade, 1981.

Kent, Rockwell: *Voyaging Southward from the Strait of Magellan.* Hanover, NH: University Press of New England, 1951.

Kirk, Stephen: *First in Flight: The Wright Brothers in North Carolina.* Winston-Salem, NC, John F. Blair Publishers, 1995.

Klein, Bernhard und Gesa Mackenthun: *Das Meer als kulturelle Kontaktzone: Räume, Reisende, Repräsentationen.* Konflikte und Kultur – Historische Perspektiven, Bd. 7, 2003. Konstanz: UVK, 2003.

Knecht, G. Bruce: *Hooked: Pirates, Poaching, and the Perfect Fish.* New York: Rodale, 2006.

Knight, Franklin W. und Peggy K. Liss (Hg.): *Atlantic Port Cities: Economy, Culture, and Society in the Atlantic World, 1650–1850.* Knoxville: University of Tennessee Press, 1991.

Kohl, Johann Georg: *Geschichte des Golfstroms und seiner Erforschung von den ältesten Zeiten bis auf den großen amerikanischen Bürgerkrieg.* [Bremen: C. Ed. Müller, 1868.] Reprint: Eilborn Classics, 2006.

Kopper, Philip: *The Wild Edge: Life and Lore of the Great Atlantic Beaches.* Chester, CT: Globe Pequot Press, 1991.

Kraus, Michael: *The Atlantic Civilization: Eighteenth Century Origins.* Ithaca, NY: Cornell University Press, 1949.

Kunzig, Robert: *Mapping the Deep: The Extraordinary Story of Ocean Science.* New York: W. W. Norton, 2000 [dt.: R. K.: *Der unsichtbare Kontinent. Die Entdeckung der Meerestiefe.* Übers. von A. Rhiel. Hamburg: Marebuch Verlag, 2003].

Kurlansky, Mark: *The Big Oyster: New York on the Half Shell.* New York: Ballantine, 2006.

–: *Cod: A Biography of the Fish that Changed the World.* New York: Walker, 1997.

–: *The Last Fish Tale: The Fate of the Atlantic and Survival in Gloucester, America's Oldest Fishing Port and Most Original Town.* New York: Ballantine, 2008.

–: *Salt: A World History.* New York: Walker, 2002.

Labaree, Benjamin W. (Hg.): *The Atlantic World of Robert G. Albion.* Middletown, CT: Wesleyan University Press, 1975.

Lambert, Frank: *The Barbary Wars: American Independence in the Atlantic World.* New York: Hill and Wang, 2005.

Landes, David S.: *The Wealth and Poverty of Nations: Why Some Are So Rich, and Some So Poor.* New York: W. W. Norton, 1998.

Leonard, Jonathan Norton: *Atlantic Beaches.* New York: Time-Life Books, 1972.

Lester, Toby: *The Fourth Part of the World: The Race to the Ends of the Earth, and the Epic Story of the Map That Gave America Its Name.* New York: Simon & Schuster, 2009.

Linebaugh, Peter und Marcus Rediker: *The Many-Headed Hydra: Sailors, Slaves, Commoners and the Hidden History of the Revolutionary Atlantic.* Boston: Beacon Press, 2000.

Lodwick, John: *The Forbidden Coast: A Journey Through the Rio de Oro.* London: Travel Book Club, 1956.

Longstreth, T. Morris: *To Nova Scotia: The Sunrise Province.* Toronto: Ryerson Press, 1935.

Lundy, Derek: *Godforsaken Sea: The True Story of a Race Through the World's Most Dangerous Waters.* New York: Random House, 1998.

MacDonald, Laura: *Curse of the Narrows.* New York: Walker Books, 2005.

MacLean, Rory: *The Oatmeal Ark. From the Scottish Isles to a Promised Land.* London: HarperCollins, 1997.

Maddocks, Melvin: *The Atlantic Crossing.* Alexandria, VA: Time-Life Books, 1981.

*Manchester Guardian. C. P. Scott, 1846–1932: The Making of the Manchester Guardian.* London: Frederick Muller, 1946.

Mann, Charles C.: *1491. New Revelations of the Americas Before Columbus.* New York: Vintage, 2005.

Marcus, G. J.: *The Conquest of the North Atlantic.* Woodbridge, Suffolk: Boydell Press, 1980.

Marsh, John und Lyman Anson: *Skeleton Coast.* London: Hodder and Stoughton, 1958.

Masselman, George: *The Atlantic Sea of Darkness.* New York: McGraw-Hill, 1969.

Matthiessen, Peter: *Men's Lives.* New York: Vintage, 1986.

Maury, Matthew Fontaine: *The Physical Geography of the Sea and Its Meteorology.* Mineola, NY: Dover, 2003.

Maxtone-Graham, John: *The Only Way to Cross.* New York: Barnes & Noble, 1972 [dt.: *Der*

*Weg über den Atlantik. Die einzige Verbindung zwischen Europa und Amerika.* Übers. von Antoinette Gittinger. München: Heyne, 1998].

McCalman, Iain: *Darwin's Armada: How Four Voyages to Australasia Won the Battle for Evolution and Changed the World.* Melbourne: Viking, 2009.

McEwen: W. A. und A. H. Lewis: *Encyclopedia of Nautical Knowledge.* Cambridge, MD: Cornell Maritime Press, 1953.

McGrail, Seán: *Boats of the World: From the Stone Age to Medieval Times.* Oxford: Oxford University Press, 2001.

McKee, Alexander: *Against the Odds: Battles at Sea, 1591–1949.* Annapolis, MD: Naval Institute Press, 1991.

Merediz, Eyda M.: *Refracted Images: The Canary Islands Through a New World Lens.* Tempe: Arizona Center for Medieval and Renaissance Studies, 2004.

Middlebrook, Martin: *Convoy.* New York: Morrow, 1976.

Miles, Jonathan: *The Wreck of the Medusa: The Most Famous Sea Disaster of the Nineteenth Century.* New York: Atlantic Monthly Press, 2007.

Monsarrat, Nicholas: *The Cruel Sea.* London: Penguin, 1951 [dt.: N.M.: *Großer Atlantik.* Übers. von Arno Dohm. Reinbek b. Hamburg: Rowohlt, 1965].

Mooney, Chris: *Storm World: Hurricanes, Politics, and the Battle over Global Warming.* Orlando, FL: Harcourt, 2007.

Moorehead, Alan: *Darwin and the Beagle.* New York: Harper and Row, 1969.

Morison, Samuel Eliot: *Admiral of the Ocean Sea. A Life of Christopher Columbus.* Boston: Little, Brown, 1942.

–: *The European Discovery of America.* 2 Bde. New York: Oxford University Press, 1971.

Morris, J.: *The Pax Britannica Series.* 3 Bde. London: Faber, 1978.

Morris, Robert D.: *The Blue Death: Disease, Disaster, and the Water We Drink.* New York: HarperCollins, 2007.

Morrison, H. Robert und Christine E. Lee: *America's Atlantic Isles.* Washington, D.C.: National Geographic, 1981.

Murphy, Dallas: *To Follow the Water: Exploring the Ocean to Discover Climate, from the Gulf Stream to the Blue Beyond.* New York: Basic Books, 2007.

Murphy, Hugh und Derek J. Oddy: *The Mirror of the Seas: A Centenary History of the Society for Nautical Research.* Greenwich: Society for Nautical Research, 2010.


Neill, Peter (Hg.): *American Sea Writing: A Literary Anthology.* New York: Library of America, 2000.

Nichols, Peter: *Sea Change: Alone Across the Atlantic in a Wooden Boat.* New York: Penguin, 1997.

Nicolson, Adam: *Seamanship: A Voyage Along the Wild Coasts of the British Isles.* New York: HarperCollins, 2004.

–: *Sea Room: A Island Life.* London: HarperCollins, 2004.

Nield, Ted: *Supercontinent: Ten Billion Years in the Life of the Planet.* London: Granta Books, 2007.


O'Hanlon, Redmond: *Trawler: A Journey Through the North Atlantic.* London: Hamish Hamilton, 2003.

Oliver, Mary: *Why I Wake Early.* Boston: Beacon Press, 2004.

O'Siochain, P. A.: *Aran: Islands of Legend.* Dublin: Foilsiuchain Eireann, 1962.

Outhwaite, Leonard: *The Atlantic: A History of the Ocean.* New York: Coward-McCann, 1957.

–: *Atlantic Circle: Around the Ocean with the Winds and Tides.* New York: Scribner, 1931.

Owen, David (Hg.): *Seven Ages: Poetry for a Lifetime.* London: Penguin, 1992.

Parker, Bruce: *The Power of the Sea.* New York: Palgrave Macmillan, 2010.

Patterson, Kevin: *The Water in Between: A Journey at Sea.* Toronto: Vintage, 2000.

Pauly, Daniel und Jay Maclean: *In a Perfect Ocean: The State of Fisheries and Ecosystems in the North Atlantic Ocean.* Washington, D.C.: Island Press, 2003.

Pearson, Michael: *The Indian Ocean.* London: Routledge, 2003.

Perry, Richard: *Lundy: Isle of Puffins.* London: Lindsay Drummond, 1940.

Pestana, Carla Gardina: *The English Atlantic in an Age of Revolution, 1640–1661.* Cambridge, MA: Harvard University Press, 2004.

Philbrick, Nathaniel: *Sea of Glory: America's Voyage of Discovery; The U.S. Exploring Expedition, 1838–1842.* New York: Viking, 2003 [dt.: N. P.: *Dämonen der See. Die dramatische Expedition zur Erschließung des Pazifik und der Antarktis (1838–1842).* Übers. von Enrico Heinemann u. Andrea Kann. München: Blessing, 2004].

Pike, Dag: *The Challenge of the Atlantic: Man's Battle with the World's Toughest Ocean.* Wellingbrough: P. Stephens, 1988.

Pohl, Frederick J.: *Atlantic Crossings Before Columbus.* New York: W.W. Norton, 1961.

Preston, Diana: *Lusitania: An Epic Tragedy.* New York: Berkley Books, 2002.

Price, Jacob M.: *The Atlantic Frontier of the Thirteen American Colonies and States.* Aldershot: Variorum, 1996.

Pritchard, H. Hesketh: *Through the Heart of Patagonia.* London: Heinemann, 1902.

Proctor, Noble S. und Patrick J. Lynch: *A Field Guide to North Atlantic Wildlife.* New Haven, CT: Yale University Press, 2005.

Prosser de Goodall, Rae Natalie: *Tierra del Fuego.* Ushuaia, Argentinien: Ediciones Shanamaiim, 1970.

Raban, Jonathan: *Coasting.* London: Harvill, 1986.

– (Hg.): *The Oxford Book of the Sea.* Oxford: Oxford University Press, 1992.

Riley, Captain James: *Sufferings in Africa: The Incredible True Story of a Shipwreck, Enslavement, and Survival on the Sahara.* New York: Skyhorse, 2007.

Roberts, Alice: *The Incredible Human Journey: The Story of How We Colonised the Planet.* London: Bloomsbury, 2009.

Roberts, Callum: *The Unnatural History of the Sea.* Washington, D.C.: Island Press, 2007.

Robinson, Adrian und Roy Millward: *The Shell Book of the British Coast.* Newton Abbott: David and Charles, 1983.

Rodgers, Daniel T.: *Atlantic Crossings: Social Politics in a Progressive Age.* Cambridge, MA: Harvard University Press, 1998.

Rogers, John J. W. und M. Santosh: *Continents and Supercontinents.* New York: Oxford University Press, 2004.

Roland, Alex, W. Jeffrey Bolster und Alexander Keyssar: *The Way of the Ship: America's Maritime History Reenvisioned, 1600–2000.* Hoboken, NJ: John Wiley and Sons, 2008.

Rozwadowski, Helen M.: *Fathoming the Ocean: The Discovery and Exploration of the Deep Sea.* Cambridge, MA: Harvard University Press, 2005.

Safina, Carl: *Eye of the Albatross: Visions of Hope and Survival.* New York: Henry Holt, 2002.

–: *Song for the Blue Ocean.* New York: Henry Holt, 1997.

Sanderson, Michael (Hg.): *Catalogue of the Library of the National Maritime Museum*, 7. Bde. London: Her Majesty's Stationery Office, 1968.

Sandler, Martin: *Atlantic Ocean: An Illustrated History of the Ocean that Changed the World.* New York: Sterling, 2008.

Schei, Liv K. und Ginnie Moberg: *The Faroe Islands.* Edinburgh: Birlinn, 2003.

Schlee, Susan: *On Almost Any Wind: The Saga of the Oceanographic Research Vessel Atlantis.* Ithaca, NY: Cornell University Press, 1978.

Schoeman, Amy: *Skeleton Coast.* Johannesburg: Southern Book Publishers, 1984.

Schwartz, Stuart (Hg.): *Tropical Babylons: Sugar and the Making of the Atlantic World, 1450–1680.* Chapel Hill: University of North Carolina Press, 2004.

*Scientific American: Oceans. A Scientific American Reader.* Chicago: University of Chicago Press, 2007.

Scott, R. Bruce: *Gentleman on Imperial Service: A Story of the Transpacific Telecommunications Cable.* Victoria, BC: Sono Nis Press, 1994.

Seed, Patricia: *Ceremonies of Possession in Europe's Conquest of the New World, 1492–1640.* New York: Cambridge University Press, 1995.

Segal, Aaron: *An Atlas of International Migration.* London: Hans Zell, 1993.

Severin, Tim: *The Brendan Voyage: A Leather Boat Tracks the Discovery of America by the Irish Sailor Saints.* New York: McGraw-Hill, 1978.

Sewell, Kenneth und Jerome Preisler: *All Hands Down: The True Story of the Soviet Attack on the USS Scorpion.* New York: Simon & Schuster, 2008.

Shackleton, Keith und Ted Stokes: *Birds of the Atlantic Ocean.* Feltham: Country Life Books, 1968.

Shaw, David W.: *Daring the Sea: The Dramatic True Story of the First Men to Cross the Atlantic in a Rowboat.* New York: Kensington Books, 1998.

Sherry, Frank: *Raiders and Rebels: A History of the Golden Age of Piracy.* New York: Morrow, 1986.

Simpson, Colin: *The Lusitania.* London: Little, Brown, 1972.

Slocum, Joshua: *Sailing Alone Around the World.* Teddington: Echo, 2006 [dt.: J. S.: *Erdumseglung ganz allein.* Einsiedeln / Zürich / Köln: Benzinger, 1958].

Snow, Edward Rowe: *Great Atlantic Adventures.* New York: Dodd, Mead, 1970.

Snow, Richard: *A Measureless Peril: America in the Fight for the Atlantic.* New York: Scribner, 2010.

Solomon, Susan und andere (Hg.): *Climate Change 2007: The Physical Science Basis.* New York: Cambridge University Press, 2007.

South, Mark: *The Cure for Anything Is Salt Water: How I Threw My Life Overboard and Found Happiness at Sea.* New York: HarperCollins, 2007.

Springer, Haskell (Hg.): *America and the Sea: A Literary History.* Athens: University of Georgia Press, 1995.

St. Clair, William: *The Grand Slave Emporium: Cape Coast Castle and the British Slave Trade.* London: Profile Books, 2006.

Steele, Ian K.: *The English Atlantic, 1675–1740. An Exploration of Communication and Community.* New York: Oxford University Press, 1986.

Stick, David: *Graveyard of the Atlantic: Shipwrecks of the North Carolina Coast.* Chapel Hill: University of North Carolina Press, 1952.

Stone, Roger D.: *The Voyage of the Sanderling.* New York: Knopf, 1989.

Studnicki-Gizbert, Daviken: *A Nation Upon the Sea: Portugal's Atlantic Diaspora and the Crisis of the Spanish Empire, 1492–1640.* New York: Oxford University Press, 2007.

Thoreau, Henry David: *Cape Cod.* New York: Crowell, 1961.

Tomalin, Nicholas, und Ron Hall: *The Strange Last Voyage of Donald Crowhurst.* Camden, ME: International Marine, 1995.

Ulanski, Stan: *The Gulf Stream: Tiny Plankton, Giant Bluefin, and the Amazing Story of the Powerful River in the Atlantic.* Chapel Hill: University of North Carolina Press, 2008.

Verne, Jules: *Lighthouse at the End of the World.* Übers. von William Butcher. Lincoln: University of Nebraska Press, 2007 [frz.: J. V.: *Le phare du bout du monde*, 1905].

Weightman, Gavin: *The Frozen Water Trade: How Ice from New England Lakes Kept the World Cool.* London: HarperCollins, 2001.

Wells, H. G.: *The Outline of History: Being a Plain History of Life and Mankind.* London: Cassell, 1920 [dt.: H. G. W.: *Die Weltgeschichte*].

Wertenbaker, William: *The Floor of the Sea: Maurice Ewing and the Search to Understand the Earth.* Boston: Little, Brown, 1974.

Westall, Dorris (Hg.): *Maine: WPA Guide.* Boston: Houghton Mifflin, 1937.

White, David Fairbank: *Bitter Ocean: The Battle of the Atlantic, 1939–1945.* New York: Simon & Schuster, 2006.

Williamson, Kenneth: *The Atlantic Islands: A Study of the Faeroe Life and Scene.* London: Collins, 1948.

# Bildnachweis

Vorsatz: The USS Leviathan alongside White Star's Majestic and Cunard's Berengaria in Southampton Dock © Fox Photos/Hulton Archive/Getty Images , München|Nachsatz: 30th November 1939: A sailor signals a merchant ship as it slowly passes the Naval Control Base in the Thames Estuary. Inward bound convoys halt to take aboard pilots to steer them through the minefields © Getty Images, München/Hulton Archive/Fox Photos|Innenteil: S. 8, 9, 139, 354, 386: © Knaus Verlag; S. 14: Canadian Pacific Archives; S. 19: Fotografie von Richard Webb; S. 77: Fotografie von Curis Marean, Institute of Human Origins; S. 105: Fotografie von Gregory Howard; S. 145, 161, 268, 331, 349: Mit freundlicher Genehmigung der Library of Congress Prints and Photographs Division; S. 205 (Cadíz): Fotografie von Daniel Sancho; (Liverpool): Fotografie von Chris Howells; S. 205 (Jamestown): Mit freundliche Genehmigung von Wikitravel; S. 215: Boats in marina at Victoria and Alfred Waterfront with Table Mountain in background. Cape Town, Western Cape, South Africa © Picture Alliance, Frankfurt/Lonely Planet Images; S. 295: STR/Getty Images; S. 315: George F. Mobley/Getty Images; S. 366: Keystone/Getty; S. 379: Hulton Archive/Getty Images; S. 399: Alfred Eisenstaedt/Getty Images; S. 412: Haywood Magee/Getty Images; S. 428: Reuter/Corbis; S. 443, 447: Mit freundlicher Genehmigung der NASA; S. 471: Fotografie von William K. Li und Frédéric Partensky, Bedford Institute of Oceanography|Farbteil: Historienbible, Irmhar Öser, »Brandans Reise« u. a. (Cod. Pal.gem.60), fol. 179v/Universitätsbibliothek Heidelberg; Details from the Bayeux Tapestry – 11th Century, mit Sondergenehmigung der Stadt Bayeux; The Vinland map/chart is purportedly a 15th century Mappa Mundi, redrawn from a 13th century original; »Carta Marina« von Olaus Magnus; Retablo de la Virgen de los Mareantes, (Cuarto del almirante), Alcázar de Sevilla, Alejo Fernández; The Battle of Trafalgar by J. M. W. Turner (oil on canvas, 1822–1824); Bataille de Gibraltar, 1621, Hendrick Cornelisz Vroom © Rijksmuseum Amsterdam; Monet, Claude, 1840–1926, Impression, soleil levant, 1872 © AKG Images, Berlin/André Held; aus: Whipple: Die Walfänger, mit freundlicher Genehmigung: The Mariners' Museum, Newport News, VA
Der Autor dankt Charles Tomlinson für die Abdruckgenehmigung für das Gedicht auf Seite 235.

# Namens- und Ortsregister

*Kursiv gesetzte Seitenzahlen beziehen sich
auf Anmerkungen und Bildlegenden*

525